O 122∫

# L'AFRIQVE DE MARMOL,

DE LA TRADVCTION
de NICOLAS PERROT sieur D'ABLANCOVRT.

DIVISE'E EN TROIS VOLVMES,

Et enrichie des Cartes Geographiques de M. Sanson,
Geographe ordinaire du Roy.

Avec l'Histoire des Chérifs, traduite de l'Espagnol de DIEGO
TORRE's, par le Duc d'Angoulesme le Pere.

Reveuë & retouchée par P. R. A.

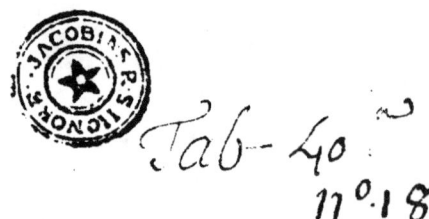

A PARIS,
Chez LOVIS BILLAINE, en la grand' Salle du Palais, à la Palme,
& au Grand Cesar.

M. DC. LXVII.

AVEC PRIVILEGE DV ROY.

*Ex libris ʃʃᵐ Coadiatorum Parisiensium ad S. Gervasium*

# AV ROY.

## Sire,

Si l'Histoire est la science des Rois, feu M. d'Ablancourt, aprés avoir donné au public les Actions les plus éclatantes des Grecs & des Romains, ne pouvoit rien mettre au jour de plus digne de V. M. que l'Empire des Calyfes, & les revolutions d'Afrique. Il seroit seulement à souhaiter, pour

# EPISTRE.

ces Princes Arabes, lorsque V. M. lira leurs exploits, qu'Elle oubliât les victoires que les Chrestiens ont remportées sur eux : & que pour loüer leurs mœurs & leurs provinces, Elle ne se souvinst point de la politesse de sa Cour, ni des delices de la France. Du moins, SIRE, ayez la bonté de ne pas regarder ces Conquerans, simplement comme des Barbares, qui se sont répandus dans l'Europe, aprés avoir inondé une des plus vastes parties du monde : mais de les considerer, s'il vous plaist, comme une suite de grans Hommes, qui ont fondé des Principautez & des Royaumes, sans que rien ait pû arrester le cours de leurs conquestes, que la valeur des François. L'effroy que produisit la seule Journée de Tours, fut tel, que les Francs, encore aujourd'huy, malgré la révolution de tant d'années, sont la terreur du Levant. Mais depuis que V. M. avec une poignée d'hommes, a sauvé l'Empire chancelant ; ces Infidéles sont bien persuadez, que les seules armes de V. M. sont plus redoutables pour eux, que ne le furent autrefois pour leurs Peres, ni les Martels, ni toute cette foule de Heros, qui se dévoüérent pour le salut de la Palestine. Aussi peut-on dire qu'à l'âge de vingt-huit ans, V. M. a vû tout ce que ses Prédecesseurs ont pû voir, & qu'Elle a fait tout ce qu'ils n'ont pû faire ; puisqu'il n'est rien arrivé dans les douze ou treize siécles de nostre Monarchie, qui ne se trouve dans le commencement de vostre Regne.

# EPISTRE.

Tout ce que des guerres étrangéres, traversées par des guerres civiles, ont pû faire naistre ensemble ou séparément, d'incidens bons & mauvais, pendant & aprés une longue Minorité, vous les avez éprouvez. D'autre-costé, quelle paix a jamais produit des fruits plus doux, que ceux qu'on gouste sous vostre domination? Vous écoutez les affligez: Vous distinguez le merite; Vous donnez une nouvelle face aux choses. La Iustice se reforme; les dettes de l'Estat sont aquitées; l'Epargne se remplit; les Arts fleurissent; le Commerce s'estend par tout. Enfin en voyant réüssir ces glorieuses entreprises, dont les seuls desseins ont attiré tant de loüanges à vos Ancestres, on vous regarde, SIRE, comme l'unique Prince qui a pû accomplir les bonnes intentions de tous nos Rois. Que si ces premiéres actions de V. M. luy ont aquis tant de gloire, quelle doit estre l'attente des Peuples & des Nations; si l'on considére sa réputation, ses forces, son application aux affaires, sa pénétration dans l'avenir, & toutes ces vertus éclatantes, qui vous rendent l'estonnement & l'admiration de l'Univers? Il ne faut donc plus que souhaiter de vivre autant que V. M. pour voir tout ce que l'esprit humain est capable de concevoir, d'entreprendre & d'exécuter. Cependant, V. M. me permettra, s'il luy plaist, de mettre sous sa protection ce dernier ouvrage de feu M. d'Ablancourt. Ie ne diray rien de l'excellence de cette Traduction, ni des divers talens du Traducteur,

# EPISTRE.

parce-qu'estant son Neveu, je pourrois estre suspect. Il suffit que V. M. ait la bonté de se souvenir, qu'elle luy a donné pendant sa vie assez de marques de son estime, pour estre persuadée aprés sa mort, que c'estoit un Homme d'un rare mérite, & qui n'a rien mis au jour qui ne réponde à sa réputation. Aussi ce qui augmente le regret de sa perte, c'est qu'il n'ait pas assez vescu pour travailler à vostre Histoire. Car il n'y avoit personne qui pust mieux que luy raconter à la posterité, ce que vous seul avez pû faire. Mais le Ciel ne luy ayant pas permis de vous donner ces marques de son Zele, ni ce dernier témoignage de sa reconnoissance : je le présente à V. M. avec les mesmes sentimens qu'il avoit ; & je seray comme luy toute ma vie, avec un tres-profond respect,

## SIRE,

Vostre tres-humble, tres-obeïssant,
& tres-fidéle sujet & serviteur
FREMONT D'ABLANCOVRT.

# AVERTISSEMENT.

SI on eust mis à la teste de cét ouvrage vn abregé de la vie de feu Monsieur d'Ablancourt, comme on en avoit eu la pensée, il n'eust pas esté necessaire de vous avertir, que voicy la derniére de ses Traductions ; puisque vous eussiez appris dans son Histoire, qu'il est mort avant que d'avoir achevé celle-cy. Mais ce qu'il n'a pû faire, ses meilleurs Amis l'ont fait ; & je puis assurer qu'ils n'ont épargné ni leur temps, ni leur peine pour rendre cette piéce accomplie ; quoy qu'il ait falu vne grande patience pour revoir vn si long travail, & beaucoup de persévérance pour n'estre pas rebuté d'vne impression de quinze mois. Ie ne nomme point ceux qui ont pris ces soins, parce-que tant de gens se sont interessez en cette affaire, qu'il faudroit passer les bornes des Avertissemens & des Préfaces, si on vouloit seulement rapporter ce que les vns & les autres ont dit & fait pour retirer cét ouvrage de la Cour, où son destin l'avoit enlevé aprés la mort de son Auteur. I'ay donc crû qu'il valoit mieux que la Renommée publiast le mérite de ces véritables Amis, que d'en rapporter icy simplement les Noms; puisqu'aussi bien ce qu'ils en ont fait, n'a pas esté pour s'attirer des loüanges du Public, mais seulement pour satisfaire à l'amitié qu'ils auront toute leur vie pour la memoire de leur Ami. Et comme en imitant sa modestie ils ont caché ce qu'ils ont fait pour luy, j'ay crû que je devois les imiter en cachant leurs Noms. En effet, il n'y a personne qui aprés avoir lû cette Histoire, ne soit persuadé que feu M. d'Ablancourt y avoit mis la derniére main, tant ils ont bien sçu garder son Caractére & son Genie. Ie ne dis rien de l'Auteur Espagnol, parce-que sa Préface contient ses avantures & son dessein, & que son Eloge se voit dans M. de Thou & autres célébres Historiens.

# PREFACE
## DE MARMOL
### TRADVITE PAR P. RICHELET.

SI nous consultons les Histoires les plus éloignées de nôtre siecle, nous reconnoistrons que la puissance des Gotz, des Cartaginois, & des Romains, n'a point surpassé la puissance des Arabes. Ces Barbares sortirent de leur païs sous la conduite de Mahomet, leur faux Prophete, d'Abubéchre, d'Omar, d'Ali, d'Odman, & des autres principaux auteurs de leur Secte : Ils se rendirent maistres d'vn nombre presqu'infini de peuples, qu'ils forcérent en recevant leur joug, de prendre leurs coûtumes, & d'embrasser leur Religion. D'abord ils enlevérent aux Romains les trois Arabies, occupérent la Syrie, la Perse, & les Indes, desolérent l'Empire des Lettres qui fleurissoient alors, & mettant tout à feu & à sang, ils remplirent de malheurs l'Asie, l'Afrique, & l'Europe. Ajoûtez à ces desordres la destruction des Temples, la profanation des choses

# PREFACE.

sacrées, & les erreurs dont ils infectérent les Nations: car leur Secte n'estant fondée que sur l'ignorance pour obscurcir la gloire de Dieu, ils taschoient de répandre par tout les tenebres dont ils estoient aveuglez. Ensuite l'ambition de ces Infidéles s'augmenta; ils s'imaginérent que remporter une victoire c'estoit s'ouvrir le chemin à une autre, & qu'ils acheveroient de ruiner la doctrine de Iesus Christ, & d'établir dans le monde Chrestien leurs detestables maximes. C'est-pourquoy ils tournérent leurs armes contre la Grece, l'Italie, l'Espagne & la France: ils les attaquérent par mer & par terre, & répandirent de telle sorte le bruit de leur valeur, qu'ils portérent l'épouvante par tout, & firent trembler tous les Princes de la terre.

Leur Empire dura trois siecles entiers, & ne s'affoiblit qu'acause que l'ambition & la discorde se mirent parmi eux. Cependant le calme des Nations Catholiques n'en fut pas plus assuré, parceque les Turcs qui font profession de la mesme Secte, & qui ne prirent leur place que par la force des armes, jetterent l'Eglise dans de nouveaux troubles. Mais comme l'Asie commença à respirer, et la puissance des Arabes à s'y affoiblir, ces Infidéles qui estoient passez en Afrique & en Espagne du tems de Rodrigue, se joignirent aux Africains qui avoient déja embrassé leur Reli-

# PREFACE.

gion, & travaillérent de concert à la destruction de toute l'Europe. Cette guerre dura en Espagne sept cens soixante & dix-huit années, pendant lesquelles la Fortune balança toûjours entre les deux partis, jusqu'à ce que le Ciel se declara en faveur de Ferdinand & d'Isabelle, qui chassérent ces Tyrans des terres qu'ils avoient usurpées & remplies d'horreur pendant un si long espace de tems. Mais il est certain que l'Espagne n'a esté agitée de tant de maux, qu'acause du voisinage de l'Afrique, dont les provinces ont esté consacrées par le sang d'un nombre presque infiny de Martyrs. Neantmoins jusqu'icy personne n'a écrit l'Histoire de cette partie du monde, encore qu'il soit de nostre interest d'en avoir une entiere connoissance, soit pour la paix, acause du Commerce, ou pour la guerre, afin de la faire avec avantage. Il est vray que nos Coûtumes, nostre Religion, & nostre langue ont si peu de rapport avec la Langue, la Religion & les Coûtumes d'Afrique; & nos Auteurs les plus excellens si peu de communication avec ces Barbares, qu'il ne faut pas s'estonner si nous n'en avons point encore de Relation particuliére.

Pour moy, j'estois fort jeune lorsque je sorty de la ville de Grenade, qui est le lieu de ma naissance: mais je n'en sorty que dans le dessein

## PREFACE.

1536.

de me trouver à la fameuse entreprise de Charles-Quint contre la ville de Tunis *. La place estant renduë je suivis les enseignes de cét Empereur par toute l'Afrique durant le cours de vingt ans, & me rencontray à tout ce qui se passa de grand & de memorable: mais la Fortune me fit tomber entre les mains des ennemis qui me tinrent sept ans & huit mois en captivité dans le Royaume de Maroc, Tarudant, Tremessen, Fez & Tunis. Ce fut en ce tems-là que je traversay à la suite de Mahamet les deserts de la Libye jusqu'à une place que l'on appelle Açequia el-hamara aux confins de la Guinée : & que ce Chérif portant ses armes victorieuses par l'Afrique, se rendit maistre des provinces du Couchant. J'ay encore fait d'autres voyages par mer & par terre, pendant lesquels j'estois tantost en liberté & tantost en servitude. J'ay couru toute la Barbarie & toute l'Egypte, où j'ay remarqué plusieurs choses tres-considérables, & dont il m'a semblé que la connoissance seroit souhaitée des honnestes-gens d'Espagne. Outre-cela, comme toute ma vie j'ay esté porté d'inclination à écrire l'Histoire, j'ay fait de longues & de serieuses reflexions sur les ouvrages les plus achevez que nous ayons de cette nature, tant des Grecs que des Latins, des Espagnols & des Nations voisines : & c'est de ces illustres monumens que j'ay tiré ce qui m'a paru le

# PREFACE.

plus propre à mon deſſein. Ajoûtez à cela, que poſſedant aſſez exactement la Langue Arabe & l'Africaine qui ont peu de rapport l'une avec l'autre, j'ay leu avec beaucoup d'application tout ce que leurs Auteurs ont écrit de leur pays, & enſuite j'ay fait la deſcription générale de l'Afrique; le tout en douze Livres, que j'ay diviſez en deux parties.

La premiere, parce qu'elle eſt ample & eſtenduë aura ſix Livres, qui feront deux Volumes. Le premier Livre enferme une idée générale de toute cette deſcription, où je diſcours en particulier de l'Afrique, de ſes Royaumes, de ſes Provinces, de ſes Villes, de ſes diverſes peuplades; j'y parle des mœurs des habitans, & des mœurs des Arabes auſſi bien que de leur origine & de leur entrée dans ces pays: j'y parle des animaux les plus rares, des riviéres les plus fameuſes; en un mot, de tout ce qui s'y trouve de plus recommandable. Le ſecond Livre contient le recit des guerres que les Chreſtiens ont euës avec les Infidéles, & les diviſions qui ſe ſont excitées entre ces mécreans, depuis que Mahomet eſtablit ſa ſecte, dont ce Livre comprend auſſi les commencemens.

On pourra voir par là, combien il a ſervy à la gloire de pluſieurs grans perſonnages & de pluſieurs Souverains, d'attirer la bienveillance des peuples, en s'accommodant à leurs inclinations. Car

# PREFACE.

ce Barbare qui eſtoit inconnu, dont l'extraction fut ſi baſſe & la famille ſi obſcure, a regné par cette conduite ſur vne des plus puiſſantes Nations de la terre. L'on connoiſtra auſſi qu'il s'eſt élevé de certains Tyrans, qui ſous apparence de ſainteté & les armes à la main ont fourny aux peuples les occaſions de ſe plonger dans les débauches, & de s'abandonner aux vices, & qu'ainſi ils ont ſeu gagner l'affection de leurs ſujets, & porter la crainte parmi les Etrangers. En effet, ſi nous conſiderons les Hiſtoires des plus anciens Royaumes, nous trouverons que les Princes qui ont fleury le plus longtems, n'ont affermi leur Trone que ſur l'amour de leurs ſujets, & en s'accommodant à leurs coûtumes; & qu'outre cela perſonne ne fuſt honoré de l'auguſte nom de Roy, que dans la veuë, qu'il eſtoit de l'intereſt des peuples qu'il commandaſt & qu'on luy donnaſt vne qualité ſi vénérable. Ainſi l'vtilité publique obligea les Nations à choiſir des Souverains. Car lorſque perſonne n'eſtoit retenu par le reſpect de la Religion, lorſque l'on ne connoiſſoit point encore de Loix qui tinſſent les hommes dans vne égalité raiſonnable; & que la convoitiſe pour ſe ſatisfaire elle-meſme, employoit ſes forces contre la raiſon, l'on eſtablit des Rois qui puſſent retenir les hommes dans l'obeïſſance, & faire vivre avec quelque ſorte

## PREFACE.

de police ceux qui erroient comme des bestes parmi les forests. Mais ces Princes ne les ont reduits que par la sagesse & par la justice, & les faveurs qu'ils ont répanduës sur eux leur ont gagné l'estime & le cœur des peuples, qu'ils ont ensuite portés à s'unir d'affection & à chercher avec ardeur les choses utiles & honnestes. Je laisse à part, qu'avec ces maximes, Saturne qui jetta les premiers fondemens de la forteresse de Rome, regna le premier en Armenie, & que malgré les embusches des Babyloniens, & les forces de Iupiter, il conquit en Italie un nouveau Royaume. Par cette conduite Romulus, cét autre fondateur de Rome, devint Roy, de Berger qu'il estoit auparavant; & Numa Pompilius & Tarquinius Priscus, qui estoient estrangers & des personnes d'une condition ordinaire montérent sur le Trône. Alexandre par la seule amitié des Macédoniens, a subjugué l'Asie, & tandis que les guerres civiles n'ont pas déchiré l'Empire des Grecs, des Cartaginois, ou des Romains, leur gloire & leur fortune se sont augmentées, & ils ont aquis le titre de Maistres de l'Univers. Ainsi Mahomet suivant ces exemples éblouit les Arabes par les apparences d'une fausse sainteté, & se servant de leur inclination pour regner il ouvrit la porte au libertinage, & gagna entiérement leur amour; de sorte qu'ils l'honorérent comme un grand Prin-

# PREFACE.

ces, & le révérérent comme vn personnage d'vne sainte vie. Aussi ces Nations conduites & animées par ce faux Prophéte, de foibles qu'elles estoient devinrent tres-puissantes, & s'emparérent presque de toutes les Provinces qui estoient soûmises aux Romains. Il est vray que la discorde se glissa parmy ces Barbares, qu'ils exercérent entre eux de cruelles tyrannies, & que le desir de commander estant devenu leur passion principale, ils tournérent leur fureur contre eux-mesmes, & tombérent enfin au pouvoir de leurs ennemis. C'est ainsi que la division a desolé les plus puissans Royaumes, ruiné les Républiques les plus florissantes & les mieux fondées, & transporté l'Empire des Caldeens aux Assyriens, des Assyriens aux Médes, des Médes aux Perses, & des Perses aux Macédoniens. Elle a détruit les Estats d'Alexandre le Grand, & armé ses successeurs les vns contre les autres pour la Monarchie, au lieu de se contenter du partage qu'ils en avoient fait. Diray-je qu'elle a ébranlé la puissance des Grecs, ruiné la République des Cartaginois, aboli la domination des Romains, & qu'en livrant Constantinople aux Barbares, elle a achevé de renverser l'Empire de la Gréce. Enfin, la discorde a triomphé des Arabes successeurs de Mahomet, dont les conquestes sont particuliérement traitées dans cette Histoire, & elle a fait

passer

## PREFACE.

passer leur empire aux Turcs qui regnent aujourd'huy avec tant de tyrannie. Mais nous esperons que le Ciel secondera nos vœux, & que bientost nous terrasserons l'orgueil de ces Barbares. Et cette sainte ligue où sont entrez tant de grans Princes, ne nous promet-elle pas que nous reprendrons Jerusalem, Constantinople avec toute la Grece, & que nous redonnerons la liberté à ces peuples qui gemissent dans une deplorable servitude? Les Chrestiens touchez de compassion, & animez par l'exemple de leurs Souverains n'ont pas moins de zele pour cette illustre expedition, qu'ils en eurent autrefois, lorsqu'à la persuasion de Pierre Lhermite ils prirent les armes au nombre de trois cens mille hommes, entre lesquels étoient plusieurs personnes de grande naissance, qui passerent en Levant & firent de prodigieuses actions de valeur contre ces insolens ennemis du nom Chrestien.

Pour les quatre autres Livres de cette premiere Partie, ils traitent des Royaumes de Maroc, Tremécen, Fez & Tunis, avec une description tres-exacte des villes, des châteaux, des rivieres, & des diverses peuplades qui s'y rencontrent. Nous rapporterons en chaque Livre les sanglantes batailles que l'on a données, & les memorables victoires que l'on a gagnées en chacun de ces Royaumes. Et encore qu'il semble

# PREFACE.

qu'il estoit plus à propos de parler de ces guerres au Livre second, qui comprend les annales du pays ; j'ay crû neantmoins que d'en faire mention où elles estoient arrivées c'estoit m'attacher davantage à mon sujet. Ie n'ay point eu d'autre veuë dans toute cette Histoire que d'encourager les nations Catholiques à prendre les armes contre ces Infidèles, qui ravalent avec insolence la gloire du nom Chrestien, & ne cessent de nous faire la guerre, & de chercher les occasions de nous détruire. Mais il nous sera plus facile de les perdre que de conquerir sur eux la Terre Sainte, parceque nous connoissons maintenant leurs forces, & que l'orgueil qui les anime, & la joye qu'ils reçoivent de nos maux avec la passion qu'ils ont de s'enrichir de nos dépouilles, les poussent à faire tous les jours de nouvelles courses sur nos terres, & à se livrer eux-mesmes en proye à nos armes.

La seconde Partie aura six Livres ; j'y comprens tout ce qui manque dans la premiere, la Numidie, la Libye, l'Egypte, la basse & la haute Ethiopie avec les Isles * qui sont à l'entour de l'Afrique, & qui en relevent, desquelles j'ay fait vne exacte description selon l'ordre que j'ay suivi dans la premiere Partie, touchant les guerres & les choses les plus considerables. Au reste, je supplie ceux qui liront cét ouvrage de songer à la peine

* On n'a pas le Livre des Isles.

## PREFACE.

que j'ay euë pour le compofer. Et fi par malheur j'ay manqué contre l'Hiſtoire, je les conjure d'y fuppleer favorablement, en reconnoiſſance de ce que j'ay entrepris pour l'intereſt de toute l'Eſpagne, & le bien de la Chreſtienté.

# EXTRAIT DV PRIVILEGE DV ROY.

PAr Grace & Privilege du Roy en datte du 20. jour d'Octobre 1657. il est permis à NICOLAS PERROT, Escuyer Sieur D'ABLANCOVRT, de faire imprimer par tel Imprimeur & Libraire qu'il luy plaira choisir, toutes les traductions par luy faites, & ce pendant le temps de vingt années, à compter du jour que chaque piece, ou Volume sera achevé d'imprimer pour la premiere fois : avec deffenses à toutes personnes de quelque qualité qu'elles soient d'en imprimer, vendre ni debiter aucune chose en pas-vn lieu de son obeïssance, sous pretexte d'augmentation, correction, changement de titre, fausse marque, ou autrement, en quelque maniere que ce soit, sans son consentement exprés & par écrit, encore qu'elles ayent esté imprimées cy-devant, & que le temps des Privileges accordez pour icelles soit expiré, à peine de trois mil livres d'amende, confiscation des exemplaires, & de tous despens, dommages, & interests, ainsi qu'il est plus amplement porté par lesdites lettres de Privilege.

*Registré sur le Livre de la Communauté des Libraires, suivant l'Arrest de la Cour de Parlement du 8. Avril 1653. Fait le 26. Octobre 1657.*

       Signé,    BECHET Syndic.

Et ledit Sieur NICOLAS PERROT, Escuyer Sieur D'ABLANCOVRT a traité avec Thomas Iolly, & Louys Billaine, Marchands Libraires à Paris, de la Traduction par luy faite *de l'Afrique de Marmol*, suivant l'accord fait entre eux.

### Le Libraire au Lecteur.

MONSIEVR SAMSON ayant bien voulu prendre la peine de disposer des Cartes Geographiques pour l'ornement & pour l'intelligence de Marmol; il ne m'a pas seulement fourny celles qui sont necessaires aux descriptions des Provinces de l'Afrique, que l'on trouvera placées en leur lieu ; mais aussi quantité d'autres qui contiennent la description de plusieurs pays tant de l'Asie que de l'Europe, où les Successeurs de Mahomet ont étendu leurs conquestes ; & ce pour l'intelligence du Livre second du premier Tome, où est amplement deduite l'histoire dudit Mahomet & de ceux qui luy ont succedé; lesquelles Cartes l'on a mises à la fin dudit Livre second pour y avoir recours.

*Avis pour le Relieur touchant les endroits où il faut placer les Cartes.*

### DANS LE PREMIER TOME.

L'AFRIQVE. &c. fol. 1
L'Afrique ou Libye Vlterieure ou sont le Saara.
L'Arabie. fol. 29
L'Empire du Sophi des Perses.
La Sorie & Diarbeck.
La Turcomanie.
L'Anatolie.
La Hongrie.
Partie de Turquie en Europe.
L'Italie.
La France. L'Espagne.

} *Les faut mettre de suitte à la fin du premier Tome, devant la Table, à fol. 532.*

Suite de l'Avis au Relieur.
## DANS LE TOME SECOND.

Royaume de Maroc. fol. 1
Royaume de Fez. 137
Partie de Barbarie, où est le Royaume d'Alger. 319
Partie de Barbarie, où sont les Royaumes de Tunis & Tripoli. 431

## DANS LE TOME TROISIEME.

Partie du Biledulgerid, où sont Tesset &c. fol. 5
Royaume & desert de Barca. 55
Isle du Cap Verd, coste & pays des Negres. 75
La Guinée & pays circonvoisins. 85
Royaume de Congo. 93
Isles Canaries. 109
Pays & coste des Caffres. Monomotapa &c. 113
Isle de Madagascar. 127
Partie de Zanguebar. 129
Presqu'Isle de l'Inde deçà le Gange. 165
Partie de la Haute Ethiopie. 205
L'Egypte. 245

# L'AFRIQVE
## DE
# MARMOL,
## TOME I.

# TABLE DES CHAPITRES
CONTENVS
DANS L'AFRIQVE DE MARMOL.

## LIVRE I.

Description générale de l'Afrique, de ses Royaumes, de ses Principautez, des peuples qui sont venus l'habiter, & de tout ce qu'elle a de memorable.

Chap. 1. *D'OV vient le nom d'Afrique, & comme elle se nommoit auparavant.* pag. 1

Chap. 2. *Description de l'Afrique, selon Prolemée.* 2

Chap. 3. *Description de l'Afrique selon les Auteurs Africains.* 3

Chap. 4. *Description de l'Afrique selon l'Auteur.* 4

Chap. 5. *Division générale de l'Afrique, où il est parlé de deux chaines de montagnes, qu'on nomme le grand & le petit Atlas.* 8

Chap. 6. *Description de la Barbarie, qui est la premiere partie de l'Afrique.* 9

Chap. 7. *De la Barbarie.* 12

Chap. 8. *Des saisons & des qualitez de l'année en Barbarie.* 13

Chap. 9. *Des plus fameuses*

rivieres de la Barbarie. 16

Chap. 10. Du Biledulgerid, que les Anciens nommoient Numidie ou Getulie. 24

Chap. 11. De la qualité du païs. 26

Chap. 12. Des principales rivieres qui y sont. 27

Chap. 13. De la troisiéme partie de l'Afrique, qu'on nomme Saraha, & des peuples qui l'habitent. 28

Chap. 14. De la qualité du pays. 30

Chap. 15. Description du Beled-ala-Abid, ou pays des Négres, qui est la quatriéme partie de l'Afrique, & des Royaumes & Provinces qui y sont. 31

Chap. 16. De la qualité du pays des Negres. 33

Chap. 17. Du fleuve Niger. 34

Chap. 18. Description de l'Egypte, tant des principales villes, que des provinces. 36

Chap. 19. De la qualité du pays. 38

Chap. 20. Description de la haute Ethiopie, & des Estats qu'elle contient. 39

Chap. 21. De la qualité du pays, & des choses remarquables qui s'y rencontrent. 42

Chap. 22. Du fleuve du Nil, & de ce qu'il a de merveilleux. 43

Chap. 23. Des animaux d'Afrique, differens de ceux de l'Europe, & des autres particularitez du pays. 48

Chap. 24. Des plus anciennes habitations de l'Afrique, & de l'origine des peuples de Barbarie. 67

Chap. 25. Des Azuagues, peuples d'Afrique, & de leurs habitations & demeures. 71

Chap. 26. Des autres Africains qui vivent dans les deserts de Libye. 73

Chap. 27. Des Arabes qui font leur demeure dans les villes, & que les Afri-

## DES CHAPITRES.

cains appellent par reproche Hadara, c'est à dire Courtisans. 74

Chap. 28. De l'origine de tous les Arabes en général, & de ceux qui vivent à la campagne sous des tentes. 75

Chap. 29. Des habitations des Arabes d'Afrique; de leurs Communautez, de leur nombre, & premiérement de la principale Tribu d'entre eux, nommée Esquequin. 77

Chap. 30. Des Arabes de la Tribu d'Hilela, & de leurs habitations & demeures. 80

Chap. 31. Des Arabes de la Tribu de Mahguil, & de ses habitations. 81

Chap. 32. De la vie & des coûtumes des Arabes d'Afrique, & de leur façon de combatre. 86

Chap. 33. Du langage des Africains. 92

Chap. 34. Des anciens caracteres des Africains, & de ceux dont ils se servent aujourd'huy. 94

Chap. 35. Des anciennes coûtumes & superstitions des peuples d'Afrique. 95

Chap. 36. Comme l'Infant de Portugal Dom Henry commença la découverte & la navigation des costes Occidentales de l'Afrique & des Indes. 97

Chap. 37. Lettre d'Helene Reyne des Abyssins à Dom Manuel Roy de Portugal. 102

Chap. 38. Lettre Patente du Roy de Monicongo aux Princes voisins de son Royaume, quand il se convertit à la Foy de JESVS CHRIST. 104

Chap. 39. Lettre d'obedience du Roy de Monicongo au Pape. 109

# TABLE

## LIVRE II.

De la secte de Mahomet; & des progrez de ses successeurs en Europe, en Asie & en Afrique.

Chap. I. DE l'origine de Mahomet, & de sa secte. 112

Chap. 2. Des dissensions qu'il y eut entre les Arabes aprés la mort de Mahomet, & comme ils éleurent Abubeguer pour son successeur. 122

Chap. 3. De la diversité des sectes du Mahometisme, & de leur origine. 123

Chap. 4. D'Omar second Calife, ou successeur de Mahomet, & des choses arrivées de son tems. 135

Chap. 5. D'Odman, fils d'Afan troisiéme Calife, & de ce qui arriva de son tems. 139

Chap. 6. D'Ali & de Moavia qui regnerent en mesme tems: & comment celuy-cy demeura paisible possesseur de l'Empire par la mort d'Ali, & fut le quatriéme Calife; avec les choses qui arrivérent de son tems. 142

Chap. 7. De Iezid, fils de Moavia, cinquiéme Calife; & de ce qui arriva de son tems. 149

Chap. 8. D'Adbala, sixiéme Calife; & des choses qui arriverent de son tems. 150

Chap. 9. D'Abdulmalic, septiéme Calife; & de ce qui se passa sous son regne. 151

Chap. 10. D'Halid-Abul-Gualid, fils d'Abdulmalic, & petit-fils de Marvan, huitiéme Calife; & de ce qui arriva pendant son regne. 156

Chap. 11. De Soliman Hascien, neufiéme Calife; & de ce qui arriva de memorable sous son regne. 170

## DES CHAPITRES.

Chap. 12. D'Omar, II. du nom, dixiéme Calife; & de ce qui arriva de remarquable sous son regne. 171

Chap. 13. De Iezid, second du nom, onziéme Calife; & de ce qui arriva de remarquable sous son regne. 174

Chap. 14. De Gualid, second du nom, douziéme Calife; & de ce qui arriva sous son regne. 175

Chap. 15. De Iezid el Gelid, treiziéme Calife; & de ce qui arriva de plus remarquable sous son regne. 186

Chap. 16. De Hechen, quatorziéme Calife; & de ce qui arriva de remarquable sous son regne. 187

Chap. 17. De Marvan second du nom, quinziéme Calife; & de ce qui se passa sous son regne. 188

Chap. 18. D'Abubaba, seiziéme Calife; & de ce qui arriva sous son regne. 191

Chap. 19. D'Abdala, fils de Mahomet, dixseptiéme Calife; & de ce qui arriva de son tems. 193

Chap. 20. De Mahamet le Mehedi, dixhuitiéme Calife; & des choses qui arriverent sous son regne. 198

Chap. 21. D'Aron Rachid, dixneufiéme Calife; & de ce qui arriva sous son regne. 200

Chap. 22. De Mahamet, vintiéme Calife; & de ce qui arriva sous son regne. 210

Chap. 23. D'Imbraël, vingt-vniéme Calife, & des choses qui arrivérent de son tems. 220

Chap. 24. De Memon, vingt-deuxiéme Calife, & de ce qui se passa sous son regne. 225

Chap. 25. D'Ozmen, vingt-troisiéme Calife; & de ce qui se passa sous son regne. 231

Chap. 26. De Caym Adam, vingt-quatriéme Calife; & des choses arrivées de son tems. 233

Chap. 27. De Cosdar, vingt-cinquiéme Calife; & de ce qui arriva de son tems. 240

Chap. 28. De l'origine des

# TABLE DES CHAPITRES.

Turcs, & du commencement de leur regne sous Pisafire vingt-sixiéme Calife. 251

Chap. 29. D'Elvir, vingt-septiéme Calife; & de ce qui arriva de son tems. 264

Chap. 30. D'Abu Techifien, premier Roy d'Afrique; & des choses arrivées de son tems. 282

Chap. 31. De Iosef, fils de Techifien, second Roy d'Afrique, de la race des Almoravides. 289

Chap. 32. D'Ali, fils de Iosef troisiéme Roy de Maroc, de la lignée des Almoravides; & de ce qui arriva sous son regne. 304

Chap. 33. De Brahem, fils d'Ali, dernier Roy de Maroc, de la race des Almoravides; & de ce qui arriva sous son regne. 307

Chap. 34. D'Abdulmumen, Roy de Maroc; & de ce qui arriva pendant son regne. 322

Chap. 35. De Iosef, second du nom, & des choses arrivées sous son regne. 326

Chap. 36. D'Abu Iacob, fils de Iosef, Roy de Maroc; & des choses arrivées de son tems. 336

Chap. 37. De Mahamet Enacer, Roy de Maroc, de la lignée des Almohades; & de ce qui se passa durant son regne, 355

Chap. 38. Fin du regne des Almohades, & commencement de celuy des Beni Merinis, qui s'intitulérent Rois de Fez; avec les guerres arrivées depuis ce tems-là, jusques à l'an mil quatre cens soixante & onze. 368

Chap. 39. La fin du regne des Benimérinis, & le commencement des Benioatazes; & de qui se fit jusques à la fin de leur Empire. 417

Chap. 40. De la fin du regne des Benioatazes, & du commencement de celuy des Chérifs; avec un abregé de ce qui arriva de ce tems-là. 443

L'AFRIQVE

# L'AFRIQVE
## DE MARMOL.

### LIVRE PREMIER.

*Description générale de l'Afrique, de ses Royaumes, de ses Principautez, des peuples qui sont venus l'habiter, & de tout ce qu'elle a de mémorable.*

### CHAPITRE PREMIER.

*D'où vient le nom d'Afrique, & comment elle se nommoit auparavant.*

A partie du monde que l'on nomme Afrique, a pris son nom de l'vne de ses provinces où estoit autrefois Carthage. Ptolomée l'appelle Libye, du nom d'vne autre de ses régions qui confine du costé des deserts avec l'Egypte : Les Arabes nommerent anciennement tous ces deserts Elber, qui veut dire terre divisée. Ibni-Alraquiq ancien Auteur Afriquain dans son livre intitulé *l'Arbre de généalogie des Afriquains* dit qu'elle a pris son nom d'vn Roy de l'Arabie heureuse appelé Me-

A

## DESCRIPTION GENERALE

lec Ifiriqui. Ce Prince ayant esté vaincu par les peuples de la haute Ethiopie en vne bataille prés du Nil, & voyant qu'ils s'étoient saisis des passages par où il devoit s'en retourner, & qu'il n'y avoit point d'autre chemin, passa ce Fleuve. Delà traversant les deserts de la Libye, il arriva à la partie Orientale de la Barbarie, où il s'établit dans vne terre fertile & abondante en pâturages, & la nomma Ifiriquia comme l'appellent encore à présent les naturels du païs ; Mais les Etrangers changent l'i en a, & la nomment Afrique. Aussi les Géographes Afriquains ne comprennent sous ce nom que le Royaume de Tunis, & n'enferment dans l'Afrique que la partie Orientale. Quelques Auteurs du païs veulent que le mot d'Afrique soit corrompu, & qu'il vienne de *faracha*, qui signifie en Arabe chose divisée ou détachée, parceque c'est vne partie de terre que la mer sépare de l'Europe, comme le golfe d'Arabie & le détroit qui est entre la mer rouge & la méditerranée la séparent de l'Asie. Ioseph dans ses Antiquitez, assure que le mot d'Afrique vient d'Ophre fils de Mandanes qui vint de l'Arabie heureuse s'établir dans la Libye. D'autres le tirent d'Aphrigia, qui veut dire vne chose à l'abry. Mais la premiere etymologie est à mon avis la meilleure. Et nous comprendrons sous le nom d'Afrique, tout le païs qui est enfermé entre la mer méditerranée, l'océan, la mer rouge & le bras du Nil, le plus Oriental qui entre dans la mer méditerranée, vis à vis l'Isle de Chypre.

* Le mot en langue Punique signifie *terre des Epics*, qui est saveritable etymologie. *Bochart.*

## CHAPITRE SECOND.
### Description de l'Afrique selon Ptolomée.

PTOLOME'E divise l'Afrique en douze parties, ou provinces, qui sont, à commencer par le Couchant, les deux Mauritanies *, la nouvelle Numidie, la province d'Afrique, la Libye Cyrénaique, la Marmarique, la basse Egypte, la Thébaïde, la Libye interieure, & les deux Ethiopies. On voit manifestement dans sa quatriéme Carte de la Libye, & encore mieux en son quatriéme livre, que la derniere partie qu'il met au delà de l'Equateur du costé du Midy, est vers le quinziéme degré de longitude, où il met le Cap de Prase à-présent

* La Cesarienne & la Tingitane.

de Mozambique à huit degrez de la Ligne. Le reste depuis ce Cap en tirant vers le Midy qui contient environ quinze ou seize degrez, a esté la pluspart inconnu à Ptolomée, comme il le dit luy mesme à la fin du livre, où il marque que du Midy de la terre habitable jusqu'au Pole Antartique, il y a soixante & treize degrez, & soixante & quatorze minutes de terre inconnuë. Ce païs a esté découvert de nostre tems par les Portugais qui l'ont nommé, la nouvelle Afrique, depuis le seiziéme degré delà la ligne jusqu'au Cap de bonne-esperance, comme il se voit dans les Cartes du nouveau Ptolomée. Les Géographes Afriquains n'ont pas eu plus de connoissance de l'Afrique, & luy donnent les bornes que je vay dire.

## CHAPITRE TROISIESME.
### Description de l'Afrique selon les Auteurs Afriquains.

LEs Géographes Afriquains & Arabes, & entre-autres Moçaudi & Bebquer, dans la description générale qu'ils font du païs, montrent qu'ils n'en ont pas plus de connoissance que Ptolomée, encore le font-ils d'vne moindre étenduë : car ils n'y comprennent ni l'Egypte ni toutes les terres qui sont entre le Nil, la mer rouge & l'océan, disant que l'Egypte est vne partie de l'Asie & non de l'Afrique : Ils nomment aussi les provinces, les Golfes & les Caps tout-autrement que Ptolomée, & ne s'accordent pas bien à la supputation des degrez que font quelques Cosmographes, ce qui vient du changement des noms qui se fit dans ces lieux à la venuë des Arabes en Afrique. Car ceux-cy pour effacer la mémoire des prémiers habitans changerent la pluspart des noms, & depuis sur le déclin de leur empire, les Afriquains qui se revoltérent contre eux & qui recouvrérent sur eux la pluspart de leur propre païs en firent de mesme. Il ne faut donc pas s'éconner si dans la suite des tems & le changement des personnes, les anciens noms se sont perdus. D'ailleurs, il y a eu plusieurs provinces desolées & plusieurs villes détruites, dont la mémoire s'est abolie, & l'on en a fondé plusieurs autres depuis Ptolomée, qui portent maintenant les noms que les Berberés & les Arabes leur ont donnez. Car les Afriquains habitent tous-ensemble par communautez dont leur demeure prend le nom, & les Arabes en font de-mesme dans les campagnes où ils errent. Enfin, tous les Auteurs Afriquains dans la description qu'ils font de cette partie du Monde, ne commencent qu'à l'extrémité de la Nubie, & au prémier bras du Nil qui est dans l'Ethiopie proche de l'Egypte, & suivent le fleuve en descendant jusqu'à la mer Mediterranée, à quinze lieuës d'Alexandrie * vers le Levant. Delà ils vont costoyant la mesme mer jusqu'au détroit de Gibraltar, puis rentrant dans l'ocean * Occidental, ils remontent jusqu'au Cap de Non, où se fait la séparation des Afriquains blancs d'avec les Négres. En suite, continuant le long de la coste, ils vont jusqu'à l'embouchure du fleuve Zayre qui prend sa source d'vn lac au desert de Goaga, & se jette en la mer au Royaume de Manicongo. Delà par le mesme fleuve en remontant, ils retournent jusqu'à ce Lac, & ensuite au Nil & au Royaume de Nubie. Voilà les bornes qu'ils donnent à l'Afrique, sans y comprendre la haute Ethiopie qui est de l'autre costé du Nil, & encore moins l'Egypte qu'ils appellent Mezra: comme en Hebreu Mezraïm & en langage du païs Elquibet.

*en Arabe Escanderie.

* Bahar el Megareb.

## CHAPITRE QVATRIE'ME.

### Description de l'Afrique selon l'Auteur.

VOICY le tour de l'Afrique avec ce qu'elle contient, à prendre depuis l'extrémité du Couchant, où commence la province de Sus, en tirant vers le Midy, sans rien oublier de ce qui est de la terre-ferme de la montagne d'Aytuacal, que Ptolomée appelle le grand Atlas, on va à la ville de Messa dans la province de Sus, & delà au Cap d'Aguer *, & à celuy de Non, puis au fleuve de Senega que ceux du païs appellent Cenedec, & les Arabes Huetnichar ou fleuve noir, qui separe les blancs d'avec les Negres. Aprés, on arrive à la Geneoa dont les prémiers habitans le long de la coste sont les Benaïs plustost noirs qu'olivastres. Delà l'on entre dans la province des Gelofes qui s'étend bien-loin le long de la coste de l'Océan. On passe

* ou de Guer, ville & promontoire.

DE L'AFRIQVE, LIVRE I.

Enfuite dans la terre des Barbacines ou des Berberés comme les Auteurs Arabes les appellent. Ces peuples habitent la province de Moçala à-travers laquelle paſſe vn grand fleuve qui entre dans la mer par deux embouchures par où l'on remonte bien avant dans le païs. On rencontre aprés, la province de Gambea ou Gambu, que Ptolomée nomme Eſtachiris qui eſt arroſée d'vne autre profonde riviére, par où les vaiſſeaux remontent plus de trois cens lieuës juſqu'à la province de Cantor où l'on trafique avec les Negres, & d'où l'on apporte de l'or en Portugal. Ceux du païs diſent que ce fleuve eſt le meſme que le Senega, & l'vn des bras du Niger. Aprés la province de Gambea eſt celle de Caſa-Manſé, par où paſſe le Rha qui eſt vne autre grande riviére navigable, habitée de part & d'autre par des Negres. Plus-loin eſt le fleuve de ſaint Dominique, comme les Portugais l'appellent, où ils trafiquent encore avec les Negres, plus de quatre-vingts lieuës au-dedans du païs. La province qui ſuit eſt celle des Papaïs, d'où deſcend vn autre grand fleuve qu'ils nomment des Iſlettes, à cauſe de deux petites iſles peuplées de Negres, qui ſe rencontrent à ſon embouchure. En entrant plus-avant dans la mer, on trouve les Iſles de Bigiohos qui ſont auſſi habitées, & encore que chacune ait ſon Seigneur particulier, elles ne laiſſent pas d'obeïr toutes au Roy de celle qu'ils nomment * Hermoſa. Enſuite, eſt la province de Biafar, d'où ſort encore vn autre grand fleuve qui ſe va rendre dans la mer, & qui s'appelle Riogrande, parceque c'eſt le plus grand de tous, & qu'il reçoit pluſieurs riviéres navigables. Aprés avoir paſſé les Biafares, on entre dans les Maluces qui habitent les bords de la riviére de Donay-luy, laquelle a plus-loin celle de Nugno Triſtan, quoy que cette province ſoit habitée par les Maluces, on la nomme de Cocolis. Enſuite, eſt celle des Vagues qui demeurent le long du fleuve de meſme nom, qu'on appelle autrement Tabite par où les vaiſſeaux Portugais remontent pluſieurs lieuës dans le païs. Au delà de ces habitations eſt le païs de Sapé, d'où deſcendent deux grands fleuves: Le prémier nommé Caluz & le ſecond de Caceres, où les habitans des Canaries vont trafiquer avec les Negres. Il y a encore plus-avant vn autre fleuve appellé Marive & la Sierra-leona *, que les Anciens appe-

* la Belle.

* Montagne de la Lionne.

A iij

loient le Char des Dieux. Plus-loin est la Mine d'où l'on tranſporte beaucoup d'or en Portugal, & où les Portugais ont basty vne forteresse de ce nom, pour la commodité du trafic. Audelà est la coste de Malaguette*, qui s'étend jusqu'au Royaume de Manicongo, par où passe le fleuve Zayre, qui traisne avec luy dans la mer six grosses * rivieres assez connuës, par le moyen des peuples de ces quartiers qui se sont convertis depuis cent ans à la foy Chrestienne : comme nous dirons en son lieu. Depuis ce Royaume jusqu'au Cap de bonne-esperance il y a de grans deserts, & deux autres Caps, le Cap noir & celuy du Peron. Passé le Cap de bonne-esperance, que les habitans appellent Zanguebay *, on rencontre la coste du mesme nom du costé de l'Orient, où il y a quantité d'habitations de Mahometans. La prémiere terre qu'on y trouve est le Cap des Eguilles : Aprés quoy viennent la riviere de Fumos & la province d'Alagoa, le fleuve du Saint Esprit, le Cap des Courantes *, la terre haute & le Cap de S. Sebastien en la province de Bena-Motacha. Plus-loin est Sofala *habitée par des Idolâtres. Cette province est longue, & ceinte d'vne grande riviére * qui se partage en deux bras, & qui l'enferme comme vne Isle. Elle se nomme Zambere & on la remonte par vn de ses bras durant plus de deux cens cinquante lieuës, entraînant avec soy six autres rivieres * fameuses qui descendent toutes du Royaume de Bena-Motacha. L'autre bras n'est pas si grand. Aprés Sofala est la province ou le Royaume d'Angos, & ensuite, le Cap de Mozambique que Ptolomée appelle le promontoire de Praſe, en François Cap-verd. Les Portugais y ont vne forteresse pour la descente des navires qui vont aux Indes Orientales. Quand on a passé le païs de Mozambique, on entre en la province de Quiloa & ensuite à Mombaze & à Melinde, où se décharge dans la mer le grand fleuve Obii que Ptolomée appelle Rapt, & les Mahométans du païs, Buyimanci. Toute cette coste est habitée par des Arabes Mahométans, depuis l'embouchure de ce fleuve jusqu'au Cap des Courantes, & elle se nomme la coste de Zanguebay. Plus-avant est la province de Magadochzo, & ensuite, celles d'Adea & d'Adel, & le Cap de Guarda-funi *qui est la partie la plus Orientale de l'Afrique. Aprés, vient la province de Dobas & l'embouchure du détroit

* Les Cartes la mettent en deçà.
* Bancare, Vamba, Cuyla, Mairia, Maria, Zanculo.

* Coste de Zanguebar.

* de los corrientes.
* ou Sefala.

* Quelques-vns la nomment Cuama à son embouchure.

* Pamphames, Luangoa, Arruya, Manipao, Ladire, Ruenia.

* ou Guardafa.

de la mer rouge *. Cette coste jusqu'à Suaquin est de six-vingts *en Arabe de
lieuës, & fait partie du Royaume des Abyssins, où est compris Calçum.
celuy de Barnagas & d'autres provinces que tient cét Empereur. Elle s'étend encore au delà jusqu'à Sues, qui est le dernier port de ce Golfe & borde l'Egypte de ce costé-là. Ensuite, on traverse l'Isthme ou le détroit de l'Arabie qui contient environ soixante lieuës * entre le fond de ce Golfe & * d'autres di-
la mer Mediterranée. On descend là par le Nil jusqu'à la vil- sent 30. ou 40.
le de Damiette où ce fleuve entre dans la mer ; D'où retournant vers le Couchant par celle d'Alexandrie, & par la coste
du desert de Barca on arrive au Cap de Mesurate, & ensuite à
Tripoli de Barbarie, delà aux Gelves, aux Querquennes,
qui sont des Isles joignant la terre-ferme, vis-à-vis de Mehar-
raz, de la ville & du Golfe de Capez, des Esfaques, de Me-
hedie, que les Modernes apellent Afrique, de Tobulbe, de
Monester, de Susa, de la Calibie, de la Hamamette, de Né-
bel, de la Goulette, de Carthage, que quelques Auteurs A-
friquains apellent Bersac, d'Vtique, vulgairement nommée
Port-farine, de Biserte, de Bone, d'Estor, d'Elcol, toutes places du Royaume de Tunis. Passant plus-loin on rencontre
Gigery, Bugie, Teddelez, le Cap de Metafuz, Alger,
les ruines de Cesarée, que quelques-vns appellent par erreur
Cabor Rumia, Sargel, Brescar, Tenez, Mostagan, Arzee,
Oran, Marça, Quivir, One, Caçaça Melila, tous lieux maritimes du Royaume de Tremeçen. On trouve aprés, Yélez,
Vélez de Gomere, ou pour mieux dire le Pegnon *, qui est en * c'est à dire
la mer ; Tétuan, Ceuta, Alcaçar-Ceguer, autrement Moça- la Roche.
muda, qui sont dans le détroit de Gibraltar. Puis passant dans
l'Ocean d'où nous sommes partis, on rencontre les villes de
Tanger, Arzile, l'Arache, Mahamore, Cale, Rabate, Anfa ou Anafe, & les ports de Marça-fadala & d'Abça, le tout
sur la coste du Royaume de Fez. Delà rasant celle de Maroc,
on trouve la ville d'Azamor & celle de Mazagan, que les A-
rabes apellent Bareyja, & Tite & Conte, villes ruinées. Puis
Safi, Teftane & Messa : d'où nous avons commencé à faire
nostre description, qui comprend par ce moyen tout le tour
de l'Afrique. Nous ferons maintenant le détail des Royaumes, des Provinces, & des Principautez qu'elle contient.

## CHAPITRE CINQVIEME.

*Division générale de l'Afrique, où il est parlé des deux chaînes de Montagnes qu'on nomme le grand & le petit Atlas.*

L'AFRIQVE dont nous venons de poser les bornes, se divise en six parties, la Barbarie, le Biledulgerid, le Sahara, la basse Ethiopie * qui est le païs des Negres, l'Egypte & la haute Ethiopie. *La Barbarie*, qui est tres-fertile contient plusieurs villes fort peuplées, & comprend les deux Mauritanies*, la nouvelle Numidie, la province d'Afrique & la Libye Marmarique. *Le Biledulgerid*, ou le païs des Dates a esté nommé par les Anciens Getulie ou Numidie, des Nomades ou Pasteurs, parce que ces peuples errent continuëllement par la campagne aprés leurs troupeaux, & la pluspart habitent dans des cabanes faites de branches d'arbres, que les Anciens appelloient Mapalia. *Le Sahara* qui signifie deserts, est vne partie de la Libye interieure moins considerable que les autres. *Beledala Abid* qui est le païs des Negres ou la basse Ethiopie est compris aussi par Ptolomée dans la Libye interieure. *La haute Ethiopie*, comprend les Royaumes des Abyssins & toutes les provinces qui aboutissent vers la mer d'Arabie & vers la mer rouge, avec l'Ethiopie * qui est au dessus de l'Egypte, où est le Royaume de Nubie ou Neuba. *L'Egypte* embrasse les deux bords du Nil depuis ce Royaume jusqu'à la mer Mediterranée & a plusieurs villes tres-fameuses.

La Barbarie est séparée du Biledulgerid par vne longue chaîne de montagnes, qu'on nomme au païs les grans-Monts qui s'étend du Levant au Couchant; Et quoy qu'elle se rompe en plusieurs endroits, elle ne laisse pas de continuer depuis Iubel-Meyes, qui est à l'extrémité des Montagnes de Céel, & depuis la coste de Mazra, qui est à quatre-vingts lieuës d'Alexandrie, du costé du Couchant, jusqu'à la pointe qui s'avance dans l'Océan occidental prés de la ville de Messa. Elle est appellée par les naturels du païs Ayduacal, & par Ptolomée le Grand Atlas, dont il met la situation au huitiéme degré de longitude, & au vingt sixiéme degré & demy de latitude.

Le petit Atlas est vne autre chaîne de montagnes nommée Errif

---

* Autrement Beled à la Abid, ou Gethulia.

* la Tingitane & la Cesariene.

* Ptolomée nomme la partie la plus Orientale de la Numidie, la Libye Cyrenaïque ou Pentapolis, à cause qu'elle contient cinq grandes villes.

* Il fait ainsi trois Ethiopies, la haute, la basse, & celle qui est sous l'Egypte, mais il comprend celle-cy dans la premiere.

Errif, qui commence à la coste de la mer Méditerranée, & qui s'estend depuis le détroit de Gibraltar, jusqu'auprés de Bone. Or parce que dans les descriptions particuliéres qu'on fait des Royaumes & des Provinces, on doit traitter des habitans qui sont dans ces montagnes, & de beaucoup d'autres qui sont par toute l'Afrique : le Lecteur entendra par le grand Atlas, les montagnes qui s'estendent entre la Barbarie & la Numidie, depuis Méyés jusqu'à Ayduacal ; & par le petit Atlas, celles d'Errif, qui commencent depuis le détroit de Gibraltar, jusqu'au-dessus de Bone le long de la Mer. Mais nous ne laisserons pas de mettre le nom particulier de chacune, & les peuples qui les habitent, sans rien oublier qui soit digne de mémoire.

## CHAPITRE SIXIE'ME.

*Description de la Barbarie, qui est la prémiére partie de l'Afrique.*

LA Barbarie commence vers l'Occident, à la montagne d'Ayduacal, & comprend la ville & le ressort de Messa, & toute la province de Sus. Delà, elle costoye l'Océan Occidental, jusqu'aux Colonnes d'Hercule, d'où passant par ce détroit à la mer Méditerranée, elle s'étend jusqu'aux confins d'Aléxandrie. Au Levant, elle a pour bornes les deserts de Barca vers l'Egypte, & au Midy, le costé des montagnes du grand Atlas, qui regardent le Septentrion. Ibni-Alraquiq dit, que le nom de Barbarie est venu de Ber, que les Arabes luy donnérent avant qu'elle fust peuplée ; d'où ils appelérent ceux qui y demeuroient Bereberes. Mais l'opinion la plus commune entre les Africains, est qu'elle fut ainsi appelée de quelques-vns des habitans qui se nommoient Barbares, qui possedent encore aujourd'huy beaucoup de terres dans le Geneoa & le Zingue, où est la ville de Barbara. D'autres disent que les Romains, quand ils conquirent l'Afrique, appelérent ainsi ce quartier-là, à cause de la barbarie de leur langage, & qu'il luy est demeuré depuis. Maintenant, c'est la plus noble partie de

# DESCRIPTION GENERALE

l'Afrique. Car il y a quatre grans Royaumes, qui contiennent plusieurs provinces, & des villes tres-riches. Le prémier & le plus Occidental est le Royaume de Maroc, & ensuite, celuy de Fez, tous deux dans la Mauritanie Tingitane. Plus-loin vers le Levant, est celuy de Trémécen, dans la Césarienne. Le Royaume de Tunis est le plus Oriental, & comprend le païs qu'on nommoit proprement l'Afrique.

*Maroc.*    Dans le Royaume de Maroc, il y a sept provinces qui sont à commencer par le Couchant *Hea*, dont la capitale est Tednest: *Sus*, qui a pour principale ville Tarudante, nouvellement rebâtie & renduë célébre par le pere * de Muley Abdala, qui regne aujourd'huy dans Maroc & dans Fez : mais
* le Cherif Mahamet. il n'en est pas le fondateur, comme quelques-vns croyent: *Gezula* ou *Getulia*, où il n'y a aucune ville, ni bourgade fermée. *La Province de Maroc*, nommée autrefois Bocano Emero, dont Agmet estoit la capitale, avant que les Lumptunes eussent bâti Maroc. *Duquela*, dont la ville principale fut Tite, ainsi appelée, à ce qu'on dit, de Tut petit fils de Noë, qui amena en la Mauritanie les peuples nommez de son nom Titéens. Mais quelques-vns veulent qu'elle ait esté fondée par Hannon, avec les autres de cette coste, lors que les Carthaginois l'envoyérent avec soixante galeres, à cinquante rames, peupler les villes de la Libye Phénicienne. Mais cette ville ayant esté détruite avec celle d'Azamor, Safi est maintenant la capitale de la province. *Escura* ou *Dominet*,
* ou Medine, en ostant l'Arabe. dont la capitale est Almedine *, & la derniére est *Tedla*, dont la principale ville est Tebza.

*Fez.*    Dans le Royaume de Fez, il y a aussi sept provinces, dont la prémiére & plus Occidentale est *Temécéne*, qui avoit autrefois pour capitale Anafe, ou Ansa sur l'Océan; mais elle a esté détruite avec toutes les autres. La seconde, est celle de *Fez*, que les anciens nommoient Volubile, dont la capitale estoit Tiulit, sur le haut de la montagne de Zarhon, ou Zarahanum. Mais depuis qu'elle a esté ruinée, c'est la fameuse ville de Fez, fondée par Idris. La troisiéme est, *Asgar*, dont la capitale est Alcaçar-Quivir, bâtie par Iacob Alman-
* Roy de Maroc. çor *, mais auparavant, c'estoit Larache. La quatriéme est *Habat*, dont la capitale est Tanger, ou Tancha, qui a donné le

nom à la Tingitane, encore que quelques-vns disent que la ville de Ceuta a eu quelque-tems cét honneur. Ces deux places sont aujourd'huy au Roy de Portugal, qui y tient bonne garnison. La cinquiéme est *Errif*, dont la capitale est Velez de Gomere. La sixiéme est *Garet*, dont la principale ville est Melila, que Philipe II. a conquise ; mais les Africains ont donné ce rang à Tezota. La septiéme est *Cuz*, dont la capitale est *Tezar*, quoy que les Bénimérinis en ayent ennobly vne autre nommée Dubudu.

Dans le Royaume de Trémécen, il y a quatre provinces ; la prémiére est celle de *Trémécen*, anciennement appelée Timisi, dont la capitale estoit Haresgol, qui a esté ruinée sur la coste, & c'est maintenant Trémécen, ou Télemcen, comme les Africains l'appellent. La seconde est *Tenez*, qui prend le nom de la capitale. La troisiéme *Alger*, nommée autrefois Cesarée, du nom aussi de la capitale, qui a esté détruite sur la coste, où se voit encore vn dôme, que les modernes appellent Cabor-Rumia, prés du port des Cachines. Mais c'est aujourd'huy la ville d'Alger, que les Africains appellent Gezeir-de Beni-Mozgana. La quatriéme est *Bugie*, dont la capitale a le mesme nom. Quelques-vns mettent cette province dans le Royaume de Tunis ; mais nous la mettons dans celuy de Trémécen, à l'exemple de Ptolomée, & d'autres bons Auteurs. Il est vray qu'elle a esté quelque-tems sujette aux Rois de Tunis, & aux Seigneurs de Carvan\*.

*Trémécen.*

\* ou Cayravan.

Dans le Royaume de Tunis, il y a aussi quatre provinces ; la prémiére est *Constantine*, que Ptolomée appelle la nouvelle Numidie, dont la capitale porte le nom de Constantine, ou Cuçuntina, selon les Africains. La seconde est *Tunis*, autrefois la province de Carthage, du nom de cette ville fameuse, jadis ruinée par les Romains, & maintenant aneantie, comme dit Petrarque, aprés avoir esté restablie trois fois. La troisiéme est *Tripoli de Barbarie*, qui prend le nom aussi de sa capitale. La quatriéme, est *Zeb*, qui comprend vne partie de la Numidie ancienne, & de la Libye Marmarique, ou Pentapolis, qui avoit autrefois cinq belles villes, Bérénice, Arsinoë, Ptolemaïs, Apollonie, & Cyréne, qui ont esté toutes ruinées. Parlons maintenant de la qualité du païs, & commençons par la Barbarie.

*Tunis.*

# DESCRIPTION GÉNÉRALE
## CHAPITRE SEPTIÈME.
### De la Barbarie.

TOUTE la coste de Barbarie qui regarde l'Océan, avec les plaines qui sont entre la mer & le grand Atlas, depuis la derniere partie & la plus méridionale de la province de Sus, jusqu'au détroit de Gibraltar, est vn païs tres-fertile, & abondant en froment, en orge, & en bestail. Elle a les plus belles campagnes de l'Afrique, en quatre de ses provinces, Sus, Duquéla, Témécene, & Azgar, où tout le païs est est vni, temperé, & arrosé de plusieurs belles riviéres qui descendent du grand Atlas, & qui se vont rendre dans l'Océan. L'autre coste, qui regarde la mer méditerranée, depuis le détroit de Gibraltar, jusqu'à l'extrémité de la province de Tripoli de Barbarie, est vn païs haut-&-bas, & plein de quantité de grandes montagnes qui s'étendent en plusieurs endroits, jusqu'à trente & quarante lieuës, au dedans de la terre. Entre ces montagnes, & celles du grand Atlas, il y a de vastes plaines, & en quelques endroits de petites colines, ou éminences; le tout abondant en bleds & en pasturages. Il y a aussi quantité de sources & de ruisseaux qui descendent des montagnes, & qui se vont rendre dans la mer Méditerranée, par d'agreables détours, dont les bords sont paisibles & délicieux, remplis de bocages & de verdures qui entretiennent la fraîcheur : particuliérement aux environs de la ville de Cayravan ; parce qu'au-delà, la terre est aride & sablonneuse. Par-delà ces plaines en tirant vers le Midy, le païs s'éleve comme par degrez, jusqu'aux montagnes du grand Atlas, & sur ces hauteurs il y a en divers endroits de grandes forests, dans l'épaisseur desquelles se nourrit force sauvagine; mais la terre ne porte pas beaucoup de bled. La coste de Barbarie appellée Errif, où aboutissent les montagnes du petit Atlas, participe plus de la fraîcheur que de la chaleur ; ce qui fait qu'on n'y recueille pas beaucoup de froment ; mais en recompense elle fournit quantité d'orge, qui sert de nourriture à ces peuples. Il y a dans toutes ces montagnes de grans bois, où l'on trouve quantité de singes, de lions, & d'autres beftes farouches. La terre y eft fort propre pour la nourriture des troupeaux; car l'herbe y croift en abondance. Il y a auffi plufieurs lieux pour fe deffendre de la chaleur du Soleil en Efté; mais en hyver il y tombe tant de neige, que fi l'on ne retire les troupeaux de bonne-heure dans les plaines, cela les fait quelquefois mourir.

Le grand Atlas eft en quelques endroits inhabitable, pour eftre trop froid, ou trop rude & efcarpé, & pour l'épaiffeur & la hauteur des bois qui font dans des valées obfcures & profondes, d'où naiffent les fources des plus grans fleuves du païs; mais en d'autres il eft plus doux & plus temperé, & il y a de grandes bourgades peuplées de barbares Africains. Les montagnes du grand Atlas, les plus afpres & de plus difficile accés, confinent avec la province de Témécene, & les plus froides avec celle de Maroc; c'eft-pourquoy l'on y conduit les troupeaux l'Efté, à-caufe de la quantité d'herbe qui y croift; mais on les en retire avant les neiges; parce-que les vents font fi froids & fi perçans alors, qu'ils font mourir le beftail, & quelquefois mefme ceux qui le gardent. Il y a dans ces montagnes vn détroit prés de la ville d'Agmet, par où les Numides paffent tous les ans dans la Barbarie, au mois d'Octobre, avec leurs chameaux chargez de dates; mais la neige y tombe quelquefois en fi grande abondance, qu'en vne nuit elle eft de la hauteur d'vne pique, & engloutit les hommes & les beftes. Les autres montagnes qui confinent aux Royaumes de Trémécen & de Tunis, font moins rudes, & l'on y recueille quelque froment. Il y a auffi en des endroits quantité de troupeaux, & la terre y eft plus temperée, comme l'on verra dans la defcription particuliére que nous en ferons.

## CHAPITRE HVITIE'ME.

*Des faifons & des qualitez de l'année en Barbarie.*

LEs pluyes commencent en Barbarie à la fin du mois d'Octobre; mais le froid dure jufqu'à la fin de Ianvier: toutefois il n'eft pas fi grand qu'aux Royaumes de Caftille &

de Grénade, parce qu'il ne fait froid que le matin, & l'on ne se chauffe point après midy. Au mois de Février, il commence à diminuër, & le tems se change trois ou quatre fois le jour. En Mars, régnent les vents d'Occident & de Septentrion, qui mettent la terre en amour, & font fleurir les arbres, de sorte qu'au commencement d'Avril les fruits sont quasi tous formez. Aux Royaumes de Fez, de Trémécen, de Tunis, & en quelques endroits de celuy de Maroc, il y a des cérises à la fin d'Avril, & à la my-May des figues hâtives. Vers la fin de Iuin les raisins commencent à meurir, & au commencement de Iuillet il y a des poires, des pommes, des alberges, des abricots, & les autres fruits qui viennent en mesme saison. Les figues meurissent dés le commencement d'Aoust; & en entrant dans le mois de Septembre, toutes sortes de fruits sont meurs. Les Africains font seicher les raisins alors; mais s'il pleut, ou qu'il tombe quelque broüillard ou quelque grande rosée, comme il arrive souvent, ils ne seichent pas bien, & ils en font du raisiné, ou vin cuit; qui sert ordinairement de breuvage aux Barbares du petit Atlas. Au mois de Novembre ils recueillent les olives; mais les oliviers de la Mauritanie sont plus gros, & plus hauts que ceux du Royaume de Tunis; & ont alternativement vne bonne année & vne mauvaise, comme en Europe. Le Printems commence en Barbarie le quinziéme de Février, & finit le dix-huitiéme de May. Ces deux mois sont toûjours tempérez, & l'air y est fort doux. S'il ne pleut en ce païs-là depuis le vingt-cinquiéme d'Avril jusqu'au cinquiéme de May, il y a disette de bled, & ce temps-là est comme la clef de l'année. L'Esté commence le dix-neufiéme de May, & finit le seiziéme d'Aoust. Dans tout ce tems-là il fait de tres-grandes chaleurs; mais les plus insupportables sont au mois de Iuin & de Iuillet, pendant lesquels le serein n'est pas dangereux. Les pluyes de Iuillet & d'Aoust causent plusieurs maladies, & particuliérement des fiévres pestilencielles. L'Automne commence le 17. d'Aoust, & finit le seiziéme de Novembre; mais dés le mois d'Aoust & de Septembre, la chaleur va en diminuant. L'Hyver commence le dix-septiéme Novembre, & finit le 14. de Février; & à l'entrée de ce mois les laboureurs commencent à semer les terres dans les plaines, mais ils sement dans les montagnes dés le mois d'Octobre.

Les Africains comptent en l'année quarante jours de froid aspre, & quarante jours de chaleur excessive : le froid dure depuis le douziéme Décembre jusqu'au vingtiéme Ianvier, & le chaud depuis le douziéme Iuin jusqu'au vingt-&-vniéme Iuillet. Ils comptent leurs Equinoxes au seiziéme de Mars, & au seiziéme de Septembre, & leurs solstices au seiziéme de Iuin, & au 16. de Decembre, & réglent là-dessus leur agriculture & leur navigation. Il y a quantité de ces peuples, tant Africains qu'Arabes, qui sans savoir ni lire, ni écrire, rendent des raisons suffisantes touchant le labourage, par les regles de l'Astronomie : mais ils tirent ces regles *du tresor de l'Agriculture*, qui fut traduit de Latin en Arabe en la ville de Cordouë, du tems de Iacob Almançor, Roy & Pontife de Maroc. Dans ce livre sont contenus les douze mois de l'année en Latin, & ils les suivent pour ce qui concerne le labourage ; mais dans leurs Festes & leurs Caresmes, ils suivent les Lunes comme les Arabes, dont l'année est de trois cens cinquante-quatre jours, c'est à dire d'onze jours moindre que la nostre : c'est-pourquoy ces Festes roulent toûjours, & n'arrivent jamais en mesme-tems. Sur la fin de l'automne, au commencement du printems, & tout l'hyver, il y a de grandes pluyes avec tonnerres & éclairs, & la foudre tombe en beaucoup d'endroits, aussi-bien que la neige & la gresle. Ils ont trois sortes de vents dans la Barbarie, qui sont tres-dangereux, l'Est, le Sud, & le Sudest ; particuliérement aux mois de May & de Iuin, où ces vents seichent tous les bleds, & empeschent que les fruits ne meurissent. Les broüillars sont aussi fréquens & dangereux en ce tems-là. Dans les montagnes du grand Atlas, l'année n'a que deux saisons ; car l'hyver dure depuis le mois d'Octobre jusqu'en Avril, & il tombe alors tant de neige, que les habitans sont contrains tous les matins de la détourner de devant leur porte, pour avoir l'entrée & la sortie libre. Depuis Avril jusqu'en Septembre, sont les six mois d'Esté. Mais les cimes des montagnes ne laissent pas d'estre couvertes de neige tout du long de l'année, particuliérement en Mauritanie ; & en beaucoup de lieux le bled croist deſſous, & à-meſure qu'elle fond, le tuyau commence à paroître. Dans toutes ces montagnes on recueille quantité d'orge ; parce-qu'encore qu'il y en ait qui ſoient arides & pierreuſes, les habitans font des terraſſes ſur les penchans, où ils ſement, aprés avoir ſoûtenu la terre avec des murailles. L'orge qu'on y recueille eſt fort bonne & bien nourie, quoy qu'vn peu aigre ; ce qui agace les dents des chevaux.

## CHAPITRE NEVFVIE'ME.

### Des plus fameuſes Riviéres de la Barbarie.

*Sus.* LA Province de Sus prend ſon nom d'vne riviére, qui eſt la prémiere de la Barbarie, du coſté du Couchant ; & quelques-vns tiennent que c'eſt l'Iſle où eſtoit le palais d'Anthée, & les jardins des Heſperides. Il y a apparence neanmoins que c'eſt l'Vna de Ptolomée, qu'il met au huitiéme degré de longitude, & au vingt-huitiéme degré trente minutes de latitude. Ce fleuve ſort du grand Atlas ; entre cette province & celle de Hea, & tirant vers le Midy, traverſe les plaines de Sus, d'où il ſe va rendre dans l'Océan prés de Guerteſſen. Il arroſe le païs le plus fertile & le plus peuplé de tous ces quartiers, & les habitans en font des rigoles, dont ils humectent les campagnes de cannes de ſucre. Il groſſit tellement en hyver, qu'il n'eſt guéable en aucun endroit, mais en Eſté on le paſſe à gué preſque par tout.

*Tenſiſt* Il y a vne autre grande riviére nommée Tenſiſt qui ſort encore du grand Atlas prés de la Ville d'Anim-mey en la province de Maroc, & traverſant celle de Duquela ſe va rendre dans l'Océan prés de Safi, aprés avoir receu dans ſon ſein pluſieurs autres fleuves de ces montagnes. Les principaux de ces fleuves ſont, Ecifelmel qui prend ſa ſource du mont Sicſiva*,
* ou Sicſieva. au deſſus de Maroc ; Hued-neſuſa, qui ſort auſſi du grand Atlas au haut de Maroc, & Agmet qui vient d'vn lac prés de la ville du meſme nom qui a eſté autrefois comme nous avons dit la capitale de cette province, & qui eſt dans le meſme Atlas. Ces riviéres deſcendent des montagnes, & traverſant les fertiles & ſpacieuſes plaines de ces deux provinces,

ces, se vont joindre avec celle de Tensift, laquelle quoy que profonde, ne laisse pas d'estre guéable en quelques endroits en Esté, tant à pied qu'à cheval. Elle a prés de Maroc vn pont de pierre de quinze grandes arches, qui est vn des beaux édifices de l'Afrique, bâty, à ce qu'on tient, par Iacob Almançor, Roy & Pontife de Maroc. Mais, Budobus dernier Roy de la famille des Moahedines, ou Almohades en fit abattre trois arches pendant la guerre qu'il eut contre Iacob, prémier Roy de Bénimérinis, pour empescher le siége de Maroc. Toutefois, son travail fut inutile; car il passa par vn autre endroit, & le dépouilla de son Royaume. Ces trois arches n'ont point esté refaites depuis. Ptolomée appelle l'embouchure de cette riviére Asama, & la met à sept degrez de longitude, & à trente-deux de latitude.

*Técevin*, sont deux riviéres qui naissent de deux grandes fontaines à vne lieuë l'vne de l'autre, dans la montagne de Gugidime, qui est vne partie du grand Atlas, & traversant les plaines de la province d'Escure, se vont rendre dans la riviére des Negres, nommée par les habitans Hued-ala-Abid. Chacune de ces deux riviéres s'appelle Teceut, & jointes ensemble Técevin, qui veut dire en langue Africaine liziéres ou bornes. Elles arrosent les campagnes où elles passent, par le moyen des rigoles qu'on en tire, ce qui leur fait produire quantité de bled, d'orge, de millet, d'alcandie, & beaucoup de legumes.  *Técevin.*

*Hued-Ala-Abid*, qui veut dire en langue du païs, riviére des Negres, ou des esclaves, prend encore sa source en vne montagne du grand Atlas, appelée Anim-mey, entre les provinces d'Escura & de Tedla, & traversant d'aspres rochers & de profondes & obscures valées, tire vers le Nort, creusant son lict de telle sorte, qu'on n'en peut tirer aucune eau pour arroser les campagnes. Delà, enflé du Técevin & d'autres moindres riviéres, il se décharge dans l'Ommirabi, prés d'vn gué fort large & tres-seur, que les Africains appellent Megerat-esfa, c'est à dire gué plat. Cette riviére est extrémement haute, principalement au mois de May, lorsque les neiges se fondent dans les montagnes.  *Hued-Ala-Abid.*

*L'Ommirabi*, est vn grand fleuve qui naist dans l'vne des  *Ommirabi.*

C

montagnes du grand Atlas, entre la province de Tedla & le Royaume de Fez, d'où il court par les plaines d'Adacſum, & entrant dans vne valée étroite, il ſe reſſerre de-ſorte qu'on le paſſe ſur vn beau pont que fit bâtir Abulhaſten, quatriéme Roy des Bénimérinis. Delà tirant vers le Midy, il traverſe des campagnes qui ſeparent la province de Témécen d'avec celles de Tedla & de Duquela, puis ſe va rendre dans l'Océan prés d'Azamor, traînant avec ſoy la riviére des Negres, & vne autre appelée Derna, qui deſcend auſſi de ces montagnes. Ce fleuve n'eſt gueal᷾e qu'en Eſté, & ſeulem᷾nt aux endroits où il s'élargit dans les plaines. Ailleurs, les habitans le paſſent à la nage ſur des botes de roſeaux, ſoûtenuës par des cuirs enflez, à-cauſe qu'il n'y a point de pont. Il eſt ſi remply d'aloſes, que l'on en fournit la ville de Maroc, & les provinces voiſines, ſans compter celles que l'on tranſporte encore en grand nombre en Andalouſie & en Portugal. La peſche s'en fait ordinairement à la my-May, & le Roy de Portugal en tiroit grand profit, lors qu'il poſſédoit la ville d'Azamor. Mais maintenant, le Cherif afferme ce droit à des marchans Chreſtiens. Ptolomée appelle cette riviére Ruſibide, & met ſon embouchure à ſix degrez quarante minutes de longitude, & à trente-deux degrez trente minutes de latitude. L'entrée en eſt ſi mal-aiſée, qu'elle fit abandonner cette ville par le Roy de Portugal qui l'avoit priſe.

*Burregreg.*    *Burregreg*, eſt vne grande riviére qui ſort encore d'vne montagne du grand Atlas, au Royaume de Fez, & commence à courir par des valées tres-profondes entre de tres-hautes montagnes, puis paſſant par de petites colines, ſe va rendre dans des plaines, & delà dans l'Océan\*, entre Cale & Rabate qui n'ont autre port que ſon embouchure. Ptolomée la nomme Sala, & la met à ſix degrez dix minutes de longitude, & à trente-quatre degrez dix minutes de latitude. L'entrée en eſt ſi hazardeuſe pour les vaiſſeaux, qu'elle ſert aux habitans de défenſe contre les Chreſtiens.

\* vers le détroit de Gibraltar.

*Beht & Behet.*    *Beht & Behet*, ſont deux riviéres qui naiſſent encore dans les montagnes du grand Atlas au Royaume de Fez, d'où ramaſſant quantité d'eaux, elles courent au commencement comme des torrens entre des montagnes eſcarpées, puis deſcendant petit à petit dans d'autres moindres, arrivent enfin dans les plaines d'Azgar, où elles se convertissent en lacs remplis de quantité de poissons. Autour de ces lacs habitent plusieurs Arabes d'entre les Holotes & Beni-melec-sofian, qui paissent-là leurs troupeaux, & ont vne si grande abondance de beurre & de poisson, que le trop fréquent vsage leur cause vne espece de lepre. L'eau de ces rivières est excellente contre la pierre, ce qui y attire plusieurs personnes, tant de Fez & de Mequinez, que d'autres lieux. Ces rivières coulent assez proche l'vne de l'autre, & sont guéables toute l'année, si ce n'est en tems de pluye, ou quand les neiges fondent dans les montagnes.

*Subu*, est l'vne des plus grandes riviéres de Barbarie, & prend sa source dans Cililigo, montagne du grand Atlas en la province de Cuz. Elle sort d'vne profonde & obscure valée, d'où courant entre de hautes montagnes, & puis entre des colines, elle descend dans des plaines, & passe à vne lieuë & demie de Fez, puis divisant les provinces de Habat & d'Azgar, elle se va rendre dans l'Océan * prés de la ville Mamor. Elle reçoit dans son lict plusieurs riviéres, comme Guarga & Ador, qui descendent des montagnes de Gomere ou d'Errif. Quelques-vns ont dit faussement que ses sources viennent des montagnes de Gaiafa & de Zarahanum, comme si elle entraînoit dans son sein tant ces riviéres que d'autres de l'Estat de Tezar, & celle qu'on nomme Fez, avec vn autre nommé Ynaouan de Haluan, qui prend sa source au dessus de Fez. Quoy que tres-grande, elle ne laisse pas d'estre guéable en quelques endroits, excepté en Hyver ou au Printems, qu'on la passe sur des barques. Cette riviére est si abondante en poissons, & particuliérement en bonnes aloses, qu'elle en fournit la ville de Fez, & plusieurs autres de la province, à tres-grand marché. Elle est si large à son embouchure, qu'elle est capable de recevoir de grans vaisseaux, & on la pourroit naviger jusqu'à Fez, si les habitans de ces contrées estoient gens d'esprit ; cela seroit cause qu'ils n'achéteroient pas la moitié si cher le bled qu'on leur meine d'Azgar par terre. Ptolomée appelle cette riviére Subure, & met son embouchure à six degrez vingt minutes de

*Subu.*

* vers le détroit de Gibraltar.

longitude, & à trente-quatre degrez vingt-huit minutes de latitude.

*Lucus.*

*Luque*, est vn grand fleuve qui prend sa source dans les montagnes de Gomére, & tirant vers le Couchant, traverse les provinces d'Asgar & d'Habat, d'où passant prés d'Alcaçar-quivir, il forme de grans lacs fort poissonneux, puis se va rendre dans l'Océan prés de l'Arache * où ces deux provinces se touchent. Son embouchure forme le port de l'Arache, où abordent quelques vaisseaux Chrestiens chargez de marchandises de l'Europe, mais l'entrée en est si difficile, que si le Pilote n'est fort experimenté, il court fortune de perir. Ptolomée appelle cette riviére Lisse, & met son embouchure à six degrez vingt minutes de longitude, & à trente-cinq degrez quinze minutes de latitude.

* ou l'Arays, en langue du païs.

*Melule.*

*Melule*, est vne autre grande riviére qui sort d'vne montagne du grand Atlas, entre les villes de Tezar & de Dubudu; mais plus prés de celle-cy que de Tezar, & traversant les deserts secs & arides de Terrest & de Tafrata, elle se va rendre dans le Mulucan. Celui-ci est vn grand fleuve, qui prend aussi sa source dans le grand Atlas, à neuf lieuës de Garci-luyn, dans la province de Cus, puis descendant par des deserts aspres & steriles, entre en d'autres qui le sont encore plus*, d'où baignant le pied des montagnes des Benizenetes, & passant comme vn trait d'arbaleste à l'occident de la ville de Taçaça, il se va rendre prés delà dans la mer, entraînant avec soy le Melule, & quelques autres qui descendent des mesmes montagnes. Quoy qu'il soit fort large, il ne laisse pas d'estre fort guéable l'Esté en plusieurs endroits, & les Chrestiens ont accoûtumé de le remonter avec des barques à couvert de feüillages, & des rameaux pour surprendre les Maures qui vont à la pesche, ou à leur travail, car il est fort poissonneux vers son embouchure, & le poisson en est excellent. Ptolomée le nomme Molocat, & le met à dix degrez quarante-cinq minutes de longitude, & à trente-quatre degrez quarante-cinq minutes de latitude.

*Melucan.*

* ceux d'Angued, & de Garet.

*Muluya.*

*Muluye*, descend aussi de l'Atlas, & courant vers le Nort, se va rendre dans la mer Méditerranée, prés de la ville d'One. Ptolomée nomme son embouchure Malva, & la met à onze-

degrez dix minutes de longitude, & à trente-cinq degrez cinquante minutes de latitude.

*Ziz* & *Hued-habra*, sont deux riviéres qui se joignent en la plaine de Sirat, au lieu qu'on nomme Chamurra. La prémiere prend sa source du grand Atlas, & descend par vn costé du desert d'Angued, entre les Royaumes de Fez de Trémécen, elle ne s'enfle pas souvent, mais elle est toûjours fort profonde, & bien qu'elle soit poissonneuse, la pesche en est tres-difficile, à-cause que l'eau en est fort claire. La seconde naist prés de Mohascar, dans l'Estat de Beni-Rachid, ou Beni-Arach au Royaume de Trémécen, & aprés s'estre jointe à l'autre, elles entrent conjointement dans la mer Méditerranée, prés des ruines de l'ancienne Arzée, & s'appellent Sirat, du nom de la plaine où elles passent. Sur ces bords habitent de puissans Arabes qu'on nomme Beni-Amir, qui font souvent des courses jusqu'à Oran.

*Tefne*, est vne petite riviére qui sort des montagnes du grand Atlas, prés de l'ancienne Numidie, & court du costé du Nort, par le desert d'Angued, d'où elle se va rendre dans la mer Méditerranée, à sept lieuës d'Oran, du costé du Couchant. Elle a fort peu de poissons, & s'appelle maintenant la riviére d'Aresgol. Ptolomée la nomme Siga, & met son embouchure à vingt-&-vn degrez de longitude, & à trente-quatre degrez quarante minutes de latitude.

La riviére de Mine est assez grande, & descend des mesmes montagnes, d'où passant par des plaines rudes & stériles, où est située la ville de Bathaha; elle court du costé du Nord jusqu'à la mer Méditerranée prés d'Arzée. Les Maures l'appellent depuis peu Céna, du nom d'vn Morabite, qui repeupla Bathaha, que les Bénimérinis avoient détrüite. Ptolomée nomme cette riviére Quilemat, & met son embouchure à treize degrez de longitude, & à trente-quatre de latitude.

*Chilef*, est vne grande riviére qui naist dans les montagnes de Guanécéris, & descendant par des plaines desertes qui sont entre Tenes & Trémécen, se va rendre dans la mer Méditerranée, prés de Mostagan, du costé du Levant. La pesche est fort agreable à son embouchure, que Ptolomée

*Ziz & Hued-Habra.*

*Tefne.*

*Mina*

*Chilef*

C iij

met à quatorze degrez quinze minutes de longitude, & à trente-trois degrez quarante minutes de latitude, & l'appelle Carténe. Ses rivages sont peuples d'Arabes, riches & belliqueux, qu'on nomme Vled-Sueid, qui sont plus de trente mille hommes de pied, & plus de deux mille chevaux.

*Celef.* — *Celef*, est vne grosse riviere qui sort du grand Atlas, & rasant d'vn costé les campagnes de Metigie, se va rendre dans la mer Méditerranée, à cinq lieuës d'Alger vers le Couchant. Elle a de part & d'autre quantité d'arbres & de couvert, & s'appelle Asafran prés de son embouchure, où Ptolomée la nomme Quinalaf, & la met à seize degrez quarante minutes de longitude, & à trente-trois degrez vingt minutes de latitude.

*Cefaya.* — *Céfaye*, prend sa source dans le grand Atlas, & traversant les campagnes de Metigie entre dans la mer Méditerranée, au levant de la ville d'Alger, assez prés des ruines de Métafus que les Africains nommoient Temendafust. Entre-elle & Alger, entrent dans la mer deux autres riviéres * qui descendent des mesmes montagnes, & sont assez grosses l'Hyver; mais basses en Esté. Ptolomée nomme Cefaye, Save, & met son embouchure à dix huit degrez dix minutes de longitude, & à trente-trois degrez vingt minutes de latitude.

*Hued-el-Harrach, & Hued-el-Hamiz.*

*Hued-Icer.* — *Hued-Icer* est vne grosse riviere qui naist du grand Atlas sur la frontiere de la Numidie, d'où courant vers le Nort, elle entre dans la mer Méditerranée, au levant des ruines de la ville de Métafus, prés du bourg de Beni-Abdala en Tédélez, où se pesche force poisson. Ptolomée l'appelle Serbet, & met son embouchure à dix-neuf degrez trente minutes de longitude, & à trente-deux degrez cinquante minutes de latitude.

*Hued-el-Quivir.* — *Hued-el-Quivir* sort aussi du grand Atlas, vers la province de Zeb, & passant entre de tres-hautes montagnes, se va rendre dans la mer Méditerranée prés de Bugie. Il s'enfle fort quand il pleut, & quand les neiges se fondent; parce qu'il reçoit plusieurs ruisseaux qui descendent de ces montagnes, & a beaucoup de poissons, dont les habitans de cette ville ne font pas grand estat, parce-qu'ils aiment mieux celui de la mer. Les Chrestiens le nomment Zinganor, & Ptolomée Nasaova, & met son embouchure à vingt-deux degrez dix minutes de longitude, & à trente-deux degrez & demy de latitude.

*Suf-gémar*, est vne autre grande riviére qui prend sa source *Suf-gémar.*
aux environs de la montagne d'Aouraz, dans la province de Bugie, & descendant par des campagnes seiches & steriles, baigne les murailles de Constantine, d'où enflée du Marzoch, elle prend son cours au Septentrion, à-travers des montagnes fort roides, & se va rendre dans la mer Méditerranée. Cette riviére sépare les terres de Col de celles de Gichar; & par consequent la Mauritanie Césarienne de la province d'Afrique. Ptolomée l'appelle Ampsague, & met son embouchure à vingt-six degrez quinze minutes de longitude, & à trente-& vn degrez quarante-cinq minutes de latitude.

*Yadoch*, part aussi du grand Atlas, prés de Constantine, & *Yadoch.*
courant dés sa source entre des montagnes, vient descendre dans des plaines jusqu'à la mer Méditerranée, où il entre à vne lieuë de Bone, du costé du Levant. Vn quart de lieuë plus haut que son embouchure, on voit encore quelques restes d'Hippone, dont estoit Evesque S. Augustin, & que Ptolomée met à trente degrez vingt minutes de longitude, & à trente-deux degrez vingt-cinq minutes de latitude.

*Hued-yl-Barbar*, est vn autre grand fleuve qui tire aussi sa *Barbar.*
source du grand Atlas, prés de la ville de Lorbus, au Royaume de Tunis, & fait tant de tours & de retours par ces montagnes, que les voyageurs qui vont de Bone à Tunis le passent vingt-cinq fois, sans qu'en vn si long cours il y ait ni pont, ni barque. A la fin il se va rendre dans la mer prés du port de Taburc, à six lieuës de la ville de Begge. Ptolomée le nomme Rubricate, & met son embouchure à trente degrez quarante-cinq minutes de longitude, & à trente-cinq degrez vingt minutes de latitude; il se pesche quantité de corail sur ses bords jusqu'à la ville de Bone.

*Megerade*, est encore plus grand, & vient des mesmes mon- *Megerade.*
tagnes, à l'endroit où elles confinent à la province de Zeb, non loin de la ville de Tebsa. Il tire au Septentrion par de

# DESCRIPTION GE'NE'RALE

grans détours, & à deux lieuës de Tunis tourne vers la mer où il se va rendre à treize lieuës* delà du costé du Couchant. Il s'enfle fort quand il pleut, ce qui arreste quelquefois les voyageurs cinq ou six jours, parce qu'il n'y a ni pont ni bateau. Ptolomée l'appelle Bragada, & met son embouchure à trente-huit degrez quarante minutes de longitude, & à trente degrez quarante-cinq minutes de latitude.

*à Gar-el-Me*ha.

*Capés*, vient du mont Bacalise, dans les deserts de Libye, & court parmi les sablons vers la mer, où il se va rendre prés de la ville de Capés. Son eau est salée, & si chaude quand on la puise, qu'il la faut laisser rafraischir à l'air vne heure avant que de la boire. Ptolomée l'appelle Triton, & met son embouchure à trente-huit degrez quarante minutes de longitude, & à trente degrez quarante-cinq minutes de latitude.

Capés.

*Magro*, est vne autre riviére qui descend du grand Atlas, prés de la montagne de Meyés, & se va rendre dans la mer prés de Tripoli de Barbarie, à-travers les sablons de ces deserts. Ptolomée l'appelle Cinife, & met son embouchure à quarante-deux degrez vingt-cinq minutes de longitude, & à trente-&-vn degrez trente minutes de latitude.

Magro.

## CHAPITRE TIXIE'ME.

### *Du Biledulgerid que les anciens nommoient Numidie, ou Getulie.*

BELED-EL-GERID, *ou comme on le prononce ordinairement Biledulgerid*, a pour bornes du costé d'Occident, l'Océan, depuis la ville de Messa, de la province de Sus, jusqu'au Cap de Non, ce que les Africains appellent le Sus, éloigné; Mais du costé du Levant, il s'estend jusqu'à la ville d'Eloacat, qui est à trente lieuës de l'Egypte. Vers le Nord il a les montagnes du grand Atlas qui le séparent de la Barbarie, & du costé du Midy les deserts de la Libye ou le Sahara. Cette partie de l'Afrique est moins noble que la Barbarie; parce-qu'elle contient de tres-grans deserts & lieux infertiles, & ceux qui sont peuplez, sont fort éloignez les vns des autres, particuliérement vers le Sahara, où il y a grande

faute

# DE L'AFRIQVE, LIVRE I.

faute d'eau. Les Auteurs Africains font souvent mention de ces lieux, parce-qu'il en est sorti à diverses-fois des nations belliqueuses qui ont commandé en Afrique, en divers tems; particuliérement les Morabitins qui entrérent tres-puissans dans la Barbarie, mais ils ne donnent à pas-vn le titre de Royaume. Les principaux Estats de la Numidie, sont ceux-cy. *Sugulmesse*, qui confine avec les deux Mauritanies; *Zeb* qui aboutit aux montagnes de Bugie & de Constantine, & *le petit Biledulgerid*, qui s'étend jusqu'au grand Atlas, à l'endroit où il confine au Royaume de Tunis, depuis Constantine jusqu'au bout du mont de Meyés. Toute cette grande étenduë se nomme le païs des Dates *, à-cause de la quantité qui s'en recueille. Les Rois de Barbarie l'ont possedée à diverses-fois, & encore aujourd'huy ceux de Maroc, de Fez, & de Tunis en tiennent la plus grande partie, & les Turcs sont Seigneurs de Trémecen. Mais la pluspart de ces peuples sont gouvernez par la Noblesse de leur païs, & ont leurs Cheques, ou Seigneurs partieuliers. Ils sont forts vaillans, & en grand nombre, & si leur appareil de guerre répondoit à leur valeur, comme en Europe, ils feroient de grans exploits d'armes. *Sugulmesse*, n'a qu'vne ville qui porte le mesme nom, & commande à toute la province. *Zeb*, a aussi cinq villes, dont la principale est Bizcara, que les Turcs d'Alger tiennent aujourd'huy, Hascen Aga s'en estant rendu maistre pendant son Gouvernement. Les autres sont Borgiu, Nefta, Tulga, & Deusen. La province qu'on nomme proprement Beled-el-gerid en a cinq aussi, dont la capitale est Teusar; les autres sont Caphaça, Nescaoa, Teorregu, & Lastiten. Mais, pour n'estre pas trop long dans vne description générale, je mettray seulement icy les plus considerables, dont la pluspart sont en Republique. Celles-cy sont Tesser, Guaden, Ysaran, Atcha, Dara, Tefust, Quenena, Matagara, Tafilet, Rétel, Tebeldelt, Todga, Farcala, Tezérin, Beni-Gummi, Mazalig, Abuhinan, Caçayr, Beni-Bezeir, Guahédé, Fichig, Tegorarin, Meszeb, & Guarguéla, qui est vne ville fort peuplée, voisine d'Agadez, province de la basse Ethiopie.

* c'est la signification du mot de Biledulgerid.

## CHAPITRE ONZIE'ME.

### *De la qualité du païs.*

CETTE partie de l'Afrique est plus chaude que la Barbarie; parce-qu'elle est au Midy du mont Atlas: c'est-pourquoy elle est presque par-tout sterile, & manque d'eau, quoyqu'elle soit arrosée de quelques riviéres, qui sortant de ces montagnes, tirent les vnes vers le Midy, les autres vers le Couchant, & se convertissent aprés en de grans lacs au milieu des sables. Elles sont toutes bordées de palmiers, qui portent des dates en si grand nombre, que toute la Barbarie en est pleine, & ceux du païs les donnent à leurs chevaux au lieu d'avoine. Car, c'est leur principale richesse, & ils s'en entretiennent splendidement à leur mode, avec ce qu'ils tirent de leurs troupeaux. Parmi ces palmiers & prés des eaux, il y a des arbres fruitiers & des légumes, mais, qui ne sont ni si fertiles, ni si profitables qu'en Barbarie; parce-qu'ils ne les savent pas cultiver. Pour ce qui est du bled & de l'orge, il s'en recueille fort peu; mais, en recompense, les pâturages y sont excellens, particuliérement, sur les pentes du grand Atlas qui regarde le Midy, où il y a aussi beaucoup de sauvagine *. Parmi ces montagnes, il y a de grandes habitations & de grandes communautez de Barbares: Mais, de l'autre costé sur les frontieres de la Libye, il n'y en a point, à-cause que la terre y est tout-à-fait sterile & infructueuse, & qu'il n'y croist que des ronces & des épines qui y viennent fort grandes. En vn mot, du costé de la Libye, ou du Sahara, il n'y a ni fontaine, ni ruisseau, & toutes les eaux qu'on y peut avoir, procedent de certains puits d'eau salée, qui pour estre dans des lieux écartez, ne se rencontrent que difficilement. Il y a parmi ces deserts quantité de scorpions, de vipéres, & d'autres bestes venimeuses qui tuënt les hommes & les animaux. La recolte se fait plûtost dans le Biledulgerid qu'en Barbarie; car on y coupe les bleds dés le mois de May, & les dates s'y cueillent en Octobre. Il n'y a point de vignes, que quelques treilles, dont le raisin est si-tost meur, que dés

* bestes fauves, & autres.

la fin de Iuin il n'y en a plus. Il n'y fait pas fort froid, si ce n'est au mont Atlas, à-cause des neiges qui y tombent : Mais, le plus grand froid, est depuis la my-Septembre jusqu'à la fin de Ianvier. S'il pleut dans le mois de Septembre, la recolte des dates est mauvaise ; parce-que l'humidité les pourrit : s'il pleut en Octobre & en Avril, il y a quantité de bled, parce-que les riviéres se débordant, engraissent les plaines, qui autrement sont steriles & infructueuses. Mais, en récompense, lors qu'il ne pleut point, la recolte des dates est fort bonne, & ceux du païs l'aiment mieux que l'autre ; parce-que quelque abondante que soit l'année pour les bleds, ils ne suffisent pas pour six mois, au-lieu que quand il y a abondance de dates, on tire par échange de Barbarie, tant de bled & d'orge qu'on veut. Il se recueille dans la province cinq sortes de dates, si differentes les vnes des autres pour le goust, & pour la couleur, qu'on diroit que ce n'est pas le mesme fruit ; & elles ne se ressemblent qu'à la figure & au noyau. Les meilleures se nomment Bucuqueris, & les moindres, Buziar, qui sont celles que l'on transporte d'ordinaire en Espagne, parce-que les autres estant trop humides, se gâteroient sur mer ; & pour les trois autres sortes, parce-qu'elles sont fort molles, on les met en masse dans des cabas, & estant ainsi accommodées, elles se conservent longtems au païs, d'où on les transporte par toute la Barbarie.

## CHAPITRE DOVZIE'ME.

### Des principales riviéres qui y sont.

LA prémiére riviére dont nous parlerons icy, est celle *Dara.* de *Dara*, qui est tres-grande, & prend sa source dans les montagnes du grand Atlas, qui bornent la province d'Escure, d'où tirant vers le Midy, elle traverse celle de Dara, dont elle prend son nom. Elle est bordée de part & d'autre, de quantité de hauts palmiers, qui font vn agreable ombrage. Mais, elle entre delà dans le desert de Sahara, où elle se répand dans les sablons, & fait de grans lacs, autour desquels les Numides errent vers le Printems avec leurs troupeaux; parce-que leurs chameaux y trouvent quantité de fort bonne herbe. Cette riviére se seiche tellement l'Esté, qu'on la passe à pied sec en beaucoup d'endroits; mais quand il pleut, elle s'enfle de telle sorte qu'on ne la peut passer à gué, ni à pied, ni à cheval, & son cours est si roide qu'on ne la traverse point en bateau; outre que son lict est fort creux & inégal, l'eau devient amere, & salée dans les grandes chaleurs.

*Ziz.*

*Ziz*, est vne autre grande riviére, qui vient des mesmes montagnes, où habite vne partie des communautez des Senegues. Elle descend vers le Midy, & coule entre des montagnes fort hautes, d'où passant prés de Garci-luyn * elle traverse les Estats de Quenena, de Matagara, & de Reteb, puis le territoire de Sugulmesse, & entre dans les deserts du Sahara, où elle coule à-travers des palmiers. Elle en sort près de la ville de Sugayhila, d'où tirant encore vers le Midy, elle forme vn grand lac au milieu des sables, sans qu'il y ait aucune habitation autour; mais il s'y nourrit quantité de venaison.

* ville du Royaume de Fez.

*Guir.*

*Guir*, est encore vne grande riviére du mont Atlas, qui tire vers le Midy, par des deserts, d'où elle entre dans les Estats de Beni-gumi, & delà aux sablons de la Libye, ou du Sahara, où elle se convertit en vn lac, autour duquel errent avec leurs troupeaux force communautez d'Arabes & d'Africains. Ces trois riviéres sont les principales du Biledulgerid, qui est la Gétulie ou l'ancienne Numidie.

## CHAPITRE TREZIÉME.

### *De la troisiéme partie de l'Afrique, qu'on nomme Sahara, & des peuples qui l'habitent.*

SAHARA, est la partie la moins considérable de toute l'Afrique. Elle commence du costé du Couchant, à la coste de l'Océan, où sont les habitations de Non, d'où elle s'étend le long de la mesme coste jusqu'à la riviére de Senega. Du costé du Levant, elle va jusqu'aux frontiéres de la ville d'Eloacat & du Royaume de Gaoga. Au Nord, elle a les deserts du Biledulgerid, & au Midy le païs des Négres. C'est la Libye interieure de Ptolomée, dans laquelle il com-

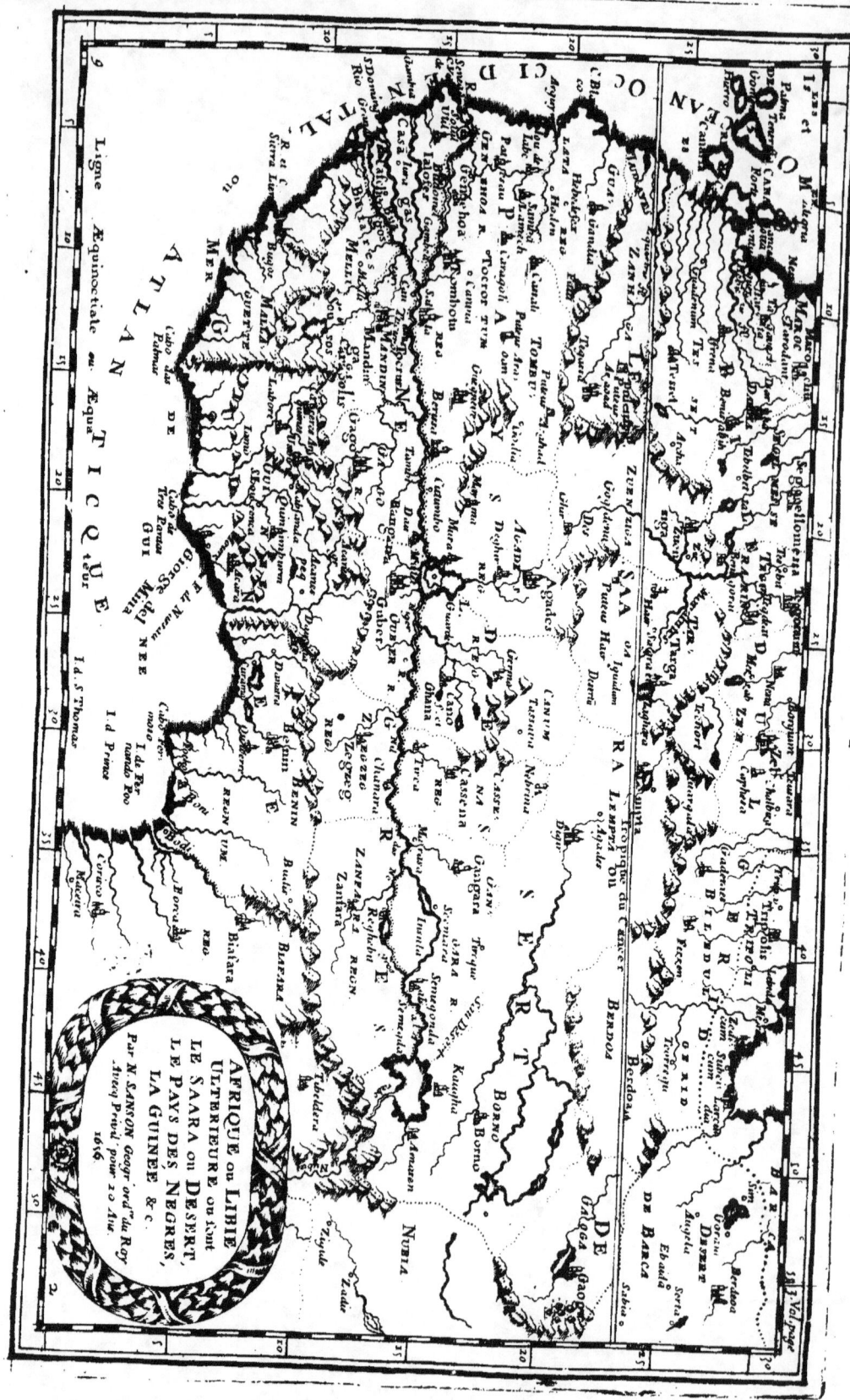

prend auſſi la Numidie & la baſſe Ethiopie, & la fait confiner vers le Septentrion aux deux Mauritanies, à l'Afrique proprement dite, & à la Cyrénaïque. Du coſté d'Orient, il luy donne pour bornes vne partie de la Marmarique, & l'Ethiopie qui eſt proche de l'Egypte. Au Midy, l'Ethiopie intérieure dans la province d'Agyſimba, & au Couchant l'Océan, depuis le Golfe Heſpérien, ou Occidental, juſqu'à Tingi, qui eſt le bout de la Mauritanie Tingitane. Mais, les modernes donnent d'autres bornes à ces provinces, & ne comprennent en celle-ci que le Sahara, qui eſt vne terre fort ſterile & fort pauvre, qui ne contient que des deſerts ſecs & ſablonneux, & le plus ſouvent inhabitables, où l'on fait quelquefois cent, & deux cens lieuës ſans trouver vne goute d'eau. Les habitations y ſont donc tres-rares, & fort éloignées les vnes des autres en des lieux où il y a quelques lacs ou mareſts, & où l'air eſt le plus tempéré. Les habitans qui y demeurent ſont groſſiers, & tiennent plus de la beſte, que de l'homme, ſans avoir l'eſprit de ſortir de ces deſerts, pour choiſir quelque demeure plus agréable. Les habitations les plus conſidérables du païs, ſont vers la partie Occidentale, prés de l'Océan & du Niger, Nun, Senega, peuple puiſſant qui a régné en Ethiopie, & d'où ſont venus quelques Rois des Négres qui régnent encore aujourd'huy ; Zuenziga, Terga, Lempta, Berdoa, Tegaza, où il y a quelques ſalines, dont on porte le ſel aux Négres ; Augela, Certe, & Berdoa. En quelques-vnes, il y a des lieux fermez de murailles de terre. Les habitans de cette partie Occidentale du Sahara, s'appeloient anciennement Sabathéens, de Saba fils de Cus, qui s'y habitua ; Et *Fables.* ceux de la partie Orientale, Futhéens, de Futh, fils de Cam. Auſſi, les anciens appelérent-ils Futheya la partie d'Afrique, qui fut depuis nommée la Libye Cyrénaïque. Voilà ce qui ſe peut dire en général des habitations du Sahara, dont nous ferons vne deſcription particuliére ailleurs.

# DESCRIPTION GE'NE'RALE
## CHAPITRE QVATORZIE'ME.
### De la qualité du païs.

SAHARA, est vn païs tres-chaud & sec, où il n'y a ni rivieres, ni fontaines, ni aucune eau que celle des lacs, dont nous avons parlé, ou de quelques puits salez, qui sont si rares, que les marchans qui partent de Numidie pour aller au païs des Négres, outre les chameaux qu'ils menent chargez de marchandises, en ont encore d'autres qui ne servent qu'à porter de l'eau. Cela arrive particuliérement lors qu'ils veulent aller du Royaume de Fez à Tombut, ou de celuy de Trémécen à Agadez; ou quand ils vont au Caire, par vn chemin qui traverse tout ce desert, & qui passe le long d'vn grand lac, dont les bords sont habitez des Negres de Ceu, & de Gorhan, qui sont de la basse Ethiopie. Sur cette route, particuliérement sur celle de Genéoa & de Tombut, il y a quelques puits qu'on a creusez dans le desert : & de peur que le sable ne les comble, on les mure par-dedans d'os de chameau, faute de pierre, & on les couvre de la peau de ces animaux ; parce-qu'il se leve en Esté vn vent d'Orient, qui transporte les sables de lieu à autre, & comble ces puits. L'orage est quelquefois si grand, que les hommes & les chameaux en sont accablez, & couverts de sable de la hauteur d'vne pique. On dit que c'est de ces corps qu'on fait la momie ; quoy-qu'il y ait plus d'apparence qu'elle se fait au quartier des Barbares, dont nous parlerons au chapitre suivant. Pour comble de malheur, lors qu'on arrive aux lieux où sont ces puits, on ne les sauroit quelquefois trouver, à-cause du sable qui les couvre, & l'on meurt de soif; mais il y a des conducteurs de chameaux si experts, qu'ils les découvrent toûjours, quelque cachez qu'ils soient. Toutefois, leur industrie leur sert quelquefois fort peu, ces puits estant tellement comblez* qu'on ne sauroit trouver l'eau, quelque peine qu'on prenne à creuser; ce qui rend tout leur travail inutile, & les contraint de tuer leurs chameaux pour boire l'eau qui est dans leur ventre. Car quand le chameau boit, il boit pour douze

* à cause de leur profondeur.

ou quinze jours, & sans cela on ne pourroit faire ce voyage. Ils remédient donc quelque-tems au defaut de l'eau par cét artifice, jusqu'à ce qu'ils viennent aux lieux où il y en a, s'ils ne meurent en chemin. Pour ce qui est des saisons, elles n'y sont pas semblables toutes les années ; car s'il pleut depuis la my-Aoust jusqu'en Février, l'herbe y croist par tout en abondance, & il y fait bon pour les troupeaux qui paissent le long des lacs. Quand les marchans mesme font leurs voyages, alors ils tirent cét avantage qu'ils rencontrent plusieurs lacs & quantité de laict & de beurre à grand marché ; mais si les pluyes manquent dans ce tems-là, comme il arrive souvent, les marchans souffrent beaucoup aussi-bien que les habitans du païs ; outre que ces secheresses sont toûjours accompagnées de grans vents, qui transportent des monts de sable. La recolte du Sahara est fort petite, parce-qu'on n'y sême que de l'orge, encore n'est-ce pas par-tout ; la nourriture donc ordinaire est de dates, de laict, de beurre & de chair ; de sorte qu'on y vit assez misérablement, comme nous dirons, quand nous parlerons de ces peuples.

## CHAPITRE QVINZIEME.

### Description du Beled-ala-Abid, ou pays des Négres, qui est la quatriéme partie de l'Afrique, & des Royaumes & Provinces qui y sont.

LE païs des Négres, que les Africains appellent Genéoa, Zinque & Neuba, est la basse Ethiopie\*, que Ptolomée comprend dans la Libye interieure. Il a au Couchant, l'Océan ; au Nort, les deserts de Sahara ; au Midy, la haute Ethiopie, où est le païs des Abyssins ; & à l'Orient, celle qui est proche de l'Egypte. Cette partie d'Afrique est plus grande que toutes les trois précedentes, & contient quantité de peuples, & de tres-grandes riviéres qui se déchargent dans l'Océan. La terre y est si basse, que la marée entre plusieurs lieuës dans le païs. Les peuples les plus riches, & qui se gouvernent avec quelque sorte de raison, sont ceux que les Arabes appellent de Genéova, qui demeurent sur les bords du

\* ou Beled-ala-Abid.

## DESCRIPTION GENERALE

Niger; parce-que c'est le chemin que prennent les marchands qui vont au Levant, & il y aborde quantité de gens de Barbarie, de Numidie, & d'autres endroits. Ceux qui habitent le long de la coste de la mer, sont aussi assez polis, depuis que les Portugais ont negocié avec eux ; principalement ceux de Manicongo, qui ont embrassé le Christianisme. On trouve aussi quelque civilité en ceux qui sont du costé d'Orient vers la Nubie, & qui confinent avec le païs des Abyssins. Mais, ceux qui demeurent au dedans du païs, que les Arabes appellent les peuples de Zinque, où sont les montagnes d'Alard & Quen, sont des brutaux, qui n'ont que la figure humaine, & n'entretiennent la pluspart aucun commerce avec les Estrangers, & n'en peuvent mesme souffrir la veuë. Leur principal exercice est le meurtre & le larcin ; desorte qu'ils s'entre-font perpétuellement la guerre. Il y a vn Historien*, qui dit qu'au milieu de ces peuples, il y en a vn tres-puissant qu'on nomme Barbare*, du nom de sa capitale, & qui est brave mais fort cruel, combatant avec des fléches, tant hommes que femmes. Il ajoûte que pour estre remarquez dans les batailles, ils se font quantité d'estafilades au visage ; mais quoy-que fins & rusez, ils sont encore si brutaux, qu'ils n'entretiennent commerce avec pas-vn de leurs voisins. Ils s'habillent de peaux, & multiplient de-sorte qu'ils inonderoient à la fin toute la terre, sans vn vent* qui souffle en ces quartiers, de soixante en soixante ans, & qui les couvre de sable ; outre qu'il est si pernicieux, qu'il desseche les eaux des lacs & des puits, & fait mourir les animaux. Il n'est pas si dangereux vers l'Ocean, ni du costé du Nil, ou du païs de Genéova ; mais il régne avec violence au milieu de la basse Ethiopie, où il y a quantité de sables, comme dans le Sahara, & les habitans en meurent. Ces Negres s'entrebattent continuellement, aussi-bien que ceux qui sont sur la frontiére de la Libye & de l'Ocean, à-cause d'vne ancienne haine qu'ils se portent, & tous ceux qu'ils peuvent atraper de leurs ennemis, hommes, femmes & enfans, ils les vendent aux Africains, aux Arabes & aux Portugais, qui trafiquent ordinairement sur leur coste, & le long de leurs riviéres. Ils prennent d'eux en échange, des chevaux, des draps, des toiles, de

*Moçaudi.
*Barbara.
*Rchael suey da

de l'huile, du vin, & d'autres marchandises qu'on apporte de l'Europe. La prémiére province qu'on y rencontre du costé du Couchant, est celle des Benaïs, puis celle des Gelofes. Plus-avant dans le païs, sont les Royaumes de Gualata ou Ganata; la Guinée, Genii, ou Genéova; Meli, Tombut ou Iza, Gago, Gubez, Agadéz, Cano, Canena, Perzegreg, Zanfara, Guangara, Burno, Gaoga, & Neuba, ou Nuba, dont la principale ville est Cervac, qui est sur le Nil, du costé de l'Occident. Mais, en continuant le long de la coste, on va jusqu'au bout du Royaume de Manicongo. Dans le cœur du païs, il y a quantité de provinces au Zinque, & aux monts d'Alard & de Quen, dont la plusipart sont inconnuës, & les habitans n'entretiennent point de commerce entre eux, & ont guerre perpetuelle, à-cause de la diversité des sectes & des superstitions. Il y en a d'autres qui sont connuës des marchans, comme Bitho, Témain, Media, Gorhan, & Mandinga, dont nous parlerons plus amplement dans la seconde partie de cét ouvrage.

## CHAPITRE SEIZIE'ME.

### De la qualité du païs des Negres.

CE païs est chaud, & quelque peu humide, à-cause du voisinage du Niger, & de beaucoup d'autres riviéres qui traversent cette contrée: particuliérement le long du Niger, & vers la frontière du Sahara, où il n'y a ni colines ni montagnes, mais par tout de tres-grands lacs qui viennent du débordement des riviéres. Ces lacs sont environnez de bois, où il y a plusieurs eléphans & autres bestes sauvages. On trouve de bons pasturages le long des eaux, avec des terres où l'on seme quantité de petit, & de gros millet, quoyque la principale nouriture des Negres, soit de racines, qu'ils appellent gname. Il n'y croist point de fruits comme en Barbarie; mais ils ont de certains arbres fort hauts, qui portent comme des châtaignes qu'ils nomment gore. On n'y seme, ni bled, ni orge; parce que la terre y est trop chaude, *en Iuillet, & qu'il n'y pleut que trois mois de l'année\*; de-sorte qu'ils Aoust & Septembre.

n'y croistroient point. Mais il y a abondance de pois, de féves, de féverolles\*, de ciboules, de concombres, de courges, de citroüilles & d'herbes potageres, les pois \* & les féves y sont d'vne grosseur extraordinaire, les prémiers comme de grosses avelines, & bigarrez de diverses couleurs, & les autres larges & rouges, d'vne rougeur vive & éclatante, quoy-qu'il y en ait aussi de blanches. Ils sement le millet en Iuillet, & en font la recolte en Septembre, parce-qu'il pleut fort en ce tems-là, ce qui fait croistre les riviéres. La pluye ne fait ni bien ni mal au païs, parce-que l'eau des fleuves suffit pour faire venir ce qu'on séme dans les terres basses, particuliérement où le Niger peut atteindre. Car il se déborde comme le Nil, & croist & diminuë en mesme-tems; de-sorte qu'en trois mois on a semé, labouré & fait la recolte. Mais, ces peuples sont si faineans, qu'ils ne sement que ce qu'il leur faut pour leur provision, & ne se soucient point d'en avoir de reste, soit pour garder, ou pour vendre. Quand ils veulent cultiver leurs terres, ils se mettent quatre ou cinq ensemble, & avec des peles, ou besches, levent la terre assez legerement devant eux, & jettent dedans leur semence, que les inondations font fructifier abondamment. Il n'y a point de vignes dans tout le païs, & l'on y fait du vin de la liqueur \*, qui distille de certains palmiers, & qui est de couleur de vin paillet. Pour cela, l'on donne deux ou trois coups de coignée sur le tronc, & l'on met dessous des calebasses pour la recevoir. Chacun en rend trois ou quatre pintes en l'espace de vingt-quatre heures. Ils boivent de cette liqueur qui est agreable, & qui enyvre, si l'on n'y met de l'eau. Le prémier jour qu'on la recueille, elle est douce; mais elle est meilleure & plus saine deux ou trois jours aprés, quoy-qu'elle ait perdu sa douceur, qui diminuë ensuite; mais si on la garde davantage, elle devient comme du vin-aigre.

\* pois chiches.
\* lupins.

\* on la nomme Migol.

## CHAPITRE DIX-SEPTIE'ME.

### Du fleuve Niger.

QVELQVES-VNS disent que le Niger \* & le Nil sont deux bras du Geon, qui descend du Paradis terrestre,

\* en Arabe Hued-Nichar, ou fleuve noir.

& que le prémier a pris son nom des Negres, par où il passe. Mais les Arabes croyent que c'est vne partie du Nil qui coule sous-terre jusqu'au lac de Nubie, au desert de Ceu, & qui court delà vers l'Occident, & fait encore vn autre grand lac qu'ils nomment Nigrite, d'où enflé de plusieurs riviéres, il va par de grans détours se rendre dans l'Ocean Occidental, par deux larges canaux, dont l'vn se nomme Senéga, & l'autre Gambra. Le prémier sépare le Sahara des Negres du costé du Couchant, & ce qui est de merveilleux, c'est qu'audelà vers le Midy, les hommes y sont fort noirs, robustes & bien proportionnez, & la terre fertile & pleine d'arbres & de couvert; Et deçà vers le Nort, ils sont petits & mulatres, mais quelques-vns blancs, & fort foibles ; & la terre est sterile & si seiche, qu'il ne se voit par tout que des sables. L'embouchure du prémier bras, que l'on nomme Senéga, a vne grande demy-lieuë de large, & est tres-profonde ; mais l'autre est vn peu moindre. Ces deux bras forment vne Isle, qui a devant soy de grans bancs de sable, vne lieuë avant dans la mer : Et comme la marée croist & diminuë de six en six heures, elle porte son flux plus de vingt-cinq lieuës au dedans du païs ; de-sorte que pour y entrer, il faut attendre qu'elle monte, parce-qu'alors elle couvre les bancs de sable, & facilite l'entrée aux vaisseaux. Sur les bords de ce fleuve & d'autres riviéres qui s'y rendent, sont les habitations les plus célébres d'entre les Negres : & comme il croist & décroist en mesme-tems, & en mesme sorte que le Nil, il couvre toute la face de la terre, en-sorte que les plaines & les valées en sont remplies, & les Negres vont d'vn bout à autre avec des barques, mais qui ne sont ni si bien faites, ni si seures que celles d'Egypte. Son débordement commence à la my-Iuin, & dure quatre-vingts jours, tant à croistre qu'à diminüer. Du reste, Ptolomée a si peu seû la source du Nil, encore qu'il ait eu quelque connoissance des montagnes de la Lune, qu'il dit au quatriéme livre qu'il vient de la neige de ces montagnes, qui fondant, tombe dans de grans lacs d'où il sort. Mais ce n'est pas seulement ces neiges qui le forment, ce sont aussi les sources qui sont dans ces lacs, comme nous ferons voir lors que nous en parlerons à dessein. Il dit aussi que le Niger

E ij

joint au Mandre & au Thalamante, fait le lac Nigrite, & que du costé du Septentrion, il se sépare en deux bras qui vont vers les montagnes d'Vrsagule & de Sagapule, puis en fait vn troisiéme qui tire vers l'Orient, au-dessus du lac de Libye*. Mais Leon Africain dit le contraire, & son opinion est confirmée par les marchans qui vont de Gualata & des Gelofes, au grand Caire, en remontant le long du fleuve. Car ils asseurent qu'il n'y a aucun bras du Niger qui aille vers l'Orient; mais qu'ils vont tous en Occident, ce qu'ils ne peuvent ignorer, parce-qu'ils reviennent sur cette riviére en descendant, depuis Tombut jusqu'à la Guinée, à Meli & à l'Océan. Le païs des Negres est arrosé de quantité d'autres fleuves, dont la pluspart sont connus par les navigations des Portugais, qui remontent deux & trois cens lieuës en dedans pour le trafic. Nous en avons parlé au quatriéme chapitre, & en discourerons encore plus amplement, lorsque nous ferons la description des lieux & des habitans qui sont le long des bords de cette riviére.

*ce lac a 35. degrez de longitude, & seize degrez trente minutes de latitude.

## CHAPITRE DIX-HVITIE'ME.

*Description de l'Egypte, tant des principales villes, que des Provinces.*

PTOLOME'E joint l'Egypte à la Marmarique, dans la description qu'il en fait; mais les Cosmographes Latins les mettent en deux cartes separées, & les Auteurs Africains ne la comprennent pas dans l'Afrique, au moins sa partie Orientale. Quelques-vns ont crû que la mer inondoit au commencement tout le païs, & que s'estant retirée peu à peu, comme elle a fait en d'autres lieux, le débordement du Nil dura si long-tems, & entraîna de l'Ethiopie tant de terres & de limon, que ses belles & fertiles campagnes s'en formérent. Les Arabes l'appellent Mezra, les Hebreux Mezraïm, & les naturels du païs El-Quiber. Les Africains luy donnent pour bornes à l'Occident, les deserts de Barca, de Libye, & de Marmarique; à l'Orient, ceux de l'Asie; au Nort, la mer Méditerranée; & au Midy, les terres & les ha-

bitations de Bugie, ou de Nubie *. Il y a par-tout grand nom- *dans l'Ethio-
bre de villages, & beaucoup de bonnes & riches villes. Le Nil pie qui borde
traverſe cette region d'vn bout à l'autre, depuis la haute Ethio- l'Egypte.
pie, juſqu'à la mer Méditerranée, embraſſant pluſieurs Iſles
dans ſon cours, & ſe partageant en pluſieurs bras. Ptolomée
diviſe toute l'Egypte en deux parties, la haute & la baſſe; celle-ci eſt appelée par les Latins Oden, & par les Grecs Delta,
à-cauſe qu'elle fait vn triangle comme cette lettre. Auſſi
y en-a-t-il qui mettent cette partie au nombre des Iſles,
comme c'en eſt vne en effet. La haute Egypte eſt la Thébaïde, qui prend ſon nom de la ville de Thebes, ſi célébre dans
Homere *, où il y avoit cent portes, & vingt mille gendar- *au 9. de
mes *, ſans l'infanterie. Les Rois d'Egypte y tenoient leur l'Iliade.
Cour, qu'ils tranſportérent depuis à Memphis, & enfin à *deux cens à
Alexandrie. Les prémiers s'appeloient Pharaons, comme chacune.
les Empereurs Romains Ceſars, qui eſt vn nom de dignité,
& les derniers Ptolomées. La Babylone d'Egypte eſtoit
ſituée à la teſte du Delta, & plus-avant celle de Tome, ou de
Tune, ſelon les Arabes, où les Hebreux furent en ſer-
vitude, juſqu'à ce que Moyſe les en délivra, & les fit paſſer
la mer rouge, & enfin le Iourdain, pour entrer dans la terre
de Promiſſion. Le ſiége des derniers Rois d'Egypte eſtoit,
comme j'ay dit, à Alexandrie, qui a donné naiſſance à Ptolomée *, & a eſté fondée par Alexandre, & célébrée par Ce- *le grand
ſar, & par vne infinité d'Ecrivains. Elle eſt encore fameu- Coſmographe
ſe par le grand concours des marchans, à-cauſe du commerce qui s'y fait, qui eſt le plus grand du Levant. Les
Africains modernes diviſent l'Egypte en trois parties, Errif, Aſſayd, & Beheyra, dont la prémiére comprend les
montagnes & toute la coſte où ſont les villes d'Alexandrie
& de Roſette, avec ce qui eſt vers le Nil, en remontant juſqu'au Caire. La ſeconde s'étend depuis le Caire, juſqu'aux
habitations de Bugie, où eſtoit anciennement la Nobleſſe
d'Egypte: Et la troiſiéme regarde l'autre bras du Nil, qui
ſe va rendre à la ville de Damiette & à Teneſe, dont nous
parlerons plus amplement ailleurs, & de toutes les autres
villes de cette province.

## CHAPITRE DIX-NEVFIE'ME.

*De la qualité du pays.*

L'EGYPTE est vn païs fort chaud, & où il pleut rarement, & l'eau des pluyes corrompt l'air, & engendre la peste, & de grandes maladies. La chaleur y est si violente en Esté, que la terre brûle comme du feu, & parcequ'elle pénétre les maisons, on fait des tours hautes & étroites, qui sont toutes à jour, afin que l'air d'enhaut qui est plus frais, donne quelque rafraichissement aux chambres d'embas par l'escalier. La peste est fort fréquente au Caire, où il meurt quelquefois en vn jour dix, ou douze mille personnes, & l'on y est fort sujet à la vérole & à la tigne. Les saisons y sont bien avancées, & l'on coupe le bled dés le commencement d'Avril, pour estre batu & serré dans le vingtiéme de May; parce-que le Nil commence à croistre & à se déborder vers la my-Iuin, & croist & décroist quatre-vingts jours.* Durant tout ce tems-là les villes & les bourgs d'Egypte sont autant d'Isles, & l'on ne peut aller qu'en bateau par tout le païs ; mais cela sert aussi aux habitans à transporter des bleds & des troupeaux contre le fil de l'eau dans de grandes barques, qu'ils nomment Burchies, qui tiennent sept ou huit mille boisseaux de bled & plusieurs milliers de brebis, ce qu'ils ne pourroient faire sans le débordement du fleuve. Toutes les trois parties de l'Egypte sont fertiles ; mais celle qu'on nomme Assayd est la plus abondante en bled, en orge, en légumes, en brebis, en poules & en lin. L'Errif est montueux, mais plein de fruits & de ris dans les valées. Le Beheyra, qui signifie coste de la mer, porte quantité de sucre, de coton & de fruits. Les habitans des deux dernieres parties sont plus civilisez que les autres, par la fréquentation des marchans qui y abordent de tous costez *, au-lieu que les prémiers, comme plus au-dedans du païs, n'ont commerce qu'avec quelques marchans d'Ethiopie, & ne sont que laboureurs, ou gens des champs pour la plufpart.

*40: à croistre, & autant à decroistre.*

*\* d'Europe, d'Asie, & de Barbarie.*

# DE L'AFRIQVE, LIVRE I.

## CHAPITRE VINGTIE'ME.

### Description de la haute Ethiopie, & des Estats qu'elle contient.

La haute Ethiopie où est le Royaume des Abyssins, commence à l'embouchure de la mer rouge, & s'estend vers le Midy, jusqu'aux montagnes de Telme, qu'on nomme autrement les monts d'or, qui sont sous la ligne*. De ce costé-là jusqu'à Suaquin, elle a six-vingts lieuës de coste*, où il y a quelques Mahométans dans les montagnes qui ne reconnoissent point cét Empire. Aussi sont-ils fort braves, combatent armez, eux & leurs chevaux, & se servent de fléches, à la façon des Perses ; ils ont guerre perpétuelle avec les Rois de Barnagas & de Tigrimahon, dont les Estats sont situez entre le Nil & la mer, & relevent de l'Empereur des Abyssins. Du costé d'Occident, son Empire s'étend jusqu'aux Negres de l'Ethiopie interieure, appellez Zinques, dont la plufpart sont idolâtres, & luy payent tribut en or, à-cause que de ce costé-là il y a quantité de mines, tant dans les montagnes que dans les plaines, d'où les Portugais qui y fréquentent, disent que l'or vient à Sofala. Du costé du Nord, il a pour bornes le Nil, depuis la Nubie jusqu'à la basse & plus Occidentale partie de Geneova. Dans toute cette étenduë, il y a plusieurs Provinces, Royaumes & Principautez, dont les Princes sont differens en sectes, langue, coustume & couleur, & ne laissent pas de reconnoistre tous l'Empereur des Abyssins, & de luy payer tribut, & le servir à la guerre comme leur Souverain. Les principales provinces qui portent le nom de Royaumes, seront exprimées plus bas dans les titres de cét Empereur, qui fait sa demeure ordinaire à Sceva, à cause que la terre y est tres-fertile, & le climat temperé. Ces Royaumes contiennent plus de sept cens lieuës de circuit*, qui est à peu prés la grandeur de toute l'Espagne & des Gaules jusqu'au Rhin où Cesar les a bornées. Et pour la grandeur de cét Empire, & la diversité des sectes* il y a guerre perpétuelle entre ces peuples qui se révoltent

* l'Auteur adjouste sur la frontiére de la Nubie, mais la Nubie est au Nord.
* la coste d'Abex, le long de la mer rouge.

* il faut de longueur, car elle a 1500. lieuës de tour.
* Mahometisme, Paganisme, Christianisme.

souvent contre leur Prince, & quand il a paix avec eux, il a toûjours quelque chose à démesler avec ses voisins, dont quelques-vns sont tres-puissans. Il demeure donc toûjours à la campagne, sous des tentes que l'on transporte tantost d'vn costé, tantost d'vn autre, selon la commodité des eaux & des pâturages: car on cherche en Esté les lieux frais & le climat le plus temperé. C'est vne chose merveilleuse de voir son camp & ses tentes, qui contiennent plus de trois lieuës en tout sens, avec vne grande place au milieu, & d'autres moindres en divers endroits, qui ne changent point. Car toutes les ruës, les logemens & les places sont si bien ordonnées, qu'en quelque endroit que soit le camp, on sait aussi-tost où les grans Officiers ont leur tente. Il y a treize paroisses sous de grans pavillons, où les paroissiens sont obligez d'assister à la Messe & à la predication, & il s'y trouve plus de deux cens mille hommes de combat & de service. Comme le Prince est donc toujours en campagne, il n'y a point de capitale, ni de villes, qui ait plus de deux mille habitans, & ces villes-là sont mal-fermées, & peuplées seulement de gens d'Eglise & de laboureurs ou marchans, & autres sortes de personnes qui ne vont point à la guerre. Les maisons sont de terre * & d'ais bien joints; mais les Eglises & les Monasteres sont grans & somptueux, construits de pierres liées avec de la chaux*. Par tout cét Empire il y a quantité de montagnes, dont quelques-vnes sont si hautes & de si difficile accés, qu'on ne peut approcher des villes ou des villages, que par des détours & des sentiers fort étroits, dont vne porte seule est capable d'empescher le passage. Mais au haut de ces montagnes il y a de grandes plaines, & quantité de ruisseaux qui les rendent tres-fertiles en bleds & en bestail, comme est la plus grande partie du païs. Tous les Estats qui sont sous la domination de ce Prince, sont éloignez de la coste; & pour ce sujet, encore qu'il soit fort puissant sur terre, il est fort foible sur mer; parce-qu'il n'a point de vaisseaux de guerre, ni de bois pour en construire, si ce n'est loin de quelques petits ports qu'il a sur la coste de la mer. Le Nil traverse tout son païs, & y a sa source & les débordemens, comme nous dirons aprés. La majesté de cét

*ou de brique.

* moislon.

Empereur

Empereur a esté si grande, qu'il y a six-vingts ans qu'il paroissoit plus divin qu'humain; de-sorte que beaucoup de Rois & de Seigneurs qui estoient ses vassaux ne le voyoient que par hasard, & c'estoit vne grande faveur, quand ils alloient pour luy parler, qu'il leur montroit vn pied, ou vne main entre les rideaux de son pavillon; mais il leur parloit toûjours par la bouche d'autruy. Toutefois, depuis que l'Empereur David eut perdu quelques batailles, il devint sage par sa défaite, & commença à se communiquer; particuliérement depuis qu'il eut appris des Portugais, que c'estoit la coûtume des Rois de l'Europe. Pour les titres qu'il se donne, David aimé de Dieu, colonne de la Foy, du sang & de la lignée de Iuda, fils de David, fils de Salomon, fils de la colonne de Sion, fils de la semence de Iacob, fils de la main de Marie, fils de Nau par la chair, Empereur de la grande & haute Ethiopie, & de tous les Royaumes & Estats qui en dépendent, Roy de Choa, de Sofala, de Fatigar, d'Angos, de Baru, de Baaligancia, d'Adea, de Vange, de Gochane, de Mara, de Veguemedri, de Dambaya, d'Ambea, de Tigrimahon, de Sabayn, de Barnagas; Dominant jusqu'en Nubie, &c. Il a guerre continuelle contre les Arabes, qui passent le détroit de la mer rouge, & font des conquestes dans la terre-ferme, entre le Nil & la mer où sont les provinces de Barnagas & de Tigrimahon. Ce sont tous gens de cheval, qui combatent la pluspart avec des fléches comme les Perses. La force de cét Empereur consiste en cavalerie qui a coustume d'aller au combat armée de morions & de cotes de maille avec des boucliers & des piques ferrées par les deux bouts; les chevaux sont aussi armez comme ceux des gendarmes de l'Europe. L'infanterie combat avec des fléches & des dards, & plusieurs avec des frondes; quelquefois dans des tours de bois que portent les elephans, d'où ils tirent contre l'ennemy. Car ils n'ont connû l'artillerie ni les armes à feu, que depuis la venuë des Portugais, qui leur en laissérent. Les tributs qui se payent à cét Empereur, sont en or pur & non monnoyé, & en autres metaux. Quelques-vns luy donnent du bestail, de la soye, ou des toiles de coton; d'autres des vivres, du sel, & des épiceries. Mais ceux

# DESCRIPTION GENERALE

qui habitent prés des monts de Beht, payent leurs tributs en lions, tigres, & autres beftes farouches, qu'il fait nourir dans des courts pour fon plaifir. D'autres luy donnent des peaux de befte, préparées ou paffées. On ne bat point de monoye dans fes Eftats; mais l'or & l'argent s'y prennent au poids. On y met pourtant de la monoye fort legére, & de bas or, que font les Arabes appellez Cherafins & Pardales. Quelques Auteurs le nomment Prefte-Iean, par erreur ou par corruption du mot; car les Abyffins difent Beyuc-Iuan, qui veut dire Iean eftimé, & les Caldéens Iuan Encone, c'eft à dire Iean Precieux & Grand; mais le véritable Prefte-Iean fut vn Prince des Tartares.

## CHAPITRE VINGT-ET-VNIE'ME.

*De la qualité du pays, & des chofes remarquables qui s'y rencontrent.*

LA plufpart de la haute Ethiopie eft fertile en gros & menu beftail, auffi-bien qu'en bled, en orge, & en toutes fortes de légumes, comme l'Europe. Les bleds font fi hauts qu'ils couvrent vn homme de cheval, particuliérement le millet. Il y a en quelques endroits des vignes & des treilles qui produifent de tres-bons raifins, dont on fait du vin; mais on y boit d'ordinaire du cidre fait de pommes de bois, comme aux montagnes d'Efpagne, & en Bifcaye; Et en quelques endroits de l'hydromel *, comme en Mofcovie, Livonie & Lituanie. Cét hydromel eft fort agréable, & auffi-fort que la malvoifie, dont il a le gouft. Ce bruvage les rend fi gais & fi fains, qu'ils ne favent que c'eft de Medecin ni d'Apoticaire. Ils moiffonnent trois fois l'an, car fi-toft qu'ils ont recueilli le grain, ils en fement d'autre, parce-que la terre ne manque point d'eau par le moyen des riviéres qui fortent des lacs du Nil. L'air y eft auffi tempéré toute l'année qu'icy en Automne, mais il pleut fort en Decembre, Ianvier & Février, & dans ce tems-là il neige dans les montagnes, & il fait grand froid, particuliérement vers le Couchant. L'Efté dure quatre mois, pendant lefquels la terre eft fort

* on l'appelle Mede.

chaude, & toute la coste de la mer remplie d'vn air contagieux, à-cause des lacs & des marais qui se font du mélange des eaux douces & salées. L'Automne * est fort tempéré dans les montagnes, quoy-qu'il fasse fort-chaud dans les plaines. Il y a par-tout quantité d'arbres fruitiers, comme en Europe, beaucoup de légumes & d'herbes potagéres, & tous les mois des pois & des féves. On y nourit quantité de gros & menu bestail, & des haras de femelles de chameaux, de cavales, d'asnes, & sur tout des mulets, dont ils tirent leur principal service. Enfin, c'est vn païs tres-abondant, & où il y a quantité de mines d'or, d'argent, d'estain, de cuivre, & d'autres metaux ; mais les peuples y sont si faineans, qu'ils aiment mieux courre deçà & delà, & porter les armes, que de travailler.

* cela semble contraire à ce qu'il a dit plus haut.

## CHAPITRE VINGT-DEVXIE'ME.

*Du fleuve du Nil, & de ce qu'il a de merveilleux.*

LE Nil, qui se nomme ainsi en Afrique, aussi-bien qu'en Europe, est le plus grand de tous les fleuves; c'est-pourquoy les peuples de la haute Ethiopie, l'appellent Abanhi, c'est à dire le pere des fleuves. Les Anciens ont crû que c'estoit vn des bras du Gehon, qui descend du Paradis terrestre, dequoy l'on trouve quelque fondement en divers Auteurs, & particuliérement dans Lucain *, qui en fait discourir amplement les Prestres d'Egypte, pendant le repas, à la priére de Cesar. Mais, il semble que les Anciens n'ont pas bien connû son origine. Car les vns disent que les lacs d'où il sort, ne se forment que des eaux des neiges qui tombent des montagnes de la Lune: D'autres soûtiennent au-contraire, que sa source est dans le desert; d'où se font ces lacs fort éloignez les vns des autres. Mais quelques-vns veulent qu'il y ait déja dans ces montagnes comme vn commencement de riviére, & que cette eau se précipitant en bas des roches se fasse ouverture dans terre par sa violence, & se rende dans ces lacs, par des creux soûterrains. Mais toutes ces opinions sont aujourd'huy refutées par l'experience, & l'on a décou-

* Livre 10.

vert que les eaux qui fortent des monts de la Lune font les véritables fources du Nil, & que ce font les neiges & les pluyes qui caufent fes débordemens. Ces montagnes s'appellent maintenant les monts de Beht, c'eft à dire amas d'eaux, & c'eft vne chaîne de rochers qui s'étend de delà la ligne, jufqu'au Royaume d'Efceva, & à-travers celuy de Gogiane, qui font tous deux en la haute Ethiopie. Elles font plus hautes que toutes celles d'Afrique ni d'Europe, & chargées continuellement de neiges & de glaces. Comme elles font fous le Tropique du Capricorne, quand les grandes chaleurs approchent, & que le Soleil donne à plomb deffus, toutes ces neiges & ces glaces fe fondent comme icy, & tombent avec précipitation dans ces lacs ; fi-bien que par ces eaux & celles des pluyes qui font tres-grandes dans la haute Ethiopie au mois de May, le Nil fe déborde. Mais, il ne commence que vers la my-Iuin à croiftre en Egypte, parce-qu'il faut tout ce tems-là, à ce que difent les Abyffins, pour donner le tems aux eaux de defcendre de fi loin. Comme je demandois vn jour à des marchans Ethiopiens qui trafiquoient en Nubie & en Egypte, d'où venoit qu'on ne pouvoit favoir au vray où eftoient les fources de ce fleuve, ils répondirent, qu'au pied des monts de Beht, & aux environs, il y a de grandes forefts toufuës, & des deferts remplis de beftes farouches ; fi-bien qu'on n'en ofe approcher fans courre rifque de perdre la vie. Que delà fes eaux vont toûjours augmentant vers le Midy, & font vn tres-grand lac, qui ne femble point avoir de cours. Qu'il en fort pourtant du cofté du Midy plufieurs riviéres qui coulent vers divers endroits, les vnes au Levant, les autres au Couchant, faifant de fi longs détours, & tant de lacs, qu'on a peine à comprendre d'où tant d'eaux peuvent venir. Ils ajoûtoient qu'il arrive fouvent aux Ethiopiens qui errent parmi ces deferts, comme les Arabes, qu'alant aprés leurs chameaux, qui s'échapent d'eux quand ils font en rut, & les pourfuivant quelquefois jufqu'à deux, ou trois cens lieuës vers le Midy, ils voyent toûjours les eaux de ce fleuve d'vne mefme façon, formant de grans lacs & plufieurs bras. Ils rencontrent auffi de grandes montagnes defertes & fteriles. Moçaudi affure que c'eft-là que fe trouvent les plus riches émeraudes, qu'ils appellent Dubénis, & qu'on y voit aussi des hommes sauvages qui fuyent la conversation des autres. Le premier, & le plus grand lac que le Nil forme, se nomme Safé, & a du costé du Levant les provinces de Gogiane & de Beguémédri, & du costé du Couchant celle de Dambaye, & plus de vingt Isles peuplées d'Abyssins, qui sont vassaux de l'Empereur d'Ethiopie. Le Nil sort de ce lac assez paisible, puis traverse rapidement tout le païs de cét Empereur, faisant plusieurs tours & retours, & costoye celuy des Negres, sans estre resserré dans vn lict, jusqu'à ce qu'il arrive entre certaines montagnes où sont les cataractes, ou maisons de Meçar, que les Anciens appeloient Catadupes. Ses bords sont habitez de part & d'autre par plusieurs nations de Negres, & le long des rivages on seme les grains de Binque, qu'on appelle ordinairement grains du Nil, & que les Arabes nomment Baladur. Le païs qui est au Levant du Nil, s'appelle Habecha en Arabe, & celuy du Couchant Nubie, Zinque & Geneova : Nubie du costé de l'Egypte, Zinque au milieu du païs, & Geneova à l'Occident & au Nort, le long du Niger & de l'Océan. Depuis les Cataractes en descendant, le Nil s'élargit & va lentement, faisant de grans détours, sans estre pourtant ni guéable ni navigable en pas-vn endroit, jusqu'à l'Isle de Meroé, que les Egyptiens appellent Naulebabe; c'est-à-dire mere de bons ports; les naturels du païs Neuba, & les Abyssins Saba, où regnoit, à ce qu'ils disent, la Reine de Saba ou Magueda, qui fut visiter le Roy Salomon. Celle de Candace estoit aussi Souveraine de ce païs, & envoya son Eunuque * faire ses offrandes en Ierusalem, où il fut baptisé par saint Philippe. Quelques Auteurs doutent du nom de cette Reine, sous pretexte qu'il ne regne point de femmes en Ethiopie * par vne loy, à ce qu'on dit, de Salomon. Mais on répond à cela, qu'elle pouvoit estre Reine par mariage, & non par succession, bien-qu'elle en portast le titre pour son savoir & sa vertu, comme disent les Abyssins. Cette Isle est fort grande, & contient maintenant trois Royaumes distinguez les vns des autres, dont les Rois sont contraires en religion & en coûtumes, & s'entre-font quelquefois la guerre

* Indigue.
* Aussi n'estoit-elle pas delà, mais de l'Arabie, qui se nomme aussi Ethiopie en la Sainte Escriture: c'est pourquoy la femme de Moyse est nommée Ethiopienne.

F iij

à toute outrance. Le prémier & le plus puissant est au Couchant de l'Isle, & Mahométan. Le second, dont les Estats sont vers le Nord, est de la race des Negres, & idolâtre. Le troisiéme est au Midy, & Chrestien Abyssin, sujet de l'Empereur d'Ethiopie. Depuis cette Isle en descendant, le Nil est navigable, & en quinze jours les barques vont jusqu'à la ville de Guaguéra, que les Anciens appeloient Siene, où les Poëtes disent que les rayons du Soleil tombent à plomb, & qu'il n'y fait point d'ombre en plein midy. C'est la prémiére place de l'Egypte sur la frontiére du Royaume de Nubie. Delà en-bas on navige en toute seureté sur le Nil. Ses rivages de costé & d'autre, sont fort peuplez d'Egyptiens & d'Arabes, & ses campagnes fertiles par son débordement. Toutes ses eaux, comme nous avons déja dit, se vont rendre dans la mer Méditerranée, par divers canaux, vis-à-vis l'Isle de Cypre.

Le Nil commence à croistre en Egypte vers le quinziéme de Iuin, & est quarante jours à croistre, & autant à diminüer. On reconnoist par-là l'abondance, ou la disette de l'année suivante, & à quel prix le bled pourra estre. Car dans vne Isle qui est vis-à-vis du vieux Caire, appelée Miquias, c'est-à-dire mesure, on a fait des marques de coudée en coudée sur vne colonne, qui est au milieu d'vn étang, de dix-huit coudées de hauteur, où le Nil entre par vn canal, le dix-septiéme de Iuin, qui est le tems que l'eau commence à croistre en ces quartiers. Elle croist quelques jours de deux doigts, d'autres de trois, d'autres de quatre; & chaque jour il va des Deputez du Caire voir cette colonne, parce-que cét étang est en vn lieu, où personne n'entre sans la permission du Gouverneur. Quand ces Deputez ont remarqué combien le Nil a crû, ils le disent à de jeunes garçons, qui portent des bonnets jaunes pour estre reconnus, & qui vont par toute la ville & ses faux-bourgs* publier la hauteur que le fleuve a haussé chaque jour; ce qui dure tant que le Nil croist, & on leur donne quelque chose par les maisons, pour récompense de leurs peines. Quand le Nil monte jusqu'à la hauteur de quinze coudées; c'est vne marque d'abondance; jusqu'à douze, l'année est encore raisonnable; Mais depuis-là jusqu'à dix, il y a disette: Que

*ou bourgades d'alentour qui servent comme de fauxbourgs au Caire.

s'il vient au-contraire jusqu'à dix-huit, l'année est tres-bonne. Mais c'est vn présage de quelque danger, à-cause de la multitude des eaux. C'est bien pis, quand il passe les dix-huit coudées; car tout le païs court fortune d'estre submergé, & les Officiers sont obligez de le publier par les ruës. Alors, ces jeunes garçons vont criant qu'on craigne l'ire de Dieu; parce-que le débordement du Nil est arrivé jusqu'à la hauteur des digues, les peuples courent dans les Mosquées faire des vœux & des priéres, & donnent des aumônes. Le Nil croist de la sorte l'espace de quarante jours, & en decroist autant, & parce-qu'il y a faute de vivres alors, chacun est libre de vendre ce qu'il en a comme il luy plaist; mais ce tems passé on les taxe, & particuliérement le pain, dont le prix dure toute l'année. Car selon la qualité du débordement, les Deputez & les Officiers savent déja les terres qui ont esté arrosées du Nil, & celles qui ont eu trop ou trop peu d'eau, à proportion de leur hauteur, suivant quoy ils mettent le prix au bled & à l'orge. Ensuite, il se fait de si grandes réjoüissances au Caire, qu'il semble que tout se bouleverse; Puis les habitans couvrent leurs barques de toiles & de fins tapis, & à la clarté de plusieurs flambeaux vont souper sur l'eau. Alors le Gouverneur en personne, avec les plus grans de la ville, & les Officiers de la Iustice, va au grand canal qui se ferme d'vn bon mur, quand le Nil commence à croistre, & prenant des pics, ils démolissent ce mur eux-mesmes, avec grande allegresse. Le Nil entrant donc par cette bréche, se répand par toutes les ruës de la ville & des fauxbourgs; & le Caire ressemble ce jour-là à la ville de Venize, parce-qu'on va par toutes les ruës à pied & en bateau. La feste continuë sept jours & sept nuits, avec festins & musique, & c'est vne des anciennes solennitez de l'Egypte qui dure encore aujourd'huy. Voilà ce que nous avons trouvé de plus véritable du Nil, aprés nous en estre informé avec grand soin de ceux du païs & des Ethiopiens, que le trafic y améne, particuliérement touchant le débordement de ce fleuve, qu'on observe plus exactement à cette heure qu'on ne faisoit autrefois.

# DESCRIPTION GE'NE'RALE

## CHAPITRE VINGT-TROISIE'ME.

*Des animaux d'Afrique, différens de ceux de l'Europe, & des autres particularitez du païs.*

*Chameau.*

LE Chameau que les Arabes appellent Gimel, c'est à dire richesse du Ciel, est vn animal domestique, fort doux. Il y en a quantité par toute l'Afrique, & particulièrement dans la Barbarie, & aux deserts de la Gétulie & de la Libye. Les Arabes n'ont point de plus grandes richesses, ni de bien qui leur rapporte plus de profit, & quand ils parlent d'vn homme riche, ils disent qu'il a tant de milliers de chameaux, sans parler du reste. Tous ceux qui en ont vn grand nombre sont seigneurs, ou n'ont point de maistre ; parcequ'ils errent avec-eux parmi les deserts, où l'on ne les peut venir attaquer, à-cause que le païs manque d'eau. Il y en a aussi en Asie * & les Turcs s'en servent en Europe pour porter leur bagage, comme font en Afrique tous les Arabes & les Africains, qui vivent dans les deserts *, & aussi les Rois de Barbarie. Ceux d'Afrique sont meilleurs que les autres ; parce-qu'ils se passent jusqu'à quarante & cinquante jours d'orge ; & quand on les a déchargez, on les met paistre dans les chams, où ils broûtent des herbes, des épines, & des branches d'arbres, & ruminent le long du jour ce qu'ils ont mangé la nuit. Quand ils commencent à faire voyage, il est nécessaire qu'ils soient gras ; car on a expérimenté qu'aprés que cét animal a marché quarante, ou cinquante jours sans manger d'orge, la graisse de sa bosse commence à diminüer, puis celle du ventre ; & enfin celle des jambes ; aprés quoy il ne peut plus porter de charge. Ceux d'Asie ne peuvent resister à cette fatigue, & l'on est contraint de leur donner tous les jours leur ordinaire ; de-sorte que chaque chameau chargé de marchandise, en a vn autre qui porte du grain pour luy & pour soy, ce qui fait qu'ils vont toûjours chargez sans perdre leur embonpoint. Mais les caravanes d'Afrique qui vont en Ethiopie, ne se soucient point du retour, parce-qu'elles ne rapportent rien de pesant ; & quand elles

* chez les Tartares, Perses, Turcomans.
* le Sahara & le Biledulgerid.

arrivent

arrivent-là, elles vendent les chameaux maigres, & en achetent de gras, sur lesquels elles reviennent avec des vivres, vn peu d'or, & quelque marchandise légere. Il y a de trois sortes de Chameaux; ceux qu'on nomme Hegin, sont les plus gros & les plus grans, & portent jusqu'à vn millier; mais on ne les charge point, qu'ils n'ayent trois ou quatre ans. Quand on les charge, on ne fait que leur toucher les genoux & le col d'vne baguette, aussi-tost ils se baissent jusqu'à terre, & tandis qu'on les charge ils demeurent en cét estat, ruminent continuellement & jettent des cris, s'ils sont jeunes. Lors qu'ils sentent qu'ils sont chargez, & que celuy qui les garde leur oste vn anneau où est attachée vne corde, pour les conduire en façon de bride, ils se levent aussi-tost avec leur charge.

Les Africains, & tous ceux qui veulent avoir de bons chameaux de charge, les hongrent & n'en laissent qu'vn entier pour dix femelles. Il y a d'autres chameaux qu'on nomme Becher, qui ont deux bosses sur le dos, que l'on charge toutes deux, outre qu'ils en sont plus propres à monter, mais il n'y en a qu'en Asie. Les troisiémes, s'appellent Ragahil ou Mahari, autrement Dromadaires, qui sont plus petits & plus delicats; mais ils ne servent que de monture: ils sont si vistes, qu'il y en a qui font trente-cinq ou quarante lieuës en vn jour, & continuënt de la sorte huit & dix jours par les deserts, sans manger que fort peu. Tous les Seigneurs Arabes de la Numidie, & les Africains de la Libye, s'en servent comme de chevaux de poste, quand l'occasion se présente de faire vne longue traite, & les montent aussi dans le combat. Ceux qui servent d'étalons entrent en amour au commencement de Ianvier, & mangent ou boivent alors fort peu; mais ils sont si farouches, qu'outre qu'ils s'entre-battent, ils sont dangereux pour ceux qui les menent ; parce-qu'ils se souviennent alors du moindre mal qu'on leur a fait, & enlevent avec les dents ceux qu'ils peuvent attraper, puis les laissant retomber à terre, les foulent aux pieds jusqu'à ce qu'ils soient tout moulus. Ils se battent aussi contre d'autres animaux à coups de pied & de dents, & l'on en a veû s'attaquer à des lions. Ils ne sont en amour que quarante jours, & cela passé, ils reprennent leur douceur ordinaire.

## DESCRIPTION GÉNÉRALE

Le chameau endure patiemment la faim & la soif, & ne boit ordinairement qu'en quinze jours, ou tout au-plus en dix jours vne fois *, & si on luy en donne plûtost, on luy fait tort. Il est doux de son naturel, & a quelque chose d'humain ; de-sorte que quand on le veut obliger à faire de plus grandes traites qu'à l'ordinaire, au-lieu de le maltraiter, on se met à chanter autour pour luy donner courage, lors qu'on voit qu'il s'arreste, & qu'il ne veut pas passer outre ; & alors il en fait plus qu'on ne veut, & va plus viste qu'vn cheval ne fait pour l'éperon. Les Arabes les appellent communément Gimels, & toute vne bande Bil, & du lait qu'ils en tirent, & de dates, ils vivent la pluspart de l'année. La chair en est fade, particuliérement celle de la bosse, dont le goust est comme celuy d'vne tetine de vache fort grasse. Les Africains & les Arabes emplissent des pots & des tinettes de la chair qu'ils font frire avec la graisse, & la gardent ainsi toute l'année pour leur repas ordinaire. Enfin, le chameau est de tous les animaux celuy qui charge le moins son maître, & qui luy rapporte le plus de profit. Ils deviennent fort beaux au païs chaud, & meurent au païs froid, lors qu'il neige, & qu'ils sont obligez d'y passer l'hyver. On les tient donc toûjours dans les plaines, & les sablons d'Afrique, si ce n'est quand on les mene chargez de Numidie en Barbarie, où ils sont deux ou trois jours à traverser les montagnes du grand Atlas. Il s'en voit plusieurs en Espagne, que les Gouverneurs des places frontiéres y envoyent : Mais ils n'y vivent pas long-tems, parce que le païs est trop froid pour eux.

*on l'abreuve tous les trois jours.*

*Chevaux.* On appelle en Europe les Chevaux de Barbarie, des Barbes ; mais il y en a vne autre espece qu'on nomme Chevaux Arabes, qui viennent de chevaux sauvages, des deserts de l'Arabie. Les Africains disent qu'on a commencé à les domter, & à en faire des haras sous le Cheque Ismaël ; mais ils ont tant multiplié depuis, que toute l'Asie & l'Afrique en sont pleines. Il s'en trouve encore quelques-vns de sauvages dans les deserts d'Arabie & de Libye. Ces chevaux sont fort légers, & l'on reconnoist leur vistesse à la chasse des Lamptes & des Autruches, quand ils les prennent à la course ;

## DE L'AFRIQVE, LIVRE I.

alors ils valent mille escus d'or, ou cent chameaux, mais il s'en trouve peu en Barbarie. Les Arabes du desert, & les peuples de Libye en nourissent quantité pour la chasse; car ils ne s'en servent ni pour voyager, ni pour combattre; & ne les nourissent que de dates & de laict de chameau, qu'ils leur donnent le soir & le matin; ce qui les rend forts & legers, plûtost maigres que gras, comme il faut pour cela; mais ils les envoyent en pasture quand il y a de l'herbe. Les Barbes que nourissent les Grans de Barbarie, ne sont pas si vistes, & ne durent pas tant à la course; mais ils sont plus beaux, à-cause qu'on les traite mieux, & qu'on leur donne de l'orge. Les Princes ne laissent pas de nourir quelques chevaux Arabes pour se sauver en vne necessité. Et le Cherif Mahamet estant Roy de Maroc en avoit vn, qui l'avoit tiré de grans perils, par son extréme vistesse, lors que son frere faisoit souslever les peuples pour se rendre maistre du païs. Il le nourissoit dans l'écurie, sans rien faire, ni souffrir qu'on montast dessus, & le traitoit fort bien. De bay brun qu'il estoit, il estoit devenu tout blanc de vieillesse, & ce Prince disoit qu'il luy feroit faire vn tombeau, comme Alexandre le Grand avoit fait au sien.

Les Chevaux sauvages sont fort rares, & vivent, comme j'ay dit, dans les deserts d'Arabie & de Libye. Les Arabes les prennent pour des bestes farouches, & les mangent; & l'on dit que c'est vne viande fort delicate, quand ils sont jeunes. Mais ils sont si vistes, qu'il est impossible que les chevaux ni les chiens les puissent atteindre à la course. On leur dresse donc des piéges *aux lieux où ils viennent boire, & on les prend ainsi. Ils sont plus petits que les autres, & de couleur cendrée, quoy-qu'il y en ait aussi de blancs, mais ils ont le crin & le poil de la queuë fort court & herissé.

*Cheval sauvage.*

*\* les piéges sont cachez dans les sables.*

Le Cheval marin est vn animal fort grand, qui se nourit dans l'eau, il y en a quantité dans le Niger & dans le Nil. Il ressemble de figure au cheval, & de couleur à la panthere*; Son poil est fort court, son crin petit, & sa queuë de part & d'autre garnie de poil, quoy-qu'au milieu & prés de la croupe il n'y en ait point. Ses dents & ses défenses sont fort

*Cheval marin.*

*\*ou il est gris brun, & de la figure d'vn cheval.*

G ij

grandes, & les Portugais qui trafiquent avec les Negres, en apportent en Portugal, pour faire des anneaux ; parce-qu'on tient qu'ils guérissent des hémorroïdes. Ils sortent de l'eau la nuit pour paistre, & y retournent sur le point du jour. Du reste, fort dangereux pour ceux qui navigent sur ces riviéres ; parce-qu'ils se dressent souvent contre les bateaux, & les renversent. Sur terre ils sont si légers, qu'ils courent comme le vent. Les Negres ont des gens qui les prennent encore petits, & les apprivoisent ; mais il ne les faut pas laisser approcher de l'eau : car dés qu'ils en voyent, & qu'elle est vn peu profonde, ils se plongent dedans. Pour les prendre lors qu'ils en sortent, ceux du païs font de grandes fosses sur le bord des bleds & des prairies où ils viennent paistre, & les couvrent de gazons, & de quelques branchages, aprés quoy ils se retirent jusqu'à ce qu'ils les voient venir ; alors ils s'écrient & font grand bruit de tous costez pour les épouvanter ; si-bien qu'en voulant regagner la riviére, ils se trouvent pris dans ces piéges. En mesme-tems ceux qui sont armez & préparez pour ce sujet, les tuënt, & ne prennent en vie que les poulains & les fémelles. La chair en est fort bonne, & leur cuir sert à beaucoup de choses, à cause qu'il est gros & dur comme celuy du busle.

*Dante.* Le Dante, que les Africains appellent Lampt, est de la forme d'vn petit bœuf ; mais il a les jambes courtes, & le col fort long. Ses oreilles ressemblent à celles des chévres. Il a vne corne noire au milieu de la teste, qui se courbe en rond comme vn anneau, & est façonnée. Il est blanchâtre, & a les ongles des pieds fort noirs & fendus. Du reste, il est si viste, que nul animal ne le peut atteindre, si ce n'est peut-estre vn Barbe. On les prend plus aisément en Esté, qu'il vse ses ongles sur les sablons brûlans à force de courir, & la douleur les arreste tout court, comme elle fait les cerfs & les daims de ces deserts. Il y a quantité de ces animaux dans les deserts de Numidie & de Libye, particuliérement aux terres des Morabitains, & l'on fait de leur peau de belles rondaches, dont les meilleures sont à l'épreuve des fléches, aussi sont-elles fort cheres, & on les blanchit avec du laict aigre. La chair de cét animal est tres-bonne, & les Mores en emplissent des saloirs. Elle a le goust de chair de bœuf, horsmis qu'elle est vn peu plus douce.

Le Guahex, que les Chrestiens d'Afrique appellent vache *Guahex.* sauvage, est de couleur de chataigne obscure, vn peu moindre qu'vn petit bœuf, avec des cornes fort noires & fort pointuës. On en voit quantité en Barbarie, qui vont quelquefois par troupe de cent & deux cens, particuliérement dans les provinces de Duquéla & de Trémécen, aux deserts de Numidie & en d'autres lieux. Ils courent comme des cerfs ; la chair en est fort bonne, & la peau sert à faire des souliers, quand elle est conroyée.

La Gazelle est de la grandeur & couleur d'vn daim, & a les *Gazelle.* cornes fort noires & tournées comme celles d'vne chévre, horsmis qu'elles sont rondes & fort pointuës. On les trouve aux mesmes lieux que les vaches sauvages, & on les voit par troupes en Duquéla & en Trémécen. Cét animal a le ventre blanc, & ne se couche qu'en des lieux bien nets. Sa chair est tres-bonne à manger. Il court fort, & ne se tient pas asseuré, s'il n'est à découvert sur quelque hauteur & dans les plaines. Quand il voit venir quelque homme à cheval, ou quelque chien, il fuit de toute sa force, & les devance à la course ; mais quoy-que la chasse en soit difficile, les Arabes ne laissent pas d'en tuer beaucoup.

Le Bœuf marin, que les Arabes appellent Taurbahari, se *Bœuf marin.* nourit dans l'eau, & il y en a quantité dans le Niger & dans le Nil. Il ressemble entièrement à vn bœuf, il est de la grandeur d'vne genisse de six mois, & a la peau fort dure. Il vit des jours entiers, & mesme des mois sur terre, quoi-que d'ordinaire il ne sorte guere hors de l'eau. On en prend beaucoup, & il y en a quantité au Caire & en d'autres villes d'Egypte, & au païs des Negres. Les pescheurs en font grand cas, parceque la chair en est fort bonne.

L'Asne sauvage est gris, il y en a quantité dans les deserts de *Asne sauvage.* Numidie & de Libye, & aux païs circonvoisins. Ils sont si vistes, qu'il n'y a que les Barbes qui les puissent atteindre à la course. Dés qu'ils voyent vn homme, ils s'arrestent aprés avoir jetté vn cry, & font vne ruade, & lors qu'il est proche ils commencent à courir. On les prend dans des piéges &

G iij

par d'autres inventions. Ils vont par troupes en pâture & à l'abruvoir. La chair en est fort bonne, mais il la faut laisser refroidir deux jours, lors qu'elle est cuite; parce-qu'autrement elle put & sent trop la venaison. Nous avons veû quantité de ces animaux dans la Sardaigne, mais plus petits.

*lion.*  Le Lion que les Arabes appellent Aced, est la plus forte, la plus courageuse & la plus cruelle de toutes les bestes farouches: car il les dévore toutes, tant sauvages que domestiques, & met en piéces les troupeaux, & souvent les hommes & les mange. Il en attaquera quelquefois deux cens à cheval, particulièrement s'il est prés d'vn fort où il se puisse retirer, & en lieu où l'on ne le puisse investir. Quand les Arabes & les Grans du païs savent qu'il y en a quelqu'vn des plus furieux par la campagne, ils s'assemblent par troupes, comme pour donner bataille avec des tymbales, des trompettes & des clairons, & montant à cheval, le vont trouver à son giste avec quelques tireurs; parce-qu'il ne marche jamais de jour, & qu'il va de nuit chercher sa proye. Lors qu'ils sont arrivez, ils l'environnent de toutes parts, & font leur décharge sur luy de loin à coups de dards & de fléches pour l'attirer en rase campagne, où il entre si-tost qu'il se sent blessé, & rugissant se jette sur les chevaux & sur les hommes. Aussi-tost pour l'étourdir ils sonnent des instrumens que j'ay dit, & sans le peril qui est grand, ce seroit vne des plus belles chasses du monde; mais il fait toûjours vn grand carnage, & particuliérement de chevaux.

L'an mil cinq cens quarante-quatre, le Cherif Mahomet Roy de Maroc allant à Témécen avec son armée, nous vismes combatre vn lion contre ses gens dans des halliers, prés d'vn ruisseau; le combat dura plus de deux heures, & dans ce tems-là le lion blessa onze chevaux, & tua trois hommes, & en eust bien fait davantage, si l'on ne l'eust percé de loin à coups de fléches & d'arquebuze de plus de soixante coups. Mais, il est vray que c'estoit vn des plus grans & des plus furieux lions qu'on eust veû de long-tems en Afrique. Cét animal se fourre au milieu d'vn troupeau de brebis, & emporte ce qu'il luy plaist, tantost aux montagnes, tantost à la caverne où sont ses petits; souvent il entre dans les cabanes des bergers, & s'il en trouve quelqu'vn endormi, il en fait de mesme ; mais si on luy fait teste, il s'enfuit. Les captifs qui s'enfuyent de Barbarie, & qui se sauvent la nuit par les montagnes, vers la coste qui est au pouvoir des Chrestiens, disent que si quelqu'vn rencontre vn lion de nuit, & qu'il continuë son chemin, faisant bonne mine sans se détourner, le lion ne l'attaque point, mais qu'au-contraire il baisse la veuë à sa rencontre ; mais s'il montre quelque signe d'appréhension, il saute aussi-tost sur luy, & le met en piéces. Souvent vn lion suivant vn captif, a passé plusieurs fois devant luy dans le chemin & dans les passages, & voyant qu'il ne paroissoit point effraié, ne l'a osé attaquer, mais il ne laissoit pas de le suivre sur l'esperance de le surprendre endormi, ou au dépourveu. Quelques-vns croyent qu'il accompagne de la sorte ces captifs qui sont Chrestiens, pour leur montrer le chemin & leur servir d'escorte ; mais c'est pour les manger s'il peut, ce qu'il n'ose faire en les voyant bien resolus, non plus que les autres bestes farouches. Il y a quantité de ces animaux en Afrique ; mais ceux des montagnes froides ne sont pas si hardis que les autres, & ne font pas tant de mal, particuliérement aux hommes. Ceux qui sont dans les provinces de Témécen & de Fez, ou dans les deserts d'Angued prés de Trémécen, & entre Bone & Tunis sont plus fiers & les plus cruels de tous. L'Hyver, qu'ils entrent en amour, ils s'entrebattent à toute outrance, & s'il arrive qu'vn homme ou quelque autre animal se rencontre alors sur leur passage, c'est vn grand hazard s'il en échape. Car ils vont huit ou dix ensemble & le devorent. La force de cét animal est si grande, que tout ce qu'il saisit avec les dents il l'emporte, quand ce seroit vn chameau. Mais avec tout son courage, il appréhende le feu. Quand les Arabes passent la nuit dans quelque lieu découvert, ils y font vn grand feu pour l'empescher d'approcher, & s'ils en apperçoivent quelqu'vn, ils jettent des tisons ardens de ce costé-là, & par ce moyen ils l'arrestent tout court. Il arrive peu souvent sans estre apperceu, parce-qu'il y a ordinairement certains animaux* vn peu plus grans que des renards, & de mesme poil, qui le suivent pour manger ses restes, & ces animaux-là heurlent comme des chiens, si-bien qu'on reconnoist à leurs cris que le lion

* Adives.

n'est pas loin, & l'on se met en deffense. Ce lion a neant-moins grande aversion contre ces bestes, & met en piéces toutes celles qu'il rencontre; mais elles sont si rusées, qu'elles se tiennent à quartier, & n'approchent point qu'il ne soit saoul, & qu'il n'ait abandonné sa proye. Dans la ville de Fez, on y court les lions, comme on fait en Espagne les taureaux, & il y a vn lieu destiné pour ces courses, qui est ceint de hautes murailles, & entouré de cellules, dont les portes ne peuvent tenir plus d'vn homme, & se ferment avec des veroüils *. Si-tost que le lion entre dans la place, tous ceux qui sont dans ces cellules en sortent tout d'vn tems, & venant à luy avec de grans cris, le mettent en telle furie à coups de dards, qu'il court à eux de tous costez *; de-sorte que ce qu'ils peuvent faire en cette rencontre, c'est de se sauver dans leurs trous lors qu'il en approche, & de fermer la porte sur eux. Il fait tout ce qu'il peut pour l'ouvrir avec les grifes & les dents, & s'il les attrape avant qu'ils soient entrez, comme il arrive quelquefois, il les met en piéces. Quand ils l'ont bien irrité, & qu'ils l'entendent rugir, ils font entrer vn taureau pour se battre contre luy, & c'est vne chose belle à voir; car ils se livrent tous deux vn sanglant combat, où il faut que l'vn ou l'autre perisse, & il arrive souvent que c'est le lion. Mais quand c'est lui qui tuë le taureau, les hommes sortent aussi-tost de leurs cachettes pour combattre contre luy avec chacun vne demie-pique *. Ceux qui attaquent le lion, sont ordinairement douze, & si l'on voit qu'ils soient trop, on en fait retirer quelques-vns, mais s'ils ne sont pas assez, le Roy mesme & ses Courtisans qui sont à l'entour dans des galeries, tirent sur le lion avec des arbalestes, jusqu'à ce qu'ils l'ayent tué. Ceux qui combattent contre ces lions, sont certains Barbares de la montagne de Zelac, qui ont chacun dix écus de recompense pour cette feste, qui leur couste souvent la vie. Il y a encore d'vne autre sorte de lions qu'ils appellent Leopards *, qui sont aussi forts & cruels, mais ils ne font point de mal, si ce n'est qu'on leur en fasse, & ne persecutent pas tant les brebis, mais ils sont grans ennemis des chiens & des adives, & les devorent. Il y en a en quantité dans la province de Constantine. Les Africains vont à la chasse contre eux

*ou avec des serrures à ressort.

*ou d'vn bout à l'autre de la carriére.

*ou vne hallebarde.

*pantheres.

DE L'AFRIQVE, LIVRE I. 57

eux à cheval, parce-qu'ils fuyent le monde; mais quand on les preſſe pourtant, ils reſiſtent avec vigueur. Il y en a auſſi grand nombre dans la haute Ethiopie, particuliérement dans les montagnes de Beht & dans celles d'Alard & de Quen.

Le *Dabuh*, eſt de la grandeur d'vn loup, & preſque de la meſme forme; mais il a des pieds & des mains comme vn homme. Il ne fait point de mal aux animaux, car il eſt lâche & ſans malice, mais il tire les corps morts des ſepulcres, & les mange, ce qui eſt facile, parce-que les Maures ſe font enterrer dans les champs. Lors que les chaſſeurs ont découvert ſon giſte, ils y vont chantant au ſon des timbales, ou des trompettes, dont il eſt ſi ſurpris ou ſi réjouy, qu'il ne part point de ſa place. Alors l'vn d'entre eux prenant ſon tems, luy lie le pied avec vne corde, & le tirant dehors on le tuë, mais on ne mange point de ſa chair; car les Maures l'ont en horreur, outre qu'elle ne vaut rien. *Dabuh, en Arabe, & en Africain Iefef.*

Les Civettes, qu'on nomme en Arabe Zebide, ſont naturellement ſauvages, & ſe tiennent dans les montagnes d'Ethiopie. On en tranſporte beaucoup en Europe, car on les prend petites, & on les nourit dans des cages de bois bien fortes, où on leur donne à manger du laict, de la farine de bled cuit, ou du ris, & quelquefois de la viande. Elles ſont d'vn gris blanc, rayé de noir comme les chats Romains; mais elles ſont plus grandes & plus fortes. La civette n'eſt autre choſe que la ſueur qui ſort de leur corps: & pour la tirer on les irrite dans leur cage avec vn baſton, les faiſant aller tantoſt d'vn coſté, tantoſt d'vn autre, juſqu'à ce qu'elles ſuënt, & alors on la tire d'entre les jambes, & d'autour du cou & de la queuë, ce qui ſe fait deux ou trois fois le jour. *Chats.*

Il y a de pluſieurs ſortes de Singes, les vns de couleur de chats ſauvages, avec la queuë longue & le muſeau blanc ou noir, qui s'appellent communément en Eſpagne Gatos-paulés, & viennent du païs des Negres. Les Guenons qu'on nomme en Afrique Babouïns, n'ont point de queuë, & ſont en quantité dans les montagnes de Mauritanie, de Bugie & de Conſtantine. Mais les vns & les autres ont les pieds, les mains, & s'il faut ainſi dire, le viſage de l'homme, avec beaucoup d'eſprit & de malice. Ils vivent d'herbe, de bled, & de toute *Singe.*

H

sorte de fruits qu'ils vont en troupes dérober dans les jardins, ou dans les champs. Mais avant que de sortir de leur fort, il y en a vn qui monte sur vne éminence, d'où il découvre toute la campagne; & quand il ne voit paroistre personne, il fait signe aux autres avec vn cri pour les faire sortir, & ne bouge delà, tandis qu'ils sont dehors. Mais si-tost qu'il voit venir quelqu'vn, il jette de grans cris, & sautant d'arbre en arbre, ils se sauvent dans les montagnes. C'est vne chose admirable de les voir fuyr. Car les fémelles portent sur leur dos quatre ou cinq de leurs petits, & ne laissent pas avec cela de faire de grans sauts de branche en branche. Il s'en prend quantité par diverses inventions, quoi-qu'ils soient fort fins. Quand ils deviennent farouches, ils mordent; mais pour peu qu'on les flate, ils s'apprivoisent aisément. Ils font grand tort aux fruits & aux bleds, parce-qu'ils ne font autre chose que cueillir, couper & jetter par terre, soit qu'ils soient meurs ou non, & en perdent beaucoup plus qu'ils n'en mangent & qu'ils n'en emportent. Ceux qui sont apprivoisez, font des choses incroyables, imitant l'homme en tout ce qu'ils voyent.

*Eléphant.* L'Eléphant, que les Africains appellent Elfil, est vn animal sauvage, d'vne grandeur & d'vne grosseur démesurée. Ses pieds n'ont point de jointures ni de chevilles, & son poil est comme celuy d'vn bœuf. Il a dix pieds de haut, & n'a point proprement de col; car sa teste qui est fort grande, est comme attachée à ses épaules. Ses oreilles sont comme deux rondaches, sa bouche est placée dans son gosier & couverte d'vne trompe, avec laquelle il mange, se frote & emporte tout ce qu'il prend, levant jusqu'au poids de deux cens livres qu'il charge sur ses épaules. Quelquefois en entrant dans l'eau, il en prend dans sa trompe environ le poids de 150. livres qu'il jette en haut, de la hauteur d'vne pique. Il va fort viste, & quand on le presse, il fera en vn jour le chemin de six journées. Il apprend & entend tout ce qu'on luy dit, parce-qu'il a vne espece d'entendement. Il y en a quantité au païs des Negres, & particulièrement dans les montagnes qui sont le long du Niger, & en la haute Ethiopie. Ils vont par troupes, & s'ils rencontrent quelqu'vn, ils se détournent de luy, & le laissent passer. Mais s'il leur veut faire mal, ils l'enlevent avec leur trompe, & le jettent par terre, où ils le foulent aux pieds tant qu'il soit mort. Quoy-que cét animal soit grand & sauvage, on ne laisse pas d'en prendre quantité en Ethiopie de la façon que je vais dire. Dans les forests épaisses où il se retire la nuit, on fait vne enceinte avec des pieux entrelassez de grosses branches, & l'on y laisse vn passage qui a vne porte tenduë contre terre. Lors que l'Elephant est entré, on la tire en haut de dessus vn arbre, avec vne corde, & on l'enferme; puis on descend & on le tuë à coups de fléches. Mais si par hazard on le manque, & qu'il sorte de l'enceinte, il tuë tout ce qu'il rencontre. Aux Indes & dans la haute Ethiopie, ils les prennent d'autre façon, outre qu'ils en élevent dés leur jeunesse, & les apprivoisent. On en voit de petits en Europe, mais il y en a de si grans qu'on ne les peut embarquer. Et quand les Ethiopiens vont à la guerre, ils mettent des tours de bois sur leur dos, où dix ou douze hommes combattent avec des fléches, des pierres & des dards. L'yvoire se fait des os & des défenses de cét animal, & c'est vn des principaux commerces des Portugais avec les Negres.

Adim-mayn, c'est vn animal fort privé, qui ressemble au mouton, mais il est aussi grand qu'vn moyen veau, il a les oreilles fort longues & pendantes. Il n'y a que la femelle qui ait des cornes. C'est tout le bestail de la Libye, qui fournit aux habitans quantité de beurre & de fromage. Sa laine est tres-fine, quoy-qu'vn peu courte. C'est vn animal fort paisible qui se laisse monter aux enfans & les porte sur son dos plus d'vne lieuë. Il y en a quantité dans les deserts de la Libye; mais on les montre par rareté en Numidie & en Barbarie, parce-qu'il n'y en a point. *Adim-mayn.*

Le Mouton de cinq quartiers, ne différe des nostres qu'aux cornes & en la queuë, qui est fort large & ronde, & s'alonge à mesure que l'animal s'engraisse. Il y en a quelques-vnes qui pesent jusqu'à quinze & vingt livres. Ce sont ceux qu'on engraisse dans la campagne; car en Egypte plusieurs en nourissent en leurs maisons, avec du son & de l'orge, qui ont la queuë si grande qu'ils ne la peuvent traîner, & on la lie sur *Mouton de cinq quartiers.*

H ij

vne petite rouloire attachée à leurs cornes. Il y en a beaucoup dont les queües pesent quatre-vingts & cent livres, quelquefois jusqu'à cent cinquante. Enfin, toute la graisse de cet animal est à sa queuë, ils ont quatre ou six cornes, quelquefois plus ou moins, les vnes courbées en haut, d'autres en bas, de la mesme façon que ceux de l'Europe : il s'en trouve peu, si ce n'est à Tunis ou en Egypte, mais ceux-cy sont les plus grans.

*Crocodile.* Le Crocodile, est vn animal hardi, mais défiant : il y en a quantité dans le Niger & dans le Nil de plus de dix coudées de long, & d'vne & demie de haut sans la queuë. Leur queuë est aussi longue que tout le reste du corps. Ils ont quatre pieds comme le lézard, & la peau si dure que le trait d'vne arbaleste ne la peut percer. Ils remuënt la machoire d'enhaut en mangeant, contre l'ordinaire des autres animaux, parce-que l'os de la machoire d'embas, & celuy de la poitrine sont tout d'vne piéce ; mais c'est vn artifice de la Nature, car ils s'incommoderoient en remuant celle d'embas ; parcequ'ils ont les jambes trop courtes. Il y en a de differente grandeur selon l'âge. Plusieurs ne vivent que de poissons, quoi-que les autres mangent des hommes & des bestes, autant qu'ils en peuvent attraper. Pour ce sujet, ils se cachent adroitement dans l'eau tout contre le bord, & comme ils les voyent approcher, ils jettent leur queuë hors de l'eau & les enlevent dedans. C'est vn grand bien de ce qu'ils ne sont pas tous de la sorte, car personne ne pourroit aborder de leurs riviéres. Il arrive souvent la nuit qu'ils s'approchent du bord des barques, & par le moyen de leur queuë renversent vn homme & le mangent au fond de l'eau. Ils en sortent quelquefois pour se promener au Soleil dans quelques Isles du fleuve. Alors, tenant la gueule ouverte, certains oiseaux blancs de la grosseur d'vne grive s'y viennent fourer pour manger la chair qui leur reste entre les dents, & qui engendre des vers qui les incommodent fort. Ces oiseaux y entrent & sortent en toute assurance ; car quand mesme le Crocodile voudroit refermer la gueule il ne pourroit, parceque la Nature a donné à ces oiseaux vne épine sur la teste avec laquelle ils piquent le haut du palais du Crocodile, &

luy font ouvrir la gueule malgré qu'il en ait. Les Crocodiles pondent sur terre, & couvrent leurs œufs de sable ; mais si-tost que les petits naissent, ils se jettent dans la riviére. Quelques-vns au-lieu de se mettre dans l'eau, se fourvoyent & prennent le chemin des deserts, mais ceux-là sont venimeux, au-lieu que ceux des riviéres ne le sont point. Plusieurs Egyptiens mangent de leur chair, & la trouvent de bon goust, & leur graisse se vend fort chere, parce-qu'elle est souveraine pour les vlceres & les cancers. Quand les pescheurs leur veulent donner la chasse, ils attachent vne grosse corde, longue de vingt-cinq ou trente brasses à quelque gros arbre, ou à quelques colonnes qu'on a plantées sur le bord de l'eau pour ce sujet ; & à l'autre bout de la corde ils y attachent vn hameçon gros comme le doigt, & long d'vn pied & demi, où est attaché vn mouton ou vne chévre : au cri de cét animal le crocodile sort aussi-tost à terre, & l'avalant est pris à l'hameçon. Alors, les pescheurs lâchent peu à peu la corde, & la tirent de tems en tems. Cependant le Crocodile saute & se debat ; & aprés s'estre bien tourmenté, se lasse & tombe comme mort. Aussi-tost ils le percent à la gorge, au petit ventre, & entre les jambes, où il a la peau fort delicate, car celle du dos est si dure & si épaisse, qu'à peine vne balle de mousquet la pourroit percer. Du reste, sa gueule est si grande, qu'il y tiendroit vne vache, & ses dents sont fort aiguës. Quand on en ruë quelqu'vn, les pescheurs en mettent la teste sur les murs de la ville, comme pour trophée.

Ceux qui demeurent le long du Nil, disent que du tems des Rois d'Egypte & des Romains, les Crocodiles n'estoient point si dangereux qu'ils ont esté depuis. Moçaudi dans son traité des Merveilles du Monde, dit qu'alors qu'Hutmen fils de Taulon estoit Gouverneur de l'Egypte, sous les Califes de Babylone, l'an 875. * il se trouva vne statuë de plomb de la grandeur d'vn Crocodile, avec des lettres Egyptiennes dans les fondemens d'vn Temple des Gentils, en vne ville du nom de cét animal, & que cette statuë paroissoit avoir esté faite sous certaines constellations contre luy. Que Hutmen la fit aussi-tost mettre en piéces, & que depuis les

* l'an 270. de l'Egyre.

Crocodiles commencèrent à faire beaucoup de mal. C'est vne chose estrange, que ceux qui sont depuis le Caire en descendant vers la mer, ne font mal à personne, & que depuis la mesme ville en remontant, ils tuent & mangent tous ceux qu'ils peuvent attraper. Il semble que ce soit qu'en descendant & approchant de la mer, ces animaux trouvent abondance de poisson, dont ils se repaissent, & qu'en remontant ils en trouvent peu.

*Tortuë.*
* deserts de Libye.

La Tortuë, est vn animal difforme, qui se traîne par les deserts *. Il s'en trouve quantité dans le Sahara, qui sont grandes comme vne grande pipe de malvoisie. Bubquerí Geographe Africain, dans le livre qu'il a fait des Regions & des chemins de l'Afrique, dit qu'vn homme se trouvant de nuit dans ces deserts, lassé du chemin, se coucha sur vne tortuë, pensant que ce fust vne pierre; & qu'il fut tout étonné que s'estant éveillé le matin, il se trouva presque éloigné d'vne lieuë du lieu où il s'estoit endormi, dequoy tout surpris, il s'apperceut que c'estoit vne tortuë. Elles ne bougent d'vne place le jour, mais de nuit elles se promenent, si lentement toutefois qu'il ne paroist pas qu'elles marchent. Il se fait grand trafic en Barbarie de leurs écailles, qui sont de la grandeur d'vne rondache, & si fortes que le trait d'vne arbaleste ne les peut percer. Nous en vismes vne dans l'Arsenac du Cherif *, en la ville de Tarudante. Les Africains disent que la chair en est bonne pour la lépre, mais qu'il en faut manger sept jours de suite, encore faut-il que la tortuë ne passe pas sept ans.

* Mahamet.

*Dragon*, en Arabe *Taybin.*
* plusieurs doutent de cét animal.

Le Dragon, est vn animal venimeux, dont le toucher & la morsure sont mortels. Il y en a quantité dans des cavernes du grand Atlas; mais ils sont si lourds & si mal-faits, qu'ils ne se peuvent remüer qu'à peine, car leur corps est fort gros vers l'estomac, & le reste delié. Il a la teste & les ailes d'vn oiseau, la queuë & la peau d'vn serpent, il est tacheté de diverses couleurs, il a les pieds d'vn loup, & n'a pas la force de lever les paupiéres. Les Historiens d'Afrique disent qu'il naist de l'accouplement d'vn aigle avec vne louve, dont elle devient si pleine, qu'elle en créve & engendre ce monstre. Il y en a grand nombre en la haute Ethiopie, dans les montagnes de Beht*.

Fable.
* ou de la Lune.

# DE L'AFRIQVE, LIVRE I.

L'Hydre, est vne petite couleuvre, qui a le col fort delié, & la queuë aussi. Il y en a quantité dans les deserts de Libye, & de si venimeuses, que le meilleur remede, quand on en est mordu, c'est de couper l'endroit, avant que le venin ait infecté les autres parties. *Hydre.*

Le Dub ressemble à la Tarantule, dont il y a quantité dans la Poüille, & au Royaume de Naples, mais il est vn peu plus gros, & a vn pied & demy de longueur, & de largeur quatre doigts: il naist dans les deserts de la Libye, & ne boit jamais. On dit mesme que l'eau le fait mourir. Il fait des œufs comme la tortuë, & est sans venin, les Arabes le mangent rosti, & sa chair a le goust de la grenoüille. Il est fort dispos & si ferme, que s'il se fourre en quelque trou, encore que la queuë demeure dehors, il est impossible de l'en arracher, quelque effort que l'on fasse. Mais les chasseurs agrandissent le trou avec vn hoyau, & le tirent delà. Au bout de trois jours qu'on l'a tué, si on le met auprés du feu, il remuë comme si l'on venoit de le tüer tout nouvellement. *Dub, espèce de Lézard.*

Guaral est tout-semblable, excepté qu'il est vn peu plus grand, il naist aussi dans les deserts de la Libye, & les Arabes le mangent, aprés luy avoir coupé la teste & la queuë, où gist le venin. *Guaral.*

Le Caméléon est grand comme vn lézard ordinaire, mais tout contre-fait & sans vigueur. Il a la queuë longue comme vne taupe, marche peu à peu, & se nourit d'air & des rayons du Soleil, qu'il reçoit la gueule ouverte, se tournant continüellement de leur costé. Il n'a point de poil, mais des taches sur la peau, qui prennent la couleur du lieu où il est. Ceux du païs en disent merveilles, & entre autres choses, qu'il a en horreur les serpens, & quand il en voit dormir sous vn arbre, qu'il monte sur les branches, & se mettant droit sur leur teste, laisse comme la grénoüille couler sa salive, qui a au bout vne goute, comme vne perle, de telle vertu, qu'elle les tuë en les touchant. Quelques-vns disent que quand il se met au Soleil, il tire vne langue où se viennent mettre des moûches, & qu'il se nourit de cela, mais je ne suis pas de leur avis, quoi-que j'en aye veû quantité en Barbarie, & particuliérement au Royaume de Maroc. *Caméléon, en Arabe Iebuya.*

*L'Autruche*, en Arabe *Naama*. L'Autruche, a quelque chose de l'oye, mais est beaucoup plus grande. Elle a les jambes fort longues, & le col de quatre ou cinq palmes de longueur. Sa queuë & ses ailes sont composées de grandes plumes noires & blanches, quelquefois de grises, dont elle couvre son corps qui est fort gros ; car elles ne luy seruent point à voler, mais à courir, parce-qu'elle s'en fouette en courant, & se pique aussi de quelques ergots, ou éperons pour s'animer davantage. Aussi court-elle fort viste, elle naist dans les deserts parmi des sablons secs & arides, où elle pond dix ou douze œufs de la grosseur d'vne grosse boule, & quelques-vns moindres. Ceux du païs disent qu'elle a si peu de mémoire, qu'elle les oublie ; mais qu'en courant deçà & delà, les femelles les couvent aux lieux où elles les rencontrent. Si-tost que les petits sont éclos, ils courent si viste, qu'on ne les peut attraper. Cét oiseau est fort simple, & si sourd qu'il n'entend rien. Il mange tout ce qu'il trouve, quand ce seroit du fer rouge, elle le dévore & le digére. Sa chair put & est gluante, particuliérement celle des cuisses. Mais tous les peuples de Numidie ne laissent pas d'en manger. Quand ils ont pris des petits, ils les élévent, les engraissent, & les menent paistre en troupes par le desert ; mais lors qu'ils sont gras, ils les tuënt & les salent. Quand les Arabes tuent de ces oiseaux, ils leur arrachent toutes les plumes, & les portent vendre sur la frontiére aux marchans de l'Europe, qui les redressent & les teignent de toute sorte de couleurs, puis les vendent aux galans qui s'en parent, & les portent sur la teste par magnificence. Il y a quantité de ces animaux dans les campagnes d'Onzar & de Sodra, entre Maroc & Salé, aussi-bien qu'en celles de Iufet & de Moçun, entre Fez & Trémécen.

*Perroquet.* Les Perroquets, dont il y a quantité dans les montagnes d'Ethiopie sont de diverses couleurs, & contrefont le parler des hommes, & le cri des autres animaux ; mais les verds apprennent plus aisément. Il y en a de gros comme des ramiers, d'autres beaucoup moindres. On en voit qui sont fort beaux, & qui ont la queuë longue d'vn pied & demi & plus: mais ceux-là n'aprennent point à parler, & en récompense ils ont l'organe de la voix fort doux, au-lieu que les autres l'ont desagréable.

La

La Licorne, qu'on trouve dans les montagnes de Beht *Licorne.* en la haute Ethiopie, est de couleur cendrée, & ressemble à vn poulain de deux ans, hormis qu'elle a vne barbe de bouc, & au milieu du front vne corne de trois pieds, qui est polie & blanche comme de l'ivoire, & rayée de rayes jaunes, depuis le haut jusqu'en bas : elle sert de contre-poison, & l'on dit que les autres animaux attendent pour boire que celuy-cy ait trempé sa corne dans l'eau pour la purifier. Cét animal est si fin & si viste, qu'on ne le peut ni tuer ni prendre ; mais il quite son bois comme le cerf, & les chasseurs en trouvent dans les deserts. Quelques-vns disent que le monocerot* n'est pas semblable à la licorne, & que sa corne n'a pas tant de force contre le venin, quoy qu'Elien ait fort parlé de sa vertu. *mot Grec qui signifie Licorne.*

Le Grifon, que quelques-vns appellent mal à propos Girafe, qui est vn autre animal, se trouve encore dans les montagnes de la haute Ethiopie, & particuliérement dans celles de Beht. Les Arabes le nomment Yfrit, il est fait de mesme qu'on le dépeint dans les tapisseries. *Grifon. On doute fort de cét animal, aussi-bien que du precedent.*

La Girafe se trouve dans la Nubie au dessus de l'Egypte, *Girafe.* & est de la grandeur d'vn grand veau. Elle a le cou aussi long qu'vne lance, la teste & les oreilles d'vn chevreüil, l'estomac luisant, les pieds de derriere fort courts, & ceux de devant plus longs. Son poil est entre noir & blanc, & semblable à celuy d'vn bœuf. Elle marche gravement sans s'estonner ni branler pour quoy que ce soit. Les Africains disent qu'elle est engendrée d'animaux de diverses especes. Elle s'écarte des autres bestes dans les bois, & fuit l'homme. On les prend petites aux lieux où les méres fréquentent.

Dans le Royaume des Abyssins prés du Nil, en tirant *Chevres* vers l'Orient, il y a quantité de Chevres sauvages, dont les *sauvages.* masles sont de la grandeur d'vn grand veau, & ont le poil si long qu'il traîne à terre, mais gros & rude comme du crin de cheval. De la peau l'on en fait les cuirs si estimez qu'on nomme Charequiés, que l'on conroye en poil avec la racine d'Alhegna, dont il y a abondance en ce païs & de tres-bonne. Abengézar dit qu'il peut tenir six hommes dans les branches de cét arbre, sans se pouvoir toucher de la main.

*Vaches.* Il y a au mesme païs de grandes Vaches qui n'ont point de poil, & qui ont la queuë si longue qu'elle traîne à terre: leur cou est tacheté de diverses couleurs. Les Egyptiens les appellent Demniet, c'est-à-dire, abondantes ou fertiles.

*Culuphania.* On recueille en la haute Ethiopie vne drogue de grande vertu, qui est faite comme de la poix Grecque, & on la transporte en Egypte, où les Medecins s'en servent contre la pituite.

*Poix changée en baume.* Il y a vn quartier dans le Genéova, appellé Limes, au Levant du Sahara vers le Nil, entre les villes de Rafin & de Cuco, où portant de la poix ou du bitume, il se change en baume au bout de quelques jours, & rend vne odeur encore plus agréable, & dont on fait plus de cas. Le mesme se fait de la raisine qu'on y transporte d'ailleurs pour ce sujet.

*Pierres de sortilege. Le païs des Limes. Ie voudrois bien que l'Auteur se fust passé de conter des fables sur le rapport d'autruy.* Il se trouve aussi en ce païs de certaines pierres, à ce que dit Aben-gézar, qui s'appellent pierres de sortilege, & en Arabe *Hachar Acehr*. Elles ont la forme & proportion des membres humains. Les vnes ressemblent aux pieds, les autres aux bras, quelques-vnes à la teste ou au cœur, sans parler de celles qui ressemblent à vn homme tout entier. Il dit qu'on fait par là, quantité de sortileges, & que ceux qui en peuvent avoir vne entiere l'estiment beaucoup, parce-qu'ils croyent qu'en la portant sur soy, on peut gagner la faveur des Rois & des Grans, enfin de tous ceux avec lesquels on converse.

*Gaules harmonieuses.* Le mesme Auteur dit qu'il y a vn certain arbre dans ce païs, appelé Aud Altaçavyt, qui produit des gaules comme d'osier, & qu'en les prenant à la main & les branlant, elles font vne espece d'harmonie fort agréable sans se rompre ni perdre leur son, quoy-qu'on en donnast plusieurs coups sur les épaules.

*Pierres de merveilles.* Dans les montagnes d'Alard & de Quen, entre le Zinque & la Nubie, Moçaudi veut qu'il se trouve de certaines pierres qu'on nomme pierres de merveilles, & en Arabe *del Beht*, de telle vertu qu'on devient comme muet en les regardant. Il adjouste à cette fable vne autre encore plus ridicule:

## DE L'AFRIQVE, LIVRE I.

Que le Palais d'admiration qu'Alexandre le Grand fit faire, estoit basti de ces pierres, & que pour les enlever il demanda conseil à son maistre Aristote, qui luy dit qu'il envoyast de ses gens avec le visage couvert ; mais, conduits chacun par vn esclave qui eust la veuë libre, & qu'en appercevant que les esclaves seroient devenus muets, ils leur fissent couvrir la pierre sans la regarder ; Que les agençans ainsi les vnes aprés les autres, ils les missent dans des cofres fermez. Il dit que par ce moyen ils amassérent des pierres suffisamment pour bastir ce beau Palais.

*En Arabe, Arsato-salis.*

*Fable.*

### CHAPITRE VINGT-QVATRIE'ME.

*Des plus anciennes habitations de l'Afrique, & de l'origine des peuples de Barbarie.*

L'EGYPTE, depuis le Deluge, a esté de toute l'Afrique la prémiere habitée par Mezraim, fils de Cam, & petit fils de Noé. Vn autre fils de Cam * peupla l'Ethiopie, & y regna, & vn troisiéme * s'habitua en Libye, qui se nommoit autrefois Futeya de son nom, & qu'on nomme aujourd'huy le païs des Negres, où sont la Nubie, le Zinque, & le Geneova * à l'extremité de la Tingitane. Sabatha, fils de Chus, eut pour son partage les deserts qui sont entre ce païs-là & la Numidie, & Tut, autre petit fils de Cam, emmena dans la Tingitane les peuples qu'on nomme Tuteyens.

C'est-pourquoy ces païs se nomment ainsi en Hebreu.
* Chus.
* Futh.

*, ou Genéva.

Les Auteurs Africains asseurent que la partie Orientale de la Barbarie & de la Numidie a esté long-tems inhabitée, & disputent entre eux à qui elle doit son habitation. Les vns, disent que c'est à certains peuples d'Asie, qui chassez par leurs ennemis, & ne se trouvant pas asseurez en Grece où ils s'estoient retirez, passérent en Barbarie, & trouvant le païs fertile & sans habitans le peuplérent. D'autres, disent que c'est aux peuples de la Phénicie & de la Palestine, qui ayant de cruelles guerres contre les Assyriens lors de l'establissement de leur Monarchie * furent chassez de leur païs, & que ceux de l'Egypte ne les ayant pas voulu rece-

* ou lors de leur Monarchie.

I ij

voir, ils passérent dans les deserts d'Afrique où ils commencérent à s'establir. Mais, les Auteurs Africains les plus célébres, asseurent que les prémiers habitans de la Barbarie, & de la Numidie, qu'on nomme aujourd'huy Barbares, furent cinq Colonies, ou Tribus de Sabéens qui vinrent avec Melec-Ifriqui Roy de l'Arabie heureuse, dont nous avons parlé au prémier Chapitre, & qui gardent encore leur nom, & s'appellent Zinhagiens, Muçamudins, Zénetes, Gomeres, & Haoares, d'où sont sorties six cens lignées de Béréberes, & les plus grans de toute l'Afrique leur doivent leur origine. Ils peuplérent au commencement la partie Orientale de la Barbarie, d'où se dispersant en divers lieux ils se rendirent Maistres & Seigneurs de la plus grande partie de l'Afrique, & sont appelez ordinairement Béréberes, parce-que leur prémiere habitation fut en Barbarie: au-lieu que ceux qui estoient auparavant dans la Tingitane, la Numidie, & la Libye s'appellent Chilohés.

*Ibni Alriquiq au livre de la Généalogie des Africains.*

Lors-que ces peuples s'habituérent en Afrique, & longtems depuis, ils demeurérent tous à la campagne par communautez sous des tentes, parce-qu'ils estoient fort riches en troupeaux. Mais avec le tems ne se pouvant accorder, ils eurent de grandes guerres, dont les vainqueurs demeurant maistres des plaines, les autres furent contraints de se retirer sans troupeaux dans les montagnes, où se meslant avec les anciens Africains, Chilohés, & Gétules, ils bastirent des maisons comme eux pour se garantir des injures de l'air, & furent vassaux de ceux de qui ils tiroient leur origine. Voilà le sujet pourquoy il y a en Afrique des Béréberes qui habitent sous des tentes, & d'autres qui habitent dans des maisons; quoy-qu'ils soient tous issus des cinq Tribus que j'ay dit. Mais, ceux qui errent par la campagne comme les Arabes, sont les plus illustres, comme les plus riches & les plus puissans. Toutefois, les vns & les autres sont jaloux de conserver leur coustume & l'antiquité de leur origine, & sont fort illustres entre les autres Africains. Leurs principales habitations qui sont répanduës par la Barbarie, la Numidie, & la Libye, sont assez connuës, parce-que c'est là qu'est la force de chaque Communauté ou Tribu.

DE L'AFRIQVE, LIVRE I. 69

Ceux de Muçamuda occupent la partie la plus Occidenta- *Muçamuda.*
le de la Mauritanie Tingitane, & habitent dans les montagnes du grand Atlas, depuis la pointe que l'on nomme
Iduacal, qui avance dans l'Océan, juſqu'à la Province d'Eſ-
cura, ou de Dominette, avec les coſtaux & les plaines de
part & d'autre, dans l'étenduë de quatre Provinces, Hea,
Sus, Gézula, & Maroc, & leur capitale eſtoit Agmet.

Les Zénetes, ont encore leurs anciennes habitations dans *Zenetes.*
les campagnes de Témécen, qui eſt la derniere Province
& la plus Occidentale du Royaume de Fez, & ont eſté les
plus puiſſans ; mais ils ne le ſont plus, & s'appellent Chaviens. D'autres, qui ſont fort belliqueux, demeurent dans
les montagnes du grand Atlas qui bordent les Eſtats de Fez
& de Trémécen, & ont continuellement guerre contre les
Turcs, qui ont envahi ce dernier Royaume. Quelques-vns
ſont dans les Provinces de Conſtantine & de Tunis, dont
les vns vivent par la campagne comme les Arabes, & les autres demeurent dans des logis. Mais les plus puiſſans & les
plus libres de tous, ſont ceux de Numidie & de Libye.
Avec cette Tribu de Zénetes ſont meſlez Haoares, qui *Haoares.*
ſont leurs vaſſaux. Les Zinhagiens tiennent depuis les mon- *Zinhagiens.*
tagnes de Barca, juſqu'à celles de Néfuſa & de Guenece-
ris, & quelques-vns errent avec les Zénetes.

Les Gomeres, demeurent dans les montagnes du petit *Gomeres.*
Atlas, qui ſont ſur la coſte de la mer Méditerranée, & tiennent depuis la frontiére de Ceute juſqu'à cette extrémité
de la Mauritanie Tingitane, qui confine avec la Ceſarien-
ne. De ces cinq Tribus, les Zénetes, les Muçamudins, &
les Zinhagiens ont regné en divers tems en Barbarie, en
Numidie, & en Libye, ſur le declin de l'Empire des Arabes : car auparavant, ils n'eſtoient gouvernez que par les
Chefs ou Cheques de chaque communauté, nommée Co-
beyla, aprés avoir eſté vaincus à divers tems par les nations
eſtrangéres, dequoy nous ne parlerons point dans cette
Hiſtoire. Mais, pendant le regne de la Maiſon d'Idris, qui
fonda la ville de Fez, la lignée des Mequinéciens d'entre
les Zénetes, vſurpa l'Empire, du tems que les Abder- * Dans Cor-
rames commencérent à regner en Eſpagne*. Enſuite, vne doüe.

I iij

autre lignée de Zénetes de Numidie, qu'on nommoit des Magaroas, conquit ſur les Abderrames pluſieurs provinces qu'ils avoient vſurpées en Afrique, & vainquant tout d'vn tems les Mequinéciens, eſtablit divers Eſtats en Barbarie, & non en Numidie, quoy-qu'elle en poſſedaſt la pluſpart. mais elle fut chaſſée par les Lumptunes de la Tribu de Zinhagie, que nos Hiſtoriens nomment Almoravides *, parce-qu'ils amenérent grand nombre de gens de la frontiére de Genéova, de ceux qu'on nomme en Afrique, Morabitins, qui furent les prémiers qui embraſſérent la ſecte de Mahomet, du tems d'Hechin, fils d'Abdul-Malic.

* Comme qui diroit les Moravites.

Vn Predicateur de cette ſecte, appelé Méhédi, ſe ſouleva aprés contre les Almoravides, & aſſiſté de quelques Africains * de la Tribu de Muçamuda, leur fit vne ſi cruelle guerre, que ſes ſucceſſeurs ont poſſedé toute l'Afrique ſous le nom de Moahédins, parce-qu'ils ſuivoient vne ſecte qui s'appeloit de la ſorte, c'eſt-à-dire, Loy des Vnitaires. Les Benimérinis ſe ſouleverent aprés, qui ſont auſſi d'entre les Zénetes, & chaſſérent les Moahédins, ou Almohades; mais ils furent chaſſez depuis par d'autres peuples de leur lignée, appelée Benioatares, à qui les Cherifs qui régnent aujourd'huy dans la Tingitane, ont oſté l'Empire.

* Hargiens. Moahédins, ou Almohades.

Benimérinis.

Benioatares.

De ces cinq Tribus, ſont deſcendus auſſi les Rois de Tunis & de Trémécen; car les Benizeyénes, qui furent appelez premiérement Abdeluetes, ſont de la Tribu de Zinhache, & de la lignée des Magaroas, & ont regné en Trémécen, juſqu'à ce que les Turcs s'en ſont rendus maiſtres; Et d'autres * d'entre les Hentetes de la Tribu de Muçamuda ont regné dans Tunis. Les deux autres Tribus des Gomérez & des Haoares, quoy-qu'elles n'ayent pas regné, n'ont pas laiſſé d'eſtre maiſtres de quelques Provinces, de-ſorte qu'il ſe voit clairement que tous les Rois qui ont regné en Afrique depuis le declin de l'Empire des Arabes, ont eſté de ces cinq Tribus *. Nous dirons les noms modernes des lignées qui ſont deſcenduës de chacune, lors-que nous ferons la deſcription des lieux & des montagnes qu'elles habitent.

Benizeyénes.

* Les Bubafças.

*Ces cinq Tribus ne laiſſent pas de tirer leur origine d'Arabie; mais elles n'ont point de part à l'Empire des ſucceſſeurs de Mahomet.

## CHAPITRE VINGT-CINQVIE'ME.

*De l'origine des Azuagues peuples d'Afrique, & de leurs habitations & demeures.*

LEs Azuagues, sont épars dans les Provinces de Barbarie & de Numidie & pasteurs pour la plusart, quoy qu'il y ait parmy eux des artisans qui font de la toile & du drap. Du reste, ils sont ordinairement tributaires des Rois ou des Arabes, encore qu'ils soient fort pauvres ; & vivent dans les montagnes & les costaux, où ils se nichent dans des trous. Les Auteurs Afriquains disent qu'ils sont venus de Phénicie & qu'ils en furent chassez par Iosué fils de Nun ; Que les Egyptiens ne les voulant pas recevoir ils passérent dans la Libye où ils bâtirent Carthage douze cens soixante & huit ans avant la naissance de Iesus-Christ. Aussi long-temps après, à ce que dit Ibni-Alraquiq on y trouva vne grande pierre dans vne fontaine, où estoient gravez ces mots en langue Punique, *Nous-nous sommes sauvez icy de la presence de ce brigand de Iosué fils de Nun.*

Avant la venuë de ces peuples, Asclépius & Hercule avoient déja regné en Afrique \*. Mais depuis la prémiere ruïne de Carthage, & avant qu'elle fust rebastie par Didon, ces peuples passérent en la partie Occidentale de la Barbarie sous la conduite d'Hannon leur Chef, & y edifiérent les villes Liby-Phéniciénes, où ils demeuroient quand les Romains vinrent en Afrique. Aussi dit-on que c'est à cause d'eux qu'ils appelérent le païs Mauritanie, parce-qu'ils se nommoient Maures ou Maurophores. Quoy-que c'en soit, les Azuagues sont belliqueux & de grand travail, & ont esté autrefois fort puissans. Depuis quelque tems mesme il y en a d'entre eux qui vivent en liberté. Leur langage st celui des Béréberes ; mais ils parlent aussi Arabe, particuliérement ceux qui errent aux environs de la ville de Lorbus sur la frontiére de Tunis, à-cause qu'ils trafiquent continuellement avec eux. Leur principale habitation est aux Provinces de Témécen & de Fez. Mais les plus puissans demeurent en-

\* 1693. avant I. C.
Ils ont regné aussi en Espagne.

tre le Royaume de Tunis & le Bilédulgerid, d'où ils ont eu la hardieffe d'attaquer fouvent les Rois de Tunis, & ont défait depuis peu * le Gouverneur * de Conftantine qui les vouloit affujettir. Cette victoire leur ayant tant acquis de reputation que plufieurs du party du Roy fe tournerent de leur cofté, & leur Chef * devint vn des plus puiffans Seigneurs de l'Afrique. On l'appelle maintenant le Roy de Cuco, & il fait la guerre continuellement aux Turcs. Ces peuples fe vantent d'eftre Chreftiens d'origine, & pour fe diftinguer des autres Africains & Arabes ils ne fe rafent pas la barbe ni ne coupent leurs cheveux tout autour comme font les Mahométans par fuperftition, & font outre cela fort ennemis des Arabes, & des autres peuples de l'Afrique. D'ailleurs, par vn ancien vfage ils fe font vne Croix bleuë à la jouë, ou à la main avec le fer, fans autre raifon à ce qu'ils croyent que de marquer leur origine. Mais cela vient de ce que les Romains & les Gots regnant en Barbarie & en Numidie afranchirent de tout tribut les Chreftiens ; de-forte que chacun fe difoit Chreftien lors que les Commiffaires des tailles arrivoient ; & pour éviter cette tromperie, on ordonna à ceux qui eftoient véritablement Chreftiens de porter vne croix gravée fur le vifage ou à la main. Ces Azuagues donc le firent pour cette raifon, & ont perféveré dans le Chriftianifme jufqu'à la venuë des Arabes. Quelques autres Africains portent encore des croix pour ce fujet, mais par fucceffion de tems au lieu de croix ils fe font d'autres marques pluftoft par galanterie qu'autrement, pour conferver la mémoire de leur antiquité & la nobleffe de leur extraction. Les filles des Arabes s'en font auffi pour eftre plus galantes, & gravent fur leur fein, fur leurs mains, fur leurs bras & fur leurs pieds diverfes figures de couleur bleuë avec le fer d'vne lancette ; mais ces figures font differentes de celles des Azuagues.

* l'an 1510. qui eſt le 817. de l'Egyre.
* Muley Nacer fils de Mahomet Roy de Tunis, il y fut tué avec 2000. chevaux.
* Cheque.

CHA-

# DE L'AFRIQVE, LIVRE I.

## CHAPITRE VINGT-SIXIE'ME.

*Des autres Africains qui vivent dans les deserts de Libye.*

Nous avons dit, comme Sabatha fils de Chus & petit fils de Noé, s'habitua dans les deserts de la Libye interieure. C'est de luy que sont descendus ceux de Sénéga, de Zuensiga\*, de Terga, de Lempta, & de Berdoa qui sont les principales habitations de ces deserts dont les peuples estoient autrefois nommez à-cause de luy Sabatheens. Outre ces habitations, il y en a encore d'autres qui ne sont ni si fameuses, ni si nombreuses, & dont les peuples sont de pauvres miserables qui vivent sans ordre, ni discipline en des lieux aspres & steriles qui confinent la pluspart avec les Negres. Les Grecs les ont appellez Nomades, & les Latins Numides. Ils habitent sous des tentes comme les Arabes, & errent deçà & delà aprés leurs chameaux. *\* Guanezeri.*

Ceux de Sénéga demeurent sur la coste de l'Océan Occidental, d'où ils s'étendent vers le Levant jusqu'aux Salines de Tegaza, & du costé de Septentrion, aux frontiéres de Sus, de Hacha, & de Dara, que les Auteurs Arabes appellent le Sus éloigné. Vers le Midy, ils confinent avec le Genéova\*, où sont les Royaumes de Gualata & de Tombut. *Sénega.* *\* terre des Negres.*

Les Guanezeris, ou Zuenzigues, commencent du costé du Couchant, à la frontiére de Tegaza, & s'étendent vers le Levant jusqu'au desert de Haïr; du costé de la Tramontane, aux Provinces de Sugulmesse, de Tebelbeled, & de Beni-goray, & vers le Midy, au desert de Guir, qui aboutit au Royaume de Guber, au quartier des Negres. *Guanezeris.*

Ceux de Terga commencent au desert de Haïr & s'étendent vers le Levant jusqu'à celuy d'Iguid, du costé du Nort, à celuy de Tuat, & aux Provinces de Tegorarin & de Meszab, & du Midy, aux deserts d'Agadez. *Terga.*

Ceux de Lempta, commencent au desert d'Iguidy, & s'étendent du costé du Levant jusqu'à celuy de Berdoa; vers la Tramontane, aux Provinces de Tecort, de Guerquelan, & *Lempta.*

K

de Gademis\*, & du costé du Midy, aux deserts de Cano qui est vn Royaume du païs des Negres.

\* Les Morabitins sont entre-eux & Sugulmesse.
Berdoa.

Ceux de Berdoa, sont à leur Orient, & s'étendent jusqu'aux frontiéres d'Augela; du costé du Septentrion, ils confinent avec les deserts de Fez & de Barca, & vers le Midy, avec ceux de Borno qui est aussi vn Royaume des Negres.

Augela, Sirte, Alguequed.

Augela, Sirte, & Alguequed, sont d'autres habitations plus Orientales & voisines de l'Egypte, dont nous parlerons en leur lieu. Il se trouve dans quelques Histoires d'Afrique, que ceux de Senéga ont regné au païs des Negres, & particuliérement aux Royaumes de Meli, de Tombut, & d'Agadez, & que leur posterité regne encore. Chaque habitation a son Cheque, ou Commandant qui se fait obeïr & respecter comme vn Prince, & ce qui est admirable, c'est qu'ils n'ont point de guerre entre-eux, ni de contestation pour les terres que chacun possede.

### CHAPITRE VINGT-SEPTIE'ME.

*Des Arabes qui font leur demeure dans les Villes, & que les Africains appellent par reproche Hadara, c'est à dire Courtisans.*

LEs Arabes de la secte de Mahomet passérent en Afrique en l'an 653. Odman estant troisiéme Calife, qui y envoya vne armée de plus de quatre-vints mille combatans sous le commandement d'Occuba-ben-nasic. Ce Général, aprés avoir gagné quelques batailles contre les Romains, bastit la ville de Cairaven, que par corruption l'on nomme Carvan, à trente lieuës de Tunis, vers le Levant. Les Auteurs Africains disent, Qu'aprés que ces Arabes eurent pillé tout le païs, ils s'en retournérent la pluspart en Arabie, chargez de butin; & que ceux qui demeurérent en Barbarie, y bâtirent encore d'autres villes & châteaux, outre la ville de Caravan, pour se fortifier, & de tems en tems passérent dans les places d'Afrique, où ils se meslérent avec ceux de Zinhagie, de Baraguate, & de Sénéga que l'on appelle communément peuples de Barbarie, qui ayant esté gouvernez long-

DE L'AFRIQVE, LIVRE I.

tems par les Romains parloient vn Latin corrompu ; de-sorte que les autres communiquant continuëllement avec-eux oubliérent leur Langue maternelle. Les Arabes qui demeurent dans les villes d'Afrique, sont appelez communément Hadara, c'est-à-dire Courtisans, & se meslent la pluspart de trafic, quoy-qu'il y en ait qui étudient, & d'autres qui fréquentent les Cours des Rois. Mais ils ne sont pas si estimez que les autres Arabes qui habitent les campagnes, à-cause qu'ils se sont alliez par mariages avec d'autres nations. Les anciens Auteurs appellent ordinairement ceux qui errent dans la Tingitane, Garbiens, & les Provinces du Royaume de Fez, Garbe, à-cause qu'ils demeurent à l'Occident, aulieu que ceux qui errent vers l'Orient, sont appellez Charquiens, ou Lévantins.

## CHAPITRE VINGT-HVITIE'ME.
*De l'origine de tous les Arabes en général, & de ceux qui vivent à la campagne sous des Tentes.*

L'ARABIE, d'où sont venus tous les Arabes, tant d'Afrique que d'ailleurs, est divisée en trois ; la Petrée, l'Heureuse, & la Deserte, qui ont esté habitées du commencement par trois freres, Arabe, Sabe, & Petre, fils de Curetis, & petis-fils de Cam. La Petrée fut peuplée par celuycy, & contient l'ancienne ville de Petra ; l'Heureuse, par Sabe, d'où elle a pris son nom de Sabée, autrement Thurifere, à cause de l'encens qu'elle porte ; & la Deserte, où est l'ancienne ville d'Escene, ou d'Escernete habitée par des Arabes, qui a donné son nom à l'Arabie. Cét Arabe est appelé par ceux du païs Almaarub Ibni-Cahtan qu'ils sont Auteur de la Langue Arabique. Aprés ceux-cy, survint Ismaël fils d'Abraham & d'Agar, d'où sont descendus les Agaréniens qui ont donné leur nom au païs & à la ville d'Agranum, que Strabon appelle Agarena. L'Arabie Petrée fut apellée Nabatea de Nabatée, & les peuples Cedréens de Cedar, qui furent tous deux fils d'Ismaël. Les troisiémes qui peuplérent cette region furent les descendans de Cétura, seconde femme d'Abraham,

La pluspart de ces origines sont fausses & les noms viennent de l'Hebreu. Voy Bochart en son Phaleg.

K ij

qui s'habituérent dans vne grande partie de l'Arabie heureuse, & le long de la coste de la mer rouge, d'où ils passérent en Libye avec Ofre fils de Mandanes & petit-fils d'Abraham & de Cetura, de qui Ioseph tire le nom d'Afrique. Les quatriémes, viennent d'Esaü fils d'Isaac dont les descendans peuplérent le quartier de l'Arabie Petrée qui confine à la terre de promission. Pline & Ptolomée appellent ces peuples Sarrasins, parce-qu'Esaü estant fils d'Isaac, & petit-fils d'Abraham & de Sara, ses descendans, pour se distinguer de ceux qui estoient issus des bastards & reprouvez, prirent le nom de la femme légitime. Tous ces quatre peuples sont appelez aujourd'huy Arabes, mais les Scenites de l'Arabie deserte ont toûjours esté estimez les plus puissans, pour estre en plus grand nombre, plus libres & plus belliqueux. C'est pourquoy les Empereurs Romains se sont servis d'eux en plusieurs guerres, & tous les autres peuples de l'Arabie suivent leurs coustumes & leurs loix à-ce-que disent Herodote & Diodore. Voilà l'origine de tous ceux qui sont maintenant appelez Arabes. Ibni-Alraquiq dit que l'an 999. & l'an 400. de l'Egyre, trois races d'Arabes passérent en Afrique, avec leurs familles par la permission de Caira, Calife de Carvan. Car jusques-là, les Califes d'Afrique leur en avoient empesché le passage, aussi-bien que ceux d'Egypte, depuis que la puissance de ceux de Damas & de Babylone fut abolie, comme nous dirons en son lieu. De ces trois races, il y en avoit deux de l'Arabie deserte, appelées Hilela, & Esquequin; l'autre, qu'on nommoit Mahequil, estoit de l'Arabie heureuse, & toutes trois ensemble faisoient environ cinquante mille cōbatans qui se répandirent par tout l'Orient de la Barbarie, & avec le tems devinrent maistres de plusieurs Provinces d'Afrique. C'est d'eux que sont descendus les Arabes qui vivent à la campagne sous des tentes. Les Africains appellent de trois façons les Arabes, ceux qui peuplérent l'Arabie avant la naissance d'Ismaël, Arab Arub, pour estre descendus d'Arub, & ils disent que ceux-là sont les Arabes naturels; les autres qui sont descendus d'Ismaël, Arab Mistaraba, qui signifie Arabes arabisez, parce-que n'estant pas nez Arabes ils en prirent la Langue; les troisiémes qui vinrent

DE L'AFRIQVE, LIVRE I.

s'établir en Afrique, Arab-Muſtegeme ou Arabes Barbariſez, c'eſt-à-dire meſlez avec les peuples de la Barbarie.

## CHAPITRE VINGT-NEVFVIE'ME.

*Des habitations des Arabes d'Afrique: de leurs Communautez, de leur nombre, & prémiérement, de la principale Tribu d'entre eux nommée Eſquequin.*

LA principale lignée de la Tribu d'Eſquequin, s'appelle Vled-Hédégi & les plus nobles Arabes de cette lignée ſont ceux que Muley Iacob Almanzor quatriéme Roy des Almohades, autrement Amir Elmocelemin, amena du Royaume de Tunis, & à qui il aſſigna pour demeure la Province de Duquéla au Royaume de Maroc, & vne partie de celle de Tedla. Ceux-cy ont eſté toûjours belliqueux, & ſont perſecutez depuis cent ans par les Rois de Portugal, & quelque-fois par ceux de Fez. On les appelle ordinairement Charquies, ou Levantins, parce-qu'ils vinrent du Levant en ce païs, où il y avoit déja d'autres Arabes. Cette lignée eſt diviſée en ſix autres qu'ils appellent Heylas, ou Communautez, qui vivent par aduares, ou villages * de cent ou cent cinquante tentes rangées toutes en rond, où l'on laiſſe au milieu vne place vuide & ronde pour renfermer les troupeaux la nuit. Ces tentes qui ſont quelquefois juſqu'au nombre de deux cens, ſont d'vne étoffe noire faite de laine & de poil de chévre, & d'autres, de toile de palmier, & tᵉ ᵃ cela enſemble compoſe cette étoffe groſſiere & fort ſerrée capable de reſiſter à la pluie & aux ardeurs du Soleil qui ſont grandes en ces quartiers-là. Elles ſont ſi preſſées les vnes contre les autres, qu'elles font comme vn mur, où il n'y a que deux avenuës, l'vne par où entrent les troupeaux, & l'autre par où ils ſortent; mais on les ferme la nuit avec des épines pour en empeſcher l'entrée aux Lions. Voilà, quel eſt le nom & le nombre de ces Arabes.

*Vled Hédégi.*

* villages qui ſe tranſportent parce-qu'ils ne ſont compoſez que de tentes.

eſpece de feutre.

Vled-Ambran-litali fait quinze cens chevaux & trente mille fanteuins tous bons ſoldats. La Cavalerie ſe pique d'adreſſe

*Vled Ambran litali.*

K iij

## DESCRIPTION GENERALE

& de valeur, & eſt eſtimée tres-noble & tres-illuſtre. Vled Ambran Diſtani, fait douze cens chevaux & vingt-cinq mille hommes de pied en cent vilages. Vled Aco, neuf cens chevaux & quinze mille fantaſſins diſperſez en quatre-vints aduares. Vled Zubeyta, cinq cens chevaux & neuf mille hommes de pied en ſoixante-quatre aduares. Vled Buazis, huit cens chevaux & plus de quinze mille fantaſſins en ſoixante & quatorze bourgades. Vled Farach, cinq cens chevaux & ſix mille piétons en cinquante-quatre aduares. Tous ces Arabes eſtoient ſi puiſſans avant que les Portugais euſſent conquis les villes d'Aſafi & d'Azamor, qu'ils en aſſujettirent d'autres de ces quartiers, nommez Garbia Ycécha qui leur eſtoient inferieurs en nombre. Pour ſe vanger de cét outrage, ceuxcy ſe joignirent aux Portugais, & par leur moyen ſe rendirent aprés plus puiſſans que les Charquies ou Lévantins, & leur firent quelque-tems vne cruëlle guerre.

Ceux de Garbia Ycécha, font 250. vilages ou aduares, où l'on compte 6000. chevaux, & cinquante mille hommes de pied. Il y a auſſi dans cette province de Duquéla, vne certaine race de Bérébéres qui vivent par aduares comme les Arabes, & qu'on nomme Vledchiedma. Ils habitent le quartier qui eſt depuis la riviére d'Aguz juſqu'à Sur, en tirant vers le Midy, & font plus de 50000. bons hommes de guerre. Les Arabes de la lignée de Sumeit, qui eſt vne autre branche de celle d'Eſquequin, occupent cette partie de la Libye Orientale, qui confine aux deſerts de Tripoly. Ils viennent peu ſouvent en Barbarie, parcequ'ils n'y ont aucun heritage, ni rien qui leur ſoit propre; ſi-bien qu'ils demeurent continuëllement dans les deſerts avec leurs troupeaux. Ils ſont 80000. hommes de combat, la pluſpart gens de pied, diſtribuëz en 300. vilages. Il y en a d'autres qu'on nomme Vled Suyd, qui errent dans les campagnes entre Tunis & Carvan, & vont juſqu'aux deſerts de Barca, compoſant vne infinité d'aduares. Ceux-cy vivent en liberté, poſſédent vne bonne partie de la Libye Marmarique, & ont domination ſur d'autres peuples; font paix ou guerre avec les Rois quand il leur plaiſt, & entrent à leur ſervice pour de l'argent. Quelques-vns d'en-

*marginalia:*
*Vled Ambri diſtani.*
*Vled Aco.*
*Vled Zubeyta.*
*Vled Buazis.*
*Vled Farach.*
*Garbia Técha.*
*Vled Chiedma.*
*Sumeit.*
*Vled Suyd.*

tre-eux font des voyages dans les deferts de la Libye, & trafiquent au Royaume de Guarguela au païs des Negres. Ils ont tant de chameaux, de vaches, & d'autre beftail, qu'ils fourniffent de viande à tous leurs voifins; & vont l'Efté aux foires & aux marchez dans les villes & les vilages; mais l'hyver ils ne s'efloignent pas de leurs deferts. Ils font plus de cinquante mille hommes de combat, prefque tous gens de pied.

Les Arabes appelez Vled d'Ellegi, autre branche d'Vled *Vled d'Ellegi.* Ethegi, dont nous avons parlé plus-haut, errent la plufpart entre Alger & Bugie, & le refte fur la frontiére du Royaume de Fez, occupant les plaines maritimes de celuy de Trémécen. Ceux qui font entre les montagnes du grand Atlas, ont efté autrefois tributaires du Roy de Trémécen, mais ils ne le font plus maintenant, & vivent en liberté; Et fi les Turcs qui poffédent cét Eftat, les veulent avoir à leur fervice, il faut qu'ils les payent bien. Vled Mutafic, *Vled Mutafic,* autre branche d'Vled Ethegi, habitent les plaines de la *tafic.* province d'Azgar dans le Royaume de Fez, & s'appellent *ou* maintenant Holotes. Ils font tributaires des Rois de Fez, *Holotes.* & font huit mille chevaux bien équipez, & plus de 50000. hommes de pied. L'autre lignée appelée Vled Sobaïr, vit *Vled Sobaïr.* fur la frontiére de Trémécen, & en Numidie, où ils ont *baïr.* beaucoup de païs à eux, & font 3000. bons chevaux, &. plus de 20000. fantaffins, entre lefquels il y a des moufquetaires, particuliérement depuis qu'ils eflurent pour Chéque vn Renegat Efpagnol qui avoit efté Alfiere * dans Bugie, * Enfeigne. & pris par les Turcs, lors que Salh Arraez conquit cette ville. Ces Arabes paffent ordinairement l'hyver * dans les * C'eft qu'il deferts, parce-qu'ils ont befoin de pâturages pour le grand vient de l'herbe en cette nombre de leurs chameaux & de leur beftail; mais vne partie vit dans les plaines qui font entre Salé & Méquinez, où ils ont quantité de troupeaux & force terres labourables. Ceux-cy font auffi tributaires du Roy de Fez, & font 8000. chevaux, & 40000. hommes de pied. On les appelle *Ibni Melic* maintenant Ibni Melic Sofian, & comme ils font voifins *Sofian.* des Holotes, ils vivent ordinairement enfemble. C'eft la meilleure cavalerie qu'ait le Roy de Fez, & dont il fait le plus d'eftat.

## DESCRIPTION GE'NE'RALE
## CHAPITRE TRENTIE'ME.
*Des Arabes de la Tribu d'Hilela, & de leurs habitations & demeures.*

Beni-Amir. 1.

\* ou Beni Arach.

\* Vl'd Amar, Vled Suleyman, Vled Muça, Vled El Harig, & Vled Abdala.

Vled Hurua. 2.

Vled Hucba. 3.

Vled Habru. 4.

Muflin. 5.

Vled Rich.

DE la Tribu d'Hilela, qui est la seconde, sont sorties onze lignées, dont la premiere est celle de Beni Amir, qui fait sa demeure entre Trémécen & Oran, remplit toutes les campagnes de Cirat, jusqu'aux montagnes de Beni Rachid \*, & s'étend vers la Libye, jusqu'aux deserts de Tegorarin. Ceux-cy sont appelez maintenant Melioniens, ou Galans de Melione, & sont partagez en cinq lignées\*, qui peuvent faire 6000. bons chevaux, & plus de 50000. hommes de pied. Ils sont riches, & ont domination sur les Bérébéres de la campagne. Quoy-que les Turcs leur fassent quelque déplaisir, ils ne laissent pas de se défendre ; & quand ils n'osent leur faire-teste de-peur de leurs mousquets & de leurs fléches, ils se retirent dans les deserts. La seconde, appelée Vled Hurua, demeure sur la frontiere de Mostagan. Ce sont gens sauvages, grans voleurs, & toûjours assez mal en ordre, qui ne s'éloignent jamais des deserts, parce-qu'ils n'ont aucune retraite assurée, ni ne trouvent personne qui les veuille soudoyer. Ils sont quinze cens chevaux, & plus de 15000. hommes de pied, mal armez, & encore plus mal vestus. La troisiéme s'appelle Hucba, & demeure sur la frontiére de Méliane. Ceux-cy rendent service quelquefois aux Rois de Tunis, ils sont neanmoins voleurs comme les autres, & cruëls. Ils sont 1500. chevaux, & dix mille hommes de pied. La quatriéme appelée Vled Habru, vit dans les plaines, entre Oran & Mostagan ; ils sont laboureurs & tributaires du Roy de Trémécen, & quelquefois du Gouverneur d'Oran, quand ils ne peuvent faire autrement. Ils sont environ 150. chevaux, & 2000. fantassins. La cinquiéme, nommée Muflin, vit dans les deserts de Mazila, & s'étend jusqu'au Royaume de Bugie. Ce sont aussi de grans voleurs, qui se font payer tribut par les Bérébéres de Mafila, & d'autres terres voisines. La sixiéme est appelée Vled Rich, & a pour son partage

tage les deserts de la Libye, qui sont vis-à-vis de Constantine. Ce sont gens fort puissans, qui dominent sur vne partie de la Numidie, & sont divisez en six lignées, Bileil, Ao, Cheisa, Iacob, Hannécha, & Yahaya, composées d'une brave Noblesse, & bien équipée, avec qui le Roy de Tunis partage son revenu. Ceux d'Vled Bileil vivent dans les campagnes qui sont entre Tunis & Beggia; Et ceux d'Vled Ao, en celles de Dahala, qui sont remplies de fontaines & de riviéres qui courent dans de belles plaines, lesquelles s'étendent jusqu'à la ville de Lorbus. Ceux d'Vled Chéifa occupent les campagnes qui sont depuis cette ville-là, jusqu'à la frontiére de Numidie, où habitent ceux d'Vled Iacob. Ceux d'Vled Hannécha errent dans les campagnes de Constantine & de Bone, & sont les plus puissans & les plus riches de tout le Royaume de Tunis. Les Bérébéres Chaviens, & beaucoup d'autres, qui demeurent par aduares, & parlent la langue des Bérébéres, sont leurs vassaux. Ils sont tous ensemble plus de cinquante mille chevaux, y compris ceux d'Vled Yahaya, avec lesquels ils vivent, & ont tous des Chefs, ou Chéques qui les commandent, mais qui n'ont que voir aux causes criminelles, ni ne peuvent chastier par la justice. Car leur autorité ne s'étend qu'à ce qui concerne la paix & la guerre. Si vn Arabe tuë vn autre, les parens du mort prennent aussi-tost les armes contre ceux de l'homicide, & en tuënt autant qu'ils en rencontrent pour venger la mort du défunt. Mais pour appaiser ces desordres le Cheque s'entremet de leur differend & fait leur accord. La septiéme lignée est Vled Said, qui demeure dans les deserts entre la province de Ténés & la Numidie. Ceux-cy sont en grande reputation & ont domination sur les Bérébéres; Aussi sont-ils braves & adroits tant à pied qu'à cheval, vont tousjours bien armez & bien vestus, & sont quelque trois mille chevaux & quinze mille hommes de pied. Les Rois de Trémécen s'en servent ordinairement à la guerre, & leur donnent des appointemens. Vled Azgueh est la huitiéme lignée qui est éparse en divers endroits, & sujette à d'autres Arabes. La pluspart vivent dans la province de Garet au Royaume de Fez, & sont

*Vled Bileil.*

*Vled Iacob*

*Vled Hannécha. Merdez, Cherit, & Aduan.*

*Vled Yahaya.*

*Vled Said. 7.*

*Vled Azgueh. 8.*

L

meſlez avec d'autres ; les vns avec Vled Hambran, les autres avec les Arabes de Duquéla, qui errent autour d'Azafie. La neuviéme appelée Vled el Quérid, couvre les campagnes de Helin en la province de Hea, au Royaume de Maroc, & eſt jointe avec celle d'Vled Sadeyma. Quoy-qu'ils ayent accouſtumé de tirer tribut des Bérébéres de cette Province, ce ſont gens pauvres & mal armez, qui font pourtant quatre mille chevaux & trente mille hommes de pied en deux cens villages, y compris ceux d'Vled Eneder, qui eſt la dixiéme lignée de cette Tribu. L'onziéme & derniére, eſt Vled Garfa, qui eſt diſperſée auſſi en divers endroits, & n'a ni Chef ni Cheque particulier, de ſorte qu'elle eſt meſlée avec d'autres, & particuliérement avec Vled Meneba, & Vled Ambran. Son plus grand trafic eſt de dates qu'ils vont querir en la province de Sugulmeſſe en Numidie, & vendre à Fez, d'où ils remportent du bled & d'autres marchandiſes. Car ces gens-là nourriſſent force chameaux de ſomme. Cette branche eſt encore diviſée en pluſieurs autres qui ſeroient trop longues à déduire, & preſque impoſſible de compter. Ceux qui en voudront ſavoir davantage, peuvent lire Iean de Leon, qui traite plus particuliérement de ces peuples.

*Vled el Quérid. 9.*

*Vled Sadeyma.*

*Vled Eneder. 10.*
*Vled Garfa. 11.*

## CHAPITRE TRENTE-VNIE'ME.

### *Des Arabes de la Tribu de Mahquil, & de ſes habitations.*

LA Tribu de Mahquil qui eſt la troiſiéme, a vingt-trois lignées, dont la premiére qui eſt la principale, eſt Vled Maſtar, d'où ſortent Vled Ruqué, & Vled Celim. Ceux de Ruqué ſont frontiéres des deſerts de Dédés, & de Farcala de la Numidie, & ne ſont pas fort riches, ni poſſeſſeurs de grans païs. Mais ils ſe piquent de bravoure, & vn de leurs fantaſſins ne craint point d'attaquer deux cavaliers, tant ils ſont adroits & diſpos. Ils font ſix cens chevaux, & huit mille bons hommes de pied. Ceux d'Vled Celim demeurent prés de la riviére de Dara ſur la meſme frontiére *. Ils errent la pluſpart du tems par les deſerts,

*Vled Maſtar.*

*Vled Ruqué.*

*Vled Celim.*
*de la Numidie.*

& sont assez riches, parce-qu'ils vont tous les ans avec leurs marchandises au Royaume de Tombut, & ont plusieurs heritages en Daray, au Sus-éloigné, & grand nombre de chameaux. Ils sont trois mille chevaux, & vingt mille hommes de pied, tous bons soldats. La seconde branche & des principales, est celle d'Vled Hutmen, d'où viennent Vled el Hascin, & Vled Quinena. Ceux d'Hascin vivent prés de l'Océan sur la frontiere de Messa, au Royaume de Maroc, en la province de Sus, & sont environ cinq cens chevaux, & dix mille hommes de pied assez mal en ordre. Ceux qui demeurent dans les deserts avec leurs troupeaux, vivent en liberté ; mais vne partie de ceux de la province d'Azgar au Royaume de Fez, qui sont meslez avec ceux de Beni-Melic-Sofian, sont tributaires du Roy de Fez, aussi-bien que ceux d'Vled Quinena, qui vivent entre les Holotes. Ils sont trois mille chevaux, & plus de vingt mille hommes de pied, tous bons soldats, & bien armez à leur mode. La troisiéme s'appelle Vled Hassan, qui a trois branches, Vled Hessen, Vled Mansor, & Vled Abid Alla. D'Vled Hassen sortent sept autres lignées, Duleim, Burbus, Vodei, Arrahaména, Amar, Abimansor, & Aby Abeyd Alla. Ceux de Duleim vivent dans les deserts de Libye, avec les Azénégues qui sont Africains. Et comme ils ne possédent rien en propre, & qu'ils ne peuvent tirer de personne aucun tribut, ils passent leur vie miserablement, & sont grans voleurs. Ces Arabes viennent d'ordinaire en la province de Dara, pour troquer du bestail contre des dates. Ils sont mal-vestus, & sont cinq cens chevaux, & neuf mille cinq cens hommes de pied. Ceux d'Vled Burbus vivent aussi dans les deserts de Libye vers le Sus-éloigné, qui est à l'extrémité du Royaume de Maroc. Ils sont en grand nombre ; mais pauvres, encore qu'ils ayent quantité de chameaux. Ils estoient autrefois maistres de la ville de Tesset en Numidie ; mais ce qu'ils en tiroient ne suffisoit pas pour ferrer le peu de chevaux qu'ils avoient. Cette ville est maintenant au pouvoir du Cherif, & pour eux ils sont en grande necessité, quoy-qu'ils soient plus de cinquante mille combatans, dont il y a sept cens chevaux.

*Vled Hutmen 2.*
*Vled le Hascin.*
*Vled Quinena.*
*Vled Hassan. 3.*
*Vled Hassen.*
*Duleim.*
*Vled Burbus.*

*Vled Vodey.* Ceux d'Vled Vodey habitent dans les deserts entre Iguaden & Ganata, & sont Seigneurs d'Iguaden, jusques-là que le Roy Maure de Ganata leur paye tribut. Ils sont environ six mille hommes de combat & ont fort peu de chevaux, mais beaucoup de chameaux.

*Vled Arrahaména.* Ceux d'Vled Arrahaména vivoient dans le desert de Hacha, & avoient quantité de païs. Ils se retiroient l'hyver dans Tesset & faisoient autrefois plus de dix mille combatans dont il y avoit sept cens chevaux. Mais le Cherif Mahomet qu'ils avoient aidé à prendre Tesset & les environs, les transporta en Barbarie pour récompense, avec tout ce qu'ils avoient, & leur donna à habiter la province de Témécen au Royaume de Fez, où ils perirent tous en vne bataille contre Buhaçon Roy de Velez, lors que Salh Arraez l'eut fait Roy de Fez.

*Vled Amar.* Ceux d'Vled Amar vivent dans les deserts de Tagaost en Numidie, & vont errans par la province du Sus-éloigné jusqu'au Cap de Non. Ils sont huit mille combatans dont il y a environ trois cens chevaux assez mal en ordre. D'Abimançor descendent quatre lignées, Vled Ambran, Vled Ménebbé, Vled Huscein & Vled Abil Huscein.

*Vled Ambran.* Vled Ambran vit dans les mesmes deserts vis-à-vis de Sugulmesse, & court tout le desert de Libye jusqu'à Iguid. Ils estoient autrefois fort puissans & tiroient tribut des provinces de Sugulmesse, Todga, Tebelbeled, & Dara, qui appartiennent maintenant au Cherif; mais ils ne sont plus si considérables; quoy-qu'ils conservent toûjours leur liberté; & quand ils peuvent ils tirent tribut des Bérébéres. Ils sont riches par la grande abondance de dates qui se trouvent dans leurs contrées, & sont estimez fort braves. Ils sont trois mille bons chevaux & plus de cinquante mille hommes de pied; mais ils ont en leur compagnie d'autres Arabes fort pauvres qui sont comme leurs sujets, & qui ont quelques chevaux & force bestail. On les nomme Vled Garfa & Vled Esguéh. L'autre partie de la lignée d'Vled Ambran a pour son partage divers lieux de Numidie, & s'étend jusqu'à la province de Figuig, & tous les Bérébéres de ces quartiers leur payent tribut. Ils viennent en Esté à la Province de Garet au Royaume de Fez, & courent toute la frontiére de la Tingitane du costé du Levant.

## DE L'AFRIQVE, LIVRE I.

Ceux-cy sont fort illustres, & les Rois de Fez recherchent leur amitié & leur alliance. Ceux d'Vled Ménebbé demeu- *Vled Mé-* rent dans le mesme desert, & sont Seigneurs de Matgara & *nebbé.* de Reteb provinces de Numidie. Ils sont aussi tres-illustres & tres-belliqueux, & font deux mille chevaux & vingt mille hommes de pied ; de-sorte que ceux de Sugulmesse leur payent tribut. Ceux d'Vled Huscein vivent dans les montagnes du *Vled Hus-* grand Atlas, & tenoient autrefois sous leur domination plu- *cein.* sieurs montagnes de Bérébéres, & quelques villes & villages que les Bénimérinis leur avoient donnez pour leur avoir aidé à se rendre maistres de la Barbarie. Le quartier de ces Arabes est entre le Royaume de Fez & la Province de Sugulmesse, & leur Cheque demeuroit en la ville de Garciluyn, qui est maintenant au Roy de Fez. Ce sont gens riches & vaillans qui tirent tribut de beaucoup de lieux, & font six mille chevaux, & plus de cinquante mille hommes de pied. Ils errent aussi dans la province d'Eddahara avec d'autres Arabes qui sont comme leurs vassaux. Ceux d'Vled Abyl- *Vled Abyl-* Huscein sont divisez en deux, les vns vivent dans les deserts *Huscein.* d'Eddahara où ils ne sont pas fort puissans ; les autres sont devenus si foibles, que ne se pouvant maintenir en ces quartiers, ils sont passez en Libye où ils ont basti quelques meschantes habitations, & vivent miserablement tributaires des autres Arabes.

D'Abid-Ala sont venus quatre autres lignées principales, Vled Garragi, Vled Hédégi, Vled Téhaliba, & Vled Gio- *Vled Gar-* han. Les premiers qui sont les plus considérables, vivent *ragi.* dans les deserts de Bénigami & de Figuig en Numidie, & ont grande étenduë de païs & de pasturages pour leurs troupeaux. Ils sont ordinairement à la solde de Trémécen. Mais depuis que les Turcs possedent ce Royaume, ils ont esté fort tourmentez pour ne leur avoir pas voulu obeïr. Ils font plus de quatre mille chevaux & plus de trente mille hommes de pied. Ce sont grans coureurs qui ne vivent que de brigandage. Durant l'hyver ils ne bougent des deserts ; mais l'Esté ils ont accoustumé de venir vers Trémécen. Ceux d'Vled *Vled Hédé-* Hédégi demeurent prés de-là dans le desert d'Angad ; ce *gi.* sont de pauvres miserables qui ne vivent, non plus que les

L iij

autres, que de ce qu'ils dérobent à leurs voisins. & ainsi ils errent toûjours vagabonds, & quand leurs ennemis les veulent poursuivre, ils se sauvent dans les deserts. Ceux d'Vled Téhaliba demeurent dans la province d'Argel ; mais les plus nobles vivent dans les campagnes de Méticha, & courent les deserts de Numidie jusqu'à Tegdent. Ceux qu'ils appellent entre eux Béni-Tumi estoient Seigneurs d'Alger & de Teddelez, lorsque Barberousse conquit ces Estats, & détruisit cette lignée qui estoit brave & illustre, & faisoit plus de quatre mille chevaux & plus de quarante mille hommes de pied. Ce qui en reste est sujet du Turc & meslé avec d'autres Arabes. Entre Mostagan & la riviére de Chilef habite vne autre branche de cette lignée qu'on nomme Vled Sueyd. Ils sont fort riches en bleds & en troupeaux, & font plus de deux mille bons chevaux & quantité de gens de pied. Ils ont souvent guerre avec les Beni-amir & les Turcs d'Alger ; mais quand ils sont pressez de ceux-cy ils se rejoignent tous ensemble pour s'en défendre, & errent par les deserts de la Libye. Ceux d'Vled Giohan sont dispersez en plusieurs lieux, les vns vont avec Vled Garagi ; les autres avec Vled Hédégi, & sont comme leurs vassaux. Voilà le dénombrement des Arabes qui sont répandus dans l'Afrique, & qui vivent par aduares*. Parlons maintenant de leurs coûtumes & de leurs façons de faire & de combatre.

*Vled Sueyd.*

*Vled Giohan.*

\* villages qui se transportent.

## CHAPITRE TRENTE-DEVXIÉME.

*De la vie, & des coûtumes des Arabes d'Afrique, & de leur façon de combatre.*

COMME les Arabes d'Afrique demeurent en divers quartiers, aussi vivent-ils diversement. Ceux de Numidie & de Libye sont fort miserables aussi-bien que les naturels du pays. Il est vray qu'ils ont quelque chose de-plus* & qu'ils sont plus braves ; car outre qu'ils trafiquent de chameaux avec les Negres, ils ont quantité de barbes, & vont continuellement à la chasse des cerfs & d'autres be-

\* ou de plus noble.

stes, dont il y a abondance en ces quartiers-là. D'ailleurs, ils s'adonnent fort à la Philosophie naturelle aussi-bien qu'à l'eloquence & à la Poësie, & composent des Poëmes où ils décrivent en rime & mesure, comme en Europe, leurs guerres, leurs chasses, & leurs amours, & les chantent agréablement au son de leurs tambours de basc, & de leurs luts, & de leurs violons, ainsi qu'on fait en vne certaine danse de Portugal. Plusieurs d'entre-eux chantent, jouënt, & composent tout ensemble. Ils sont d'vn naturel franc, & travaillent pour leur reputation, mais ils sont si pauvres qu'ils n'ont pas dequoy donner. Quand il arrive chez-eux quelque Estranger, ils le traitent & le régalent, ne pouvant faire que cela. Ils s'habillent comme les Numides, quoy-que leurs femmes s'ajustent vn peu mieux. Leurs deserts estoient autrefois la demeure des Gétules & des Numides, mais ils ont chassé ces peuples sur la frontiére des Negres, & sont demeurez paisibles possesseurs du païs, ou s'il est resté quelque Numide il est leur vassal. Les Arabes qui demeurent en Barbarie entre le grand Atlas & la Mer Méditerranée sont plus riches & plus accommodez : car outre qu'ils sont mieux vestus ils paroissent davantage. Leurs tentes sont plus grandes & mieux faites, & leurs chevaux plus beaux & plus parez, quoy-qu'ils ne soient pas si légers. Ils labourent leurs terres, recueillent beaucoup d'orge & de froment, & ont quantité de gros & menu bestail. Ce qui fait qu'ils ne s'arrestent en aucun lieu & qu'ils vont tantost d'vn costé tantost d'vn autre, où les pasturages les appellent. Ils n'ont pas tant de courage que ceux du desert & sont moins civilisez & plus avares ; mais ils ne laissent pas de loger les Estrangers & de les traitter pour rien. Ceux qui demeurent dans les Estats du Roy de Fez sont tributaires de ce Prince ; mais ceux de Maroc, particuliérement de la province de Duquéla, vivoient autrefois en liberté, avant que le Roy de Portugal prist les villes de Safi & d'Azamor. Mais il se mit alors des divisions parmy-eux qui furent cause de leur ruïne, car le Roy de Fez les ataquant d'vn costé & le Roy de Portugal de l'autre, pressez d'ailleurs de la peste & de la famine, ils s'alloient offrir eux-mesmes pour esclaves aux Portugais, & leurs amenoient vendre leurs femmes & leurs enfans pour avoir dequoy vivre. La pluspart se firent donc sujets, & le reste se retira au dedans du païs sous la conduite du Chérif, qui alloit gagnant pied-à-pied, & qui se rendit à la fin maistre de la Province. Car tous ceux qui y sont maintenant & dans les provinces voisines sont ses vassaux. Les autres qui demeurent dans les deserts sur les frontiéres de Trémécen, & de Tunis, vivent comme Souverains, estant entretenus par ces Princes, qui se servent d'eux à la guerre. Ils sont toûjours en bon équipage avec de bons chevaux & de belles tentes; l'Esté ils vont à Tunis gagner leur paye, & se fournissent l'Automne de vivres, d'habits, & d'équipage pour aller passer l'hyver aux deserts, avec leurs troupeaux*. Au Printems ils s'exercent à la chasse de l'oiseau & des bestes sauvages, & pour cela ont de bons chiens & de bons faucons. Ils sont courtois & galans, & se piquent de poësie; aussi font-ils de beaux vers en leur langue. Mais comme ils sont avares & perfides, il ne fait pas bon s'y fier. Leurs femmes sont bien vestuës pour le païs, & portent des chemises noires qui ont les manches fort larges, & par-dessus vn drap bleu, ou noir dont elles s'enveloppent, en retroussant vne partie avec deux agrafes d'argent à l'endroit du sein, & renversant l'autre sur leur teste. Elles portent des pendans d'oreilles, & des anneaux d'argent, & quelques brasselets aux bras & aux jambes, à la mode du païs; & ont outre cela vn voile de toile fort claire sur leur teste, dont elles se couvrent le visage quand elles voyent quelque Estranger, & le relevent quand elles sont en leurs tentes. Leurs maris les meinent avec eux sur des chameaux en vn petit brancar fait comme vne manne d'osier, où il ne peut tenir qu'vne personne, & couvert d'vn tapis. Elles les accompagnent, soit en voyage ou en guerre pour les encourager par leur présence, & pour n'estre point en peine d'eux. Pour paroistre plus belles, lors qu'elles sont filles elles ont accoustumé de se faire mille chifres & gentillesses de couleur bleuë sur tout le corps * avec la pointe d'vne lancette & du vitriol, & les Africaines en font autant à leur exemple; mais non pas celles qui demeurent

dans

* c'est qu'on y trouve de l'herbe alors.

* au menton, au cou, au sein, aux bras, aux mains, aux pieds & aux jambes.

# DE L'AFRIQVE, LIVRE I.

dans les villes, car elles conservent la mesme blancheur de visage avec laquelle elles sont venuës au monde ; quelquesvnes seulement peignent vne petite fleur, ou se font quelque sein aux joües, au front, & au menton, avec de la fumée de noix de Gale & de safran, qui fait la marque fort noire, & se noircissent aussi les sourcils. Ces especes de mouches sont fort loüées par leurs poëtes, & la Noblesse les tient à galanterie : mais elles ne durent que deux ou trois jours au plus, & lors que les Dames sont parées de la sorte, elles ne se laissent voir qu'à ceux de la maison, & s'imaginent par cette retenuë augmenter leur beauté, & l'amour de leurs maris. Les Arabes qui vivent dans les Deserts de Barca entre la Barbarie & l'Egypte, sont fort pauvres & miserables, parce-que c'est vn païs sec & sterile qui n'est pas capable de les nourrir ; qu'il y a fort peu d'herbe, & nulle sorte de bled. Il est vray qu'il y a quelques petits lieux habitez par ceux du païs, où l'on trouve de meschantes palmes qui rapportent fort peu de dates, & où l'on seme quelque peu de bled autour des habitations ; encore est-on aux mains perpetuellement avec les Arabes pour le conserver, & quelquefois on leur troque contre des chameaux & des brebis. Mais ces Arabes sont en si grand nombre que cela ne suffit pas pour les nourrir ; & la disette est si grande parmi-eux qu'ils engagent leurs propres enfans aux Marchans Chrestiens qui leur menent du bled de Sicile ; à condition que s'ils ne les dégagent dans vn certain tems, ces enfans demeurent esclaves. Nous en avons veû quantité en cette Isle qui s'estoient faits Chrestiens. Ces peuples sont les plus grans voleurs du monde, car ils détroussent tous ceux qu'ils peuvent attraper & les font esclaves, & les Mahométans n'oseroient plus passer par là, ni seuls ni en compagnie, particulierement le long de la coste, parce-qu'ils se répandent par-tout. Pour ce sujet les Caravanes qui vont en Egypte, passent à deux cens lieuës loin de la mer, ou peu s'en faut, qui est le chemin à mon avis que fit Caton, veu la quantité de bestes farouches & de serpens, qui s'y rencontrent. Enfin c'est la plus miserable nation qui soit en Afrique ; on les voit maigres & défaits faute de manger, & toûjours sales, & mal-vestus.

M

Tous les Arabes qui demeurent vers le Couchant, où sont les Royaumes de Fez & de Maroc, portent ordinairement des lances de vingt-cinq palmes de longueur. Elles sont de hestre, & n'en ont point de fresne que celles qu'on leur apporte d'Europe qu'ils estiment tant qu'on les vend jusqu'à vingt escus, quand c'est du cœur du bois. Ils se servent aussi de boucliers de cuir, d'vne espece de bufle, & en ont quantité de tres-bons. Les Rois sont curieux d'avoir des magasins d'armes, où il y a force cottes de maille, & habillemens de teste. Leurs espées viennent la pluspart de la Chrestienté, & sont fort chéres quand elles sont bonnes, parceque celles qui se font au païs ne sont ni de bon acier, ni de bonne trempe, faute d'eau propre pour cela. Il y a parmi eux des gens de cheval qui portent des arbalestes, & sont fort adroits à s'en servir. Mais ils ne se servent de mousquets ni de pistolets, & ne les aiment point. quand ils veulent escarmoucher, ils ostent la couverture des selles de leurs chevaux pour estre plus libres & moins incommodez du vent dans l'agitation. Ils affectent d'avoir de riches harnois, & ceux qui en ont ne vont point sans cela. Il y a des Cavaliers qui portent six ou sept javelots, & il y en a de si adroits qu'ils donneront de quarante pas dans le fond d'vne assiette, en courant à toute bride, & leurs chevaux sont si adroits à tourner que cela n'est pas imaginable.

Les autres qui demeurent vers l'Orient, depuis le Royaume de Trémécen jusqu'aux deserts de Barca, portent des piques, de quarante ou cinquante palmes de long, ferrées par les deux bouts pour fraper devant & derriere ; & leur plus dangereux coup est celui dont ils blessent en se retirant. Car quand ils voyent vn ennemi les suivre de prés, ils passent la pique sur le bras gauche, & le percent de loin dans la fuite, lorsqu'il s'en doute le moins. Ils sont si adroits à cét exercice, qu'il y en a qui ne feindroient point d'attaquer tout seuls dans vne plaine dix ou douze hommes de cheval, & leur donneroient assez de peine à se défendre. I'ay déja dit que ces piques ne sont point de fresne ; il y en a quelques-vnes de hestre. Les meilleures se font d'vne racine que l'on apporte des deserts de la Libye, qui est d'vn bois noir, dur, & pesant. Car plus il pese & plus la pique est bonne, quand on s'en sait bien servir. Ceux qui ont de ces piques ne portent point de boucliers; mais quelquefois de ces javelots dont j'ay parlé. Ils ne se soucient non plus de casques, ni de cottes de maille, parce-que cela les empescheroit de tourner si aisément, & il n'y a que ceux qui se servent de lances qui en ont. Quelques-vns portent des arbalestes, car ils ne se servent point d'armes à feu, particuliérement à cheval. Ceux de Trémécen & de Fez ont l'avantage sur tous les autres en ornemens de chevaux, aussi-bien qu'en valeur, & ceux qui tirent plus vers l'Occident sont les plus dispos, & ont quelque chose de plus noble & de plus grand. Les gens de pied leur sont le plus souvent inutiles, parce-qu'ils ne combatent entre eux qu'à cheval; mais depuis quelque-tems il y a des Cheques qui ont des mousquetaires, particuliérement ceux du Royaume de Trémécen, mais ils ne servent qu'à épouvanter les autres Arabes qui craignent étrangement le feu, car ils ne se savent pas servir de leurs mousquets, & combatent en desordre. En effet, la façon de combatre de ces peuples est bien différente de celle des autres nations, ils ne se batent point en corps & donnent de tous costez. Que s'ils trouvent quelque endroit foible ils y viennent fondre, & pressent leur victoire le plus qu'ils peuvent; mais si on les attaque les prémiers, ils s'écartent tout aussi-tost quand ils seroient en gros, & reviennent à la charge de toutes parts à diverses fois, pour tascher de vous ébranler. En vn mot, ils sont si adroits & si dispos, que pourveu qu'il n'y ait point d'armes à feu, ils se meslent à tous coups dans les escadrons, & se retirent, ou s'avancent de grande vistesse. Quand ils se batent contre des Chrestiens ils font tout ce qu'ils peuvent pour blesser, ou tuer leurs chevaux, parce-qu'ils savent bien qu'ils vont armez, & qu'on ne les peut blesser facilement, & ceux qui ont à faire à eux doivent bien prendre garde à cela. Ie n'en diray pas davantage pour estre plus court: quoy-qu'il y eust beaucoup d'autres choses à dire sur ce sujet.

M ij

# DESCRIPTION GÉNÉRALE

## CHAPITRE TRENTE-TROISIÈME.

### Du langage des Africains.

QVoy-que les anciens Africains appelez Chilohés, ou Bérébéres, soient dispersez par toute l'Afrique, ils écrivent pourtant & parlent tous vne mesme langue qu'on nomme d'Abimalic, qui fut l'inventeur de la Grammaire des Arabes. Ils ne laissent pas de parler aussi la langue naturelle du païs qui est fort différente des autres, quoy-qu'il y ait quelques mots Arabes qui y ont esté introduits par la communication de ces peuples qui sont passez en divers tems en Afrique. Les cinq lignées dont nous avons parlé au chapitre 21. pour soûtenir qu'elles viennent de l'Arabie heureuse, disent que leur langue naturelle est l'Arabique, & que depuis qu'ils ont passé en Afrique, ayant esté contraints de traitter avec des nations estrangéres, elle s'est corrompuë par succession de tems. Mais que les mots Arabes qui y sont demeurez rendent vn témoignage suffisant de leur origine. La Langue qu'ils parlent maintenant participe de l'Arabe, de l'Hebreu, du Latin, du Grec, & de l'ancien Africain dont on se servoit, quand ils vinrent au païs. Car personne ne fait difficulté qu'il n'y eust vne langue naturelle & particuliére à l'Afrique différente de celle des Arabes. Celle qu'on y parle aujourd'huy a trois noms*, qui ne désignent presque qu'vne mesme chose; quoy que les vrais Bérébéres différent en la prononciation & en la signification de beaucoup de mots. Les plus voisins des Arabes, & qui ont plus de communication avec-eux meslent parmi leur langage quantité de mots, de la Langue d'Abimalic, qui est la plus noble; & les Arabes de mesme meslent parmi la leur beaucoup de mots Africains. Les Gomeres & les Hapares qui vivent dans les montagnes du petit Atlas, & tous les habitans des villes de la coste de Barbarie, qui sont entre le grand Atlas & la mer, parlent vn Arabe corrompu. Mais dans Maroc & dans toutes les provinces de cét Empire, aussi-bien que parmi les

*ce sont ceux qu'il nomme proprement Bérébéres.*

*Chilha, Tamazegt, & Zenetie.*

# DE L'AFRIQVE, LIVRE I.

Numides & les Gétules, qui sont vers l'Occident, on parle la Langue Africaine pure, qu'on nomme Chilha, & Tamazegt, noms fort anciens. Les autres Africains Bérébéres de la partie Orientale, qui confinent au Royaume de Tunis, & à Tripoli de Barbarie, jusqu'aux deserts de Barca, parlent tous generalement vn Arabe corrompu. Aussi font ceux qui vivent entre les montagnes du grand Atlas & la mer, soit qu'ils ayent vne demeure arrestée ou non ; & la pluspart des Azuagues, quoy-que leur principal langage soit le Zénétien ; de-sorte qu'il y en a peu en Afrique qui parlent la Langue Arabe naturelle. Mais ils se servent tous dans les écritures autentiques de la Langue d'Abimalic, & communément on la lit & on l'écrit par toute la Barbarie, la Numidie, & la Libye. Ces deux Langues sont meslées parmi les Negres ; car les provinces qui sont proches des Sénégues, & des autres Arabes Mahométans, ont quantité de mots Arabes & Africains ; Dans Gelofe, Généova, Tombut, Meli, Gago, & Ganate, on parle le Zungay ; Dans Guber, Cano, Quéséna, Perzégreg, & Guangra, on parle le Guber, qui est vne autre Langue ; Dans Borna, & dans Goaga, vne troisiéme assez semblable ; & en Nubie, vne quatriéme qui participe de l'Arabe, du Caldéen, & de l'Egyptien. Ces provinces aboutissent toutes sur le Niger. Mais dans les autres plus Méridionales, on parle encore diverses sortes de Langues, dont les principales sont la Zinguienne, & l'Abyssine. En d'autres quartiers on sifle * plûtost qu'on ne parle, & il y a des peuples si sauvages qu'ils ne parlent, ni ne communiquent, ni ne se laissent voir à personne ; & si l'on en prend quelqu'vn prisonnier, il se laisse mourir de faim par dépit. Nous dirons dans la seconde partie de cette Histoire, beaucoup de choses certaines & véritables, de la brutalité de ces nations ; & nous parlerons aussi de l'Empereur des Abyssins, & de ses Royaumes. Quand les Arabes Mahométans conquirent l'Egypte, les Egyptiens prirent leur Langue, & ensuite la Turque, de laquelle ils vsent par galanterie. Il n'y a que ceux qui ont persévéré dans le Christianisme, qui ont conservé la Langue Egyptienne naturelle, qui estoit vnique & com-

* Toute Langue qui ne nous est pas connuë semble à l'entendre vn siflement.

mune dans toute la province ; quoy-qu'en quelques endroits, elle tinst de l'Arabique, & de l'Abyssine, & par-tout beaucoup plus de l'Hebraïque.

## CHAPITRE TRENTE QVATRIE'ME.

*Des anciens caracteres des Africains, & de ceux dont ils se servent aujourd'huy.*

LEs Historiens Arabes les plus illustres tiennent que les Africains ne se servoient d'autres lettres que des Latines, quand les Mahométans conquirent la Barbarie, où estoit, & est encore à present la Noblesse d'Afrique. Mais ils ne laissent pas de croire qu'ils parloient encore vne autre Langue que la Latine, quoy-que celle-cy fust la plus commune ; aussi toutes les Histoires que les Ariens leur ont laissées, sont traduites de la Langue Latine, & reduites en abregé, avec les noms des Seigneurs & des Princes, rapportées aux regnes des Rois de Perse, d'Assyrie, de Caldée, & d'Israël, ou au Calendrier de Cesar. Mais il faut avouër qu'ils en ont fort peu, parce-que quand les Califes Schismatiques regnoient en Afrique, ils firent brûler tous les livres d'Histoires & de Sciences, afin qu'on ne lûst que ceux de leur secte. Quelques-vns disent que les Africains avoient d'autres lettres que les Latines ; mais que les Grecs, les Romains, & les Gots les leur firent quiter, comme les Arabes firent aux Perses. Car les Califes firent brûler leurs livres, sur l'esperance qu'ils ne seroient jamais bons Mahométans tandis qu'ils auroient dequoy entretenir leur idolâtrie. Ils leur défendirent aussi l'estude des sciences, aussi-bien qu'en Afrique. Ainsi toutes les antiquitez qui se trouvent par écrit dans toute l'Afrique avant la venuë des Arabes, sont Latines ou Gotiques, comme les modernes, Arabesques. Ibni-Alraquiq dit que les Romains effacérent les titres & les lettres anciennes qu'ils trouvérent en Afrique, lors qu'ils la conquirent, & qu'ils mirent les leurs en la place, afin d'estre seuls immortalisez, ce qui est assez ordinaire aux conquerans ; Et que de-là vient qu'il ne reste aucune marque de l'ancienne lettre Africaine. Qu'il n'est donc pas étrange que les anciens Africains ayent perdu leurs lettres, aprés avoir passé tant de siécles sous le joug de diverses nations, & qui estoient de Religions diverses, dont les derniers n'ont que des lettres Arabes, où il n'y a point de voyelles, mais simplement des points & des marques qui tiennent lieu de cela, comme aux Langues Caldaïques & Hebraïques, à qui l'Arabesque ressemble fort, s'écrivant toutes trois au rebours de la Langue Latine. La Grammaire Arabe est doncque tres-difficile pour ce qui concerne la lecture & l'écriture, si ce n'est à ceux qui y sont bien versez, parce-que l'Arabe s'écrit avec quantité d'accens, & l'orthographe en est plus malaisée que du Latin. Car il y a bien de l'équivoque dans les mots, jusques-là, qu'vn mesme nom écrit avec divers accens, signifie deux choses toutes contraires, & pour vn seul Géda, qui est vn redoublement de deux consones, il y a diversité en la signification d'vne mesme chose en vn mesme terme.

## CHAPITRE TRENTE-CINQVIE'ME.
### Des anciennes coûtumes & superstitions des peuples d'Afrique.

Les anciens Africains de la Barbarie adoroient le Soleil & le Feu, & leur avoient dressé des Temples somptueux, où cét élément estoit conservé avec soin, comme parmi les Perses, ou comme parmi les Romains dans le Temple de Vesta. Ils ont persévéré dans leur idolâtrie jusqu'en l'an 349. & de la reformation du Calendrier de Cesar 387. qu'ils furent convertis à la Foy Chrestienne. Mais ils ne furent pas tous Catholiques ou orthodoxes; car ils estoient infectez de diverses hérésies qui regnoient alors. Les Arabes leur firent long-tems la guerre, & aprés plusieurs batailles, en remportérent enfin la victoire. Ceux de Numidie * & de Libye adoroient les Planettes, & leur offroient des sacrifices. Les Negres de la basse Ethiopie ne s'accordoient pas au culte des Dieux; les vns adoroient le Soleil; les autres la Lune; ceux-cy les Estoiles; ceux-là

* Il prend Numidie pour Gétulie, à son ordinaire.

l'Eau ou le Feu; & quelques-vns la prémiere chose vivante qu'ils rencontroient au sortir de leurs logis. Ceux de la haute Ethiopie adoroient le Dieu du Ciel, sous le nom de Guiguimo, sans avoir esté instruits par aucun Docteur, ni Prédicateur. Ensuite ils embrassérent la Religion Iudaïque à la suscitation de la Reine de Saba, ou Magueda, qui informée, à ce qu'ils disent, de la grande sagesse de Salomon, le fut chercher, apprit de luy la Loy de Moyse, & fut instruite dans les Prophétes. Quelques peuples de la basse Ethiopie embrassérent aussi la Loy Iudaïque, où ils persévérérent tous jusqu'à ce que l'Eunuque * de la Reine de Candace, baptizé par Saint Philippe, leur annonça la Foy Chrestienne, que plusieurs d'entre eux receurent. Mais l'an 1067. qui fut le 469. de l'Egyre, Yahaya, fils d'Abubéquer, estant entré dans la basse Ethiopie, quelques Docteurs Mahométans leur enseignérent leur Religion, & particuliérement à ceux de Nubie, & de Généova, qui confinent avec les deserts de la Libye, & avec l'Egypte; où il y a encore plusieurs Alfaquis, & Alcoranistes. D'autres passérent ensuite avec armée à la conqueste de l'Espagne & de l'Egypte, d'où ils retournérent victorieux, aprés avoir infecté la pluspart de ces peuples de leur fausse doctrine. Mais ceux de la haute Ethiopie ont toûjours persévéré en la Foy, bien qu'ils ayent beaucoup de superstitions Iudaïques, à-cause que les Iuifs s'y sont conservez long-tems, quoy-qu'en petit nombre; mais ils ont esté à la fin détruits. Ceux de la basse Ethiopie, qui sont dans le païs de Zinque, ou sur la coste de l'Océan, sont tous idolâtres, & la pluspart si brutaux, qu'ils meritent plûtost le nom de monstres que d'hommes. Mais depuis que les Portugais ont navigé le long de cette coste, quelques-vns se sont convertis à la Foy, comme nous dirons ensuite. Les Egyptiens ont esté aussi idolâtres, & depuis Chrestiens, & Monothélites, d'où ils ont passé à la Loy de Mahomet, quoy-que plusieurs soient demeurez Chrestiens.

* Iudica.

CHA-

## CHAPITRE TRENTE-SIXIEME.

*Comme l'Infant de Portugal Dom Henry commença la découverte & la navigation des costes Occidentales de l'Afrique, & des Indes.*

L'INFANT Dom Henry, fils du Roy Dom Iean, prémier du nom, Roy de Portugal, se plaisoit fort à l'Astronomie, & à la Cosmographie, & pour y vaquer plus à son aise, aprés avoir défendu Ceute contre les Maures qui l'assiégérent l'an 1419. il alla demeurer au Cap Saint Vincent dans les Algarbes, & y bastit vne ville qu'on nomme encore de son nom, la ville de l'Infant*. Comme il estoit  *terça Naval. en repos en ce lieu, il fit dessein d'envoyer des navires le long de la coste Occidentale de l'Afrique, pour pouvoir aller par-là aux Indes Orientales, ainsi que l'on avoit fait autrefois. Car il l'avoit appris par la lecture des anciens, où il estoit fort versé, & non par inspiration divine, comme veulent quelques-vns, parce-que si cela eust esté, il eust achevé apparemment la découverte, au lieu qu'il ne fit que la commencer. Mais comme il lisoit & estudioit continuëllement, il conjectura par raisons naturelles qui ne sont pas toûjours certaines, que cela se pouvoit faire. Car sans parler de Ménélaus, qu'on dit avoir tourné toute la coste d'Afrique par le détroit de Gibraltar, & estre arrivé à la mer rouge, & de-là aux Indes, Hannon, Capitaine Carthaginois, fut par leur ordre avec soixante galéres fonder des villes * hors du détroit de Gibraltar, le long de la  *Ce sont celles qu'on a nommées Libypheniciennes. coste d'Afrique, & navigea tant le long de cette coste, qu'il arriva presque sous la ligne, dont il mit à son retour la relation de sa main au Temple de Saturne. On voyoit clairement par-là, & par les remarques de son voyage, qu'il passa le Cap de Sierra Leoa, que Ptolomée nomme le  Mont Lyon. Char des Dieux. Il avoit aussi lû dans Herodote, à qui Ciceron donne le titre de Pere de l'Histoire, ce qu'il dit de la navigation que Neco, Roy d'Egypte, fit faire à de certains Phéniciens qui estoient expérimentez au fait de la Marine, & qui s'estant embarquez sur la mer Rouge, navigérent tant qu'ils arrivérent à l'Océan, & ayant tourné toute l'Afrique, rentrérent par le détroit de Gibraltar dans la mer Méditerranée, & arrivérent au bout de deux ans en Egypte. Il pouvoit lire aussi dans le mesme Auteur, que Xerxés commanda à Sataspe de naviger par l'Océan jusqu'au Promontoire ou Cap d'Afrique ; mais que lassé d'vne si longue navigation, & les vivres luy manquant, il fut contraint de s'en retourner en Egypte. Strabon dit que le jeune Cesar, fils d'Auguste, rencontra sur la mer d'Arabie le débris de quelques navires Espagnols que la tourmente avoit jettez le long de la coste ; Et Pline, Cornélius Nepos, & Pomponius Mela, parlent aussi-bien que luy des navigations d'Eudoxe en ces quartiers. Fondé donc sur ces témoignages, & sur quelques autres, avec les relations qu'il recevoit tous les jours des Africains, plus savans que luy en ces matiéres, il résolut de faire cette découverte, dont on ne parloit déja plus ; & dans ce dessein il envoya par deux fois reconnoistre la coste de l'Océan, par des vaisseaux qui passérent soixante & dix lieuës au-delà du Cap de Non, qu'on nommoit ainsi, parce-que quand on passoit au-delà, l'on ne revenoit plus. Quand ils furent de retour, il en fit armer vn autre, dont il donna la conduite à Iean Gonçales ; mais il fut si agité de la tempeste, qu'il ne pût gagner la coste d'Afrique, & vogua sans voiles jusqu'à

* Port Saint. vne petite Isle deserte, qu'il nomma *Puerto santo* *. Comme il fut revenu, & qu'il eut fait le recit de son voyage, Bartolomé Pérez Trillo, ayant obtenu le Gouvernement de cette Isle, la fut peupler en la compagnie de Iean Gonçales Zarco, & de Tristan Vaz Téchéra, parce-que c'estoit vn fort bon païs, & où l'air estoit tres-sain, & l'eau excellente. Lors qu'ils furent arrivez en cette Isle, ces deux-cy passérent dans vne barque à la découverte d'vn ombrage qui paroissoit assez proche, & trouvérent que c'estoit vne autre Isle beaucoup plus grande, qu'ils nommérent Madé-

* Madère. re * à-cause des montagnes couvertes de bois, dont elle estoit pleine. Le Gouvernement leur en ayant esté don-

né à leur retour, le quartier de l'Isle qu'on nomme Fonchal, * à Iean Gonçalez, & celuy de Madrico à Tristan Vaz, où ils commencérent à peupler l'an 1420. sans qu'il y eust de nouvelle découverte qu'à trois ans de là. Mais l'an 1423. Gil-Yagnez, autre serviteur de l'Infant, découvrit le Cap de Bojador, & y retourna l'année suivante en la compagnie d'Alonço Gonçalez Baldaya. Aprés avoir doublé le Cap, ils arrivérent à la Angra de los Ruvios *, nommée de la sorte, parce-qu'il y a quantité de ces poissons; mais les vivres venant à leur manquer, ils revinrent trouver l'Infant sans avoir rencontré personne à qui parler. Ils virent seulement des pas de chameaux empreints sur le sable, & des traces d'vne caravane. Ils y retournérent donc l'an 1435. par ordre de l'Infant, & passant outre, arrivérent à vn petit Golphe, où ils firent descendre deux cavaliers pour aller découvrir plus avant. Ces cavaliers rencontrérent dix-neuf Maures armez de zagayes, & de javelots, & les attaquérent pour en prendre quelqu'vn; mais ils se défendirent si-bien, qu'ils blessérent vn des cavaliers, ce qui les contraignit de retourner au vaisseau, d'où ils regagnérent le Portugal, laissant à ce lieu le nom de la plage des Cavaliers. Depuis cette année jusqu'à celle de 1440. il ne se fit aucune découverte, tant à-cause de la mort du Roy Dom Doüart, qui laissa pour successeur vn Prince encore enfant, que parce-qu'on apprit que l'on avoit trouvé des gens armez & fort adroits au combat, & qu'il estoit necessaire d'y envoyer plus d'hommes & de navires. L'Infant donc l'an 1441. y envoya deux de ses gens, Antoine Gonçalez, & Nugno Tristan avec deux vaisseaux. Celuy-cy découvrit le prémier jusqu'au Cap-blanc, ainsi nommé à-cause que c'est vne terre blanche & sablonneuse; & l'autre jusqu'au Cap du Cavalier qu'il nomma de la sorte, parce-que combatant à cheval, il prit quelques Negres qui furent les premiers qui abordérent à Lisbonne. Ces deux Capitaines estant retournez en Portugal, l'Infant fut fort joyeux de cette prise, voyant qu'il commençoit déja à recueillir le fruit de son travail, & comme la nouvelle en fut divulguée, quelques-vns de Tavila en Algarbe, luy demandérent

* Final.

* L'ance des Rougets.

Angra de los Cavalleros.

permission d'aller chercher leurs avantures, & dans l'année suivante armerent six Caravelles, qui sous la conduite de Lançerot Domestique de l'Infant commencerent leur voyage. Ce Capitaine arriva le jour de la Feste-Dieu à l'Isle de las Gascas nommée ainsi à cause de la quantité des herons qu'ils rencontrérent, qui leur servirent de rafraischissement. De-là ils passérent en l'Isle de Nar, & en quelques-autres qui estoient proches, d'où ils enlevérent quantité de Negres. L'année suivante l'Infant y envoya sur vn vaisseau de guerre Vincent de Lagos avec Louïs Cadamoste Gentilhomme Venitien, qui furent à l'Isle de Puerto Santo, qui est environ deux cens lieuës par delà le Cap de S. Vincent, & de-là à celle de Madére qui n'est éloignée de celle-là que de treize lieuës. De-là ils passérent aux Isles Canaries qui sont environ cent lieuës plus-loin, & partant de celle de la Palme vinrent au Cap blanc qui en est à quelque trois cens lieuës, & de-là à la riviere de Gambra. Cette mesme année arriva aux Isles d'Erguin Gonçales de Cintra Capitaine d'vn navire de l'Infant, & fut tué par les Maures de la Province du Sus-éloigné avec quelques-vns des siens.

*Isles de las Gascas découvertes l'an 443. Isle de Nar.*

Quelques-vns disent que l'an 1461. le Roy Dom Alfonse envoya Suero Mendez pour bastir vne forteresse en cette Isle; mais ils se trompent selon l'Itineraire de Cadamoste. Car celuy-ci l'an 1445. allant faire ce voyage avec Vincent Dias de Lagos trouva quantité d'ouvriers dans cette Isle qui travailloient à la fortification; mais il se peut faire que le Roy Dom Alfonse eust envoyé cét homme pour l'achever, & non pour la commencer. Car l'Infant Dom Henry fut sans doute l'auteur de cette forteresse, parce-que Cadamoste dit qu'en ce temps-là les Portugais avoient déja découvert la riviére de Sénéga *, & qu'il y avoit vn an que le Cap Verd estoit reconnu; contre l'opinion de ceux qui disent qu'il ne le fut qu'en l'an 1445. par Dionisio Hernandez Escuyer du Roy Dom Iean, qui prit les premiers Negres qui ayent esté amenez en Portugal. On voit par là que si ce Cap fut découvert par ce Portugais, ce fut l'an 1443. ou 1444. & non 1445. où il y avoit déja plusieurs Negres en Portugal, qui y avoient esté amenez par ceux qui avoient

* Sénédeg en langage du païs.

fait les autres découvertes. Cependant, Louïs de Cadamoste navigeant vers la riviére de Gambra fit rencontre d'Antoine de Nole Genois, qui alloit par l'ordre de l'Infant à mesme dessein, & s'estant joints ensemble, ils arrivérent à cette riviere, d'où sans passer outre ils retournérent en Portugal. L'année d'après ils y revinrent dans vn navire que l'Infant leur fit équipper, & découvrirent les Isles du Cap Verd qui fut l'an 1445. & non 1460. comme quelques-vns disent faussement ; car l'Infant mourut cette année-là, le troisiéme Novembre ; & le Roy Alfonse V. son neveu avoit déja fait vne donation de ces Isles & des Tercéres à l'Infant Dom Fernand son frere. Ces deux Estrangers arrivérent aux Isles du Cap verd en seize jours depuis leur départ de Portugal, & donnérent le nom de Buena Vista à la prémiére qu'ils rencontrérent, celuy de S. Iacques & de S. Philippe à la seconde, parce-qu'ils la découvrirent ce jour-là, & la troisiéme fut appelée May, en consideration du mois & du jour qu'elle fut découverte. De-là ils passérent jusqu'à la riviere de Rha qu'on nomme maintenant Caramança du nom du Seigneur du païs, & poursuivant ainsi leur route passérent jusqu'au Cap rouge, d'où ils revinrent en Portugal. Pour retourner à nostre sujet, l'an 1445. Antoine Gonçales avec vn vaisseau de l'Infant découvrit la riviére de l'Or, & Lancerot, après beaucoup de travaux & de dangers, arriva au Cap verd. Mais quelques-vnes de ses Caravelles s'en retournerent pour n'avoir pû continuer le voyage. Il vint donc en l'Isle de Tider avec deux vaisseaux seulement, d'où il retourna en Portugal avec soixante Negres qu'il avoit pris. L'an 1446. Nugno Tristan alla jusqu'à Rio-grandé qui est plus de soixante lieuës par-de-là le Cap verd, & vingt lieuës plus loin entra dans vne autre riviére, où il se falut batre contre ceux du païs qu'ils attaquérent avec treize barques de gens qui combatoient avec des dards & des fléches empoisonnées, & le tuerent avec dix-huit des siens. Ceux qui restérent s'en retournérent en Portugal après avoir donné à ce fleuve le nom de leur Capitaine mort.

Alvaro Hernandez découvrit la mesme année le Cap de

*La riviére de Gambra.*

*Les Isles du Cap Verd.*

*La riviere de Rha.*

*Cap rouge.*

*La riviere de l'Or.*

*L'Isle de Tider.*

*Rio grandé.*

*Rio de Nugno Tristan.*

*Cap de Moste-*

Mofte, & paffa cent lieuës par-de-là le Cap-verd, où eftant defcendu à terre il combatit contre le Seigneur de la province, & le tua de fa propre main. De-là il paffa à l'embouchure de la rivière de Tabite vingt lieuës par-de-là le Cap de Nugno Triftan, & s'en revint en Portugal. Depuis jufqu'en l'an 1455. il ne fe fit aucune découverte remarquable, excepté celle des Açores, qui eftoit déja faite alors, comme il fe voit par vn privilége que le Roy Alfonfe V. donna aux habitans de l'Ifle de S. Michel, par lequel il les exemte de rien payer de tout ce qu'ils apporteroient en Portugal. Ce Roy Alfonfe fut fort brave, car il continua l'entreprife d'Afrique, & gagna fur les Maures les villes d'Alcaçer-çaguer, d'Arzil, & de Tanger. Le Roy Dom Manuel luy ayant fuccédé, acheva de tout point la découverte de l'Afrique & de l'Inde, où font arrivées plufieurs chofes mémorables, qui font décrites au long par Gomez Iagnez Hiftorien de Portugal, & par Iean de Barros commiffionnaire de la Chambre du commerce des Indes en fon livre de l'Afie. Mais comme cela n'eft pas de noftre fujet, nous n'en parlerons point icy, & nous nous contenterons d'en toucher quelque chofe, en la feconde partie de cette hiftoire pour ce qui regarde l'Afrique.

*La rivière de Tabite.*

*l'an 1447.*

## CHAPITRE TRENTE-SEPTIE'ME.

*Lettre d'Helene Reine des Abyffins à Dom Manuel Roy de Portugal.*

*Cette lettre & les deux fuivantes n'eftant pas proprement du fujet, on fe peut difpenfer de les lire.*

AV nom du Pere & du Fils & du S. Efprit, trois perfonnes en vn feul Dieu. Le falut & la grace de noftre Seigneur & Redempteur Iefus-Chrift fils de la Vierge Marie, né en Bethléem, & fa fainte bénédiction foit fur noftre frere bien aimé & tres-Chreftien le Roy Dom Manuel Seigneur des Mers, dompteur des Mahométans & des incrédules. Le Seigneur Iefus-Chrift vous foit propice & vous donne victoire de vos ennemis, agrandiffant les bornes de voftre Empire par l'interceffion de fes meffagers les quatre Evangéliftes, Iean, Luc, Marc, & Mathieu, & que leur

# DE L'AFRIQVE, LIVRE I.

saincteté & leurs oraisons vous gardent. Nous vous faisons savoir, bien-aimé frere, qu'il est arrivé icy de vostre haut & grand Palais deux députez, dont l'vn est Laïc & l'autre Clerc, & tous deux se nomment Iean, qui nous ont dit beaucoup de choses pour nous obliger à leur fournir des vivres & des hommes. mais afin que cela se fasse comme il faut, nous vous envoyons vn de nos gens pour Ambassadeur qui est nostre frere Mathieu, par la permission du Patriarche Marc, celuy qui nous donne la bénédiction, & qui envoye les Ecclésiastiques en Ierusalem, & est nostre Pere & celuy de tout nostre Estat, le Pilier de la Foy en Iesus-Christ & en la tres-Sainte Trinité ; qui a envoyé aussi des Messagers à vn de vos ports de l'Inde par nostre commandement pour parler à vos gens, leur offrir les vivres & le nombre des troupes qu'ils demandoient, & leur donner avis que le Seigneur du Cayre avoit équipé vne armée navale tant de vaisseaux ronds que de galéres pour envoyer contre vos armées. Pour à quoy resister nous vous fournirons vn bon nombre de soldats qui sont dans le détroit de la Meque, de Bel & d'Almandeb, afin que vous les envoyiez aux Indes ou au Tor, pour exterminer du monde ces incrédules, tandis que nous irons par terre où nous sommes aussi puissans que vous par mer, pour ne plus donner à manger aux chiens les offrandes du saint Sepulchre. Voicy le tems que Iesus-Christ prédit à la Sainte Vierge Marie sa mere, qu'il s'éleveroit vn Roy des Francs qui extermineroit les incrédules. C'est le propre tems qu'il a prédit. Recevez donc tout ce que nostre Ambassadeur vous dira de nostre part comme si c'estoit nous mesme, & y ajoûtez foy, parce que c'est le plus capable que nous ayons pû choisir pour ce sujet, & si nous en eussions eu quelque autre plus intelligent nous vous l'aurions envoyé. Nous avions envie de vous representer ce que nous vous disons par vos Ambassadeurs, mais nous avons craint qu'ils ne le dissent pas comme nous desirions : Au reste nous vous envoyons par luy vne Croix, du bois sur lequel fut crucifié nostre Seigneur Iesus-Christ en Ierusalem, & qui nous fut apportée de la mesme ville, & en retenons vne autre toute semblable d'vn bois noir, qui a vn petit anneau d'argent.

Nous vous aurions bien pû envoyer quantité d'or; mais comme nous appréhendions que les infideles, par où il faloit passer, ne s'en saisissent, nous ne l'avons pas voulu faire. Ce nous seroit vn extréme contentement, si vous aviez pour agréable de marier vos filles à nos fils, & les envoyer par-deçà, & de prendre nos filles pour vos fils; Nous vous les envoyerions avec de grandes sommes d'or & d'argent pour leur dot. Le salut & la grace de nostre Redempteur Iesus-Christ, & de la Sainte Vierge Marie s'épande sur vos Estats, sur vos fils, sur vos filles, & sur toute vostre Maison. Amen.

Nous vous faisons savoir aussi, que si nous nous mettions en campagne, nous incommoderions fort les infideles ennemis de nostre sainte Foy ; mais nos Estats ne sont pas sur la mer, & nous n'avons point de forests où prendre du bois pour bastir des navires, qui ne soient fort éloignées de nos ports ; outre que ces ports sont fort petits. Cela fait que nous sommes peu puissans sur mer, où vous pouvez beaucoup. Iesus-Christ vous tienne toûjours en sa garde : car certes, les choses que vous avez faites aux Indes sont miraculeuses ; mais quand vous armeriez mille vaisseaux, nous leur fournirions de vivres, & donnerions à ceux qui viendroient toutes les choses qui leur seroient necessaires.

Ie pourrois dire encore beaucoup de choses de ces Abyssins ; mais je les reserve pour la seconde partie de cette Histoire.

## CHAPITRE TRENTE-HVITIE'ME.

*Lettre patente du Roy de Manicongo aux Princes voisins de son Royaume, quand il se convertit à la Foy de Iesus Christ.*

AFIN qu'au tems présent & avenir, soient connuës à tous les graces & les faveurs que Dieu Nostre-Seigneur Tout-puissant nous a faites, à nous dis-je, Dom Alphonse, par sa sainte grace, Roy de Manicongo, & Seigneur des
Ambu-

Ambudes, Nous faisons savoir à tous présens & avenir, naturels ou estrangers, que nos Royaumes & Seigneuries, ont esté cy-devant découvertes par les gens des Royaumes & Seigneuries de Portugal, tant durant la vie de Iean II. que depuis, sous le régne de tres-haut, & tres-puissant Roy Dom Manuel, à-présent régnant; que ces Princes ont envoyé, comme par inspiration divine, des Prestres, des Religieux, & autres personnes de pieté, afin qu'avec l'esperance des choses présentes, & l'accroissement de la véritable Foy, qui a esté plantée en ce païs par l'infinie bonté de Dieu, ils conduisissent le Roy mon pere au chemin de salut, & l'instruisissent en la connoissance de la sainte Foy Catholique, en laquelle vivent ces Princes, & leurs sujets. Pour rendre donc l'œuvre conforme à la charité qui leur a esté recommandée de la part de Dieu, & comme fideles & véritables Catholiques, accomplir ses commandemens; Ils firent si bien que le Roy mon pere, presta l'oreille à la doctrine Chrestienne, & dans ces commencemens fit paroistre beaucoup de disposition à la recevoir, quoy-que par l'envie du Demon, ennemi de la Croix, il en fust détourné durant sa vie; de-sorte que la grace de Dieu n'opera point en luy. Cependant, quoy-qu'alors fort jeunes, estant éclairez du Saint Esprit, par vne grace singuliére, & vne faveur speciale, qui nous fut concédée de toute la tres-sainte Trinité, Pere, Fils, & S. Esprit, trois personnes & vn seul Dieu, que nous croyons & confessons fermement, nous fûmes receus à la doctrine Chrestienne; de-sorte qu'elle fut par là misericorde de Dieu d'heure en heure, & de jour en jour, plantée & confirmée dans nostre cœur. Estant donc éloignez de toutes les erreurs de l'idolâtrie où nos prédecesseurs ont vescu jusqu'à-present, nous sommes arrivez à vne véritable connoissance, Que Nostre-Seigneur Iesus-Christ est vray Dieu & vray homme, & qu'il est descendu du Ciel en terre pour prendre chair humaine dans le ventre virginal, pour la redemption du genre humain, qui par le peché de nostre pere Adam, estoit sous la puissance du Diable; Qu'il a souffert mort & passion sur le bois de la Croix en la ville de Ierusalem; Qu'il fut enseveli, & ressuscita le

O

troisiéme jour pour accomplir les prophéties, & que par cette mort nous avons esté tous rachetez & sauvez. Dans cette véritable créance, comme ces Religieux Chrestiens continuoient à nous enseigner, nous tombâmes en la disgrace du Roy nostre pere, & de ses sujets, tant grans que petis, de sorte que par vn insigne mépris, il nous relégua dans des païs fort éloignez, où nous avons passé beaucoup de tems, privez de sa veuë, & de ses bonnes graces. Ce n'estoit pas toutefois sans contentement que nous endurions pour la Foy de Nostre-Seigneur Iesus-Christ, & avec beaucoup de constance, que sa misericorde nous donna toûjours pour souffrir encore davantage, s'il en eust esté besoin; dans vne ferme esperance qu'il nous aideroit & nous donneroit sa grace, afin du moins que nos travaux & nostre ferme foy ne fussent point inutiles, pour ce qui concernoit le salut de nostre ame. Ayant donc passé nostre exil de la façon, nous fûmes avertis que nostre pere estoit sur le point de mourir, & que nostre frére puisné, contre tout droit, prétendoit se rendre maistre de ses Royaumes, par l'ayde & la faveur des Grans, & de tout le peuple, qui nous avoit en horreur à cause que nous avions embrassé la Foy de Nostre-Seigneur Iesus-Christ. Mais comme Dieu n'abandonne, ni n'abandonnera jamais ceux qui le servent & qui le réclament, il nous encouragea de venir trouver nostre pere au lieu où il estoit, où estant arrivez comme il venoit d'expirer, nous trouvâmes que nostre frére s'estoit déja rendu maistre du Royaume, & qu'il estoit en armes avec vne infinité de gens. Sur ces entrefaites, nous feignismes d'estre indisposez pour sauver nostre personne, & estant vn jour avec nos gens, qui n'estoient qu'au nombre de trente-six, nous fûmes à la place de la ville, où nostre pere estoit mort, & où il y avoit grand nombre de peuple qui estoit autour de nostre frére, & appellant Nostre-Seigneur Iesus-Christ à nostre ayde, nous commençâmes à combatre courageusement contre nos ennemis; & nos gens, comme par inspiration divine, ayant crié, Donnons, donnons, ils fuyent; en effet ils se mirent aussi-tost à fuyr, confessant depuis, qu'ils voyoient vne Croix blanche en l'air,

& le Bien-heureux Apoſtre Saint Iacques, accompagné de quantité de cavaliers, armez & veſtus de blanc, qui les pourſuivoient & les maſſacroient. Enfin le carnage fut grand auſſi-bien que la défaite, & noſtre frére pris dans le combat, & condamné à mort, pour s'eſtre ſoûlevé contre nous. De-ſorte que nous demeurâmes maiſtres paiſibles de tout l'Eſtat, comme nous ſommes encore aujourd'huy. Trouvant donc à propos que le miracle operé par Ieſus-Chriſt en noſtre faveur, fuſt connû du Roy Dom Manuel, qui avoit eſté l'auteur de l'ouvrage, & par le moyen duquel nous avions eſté éclairez & appelez à la jouïſſance de tant de biens, nous luy envoyâmes en ambaſſade, Dom Pedro, noſtre couſin, l'vn des trente-ſix qui nous avoient aſſiſtez ; par lequel, & par les lettres que Dom Manuel nous envoya, nous ſeûmes les grandes actions de graces qui ſe rendirent à Dieu, pour les faveurs viſibles qu'il nous avoit faites par ſa toute-puiſſance. Ce Prince voyant que c'eſtoit vn ouvrage d'éternelle mémoire, & qui pourroit beaucoup profiter par-tout où il ſeroit connû, il nous envoya entre autres choſes, pour plus grand accroiſſement de noſtre ſainte Foy Catholique, & pour noſtre plus grande ſatisfaction, par Dom Pedro, & par Simon de Sylva, l'vn de ſes Gentilshommes, des armes peintes dans vne lettre qu'il nous écrivoit, afin que nous les fiſſions mettre dans noſtre Ecu, comme les Rois & les Princes Chreſtiens ont accouſtumé d'en porter, pour témoigner ce qu'ils ſont, & d'où ils viennent, & pour ſe diſtinguer entre-eux. Elles deſignent la Croix qui parut en l'air, & l'Apoſtre Saint Iacques, avec tous les autres Saints, qui combatoient pour nous en ſa compagnie, & qui avec l'ayde de Dieu Noſtre-Seigneur, nous firent gagner la victoire, & ſont entremeſlées avec les ſiennes, qui furent envoyées de la part de Dieu, par vn Ange, au prémier Roy de Portugal, en vn combat contre les Maures dont il remporta la victoire. Nous les receûmes donc comme vn don de Dieu, & comme vne grace ſpéciale que le Roy de Portugal nous faiſoit ; de-ſorte que nous tenons ce préſent à grande faveur, comme venant d'vn véritable frére en Ieſus-Chriſt, & d'vn fidele ami, que nous reconnoiſtrons en tout tems, & de tout noftre pouvoir, & comme tels, nous proteftons d'expofer nos vies, pour luy & pour les fiens, tant les obligations que nous luy avons font grandes, non feulement en ce qui regarde le temporel, mais le fpirituel, & le falut de tant de gens qui font fauvez par fon moyen, & que nous efperons qui le feront à l'avenir. Car c'eft luy qui nous y a acheminez par fes travaux & à fes dépens, dont Noftre-Seigneur luy donnera la récompenfe, puifque c'eft pour luy & pour fon fervice qu'il l'a fait. Nous ordonnons donc à tous ceux qui defcendent de nous, qu'ils ayent à porter ces armes jufqu'à la fin du monde, fur peine de malédiction. Et qu'en toutes les guerres où ils fe rencontreront, ils fe fouviennent de ce qu'elles fignifient, & de quelle maniére nous les avons acquifes, & comme elles nous ont efté envoyées par le Roy de Portugal ; car nous efperons de la mifericorde de Dieu, qu'en les portant ils feront toûjours victorieux de leurs ennemis, & conferveront leur Eftat. Mais comme il eft jufte, que ceux qui fervent bien & fidelement leur Roy, foient récompenfez de leurs fervices, & gratifiez de quelques honneurs, afin que leurs bonnes actions ne foient point mifes en oubli, il nous envoya encore vingt écuffons d'armes différentes, à l'imitation de ceux qu'on a coûtume de donner à la Nobleffe, & aux Chevaliers, qui fervent bien & fidelement les Rois & les Princes de la Chreftienté, afin que nous les donnaffions à autant d'hommes des trente-fix qui combatirent avec nous, lors que nous gagnâmes la bataille. C'eft-à-dire, à ceux qui eftoient de plus haute lignée, & aux plus braves, pour éternifer leur mémoire, & les récompenfer du fervice qu'ils nous rendirent, & pour inviter les autres à fervir bien & fidelement leur Roy & Seigneur. Nous prions donc Noftre-Seigneur Iefus-Chrift, qui par fa grande bonté & mifericorde, a voulu fouffrir & mourir pour nous, qu'il ait fouvenance de nous, & qu'il nous pardonne nos pechez, & nous conferve en fa fainte Foy Catholique, Apoftolique & Romaine, avec nos enfans, & nos peuples, les laiffant achever cette vie comme il fait que nous le defirons. Donné, &c.

Voilà la teneur de la lettre qu'Alfonfe, Roy de Manicongo envoya à tous les Princes & Seigneurs de ses Royaumes, l'an 1512. faisant partir aussi-tost Dom Pedre son cousin, pour aller rendre à Rome, l'obédience à sa Sainteté. Il envoya par mesme moyen au Roy Dom Manuel, vn présent de raretez de son païs, quantité d'yvoire, plusieurs balots de peaux de martes, de civettes, de loups cerviers, de panthéres, & d'autres animaux; & quantité de toiles d'herbe, les vnes noires, les autres blanches, quelques-vnes ouvrées, si fines & de couleur si vive, qu'elles paroissoient de soye. Il envoya aussi avec son cousin, douze jeunes Gentils-hommes pour les instruire en la Religion, & aux coûtumes des Chrestiens, & le Roy Manuel les fit distribuer dans les Monastéres.

Quoy-que cette lettre dût estre placée en la seconde partie de cét ouvrage, où nous ferons la description du Royaume de Manicongo, je ne l'ay pas voulu séparer de celle de la Reine d'Ethiopie, à-cause qu'elle est de mesme nature, & j'y ay adjoûté celle que ce Roy de Manicongo écrivit au Pape, par Dom Henry son fils, & par Dom Pedre son cousin; ce qui n'ennuyera pas, comme je croy, le Lecteur, qui sera bien aise, au-contraire, d'apprendre par-là, des nouvelles d'vn Prince si éloigné, lequel receut le prémier de tous ces quartiers, la Foy de Iesus Christ, & y persévéra.

## CHAPITRE TRENTE-NEVFVIE'ME.

### Lettre d'obédience du Roy de Manicongo au Pape.

TRES-SAINT & Bien-heureux Pere en Iesus-Christ, Nostre-Seigneur Iules II. par la divine Providence, Souverain Pontife, vostre tres-humble fils Dom Alfonse, par la grace de Dieu, Roy de Manicongo, & Seigneur des Ambudes, envoye baiser vos pieds sacrez en grande humilité. Nous croyons, Bien-heureux Pere, que vostre Sainteté a déja seu comme Iean second, Roy de Portugal, & ensuite, le Roy Catholique Dom Manuel son successeur, ont envoyé en nos païs à grans frais, & avec beaucoup de soin & de peine, des Religieux, qui par leur doctrine nous ont détourné du service des Idoles, & tirez d'vne si grande captivité. Comme nous avons embrassé la Foy de Nostre-Seigneur Iesus-Christ, recevant les saintes eaux du Baptesme, qui nous ont lavez & nettoyez de la lépre, & délivrez des erreurs des Gentils, que nous avions tenuës jusqu'alors; chassant de nous, tous les abus de Satan, & ses tromperies. Car nous avons miraculeusement receu de tout nostre cœur, la Foy de Nostre-Seigneur Iesus-Christ, & aprés y avoir esté instruits, comme nous avons sçeu que c'estoit la coûtume des Rois Chrestiens, d'envoyer leurs soumissions & obédiences à vostre Sainteté, comme véritable Vicaire de Iesus-Christ, & Pasteur de ses oüailles; voulant, parce-qu'il est raisonnable, les imiter en vne si divine & sacrée coûtume, puisqu'il avoit plû à Dieu, misericordieux & tout-puissant, de nous vnir en vne mesme foy; nous envoyons à vostre Sainteté, nos Ambassadeurs vous rendre de nostre part, l'obédience qui vous est deuë, & en la maniére que les autres Rois Chrestiens ont accoustumé de vous la rendre. De ces Ambassadeurs, l'vn est nostre cher & bien-aymé fils Dom Henry, que le Roy Dom Manuel nostre tres-aymé frére, a fait instruire en ses Estats, tant en la sainte Écriture, qu'aux choses concernant la Foy Catholique; l'autre est Dom Pedro de Sosa, nostre tres-aymé cousin, lesquels outre l'obédience qu'ils vous doivent présenter de nostre part, nous avons chargé de quelques instructions particuliéres, pour communiquer à vostre Sainteté, lesquelles nous vous supplions tres-humblement vouloir entendre & recevoir, & leur donner autant de créance, comme si elles estoient dites par nous devant vostre Sainteté, laquelle Dieu par sa misericorde, veuïlle conserver en son saint service. Donné en la ville de Manicongo, l'an de la Nativité de Nostre-Seigneur Iesus-Christ mille cinq cens douze.

Cette lettre de créance & d'obédience fut tres-bien receuë du Pape, & du Collége des Cardinaux, qui peu de tems aprés en donnérent la réponse aux Ambassadeurs, lesquels furent tres-satisfaits de l'honneur, & du bon traitement

## DE L'AFRIQVE, LIVRE I.

qu'ils receurent. Ils partirent de Rome avec ces dépesches, & retournérent en Portugal, d'où ils repasserent au Royaume de Manicongo, où ils furent tres-bien receus du Roy Alfonse, lequel a toûjours persévéré en la Foy de Iesus-Christ, & tous ses descendans aprés luy jusqu'à ce jour. Voilà ce qui s'est pû dire en général des Africains, de leur Religion, & de leurs coûtumes. Nous parlerons au Livre suivant, de Mahomet, & de l'origine de sa secte, qui a causé tant de guerres en Asie, en Afrique, & en Europe.

*Fin du premier Livre.*

# L'AFRIQVE DE MARMOL.

## LIVRE SECOND.

*De la secte de Mahomet, & des progrez de ses successeurs en Europe, en Asie, & en Afrique.*

## CHAPITRE PREMIER.

*De l'origine de Mahomet, & de sa secte.*

Es Ismaëlites qu'on nomme Arabes, parcequ'ils demeurent en Arabie, viennent d'Ismaël, fils d'Abraham & d'Agar, qui ayant esté chassé de la maison de son pere par le commandement de Dieu, vint demeurer au desert de Pharan. Leurs Ecrivains les * appellent d'vn nom qui marque qu'ils ne sont pas naturels du païs, quoy-que d'autres les nomment Agareniens, en memoire de leur origine. C'est vne nation pauvre, mais superbe & indomtable, qui erre par les deserts, où elle vit de brigandage, & du revenu de ses troupeaux. Quelques Auteurs Arabes disent faussement

* Arab mista Araba.

## SVCCESSEVRS, LIVRE II.

sement, que Mahomet estoit Sarracénien, veu qu'il venoit de Cedar, fils d'Ismaël, & que son pere s'appeloit Abdala, & estoit fils d'Abdelmutalef, & petit fils d'Abdelmenef, qui estoient idolâtres, aussi-bien que toute leur race. Sa mere estoit Iuive, tant de nation que de Religion, & se nommoit Emina*, il nâquit à Itrarip prés de la Meque, en la Lune de Février, l'an de grace 569. ou 607. selon la façon de compter les années en Espagne, qui a duré depuis le commencement du régne d'Auguste, jusqu'à Dom Iean prémier. D'autres au-lieu de 607. mettent 610. encore ne sont-ils pas d'accord avec les nostres, parce-que les Arabes comptent trois ans plus que nos Historiens, depuis le commencement de nostre Ere jusqu'à la Nativité de Iesus-Christ, qu'ils appellent Nizaren, mais la pluspart s'accordent en ce point, que Mahomet nâquit l'an de grace 569. comme la peste & la famine régnoient en Arabie, & que le frere de sa mere, qui estoit grand Astrologue, & grand Magicien, prédit qu'il seroit vn jour Roy & Legislateur. Le païs estoit partagé alors en diverses Religions, les vns estans Chrestiens, les autres Iuifs ou idolâtres; & de ceux-cy, les vns adoroient le Soleil ou la Lune, les autres des Arbres ou des Serpens, & la pluspart la Tour d'Alcara ou d'Alquebila, qu'ils croyent avoir esté bastie par Ismaël. Mahomet estant né parmi ces divisions, avec des prédictions si favorables, fut élevé & instruit avec grand soin. Ce Iuif qui avoit deviné sa future grandeur, luy enseigna dés son enfance la Loy des Iuifs. Mais estant devenu orfelin de pere & de mere*, il demeura sous la discipline de son oncle Abdeltaleb, qui connoissant sa capacité l'envoya trafiquer en Egypte, en Syrie, & ailleurs. D'autres disent qu'il fut pris faisant le métier de voleur avec les Sarasins Scénites, & qu'il fut vendu à vn Marchand*, qui l'employoit au trafic que nous venons de dire. Dans cét employ conversant tantost avec les Chrestiens, & tantost avec les Iuifs, il fit amitié avec vn Moine d'Antioche, nommé Iean, qui luy apprit beaucoup d'erreurs sur de mauvais principes. Il s'associa depuis avec le Moine Sergius, qui ne valoit pas mieux, & qui ayant esté chassé de l'E-

* Fille d'Hayof.

Cette façon de compter les années en Espagne, qu'on nomme Æra Hispanica, est trente-huit ans justement devant l'an de grace: mais la reformation du Calendrier de Cesar l'a précédé encore de sept ans. Calnisius.

* Le Macine fait son pere mort deux mois avant sa naissance, & sa mere six ans aprés.

* Abdimone.

glife pour l'Arianifme, s'eftoit réfugié en Arabie. Ils devinrent donc grans amis, & Mahomet suça de luy, le venin de sa perverse doctrine, aprés quoy il se mit à parler des choses spirituelles, & fut écouté avec admiration de ces peuples. En mefme tems mourut vn Seigneur * Cananéen, qui n'ayant point d'enfans laiffa tout son bien à sa femme*. Cette Dame defira voir Mahomet sur le bruit de sa capacité, de-sorte qu'il la vint voir, non pas à-cause d'elle, qui eftoit déja vieille*; mais à-cause de ses grans biens, & ne l'eut pas plûtoft veuë en particulier, qu'il se maria avec elle. Comme il la vit affligée de ce qu'il tomboit du haut mal, il luy fit acroire que ce n'eftoit point par maladie; mais par la préfence de l'Ange Gabriël, dont la splendeur l'éblouïffoit lors qu'il le venoit inftruire de la part de Dieu des chofes qu'il devoit enfeigner. Cette Dame fut si touchée de cette refverie, qui eftoit appuyée par le Moine Sergius, qu'elle se vantoit en particulier d'avoir épousé vn Prophéte. Quelques ignorans le crûrent d'abord; d'autres s'en moquoient, voyant la contrariété de ses dogmes, & le meflange qu'il faifoit des Religions. Mais sa femme mourant quelque tems aprés, le laiffa son héritier, & vn des principaux * d'Arabie luy donna sa fille * en mariage, à-cause de la grandeur de ses biens & de sa réputation. Cela luy enfla le courage, & luy donna la hardieffe de prendre le titre de Prophéte, & de Meffager de Dieu. Fondé donc sur le crédit de son beau-pere, il affembla quantité de gens à qui il enfeignoit ses refveries. Il difoit que Dieu avoit envoyé au monde trois Prophétes, Moyfe, Iefus-Chrift & luy, pour eftablir la doctrine de salut; & quantité d'autres extravagances. Quoy-qu'il euft l'adreffe de diffimuler certaines chofes pour en autorifer d'autres, les hommes de jugement le tenoient pour vn fou, vn ambitieux, & vn téméraire, capable de tout bouleverfer. Mais perfonne ne luy ofoit contredire, parce-qu'ayant beaucoup de bien & de crédit, il faifoit mourir ses envieux & ses ennemis, & foûtenoit les plus déterminez de son parti, qui ne faifoient autre exercice que de tuer & de voler. Rabi Samuël, ancien Auteur Hébreu, dans vn petit traité que

*marginalia:*
* Ero.
* Hadicha.

*elle avoit plus de cinquante ans.

* Abubéquer
* Aycha.

# SVCCESSEVRS, LIVRE II.

j'ay veu à Fez, où il parle de la secte, dit Qu'Abubéquer, beau-pere de cét endiablé (car c'est ainsi que les Iuifs l'appellent) fit tout ce qu'il pût pour luy gagner le peuple de la Méque, sur l'espérance de se rendre maistre de toute l'Arabie, si Mahomet y pouvoit établir son siége : Car les Agaréniens ont grand respect pour ce lieu, qui a esté basti, à ce qu'ils croyent, par Abraham, ou par Ismaël, outre que c'est la capitale, & la plus grande aussi-bien que la plus riche ville de toutes ces provinces, où plusieurs Marchans & quantité d'étrangers, vivoient en toute liberté, comme si c'eust esté vne République. Les habitans estoient Iuifs, quoy-qu'hérétiques à l'égard des autres, à-cause que la pluspart estoient de la secte des Corachamiens, que les Arabes appellent Horachaynines, c'est-à-dire, dévoyez, parce-qu'au lieu de la Tour, ils adoroient vne Idole. Abubéquer voyant donc que ceux de la Méque ne vouloient point admettre Mahomet en aucune façon, comme son dessein ne tendant qu'à les assujetir, il fit en-sorte de l'introduire dans la ville par le crédit d'vn riche habitant *, qui estoit son ami intime. Voilà comment Mahomet s'instala dans la Méque, où renfermé dans vne chambre, il pratiquoit sous-main les hommes & les femmes, qui alloient écouter la nuit ses sermons, où il débitoit ses vanitez & ses ordures. Mais ces assemblées ne pûrent estre si secretes qu'elles ne vinssent à la connoissance du Magistrat, qui se resolut de se saisir de sa personne. Aprés avoir donc assemblé quantité de gens, on environna la maison où il estoit avec ses compagnons, qui appréhendans la fureur du peuple, furent rassurez par luy; & en mesme tems il fit ouvrir la porte, & se présentant à ceux qui alloient pour le prendre, fit tant qu'en faveur d'Odman, ils luy permirent de sortir, & de s'en aller. Comme il fut dehors à pied avec ses compagnons, il monta sur vne femelle de chameau qu'il trouva dans vn pré, sans s'arrester qu'ils ne fussent à la ville de Tibique, dans l'Arabie deserte. Les Auteurs des Alcorans racontent quantité de miracles extravagans dans ce voyage, dont je ne parleray point pour estre plus court, outre que cela est tout commun. Cependant, Mahomet en-

*Il confond les Iuifs avec les Arabes.*

* Odman ben Yafan.

colére contre les Iuifs, pour l'affront qu'ils luy avoient fait, résolut de ruïner la ville, & assembla des gens de tous costez pour la détruire, criant tout-haut, que l'Ange de Dieu l'avoit ainsi ordonné. Ce bruit ayant esté répandu par-tout, plusieurs de ceux *, qui vont errant par les deserts, & vivent de brigandage, accoururent à son secours. Avec cette puissance il se mit en campagne, & leur fit vne grande harangue à sa loüange, & à l'opprobre des Iuifs de la Meque, leur disant entre autres choses qu'ils estoient maudits de Dieu, & qu'il luy avoit commandé de les aller convertir; Mais que les ayant trouvez rebelles, & endurcis dans le culte des Idoles, il avoit esté contraint de s'en aller, & avoit fait tout le chemin qu'il y avoit depuis la Meque, où Dieu avoit opéré tous les miracles qui estoient venus à leur connoissance. Qu'il luy avoit commandé à la fin, de ne les plus prescher; mais d'exercer toute sorte de rigueur contre eux; & finissant sa harangue, il promit de grandes récompenses, tant spirituelles que temporelles, à tous ceux qui embrasseroient & qui défendroient sa doctrine. A-peine eut-il achevé qu'il s'éleva vne grande rumeur parmi ces Barbares, amateurs de nouveautez & de débauches; de-sorte que tirant leurs espées, ils jurérent la main haute, de ne tenir autre Loy que celle qu'il leur enseignoit, & de la défendre, & garder inviolablement au peril de leur vie. Aussi-tost leur ayant imposé silence, il cria, Courage braves compagnons qui avez les armes à la main pour combatre vos ennemis, portez-vous en gens de cœur, sur l'asseurance de remporter la victoire, & d'estre comblez d'honneur, de biens, & de plaisirs que Dieu vous promet par ma bouche, pour récompense de vostre valeur. Aussi-tost il nomma dix Généraux * des plus braves, & de ceux en qui il avoit plus de confiance, & commanda à tous de leur obeïr. Ensuite il distribua toutes ses troupes sous leur commandement, & les ayant instruits de ce qu'ils devoient faire, il marcha contre les Iuifs. Sa prémiere guerre fut contre les Iuifs d'Abul, dont il remporta la victoire. L'année d'aprés il attaqua d'autres places de la Tribu de Buata, & les ayant assujeties avec grand meurtre, il alla assiéger la Meque.

* Arabes, Sarasius, Agaréniens.

* Abubéquer Cédic son beau-pere, Omar Ben-el Hatab, Odman ben asen, Ali Ibni Abitaleb, Moavia, Ali Zubeir, Abiazed, Abiazid, Aliobeyd, Abutalhael ançari, autrement, Zeyd Abenchel.

# SVCCESSEVRS, LIVRE II.

Les Mahométans commencérent à compter leurs années lors-que Mahomet prit les armes, qui fut l'an six cens treize, qu'il appellent l'an de l'Egyre, c'est-à-dire, de la fuite ou pérégrination, au-lieu qu'ils comptoient auparavant suivant l'Ere de Cesar, qui précéde la nostre de 38. ans, où ils remontent encore de plus haut, jusqu'au tems des Rois de Perse & d'Assyrie, & à la creation du monde. Mais il faut prendre garde que les Arabes suivent dans leur calcul l'an lunaire, qui est moindre d'onze jours que l'autre, si-bien que pour les ajuster, il faut rabatre vn an tous les trente ans. Par exemple cette année, qui est la 1571. est la 988. de l'Egyre, qui font 958. ans Solaires, lesquels joints avec l'an 613. de Nostre-Seigneur que commença l'Egyre, font le compte que j'ay dit. Cette diversité d'années est cause qu'en la supputation du régne des Rois Chrestiens, & des Maures, & en celle des batailles, & des choses memorables, il y a souvent de l'erreur.

*Composé de douze Lunes 6. de 2?. jours & six de trente.*

*moins quarante-cinq*

Pour retourner à nostre sujet, sur la nouvelle que Mahomet marchoit avec de grandes forces, ceux de la Meque rassemblérent les leurs, & l'ayant défait, le contraignirent de s'en retourner dans l'Arabie deserte, où il fit la guerre quatre ans contre les Iuifs, avec divers succés. Mais enfin s'estant emparé de la ville de Medine, il fit vne cruelle guerre à ceux de la province de Hichés, qu'il ne pût domter à-cause qu'ils estoient trop belliqueux, quoy-qu'il eust remporté diverses victoires contre d'autres. Retournant donc contre eux la cinq & sixiéme année avec ceux de Medine, il prit leur capitale, & toutes les forteresses du païs, & fit main-basse sur tous ceux qui ne voulurent pas embrasser sa Religion. Cette bataille fut vne des vingt-sept que Mahomet gagna en personne contre les Iuifs, à ce que dit Abentaric, depuis qu'il fut chassé de la Meque, & qu'il commença à establir son opinion à force d'armes : il la nomme Gazuat Bénihaybar, & dit qu'il avoit deux cens mille hommes de combat. Il ne faut pas s'étonner qu'en si peu de tems il eust ramassé vne si puissante armée : car outre que ces peuples sont fort superstitieux & amateurs de nouveautez, ils aiment les courses & le brigandage,

*La capitale s'appeloit Haybara, & les habitans, Bénihaybar.*

joint que la guerre qui estoit entre l'Empereur & le Roy de Perse, aidoit encore à cela ; car la division régnoit alors par tout l'Empire, où Phocas avoit fait mourir Maurice, beau-pere de Cosroés, & vsurpé la Couronne. Mais ayant esté tué depuis en trahison, Héraclius fut mis en sa place. Cependant, Cosroés prit les armes pour venger la mort de son beau-pere, & ayant défait les Romains, ravagea toute la Palestine aprés s'estre emparé d'vne grande partie de l'Asie, & des villes d'Alexandrie & de Carthage, sans vouloir entendre à aucun accord.

<small>Héraclius & Cosroés.</small>

Héraclius contraint de se défendre contre vn si puissant ennemi, soudoya grand nombre d'Arabes & de Sarasins qui habitent l'Arabie Petrée, & s'étendent le long des provinces & des deserts de l'Asie, jusqu'aux Indes. A la faveur d'vn peuple si belliqueux & si puissant, il défit Cosroés, & le contraignit de repasser le Tigre, & de retourner en Perse en mauvais estat, qu'abatu de vieillesse, & las de la guerre, il mit son second fils * en sa place : Mais l'aisné, qui se nommoit Syrique, piqué de cét affront, prit les armes, & se joignant à Héraclius, luy livra son pere & son frere, qu'il mit aussi-tost en prison, où ils moururent quelque tems aprés. S'estant par ce moyen, emparé de la Couronne, il rendit à Héraclius toutes les provinces que son pere avoit vsurpées, ce qui ayant mis fin à la guerre, Héraclius alla en Ierusalem. Quelques-vns disent que Mahomet * estoit Chef des Arabes en cette guerre, qu'il alla audevant d'Héraclius, avec la pompe & la magnificence d'vn Roy, comme il alloit en Ierusalem, & qu'il le pria de le confirmer en la Principauté d'Hichés qu'il avoit ostée aux Iuifs, ce que l'Empereur luy accorda. Mais les Historiens Arabes n'en parlent point, & disent seulement que retournant de la guerre de Syrie, il défendit aux Commissaires d'Héraclius d'exiger aucun tribut des Arabes, & aux Arabes de rien payer sur peine de la vie, sous prétexte qu'ils ne devoient pas estre tributaires de ceux de contraire Religion. Quoy-qu'on vinst donc aux mains à diverses fois pour ce sujet, il fit observer ses défenses, comme le plus fort, & demeura maistre de ce qu'il tenoit.

<small>Scénites & autres.</small>

<small>* Merdase.</small>

<small>* L'Auteur ajoute : qu'il fut blessé à la bouche par vn Persan, nommé Turc.</small>

<small>GiauatCham.</small>

## SVCCESSEVRS, LIVRE II.

Il alla attaquer ensuite vn autre quartier des Iuifs, qu'on nommoit Bénibéder, dont le Chef* fut tué en la bataille par Alizubeyr, l'vn des Généraux de Mahomet : c'estoit vn homme si brave, que Moavia entrant dans le lieu où il se baignoit ferma les yeux, & comme il luy en demandoit la raison, dit Que c'estoit pour ne le point voir tout couvert de blessures : à quoy il repartit, Que c'estoit ce qui le rendoit glorieux de les avoir receuës au service de Mahomet, & pour la défense de sa Loy. Taric qui rapporte cela, dit vne plaisante chose de luy, qu'il ne vouloit pas qu'on nettoyast ses habits, ni qu'on pensast son cheval tandis qu'il estoit à la guerre, & qu'au retour il en faisoit garder la poussiére pour mettre dans son sépulcre, avec ordre de mettre son corps dessus. Cette extravagance, & autres semblables, que les Historiens rapportent, font assez voir que ces Généraux de Mahomet n'estoient pas bien sages, mais plûtost des gens desesperez, qui se précipitoient dans les dangers sans aucune consideration. Aussi perdit-il plusieurs batailles, & particuliérement vne*, où les Iuifs luy tuérent soixante & dix mille hommes, par l'imprudence de ses Chefs qui n'observoient pas ses ordres.

* Almogueta.

autre Général de Mahomet.

* Gazuat Beni Ohud.

Enfin l'an de grace 623. le dixiéme de l'Egyre, il leva vne puissante armée, & marchant contre la Meque, défit les habitans en vne bataille, où mourut toute la fleur de la Noblesse Iuive. Ensuite il entra dans la place, & y ayant laissé vne garnison d'Agaréniens, marcha contre la ville d'Onain qu'il força & sacagea, distribuant tout le butin à ses troupes. De-là passant outre, il alla assiéger la ville de Tarse, d'où il fut contraint de se retirer, avec grande perte, aprés trente jours de siége. Alors laissant dans la Meque Ali-zubeyr, il retourna dans l'Arabie deserte, où il recommença à faire la guerre aux Iuifs de la race de Béyhaybar, qui s'estoient emparez pendant son absence, d'vne grande partie de la province, & les ayant défaits, les contraignit d'embrasser sa secte, faisant main-basse sur les réfractaires. Sur ces entre-faites ayant appris que ceux de la Meque ne pouvoient souffrir le commandement brutal d'Alizubeyr, il y envoya Moavia qui estoit plus doux, avec ordre exprés de leur faire quiter la Loy de Moyse, & le service des Idoles, pour embrasser sa secte. L'année d'après il alla à Tybique, où tandis qu'il s'amusoit à bastir vne somptueuse Mosquée, qui est encore aujourd'huy en grande vénération, il envoya Abi-Aced, & Abi-Azid, avec vne partie de l'armée contre vn grand Seigneur d'Arabie *, qui refusoit de recevoir sa secte : il fut vaincu & pris prisonnier, & par cette victoire, & par quelques autres, toutes ces contrées furent assujeties.

<small>* Aliocaydi Aben Alfat.</small>

Glorieux de ces succés, il envoya sommer l'Empereur & le Roy de Perse, d'embrasser sa Religion, signant en caractéres d'argent, Mahamet Arra çul Ala, ou Messager de Dieu. Il establit ensuite son siége en la ville de Medine, & ne voulant plus faire la guerre en personne, nomma quatre Lieutenans Généraux, Abubéquer, Omar, Odman, & Aly, pour aller conquerir les quatre parties du Monde. Les Grecs * & les Arabes * les nomment les glaives ou fleaux de Dieu : car Mahomet leur commanda de faire embrasser par-tout sa nouvelle secte, sur peine de la vie. Ce furent autant de bourreaux des Chrestiens, qui ne vivoient pas trop bien alors en Asie, où ces Barbares firent de grans maux, tant aux biens, qu'au corps, & à l'ame, contraignant les peuples par-tout, de se faire Mahométans.

<small>* Caleoglo.
* Ceyuf Ala.</small>

Abubéquer entra dans la Palestine, où il prit par escalade la forte ville de Miquée, tandis que le peuple estoit occupé au sacrifice des Idoles, puis saccagea la plus grande partie du païs. L'Empereur Héraclius envoya contre luy vne armée sous le commandement de Theodore Bogaire, qui luy tua plus de six mille hommes dans vne embuscade : mais il ne jouït pas long-tems de cette victoire : car le Commissaire de l'Empereur, envoyé pour payer quelques troupes de Sarasins qui gardoient la frontiére, ne les trouvant pas en bon estat, dit qu'il ne faloit pas oster le pain des enfans, pour le donner aux chiens, ce qui les mit en telle colére, qu'ils passérent au service de Mahomet. Le ressentiment de cette injure dépeupla le Christianisme, & la vengeance en dure encore. Car ce peuple belliqueux tourna ses forces contre l'Empire Romain, & celles de Ma-

<small>Paul Diacre.
c'estoit de l'Arabie.</small>

## SVCCESSEVRS, LIVRE II.

Mahomet augmentées de ce débris, s'emparérent sans grande resistance, de Ran, & de Gaze, & firent par-tout vne cruelle guerre aux Chrestiens.

Mahomet mourut à l'âge de soixante & trois ans, d'vn boucon que luy donna son Secretaire * dans vne pomme, en la ville de Medine, l'an six cens trente-deux, le vingtiéme de l'Egyre. Quelques-vns disent qu'on le garda trois jours avant que de le mettre en terre, croyant qu'il dust ressusciter : mais enfin on l'enterra sans aucune pompe, étendu sur son lit dans la mesme chambre où il couchoit. Il estoit vn peu haut en couleur, de moyenne taille, de façon robuste, & d'vn port majestueux ; il avoit la parole affable ; la teste grosse, la barbe longue, & se faisoit teindre le poil pour couvrir ses cheveux blancs. Il méprisoit tous dangers, & estoit fort adonné aux femmes, & eut en mesme tems plusieurs femmes & concubines, disant qu'il estoit permis aux Prophétes & aux grans hommes, d'en vser ainsi. Et pour consacrer ses defauts, il donnoit toute sorte de liberté pour ce regard à ceux de sa secte. Il se vantoit d'avoir vne vertu particuliére pour la génération, quoy-qu'il eust beaucoup d'affection pour les Sarasins, il flatoit les Agaréniens le plus qu'il pouvoit, & ordonna que les pelerinages qui se faisoient en Iérusalem se fissent à Aeca, où nâquit, à ce qu'on croit, Ismaël, & où est la tour d'Alquibila. Il voulut aussi que dans les céremonies de la Religion, ils fissent certains mouvemens du corps, en mémoire de ce qu'Agar ayant esté chassée par Sara, s'éloigna par le desert pour chercher de l'eau, & revenoit quelquefois vers son fils de peur de le perdre. Il promit l'immortalité à ceux qui feroient profession de sa Religion, ou qui mourroient en la défendant, & vn Paradis rempli de toutes sortes de délices charnelles, avec plusieurs autres réveries semblables, que je ne mets point icy pour estre plus court. Ceux qui en voudront savoir davantage, pourront lire les livres * où ses folies & ses extravagances sont amplement décrites. Il eut trois fils, Brahem, Abdala, & Hamet, qui moururent avant luy, & cinq filles, Fatime, Zahara, Oroquia, Vméqueltum, & Hadga ou Hadeycha.

* Buhanduça.

Chuheda ou Muchaedin, c'est-à-dire, Confesseurs de la Loy.
* Le livre d'Aben-Taric, les Alcorans, l'Acfani des 72. sectes de la Religion, l'Almatic ou l'Echelle du Prophéte, forsalitium fidei.

Q

De l'aisnée qui fut mariée à Ali, il eut deux fils, Haſcen, & Ali Huſcein, dont nous parlerons aprés. Diſons maintenant les ſchiſmes, & les diviſions qui arrivérent aprés ſa mort, & comme ſon beau-pere Abubéquer luy ſucceda.

## CHAPITRE II.

*Des diſſentions qu'il y eut entre les Arabes aprés la mort de Mahomet, & comme ils élûrent Abubéquer pour ſon ſucceſſeur.*

MAHOMET ſur le point de mourir, déclara pour ſucceſſeur ſon gendre Ali, qui avoit épouſé Fatime, ajoûtant que c'eſtoit vn Saint, & qu'il eſtoit de la race des Prophétes. Il dit bien qu'Abubéquer, Omar, & Odman ne luy cédoient en rien ; mais que l'Ange luy avoit commandé de faire Ali & Fatime, les défenſeurs de la Foy, & qu'on le devoit élire aprés ſa mort pour la maintenir ; Que les Colonels & les Docteurs s'aſſemblaſſent pour ce ſujet. Mais ſon beau-pere qui eſtoit préſent, & le plus puiſſant de tous, fut élû à la pourſuite d'Omar, & d'Odman, qui avoient meſme droit que luy, & qui favoriſoient par-là, leurs prétentions pour pouvoir eſtre élûs à leur tour, outre qu'il eſtoit fort vieux, & Ali fort jeune. Ali fruſtré de ſon attente, prit ſes deux fils, & ſe retira dans le fond de l'Arabie où il avoit ſon armée, ayant eû ce quartier-là en partage dans la diſtribution qu'en fit Mahomet, comme Omar, la Perſe, Odman, l'Egypte & l'Afrique, & Abubéquer, l'Aſſyrie, & les autres provinces de l'Empire. Ali arrivé dans l'Arabie, commença à crier contre le nouveau Calife, comme ayant empoiſonné Mahomet, & ne gardant pas ſes précéptes. En conſéquence dequoy il fit de nouveaux eſtabliſſemens, où il permettoit beaucoup de choſes que les autres condamnoient, & compoſa la Loy Imémia ou Pontificale, par où il attira à ſoy quantité de Barbares, & eut guerre continuelle avec les Califes, ou ſucceſſeurs de Mahomet.

*Ou pour faire élection du plus brave & du plus réſolu.*

*Abubéquer.*

D'autre costé, Abubéquer voulant continuer la guerre contre l'Empire, assembla toutes ses forces, & entrant dans la Palestine, commença à la ravager. Sur ces nouvelles, Théodore Bogaire qui estoit dans Cesarée y accourut; mais ayant voulu remettre le different à vne bataille, il fut vaincu l'an six cens trente-trois, qui estoit le vingt & vn de l'Egyre, & laissa quantité de soldats sur la place, & grand nombre de prisonniers. Paul Diacre dit qu'il y eut vn grand tremblement de terre cette année-là en Iudée, & qu'il y parut vne Comete, dont la queuë estoit tournée vers le Midy, pour marquer la puissance des Sarasins : Qu'elle dura l'espace de trente jours, paroissant toûjours au mesme endroit, & tirant du Midy au Nort. Abubéquer* mourut ensuite, non sans soupçon d'avoir esté empoisonné, comme il méditoit de plus hautes entreprises : il fut enterré en la ville de Medine dans le tombeau de Mahomet : & son compagnon Omar, surnommé le Prescheur, fut élû en sa place. Il est à propos de parler icy des quatre Alcorans que firent ces quatre fleaux du genre humain, & des opinions brutales que les Mahométans tiennent, pour faire voir la foiblesse de leur Religion. Aprés quoy nous parlerons d'Omar, & de ce qui arriva sous son régne.

*En Arabe Philistine.*

**Les Arabes l'appellent Mahamet-Acuil-Aben-Abitalib.*

## CHAPITRE III.

### De la diversité des sectes du Mahométisme, & de leur origine.

APRES la mort de Mahomet, les quatre Chefs, dont nous avons parlé, Abubéquer, Omar, Odman, & Ali, firent chacun vn recueil different les vns des autres, de ce qui leur sembla de meilleur dans sa doctrine. Celuy d'Abubéquer s'appelle Melquia, du nom d'Ibnilmelic qui le mit en ordre depuis, & qui mourut à coups de fouët dans Medine par le commandement d'vn Roy Arabe, pour n'avoir pas voulu faire quelque chose à sa priere, touchant cette Loy. Ce recueil est le plus généralement suivi par

*à ce que dit Aben-Taric.*

Sarafins, par Agaréniens & par Africains. Celuy d'Omar se nomme Hanefia ou Afafia; c'est-à-dire loy de religion & de devotion, & est suivi de ceux de Damas, de Syrie, & d'vn grand nombre de Sarafins. Les Turcs, & les communautez de Béréberes, qui errent par les deserts de la Libye le suivent aussi.

Celuy d'Odman, appellé Buanefia, ou Chefaya du nom des Auteurs qui l'ont compilé & digeré, est suivi des Turcs aussi-bien que les deux autres que nous venons de dire. Celuy d'Ali, nommé Hambelia, d'Hambeli, qui le commenta, est receu dans la Perse & aux Indes, & en quelque partie de l'Arabie, sans parler des Gelbins d'Afrique, & de quelques Barbares des montagnes voisines. En Egypte particulierement au Caire, on garde ces quatre sectes, qui sont toutes comprises sous la loy de Mahomet. Mais il y en a encore soixante-huit autres, quoy qu'il n'y en ait que deux qui ayent fait beaucoup de bruit. Celle d'Ali, que tiennent les Perses depuis que les Sophis y régnent, & celle des Turcs, qu'on nomme Lesharia, d'vn Leshari qui fut le Chef des Theologiens Arabes, & qui ramassa les autres trois en vn volume. Ali, comme nous avons dit, eut deux fils de Fatime fille de Mahomet, Hafçen, & Ali-husceïn; celuy-cy eut douze * fils, dont le puisné nommé Hafçen ou Mahemet Mohaydin, est appellé le suscitateur ou reformateur de la loy, parce-qu'il l'établit & la répandit. De celuy-cy sont descendus les Sophis qui régnent en Perse, & qui prennent les Turcs pour des heretiques, & pour se distinguer d'eux portent des bonnets de feutre hauts & larges plissez de douze plis *, en memoire des douze fils d'Ali-huscein, qu'ils reverent tous comme saints, & dont ils visitent encore les tombeaux. Quelques-vns disent qu'ils sont enterrez à Medine prés de Mahomet; d'autres à Bagdet *, sans parler de ceux qui les mettent à Erini ou Airac. Il n'y a que Mahamet Mohaidin qui, selon la créance de leurs Docteurs, ne mourut point; mais doit venir convertir les peuples à la Secte d'Ali: de-sorte qu'ils l'attendent de jour à autre, & luy tiennent vn cheval prest, des plus beaux & des mieux équipez, dans la grande Mosquée de Cufa où est son sepulcre. Ils

---

*Marginalia:*

Imemia ou Pontificale.

* Zeynhebidin, ou beauté des devots, Zeyn Mahamet, ou beauté de Mahomet, Baguer Mahamet, ou fort comme Mahomet, Giafar Cedec, ou le veritable, Giafar Muça, Ali-maçaradin, ou exaltateur de la loy, Ali Mahamet, Tagnino Mahamet ou Ali Afquequin, Hafçen ou Mahamet Mohaydin.

* six de chaque costé.

* Vbihidet en Arabe.

En l'Inde.

Vieille superstition du païs touchée dans Tacite.

célèbrent tous les ans vne feste, où l'on mene ce cheval en triomfe avec quantité de cierges autour, & l'on fait de longues priéres à Ali, qu'il envoye bien-tost son petit-fils. Vne infinité de peuples accourent de toutes parts à cette feste, & il y a vne grande foire à Cufa tandis qu'elle dure. Ce Mohaidin fut inventeur de la secte des Morabites, ce qui arriva en cette sorte. Lors qu'Ali en discorde avec les autres Chefs s'estoit retiré dans le fond de l'Arabie, ses deux fils se débilitérent de telle sorte par leurs jeusnes & leurs abstinences, que leur pere pour les retirer de cette vaine superstition, qui les eust emportez bien tost, fut contraint de leur dire que la loy de Mahomet ne tendoit qu'à bien vivre & à établir vn puissant empire pour éterniser sa memoire. Par ces remontrances & autres semblables, il leur fit quiter cette triste vie pour vivre dans les plaisirs & dans les delices. Les Arabes estant étonnez d'vn si grand changement, il leur fit entendre qu'ils avoient tellement purifié leurs ames par le moyen des jeusnes & des oraisons, qu'ils ne pouvoient plus pecher, & que Dieu leur avoit permis en récompense de jouïr des biens de la terre. De-là est venuë la secte des Morabites, ou Morabitins, qui vivent dans les deserts comme des Moines, soit seuls ou en compagnie, & font profession de Philosophie Morale, observant plusieurs choses contraires à l'Alcoran de Leshari, & condamnées par les Legistes. Mais le peuple les revere comme des Saints, parce qu'ils vivent avec plus de liberté. Leur regle commença comme j'ay dit l'an sept cens; mais l'Auteur ne la donna à ses disciples que de vive voix, & non par écrit.

[marginal: Hasçen & Ali-husçein.]

Cent ans aprés vn autre Arabe de Babylone fit de gros commentaires dessus, qui causérent de grans troubles en Perse : car ils furent supprimez quelque tems par ordre du Calife, jusqu'à ce qu'vn autre Arabe, dont le nom signifie en nostre langue le distributeur des perles, les remit en lumiere. Il fut suivi de beaucoup de peuples, prescha sa loy par toute l'Afrique, & envoya ses disciples la prescher en Asie & en Europe. Mais le Calife de Babylone fit assembler les Docteurs de sa loy, qui la censurérent vne seconde fois, & les Morabites furent condamnez à mort. Toutefois

[marginal: Abu-el-sozid.]

[marginal: Abugiohora.]

l'Auteur ayant esté fait prisonnier & mené au Calife Mahamet, il fit tant qu'il luy accorda la permission de disputer de sa regle contre les Docteurs qui l'avoient supprimée, à la charge de mourir s'il estoit vaincu, & autrement de faire cesser la persécution, Aprés avoir remporté la victoire le Calife embrassa sa regle, la maintint, & fit bastir en Afrique & en Asie des Colleges & des Monasteres pour les Morabites. Cette secte dura encore cent autres années, jusqu'à ce que l'Empereur Malicsac Turc descendit d'Asie, & les persécuta de sorte qu'vne partie fut contrainte de se sauver en Egypte, & l'autre en Arabie, où ils furent comme bannis l'espace de vingt ans. Mais l'Empire venant à tomber entre les mains de son successeur Cuselsac, vn de ses Conseillers nommé Nidan el muley, la luy fit rétablir; de-sorte que par le moyen d'vn autre Morabite qui en écrivit vn volume contenant sept livres, on accorda les Legistes avec les Morabites, à la charge que les prémiers s'appelleroient Docteurs & Conservateurs de la loy, & les autres ses Interpretes & Reformateurs. Cét accord dura jusques à ce que les Tartares ruinérent la ville de Baldac l'an mil deux cens cinquantehuit, & aneantirent ces Califes, ce qui causa de grandes divisions entre les successeurs de Mahomet. Cela ne pût neantmoins arrester le cours de cette secte dont l'Asie & l'Afrique estoient déja toutes remplies, & de qui les Docteurs défendoient courageusement leurs opinions contre les Legistes. Elle a tellement diminué depuis que les Morabites ont renoncé à la pluspart de leurs dogmes pour s'acommoder avec leurs aversaires, sans quiter pourtant les plaisirs de la vie; car ils ne laissent pas de danser, chanter & faire bonne chere, composant des chansons d'amour en musique, ce qui n'est pas conforme à la loy de Mahomet. Ces Morabites se trouvent aux festes & aux noces des Grans, où ils entrent en chantant des vers en l'honneur d'Ali & de ses fils; & aprés avoir bien bû & mangé, ils chantent & dansent des chansons d'amour, & s'échauffent de telle sorte dans la débauche, qu'ils se deshabillent, tant que n'en pouvant plus, ils se laissent tomber avec beaucoup de soûpirs & de larmes. Alors on dit qu'ils sont échauffez de l'amour divin, &

*Gazub.*

*Bagdet.*

celuy qui se tourmente le plus est tenu pour le plus saint. Aprés viennent de jeunes garçons sans barbe, qu'ils menent aprés eux comme leurs disciples, & qui les relevent, les embrassent & les baisent plusieurs fois, puis les remenent à leurs hermitages. Il y a quantité de ces gens-là, en Barbarie, particuliérement au Royaume de Fez, qui viennent de ces quartiers-là, de la Numidie & du Zahara, où l'on fait profession de cette secte plus qu'aux autres. Il y en a encore d'vne autre sorte en Turquie, qui sont aussi fort gais & de bonne compagnie, que les Turcs apellent Deruis, qui vont vestus de peau de mouton seichées au Soleil, en portant vne devant & l'autre derriere, & ayant le reste du corps nû. Ceux-cy se font razer par-tout, & n'ont ni barbe ni cheveux, portent de gros bourdons noüeux en leurs mains pour se distinguer des autres, & des pendans d'oreilles d'or ou d'argent, garnis de perles & de pierreries. Ils ne vivent que d'aumosnes, & ont en grande vénération le sépulcre d'vn Arabe appellé, * le preux Chevalier, parcequ'il fut cause, à ce qu'ils disent, que ceux de sa secte conquirent la pluspart de l'Asie. Son corps est en vn monastere de la Natolie, qui est basti au milieu d'vne campagne, où ils tiennent leur Chapitre général avec grande feste & réjouïssance, jusqu'au nombre quelquefois de plus de huit mille ; mais il n'y en demeure d'ordinaire guere plus de cinq cens. Leur Général est appellé Hascen Beba, ou le Pere commun, en mémoire de Hascen ou Mohaydin leur fondateur. Ils rapportent en ce Chapitre les choses plus remarquables qu'ils ont veuës, & disent mille réveries, recitant les miracles d'Ali & de ses enfans, écrivant le tout en vn livre avec les nom de leurs Auteurs. Le prémier Vendredy ils font vn grand festin au milieu de la campagne, & incontinant aprés le repas, prennent de l'achi, qui est vne certaine herbe qui égaye en troublant le jugement. Aussi-tost ils commencent à lire ces histoires, aprés quoy ils s'en retournent au Monastére, & s'asseant tout autour de leur Supérieur ou General, ils publient les loüanges de leur regle, & tandis que les vns s'entretiennent, les autres se figurent sur les mains, les bras & les cuis-

\* Cedi Abu Abdala-elbatal.

ses des cœurs navrez, entremeslez de branches de feuilles & de fruits; chacun disant le nom de la Dame pour qui il fait tous ces mysteres. Ces chifres se font avec la pointe d'vne lancette, aprés quoy on met du charbon pilé sur la playe, & la marque en demeure à jamais. Ils tiennent pour regle infaillible, que par jeusnes & aumosnes on acquiert vne nature Angélique, & l'on purifie tellement son ame, que Dieu ne tient plus conte de nos pechez. Mais pour parvenir à ce point, il faut passer par cinquante degrez de discipline. Pour cela ils font du commencement de longues oraisons & de grandes abstinences, à l'imitation des enfans d'Ali, & s'abandonnent aprés à toutes sortes de débauches. Ils ont vn livre de poësie en quatre volumes, composé par Cidi Raguardi, & augmenté par Aben-Taric, en vers si élégans, qu'on diroit qu'ils ne parlent que d'amour. Vn autre Arabe nommé Faraguani l'a commenté, & en a tiré les cinquante degrez de discipline, & les chansons qu'ils chantent lors qu'ils vont aux festins, particuliérement en Afrique & en Egypte. Lors que le Chapitre de la Natolie est achevé, ils prennent tous congé pour s'en retourner chacun en son Monastére ou Hermitage, & demandent l'aumosne au retour par tout où ils passent. La pluspart vivent dans la solitude, en la compagnie de quelque beste sauvage * qu'ils ont aprivoisée, pour monstrer qu'ils se sont séparez du monde, afin de passer les degrez necessaires pour arriver à la perfection. Il y a dans chaque Monastére vn drap vert, étendu par terre, avec vn chandelier de cuivre jaune sans chandelle, & vne épée rompuë, pour marque du monument d'Ali. Car ils disent qu'avec cette lame il tua dix mille Chrétiens d'vn seul coup, & que dans les batailles il l'étendoit cent coudées sur les ennemis, & fendoit avec elle les montagnes. Quelques-vns de ces Morabites tiennent que les cieux, les astres & les élémens ne sont ensemble qu'vn Dieu, & que toutes les Religions sont bonnes, parce-que tous croyent en conscience adorer ce qui merite d'estre adoré. Ils disent davantage, que la science divine est contenuë en la teste de leur Général, qu'ils nomment le Cotb; comme qui diroit le Saint des Saints; & le choisissent entre les

*ou quelque oyseau.*

*C'est l'opinion de Pline.*

quarante

quarante lés plus âgez, qu'on nomme les troncs ou les fou- Laurés.
ches ; aprés quoy ils en élisent soixante & dix autres du
nombre des sept cens soixante & quinze, qui est leur moindre
degré. Tous ceux-cy doivent errer inconnus par le monde
vn certain nombre d'années comme de pauvres misérables,
& vne infinité d'entre eux vont dans toute l'étenduë de leur
secte, nuds & sans souliers, montrant leurs parties honteuses. Plusieurs d'entre eux contrefaisant les fous font de grandes violences, & quelquefois au milieu des ruës & des places publiques ont la compagnie des femmes, des filles ou des
bestes, & ne laissent pas pour cela d'estre tenus pour des
saints. Ce qui est plus étrange, c'est l'ignorance de ces pauvres gens, qui au sortir de-là leur viennent baiser la robe,
& arrachent les poils de-la beste dont ils ont abusé, ou coupent quelque piece de l'habillement de la femme, pour les
garder comme des reliques. Ils disent que ces Saints sont tellement épris de l'amour divin, qu'ils ne prennent pas garde
à ce qu'ils font.

Il y a quantité de ces Moines en Egypte & en Afrique,
Muley Mahamet, pere de Hascen Roy de Tunis, bastit vn
superbe Monastére à l'vn d'entre-eux, & fit de grans biens à   Cidy el dahi.
tous ses parens à-cause de luy. Il me souvient qu'estant vn
jour à Alger, j'en vis vn qui alloit toûjours à cheval sur vn
baston, & ce baston avoit vne teste de cheval faite de cuir,
avec le mord & la bride. Il disoit au peuple qu'il faisoit cent
lieuës en vne nuit sur ce cheval, & que son cheval man-
geoit vne mine d'orge chaque jour. Il ne laissoit pas d'estre
honoré des Turcs & des Maures, qui luy faisoient de grandes aumosnes, tant pour luy que pour son cheval. I'en vis
vn autre dans Maroc, qui pensa estre pris & chastié par le
Chérif, pour avoir couché auec vne jeune Demoiselle au
sortir du bain. Mais le mary & les parens firent tant qu'ils
le sauvérent & le renvoyérent à Tunis, aprés l'avoir bien
régalé.

Il y en a d'autres de la mesme secte, qui vont dansant dans
les ruës, comme ceux qui sont piquez de la tarantole. Ceux-
là portent des livres de chansons d'amour, avec des ceintu-
res de laine fort longues, qui ont vne poignée de sonnettes

R

au bout, & lors qu'ils rencontrent quelque beau garçon, ils dansent autour de luy, & font branler ces sonnettes, comme pour le caresser. Il y en a quantité d'autres qui sont couverts de peau de lyon, ou de tigre, & d'autres bestes farouches, & marchent teste nuë avec de grans cheveux de Nazaréen, portant leurs bras sur leurs épaules, & ne buvant ni ne mangeant qu'aprés vn certain espace de jours. Ceux-là ne se marient point, mais il leur est permis de mener auec eux de jeunes garçons, dont ils abusent. Il y en a encore quantité d'autres en Turquie, qui demeurent dans les villes & les villages, & ne demandent point d'aumosnes ; mais subsistent de ce qu'on leur donne en passant, vivant séparez des autres, plûtost par folie que par devotion, & estant estimez Saints. Ils disent que ceux qui ont perdu le jugement l'ont perdu par des révelations, & que Dieu les garde pour luy ; si-bien que dans cette créance ils retirent les fous & leur font honneur.

Il y en a d'autres qui s'appellent Calenders, qui vivent en compagnie dans des Convents, & mettent sur la porte de leurs Monastéres des écriteaux, qui portent, Que ceux qui desireront entrer en cette religion doivent estre vierges & vivre chastement. Ces Religieux s'habillent de certains tissus de laine & de crin de cheval, qui ne sont pas foulez. Ils n'ont point de cheveux, mais portent de grans chapeaux avec des cordons de tresses de crin de cheval, des pendans d'oreilles, des colliers, & aux bras des brasselets de fer, avec vn anneau d'argent passé à travers leurs parties honteuses. Ils vont continuëllement lisant des vers que leur fondateur* a composez, lequel fut écorché tout vif par les Arabes, pour avoir dit quelque chose contre Mahomet. Mais sa régle n'a pas laissé de subsister, & s'est mesme beaucoup accruë ; quoy-que sous ce manteau de chasteté ils cachent mille defauts. Il y a d'autres superstitions dans la secte d'Ali qui ne sont pas moins brutales ; mais nous parlons maintenant de celle des Mahométans en général. Il y en a dont la régle ne consiste qu'en vne certaine cabale, ou plûtost vn art magique. Ceux-là font de grans jeusnes, & ne mangent rien qui ait vie ; toutes leurs heures sont réglées

*marginalia:*
Leurs Temples s'appellent en Arabe Zavias, & en Turc Tecquié.

* Nerami.
Dans Agarena ou Agrania.

Ci di el barf.

tant de jour que de nuit, pour toutes ses fonctions de la vie; & ils les reconnoissent à de certains nombres, figures, ou caractéres qu'ils portent sur eux dans des especes de Calendriers *. Ils disent que les esprits célestes leur apparoissent, & leur donnent entiere connoissance des choses du monde. Ils sont fort craints & respectez en Afrique, à-cause qu'ils sont grans sorciers. La régle qu'ils tiennent a esté composée par vn nommé Boni, que les Arabes appellent le pere des enchantemens & des sortiléges, & qui a fait vn petit traité de la façon que l'on doit faire ces quadres ou quadrans. Ils ont encore trois autres livres, dont le prémier & le principal s'appelle *Enseignemens Lumineux*, où sont contenus leurs jeusnes & leurs oraisons. Le second, *Soleil de science*, qui traite de la façon qu'on doit faire les quadrans, & du profit qu'on en peut tirer. Le troisiéme, *Secret des divins attributs*, qui traite de la vertu des quatre-vingts & dix noms de Dieu. Les Arabes & les Maures d'Afrique tiennent encore vne autre régle, dont les observateurs passent leur vie dans les forests & les solitudes comme des Hermites, & ne vivent que d'herbe des chams & de fruits sauvages, sans qu'on sache au vray leur profession, parce-qu'ils fuyent la conversation des hommes. Et quand ils se rencontrent parmi eux, ils ne parlent point. L'an mille cinq cens quarante-deux j'en vis vn dans Maroc, que le Chérif * avoit fait venir de la Montagne-verte, où il estoit visité & révéré comme vn Saint, afin de savoir de quel ordre il estoit; mais il ne voulut jamais répondre de bouche à toutes ses demandes, & se contenta d'écrire du doigt en terre la réponse. Le Chérif luy dit deux ou trois fois, Parle, puisque tu peux bien parler avec moy, qui suis Alfaqui & Chérif; & voyant qu'il ne le vouloit pas faire, il luy dit en colére, Tu ne veux donc point parler; sache que j'ay vne grace particuliére de Dieu de faire parler les muets, & aussi-tost il luy fit lier les mains, & le fit fouëter cruellement. Mais tout cela ne servit de rien. Alors il le fit enfermer dans la prison où l'on enfermoit tous les soirs les Chrétiens, & il s'entretenoit toute la nuit avec eux, & s'enqueroit de beaucoup de choses de nostre Religion.

*marginalia:*
Boire, manger, prier, s'habiller, &c.
* ou simplement quadres.
Ellumha Mitanor.
Sems Elmaharifa.
Cyrr les mey el huzne.
Ceuaquinelquifar.
*Muleyhamet. Dans la Province de Duquéla.

Nous apprifmes de luy qu'il eftoit de la fecte de Mahamet Mohaidin, fils de Hufcein, & qu'il paffoit les cinquante degrez de la difcipline. Le Chérif l'ayant fait mettre en liberté, & eftant allé à la guerre de Fez, il fortit d'vne caverne où il demeuroit, & commença à affembler des troupes, & à faire foûlever les peuples ; dequoy le Chérif averti l'envoya auffi-toft prendre & luy fit trancher la tefte. C'eft vn miracle de voir les abftinences que font ces malheureux efclaves du démon, pour tromper les peuples par vne fainteté feinte, & s'enrichir en fuite. Ils tiennent vne régle appelée Alcadari, ou Deudia, du nom d'vn certain Deud, qui croyoit que tout eft fujet au deftin & prédeftiné, fans qu'il y ait de franc-arbitre. C'eft-pourquoy les Arabes fur ce fondement ne vouloient plus aller à la guerre, ce qui la fait condamner par tout l'Empire Mahométan. Dans le Caire, & aux villes de Barbarie, il y a vne infinité de perfonnes qui courent, & qui fe meflent de deviner en trois façons ; les vns devinent par art magique, avec des figures qu'ils tracent, d'autres empliffant d'eau vn vafe de terre, jettent dedans vne goute d'huile qui devient fort claire, où l'on voit, à ce qu'ils difent, des troupes de diables qui marchent en corps-d'armées, les vns par eau, les autres par terre. Si-toft qu'ils font arreftez on leur demande ce qu'on veut favoir d'eux, & ils répondent des yeux & des mains par fignes ; mais pour faire ces fortiléges il faut avoir de petis enfans, car les grans difent qu'ils ne voyent rien ; & les faifant regarder dans l'huile, on leur demande s'ils voyent les fignes que les diables font ; & ils difent que oüi, ce qui leur donne grand crédit, & l'on gagne par ce moyen quantité d'argent. On les nomme dans la Mauritanie Enchanteurs, parce-qu'ils fe vantent d'enchanter les diables par des paroles.

La troifiéme forte de ces coureurs, ce font de certaines femmes, qui font accroire qu'elles converfent avec les diables, dont les vns font blancs, les autres rouges ou noirs ; Et lors qu'elles veulent deviner, elles s'enfument avec du foufre & autres puanteurs, aprés quoy le démon les faifit, à ce qu'elles difent, & elles changent de voix, comme s'il

*Dans Maroc.*

*Motalcimines.*

parloit par leur bouche. Alors ceux qui les consultent s'approchent, & demandent avec grande humilité ce qu'ils desirent, & aprés avoir receû réponse s'en vont, laissant vn present dans la maison de la sorciére. Mais les habiles gens se moquent de ces folies, & accusent ces coquines de se mesler les vnes avec les autres contre l'ordre de nature. Lors qu'vne belle fille les va consulter, elles luy demandent sa jouissance pour salaire; & il y a plusieurs débauchées qui se plaisent à cét exercice, & qui prient ces sorciéres de dire à leur pere ou à leur mari, qu'elles sont possédées, afin qu'ils leur donnent permission d'estre de cét ordre. Le jour qu'on les reçoit elles font vne grande feste, comme si elles entroient dans vn Monastére de filles. çahacat.

Il y a encore des Bumiçilis, qui sans doute, sont grans sorciers; ceux-cy combatent contre les diables, à ce qu'ils disent, & vont tout meurtris & couverts de coups dans vn grand effroy; souvent en plein midy ils contrefont vn combat en présence de tout le monde, l'espace de deux ou trois heures, avec des javelots ou zagayes, jusques à ce qu'ils tombent tout moulus de coups. Mais aprés s'estre reposé vn moment, ils reprennent leurs esprits, & se proménent. Ie n'ay encore pû savoir quelle est leur regle; mais on les tient pour Religieux. Il y en a d'autres en Barbarie, qu'on nomme Exorcistes, qui se vantent de chasser les diables, & quand ils n'en peuvent venir à bout, ils disent qu'on est incrédule, ou que c'est vn esprit céleste. Ceux-cy forment des cercles où ils écrivent certains caractéres, & font des empreintes sur la main, ou au visage du possédé; puis l'enfument avec de mauvaises odeurs, & font leur conjuration. Ils demandent à l'esprit de quelle sorte il est entré dans ce corps, d'où il est, comment il s'appelle, & pour fin luy commandent d'en sortir. Muhaçimia.

D'autres devinent par vne Cabale qui a quelque chose de celle des Iuifs, hormis qu'ils ne la tirent pas de l'Escriture. Car ils disent que c'est vne science naturelle; mais pour la pratiquer, il faut estre grand Astrologue. Le Chérif Mahamet la savoit; mais lors qu'il la vouloit mettre en pratique, il luy faloit tout vn jour pour faire la figure de l'Oracle, Zairagia

R iij

avec l'aide de deux autres Alfaquis. Pour cela il traçoit sept cercles les vns dans les autres, & au prémier qui estoit plus petit, faisoit vne croix aux quatre coins, de laquelle il representoit les quatre vents, & en la jointure des bras de la croix, il plaçoit les deux Poles. Hors du cercle il mettoit les quatre élémens qu'il partageoit en quatre parties, & le cercle suivant en quatre autres, & chaque partie en sept, mettant dans chacune de grans caractéres Arabes, ce qui faisoit vingt-huit caractéres pour chaque élément. Dans le troisiéme il designoit les sept planetes; dans le quatre, les douze signes; dans le cinq, les douze mois en mots Latins; dans le six, les vingt-huit demeures de la Lune; & dans le dernier, les trois cens soixante-cinq jours de l'année. Hors de celuy-cy, les quatre vents principaux. Ensuite il prenoit vne lettre du mot de la chose qu'on demandoit, & la multipliant par toutes choses nombrées, il continuoit jusqu'à ce qu'il voyoit quel nombre apportoit le caractére. Ensuite il la divisoit d'vne certaine façon, puis la mettoit en quelques parties, selon qu'estoit le caractére, & l'élément dans lequel elle estoit. Aprés cette multiplication, division, & dimension, il voyoit quel caractére convenoit au nombre qui estoit resté, & faisoit du caractére ou nombre qu'il trouvoit, comme il avoit fait du prémier, & ainsi de suite, jusqu'à ce qu'il résultoit vingt-huit parties ou caractéres Arabes, dont il composoit vne diction, & de la diction vne sentence, qui estoit la réponse de l'Oracle. Elle estoit toûjours en vn vers mesuré, de la prémiére espéce des vers Arabes, qu'on nomme le Tavil, c'est-à-dire, long, parce qu'il est de huit Stances, de douze vers chacune. La proposition paroissoit toûjours devant la réponse. Il y en a peu qui savent ce secret en Afrique, quoy-qu'il y en ait deux livres, l'vn de Margiani de Tunis, & l'autre d'vn Historien*, mais ceux qui le savent sont fort estimez: neanmoins toutes les divinations par Oracle, sont défendues par la Loy de Mahomet, & personne n'oseroit se servir de cét Art que les Rois & les grans Seigneurs. Voilà tout ce qui se pouvoit dire en peu de mots, des sectes, des regles, & des superstitions des Mahométans. Ceux qui en voudront

*Celuy qui estoit le plus en dedans.*

*\* Aben Caldum.*

SVCCESSEVRS, LIVRE II. 135

savoir davantage, lisent l'Acfani, qui compte soixante & douze sectes principales fort opposées les vnes aux autres.

## CHAPITRE IV.

*D'Omar second Calife, ou successeur de Mahomet, & des choses arrivées de son tems.*

ABVBEQVER prémier Calife estant mort, son compagnon Omar Aben el Hatab, prit sa place vers la fin de l'an six cens trente-quatre. Il eut guerre d'abord contre Ali, & l'ayant défait, prit la ville de Basra, & beaucoup d'autres lieux de l'Arabie. De-là tournant ses armes contre les Chrestiens, il entra dans la Syrie avec vne puissante armée, & y fit de grans ravages. Là-dessus Theodore, frére de l'Empereur Héraclius, l'estant venu rencontrer avec toutes ses forces, fut défait prés de Gabata. Quelques-vns disent qu'il mourut à la bataille, d'autres qu'il se retira à Edesse, & qu'Omar s'estant emparé de quelques places, s'en retourna victorieux en Arabie. L'Empereur ayant appris la défaite, envoya contre luy vne autre armée sous le commandement d'vn Grec*, qui ayant mis ses gens aux environs du chasteau d'Emesse, arresta tout court le progrés des ennemis, & les poussa si vertement qu'il les chassa du territoire de Damas. Mais ils se répandirent le long de la riviére de Bardanes, avec de si grans desordres qu'ils contraignirent les habitans du païs de l'abandonner. Cependant, l'Empereur qui n'estoit point sorti de Iérusalem depuis la fin de la guerre de Perse, se défiant des grans, & apprehendant qu'il ne luy arrivast quelque eschec s'il demeuroit plus long-temps dans la province, prit les reliques & les ornemens les plus précieux du Temple, de peur que les ennemis ne s'en saisissent, & laissant Bahame, & Theodore en ces quartiers, s'en retourna à Constantinople.

L'année d'aprés, Omar rassembla ses troupes, & marcha contre Damas; ce que Bahame ayant appris, envoya prier Theodore de le venir joindre; mais il fut rencontré par les

*C'est le troisiéme en comptant Mahomet.*

*\* Bahame.*

*Théodore Sacellario.*

*635. Le jour qu'il le devoit arriver.*

Arabes, & défait avant sa jonction. Cependant, l'armée de Bahame le proclama Empereur, à-cause qu'il estoit brave, & le débris de l'armée de Theodore voulant garder la fidélité à Héraclius, se retira dans la ville de Gabate. Sur ces nouvelles, les Arabes vinrent rencontrer Bahame, qui enflé de son nouveau titre, accepta le combat, pensant remporter la victoire ; mais comme ils se batoient, il s'éleva vn vent de Midy, qui chassa la poussiére & le sable de cette terre seiche & sablonneuse, dans les yeux de Romains, & les contraignit de se retirer bien-viste à vn passage étroit de la riviére de Eermoastan, par des chemins aspres & raboteux, où ils furent défaits, & le reste se noya dans la riviére. Omar victorieux alla attaquer la ville de Damas, qu'il prit l'an six cens trente-six, & ensuite toute la Phénicie, faisant mille violences pour contraindre les peuples à embrasser sa Religion.

637.

L'année suivante il rassembla ses troupes pour les envoyer contre l'Egypte ; ce que les Romains du païs ayant sceu, ils élûrent pour Général Cyrus, Evesque d'Aléxandrie, qui appréhendant la barbarie du vainqueur, luy dépescha quelques personnes qui obtinrent vne tréve de trois ans,

*Le besant est la cinquantiéme partie d'vn marc.*

à la charge de luy payer deux cens mille besans d'or par an, ce qui sauva pour ce coup l'Egypte ; mais la tréve estant expirée, l'Empereur qui prenoit ce tribut à affront, rappela Cyrus à Constantinople, & mit en sa place Manuel l'Arménien, Capitaine fort expérimenté, qui refusa le tribut, s'offrant de défendre par les armes ce qu'on avoit accordé lâchement sans la participation de l'Empereur. Omar irrité de cette réponse, envoye contre luy vne puissante armée sous le commandement de Moavia, qui n'estoit pas

*L'vn des Généraux de Mahomet.*

moins expert dans les armes, & qui contraignit Manuel de se retirer dans la ville d'Aléxandrie, parce-qu'il n'avoit pas assez de force pour tenir la campagne. L'Empereur reconnoissant sa faute, renvoye Cyrus pour faire restablir la tréve ; mais les Arabes luy crièrent comme il traitoit avec Moavia, Qu'il leur estoit aussi impossible de quiter l'Egypte, qu'à luy d'entraîner vne colonne de marbre qui estoit là, Qu'il retournast donc dire à Héraclius que le seul moyen

de

## SVCCESSEVRS, LIVRE II.

de se sauver, estoit de se rendre leur tributaire. Cyrus se retira avec cette réponse, & les Arabes continuant leurs progrés, se rendirent maistres en quatre ans, de toute l'Egypte, & en chassérent les garnisons de l'Empereur. *Au commencement de l'an six cens trente-sept.*

Cependant, Omar alla en personne avec vne puissante armée, attaquer la ville de Ierusalem, que les Arabes appellent Cuçumobarec, c'est-à-dire, lieu de bénédiction, & aprés vn siége de deux ans, l'Evesque Sophronius voyant qu'il ne la pouvoit plus défendre, la rendit, à la charge de ne faire aucun desordre dans la Palestine, à quoy il obligea Omar par serment. Cette province, que les Arabes appellent Philistine, est divisée en trois, qui portent toutes le nom de Palestine, & sont toutes en Syrie. Omar entra dans la sainte Cité, l'an six cens trente-huit, portant la haire, & vestu de gros drap, & alla droit au Temple de Salomon, où il fit sa priére, & fit laver d'eau de senteur, l'Autel & toutes les pieces du Temple, aussi-bien que ses murailles. Cela fit dire à l'Evesque Sophronius, que c'estoit là l'exécration abominable prédite par Daniel, aprés quoy il mourut, ayant défendu constamment la Foy Catholique contre les erreurs d'Héraclius & des Monothélites, & conservé long-tems son Eglise pure. Omar reduisit ensuite toute la Iudée sous son obeïssance. Ierusalem fut possédée depuis, quatre cens soixante ans par les Infidelles, c'est-à-dire, trois cens soixante & douze par les Arabes, & quatre vingts-huit par les Turcs, jusques à ce que Godefroy de Bouïllon la prit l'an mille quatre-vingts dix-neuf, neuf mois aprés que les Arabes en eurent chassé les Turcs. *638. De laine & de poil de chameau. Basti 420. ans aprés la sortie d'Egypte. Sergius, Pyrrus, & leurs adherans.*

L'an six cens trente-neuf Omar envoya vne grande partie de son armée dans la Mésopotamie, sous le commandement d'Aced Ala, mais le Lieutenant de l'Empereur * qui résidoit alors à Ozroene, fit tréve avec luy pour cent mille besans d'or de tribut, à la charge qu'il n'entreroit point dans la province, & se transportant à Edesse, luy envoya le tribut de la prémiére année. Mais l'Empereur irrité de ce que cela s'estoit fait sans sa participation, le bannit, & envoya le Colonel général de sa cavalerie pour commander en sa place. La rupture de cette tréve ne luy fut pas *639. *Iean Caet. Ptolomée.*

S

moins dommageable que celle d'Egypte : Car Aced-Ala qui eſtoit grand Capitaine, paſſa auſſi-toſt l'Eufrate, & ayant mis le ſiége devant la ville d'Edeſſe, la prit ; puis paſſant à Conſtance, & à Bara aſſujettit en trois ans toute la Méſopotamie. Cependant, Omar fit dreſſer vne fortereſſe en Egypte prés des ruines de Memphis, pour aſſurer le paſſage du Nil ; les Arabes baſtirent quantité de maiſons au-tour, à-cauſe du Temple d'Omar, où eſt le ſepulcre d'vne deſcendante de Mahomet, que les peuples des environs ont en grande vénération. Cette ville a eſté depuis appelée Caire, qui eſt aujourd'huy la plus grande ville du monde. Quelques-vns diſent que ce fut Moavia qui fit faire cette fortereſſe ; d'autres Amar, fils de Moadi, qui eſtoit vn autre Capitaine d'Omar. Mais elle fut baſtie ſous le Gouvernement de Moavia, durant le regne de ce Calife.

*Naſiſa, fille de Zeynel-Habedin, petit fils d'Ali.*

643.

*Abdi-Seris.*

L'an ſix cens quarante-trois Omar voyant les forces des Perſes beaucoup diminuées pour les guerres précédentes, fit marcher ſon armée contre eux : Ce Siric, comme nous avons dit, livra ſon pere & ſon frere à l'Empereur, & pour punition ne régna pas vn an, & laiſſa l'Empire à ſon fils, qui fut tué auſſi en trahiſon ; ſi-bien que ces peuples élurent en ſa place Ornomiſa pour rétablir leurs affaires. Mais il fut tué en bataille contre Omar, comme il penſoit ſoûtenir ſa furie. Les Perſes paſſérent donc ſous le joug des Arabes, qui prirent leur nom & leur Empire. Omar eſtant maiſtre de tous les Eſtats qui en dépendent, ne laiſſa pas de faire ſa reſidence en Ieruſalem, où il baſtit vn Temple ſomptueux en l'honneur de Mahomet ; mais aprés avoir régné dix ans, il fut tué par vn Perſan de ſes domeſtiques. c'eſtoit vn Prince farouche & belliqueux ; mais qui n'eſtoit pas moins juſte que vaillant : car s'il gagna pluſieurs batailles, & reduiſit de grans Eſtats ſous ſon obeïſſance, il fit mourir à coups de fouët ſon fils pour avoir forcé vne fille. Il fut Auteur de la ſecte d'Hanéfia, & fit recueillir en vn volume tous les mémoires de Mahomet, qui ne ſavoit ni lire ni écrire ; mais à meſure que les choſes luy venoient à la fantaiſie, il les dictoit à vn Secretaire, & faute de mémoire a eſcrit pluſieurs fois vne meſme choſe,

*Margantia ou Almigéra.*

# SVCCESSEVRS, LIVRE II.

Omar ordonna qu'on fist des priéres au mois de Septembre dans toutes les Mosquées, & qu'on lust ensuite publiquement son Alcoran. C'estoit vn homme petit, chauve, basané, qui avoit la barbe blanche & épaisse. Comme il se sentoit mourir du coup qu'il avoit receu, il nomma pour successeur Odman, grand ami de Mahomet, qui avoit soûtenu puissamment son parti, & qui avoit esté deux fois son gendre.

*C'est plustost parce-qu'il écrivoit à diverses Communautez, comme qui feroit vn mesme Sermon en divers lieux. Il est enterré prés de Mahomet.*

## CHAPITRE V.

*D'Odman, fils d'Afan, troisiéme Calife, & de ce qui arriva de son tems.*

OMAR estant sur le point de mourir, Odman qui estoit fort adroit, prit tous ses tresors, & les distribuant aux gens de guerre avec les siens propres, gagna le cœur des Chefs & des soldats, & fut élu troisiéme Calife. Il envoya sept cens vaisseaux de guerre en Chypre sous le commandement de Moavia, Gouverneur d'Egypte, qui assiégea la ville de Constance, & l'ayant prise, ruïna la plus grande partie de l'Isle; mais sur l'approche de l'armée navale de l'Empereur il se retira, & ayant attaqué en vain Famagoste, & Arade, alla prendre ses quartiers d'hyver dans la Phénicie. Constans, petit fils d'Héraclius, & aussi méchant que luy, estoit alors Empereur de Constantinople.

Odman renvoya Moavia à la conqueste de Chypre avec de plus grandes forces, si-bien qu'ayant pris la ville d'Arade par force, & ensuite celle de Nicosie qu'il rasa jusqu'aux fondemens, il emmena tous les habitans de l'Isle, & la laissa deserte. La mesme année Odman rassembla tous les mémoires de la secte de Mahomet, & les distribuant par Chapitres, établit celle qu'on nomme Chefaya. Moavia estant retourné victorieux de la conqueste de Chypre, Odman envoya son armée de terre attaquer la Cappadoce, d'où elle emmena captifs plus de cinq mille Chrestiens, & aprés l'ayant ravagée, repassa en Syrie.

*Venel Satab.*

*648.*

*ou Amocoste.*

*650.*

*Sous le commandement d'Abu Bugéna Ibni Huracha.*

L'année suivante, Odman envoya Occuba avec vne puissante armée en Afrique, qui estoit alors en trouble par la division de l'Empire. Car Héraclius estant mort, le Patricien Gregoire s'estoit soûlevé en Barbarie, où les Gots s'estoient emparez de plusieurs places à l'ayde des Africains, de-sorte que tout le païs estoit en alarme. Pour achever sa ruïne, Occuba y estant entré par les deserts de Barca, avec quatre-vingts mille combatans, saccagea tout l'Orient de la Barbarie, & tua ou dissipa la pluspart des troupes de Gregoire, prés du lieu où est aujourd'huy la ville de Carvan. Gregoire s'estant sauvé en Italie, laissa l'Afrique entre les mains des Arabes, qui en assujettirent vne grande partie. Ensuite la pluspart de leur armée s'en retourna en Levant chargée de riche butin, & Occuba demeura en Afrique avec le reste. Puis par l'ordre du Calife, qui luy défendoit de s'habituer aux lieux maritimes, il abandonna toute la coste aux Romains, suivant le traité qu'il avoit fait avec l'Empereur Constantin, & bastit vne ville à trente-cinq lieuës de Tunis, du costé de l'Orient, à l'endroit qu'il avoit gagné la bataille contre Gregoire, & la nomma Caire, c'est-à-dire, Victoire. Mais depuis on l'a nommée Cayravan, c'est-à-dire, double victoire, à-cause d'vne autre que les Arabes remportérent au mesme lieu, comme nous dirons ailleurs. Il peupla ensuite d'autres endroits, & fit faire des forteresses où il n'y en avoit point, meslant les Arabes avec ceux du païs, pour faire vn commun establissement. Ibni Alraquiq dit que ce furent les prémiers Arabes qui plantérent la Religion de Mahomet en Afrique.

Constantin voyant qu'ils s'estoient rendus si puissans, demanda tréve à Moavia, qui bien loin de l'accorder, fit de grans apprests en Tripoli de Syrie, pour marcher contre luy. Sur ces entrefaites, deux fréres de cette ville-là, touchez de compassion de la misére, que le païs souffroit, rompirent les prisons où il y avoit plus de sept mille Chrestiens, & les mettant en liberté, prirent les armes, & se jettérent sur les Arabes. Aprés en avoir tué vne partie, & mis en fuite le reste, ils accoururent au port, & prenant les vaisseaux qui leur estoient necessaires pour se sauver, mirent

651.
fils de Nafis.

# SVCCESSEVRS, LIVRE II.

le feu aux autres, & se retirérent en Thrace, n'osant pas demeurer au païs. Moavia sans considerer sa perte, remet sur pied vne autre armée & marche contre la ville de Césarée en personne, tandis qu'Abdala Abdul Motaleb & Bulahatar rasoient les costes de Phénicie & de Lycie par son ordre, pour rencontrer l'Empereur, qui croisoit sur cette mer avec mille vaisseaux. Ces deux armées navales estant venuës aux mains, il y eut, à ce que raconte Paul Diacre, vne sanglante bataille, où la mer fut toute couverte de sang & de corps morts ; Dieu voulant que pour les pechez de l'Empereur, ou pour quelque autre raison, les Infidelles remportassent la victoire. L'Empereur mesme y fust demeuré sans le secours d'vn brave & d'vn fidelle serviteur, qui voyant son vaisseau sur le point de perir, changea d'habit avec luy, & l'ayant fait passer dans vn autre, se mesla parmi les ennemis, qui ne le pouvant prendre en vie, l'environnérent & le tuërent. L'Empereur ainsi sauvé, contre l'opinion de ses gens, se retira à Constantinople chargé de honte ; & les Arabes victorieux s'en allérent en Phénicie chargez de gloire & de butin, dans la résolution d'aller attaquer Constantinople l'année suivante. Mais ils changérent de dessein, car Moavia alla assiéger l'Isle de Rhodes, & l'ayant prise, brisa le Colosse, qui estoit par terre, aprés avoir esté debout mille trois cens soixante & dix ans. C'estoit vne statuë de bronze de cent vingt-sept pieds de haut, quoy-que Pline ne luy donne que soixante & dix coudées, car on fut douze ans à la faire. Enfin les Arabes la rompirent & vendirent le métal à vn Iuif, qui l'emporta sur neuf cens chameaux. Cette mesme année Fasagne Capitaine Arménien, se révolta contre l'Empereur, & envoya ses enfans en ostage à Moavia, avec promesse de luy livrer toute l'Arménie. Moavia y envoya donc vne autre armée sous le commandement d'Abiaçad, qui s'estant joint à luy, ravagea vne grande partie du païs, & poussa jusqu'au mont Caucase, mettant tout à feu & à sang.

L'an six cens cinquante-six, Moavia fit de grans degats le long des costes de la Mer Egée, & dans les Isles Cyclades ; puis revenant à Rhodes envoya de-là son armée en Si-

*654.*

*655.*
Statuë du Soleil.

La coudée est d'vn pied & demy.

*656.*

142　DE MAHOMET ET DE SES

*Terres du Gouverneur d'Italie.*

cile, où ayant pris la ville de Saragoce, elle saccagea toute l'Isle. Mais l'Exarque Olympe qui gouvernoit pour l'Empereur, y accourut aussi-tost, & ayant gagné vne sanglante bataille contre les Arabes, les chassa de l'Isle. Mais il fit vn si grand effort par vn travail continuël, qu'il tomba malade, & mourut peu de jours aprés de lassitude. Moavia alla en mesme tems avec son armée de terre assiéger la ville de Césarée, qui est la capitale de la Cappadoce. Mais il receut des nouvelles de la mort d'Odman avant qu'il eut pû rien faire, & tourna tout-court vers Damas, sous esperance de luy succeder. Odman ayant régné douze ans, Ali qui prenoit le titre de Calife, & regnoit au dedans de l'Arabie, où il se tenoit comme en embuscade, envoya plusieurs Sarasins de ses Sujets pour le tuër; quoy-que d'autres disent que ce fut luy qui se tua luy-mesme, les voyant maîtres de son Palais, de-peur de tomber entre leurs mains. Il perdit l'aneau de Mahomet, que les Califes précédens portoient sur eux, & en fit faire vn autre semblable qui estoit d'argent, où estoient gravées ces paroles, ô opiniâtres! ô penitens! Odman n'estoit pas de la couleur des autres Arabes; mais blanc, de moyenne taille, de belle prestance, avec vne barbe longue & épaisse. C'estoit vn riche Marchand, lors que Mahomet inventa sa secte; du-reste fort liberal envers les gens de guerre. Il vescut quatre-vingts sept ans, & fut enterré sans aucune pompe, l'an six cens cinquante-huit, le quarante-sixiéme de l'Egyre.

*658. A-cause qu'on dit qu'il s'étoit tué.*

## CHAPITRE VI.

*Il ne compte ni Ali, ni Mahomet.*

*D'Ali & de Moavia, qui régnérent en mesme tems; & comment celuy-cy demeura paisible possesseur de l'Empire par la mort d'Ali, & fut le quatriéme Calife: avec les choses qui arrivérent de son tems.*

ODMAN estant mort l'an six cens cinquante-huit, comme nous venons de dire, il y eut grande contestation pour l'élection d'vn Successeur entre Ali & Mahamet fils d'Odman, & le fils d'Vmeya, surnommé Ceif-Atola, ou le glaive du siécle. Ali ayant vaincu Mahamet, tous les Sarasins & les Agaréniens le voulurent pour Calife. Il n'y eut que Moavia qui s'y opposa, comme Maître de l'armée, l'accusant d'avoir fait tuer Odman. Et comme c'estoit vn Capitaine experimenté, il passa l'Eufrate, & se retrancha vers Amnen & Babylone, pour n'estre point contraint de donner bataille; de-sorte qu'Ali se vit en grande disette d'eau, qui est fort rare au païs. Enfin au bout d'onze mois les Alfaquis s'entremirent de leur accommodement, & les remirent au jugement de deux Deputez, qui furent nommez de part & d'autre. Mais ils ne purent jamais s'accorder, parce-que chacun vouloit l'Empire pour celuy qui l'avoit nommé. Ils recommencérent donc la guerre, où il y eut beaucoup de grans combats & beaucoup de sang répandu, avec la ruine entiére de ces provinces, tant que Moavia fit tuër Ali en trahison, comme il estoit dans la Mosquée de la ville de Besa. Quelques-vns disent qu'il fut tué par vn Iuif, dont il entretenoit la femme. La ville où il fut tué est appelée, à-cause de ce meurtre, Massadali. Il estoit petit, & avoit les bras & l'estomac tout couverts de poil, avec vne barbe longue, tenoit la veuë basse & arrestée, sans regarder personne, & paroissoit tout renfrogné. Il portoit pour devise en son anneau, *l'adore Dieu mon Seigneur, d'vn cœur sincére.* Il mourut l'an six cens cinquante-neuf, le quarante-sixiéme de l'Egyre.

*Alascate & Alascio.*

659.

Aprés sa mort les habitans de Cufa & d'Arathe saluërent pour Calife Hascen, son fils aisné, qui ressembloit fort à Mahomet son ayeul. Il marcha aussi-tost contre Moavia; Mais comme les armées estoient prestes à choquer, Moavia qui estoit le moins aimé & le plus foible, craignant l'evenement, dit qu'il n'estoit pas juste de répandre tant de sang pour luy, & cédant l'Empire, ils furent ensemble à Cufa pour y prendre le trésor, & delà à Stribun dans l'Arabie, où il mit de ses propres mains le diadême sur la teste de Hascen, & l'appela Calife & Seigneur. Mais sous cette feinte obéïssance il eut plus de commodité de le faire empoisonner, & par sa mort demeura paisible possesseur de l'Empire. Hascen portoit pour devise en son aneau, *Dieu seul est puissant.* Moavia s'estant défait de son rival, tourna ses armes contre les Romains, & ravagea leurs provinces. Mais l'Empereur Constance luy demandant trêve, il la luy accorda, à la charge de payer chaque jour, par forme de reconnoissance, dix besans d'or, avec vn esclave & vn bon cheval; après quoy il fit la guerre aux Perses. Car il y avoit alors vn grand schisme en la religion de Mahomet, par la diversité des écrits de ceux qui avoient composé sa secte, les Perses estant partagez entre les opinions d'Omar & d'Ali; ce qui obligea Moavia à marcher contre eux, & à les contraindre de suivre les dogmes de la Syrie. Après cela, il laissa le païs en paix, & s'en retourna à Damas, qui estoit alors la capitale de l'Empire. Ce fut le prémier qui quita le nom de Calife pour se faire appeller Roy & Empereur. Car les autres se contentoient d'estre maistres, tant au spirituel qu'au temporel, sans ce vain titre, dispensant les peines & les récompenses, & faisant la guerre ou la paix comme il leur plaisoit. Ils se trouvoient rarement en personne dans les armées, & avoient vn Ministre sous eux, comme Ioseph l'étoit sous Pharaon, qui commandoit & faisoit tout sous leur autorité.

*Il donnoit 100 deniers chaque jour de paye aux Arabes, & seulement 30. aux Perses.*
*L'an 660. le 30. de l'Egyre.*

Alors l'Empereur Constance fut tué par ses Sujets, & laissa l'Empire à son fils Constantin, qui estoit encore jeune. Mais Sapore Gouverneur d'Andrinople, se révolta contre luy, & pria Moavia de l'aider à se faire Empereur, à la charge de luy ceder toute la Romanie. Constantin de son costé le supplia de ne point favoriser vn Sujet revolté contre son Prince, & de confirmer la trêve qu'il avoit faite avec son pere. Mais Moavia enorgueilly de tant de succez, le refusa, & dit qu'il serviroit celuy qui le payeroit le mieux; de-quoy l'Ambassadeur * de l'Empereur irrité répondit que Constantin se défendroit bravement contre l'vn & l'autre, & avec l'ayde de Dieu en remporteroit la victoire. Si-tost qu'il se fut retiré, Moavia traita avec le Deputé de Sapore, & le renvoya avec l'esperance d'vn prompt secours. Mais ce Deputé à son retour fut pris dans vne embuscade par l'Ambassadeur de Constantin, qui l'ayant

Constantin IV.

* André.

l'ayant fait pendre, envoya le traité de Moavia à l'Empereur.

Sur ces nouvelles, Moavia envoya vn de ses Généraux à Sapore, avec vne partie de l'armée. Mais avant leur jonction le Patrice Nicéphore marcha contre Andrinople par ordre de l'Empereur. Et comme il en estoit proche, Sapore voulant sortir pour luy donner bataille, son cheval se cabra en passant sous la porte, & luy fit donner de la teste contre la voûte, dont il mourut. Sa faction estant dissipée par sa mort, Nicéphore pacifia la Province, & la remit à l'obéissance de l'Empereur. Aussi-tost le Général de Moavia, qui estoit à Exapoli, n'osa passer outre, & en donna avis à son Maître, qui l'envoya renforcer par son fils aisné à Calcédoine. Aprés avoir ravagé ensemble toute la campagne, ils allérent attaquer vne ville de Phrygie, & l'ayant prise & saccagée, y laissérent cinq mille Arabes en garnison; aprés quoy ils s'en retournérent passer l'hyver en Syrie. Mais aprés leur retraite l'Empereur envoya Andréa pour la reprendre. Il y arriva sur le minuit, comme tout estoit couvert de neige, & les Arabes retirez dans les maisons à-cause du froid, & faisant planter les échelles, se saisit des avenuës & des portes; d'où comme les Arabes pensoient sortir au bruit de l'alarme, ses gens fondoient dessus & les tuoient. C'est ainsi que la ville fut prise, & toute la garnison taillée en pieces; aprés quoy l'on en mit vne autre dans la place pour la garder.

Cependant Moavia qui n'estoit jamais en repos, assembla secrettement vne puissante armée navale à Alexandrie pour aller attaquer la Grece & la Thrace; & ayant appris que tout le butin que l'Empereur Constance avoit fait en Italie, estoit dans Syracuse en Sicile, il la fit tirer de ce costé-là. Les Arabes estant arrivez à l'improviste, & trouvant la ville sans défense, la prirent aisément. Mais comme ils n'y estoient pas en seureté à-cause du voisinage d'Italie, ils mirent tout le butin dans leurs vaisseaux, & s'en retournérent en Egypte. Mais quelques-vns disent que Constantin sur la nouvelle de la mort de son pere, avoit enlevé tous les trésors de Syracuse, & les avoit portez à Constantinople.

*Fadala.*

*Iezid.*

*Amorium.*

672.

T

Tandis que ces choses se passoient en Europe & en Asie, le Patrice Gregoire qui s'estoit sauvé d'Afrique, comme nous avons dit, retourna à Carthage avec le plus de troupes qu'il pût rassembler, & ayant batu Occuba en quelques rencontres, reprit la pluspart de ses places. Sur ces nouvelles, Moavia leva deux grandes armées en Egypte, l'vne de mer & l'autre de terre ; & fit entrer celle-cy par les deserts de Barca, sous le commandement de Mahamet, fils de Naçer, qui s'estant joint à Occuba, batit avec luy Gregoire, & aprés luy avoir tué quantité de gens, le contraignit de se sauver à Carthage, & delà en Italie. Si-bien qu'il reprit toutes les places perduës. Alors croyant avoir mis fin à la guerre, il retourna en Egypte avec quatre-vingts mille prisonniers esclaves, & Occuba demeura toûjours à Carvan : Ce qui arriva l'an six cens soixante-deux, le quarante-neufiéme de l'Egyre.

670.

Commandée par Ibninaçer, & Sueyd Abengalafa el giahafi.

L'an six cens soixante & dix, qui fut la douziéme année du régne de Moavia, ce Prince leva vne puissante armée en Syrie, & l'envoya dans la Cilicie & la Carmanie, où elle fit de grans ravages. L'année d'aprés il leva deux armées, l'vne de mer & l'autre de terre, sous le commandement de son fils Iézid, pour aller prendre Constantinople. Mais l'Empereur Constantin la défendit vaillamment pendant six mois que dura le siége. Au sortir de-là ils emportérent de force Cyzique, où ils hyvernérent ; & de-là ils retournérent au Printems, avec tant de chaleur, que la guerre dura sept années entiéres aux environs de Constantinople. Enfin Dieu permit que les Chrestiens gagnérent la victoire, & que les Arabes furent contraints de se retirer avec grande perte, tant de vaisseaux que de soldats. Mais comme c'estoit l'hyver, ils furent batus de la tempeste sur la mer Egée, & perdirent la pluspart de ce qu'il leur restoit de gens, aussi-bien que de navires.

L'an 676. le 63 de l'Egyre.

Commandées par d'Ahac Aben Sophian Aben Aaruf, & Caçen & Fadal.

Deux ans aprés Moavia envoya encore deux puissantes armées contre les Chrestiens, qui furent batuës par les gens de l'Empereur, la Fortune continuant à se montrer favorable aux Chrestiens ; de-sorte que les Arabes perdirent plus de trois cens mille hommes en toutes ces guerres. Aprés

## SVCCESSEVRS, LIVRE II.

tant de pertes, Moavia demanda tréve à l'Empereur, qui la luy accorda pour trente ans ; à la charge qu'il payeroit tous les ans trois mille besans d'or, quatre-vingts esclaves, & quatre-vingts chevaux des meilleurs qu'il eut, & qu'il mettroit en liberté cinquante Chrestiens au choix de ce Prince. Le bruit de cette tréve s'estant répandu par-tout, Muça-Caym de Gaza, & autres Gouverneurs des provinces plus éloignées, estant ennemis de Moavia, dépeschérent aussi vers l'Empereur pour luy payer tribut, afin d'estre compris dans la tréve ; de-sorte que la paix générale fut concluë au grand repos de toutes les provinces du Levant.

Sur ces entrefaites vn Capitaine Arabe de l'armée navale de Syrie, voyant le fort des armes tourner du costé de l'Empereur, brûla tous ses vaisseaux & se sauva à Constantinople. La mesme année il y eut vne si grande contagion en Egypte, que presque toute la race des Arabes y fut éteinte. Pour revenir à la tréve, elle fut aussi préjudiciable aux Chrestiens qu'avantageuse aux Arabes. Car l'Empereur meditant la ruine de ceux qui l'estoient venus assiéger dans sa capitale, ouvrit les passages du Mont Caucase, autrement les portes Caspiennes ; à quoy l'on dit qu'Alexandre le Grand n'avoit jamais voulu consentir, pour la crainte des peuples du Septentrion. Les Mardoytes donc qui avoient toûjours esté renfermez dans ces rochers, se répandirent jusqu'au Liban, qui fut vne forte barriére aux Arabes. Car les Chrestiens qui ne pouvoient s'accorder avec ceux-cy, s'estant joints à eux, faisoient de grandes sorties de ces montagnes dans les plaines, & rabatoient l'orgueil des Arabes, à qui il ne restoit plus que l'armée de Fadal & de Caçen, qui ruinoient la Candie ; de-sorte que l'Empire sembloit rentrer dans sa prémiére splendeur. Mais l'Empereur Constantin qui aimoit mieux la tranquilité presente que la future, aprés avoir fait tréve avec les Arabes, tourna ses forces contre les Mardoytes, & les chassant des montagnes qu'ils avoient occupées, laissa la terre libre à leurs ennemis. Cependant, Moavia se voyant en paix avec les Chrestiens, pour appaiser les troubles de sa religion, qui avoit enfanté plusieurs sectes, convoqua vne assemblée

678.

Callini.

T ij

dans la ville de Damas, où tous ceux qui avoient quelque écrit de Mahomet, ou de ses successeurs, eurent ordre de les apporter. Mais la diversité des opinions fit naistre tant de contestations entre les Docteurs, qu'on ne put jamais rien conclure. Il en choisit donc luy-mesme six des plus doctes, & les renfermant dans vn logis, leur commanda de choisir chacun separément ce qu'il trouveroit de meilleur; dont on composa six livres, que l'on nomma l'Alcoran, c'est-à-dire Recueil ou Teneur de la Loy, & tout le reste fut jetté dans la rivière. Ensuite on ordonna que nul ne fust si hardi de croire, dire, ou faire au contraire de ce qui estoit écrit dans ce volume, sur peine d'estre declaré heretique. Depuis vn Arabe nommé Leshari, réunit ces livres en vn volume, qui porte le nom de son Auteur. Enfin Moavia aprés avoir commandé les armées du tems d'Omar & d'Odman, conquis plusieurs provinces, & esté en quelque sorte réparateur de la loy de Mahomet, il mourut l'an six cens quatre-vingts deux, & fut enterré à Damas, où il avoit établi son siége, comme en vn païs fertile & tres-sain. Il estoit de taille médiocre, avoit le teint blanc, la mine grave, la barbe noire, qu'il entretint de la sorte en sa vieillesse à l'ayde du pinceau; les yeux de diverses couleurs. Il vescut soixante & dix-sept ans, dont il en régna vingt-quatre, & portoit pour devise en son anneau, *Seigneur, pardonnez-moy*. Il ne savoit ni lire, ni écrire, ni compter. Mais comme il estoit hazardeux & de grand esprit, Mahomet s'écrioit quelquefois à table: Mon Dieu, appren luy ces choses, & le délivre des dangers; pour faire voir que s'il eust esté instruit dans les sciences, on en eust pû tirer de grans services.

*Mulcian, Baare, Buora, Cidi-Noecio, Cidi temin, Cidi-Daud.*

*La secte d'Ali n'est pas comprise dans ce livre, & se nomme Imémia.*

682.

*L'Auteur ajouste que son esprit ne luy servit de rien qu'à le transporter dans les Enfers avec ceux de sa secte.*

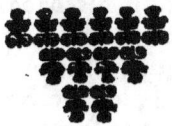

## CHAPITRE VII.

*De Iézid, fils de Moavia, cinquiéme Calife; & de ce qui arriva de son tems.*

SI-TOST que Moavia fut mort, les Arabes saluërent pour Calife son fils Iézid, qui ne fut pas héritier des vertus de son pere: car il aimoit les choses vaines, & passoit le tems à composer des vers d'amour, où il se plaisoit de telle sorte qu'il méprisoit toute autre science, jusqu'à la religion, & tenoit sa propre sœur entre ses concubines. Pour tenir ses Sujets en paix, il confirma la tréve que son pere avoit faite avec l'Empereur Constantin. Mais la seconde année de son régne les habitans de Cufa élûrent pour Calife le plus jeune des enfans d'Ali, qui s'appeloit Ali Huscein. Il leva donc vne grande armée pour luy faire la guerre, sous le commandement de son frére Abdala, qui fit tuër Huscein en trahison, comme ils estoient prests de donner bataille dans les plaines de Carabala, aux environs de Cufa. On l'enterra au mesme lieu où il avoit esté tué, où les Arabes ont basti depuis vne ville en son honneur, qui porte le nom de la plaine. Iézid persécuta ensuite toute la race d'Ali, & fit mourir quantité de noblesse d'Arabie, ce qui le rendit odieux à tous les peuples. Mais Muctar, qui estoit de la mesme maison, soûleva contre luy toute la Perse, se faisant appeler Calife, & criant que Iézid estoit plus capable d'estre Poëte que d'estre Roy. Iézid mourut la troisiéme année de son régne, âgé de quarante ans, & portoit pour devise autour de son arneau, *Dieu est mon Seigneur.* Son fils Maala luy succéda, qui ne régna que six mois, & entretint la paix avec l'Empereur de Constantinople, aprés quoy il fut tué en trahison. La derniére année du régne de Iézid, les Arabes passérent en Espagne avec vne flote de deux cens soixante & dix navires, qu'ils avoient ramassées à Alexandrie, & abordant au Royaume de Valence, le Roy Bamba leur donna bataille, & les défit.

683.

Carabala.

A Agranum dans l'Arabie Petiée.

Il en demeura plusieurs sur la place, outre vn grand nombre de prisonniers; le reste s'en retourna en Egypte. La mesme année ce bon Prince se mit dans vn Monastére, où il prit l'habit de Moine.

*684.*

## CHAPITRE VIII.

*D'Abdala, sixiéme Calife; & des choses qui arrivírent de son tems.*

*686.*

APres la mort de Iézid, son frére Abdala luy succéda; mais ceux de cette maison estant déja en horreur aux peuples, les Arabes voulurent remettre dans le trône la race d'Ali, qui venoit de Mahomet par Fatime sa fille aisnée, de-là nâquirent de grandes guerres. Car ceux de Syrie saluërent pour Calife, Marvan, & d'autres Arabes, Alcaocao, fils d'Omar, autrement Didaco, outre Caym-mudar, qui estoit déja Calife en Persé, qui se firent la guerre les vns aux autres. Abdala fit marcher son armée contre Marvan, & luy ayant livré bataille, le vainquit, & le tua le neuviéme mois de son régne. Mais les Arabes mirent en sa place son fils Abdulmalic, qui leva aussi-tost deux armées, dont il en envoya vne contre Abdala, sous la conduite de Iafar Abiabitalib, & l'autre contre Didaco. Iafar & Abdala se rencontrérent sur les rives de l'Eufrate, où Abdala fut vaincu, & contraint de se sauver à Damas, avec grand meurtre de ses troupes. Mais les habitans qui le haïssoient à cause de la mort de Marvan, ne le voulurent point recevoir, si-bien qu'il se retira au Caire, où l'on ne voulut pas le recevoir non plus. Se voyant donc ainsi abandonné de tout le monde, il s'embarqua secretement avec vn de ses serviteurs pour passer en Grece, & fut jetté par la tempeste dans vne Isle, où il fut reconnû & tué, aprés avoir régné seulement vn an. Par sa mort, Abdulmalic demeura paisible possesseur de l'Empire, & fut reconnû par-tout, hormis en Perse.

*Le reste est exprimé plus haut.*

## CHAPITRE IX.

*D'Abdulmalic, septiéme Calife; & de ce qui se passa sous son régne.*

APRES la défaite d'Abdala, Damas ouvrit les portes au vainqueur, qui pour venger la mort de Marvan, fit déterrer le corps de Iezid, & l'ayant brûlé jetta les cendres dans la riviére. Pour ne laisser aucun reste de cette famille, il persécuta cruellement tous ceux qui en estoient, les faisant dévorer aux bestes farouches ; mais vn d'entre-eux qui estoit riche & puissant, nommé Aben Taamon, pour fuir sa rage se sauva en Afrique, avec quelques-vns de ses parens & de ses amis, sans se donner à connoistre qu'il ne fust arrivé aux extrémitez de la Mauritanie Tingitane, où sachant qu'il estoit de la race des Califes de Damas, on le reconnût comme pour Prince, à cause de sa valeur & de son merite. Il eut de grandes guerres contre les Romains & les Gots qui tenoient la coste de Barbarie, & aprés plusieurs victoires, sa puissance & sa secte s'estant accruës de beaucoup, il se fit appeler Amir el Mocélémin, pour braver les Califes d'Arabie. Quelques-vns disent qu'il estoit fils de Moavia, & qu'il fit bastir la ville de Maroc, vers la pente du mont Atlas prés d'Agmet. Mais les Auteurs Arabes attribuënt plus vray-semblablement sa fondation au prémier Roy de la lignée des Lumptunes ou Moarabites, que nos Historiens appellent Almoravides.

Aben Taamon trouva vne grande facilité pour establir sa puissance, parce-qu'Abdulmalic empesché à se défendre contre Didaco, qui avoit défait ses troupes, & pris la ville de Damas, ne pût envoyer d'armée contre luy. Mais Didaco ne jouït pas long-temps de sa victoire, ayant esté emporté de la peste qui desola toute la Syrie, aussi-bien que la famine, comme il avoit déja pris le nom de Calife de Damas.

D'autre-costé, les Mardoytes qui estoient victorieux vers

*Iafar.*

C'est la maison d'Ommie.

Empereur des enfans du salut.

le mont Liban, & s'eſtoient étendus juſqu'en Ieruſalem, ayant appris la mort de l'Empereur Conſtantin, rompirent avec les Arabes, & les perſécutérent, de ſorte qu'ils n'oſoient paroiſtre nulle-part, depuis Mopſueſte juſqu'à la quatriéme Arménie. Muctar de ſon coſté s'eſtant rendu maiſtre de la Perſe, aſpiroit à l'Empire de tous les Arabes, ſi bien qu'Abdulmalic accablé de tant de maux, & en appréhendant de plus grans, ſi Iuſtinien qui n'avoit alors que ſeize ans, ſe declaroit contre luy, il l'envoya prier d'entretenir la tréve que Conſtantin ſon pere avoit faite avec Moavia ſon ayeul. Quelques vns croyent que ce ne fut pas Moavia qui la fit; mais Marvan, quoy-que le prémier ſoit le plus vray-ſemblable, & que les autres n'en furent que les continuateurs. Car Iézid & Marvan la demandérent à Conſtantin, & Abdulmalic à Iuſtinien, qui la luy accorda aux meſmes conditions; mais parce-que l'Empereur eſtoit obligé par ce traité, à chaſſer les Mardoites du Liban, Abdulmalic luy accorda la moitié du revenu des provinces d'Arménie, de Chypre, & d'Afrique. Aprés la concluſion de la tréve, Iuſtinien fit baſtir aux Arabes Africains, quelques lieux le long de la coſte pour leur habitation.

Cependant, les Mardoites ne voulant pas mettre bas les armes, l'Empereur envoya contre eux vne armée, qui les chaſſa des lieux qu'ils avoient occupez, & aprés en avoir pris & tué vn grand nombre, laiſſa le païs libre aux Arabes. Abdulmalic délivré de ces Barbares, envoya vne puiſſante armée contre Muctar, qui le défit avec les forces de la Perſe, & acquit tant de réputation par cette victoire, que pour s'oppoſer à ſes progrés, Abdulmalic fut contraint de paſſer en perſonne dans la Méſopotamie. Mais ſur ces entrefaites, Aced ſe révolta contre luy, & en attira pluſieurs dans ſa révolte: de-ſorte qu'Abdulmalic fut contraint de tourner ſes forces contre luy, & l'étonna tellement par ſa préſence, qu'il l'obligea à luy demander pardon, qui luy fut accordé ſur l'heure; mais quelque tems aprés on le fit mourir.

*Habitant ſous des tentes.* Cependant, Abdala, fils de Zubéyr, fit ſoûlever les Saraſins, qu'on nomme Scénites, & ſe faiſant appeller Calife
de

## SVCCESSEVRS, LIVRE II.

de Méfopotamie, envoya vne puiſſante armée contre Muctar, ſous le commandement de ſon frére. Il y eut entre   Vquex Aben
eux vne ſanglante bataille, où Muctar fut tué, & ſa dé-   Mchaça.
faite ſuivie de la conqueſte de toute la Perſe. Mais le vainqueur ne jouït pas long-tems du fruit de ſa victoire, parce-
qu'Abdulmalic le vint rencontrer prés de l'Eufrate, & l'ayant
tué & défait, conquit tout le païs qu'il venoit de prendre. Sur ces nouvelles, Abdala appréhendant d'en venir à   Abdala
vne bataille, ſe retira à la Meque, où Abdulmalic l'envoya
aſſiéger par Cayane, qui ayant pris la ville le tua, & brûla le Temple d'vne ancienne Idole qui y eſtoit. Par ces
victoires, Abdulmalic demeura paiſible poſſeſſeur de l'Arabie, de la Perſe, de la Méſopotamie, de l'Arménie, &
d'Irico, qui s'eſtoient toutes ſoûlevées, & mit fin aux guerres civiles; mais l'Empereur Iuſtinien cherchant à rompre
la tréve par emportement de jeuneſſe, voulut que les deniers qu'on luy payoit pour tribut, fuſſent batus au coin
de l'Empire. Sur ce rapport, Abdulmalic l'envoya prier
de ne point rompre pour ſi peu de choſe, puiſque la monoye dont eſtoit queſtion, avoit le poids & la valeur qu'elle devoit avoir, ajoûtant que les Arabes ne ſouffriroient
jamais que leur monoye portaſt les armes, & les deviſes des
Chreſtiens. L'Empereur s'imaginant qu'il le faiſoit par ap-
préhenſion, le négligea, & fit lever vne armée bien leſte
de trente mille Eſclavons, ſous le commandement de Nébulon, qui eſtoit du meſme païs : car il les avoit réduits
depuis peu ſous ſon obéïſſance. Le Patrice Leonce eut le
commandement de l'armée, & reconquit en peu de tems
les provinces d'Hiberie, d'Albanie, d'Hircanie, & de Medie, que les Arabes avoient vſurpées ſur l'Empire, aprés
quoy l'Empereur alla en perſonne avec ſa cavalerie, & ſes
Eſclavons, aſſiéger Sebaſtopoli. Abdulmalic qui ſe voyoit
delivré des Mardoytes & des rebelles, aſſembla ſes troupes, & envoya ſupplier Mahomet, ſon Lieutenant, pour
ſecourir cette place. Mahomet envoya ſupplier l'Empereur
vne ſeconde fois, de ne pas rompre vne tréve qui avoit
eſté concluë ſi ſolennellement, & proteſter de la vengeance de Dieu, devant qui elle avoit eſté jurée, avec tant de

V

sermens contre celuy qui la romproit. Mais voyant que l'Empereur n'y avoit point d'égard, il prit le traité, & le mettant au bout d'vne lance en forme d'étendart, marcha contre luy. Avant que de donner la bataille, il envoya encore deux autres Ambassadeurs pour conjurer Iustinien de ne point rompre la paix, & leur donnant vn grand sac d'or, leur commanda de le porter secrétement à Nébulon, avec promesse de plus grande somme s'il quitoit le parti de l'Empereur pour prendre le sien. Nébulon enflé d'vne vaine espérance, receut le présent, & passa du costé des Arabes avec vingt mille Esclavons. Sur le point de la bataille, l'Empereur étonné d'vn accident si impréveu, fit retirer ses troupes, & eut bien de la peine de se sauver avec peu de gens. Lors-qu'il fut au rocher de Leucate, qui s'avance dans la mer, sur la frontière de Nicomédie, il fit précipiter du haut en bas tous les Esclavons qui estoient restez dans son armée, & toutes les femmes & les enfans de ceux qui avoient passé du costé des ennemis, & jetter les corps dans la mer. Les Arabes victorieux recouvrèrent toutes les provinces que Leonce avoit conquises, & Iustinien se retira à grand' peine à Constantinople. Mais le Patrice Sébastien, qui commandoit en Arménie, assemblant vne puissante armée, fut fondre sur les Arabes, & les chassa de son Gouvernement, quoy-qu'ils ne laissassent pas de ruïner les autres provinces Orientales. Cajan conquit toute cette partie de la Perse, qui reconnoissoit l'Empire Romain, & Mahomet avec ses Esclavons révoltez, mit toute la Thrace à feu & à sang. Cependant, l'Estat Chrestien estoit si fort déchiré de guerres civiles, que personne ne s'opposoit à leurs progrés : Car le Patrice Leonce s'estant saisi de l'Empire, relégua Iustinien dans la Quersonese. Et comme il estoit en vne appréhension perpétuelle pour son crime, il n'osoit rien entreprendre. Pour ce qui est de l'Afrique, il ne fut pas plustost Empereur, qu'il envoya le Patrice Iean avec son armée navale, pour chasser les Arabes des places qu'ils occupoient le long de la coste de la Méditerranée, qui leur avoient esté accordées par le dernier traité. Il eut l'avantage contre eux en divers combats, & les en chassa. Mais parce-qu'il n'estoit pas assez fort pour assujettir la province, il laissa vne grande partie de l'armée sous le commandement d'Absimare, & retourna à Constantinople demander de plus grandes forces à l'Empereur, qui ne témoigna pas toute la chaleur qu'il faloit pour vne si grande entreprise.

698.

D'autre-costé, Abdulmalic ne pouvant digérer cét affront, équipa vne grande armée navale à Aléxandrie, & l'envoya en Afrique, sous le commandement d'Abdala, fils de Mahamet, qui se voyant le plus fort, attaqua Tripoli de Barbarie, & ensuite Capes, & les ayant prises & ruinées, passa à Carthage, tandis que les Romains voguoient vers l'Europe, pour en revenir avec de plus grandes forces. Mais estant arrivez en l'Isle de Candie, les Chefs de l'armée en colére de leur départ, & de la negligence de l'Empereur, élûrent en sa place Absimare, & tirant vers Constantinople, se saisirent de Leonce, & aprés luy avoir coupé le nez, le mirent en vne étroite prison. L'Afrique estant ainsi abandonnée, les Arabes prirent Carthage, & la ruïnérent, sous le commandement de Zacala, puis marchérent victorieux jusqu'à Constantine*, débusquant les garnisons des Gots, & des Romains. De-là ils gagnérent la Mauritanie, où ils se fortifiérent contre les Gots, qui tenoient la coste de l'Océan, avec quelques villes & provinces au-dedans du païs. Absimare voyant le reste de l'Empire paisible, envoya du secours aux places qui luy restoient en Afrique, qui aillérent toûjours depuis en diminuant, tant que les Arabes s'en rendirent absolument les maistres.

699.

Il s'appela Tibére.

* en Arabe, Cuçutina.

Pour revenir aux affaires de l'Asie, si-tost qu'Absimare se fut saisi de l'Empire, il envoya vne puissante armée contre les Arabes, sous le commandement de son frére Héraclius, qui courut victorieux par toute la Syrie, & tailla en piéces plus de deux cens mille Arabes. De-là passant à Samosate, il ruïna quantité de villes, & sema par-tout l'épouvente. Il marcha ensuite contre le Tyran Caim Abipsa, & le défit avec grand meurtre. Sur ces nouvelles, les Princes d'Arménie, qui reconnoissoient Abdulmalic, tuérent en trahison tous les Arabes qui estoient dans leur province,

700.

V ij.

& dépeschérent vers l'Empereur, qui mit aussi-tost garnison dans toutes leurs places fortes. Mais Abdulmalic y envoya promptement vne puissante armée, sous le commandement de Mahamet, qui reconquit l'Arménie, & s'estant saisi des principaux du païs, les brûla tous dans vne grande cour, où il les avoit renfermez. De-là il entra dans la Cilicie, où Héraclius luy tua grand nombre de ses gens, & fit beaucoup de prisonniers, qu'il envoya à l'Empereur. En mesme tems mourut Abdulmalic, aprés avoir régné vingt-vn an, & son fils Gualid luy succéda.

707.

## CHAPITRE X.

*D'Halid-Abul-Gualid, fils d'Abdul-malic, & petit fils de Marvan, huitiéme Calife; & de ce qui arriva pendant son régne.*

708.

APRES la mort d'Abdulmalic, les Arabes nommérent pour successeur son fils Gualid, que les Auteurs Arabes appellent le Glaive de Dieu, & le chef des présomptueux. Il prit possession de l'Empire, l'an sept cens huit, & ne régna que neuf ans, qui furent fort pernicieux à la Chrestienté. Dés son avénement à la Couronne, il osta aux Chrestiens la grande Eglise de Damas, qui estoit le plus superbe Temple du monde, tant pour sa beauté, que pour sa structure, & en fit vne Mosquée. Mais pour faire voir l'aversion qu'il avoit contre les Chrestiens, il défendit l'vsage de la Langue Greque, dont on se servoit dans tout son Empire. Sous son régne, les Arméniens se revoltérent vne seconde fois, & rentrérent sous la domination de l'Empereur. D'autre-costé, il envoya son armée ravager les provinces Romaines, & prit la ville de Mistan, & quantité d'autres petites places. Aprés-quoy les Arabes s'en retournérent en Syrie chargez de butin. Ensuite ils passérent dans la Galatie, qu'ils saccagérent d'vn bout à l'autre, aprés avoir défait les troupes de la province.

Tribellius.

Cependant, le Roy des Bulgares restablit Iustinien dans

## SVCCESSEVRS, LIVRE II.

l'Empire, & les Arabes prirent l'occasion de s'agrandir des desordres de la Chrestienté, & levant vne puissante armée, entrérent en Afrique, & la conquirent jusqu'à l'Océan, ce qui arriva en cette sorte. Les Afriquains s'estant revoltez par la mort d'Adul-malic, prirent les armes contre les Arabes, & les ayant défaits, Gualid qui voulut secourir ses gens, mit vne puissante armée sur pied en Egypte, & l'envoya sous le commandement de Muça, fils de Naçer, qui entrant par les deserts de Barca, se rafraichit quelque tems dans la ville de Carvan, dont il prit le gouvernement sur vn neveu ou petit-fils d'Occuba, & continuant sa marche força Constantine, & punit cruëllement ceux qui avoient tué le Gouverneur. De-là s'avançant vers les deux Mauritanies, il les rangea sous son obeïssance avec vne armée de cent mille combatans. On dit qu'il passa jusqu'à Teftane, qui est à l'extremité de l'Afrique de ce costé-là, & que voyant qu'il n'y avoit plus de terre, il poussa son cheval dans l'Océan comme par bravade, pour dire qu'il n'y avoit plus de terre à conquerir. De-là il rebroussa chemin par la Numidie & la Libye, & conquit tout ce qui est entre le Niger & la mer Méditerranée, à la reserve de quelques places vers le détroit de Gilbratar, qui estoient possédées par les Gots. Aprés tous ces exploits il s'en retourna à Carvan, laissant en sa place dans la Tingitane vn brave guerrier nommé Taric.

Il y avoit trois cens ans que les Gots régnoient en Espagne, aprés en avoir chassé les Romains; & tout ce qui est enfermé entre la mer Méditerranée, les Colonnes d'Hercule, les Monts Pirenées, & l'Océan, obeïssoit au Roy Rodrigue, qui tenoit outre cela tout le Languedoc jusqu'au Rône. Iulien gouvernoit sous luy les places d'Afrique; quelques-vns le font Comte de Ceute, d'autres d'Espartine. Et j'ay veu dans Toléde vn vieux manuscrit en parchemin, intitulé le Livre des Rois, où il est appelé neveu du Roy. On dit qu'il estoit fort puissant, & qu'il possédoit de grans biens en Espagne & en Afrique, accompagnez d'vne grande valeur. Les anciens Auteurs disent qu'il avoit vne fille nommée Caba, dont la beauté ne fut pas moins fatale

*marginalia:* La Barbarie, la Numidie, & la Libye. — L'an 7~0~. & 100. de l'Egyte. — Ceute, Tanger, Arzil. &c. — Espagne. — L'Auteur interpréte luy-mesme plus bas la Gaule Gothique, ou l'Aquitaine.

V iij

*Coustume ancienne, qui dure encore, de mettre des filles de condition auprés des Reines.*

à l'Espagne, que celle d'Héléne à Troye; car le Roy l'ayant forcée, comme elle estoit fille de la Reine, elle en donna aussi-tost avis à son pere, qui estoit alors en Espagne avec sa femme. Le Comte qui estoit homme de grand cœur, indigné de cét affront, laissa passer quelques jours sans rien dire; aprés quoy prenant le pretexte de la guerre des Arabes en Afrique, il pria le Roy de luy permettre de retourner en son Gouvernement. Sa demande luy ayant esté accordée, sur l'opinion que sa présence arresteroit le progrez des ennemis, il s'embarqua avec sa femme & ce qu'il avoit de plus précieux, & passa à Ceute. Quelque tems aprés feignant que sa femme estoit malade à l'extrémité, il pria le Roy de permettre à sa fille de luy venir dire le dernier adieu; Et lors qu'il l'eut en sa puissance, il fit savoir à Muça la juste cause de son ressentiment, & luy promit non seulement de luy remettre entre les mains les places qu'il commandoit; mais de le rendre maistre de toute l'Espagne, s'il luy vouloit donner des forces pour la conquerir. Muça fit savoir à Gualid la proposition du Comte, à quoy il fit de grandes difficultez, à-cause du danger qu'il y avoit d'ajoûter foy à vn ennemi, outre que les forces des Gots estoient alors fort redoutables. Il se contenta donc de luy faire donner quelques troupes, avec promesse de plus grandes s'il réüssissoit. Le Comte pressoit fort, & promettoit de donner entrée en Espagne par les places de son Gouvernement, asseurant qu'ils auroient quantité de Noblesse qui les suivroit, pour la haine qu'elle portoit à Dom Rodrigue, & entre autres les enfans du Roy Vitize, sur lesquels il avoit vsurpé la Couronne, sans parler de plusieurs mécontens, qui ne demandoient que l'occasion d'vne revolte, & qui favoriseroient leur descente. Il disoit qu'il ne faloit point appréhender la Noblesse des Gots, relaschée dans l'oisiveté & les delices, & qui avoit perdu la prémiére ardeur de son établissement; Que le peuple estoit desarmé & plusieurs places démantelées, & que personne ne resisteroit le voyant à leur teste, à-cause qu'il avoit entre ses mains les principales forces de l'Estat. Mais Muça n'osa contrevenir à l'ordre du Calife, & envoya seulement cent chevaux, & quatre cens fantaſſins, ſous le commandement de Taric, pour voir ce qu'il feroit. Avec ce peu de gens le Comte vint deſcendre en l'Iſle d'Algéſire, qui eſt à la hauteur de Ceute & d'Algaçar; & aſſemblant là tous ſes parens & amis, leur repreſenta ce qu'il avoit fait pour Dom Rodrigue, & l'ingratitude dont il avoit vſé envers luy; Comment il avoit deshonoré ſa fille, vſurpé l'Eſtat, & tyrannizé ſes Sujets; les pria de le favoriſer en vne entrepriſe ſi juſte, & de l'aſſiſter de leurs forces, lors-qu'il viendroit l'année ſuivante avec vne armée plus nombreuſe, pour l'accompliſſement de ſon deſſein. Ils promettent de ne le luy point manquer dans l'occaſion : & dans cette réſolution chacun ſe retira chez ſoy. C'eſtoit vn ſecret jugement de Dieu, qui ſe ſervoit de la colére du Comte pour châtier les Gots endurcis dans leurs pechez; juſques-là que le Roy Vitiza avoit épouſé pluſieurs femmes, & entretenoit pluſieurs filles. Et non content de cela, avoit permis à ſes Sujets d'en vſer ainſi, & aux Preſtres de ſe marier & d'avoir des concubines. Il s'eſtoit meſme détaché de l'obéïſſance du Saint Siége. Mais pour en avancer la vengeance, Dieu avoit permis qu'il fiſt abatre toutes les murailles des villes & des foreteresſes, & défendre d'avoir des armes. Quelques-vns meſmes diſent qu'il les fit rompre, pour eſtre en plus grande ſeureté. Le Comte voulant declarer la guerre & mettre ſes gens en œuvre, deſcendit à Cadis avec le plus de troupes qu'il pût, & prenant la ville mit tout à feu & à ſang, & fit quantité d'eſclaves. De-là rodant toute la coſte, il fit de grans ravages, & retourna à Ceute chargé de butin. Muça voyant de ſi beaux commencemens luy donna l'année ſuivante douze mille hommes, ſous le commandement du meſme Général, qui paſſa le détroit de Gilbratar, où il y a vn fort bon port, & de-là à Mélaria ou Algéſire, & à Tarife, ville de la Betique vlterieure. La venuë du Comte eſtant répanduë par toute l'Eſpagne, ſes parens & amis aſſemblérent le plus de gens qu'ils pûrent, ſous prétexte de s'oppoſer à l'ennemi, & le vinrent joindre; de-ſorte qu'ils ravagérent enſemble vne grande partie de l'Andalouſie. Sur ces nouvelles, Dom Rodrigue aſſembla, avec le plus de diligence qu'il pût, vne armée

*Algeſira elhadara, ou l'Iſleverte.*

*en Arabe, Iubelſetho, ou Mont de Victoire, anciennement Calpe.*

sous le commandement d'Ignigo Sanchez, son neveu, qui estoit vn des plus braves hommes de son tems. Mais il fut tué malheureusement en vn combat avec tous ceux qu'il avoit; dequoy le Roy témoigna beaucoup de ressentiment, parce-qu'il le destinoit pour son successeur. Mais les Arabes estant accourus en grand nombre au bruit de cette victoire, firent par-tout de grans desordres, & ayant appris que le Roy venoit contre eux avec vne puissante armée, se retirérent aux places qu'ils avoient prises, chargez de prisonniers & de butin.

*Gibraltar, Algesire & Tarife, anciennement Cartesie.*

Cette entrée des Arabes en Espagne, que leurs Auteurs appellent la Victoire de l'Andalousie, ne fut pas l'an sept cens douze, mais sept cens deux, selon leurs Historiens, & le quatre-vingts douze de l'Egyre. De-sorte qu'il faut ou que les années du régne de Gualid soient mal calculées, ou que cela soit arrivé du tems d'Abdulmalic son pere. Mais je m'arreste à ce qu'en disent les nostres, à-cause du peu d'accord qu'il y a entre les Historiens de l'Antiquité. Le Roy Rodrigue ayant assemblé son armée, voulut marcher en personne contre les Arabes, quoy-que déja fort âgé, & faisant venir tous les Prelats & les gens de condition dans Toléde, partit en diligence pour se rendre à Seville, & sans attendre les troupes qui venoient des montagnes, & de-là les Pirenées, il leur laissa ordre de le suivre si-tost qu'elles seroient venuës. Il eut avis là que Muça se préparoit à joindre Taric avec de grandes forces, & que l'avant-garde des Arabes estoit déja à Chérés de la Frontéra, nommée autrefois Sadoyne; de-sorte qu'il marcha contre eux avec plus de cent mille hommes. Les deux armées se rencontrérent à la riviére de Guadalette, les Arabes estant du costé de Tarife, & les Chrestiens de Seville, près de certains maretz salans, à ce que dit Abdulmalic. La meslée commença vn Dimanche au passage de la riviére, le second de la Lune de Septembre, & dura huit jours, avec grand meurtre de part-&-d'antre. L'Espagne estoit fort travaillée depuis deux ans de la famine & de la peste, & estoit peu exercée aux armes, pour n'avoir point eu de guerre il y avoit cent quarante ans, outre que la pluspart estoient desarmez, de-sorte

*Abentario, Abdulmalic. L'abus vient apparemment de ce qu'il met la mort de Mahomet la vingtiéme année de l'Egyre, au lieu qu'elle est arrivée la dixiéme selon Marine.*

forte qu'ils combatoient avec plus de courage que de force. Enfin le neufiéme mois de la mesme Lune, les deux fils du Roy Vitiza ayant conferé la nuit avec Taric, qui leur promit de les rétablir dans le Royaume de leur pere, passérent de son costé avec plus de deux cens mille hommes ; ce qui emporta la balance. Le Roy Rodrigue qui estoit déja fort âgé, se voyant attaqué par eux, descendit de son char, & montant sur vn cheval se mesla parmi les ennemis ; mais voyant ses gens fuïr de toutes parts, quelques-vns disent qu'il quita les habits & les ornemens que les Rois Gots portoient au combat, & qu'il suivit la foule jusqu'à vn desert de Portugal, où il passa le reste de sa vie avec vn Hermite. Ils ajoûtent que ce saint homme l'enferma dans vne chambre avec vn serpent à deux testes, qui le rongea deux jours entiers ; mais cela se doit entendre metaphoriquement des remors de sa conscience. Les Auteurs Latins disent qu'il mourut à Viseo, & qu'on trouva sur sa tombe en langue Gothique vn Epitaphe, qui porte : *Rodrigue est enfermé icy ; maudite soit la fureur impie de Iulien, qui au mépris de Dieu & de sa Religion, a causé la mort de son Roy, & la ruine de son païs. Sa mémoire sera en exécration.* Mais Abdulmalic, & les autres Arabes disent qu'il mourut à la bataille avec toute la Noblesse des Gots : Que quelques Arabes portérent à Muça les ornemens de sa personne, & que leur ayant demandé ce qu'estoit devenu le Roy, ils luy répondirent qu'ils ne l'avoient point trouvé ; mais seulement ses dépouïlles dans vn lac où il y avoit quantité de chevaux noyez pesle-mesle. Aprés cette bataille, où Iulien ne se trouva pas, parce qu'il estoit allé en party ; les fuyars se sauvérent à Astigie, où se rendirent ceux qui venoient de Castille & de de-là les Monts, & qui ne s'estoient pû trouver à la bataille. Avec ces forces ils retournérent attaquer l'ennemi, & le serroient déja de prés lors que le Comte Iulien arriva tout frais à son secours, & donnant dans le gros des Chrestiens, en tua ou fit prisonniers la pluspart. En mesme tems Taric alla assiéger Astigie, & l'ayant prise sépara son armée en quatre par l'avis du Comte, pour se rendre maistre de toutes les places avant qu'on pût rassembler de nouvelles forces. Les enfans

*Sisibert & Evasie.*

*Ce cheval se nommoit Oréliа.*

*Comme Oreste.*

*Robe, Brodequins, Sceptre & Couronne.*

*Maintenant Eçicha.*

X

du Roy Vitiza conduits par l'Evesque de Seville, qui estoit leur oncle, furent du costé de la ville de Malaga, & l'ayant prise, passérent à Ellibéri, ville ancienne, dont on voit les ruines au mont Elvire, à deux lieuës de Grenade, sur le chemin de Cordouë. Toutes les places voisines furent occupées en mesme tems avec grand carnage. Vn certain renégat, appellé Mageytar, alla avec vn autre corps assiéger la ville de Cordouë, où il avoit quelque intelligence. Quelques habitans donnérent entrée à ses gens la nuit prés de la porte d'Alsaron, par vne bréche, où ils grimpérent avec des cordes qu'ils avoient faites de l'estoffe de leurs bonnets coupez par bandes ; puis ayant ouvert les portes firent entrer Mageytar, qui mit tout à feu & à sang. Quelques-vns des principaux de la ville ayant eleû vn Capitaine d'entre-eux pour les défendre, tinrent bon dans l'Eglise de Saint George l'espace de trois mois, tant que leur Chef estant monté à cheval pour aller querir du secours, fut pris, & l'Eglise ensuite forcée, & tous ceux qui estoient dedans tuez ou faits prisonniers. C'est-pourquoy on l'appelle encore aujourd'huy Saint George des Captifs.

Tudemir, autre renégat, fut avec la troisiéme partie droit au Royaume de Murcie, dont les habitans se rendirent, à ce que dit l'Historien Arabe ; aprés quoy il combatit ceux de Valence dans les campagnes de Sangonare, & remporta la victoire, avec grand meurtre de nos gens. Taric fut à Toléde avec le reste de l'armée, où les Iuifs du quartier, qui est vers la plaine, le firent entrer secrétement, desorte qu'il la pilla & en emporta quantité de richesses. Abdulmalic dit qu'on trouva dans la grande Eglise vne table garnie d'or & de pierreries, jusqu'à la valeur de cinq cens mille écus, & qu'on dit que c'estoit celle sur laquelle Iesus-Christ soupa avec ses Apostres, ou plûtost celle de Salomon, selon Aben-Rachid. Il passa de-là à Guadala-chara & à Médinaçéli, que les Arabes appellent Médina d'Almeyda, à-cause d'vne table à trois pieds qu'ils y trouvérent, qui estoit faite d'vne seule Emeraude de celle qu'on nomme Dubéne, qui est la plus estimée.

Il y avoit quatre mois que Taric triomphoit en Espagne,

*Olpas. Autrefois, Malacée ou Malicée.*

*Tant Arabes que Chrétiens. Aujourd'huy la Grancha.*

*Il y a apparence que c'estoit de jaspe vert.*

lors-que Muça jaloux de sa gloire y entra, & estant arrivé à Toléde, luy fit rendre vn compte exact de tout le butin. L'armée se partagea là en deux corps, dont l'vn sous le commandement de Muça tira du costé de Seville, & en chemin fit le siége de Carmone, où quelques gens du Comte Iulien estant entrez par surprise, ouvrirent de nuit la porte aux Arabes, qui pillérent & saccagérent tout. De-là ils passérent à Seville ; mais les habitans en ayant défait quantité en vne sortie, firent décamper Muça, dans l'appréhension que ceux de l'Algarbe & de l'Estrémadure n'accourussent au secours, comme le bruit en couroit. Il alla donc assiéger la ville de Mérida, dont les habitans l'estant venu rencontrer à vne lieuë de la place, furent défaits & recognez dans la ville, que Muça assiégea ensuite, & batit l'espace de plusieurs jours, tant que les assiégez ne se pouvant plus défendre contre la sape & les machines, se rendirent à composition. Cette ville doit sa fondation à César, & son accomplissement à Auguste. Mais tous les Empereurs suivans l'ont embellie de quelque superbe edifice. On dit que les Arabes y trouvérent vne cruche faite d'vne perle, qu'vn Roy d'Espagne y avoit apportée, & qui fut autrefois tirée du Temple de Iérusalem, lors-que Nabuchodonosor la ruina. Cette riche piéce ayant depuis esté portée à Damas, Soliman qui succéda à Gualid, la fit mettre dans sa principale Mosquée. *C'estoit peut-estre de Nacre.*

Pour retourner à nostre Histoire, Muça ayant laissé garnison dans la citadelle de Mérida, tira vers l'Estrémadure ; mais en son absence ceux de Seville & quelques-vns de leurs voisins, ayant attaqué Mérida, la prirent d'assaut, & tuérent tous les Arabes qui y estoient. Sur ces nouvelles, Muça retourna tout-court avec ses troupes, & les Chrestiens ne l'osant attendre, se retirérent, laissant en liberté la ville, qui luy ouvrit aussi-tost les portes, s'excusant sur sa foiblesse du peu de résistance qu'elle avoit faite. *De Veza & de Nicbla.*

Cependant, Taric entra glorieux en la Province Gothique, dont le Gouverneur Mugnusa, qui résidoit dans Chichon, se joignit à luy & luy livra cette place. Autant en fit Mugnos, Gouverneur de Cerdagne. Ces deux Chefs, qui estoient Gots, firent cette lascheté pour se conserver leur *Le Languedoc ou l'Aquitaine, avec quelques places qui n'en sont pas. Ou province.*

Gouvernement, & favorisant les Arabes, firent de grans maux aux Chrestiens. Muça estant à Mérida, envoya son fils Abdulazis au Royaume de Valence, où il combatit contre ceux d'Origuele, & contre les habitans de Valence, d'Alicante & de Denia, qu'il vainquit, & toutes ces villes se rendirent à luy, à condition que les Chrestiens qui y voudroient demeurer le pouvoient faire. Ceux de Valence le priérent de leur laisser l'Eglise de Saint Barthelemi, qui auparavant s'appeloit le Collége de Saint Basile. Mais tous les autres Temples furent convertis en Mosquées, excepté celuy de la place où Saint Vincent fut martirisé, qui depuis a servi d'Hospital. De-là les Arabes passant victorieux par ces provinces, Sogorbe, Lérida, Tortose & Saragosse, vinrent en leur pouvoir, & ils démolirent barbarement les plus beaux édifices qui fussent dans celle-cy, & tuërent autant de Chrestiens qu'ils trouvérent. Ils marchérent de-là contre Tarragone, dont les habitans ne s'estant pas voulu rendre, ils l'emportérent d'assaut, & après avoir fait main-basse sur tout ce qui y estoit, ruinérent la ville, qui demeura de la sorte jusqu'à ce que Bernard Archevesque de Tolède la rebastit par le commandement d'Vrbain II. l'an mille quatre-vingts dix. Abdulazis s'estant rendu maistre du Royaume de Valence, laissa garnison par-tout, & tourna ses forces contre Seville, qu'il prit aprés vne grande résistance, & entra de-là par l'Algarbe dans le Portugal, dont il s'empara de Porte, qui estoit alors la capitale de Lusitanie. Aprés il retourna à Estrémadure, & l'ayant conquise entra dans la Castille par le détroit de Zébrére, & fut à Médina del campo, à Vailladolid, & à Burgos, prenant toutes les places qui estoient sur sa route, & poursuivant les pauvres Chrestiens qui se retiroient sur les montagnes & sur les roches les plus affreuses: car n'ayant point de Chef, chacun songeoit à son salut particulier, ou par l'accommodement, ou par la fuite. La pluspart le faisoient à la persuasion d'Olpas & du Comte Iulien, & des enfans de Vitiza & autres traistres, qui conduisoient les Arabes, & faisoient croire qu'ils s'en retourneroient bien-tost en Afrique, & qu'ils abandonneroient la Couronne aux héritiers legitimes. En-

*Autrefois Oriella.*

*Les enfans de Vitiza.*

fin ils s'y prirent de fi bonne forte, qu'en quatorze mois les Arabes affujettirent la plufpart de l'Efpagne, avec tant de furie, que ni les Romains, ni les Gots, ni pas vne autre Nation ne fit jamais rien de pareil : car ils ruinérent toute la race de ceux-cy, & leur Empire. Abdulmalic dit que ces quatre armées gagnérent trente batailles en raze campagne. Le bruit de ces victoires s'eftant répandu en Afrique, attira en Efpagne tant d'Arabes & d'Africains, que toutes les villes & les bourgades en furent remplies. Car comme il n'eftoit plus queftion de combatre, mais de peupler, ils venoient avec leurs femmes & leurs enfans. Dans vne fi grande révolution, il fe fit vn changement de moeurs, de religions, de coûtumes & de langages, & les noms des villes, des montagnes, des riviéres & des plaines, fe perdirent. Plufieurs furent en France, en Italie, en Angleterre & en Grece, implorer le fecours des Princes Chreftiens, & quantité de Nobleffe fe retira aux Monts Pirenées, que la Nature femble avoir mis pour rempart à l'Efpagne du cofté du Septentrion. Auffi fut-ce de cét endroit que vint fon falut. Car ceux qui s'y eftoient retirez ne fe contentérent pas de s'y défendre contre les Arabes, mais commencérent à s'étendre de-là, & à les vaincre. C'eft-là que fe conferva la Foy & l'ancienne langue Gothique, que quelques-vns difent eftre vn Arménien corrompu. D'autre-cofté, ces deux traiftres, Mugnufa & Mugnos, qui s'eftoient joints aux Arabes avec grand nombre de gens, qui favoient le païs, perfécutoient cruëllement ceux qui fe fauvoient de la cruauté des Arabes, & qui s'eftoient refugiez dans les montagnes & lieux efcarpez des Afturies, d'Alaba, de Guipufcoa, & des Pirenées. Mugnos fubjugua tout le païs qui eft au pied de ceux-cy, depuis Salfe jufqu'à la valée d'Arana, avec le Lampourdan, le Puçerdan, le Rouffillon & les vallées de Guyane & de Vielfe, où il exerça de grandes cruautez. Il ne paffa pas plus avant, parce-que les Chreftiens fe défendirent dans les détroits, & en quelques vieux châteaux ruinez qu'ils reparérent, fans parler des fortereffes qu'ils bâtirent de nouveau au païs de Sobarbe, d'Ayufa, de Caftel, de Léon & d'autres lieux, où ils élûrent aprés pour Roy Garci-Ramirez.

De l'autre costé des monts Pirénées prés de l'Océan, où sont les valées de Salazar, & de Roncevaux, & Saint Iean Pied de Port, on ne se sentit pas non plus de la cruauté des Arabes, à-cause de l'aspreté des rochers qui s'estoient mesme défendus de l'ambition des Romains. Mugnuza entra avec vne autre armée dans la Galice, dans les Asturies d'Oviédo, & de Santillane, & dans la Biscaye, où il fit aussi de grans ravages dans les plaines & les valées; mais les montagnes se sauvérent par-tout de la tyrannie des Arabes, & c'est là que les forces d'Espagne se retirérent, & qu'elles firent grande résistance. Comme ces peuples n'avoient point de maistre pour les gouverner, Dieu leur suscita Pélage fils de Fafila, Chevalier Got, que le Roy Vitiza avoit fait tuer pour coucher avec sa femme, qui estoit excellemment belle. Sur l'appréhension donc de quelque mauvais traitement, Pélage se retira en la ville de Cantabrie, qui est maintenant ruïnée, où il vivoit avec sa sœur, qui estoit vne tres-belle fille, lorsque les Arabes gagnérent la bataille. Mais voyant avec quelle rage ils ruïnoient l'Empire des Gots, & leur nom, & ne se croyant pas en seureté dans cette place, il alla à Chichon, dont Mugnuza estoit Gouverneur. Quoyque ce perfide contre l'opinion de tout le monde, se fust joint avec les Arabes, & qu'il les eust mis en possession du païs, il ne laissa pas de demeurer quelques jours avec luy, pendant lesquels Mugnuza devint amoureux de la sœur de Pélage, l'envoya à Cordouë traiter avec les Arabes, pour en jouïr en son absence, comme il fit, sous promesse de l'épouser. Comme il n'exécutoit pas sa promesse, & qu'il se moquoit d'elle, elle s'en plaignit quelque tems aprés à son frére, qui pour éviter pis, se retira avec elle dans les rochers; ce qui piqua de-sorte son amant, qu'il fit accroire à Taric, qu'il levoit des troupes contre luy, & qu'il s'en faloit défaire. Sur cét avis, Taric envoya vn corps de Volontaires pour le prendre; mais comme ils furent arrivez à Bretede où il estoit, vn Chrestier de la troupe, touché de compassion, l'en avertit, & il se sauva à course de cheval, & traversa la riviére de Pionie qui estoit fort haute; ce qui empescha ceux qui le suivoient de le poursuivre. De-là, entrant fort

*C'est-à-dire, du pied des montagnes où l'on passe.*

*Prés de Logrogne.*

*ou Guichon.*

triste dans la valée de Cangas, Dieu permit qu'il rencontra quantité de Noblesse des Asturies, de Biscaye, & des lieux circonvoisins, qui venoient avec pouvoir de leur peuple, de se soûmettre à la domination des Arabes. Comme il eut appris le sujet de leur voyage, il les reprit aigrement, & leur fit vn discours de cette substance : Qu'il y avoit beaucoup de danger de traiter avec ces Infidelles qui avoient profané les Temples, & violé les choses les plus saintes ; Qu'ils enseignoient leur fausse Religion aux enfans, & opprimoient les peuples pour les contraindre à la recevoir : Qu'il leur seroit honteux, aprés s'estre maintenus contre les vainqueurs de toute la terre, & s'estre défendus des Gots & des Romains, de subir le joug des Arabes : Que pour eux, ils n'avoient point esté défaits avec les autres, & que leurs forces estoient encore en leur entier : Qu'il valoit mieux souffrir la mort, que de s'assujettir à leur tyrannie. Si les plus foibles animaux s'offroient à la mort pour le salut de leurs petits ; que ne devoient point faire de braves gens en vne semblable occasion ? Que les femmes & les enfans des prémiers Chrestiens, s'estant sacrifiez pour leur Religion, il leur seroit honteux de la trahir, pour se mettre au pouvoir des Barbares ; Qu'il ne se faloit pas fier à leurs promesses, & encore moins à ceux qui avoient renié leur foy, & livré leur patrie aux Infidelles ; Qu'il valoit mieux mourir généreusement, que de souffrir tout ce qu'avoient enduré les autres au préjudice de la foy donnée ; Que le nombre ne servoit de rien au lieu où ils estoient, où l'on se pouvoit défendre avec peu de gens, contre de grandes forces ; Qu'ils estoient accoustumez au travail, & à la peine, & que plusieurs Chrestiens accourroient à eux, si-tost qu'ils leur verroient faire teste : Qu'ils avoient derriére eux, la France, mere d'vne brave jeunesse, qui ne souffriroit pas long-tems de si rudes ennemis à leurs portes : Que Dieu accourroit à leur ayde, en implorant son secours, & leur donneroit la force de resister. Par tels ou semblables discours, il enflamma de sorte leur courage, qu'ils retournérent en leur païs sans passer outre, ni s'aquiter de leur commission. Là ayant convoqué les

*Il n'estoit pas à propos de mettre vn Sermon dans vn abregé d'Histoire, c'est pourquoy je n'en ay mis que le suc.*

peuples, ils leur représentérent qu'ils avoient rencontré vn grand personnage, & de sainte vie, qui les avoit détournez de la faute qu'ils alloient commettre. De-sorte que ceux de Biscaye, & des Asturies l'élûrent pour Général, & il monta aussi-tost sur le mont Eusebe, où ils combatirent avec plus d'ordre qu'auparavant. Sur ces nouvelles, tous ceux qui se pûrent retirer d'avec les Arabes se joignirent à luy, & ceux qui ne le pûrent faire, en attendirent l'occasion. Cependant, les Arabes l'appeloient par raillerie, le Roy des montagnes. Taric ne pouvant souffrir cét affront, envoya contre luy vne puissante armée, sous le commandement d'Abraham, fils d'Alcama, en la compagnie de l'Evesque de Seville, & du Gouverneur de Chichon. Pélage se voyant plus foible qu'eux, mit la plus grande partie de ses gens en embuscade dans les montagnes, & avec mille des plus lestes, se campa dans les avenües pour en défendre l'entrée.

Il choisit pour cela, vne grande caverne d'vn abord tres-difficile, qui est à l'embouchûre des Asturies d'Oviédo, où les Arabes l'assiégérent. L'Evesque de Seville le voulut persuader de se rendre, sous prétexte que les Gots n'avoient pû resister avec toute leur cavalerie, & luy promit en ce cas, toute sorte de bon traitement; mais Pélage en colére de ce discours, le fit retirer avec menaces, de-sorte qu'il s'en retourna fort indigné, & conseilla à ses gens l'attaque de la caverne. L'Archevesque Dom Rodrigue, dit que Dieu fit ce jour-là des miracles en faveur des Chrestiens, & qu'il combatit pour eux contre les Infidelles, de qui les pierres, les fléches, & les dards retournoient contre eux-mesmes; De-sorte qu'vne partie demeura sur la place, & le reste se sauva par la fuite. Pélage aprés avoir rendu graces à Dieu, d'vn secours si imprèveu, poursuivit brusquement les ennemis, & les chassa de ces montagnes. Les Arabes perdirent vingt mille hommes, sans qu'il y mourust pas vn Chrestien. Ceux qui échapérent de la bataille s'estant retirez sur vne montagne, on dit qu'elle fondit sous eux, & qu'ils furent tous engloutis dans la riviére Iuan, qui passoit au pied. Les deux traistres, Olpas, & Mugnusa, ne pouvant grimper la mon-

montagne, furent pris, & le dernier tué; on ne fait que devint l'autre, & les Historiens n'en parlent plus. Sur ces nouvelles, Muça s'imaginant que les Chrestiens de son parti avoient conjuré contre les Arabes, fit couper la teste au Comte Iulien, & aux deux enfans de Vitiza, pour récompense de leur trahison. Cependant, cela fut cause que la Noblesse, qui avoit pris leur parti, appréhendant vn pareil traitement, passa aux Asturies, & quantité d'autres à leur exemple, & que ceux qui auparavant n'estoient pas en seureté dans les montagnes, sortirent enseignes déployées pour attaquer les Arabes dans la plaine, & les batirent en plusieurs rencontres, gagnant sur eux les villes de Leon, de Ruéda, de Mansilla, de Cangas, & le reste de la contrée. Cependant, Gualid n'estoit pas oisif en Asie, & pour seconder les progrés de Taric, & de Muça, envoya trois puissantes armées dans l'Empire, sous le commandement de trois braves Chefs, Marvan, Abas, & Muctar, qui firent de grans ravages dans la Romanie, & la Cilicie. Car ils prirent quantité de villes, & de chasteaux. Et ayant défait le Gouverneur de l'Arménie, s'en retournérent à Damas chargez de butin. Gualid n'en demeura pas là, il leva encore vne armée plus forte que les précédentes, pour aller assiéger Constantinople, & Anastase second, & son successeur Theodore troisiéme, luy ayant envoyé demander tréve, il ne la voulut jamais accorder.

<small>Abacius.</small>

Cependant la discorde s'estant mise en Espagne, entre Taric & Muça, & celuy-cy ayant maltraité l'autre jusqu'à le fraper, à ce que disent quelques-vns: Taric s'en retourna à Damas, avec deux de ses amis, Magétar, & Tudmir, & l'accusa devant le Calife, de concussion, & d'autres crimes. D'autre-costé, Muça prenant la moitié de l'armée d'Espagne, & laissant l'autre à son fils Abdulasis, passa en Barbarie, pour remettre dans l'obéïssance quelques Africains soûlevez; mais en chemin, il receut ordre du Calife de retourner à Damas. Pressant doncque son voyage, il entra dans la Numidie, où il exerça de grandes cruautez contre les vaincus, & passant jusqu'au païs des Négres, s'en retourna à Carvan chargé de butin, par la partie Orientale de la Li-

<small>718.</small>

bye, & prit la route de Damas avec tous ses tresors. Comme il fut arrivé à Aléxandrie, Soliman, frére du Calife, luy manda qu'il ne se hastast point, parce-que le Calife estant prés de mourir, on mettroit la main sur ses tresors; mais sans avoir égard à cela, il s'y rendit cinq jours avant sa mort. Cela fascha de-sorte Soliman, qu'il osta à Muça le Gouvernement d'Espagne sous son régne, comme nous dirons en son lieu; Gualid mourut l'an 718. Leon Isaure estant Empereur à Constantinople. Du-reste, les Auteurs Arabes, comme nous avons dit, ne s'accordent point avec nos Historiens: car ils mettent la conqueste d'Espagne l'an sept cens deux, & les autres l'an sept cens douze.

En Egypte.

## CHAPITRE XI.

*De Soliman Hascien, neuviéme Calife; & de ce qui arriva de mémorable sous son régne.*

718.

SOLIMAN Hascien succéda à l'Empire des Arabes, l'an sept cens dix-huit, & ne régna que trois ans. Il continüa le dessein de son frére, d'attaquer Constantinople, & équipa l'armée navale de tout ce qui luy estoit necessaire pour cette entreprise. Sur ces nouvelles, l'Empereur se mit en estat de luy resister, & ordonna qu'on eust à se fournir de vivres pour trois ans, avec ordre à ceux qui n'en avoient pas le moyen, de sortir de la ville avec leurs familles. Ensuite il fit équiper plusieurs vaisseaux dans le port, & fit provision de quantité de feux d'artifice, & autres machines de guerre, en attendant la venuë des Arabes. Cependant, Soliman en colére contre Muça, comme nous venons de dire, luy osta le Gouvernement d'Afrique, & d'Espagne, & envoya Iézid en sa place, dont il fut tellement indigné, qu'il en mourut de dépit. Ensuite estant maistre de l'Abacie, de la Lycie, & de l'Ibérie, il manda à Marvan, fils de Mahamet, d'entrer en Thrace avec vne puissante armée, & d'assiéger Constantinople par terre, tandis qu'il l'attaqueroit par mer. Pour obéir à ces ordres, Marvan entra dans

au Maçalma.

la Thrace, pillant & saccageant tout, & s'estant campé devant la ville, fit vne profonde circonvalation d'vne mer à l'autre, avec vn bon rempart, pour empescher les sorties, & s'y campa, en attendant Soliman, qui venoit avec quinze cens vaisseaux, dont il y en avoit quantité chargez de munitions. Enfin, la mer en estoit tellement couverte, depuis Magnavie, jusqu'à Cyclobium, qu'ils donnoient l'épouvente à l'Empereur & aux habitans, qui se voyoient assiégez par mer & par terre, sans pouvoir estre secourus. Mais il se leva vne si grande tempeste, que l'armée navale fut contrainte de relascher sur les costes de Thrace, & comme les grans vaisseaux ne pûrent pas si-tost se garantir, l'Empereur envoya les siens aprés, chargez de feux d'artifice qui en brûlerent, ou coulerent à fond la pluspart. Les autres se briserent prés des murs de Constantinople. Soliman mourut de regret de cette perte, & quoy-qu'il y eust quelque different entre les Arabes pour l'élection d'vn successeur, on ne laissa pas de nommer Omar, pour ne point interrompre le siége.

*Faux-bourg de Constantinople.*

721.

## CHAPITRE XII.

*D'Omar, second du nom, dixiéme Calife; & de ce qui arriva de remarquable sous son régne.*

APres la mort de Soliman, son cousin Omar, fils de Moadi, & petit fils d'Abdulmalic, succéda à l'Empire au commencement de l'année sept cens vingt & vn, le siége estant devant Constantinople. Il fut surnommé Aced Ala, ou Lion de Dieu. Ceux de Syrie avoient nommé en sa place Iézid son frére aisné; mais apprehendant vn soûlevement de l'armée, il envoya aussi-tost reconnoistre Omar, qui de son costé, fit toutes les diligences imaginables d'assembler des vaisseaux d'Egypte, d'Afrique, & d'Europe, pour mener des gens, des vivres, & des munitions, & autres choses necessaires pour le siége, que Marvan continüa avec grande difficulté tout l'hyver: Car il plut & neigea tant, qu'il y mourut

*En la ville de Damas.*

quantité d'hommes, & de bestes de charge. A l'entrée du printems, Dahac, fils de Sofian Benaruf, arriva avec quatre cens vaisseaux d'Egypte : mais comme il fut prés de Constantinople, & qu'il déchargeoit dans les barques & chaloupes, les vivres, & les munitions pour les porter à l'armée de terre ; les forçats Chrestiens prirent cette occasion, pour se jetter dans la ville, & avertirent l'Empereur *, que l'armée navale n'avoit osé approcher de Magnavie, de crainte des feux d'artifice, & qu'elle avoit relasché au port de Cortan. Le lendemain donc, dés la pointe du jour, l'Empereur la fut attaquer avec des feux d'artifice, & avant que de revenir, en consuma ou dissipa vne grande partie. D'autre-costé, Marvan ayant envoyé vne partie de l'armée vers Nicée, & Nicomédie pour faire venir des vivres, les Seigneurs de la Bulgarie, & de la Thrace, qui s'estoient retirez avec leurs sujets dans les montagnes, vinrent fondre dessus à l'improviste, & en tuérent prés de trente mille. Malgré toutes ces pertes, Marvan continüa le siége avec grand courage, tant que Iézid arriva avec vne armée de trois cens soixante voiles, qu'il avoit faite en Afrique. Mais ce Prince craignant d'approcher de Constantinople, de-peur qu'on ne mist le feu à sa flote, raza les costes de Bithynie, & mettant ses gens à terre, ravagea tout le païs, & fut contraint à la fin de se retirer, aprés avoir esté défait par les troupes de la province, qui s'estoient rassemblées pour luy faire teste. Cependant, on batoit Constantinople avec toutes les inventions, & les machines, que l'artifice des hommes a pû inventer pour prendre des villes ; mais les assiégez se défendoient encore mieux, & l'armée navale de l'Empereur, par le moyen des feux d'artifice, se rendit maistresse du détroit, & donna passage aux barques, qui apportoient des vivres à Constantinople. Il n'en estoit pas de mesme dans le Camp, où les vivres venant à manquer, on mangea jusqu'aux chevaux, & aux chameaux. Quelques-vns disent, jusqu'aux morts, & aux excrémens, qu'on saupoudroit de son ou de farine. Pour comble de malheur, la peste s'estant mise dans l'armée, en emporta la troisiéme partie, & Constantinople n'en fut pas exempte: car il y mourut plus de cent mille per-

* Leon.

sonnes. Omar averti de ces infortunes, & les imputant au couroux du Ciel, commanda à Marvan de lever le siège ; mais il estoit à peine hors du Canal de Constantinople, qu'vne effroyable tempeste coula à fond la plufpart de fes navires, le reste fut consumé en partie du feu du Ciel, dont on voyoit bouillonner la mer, & fondre la poix des navires ; de-sorte que de trois mille vaisseaux, il n'en échapa que quinze, dont cinq furent pris par les Chrestiens, & le reste alla porter la nouvelle de la défaite au Calife Omar.

L'Empereur delivré de ce peril, rendit graces à Dieu, des miracles tout visibles qu'il avoit operez en sa faveur : mais Omar imputant le couroux du Ciel, à la permission qu'il donnoit aux Chrestiens, de faire des choses contraires à la Loy de Mahomet, voulut que tous ceux qui estoient nez de pere ou de mere Mahométans, embrassassent sur l'heure sa Religion, sur peine de la vie, & que nul ne fust si osé de manger de la chair de pourceau, ni de faire du vin, ou d'en boire dans tout son Empire. Il déchargeoit par cét Edict, de toutes sortes d'imposts & de tributs, les Chrestiens qui embrassoient sa secte, & persécutoit cruellement les autres. Il ne voulut point qu'on eust égard aux sermens des Chrestiens, quand ils auroient affaire à des Mahométans ; & à la suscitation du Demon, sollicita l'Empereur d'embrasser sa secte, & luy envoya vn Renégat pour l'en instruire. *Leon.*

Cependant, Abdulasis, fils de Muça, que son pere avoit laissé en Espagne pour gouverner en son absence, alla faire son sejour à Seville, qu'il appela Medint-hems, à-cause du rapport que son commerce & son port luy donnoient avec vne ville de son nom, qui est en Syrie. Lors-qu'il eut appris la mort de son pere, il écrivit à ses amis, & ses alliez d'Afrique, qu'ils le vinssent trouver, & qu'il leur donneroit du bien & des héritages. Ce qui attira de grandes forces en Espagne, par le moyen desquelles il se fit reconnoistre par-tout. Il fit tout ce qu'il pût pour chasser du païs les Chrestiens, & époufa, à ce que disent quelques-vns, la veuve du Roy Rodrigue, qui estoit vne belle Africaine, de grande naissance. Ce fut elle qui luy conseilla de se faire appeller Roy, & qui luy mit sur la teste vne couronne d'or, *Espagne.* *Aben Mahn.e., & Aben Yça.*

Y iij

comme ils estoient seuls dans la chambre, luy faisant acroire que cela luy séoit tres-bien. On dit mesme qu'elle fit faire la porte Mechuare, par où l'on entroit pour luy parler, si basse, qu'on estoit contraint de se baisser jusqu'à terre, afin que cela témoignast plus de respect. Mais Abdulazis ayant esté apperceu avec cette couronne par deux Arabes de condition, ils eurent en horreur vne chose défenduë par la loy de Mahomet, & le poignardérent dans vne Mosquée tandis qu'il faisoit ses priéres, traitant en suite de mesme sa femme. Ils élurent en sa place Iub, fils d'Habib, qui ne régna que six mois; & aprés luy Alhor, fils d'Abdarrhaman, qui régna deux ans. Pelage s'estant alors rendu puissant, retira quantité de places de l'obéïssance des Arabes par force ou par adresse. Et Alfonse, fils de Dom Pedre Duc de Biscaye, parent du Roy Rodrigue, s'estant joint à luy par le mariage de sa fille*, ils gagnérent ensemble plusieurs batailles contre les Arabes. Cependant mourut le Calife Omar au commencement de l'année, aprés avoir régné deux ans. Et son frére Iézid luy succeda.

*Egylone, ou Eylate.*

*Ceyed & Habib.*

**Ormisinde.*

723.

## CHAPITRE XIII.

*De Jézid second du nom, onziéme Calife, & de ce qui arriva de remarquable sous son régne.*

IEZID second du nom, prit les resnes de l'Empire l'an sept cens vingt-trois, & ne régna que trois ans & demy. La prémiére année de son régne, vn autre Iézid se fit nommer Calife dans la Perse, & marcha contre Damas avec vne grande armée. Mais le véritable Calife en envoya vne autre plus puissante contre luy, sous le commandement de Marvan, qui l'ayant défait & tué, remit la Perse sous l'obéïssance de Iézid, & le rendit paisible possesseur de tout l'Empire des Arabes. La seconde année de son régne, à la persuasion d'vn Iuif de Phénicie, il commanda d'oster toutes les images des Temples des Chrestiens. Mais la pluspart des villes y contredisant, il mourut avant que cét ordre fust

*Autrement Mahaleb, fils d'Abigafra.*

executé. Mais l'Empereur Leon, à la persuasion de ce Re- Beger.
négat, dont nous avons parlé, embrassa cette maudite hé-
résie, qui fut cause de grans maux à toute la Chrestienté.
Car l'Empereur s'estant opiniastré à la ruine des images, le
Pape Gregoire troisiéme s'y opposa vigoureusement, & luy
dit qu'il n'avoit aucun droit de se mesler des choses de la
Foy, ni de violer les coûtumes de l'Eglise, autorisées par
les Saints Peres. Comme il ne le pût détourner de son erreur, il le declara hérétique schismatique, & fit arrester en
Italie tous les revenus qui appartenoient à l'Empire.

L'an sept cens vingt-quatre, Brahem fils de Malic, qui
succéda au Gouvernement d'Alhor en Espagne, marcha
avec une puissante armée contre Pélage, qui prenoit pied
dans le Royaume de Leon, & luy ayant donné bataille
prés de la ville de Dalhior, il y fut tué avec la pluspart de ses
gens; quoy-qu'Aben-rachid die que ce fut à Tortose. Aussi-
tost ceux de Cordoüe élûrent pour Roy Abderramen, fils
d'Abdala, qui ne régna que dix-neuf mois, pendant lesquels
Pélage & Alfonse, son gendre, chacun de son costé, défirent les Arabes en plusieurs rencontres, & recouvrérent
plusieurs places, qu'ils peuplérent & fortifiérent. Enfin Iézid mourut l'an sept cens vingt-sept, au mois de Février, 727.
& Gualid second du nom, son fils, luy succéda.

## CHAPITRE XIV.

*De Gualid second du nom, douziéme Calife; & de ce qui arriva de remarquable sous son régne.*

GVALID aprés avoir associé à l'Empire son oncle Hascen, à-cause de son bas âge, régna dix-neuf ans, &
comme il estoit plus pacifique que guerrier, il fit bastir les
prémiéres années de son régne des Temples & des Palais
magnifiques, à Damas & aux principales villes, & planter
quantité de vergers, faisant venir de l'eau par des aqueducs,
pour embellir les villes, & arroser les jardins. Mais ses Généraux ne laissoient pas pour cela de faire la guerre, &

Marvan estant entré en la Cappadoce, prit la ville de Césarée. En mesme tems il arriva vne chose remarquable sur la coste d'Asie. C'est qu'on vit brûler la terre au fond de la mer, d'où sortit comme vn torrent de flâmes & de fumée, qui fit voler en l'air les pierres des montagnes & des rochers, tellement seches à force d'estre brûlées, qu'elles nageoient sur l'eau. On ajoûte qu'elles estoient en si grand nombre, que les montagnes en estoient couvertes, & qu'il s'en forma vne isle. Cependant, Gualid prenant l'occasion des guerres civiles pour faire la guerre à l'Empire, envoya Aben Amar, & Moavia avec vne armée de quatre-vingts dix mille hommes attaquer la ville de Nicée en Bithynie. Mais les Chrestiens se défendirent si vaillamment, qu'ils furent contraints de se retirer avec perte de leurs gens & de leur reputation. Mais ils prirent Téé, qui estoit forte, & pillérent tous les lieux qui estoient sans défense, aprés quoy ils s'en retournérent en Syrie.

Quelque tems aprés Casan, Prince de Gazarie, & fils du Roy des Bulgares, fit la guerre aux Arabes du costé de l'Arménie, & ayant vaincu & tué Gardaque, Gouverneur de cette province & de la Médie, les assujettit toutes deux à l'Empire Romain. D'autre-costé, Marvan ayant fait tréve avec Cayane, leva vne puissante armée contre les Turcs du mont Caucase, qui demeurent dans des lieux inaccessibles, prés des portes Caspiennes, & leur donna vne bataille qui dura vn jour entier, où il mourut beaucoup de gens de part-&-d'autre, sans que pas vn eust emporté la victoire. Mais comme il estoit belliqueux, il tourna de-là ses armes contre l'Empire Romain, & entrant dans la Cappadoce, se rendit maistre du fort château de Corsiane, par la trahison de quelques faux Chrestiens qui luy livrérent la place. L'année d'aprés il retourna contre les Turcs avec vne plus puissante armée ; mais estant arrivé au lieu où s'estoit donnée la bataille, il eut avis que les ennemis venoient contre luy avec de grandes forces, & se retira sans rien faire.

Cependant, Pélage & Alfonse avoient de l'avantage en Espagne, & les Navarrois aussi avec ceux de Terragone, aprés avoir élû pour Roy Garci-Ramirez dans Saint Iean Pied-

*729.*

A Lesbos, à Abyde, en l'Asie mineure, & en la Macédoine.

*730.*

Vdins, Teutacites, ou Idolâtres.

En Arabe Colaa.

Espagne.

# SVCCESSEVRS, LIVRE II. 177

Pied-de-port. Enfin Pélage mourut l'an sept cens trente-deux, aprés avoir régné quatorze ans. Quoy-que l'Archevesque de Toléde le fasse régner deux ans davantage, & mourut aussi plus tard. Fafila son fils luy succéda, & n'eut pas régné deux ans, qu'il fut tué à la chasse par vn ours. Ces Princes établirent le siége de leur Empire dans la ville de Leon, & prirent pour Armes vn Lion en champ d'argent, non tant pour estre Rois de cette place, que pour avoir combatu en lions pour la défense de leur patrie. Pendant le régne de Fafila, Abderrame commandant en Espagne, les Arabes entrérent en France avec vne puissante armée du costé du Languedoc ; ce qui nous oblige à dire quelque chose de ce païs & de l'origine des François. La Gaule, que nous appellons maintenant France, estoit tenuë alors par des Alemans, peuple belliqueux, venus de la Franconie : Car environ l'an quatre cens, Aëtius Patrice Romain qui estoit Gouverneur de la Gaule, leur donna à habiter le quartier des Séquaniens, qui est prés de l'Alemagne, pour se servir de leurs forces contre les Huns, qui ravageoient l'Europe sous la conduite d'Attila. Ces peuples en peu de tems s'étendirent de-sorte, qu'ils se rendirent maistres de cét Estat, & firent voler leur nom par-tout. Depuis cela leurs Princes estant adonnez à leurs plaisirs & devenus faineans, perdirent leur ancienne générosité, & se déchargérent du gouvernement des peuples sur leurs Ministres, qui disposoient de tout sous leur autorité. Le prémier de ces Ministres qui aquit de la réputation en Gaule contre les rebelles, lesquels s'estoient soûlevez dans les provinces, à-cause de la foiblesse du Roy, fut Pepin fils d'Arnolfe Duc de Baviére, & aprés luy son second fils Charles Martel, qui fut si brave & si puissant, que les François le regardoient comme leur Prince. En ce tems-là Eudes Duc d'Aquitaine, Seigneur Goth, voyant Charles Martel occupé contre les rebelles, ravagea de-sorte ses frontiéres, qu'il obligea Charles à tourner ses forces contre luy ; en mesme tems que les Arabes passoient les Pirenées, & forçoient Narbonne, où ils commirent de grandes cruautez, pour épouvanter les autres villes. Eudes attaqué par deux si puissans ennemis,

*A Cangas.*

*Selon l'opinion de quelques-vns.*

*Sous le régne de Théodoric II.*

Z

s'accorda avec les Arabes par le moyen de son gendre Mognuza, Seigneur de Cerdagne, & fit de grans maux en France avec leurs forces qu'ils luy prestérent : mais voyant qu'ils prenoient toutes les places pour eux sans luy en faire part, & qu'ils s'estoient saisis de Nismes & d'Avignon, avec tous les lieux d'alentour, il les voulut chasser. Et pour ce sujet, leva deux puissantes armées, & leur donnant bataille, les vainquit & en tua la plusart. Mais Same, qui les commandoit s'estant sauvé en Espagne, s'en plaignit à Abderrame, comme si Mognuza les eut trahis. De-sorte que sans s'éclaircir davantage, il mena son armée contre luy, & l'assiégea dans la forteresse de Cerdagne. Il se sauva la nuit, parcequ'il manquoit d'eau, & gagnant les Pirenées, pour passer dans l'Aquitaine, fut surpris par les Arabes, qui luy coupérent la teste, & l'envoyérent avec sa femme à Abderrame, pour achever la vengeance de ceux qui avoient trahi l'Espagne. Abderrame délivré d'vn ennemi qui luy pouvoit donner à dos en passant en France, assembla plus de cinq cens mille hommes, & entra dans ce Royaume, où il fit vn tel carnage depuis qu'il eut passé le Rône, qu'on ne voyoit long-tems aprés que des monceaux d'ossemens. L'année suivante il y rentra avec de plus grandes forces, dont il avoit fait venir vne partie d'Afrique, à dessein de se rendre maistre de la France, & assiégea Toulouze ; quoy-qu'elle fust bien fortifiée, & pourveuë de tout ce qui estoit necessaire pour la défense. Mais il l'attaqua si vigoureusement, qu'il la prit, & Bordeaux ensuite, où il fit main-basse sur tout, & démolit mesme les Temples. De-là par le quartier de Perigord, qui est de l'autre costé de la Garonne, il passa dans la Saintonge, l'Angoumois & le Limousin, & vint à Poitiers, ayant gagné deux batailles contre Eudes, où il luy tua vne infinité de gens. De-là il alla à Tours, qu'il prit par force, & démolit, faisant brûler l'Eglise Saint Martin & le Palais Royal. Toutes ces victoires donnérent telle épouvante à Eudes, qu'il se repentit de ce qu'il avoit fait, & fit paix avec Charles Martel, pour resister ensemble à leur commun ennemi. Charles voyant qu'on ne pouvoit s'opposer à ce torrent qu'avec de grandes forces, assembla toutes celles de

*L'Auteur ajouste, Et tout le mont Peluse.*

*C'est Poitiers, & non pas Tours, qu'il prit, & l'Eglise S. Hilaire qu'il démolit, non pas celle de S. Martin.*

France, & aidé du secours des Alemans & des Bourguignons, avec confiance en la misericorde de Dieu, donna bataille à l'ennemi. On dit qu'elle dura six jours ; Que l'on combatit chaque jour depuis le matin jusqu'au soir, & que la nuit du sixiéme, Abderrame voyant qu'il avoit perdu trois cens soixante & quinze mille Arabes, sans que les Chrestiens en eussent perdu plus de quinze cens, il ne voulut point attendre le succés du septiéme jour ; & laissant toutes ses tentes dressées, & toutes les richesses qui estoient dedans, s'enfuit en Espagne avec ceux qui le purent suivre. Mais les Navarrois qui s'estoient saisis du passage des montagnes, le tuërent avec sa suite. Cependant Charles voulant retourner à la bataille le lendemain, & ne voyant paroistre personne, comme il sçeut que l'ennemi s'estoit retiré entra dans son camp, où il trouva de grandes richesses. Cette victoire délivra le païs d'vn grand fleau, & toute la France de l'appréhension & de la servitude où l'Espagne gémissoit. Aprés la mort d'Abderrame, on élût pour son successeur Omar, fils de Saad, qui régna deux ans & trois mois; & aprés luy Aben Caçem, qui ne régna que deux mois & sept jours. Ensuite Iub, deux ans ; puis Gayfre, six mois & trois jours, ayant esté étranglé par ses gens. Mahamet luy succéda, qui ne régna que deux mois. Et aprés luy Abderrame l'Alfaqui, qui en régna dix-huit, & fut aussi tué en trahison par ses gens. A celuy-cy succéda Abdulmalic, qui régna deux ans, pendant lesquels les Chrestiens gagnérent quelques victoires contre les Arabes, & recouvrérent plusieurs places à l'occasion de ses changemens. Enfin Abdulmalic estant mort, ils élûrent pour Roy Ben-Chéque, autrement Atinio, qui fit égorger aussi-tost tous ceux qui l'avoient élû, de-peur qu'ils ne le traitassent, comme ils avoient fait les autres. Celuy-cy fut fort brave, gagna toute la Galice, prit par force la ville de Pampelune, & se rendit maistre de toute la Navarre. Alors Eudes estant mort, Charles Martel s'empara d'vne partie de ses Estats. Mais Hunold & Gayfre, ses enfans, assistez de ceux de Narbonne, prirent les armes contre luy, & passant le Rône, ravagérent tout avec grand meurtre. Car entrant victorieux dans la province des Al-

Mahamet A-
ben-Abey-
dala.

Aben-hasçea.

lobroges, qu'on nomme maintenant le Dauphiné, ils la ruinérent avant que Charles la pûst défendre. Mais dés qu'ils sceurent qu'il approchoit d'eux, ils se retirérent, & confirmant avec Atinio le traité que leur pere Eudes avoit fait avec Abderrame, ils luy donnérent des ostages, & firent venir quantité d'Arabes en France. Ils n'entrérent pas alors comme autrefois que ce n'estoient que des gens ramassez, & de tout âge. Car c'estoit vne brave jeunesse, sous le commandement d'Atinio, qui prit d'abord la ville de Narbonne, & ensuite celle d'Avignon, que le Comte Maurice leur livra. Les Arabes courant ainsi victorieux par toute la province, Charles envoya contre eux Childebrand * Roy de Lombardie, avec des gens bien lestes, qui les resserra dans cette derniére place. Comme elle est assize sur le Rône, & qu'Atinio l'avoit fortifiée, il ne s'imaginoit pas que les François la dussent prendre, & les repoussoit quelquefois par de généreuses sorties. Mais Charles qui n'avoit point alors d'autre ennemi, y estant arrivé avec toutes ses troupes, & ayant reconnu la place & les forces de l'ennemi, fit préparer tout ce qui estoit necessaire pour donner l'assaut. Il divisa ses gens en trois corps, dont il donna l'vn à son fils Pepin *, l'autre à Childebrand, & reserva le troisiéme pour luy. La place fut attaquée vertement par trois divers endroits. On se servoit alors pour l'attaque de tours de bois portées sur de grandes roües, que ceux mesmes qui estoient dedans faisoient rouler par des ressors sans pouvoir estre offensez, & l'on tiroit de-là sur ceux qui défendoient le rempart. Lors qu'on en estoit proche, on baissoit vn pont-levis sur le mur, & l'on entroit par-là dans la place : mais l'artillerie a rendu tous ces artifices inutiles. Les ennemis se défendirent d'abord vaillamment, avec des fléches & des pierres, & avec des lances à feu poissées, qu'ils jettoient sur les assaillans, & Atinio alloit par-tout faisant devoir de soldat & de Capitaine, avec grand meurtre de ceux qui montoient à l'escalade. Mais comme on combatoit avec avantage du haut des tours, lors qu'on vint aux mains, aprés avoir baissé les ponts, les assiégez ne purent soustenir leur effort, & Atinio s'embarquant avec les principaux sur des vaisseaux qu'il tenoit

* Duc Childebrand, oncle de Charles.

* Il y a Charlemagne au texte.

tout prests, se sauva à Narbonne, où il avoit laissé vne partie de ses troupes, à-cause que c'estoit vne place capable de défense, & de recevoir du secours par mer. Charles ayant pris Avignon, & fait main-basse sur tous les Arabes qui y estoient, tira en diligence de ce costé là, & l'assiégea dans la ville, pour ne luy pas donner le loisir de s'y fortifier. Il s'y défendit aussi-bien que dans Avignon. Mais sur l'avis qu'Amar * venoit d'Espagne avec de grandes forces, Charles marcha contre luy pour le combatre avant leur jonction, & laissa son fils autour de la place, avec vne partie de ses troupes. Les deux armées se rencontrérent prés de Colioure, où Charles tua Amar de sa propre main, & défit tant d'ennemis, qu'à peine en resta-t-il pour porter la nouvelle de la défaite. Sur cét avis Atinio abandonna Narbonne, & s'embarquant avec le plus de gens qu'il pût, repassa à Cartagène, & de-là à Cordouë. Cela arriva l'an sept cens trente-sept, selon quelques-vns sept cens trente-cinq, sous le régne d'Alfonse le Catholique, gendre de Pélage, qui se servant de cette occasion, persécuta fort les Arabes, & recouvra sur eux quantité de places.

* Celuy qui gouvernoit l'Espagne en l place d'Atinio.

Pour retourner maintenant aux affaires de l'Asie, l'an sept cens trente-neuf Gualid envoya vne puissante armée dans les provinces de l'Empire, qui fit de grans ravages dans la Thrace, & se retira lors qu'elle n'y put plus subsister. Peu de tems aprés l'Empereur Leon arma contre le Pape, & exerça de grandes cruautez sur les Catholiques; puis envoyant son armée navale sous la conduite de Manés * qui estoit aussi hérétique que luy, pilla toutes les costes de Thrace, de Candie, de la Pouïlle, de la Calabre & de la Sicile, mettant par-tout de grans imposts, & confisquant le bien des Ecclésiastiques. Gualid le voyant occupé en cette guerre, fit entrer Soliman * dans l'Arménie, qui estoit sous la domination de l'Empereur, & comme il ne trouva personne qui luy fit teste, il détacha quinze mille hommes, sous le commandement d'Ibnimalic & d'Abu-Abdala el batal, qui marchérent du costé d'Acronium. Mais comme ils marchoient en desordre, ils furent surpris par la Cavalerie de l'Empereur, qui tua les deux Généraux, & tailla

Asie.
739.

* ou Manete.

* fils de Marvan.

le reste en piéces, à la reserve de huit cens.

*Espagne.* Incontinent aprés la défaite d'Amar, vn autre Arabe apelé Elmiçimiçi, souleva la ville de Saragosse, & se rendit vassal du Roy de France pour en estre secouru; mais Atinio envoya aussi-tost Abdérrame assiéger la place, qui n'estant pas secouruë, à-cause de la mort de Charles, se rendit. Cét Atinio régna six ans, & mourut au siége de la ville de Tanger. Cependant, comme Abderrame estoit puissant en Espagne, le Calife Gualid appréhendant qu'il se soulevast, le manda, & envoya pour commander en la place d'Atinio, vn autre Arabe appelé Abdulmalic, qui s'empara sans combat, de tout ce que les Arabes tenoient en Espagne; puis passant en Afrique, continua le siége de Tanger, & l'ayant prise, fit main-basse sur la pluspart des habitans, & assujettit quantité de places qui estoient hors de l'obéissance des Maures d'Espagne. Abdulmalic estant en Afrique, ceux de Cordouë élûrent pour Roy, Abéçi, qui fit beaucoup de maux au païs, & se fit appeler Amir el Mocélémin, d'où nâquit la guerre des Grans en Espagne, parce-que tout ce qu'il y avoit d'illustre y entra. Sur ces nouvelles, Abdulmalic rebroussa chemin, & vint combatre Abéçi, qu'il vainquit & tua. Il avoit avec luy grand nombre d'Arabes qu'il avoit amenez d'Afrique, qui s'habituérent en Espagne, y bastirent quantité de places, & en restablirent d'autres qui avoient esté ruïnées. Ensuite il alla assiéger Cartagéne, qui tenoit encore pour les Chrestiens, & l'ayant prise, voulut retourner à Cordouë; mais il mourut en chemin. Les Arabes élûrent en sa place Alcataran, qui estoit fort devot, & honoroit beaucoup les estrangers, particuliérement ceux de Damas. En haine de cela, les Arabes d'Espagne se soulevérent contre luy; mais il les vainquit prés de Toléde, à-cause qu'il avoit grand nombre d'estrangers dans ses troupes. Comme il vit depuis que ceux du païs diminuoient, & que les estrangers devenoient trop puissans, il chassa de Cordouë ceux de Damas, qui passant à Avila, rassemblérent quantité de gens, & retournérent l'assiéger dans la forteresse de Cordouë, où ayant tué tous ceux qui l'accompagnoient, ils le pendirent aux creneaux d'vne tour, créant en mesme tems pour Roy, l'vn d'entre eux, nommé Aben el Hach. Quand les enfans d'Alcataran, qui estoient alors à Narbonne, eurent appris la mort de leur pere, ils leverent vne armée pour aller assiéger Cordoüe : Mais Aben el Hach allant au-devant d'eux les'défit, & s'en retournant à la ville, mourut au bout de dix-sept jours, aprés avoir régné seulement six mois. Quelques-vns disent qu'il mourut de fatigue, pour avoir combatu vaillamment ; d'autres disent qu'il fut empoisonné. Ceux de Cordoüe élûrent pour Roy en sa place Abdécélem, en dépit de ceux de Damas, qui élûrent de leur costé, Cacem, fils de Carrar. Pour ce sujet, les Cordoüans manderent au Calife, qu'il envoyast vn Roy en Espagne, autrement que tout s'alloit perdre; & cette mesme année, il envoya Zubéir, fils de Célim, avec de grandes forces, & les Cordoüans le receurent pour Roy. Ce fut luy qui par sa sagesse, mit la paix entre les Arabes d'Espagne, & fit entrer ses troupes dans Cordoüe, Cherez, Elibéri, Seville, & Iaen, & sur toute la frontiére de l'Andalousie, ostant aux Chrestiens qui estoient ses sujets, la troisiéme partie de leurs biens, & les donnant à ses gens, ce qui le fit aimer des vns & craindre des autres. Il leva vne puissante armée pour passer en France ; mais avant qu'il fust aux Pirenées, le Roy Pepin, qui avoit succedé à Charles, le vainquit, & le rechassa au-delà de l'Ebre. En mesme tems, Tevan, autre Capitaine Arabe, qui tenoit le Gouvernement de Castille pour Zubéir, eut vn démeslé avec le Roy Alfonse, qui le vainquit prés de sa ville, & le tua, avec la pluspart des Arabes de Damas qui l'avoient suivi. Aprés cette victoire, ce Prince leva vne puissante armée, & descendant dans la plaine, conquit tout le païs qui est entre Estéla, Carrion, Pisuerga, & Duéro, d'où entrant dans le Portugal, il se rendit maistre des villes de Porte, Bragues, & Viseo, & prit ensuite Ledesma, Salamanque, Samore, Simanque, Saldaigne, Mirande, Segovie, Avila, Osma, Sépulvéda, & plusieurs autres villes de Castille. De-là, il passa dans la Navarre, & porta ses armes victorieuses jusqu'aux Pirenées, où il remit les Chrestiens, dans les lieux d'où ils estoient sortis, pour éviter la persécution des Arabes, & les fit peupler & fortifier de nouveau. Enfuite il reftablit les Eglifes, & leur donna des ornemens, & le refte qui eftoit neceffaire pour le fervice divin. Ces victoires étonnérent tellement les Arabes, que la plufpart fe révoltérent contre Zubéir, & Gualid fut contraint d'envoyer Occuba pour gouverner en fa place, après qu'il eut régné trois ans. Mais Occuba * devint fi tyran, que plufieurs villes fe révoltérent contre luy, & particuliérement Cordoüe, avec d'autres de l'Andaloufie. Comme il vit qu'il n'eftoit pas affez fort pour leur faire tefte, il paffa en Afrique, d'où il ramena quantité d'Arabes & d'Africains, avec lefquels il appaifa tous ces defordres, & remit Cordoüe dans l'obéïffance. Il mourut quelque tems après de maladie; mais avant que le Calife euft envoyé vn fucceffeur, Abderrame qui commandoit dans Lara, fut eftabli en fa place. Toutefois, incontinent après, Gualid y envoya Abubéquer avec de nouvelles forces ; mais les Gouverneurs d'Efpagne ne luy voulurent point obéïr, & raffemblant les troupes de Cordoüe, de Toléde, d'Aragon, & de Valence, luy livrérent bataille, où il mourut. Ils réfolurent enfuite de fe fouftraire de l'obéïffance des Califes de Damas. Ce que Gualid ayant appris, leva deux puiffantes armées, l'vne en Egypte, & l'autre en Afrique, & les envoya en Efpagne, fous la conduite de Raduan, grand Capitaine, qui appaifa tous ces defordres fans aucune effufion de fang, & remit les peuples dans leur devoir.

*IledifiaOca prés de Lara, entre Birviefca & Burgos.

*Afrique, & Efpagne.*

* ou Abdelchit.

Cependant, mourut dans Carvan Iézid, qui avoit gouverné l'Afrique avec beaucoup de réputation, depuis le régne d'Omar. Sa mort caufa de grans troubles dans cette province, où Abulhagex *, qui avoit efté Lieutenant d'Abdulmalic, fouleva les peuples, & fe rendit maiftre de la plufpart du païs, & particuliérement de la Tingitane. Il fe défendit vaillamment contre Gualid, & fe fit appeller Amir el Mocélémin ; mais il ne pût prendre Carvan, où régna toûjours quelque parent de Iézid. La révolte d'Abulhagex ne fut pas pluftoft feuë en Efpagne, qu'vn Abdulmalic s'y fouleva, & favorifé des Chreftiens Mufarabes, vainquit Raduan, & fe fit appeller Roy & Calife. Mais fa domination

tion ne s'etendit que sur Toléde, Caſtille, & Arragon, parce-que Raduan ſe maintint dans Cordouë, & dans l'Andalouſie. Comme il ſe vit toutefois ſans eſpérance de ſecours du coſté de l'Afrique, il répandit toutes ſes troupes dans les places frontiéres, & vogua vers Aléxandrie, d'où il regagna Damas, ſur l'eſpérance d'en ramener de nouvelles forces. Il ne fut pas pluſtoſt parti, qu'Abdumalic aſſiégea Cordouë, qui de-peur de tomber ſous ſa puiſſance, dépeſcha vers Abul Hagex pour en tirer du ſecours, ſous promeſſe de luy obéïr. Aſſemblant donc vne puiſſante armée dans la Barbarie, dont il s'eſtoit déja rendu maiſtre, il paſſa en Eſpagne, & ayant eſté receu dans Cordouë, & dans les autres places de l'Andalouſie, marcha contre Abdulmalic, qui s'eſtoit retiré à Toléde. Abdulmalic ne laiſſa pas de venir au-devant de luy avec toutes les forces des Muſarabes, & de luy donner bataille ſur les bords de de la Guadiane, où Abul Hagex fut vaincu, & ſe retira à Cordouë. Mais comme il avoit perdu beaucoup de troupes, il n'y oſa pas attendre ſon ennemi, & repaſſa à Gibraltar, où il avoit laiſſé ſon armée navale, & de-là en Afrique, promettant par-tout où il paſſoit, de revenir avec de plus grandes forces. Cependant, Abdulmalic ſe rendit maiſtre de Cordouë, & des places voiſines, où il exerça de grandes cruautez contre ceux qui ne luy voulurent pas obéïr. d'autre-coſté, Abulhagex ne fut pas pluſtoſt arrivé en Barbarie, qu'il leva vne puiſſante armée, dont il donna le commandement à Abderrame, qui ayant eſté bien receu à Malaga, & à Ellibéri, marcha contre Cordouë, où Abdulmalic s'eſtoit renfermé, ne ſe ſentant pas aſſez fort pour tenir la campagne. Mais Abderrame l'y força, & luy fit couper la teſte. De-là paſſant à Toléde, qui ſe rendit à compoſition, il courut toutes les provinces, & les remit dans l'obeïſſance d'Abul Hagex.

Tandis que ces choſes ſe paſſoient en Eſpagne, Raduan arriva à Damas, où ayant rendu compte de tout, le Calife crût qu'il eſtoit à propos, avant toutes choſes, d'appaiſer la révolte d'Afrique, & levant deux puiſſantes armées, l'vne de mer, & l'autre de terre, donna à Raduan le commandement de la prémiére qui s'eſtoit faite à Aléxandrie, & celuy de l'autre à Ioſef, pour paſſer en Barbarie, & delà en Eſpagne. Sur ces nouvelles, Abul Hagex marcha contre celuy-cy qui venoit par terre, & envoya le reſte de ſes troupes garder les places maritimes contre l'armée navale. Les deux armées de terre ſe rencontrérent dans les campagnes de Tachora, à trois lieuës de Tripoli de Barbarie, où aprés vn ſanglant combat, Abul Hagex fut vaincu & tué, & ſon fils * ſe ſauva vers la Mauritanie, avec le débris de l'armée. Le victorieux prit Tripoli, Capes, & Carvan, avec les provinces Orientales de l'Afrique, qu'il réduiſit aprés toute entiére ſous la puiſſance de Gualid.

* Abdulhedi.
L'Afrique des Romains qui ne s'étend que juſqu'en la Libye.
Aſc.

Pour retourner au Levant, l'Empereur Leon mourut l'an ſept cens quarante-deux, laiſſant pour ſucceſſeur, ſon fils Conſtantin Copronyme, qui régna trente-cinq ans, & ne fut pas moins hérétique que ſon pere, ni moins vicieux & ennemi de la Foy Catholique. Il diſputa l'Empire à Altobaſe, & le vainquit; mais pendant cette guerre, Gualid fit de grans maux aux provinces de l'Empire, & fit ſouffrir le martyre à pluſieurs Chreſtiens, pour les contraindre à renier leur foy. Le Bienheureux Martyr Eutrique, fils du Patrice Marianus, mourut alors, & eſt fort révéré dans la Méſopotamie, où l'on dit que Dieu a opéré pluſieurs miracles par le moyen de ſes Reliques. Enfin, Gualid mourut l'an ſept cens quarante-ſix, & Iézid el Gélid luy ſuccéda.

746.

## CHAPITRE XV.

*De Iézid el Gélid, treiziéme Califé ; & de ce qui arriva de plus remarquable ſous ſon régne.*

IEzid, qui fut ſurnommé Gélid, parce-qu'il eſtoit beau, prit les reſnes de l'Empire, l'an ſept cens quarante-ſept, & ne régna qu'vn an, pendant lequel il s'empara de l'Iſle de Chypre durant les guerres de Conſtantin, & d'Altobaze, & aprés l'avoir ſaccagée, en emmena tous les habitans en Syrie. Paul Diacre dit, que Coſme, Patriarche d'Aléxandrie, renonça alors aux erreurs des Monothélites, que le Patriarche Cyrus avoit introduites en Egypte sous l'Empire d'Héraclius, & se convertit à la Foy Catholique, avec tous ces peuples. Il y eut en ce tems-là beaucoup de martyrs. Iézid fit couper la langue au Patriarche de Damas, qui preschoit publiquement contre la secte des Manichéens, & des Arabes, & le relégua dans l'Arabie heureuse, où il souffrit le martyre, pour avoir presché contre Mahomet. Saint Pierre Martyr, mourut aussi alors pour le mesme sujet : car il crioit que Mahomet estoit vn imposteur, & que tous ceux qui y ajoûtoient foy, estoient damnez ; Qu'il faloit croire au Pere, au Fils, & au Saint Esprit, vnis consubstantiellement, & estre dans le giron de l'Eglise. Il fut tué alors par ces esclaves de Satan, & rendit l'ame à son Createur. Quelque tems aprés, Iézid fut tué en trahison par les Sarasins, & son fils Héchen luy succéda.

## CHAPITRE XVI.

### De Héchen, quatorZiéme Calife ; & de ce qui arriva de remarquable sous son régne.

HECHEN Aben Alas commença à régner l'an sept cens quarante-huit, & ne fut pas plustost sur le trône, que les Sarasins élûrent pour Calife, Marvan, qui gouvernoit alors l'Egypte, ce qui causa de grans troubles, ceux de Syrie favorisant Héchen, & ceux d'Egypte & d'Arabie Marvan. Celuy-cy fit tréve avec l'Empereur Constantin, à la charge de luy donner tous les ans trois cens mille besans d'or, trois cens chevaux, & trois cens esclaves, & de luy remettre entre les mains tout ce que les Arabes occupoient dans la Thrace ; moyennant quoy, l'Empereur promettoit de le secourir, comme il fit : car par son moyen, Marvan obtint la victoire contre Héchen, qu'il fit mourir avec ses enfans, & tous ceux de la maison de Gualid, qui luy pouvoient donner quelque ombrage. Aprés s'estre rendu maistre de la Syrie, il fit abatre les murs d'Eliopolis, de Iérusalem, & de Damas, & fit mourir cruëllement tous les

748.

Grans qui avoient favorisé le parti d'Hechen. Mais il n'appaisa pas pour cela les troubles, comme nous verrons en son lieu.

## CHAPITRE XVII.

*De Marvan, second du nom, quinziéme Calife; & de ce qui se passa sous son régne.*

MARVAN, fils de Mahamet, succéda à l'Empire des Arabes aprés la mort d'Héchen, vers l'année sept cens quarante-huit, & ne régna pas six ans. Cependant, Iosef & Raduan ayant achevé la guerre d'Afrique, & laissé pour Gouverneur de Carvan, l'vn des enfans de Iézid, passérent en Espagne avec vne puissante armée, pour en chasser Abderrame, qui se défendit * vaillamment à la faveur des Musarabes. Marvan envoya donc vne grande armée * en Espagne, qui débarqua à Cartagéne, & s'estant jointe, Iosef donna telle épouvante à Abderrame, qu'il passa en Afrique sans l'oser attendre. Il fut quelques jours dans la Numidie à demander secours aux Arabes, & aux Africains, qui ne reconnoissoient pas le Calife de Damas, & particulièrement aux enfans d'Abul Hagex, qui y avoient quelque autorité. Cependant ceux qui commandoient l'armée de Marvan en Espagne n'ayant plus d'ennemis, tournérent leurs armes contre les François *, & entrant par les Pirenées, coururent tout le quartier de Narbonne. Mais Pepin, fils de Charles Martel, assembla ses troupes, & les ayant surpris en desordre, en tua vn grand nombre, & contraignit le reste de se sauver, sans oser retourner durant tout son régne. Ce Prince aquit tant de réputation par cette victoire, que les François démirent le Roy Childeric, & l'élûrent en sa place, pendant le Pontificat du Pape Zacharie, luy donnant son fils Charles pour successeur, qui fut depuis appelé Charlemagne, quoy-que quelques-vns croyent qu'il estoit son frére.

Cependant, trois Arabes, Thebid, Data, & Soliman, que d'autres appellent Zulcimin, se soûlevérent en Orient

* 751.

* Elle avoit esté assemblée à Aléxandrie sous le commaudement de Roaba.

* En Arabe, Franchis.

contre Marvan, qui les pourfuivit à force d'armes, & prenant Thebid, le fit mourir auffi-bien que Data, qui avoit vaincu & tué fon fils, & contraignit Soliman de fe fauver en Perfe. L'Empereur Conftance prenant cette occafion pour rompre la tréve, entra dans la Syrie, dont il prit quelques places * ; mais Marvan ayant vaincu Data, tourna fes armes contre luy, & les reprit en peu de tems, avec grand meurtre des Chreftiens ; puis paffant à Emeffe, l'affiégea, & la prit en quatre mois. Il eftoit furvenu quelque tems auparavant vn grand tremblement de terre dans la Paleftine, qui renverfa plufieurs villes, & s'étendit jufqu'en Thrace, en Grece, & en Italie. Il fut fuivi des troubles de la Perfe, où Zulçimin renouvella la fecte de Muctar, foûtenant qu'Ali eftoit plus grand Prophéte que Mahomet ; & par le confeil d'vn Arabe, nommé Cathaban, ayant pris le titre d'Hamir el Mocélémin, il fouleva les ferviteurs contre leurs maiftres, ce qui fut le commencement des factions des Lamonites, & des Caifmores, dont les vns embraffoient vne fecte, & les autres vne autre. Il eftoit Chef des prémiers, & comme le Gouverneur de la province * luy eut oppofé cent mille hommes, les Lamonites, quoy-qu'inférieurs en nombre, tenant leur Chef pour vn Saint, fe batirent en defefpérez, & remportérent la victoire. Orgueilleux de ce fuccés, ils marchérent contre Marvan, qui avoit vne armée de trois cens mille hommes, & luy en tuérent la plus grande partie prés de la riviére de Zaban. Marvan s'eftant fauvé par-deffus vn pont, y laiffa garde pour empefcher l'ennemi de le fuivre, & prenant fes femmes & fes enfans, fe retira en Egypte, avec quatre mille chevaux. Zulçimin envoya fon fils Celma aprés luy, avec vne partie de l'armée ; & l'année fuiuante, il y eut entre-eux vne fanglante bataille, où Marvan fut vaincu, & pris prifonnier. Le vainqueur luy ayant fait trancher la tefte, fit mourir enfuite tous ceux qu'il pût atraper de cette maifon. Le refte fe fauva en Efpagne, & dans la Mauritanie, où ils établirent plufieurs Royaumes, comme nous dirons en fon lieu. De ce Zulçimin ou Soliman, fortit Mufa Caçem, qui remit fur le trône la race de Mahomet, & dont les Sofis qui régnent en

* Germanicie.

* Yblin, Lieutenant de Marvan.

754.

Perse sont descendus *. Du reste, Marvan estoit grand amy des Chrestiens, & se montrant affectionné aux personnes doctes, consentit que Théophylacte fust sacré Patriarche d'Antioche, l'honora pour son savoir & pour sa vertu, & fit mourir cruëllement Abas, grand persecuteur des Chrétiens.

* Par Muctar, & Mahamet Moahédin, second fils d'Ali, gendre de Mahomet.

*Espagne.*

Pour retourner aux affaires d'Espagne, aprés la retraite des Arabes de la France, Alfonse Roy de Leon assembla ses troupes, & prit quelques places de la Navarre ; & Iosef l'estant venu rencontrer prés de Calahorre, sur les rives de l'Ebre, fut vaincu, & tout le païs conquis jusqu'à Saragosse. Cette victoire fit soûlever Valence, Barcelone, & d'autres places de ces quartiers contre Iosef, qui se retira à Toléde en mauvais ordre. Alfonse continüant ses progrez fut contraint de payer le tribut à la Nature, aprés avoir régné dixhuit ans. Il laissa pour successeur un fils *, qui dés la premiére année se batit contre Iosef, lequel sur la nouvelle de cette mort estant entré en Galice avec toutes les forces des Arabes, luy tua son fils Omar, & plus de cinquante mille hommes. Ceux de Galice attirez par cette victoire, se donnérent à luy, & les Arabes se révoltérent contre Iosef, & appelérent à leur secours Abderrame *, qui estoit en Afrique. Il passa aussi-tost en Espagne avec quelques Arabes & Africains, & ayant débarqué à Malaga, fut receu magnifiquement dans Cordouë ; où aprés avoir rafraischi ses gens, & grossi son armée des garnisons de l'Andalousie, il marcha contre Toléde. Sur ces nouvelles, Iosef sortit contre luy avec tout ce qu'il put ramasser. Mais Abderrame passa les détroits de Sierramorena le plus viste qu'il pût, & vint camper sur la Guadiane. Les deux armées estant en présence, on vint aux mains, & Iosef fut batu, & contraint de se retirer à Toléde, où il fit peu de sejour. Car laissant le Gouvernement de la ville à Galafre son neveu, il gagna en diligence la ville d'Ellibéri, tandis qu'Abderrame victorieux s'en retournoit à Cordouë. Iosef ayant rassemblé de nouvelles forces, fut chercher son ennemi pour son mal-heur : car il fut vaincu & tué prés de Cordouë. Et ainsi Abderrame, de la Maison d'Vmeya*, demeura paisible pos-

* Truyla.

674.

* Ennemi de Iosef, & de la Maison d'Abés.

*ou d'Omaie.

SUCCESSEURS LIVRE II. 191

sesseur de l'Andalousie, & secoüant le joug des Califes de Damas, se fit appeler Roy de Cordouë *. De sa race sont descendus de pere-en-fils huit * Rois, qui ont régné plus de deux cens cinquante ans, en y comprenant son régne, jusqu'à ce que Mahomet le Méhédi prit le dernier dans Cordouë ; ce qui se dira en suite.

*Et Amir el mocelemin.

* Ozmen ou Alamain, Aliatar, Abderrame second, Mahamet, Almundir, Abdala, Abderrame troisiéme, & Hiscen el quemem.

## CHAPITRE XVIII.

*D'Abubaba seiziéme Calife, & de ce qui arriva sous son régne.*

L'EMPIRE se partagea aprés la mort de Marvan. Les Perses élûrent Amir Zuleiman * : Ceux de Syrie Abubaba, fils de Mahamet : Ceux d'Espagne Abderrame, fils d'Umeya : Ceux d'Arabie Abdala, fils de Mahamet ; & ceux d'Egypte Célim le Boiteux, fils de Soliman, qui fut le prémier des Soudans d'Egypte, & establit le siége de son Empire au Caire. Tous ceux-cy estoient descendus d'Ali & d'Abés, oncle de Mahomet, & s'assemblérent à Cufa, pour exclure de la succession les autres Califes. Ils divisérent donc ainsi l'Empire entre eux, à la reserve de l'Espagne ; mais ils ne laissoient pas de reconnoistre Abubaba pour souverain Calife, & luy nommérent pour successeur son frére Abdala, & aprés luy Héchen, fils de Muça.

* ou Soliman.

L'Espagne estoit alors fort tourmentée des guerres d'Abderrame. Et pour luy faire teste, Galafré Roy de Toléde, & quelques autres Chefs, offrirent tribut à Fruyla & à Pepin, pour en obtenir du secours. Cette ligue estant concluë, Pepin envoya Charles son fils, avec quantité de Noblesse Françoise, se joindre à eux & à Fruyla, d'où passant à Toléde, ils furent fort bien receus de Galafre, & firent de grans exploits d'armes contre Abderrame. Charles s'estant campé dans les fauxbourgs de Toléde, devint amoureux, à ce qu'on dit, de Galiane, fille de Galafre, & luy promit de l'épouser pourveu qu'elle se fist Chrestienne, à quoy son pere consentit, sur l'espérance d'establir par là son Empire. Pour la célé-

*Espagne.*

bration de ces noces, il fit baſtir vn Palais dans les jardins où Charles eſtoit campé, qu'on appelle encore aujourd'huy le Palais de Galiane; de-peur, apparemment, que les Chreſtiens entrant en foule dans la ville ne s'en puſſent rendre maiſtres. Mais cette guerre n'eut pas le ſuccés qu'on s'en promettoit. Car Abderrame pour deſünir ſes ennemis, fit tréve avec Pepin; dequoy Charles averti, & des menées de ſon cadet, qui prétendoit à la Couronne, prit Galiane, & ſe retira à Bordeaux. Quelques Ecrivains Arabes, & particuliérement Aben el gézar, en ſon livre des raretez des villes, diſent qu'au Palais de Galiane il y avoit vn étang dont l'eau ſe hauſſoit & ſe baiſſoit ſelon le cours de la Lune, par art magique, & qu'en ſe hauſſant elle s'alloit rendre dans la ville par deſſus le pont. D'autres content l'hiſtoire de Galiane d'vne autre ſorte, & diſent que Charles eſtant mal avec Pepin, ſe retira avec quantité de Nobleſſe à Toléde, où Galafre le receut favorablement, & le faiſant Général de ſon armée, l'envoya contre le Roy de Cordouë; Qu'eſtant encore à Toléde, vn Seigneur Arabe fort puiſſant, nommé Bramante, demanda Galiane en mariage, & ne la pouvant obtenir, vint mettre le ſiége devant Toléde, où Charles ſe batit contre luy, & le tua de ſa propre main. Que Galiane eſtant ſortie enſuite pour ſe divertir dans ſes jardins, où elle ſe baignoit quelquefois, Charles l'enleva, & ſe ſauvant par la voye qu'on nomme de Galiane, ſe retira en France, où il l'épouſa dans Bordeaux. Quoy-que les Hiſtoriens ne ſoient d'accord ni du tems, ni des circonſtances, il eſt certain pourtant que Charles épouſa cette Infante, & n'en eut aucuns enfans.

*Aſie & Afrique.* Pour retourner aux affaires de l'Aſie, lá prémiére année du régne d'Abubala, il y eut vne ſanglante guerre entre les Arabes, ſur le bruit que Marvan n'eſtoit pas mort; & pour les appaiſer il leur falut montrer ſon corps inhumé. En meſme tems les naturels Afriquains de Barbarie & de Libye, prirent les armes contre les Arabes ſous la faveur d'Abdulhedi, fils d'AbulHàgex, & fulminant contre la ſecte de Mahomet, tuërent le Gouverneur de Conſtantine, & tous les Alfaquis qu'ils pûrent rencontrer. Celim averti de ces deſordres

# SVCCESSEVRS, LIVRE II.

ordres en Egypte, leva vne armée de vingt mille chevaux & de cinquante mille hommes de pied, qui passant en Barbarie par les deserts de Barca, appaisa la rebellion, & tua Abdulhédi; aprés-quoy les Zénétes Africains, qui estoient les auteurs de la révolte, se retirérent en desordre dans les deserts de la Numidie. Ensuite Abubaba mourut au commencement de l'année sept cens soixante, & son frére Abdala luy succéda, qui fit de grandes choses, comme nous verrons au chapitre suivant.

760.
Fils de Saad, & petit-fils de Salha.

## CHAPITRE XIX.

*D'Abdala, fils de Mahamet, dix-septiéme Calife; & de ce qui arriva de son tems.*

ABDALA ayant pris les resnes de l'Empire, comme il avoit esté arresté dans l'assemblée de Cufa, où il fut nommé pour successeur; apprit dans la Méque qu'vn autre Abdala, fils d'Ali, avoit esté élû pour Calife en Syrie, & pria le Roy de Perse de luy conserver le suprême degré d'honneur qui luy estoit échû par la mort d'Abubaba; témoignant beaucoup de respect pour la Maison d'Ali, & faisant de grandes promesses pour obtenir ce qu'il demandoit. D'autre-costé Abdala, fils d'Ali, qui descendoit de la Maison d'Ommie, leva vne puissante armée d'Arabes, de Palestins, d'Esclavons & d'Antiochiens, qui estoient ennemis de la faction des Perses * qui dominoit, & vint établir son siége à Baldac *. Mais Amir el mocélémin, qui avoit vne armée toute preste, luy donna bataille prés de Nizibe, & le contraignit de se sauver dans Damas avec peu de troupes, le reste ayant esté défait. Enflé de cette victoire, il ne se soucia plus de l'autre Abdala, qui estoit le légitime successeur, & ne songea plus qu'à se rendre maistre de tout l'Empire. Mais le vaincu s'estant sauvé à Damas, tous les Syriens & les Arabes de ces quartiers se soûlevérent en sa faveur; & non contens de défendre l'entrée du païs au Victorieux, reprirent sur luy les places qu'il avoit occupées depuis la batail-

* Maurophores.
* Babylone.

Bb

le de Nizibe. D'autre costé Abdala, fils de Mahamet, rassemblant les forces de l'Arabie, marcha contre Amir; & pour faciliter sa défaite, se racommoda avec l'autre Abdala, sous promesse de le laisser paisible possesseur de la Syrie. Sur ces nouvelles, Amir pour n'avoir point à combatre en mesme tems deux ennemis si puissans, laissa vne partie de ses gens en garnison dans les places qu'il avoit prises, & se retira en Perse avec le reste de son armée. Il se doutoit bien que ses ennemis ne seroient pas long-tems d'accord, & vouloit tirer la guerre en longueur. En effet, Abdala, fils de Mahamet, ayant engagé l'autre à le venir voir, sous prétexte d'vne conférence, le receut avec grand appareil; mais le logea dans vn corps de logis, dont il avoit fait saper les fondemens, & qui l'écrasa la nuit par sa cheute. Ensuite considérant la difficulté qu'il auroit à vaincre Amir, qui estoit maistre de toute la Perse, il l'envoya reconnoistre pour Calife, & luy presenter l'épée & les brodequins de Mahomet, qui sont la marque de cette dignité. Sur quoy l'autre l'estant venu trouver avec cinq mille chevaux, ils se retirérent tous deux vn peu à l'écart pour s'entretenir, & Abdala le poignarda; puis remontant à cheval, à l'aide des siens, se jetta brusquement sur la cavalerie des Perses, & la contraignit de se sauver par la fuite. Ensuite il mena son armée en Perse, & ayant tué Cataban, qui soustenoit le party d'Amir, il se rendit maistre de tout le païs, & demeura par ce moyen paisible possesseur de l'Empire.

*Espagne.*

En mesme tems Abderrame, Roy de Cordoüe, ayant receu vn puissant secours d'Afrique, (car on fait monter son armée à trente mille chevaux, & à deux cens mille hommes de pied) ravagea toute la Castille; & le Roy de Leon n'étant pas assez fort pour luy resister, il recouvra en peu de tems toutes les places que les Chrestiens avoient reconquises sur les Arabes. Aprés avoir gagné les Royaumes de Castille, d'Arragon, de Navarre & de Portugal, & laissé seulement libre la partie Septentrionale d'Espagne, qui est fortifiée par la Nature, il alla assiéger Galafre dans Toléde: mais il fut contraint de lever le siége, de sorte que laissant

762.

son armée dans les places d'alentour, pour la tenir toûjours en bride, il retourna passer l'hiver à Cordouë, aprés avoir fait tant de maux durant cette conqueste, que les Ecrivains en font le second destructeur de l'Espagne.

Pour retourner maintenant aux affaires de l'Asie ; si-tost qu'Abdala se fut rendu maistre de l'Empire, il tourna sa rage contre ses sujets Chrestiens, & redoublant leurs tributs, les fit payer mesme aux Religieux & aux Religieuses. Ensuite il fit vendre publiquement tous les biens Ecclésiastiques, & enleva de toutes les Eglises les tableaux, les croix, les cloches, & défendit aux Prestres de célébrer ni d'enseigner la doctrine Chrestienne. D'autre-costé le Soudan d'Egypte défendit sur peine de la vie, de faire des croix, de bastir ni Eglise, ni Monastére, & de disputer de religion avec les Mahométans. Voilà quelle estoit l'oppression que souffroient les Chrestiens qui estoient sujets des Rois Arabes.

*Asie.*

*Célim.*

Le Roy Fruyle ayant esté tué par ses vassaux, Aurélio son frére ou son cousin, fut mis en sa place. En mesme tems le Roy Abderrame retourna assiéger Toléde, & Galafre demanda secours à ce Prince, & à Charlemagne qui estoit déja Roy de France par la mort de Pepin son pere, & voyant que personne ne se pressoit de le secourir ; & que Charles estoit occupé en son païs, & Aurelio n'avoit pas assez de force pour se défendre, il se rendit, & se fit vassal d'Abderrame, qui entrant dans Toléde, y laissa son fils Soliman pour Gouverneur. Les Seigneurs de Calahorre & de Cordovilla, qui jusqu'alors n'avoient pas voulu obéïr, firent de mesme. De-là Abderrame marcha contre Saragosse, dont vn Arabe s'estoit rendu maistre. Mais il ne l'osa attendre, & abandonna la ville, de-sorte qu'Abderrame s'en empara sans aucune resistance, puis retourna à Cordouë. L'an sept cens soixante-sept les Turcs passérent le mont Caucase, & ayant ravagé l'Arménie, s'en retournérent en leur païs. L'année suivante Héchen, fils de Muça, estant tombé malade d'vn rume avec vn grand mal de teste, le Calife Abdala, qui vouloit l'exclure de la succession de l'Empire, le fit empoisonner par vn Medecin Iuif, sous prétexte de luy donner de la poudre pour luy purger le cerveau. Car il ne l'eut

766.
*Espagne.*

Abi Arabi.

767.

768.
Cela est marqué plus bas.

pas plûtost prise, qu'elle luy osta les fonctions de l'esprit & de la parole; si-bien que les Arabes élûrent en sa place le fils d'Abdala, nommé Mahamet, & surnommé Mehédi, comme qui diroit le Presenté. Le Calife non content de cela, & voulant asseurer l'Empire à ses descendans, persécuta cruëllement tous les parens des autres Califes, & toute la Maison d'Ali; & ceux qui purent échaper de ses mains s'enfuïrent aux Indes Orientales, & aux autres lieux reculez, pour éviter sa persécution. Il en demeura seulement vn dans Médine, qu'on negligea pour sa vieillesse, mais de deux enfans qu'il avoit, on fit couper la teste à l'vn, & l'autre nommé Idris s'enfuit & passa dans la Mauritanie Tingitane, où il establit sa demeure dans Tiulit. Il fut si estimé des Barbares, pour son éloquence & pour son savoir, qu'ils luy obeïrent comme à vn Roy; & son fils bâtit la ville de Fez, comme nous dirons en son lieu.

*Au mont Sarahon.*

*Afrique.* L'an sept cens soixante & dix, les Africains de la lignée des Zénétes & des Haoares, prirent encore vne fois les armes contre les Arabes d'Afrique, & passant avec vne puissante armée les montagnes du grand Atlas, se saisirent de plusieurs provinces de Barbarie. Car comme les Arabes n'étoient pas assez puissans pour se défendre, ils se retirérent dans les deserts de Carvan. Mais vn grand secours leur estant venu d'Egypte, ils retournérent contre eux. Et celuy qui commandoit dans Carvan, se gouverna si bien, qu'il fit la paix sans qu'il en coustast la vie à personne.

*Asie.* En mesme tems Abdala ayant établi son Empire, tourna ses armes contre les Chrestiens. Et Leon IV. ayant succedé à Constantin Copronyme, le Calife envoya ses armées dans la Romanie & la Cappadoce, où elles firent de grans ravages. Cependant il alla en Iérusalem, où il voulut que les Chrestiens & les Iuifs se fissent des marques à la main pour estre reconnus, & que ceux qui seroient trouvez sans cette marque, fussent faits esclaves: ce qui fut cause que plusieurs abandonnérent leurs maisons, & se retirérent ailleurs.

772. Pour retourner en Espagne, Aurélio voyant les progrez d'Abderrame, fit tréve avec luy, à la charge de luy fournir cent jeunes filles tous les ans, tant nobles que roturiéres,

& leur imposa beaucoup d'autres rudes conditions, & mourut la mesme année. Silo, son fils, qui ne régna que huit ans, confirma la tréve avec Abderrame; de-sorte qu'il ne se fit que cela de mémorable durant son régne. L'an sept cens soixante & dix-huit, Abi-Arabi ayant esté en France s'offrir pour vassal à Charlemagne, afin d'estre restabli en son Estat, ce Prince passa les Monts avec vne puissante armée, & entrant dans la Navarre, assiégea Pampelune, où aprés plusieurs sanglans combats, les Arabes luy livrérent la place. De-là il passa à Saragosse, qui se rendit aussi-tost; & ayant restabli les Chrestiens qui en avoient esté chassez, la remit en la possession d'Abi-Arabi : Ensuite il entra dans la Catalongne, dont deux ennemis d'Abi-Arabi qui y régnoient, luy firent hommage, aprés quoy il retourna en France. Quelques Auteurs François disent, Que l'année d'aprés, Abderrame avec vn secours qui luy vint d'Afrique, & ce qu'il pût rassembler d'Espagne, marcha contre Charlemagne, & qu'il y eut plusieurs combats entre-eux vers Bayonne, où plus de quarante mille François demeurérent sur la place; qu'Auger, pere de Roland, y perdit la vie; mais que Charles estant secouru de quantité de Noblesse d'Italie & d'Alemagne, Abderrame fut contraint de se retirer, & Charles assiégea Bayonne, dont le siége dura sept mois. Cependant, Abderrame qui n'avoit pas encore repassé les Monts, fut vaincu, & se sauva en Espagne. Charlemagne le suivit avec la plus grande armée des Chrestiens qui se soit jamais veuë en Espagne, & ayant gagné encore plusieurs batailles, assujétit toute l'Espagne. Mais c'est l'Archevesque Turpin qui le dit, qui n'est pas croyable comme les autres, lesquels asseurent que Charles ayant pris Pampelune, & quantité d'autres places de ces quartiers, marcha vers Saragosse, où Abderrame luy donna bataille, & fut vaincu, avec perte de trente mille Arabes. Qu'aprés cette victoire, Charlemagne passa à vne autre place, qu'il prit de force, & ensuite à Saragosse, qui se rendit à composition, & qu'il livra à Abi-Arabi, comme nous avons dit. Qu'ensuite il retourna en France, pour appaiser vne rebellion; mais que les Gascons se mutinérent en chemin, & se jettérent sur le bagage, à

*Celuy qui a-bandonna Saragosse.*

778.

*Abu-daud, & Abufez.*

779.

*Autrefois Genum.*

779. ou 775. *Nachara.*

quoy Abi-Arabi consentit, jaloux de voir enlever toutes les richesses d'Espagne. Mais ceux qui disent cela, ne disent pas qu'Abderrame passa en France, ni qu'il fut tué par Charlemagne, & c'est la plus véritable opinion, comme il se verra ensuite.

*Asie.*
780.

Pour retourner en Asie, l'an sept cens quatre-vingts, sous le régne d'Abdala, les Turcs passérent les détroits du mont Caucase, autrement les portes Caspiennes, en aussi grand nombre que la prémiére fois, & se batirent contre les Sarasins, avec grande perte de part-&-d'autre, puis se retirérent chargez de dépouïlles. L'année d'aprés Abdala mourut, aprés avoir régné vingt & vn an, & son fils Méhédi luy succéda.

## CHAPITRE XX.

*De Mahamet le Méhédi, dix-huitiéme Calife; & des choses qui arrivérent sous son régne.*

*Asie.*
781.
* Copronyme.

Lacana
deacon
Province de
l'Euphrate.
* Isbal.

Hérétiques.

MAHAMET Méhédi prit les resnes de l'Empire l'an sept cens quatre-vingts & vn, & régna neuf ans. Il fit d'abord des courses dans les provinces Romaines, sous l'Empire de Leon IV.* qui assemblant toutes ses forces pour luy resister, en donna la conduite à vn Capitaine Esclavon, lequel entra dans l'Arménie avec vne armée de plus de cent mille hommes, vainquit le fils de Mahamet * en bataille rangée, & passant victorieux à Damas, où il s'estoit retiré avec le débris de ses troupes, l'assiégea dans cette place. Ce Prince voyant la ville reduite aux abois, & que les habitans parloient déja de se rendre, composa avec le Capitaine Esclavon, & luy donna tant d'argent, qu'il leva le siége. De-là ce Capitaine traversa la Syrie, où il rassembla tous les Iacobites, & les renvoya en Thrace, puis retourna victorieux chargé de butin. Sur ces nouvelles, Mahamet ramassa toutes ses forces, & passa en Iérusalem, où il partagea son armée en trois, & l'envoya dans les provinces de l'Empire. Son fils Isbal entra dans la Romanie, avec les Perses & les

Coraxſaniens Maurophores, Ibni Lazuar fut à Edeſſe, & Aben Zubéir dans l'Arménie, avec ordre à tous, de détruire toutes les Egliſes, & d'égorger tous ceux qui ne ſe voudroient pas faire Mahométans. Mais Lazuar eſtant arrivé à Edeſſe, publia qu'il ne forceroit perſonne d'abandonner ſa Foy, s'il n'avoit déja eſté Mahométan, ce qui en ayant obligé pluſieurs à ſe découvrir, il les fit mourir par de cruels ſupplices. Iſbal n'en faiſoit pas moins dans la Romanie, où il fit mourir quantité de Chreſtiens, & abatre par-tout les Egliſes, puis s'en retourna chargé de butin. Mais Aben Zubéir qui en avoit fait autant dans l'Arménie, fut défait par les troupes de l'Empereur, & ſe ſauva en Syrie, aprés avoir perdu douze cens mille Arabes.

L'an ſept cens quatre-vingts neuf, les Africains naturels prirent les armes contre les Arabes, & tuérent pluſieurs Alfaquis ou Docteurs de la Loy; mais le Gouverneur de Carvan eſtant accouru à leur ſecours, fit lever le ſiége de Conſtantine, & chaſtia rudement les rebelles. Ceux qui ſe pûrent ſauver de ſes mains, ſe retirérent dans les deſerts de la Libye. Leon IV. eſtant mort l'année ſuivante, l'Impératrice Iréne, qui gouvernoit l'Empire pour ſon fils Conſtantin, à cauſe de ſon bas âge, craignant les forces des Arabes qui ravageoient les provinces de l'Empire, fit tréve avec Mahamet, pour quelque tribut qu'elle luy paya tous les ans.

*Afrique.*

*789.*

Pour retourner en Eſpagne, le Roy Silo mourut l'an ſept cens quatre-vingts, laiſſant pour ſucceſſeur Alfonſe, fils de Fruyle; mais Mauregat, bâtard d'Alfonſe le Catholique, luy oſta la Couronne, aydé des forces d'Abderrame, & mourut la cinquiéme année de ſon régne odieux à tous les Chreſtiens, parce-qu'il payoit tous les ans cent jeunes filles à ce Prince Mahométan, & faiſoit pluſieurs autres infamies ſemblables. Vimaran, neveu de Mauregat, luy ayant ſuccédé, rendit depuis le Royaume à Dom Alfonſe, & ne voulant pas ſatisfaire au traité de ſon prédéceſſeur, Abderrame envoya contre luy vne puiſſante armée, ſous le commandement de Muça, lequel fut tué en vne bataille prés d'Alède, avec ſoixante mille Arabes, ſans compter les priſonniers. Abderrame fut donc contraint de faire tréve à des condi-

*Eſpagne.*

tions raisonnables, & n'ayant plus rien à démesler avec les Chrestiens, ni avec les Arabes d'Espagne, fit construire la grande Mosquée de Cordouë, & mourut avant qu'elle fust achevée, aprés avoir régné cinquante ans, huit mois, & quatre jours. Son fils Osman luy succéda, qui fut l'aisné de douze garçons, & de neuf filles. Abi-Arabi, Roy de Saragosse, mourut aussi cette année, & la ville se donna à Charlemagne. Le Calife Mahamet rendit au mesme tems le tribut à la Nature, aprés avoir régné neuf ans, laissant son fils Muça pour successeur, qui n'en régna que deux. Celuy-cy confirma la tréve que son pere avoit faite avec l'Impératrice Iréne, sans rien faire de mémorable pendant son régne, & son cousin Aron Rachid, qui fut fort brave, luy succéda.

*L'an 750.*
*25. d'Avril.*

*Autrement*
*Hisçen.*

## CHAPITRE XXI.

*D'Aron Rachid, dix-neuviéme Calife; & de ce qui arriva sous son régne.*

APRES la mort de Mahamet le Mehédi, & de son fils, les Arabes élûrent pour Calife, Aron Rachid, qui régna vingt-trois ans, & fut grand persécuteur des Chrestiens. Si-tost qu'il fut élû, il rompit avec l'Impératrice Iréne, & envoya vne puissante armée en l'Isle de Chypre, où plusieurs corsaires Chrestiens s'estoient retirez, & la rangea sous son obéïssance. Il n'envoya pas de moindres troupes par terre dans les provinces de l'Empire, sous le commandement d'Abdulmalic, qui ayant ruiné la Galatie, & la Cappadoce, entra victorieux dans la Romanie, & vint jusqu'à Malagma, où ayant défait la cavalerie de l'Empire, il s'en retourna en Iérusalem chargé de butin. L'année d'après, il y eut vn grand schisme en Perse, touchant la secte des Morabites, que les Docteurs de l'Alcoran de Lezhari condamnoient. Aron voulant tirer de ce costé-là, accorda à l'Empereur Nicéphore la tréve, aux conditions de celle qu'il avoit faite avec Iréne, & entrant dans la Perse, appaisa

*792.*

tous

tous les desordres, en permettant à chacun de suivre quelle secte il luy plairoit, aprés-quoy il retourna en Iérusalem. L'an huit cens vn, Aron assembla plus de trois cens mille hommes, Persans, Syriens, ou Arabes, & rompant la tréve avec l'Empereur, entra dans la Romanie, qu'il pilla & ravagea toute, & estant arrivé à Tiane, construit vne somptueuse Mosquée à Mahomet. Et aprés avoir pris plusieurs châteaux, arriva à Ancyre sans trouver de résistance. Nicéphore qui s'estoit emparé de l'Empire, aprés que l'Impératrice Iréne eut dépossédé son fils, & luy eut fait crever les yeux, à-cause de sa mauvaise vie, eut compassion du misérable estat des Chrestiens, & se méfiant de ses forces, voulut appaiser Aron. Il luy écrivit, qu'il s'estonnoit qu'il eut pris les armes contre luy, veu qu'il ne luy avoit fait aucun déplaisir, & qu'il eut rompu vne tréve confirmée avec tant de sermens; Qu'il ne pouvoit prendre pour prétexte la diversité de religion, puisque Mahomet commandoit de chérir les Chrestiens comme ses fréres; Que Dieu ne se plaisoit pas à répandre le sang, & que Mahomet ne vouloit pas de semblables sacrifices; Que s'il avoit besoin d'argent, ce qu'il ne croyoit pas d'vn Prince si puissant & si absolu, on luy en donneroit; & que s'il en vouloit ravir, Dieu estoit au Ciel pour maintenir la justice; Qu'il n'estoit pas juste que les mortels, à l'exemple des démons, eussent des inimitiez immortelles. Ces remonstrances firent tant d'effet, qu'il envoya vn présent à Nicéphore des choses qu'il avoit prises, & luy accorda la tréve, à la charge qu'il payeroit tous les ans trente mille pesans d'or, outre six mille pour la personne de l'Empereur, & de son fils. Aprés avoir receû le tribut d'vn an, il s'en retourna glorieux en Iérusalem, se vantant d'avoir rendu Nicéphore & son fils tributaires. Ensuite il fit démolir les places, sans qu'il fust permis à l'Empereur de les restablir. Mais la foy & la parole du Barbare dura plus que celle du Chrestien: car si-tost qu'il se fut retiré, Nicéphore les fit rebastir, & levant vne armée regagna tout ce qu'il avoit perdu. Sur ces nouvelles, Aron envoya Abenzubéir dans la Romanie, où il prit la ville de Tebza, & ravageant la contrée, fit abatre toutes les Eglises des Chrestiens, &

*Persans Maulophores.*

*Heraclée, Malose, Androse, & Tebza.*

retourna victorieux en Ierusalem. L'année d'après il envoya son armée en Chypre, sous le commandement de Sumeyt, qui ruina toute l'Isle, & fit démolir les Eglises. Le Printems suivant il alla assiéger Rhodes, qui se défendit si vaillamment, qu'il fut contraint de lever le siége, après avoir ruiné le païs, & de se retirer en Syrie; mais la pluspart de son armée perit par vne tempeste au retour.

803.

*Afrique.*

Tandis que ces choses se passoient en Asie, les Zénétes, peuples belliqueux, qui erroient comme bannis par les deserts de la Numidie & du Zahara, rentrérent dans la Barbarie, & se saisissant de Constantine, tuërent le Gouverneur que celuy de Carvan y avoit laissé, puis chassérent les Arabes de la province, & s'en rendirent maistres.

795.

*Espagne.*

Pour retourner en Espagne, Abderrame estant mort l'an sept cens quatre-vingts dix, Dom Vermude, qui avoit toûjours reconnu tenir le Royaume pour Alfonse, demanda à Osmin la continuation de la tréve, qu'il ne voulut accorder qu'à la condition du tribut ordinaire de cent filles ; mais Vermude n'y voulut pas consentir, & dit qu'il n'avoit pas accoustumé de faire de semblables laschetez, & qu'il esperoit que Dieu le maintiendroit. Cependant, Soliman, frére d'Osmin, se souleva contre luy dans Toléde, & favorisé de quelques mutins, prit le titre de Roy d'Espagne ; si-bien qu'Osmin fut contraint de faire vne tréve pure & simple avec Vermude. La guerre allumée entre les deux fréres, ne finit que par la retraite de Soliman, qui aprés avoir esté batu en plusieurs rencontres, & particuliérement prés de Vilches, se retira dans la ville de Murcie, jusqu'à ce que la necessité le contraignist d'en sortir, & de se sauver en Barbarie. Aben Rachid dit qu'on luy permit de sortir à condition de se retirer en ce païs-là, aprés quoy son frére se rendit maistre de Toléde, & de ses autres places. Vermude mourut l'an sept cens quatre-vingts douze, & eut pour successeur

*Fils de Fruyle.*

Alfonse*, surnommé le Chaste, quoy-que quelques-vns disent qu'il avoit épousé vne sœur de Charlemagne. Il régna quarante & vn an, & garda quelque tems la tréve avec le Roy Maure. La guerre de Soliman estant achevée, les Arabes de Saragosse se donnérent à Osmin, qui leur bailla Malic pour

# SVCCESSEVRS, LIVRE II.

Gouverneur, & fit vne puissante armée, dont il luy donna le commandement pour aller ravager l'Aquitaine. Il prit Narbonne, & quantité d'autres places, & le butin qu'il fit fut si grand, que quelques-vns disent que le quint seul qu'il envoya à Osmin, servit à achever la somptueuse Mosquée que son pere avoit commencée à Cordouë. Du reste, il fit tant de prisonniers, que pour en laisser vne mémoire perpetuelle, de la pierre qu'il leur fit rapporter sur leurs épaules, depuis Narbonne jusqu'à Cordouë, il y en eut dequoy bâtir dans le Palais vne Mosquée. Osmin fut le premier des Rois Maures d'Espagne, qui équipa vne armée navale, laquelle il envoya d'Almerie courir les mers, sous le commandement de Mahamet, qui saccagea les Isles de Majorque, de Minorque, d'Iuiça & de Sardaigne, & fit de grans ravages sur les costes de France & d'Italie.

Soixante & quinze mille pistoles d'or.

797.

En mesme tems Saad, Capitaine Arabe, qui tenoit la ville de Barcelone, & reconnoissoit Osmin, s'estant revolté contre luy, Osmin prit la ville, & le contraignit de se sauver en France, où il promit à Charlemagne d'estre son vassal, & de luy faciliter la prise de la Catalongne, s'il le pouvoit rétablir. Charlemagne passa donc les Pirenées l'an sept cens quatre-vingts dix-sept, & ayant pris Barcelone, en donna le Gouvernement à Saad, avec celuy de Guescar & de Saragosse, & de plusieurs autres places, puis retourna glorieux en France. Mais Saad ne voulant pas tenir ce qu'il avoit promis, ni payer tribut à Charlemagne, ce Prince envoya Louïs le Debonnaire, son fils, pour l'y contraindre. Saad le sentant approcher avec quantité de Noblesse, fortifia sa place le mieux qu'il pût, & s'enferma dedans pour la mieux défendre; mais il fut contraint de la rendre aprés deux ans de siége, & d'en sortir à composition avec sa femme & ses enfans; & Louïs la donna à l'Arabe Loulo, qui l'avoit bien servi en cette guerre, puis s'en retourna en France. Ce Loulo incommoda fort les Arabes qui estoient sous la domination d'Osmin, par le moyen des troupes qu'il tiroit de France, & agrandit beaucoup ses Estats, à quoy la mort d'Osmin contribua aussi, personne ne s'opposant à luy dans ce changement.

799.

Cc ij

Lors qu'Osmin mourut, Omar son fils aisné estoit allé faire quelque conqueste en Barbarie, de-sorte que ceux de Cordouë mirent en sa place Aliatan son cadet, de-quoy il n'eut pas plustost avis, qu'il repassa en Espagne, & luy donna plusieurs combats, où il mourut à la fin. Et Aliatan aprés sa mort, alla demeurer à Seville, où il régna vingt-six ans, neuf mois, & cinq jours. Il dressa vne grande armée navale l'an huit cens vn, qu'il envoya courir les costes d'Italie, peupler les Isles de Majorque & de Minorque, & prendre celles de Corse & de Sardaigne. Sur ces nouvelles, Charlemagne qui prenoit le titre d'Empereur, envoya vne armée navale contre luy, qui atteignit la sienne sur les costes de Sardaigne, où il y eut vn rude combat, dont les François remportérent à la fin la victoire, aprés avoir coulé à fond onze galéres des ennemis, & cinglant de-là vers Majorque, chassérent les Arabes de ces Isles. Cependant, Soliman qui avoit eu guerre avec Osmin, & s'estoit sauvé en Barbarie, repassa en Espagne avec vne armée d'Arabes & d'Africains, & s'étant joint avec Abdala, l'vn de ses fréres, se rendit maistre du Royaume de Valence, & fit revolter Toléde, & égorger la garnison. Mais Aliatan l'ayant vaincu, le fit égorger, & Abdala voyant son frére mort, se rendit vassal du victorieux; toutefois sans luy vouloir donner Toléde, qui jouït encore plus de huit ans de sa liberté. Aliatan victorieux entra dans l'Arragon, & prit Saragosse, qui estoit sous l'obéïssance de Charlemagne; puis courant toute la province, passa à Barcelone, & contraignit Loulo de se rendre son vassal. Sur ces nouvelles, Charlemagne leva vne puissante armée, & dépescha vers Alfonse, pour le prier de le secourir en cette entreprise. Quoy-qu'il eut donc tréve avec Aliatan, il luy envoya dire, que puisqu'il faisoit la guerre aux Princes Chrestiens, il ne vouloit point avoir de paix avec luy. Les deux armées de France & d'Espagne s'estant jointes, entrérent dans les terres de l'ennemi, où elles prirent en peu de tems plusieurs places; & l'an huit cens trois assiégérent la ville de Lisbonne en Portugal, qu'elles prirent de force, puis s'en retournérent chacune en leur païs chargée de butin, sans que personne s'opposast à leur passage, parce-qu'Alia-

ou 800.

tan estoit occupé à la guerre de Catalongne avec toutes ses forces. A la fin pour se venger, il quitta cette entreprise, & estant arrivé à Cordouë, deputa vers les Rois de Mauritanie, & vers les Chéques des Arabes, pour en estre secouru contre les Princes Chrestiens. Le secours estant arrivé vers le Printems de l'année suivante, il entra dans la Castille avec vne armée innombrable. Comme il ravageoit les terres des Chrestiens, le Roy Alfonse rassembla ses troupes ; & s'estant joint à l'armée que Charlemagne luy envoyoit, livra bataille à Aliatan prés d'Aléde, où il mourut soixante mille Arabes. Il abandonna le butin aux François qui avoient bien fait, & les renvoya tres-contens en leur païs. La mesme année deux Seigneurs de la Cour d'Aliatan se revoltérent contre luy, & luy firent la guerre l'espace de deux ans, avant qu'il les pût reduire en leur devoir, parce qu'ils étoient soustenus par Dom Alfonse. Cependant, Charlemagne prit cette occasion pour envoyer Louïs le Debonnaire, avec vne armée en Catalongne, où il prit Tortose, Barcelone & Lérida. D'autre-costé, Aliatan envoya ses Alfaquis en Afrique, pour persuader aux Maures de le secourir contre les Chrestiens. Il assembla donc vne puissante armée, avec le secours des Africains & des Arabes, & entrant dans la Catalongne, reprit toutes les places que les François avoient prises l'année précédente. Sur ces nouvelles, Charlemagne y renvoya Louïs le Debonnaire ; mais Aliatan ne l'osant attendre, se retira à Cordouë, & les François se rendirent maistres vne seconde fois du païs, puis retournérent prendre leur quartier-d'hiver en France. C'est-là qu'on dit que Roland fit des merveilles, avec quelques autres Chevaliers François. De-sorte qu'Aliatan fit tréve avec Charlemagne, laquelle ne dura que deux ans. Car Masile qui tenoit la ville de Saragosse pour Aliatan, rompit la tréve avec les François, & fit vne si cruëlle guerre dans la Catalongne, que Barcelone fut contrainte de se rendre. Mais Louïs le Debonnaire y estant acouru promptement, la reprit par composition, & chassant tous les Arabes de la ville, & la repeuplant de Chrestiens y mit Aznar, & s'en retourna en France. Cét Aznar fit de cette ville la capitale de Catalongne, &

803.
Bigil & Gartad.

806.

prit Guefcar en Aragon, qu'Abdala, vaffal de Charlemagne, poffédoit; mais le Maure s'en eftant plaint à Charlemagne, il la luy fit rendre. Aznar fit tant toutefois, que fes Sujets fe révoltérent, & le reconnûrent pour Souverain; de-forte qu'il poffeda long-tems cét Eftat.

En ce tems Hambroz, qui eftoit maiftre de la ville de Guefcar, prés de Baça, eftant allé à Toléde par le commandement d'Aliatan, pour la foliciter à rentrer dans fon devoir, fous prétexte de pardon; Ces peuples trop crédules, laifférent entrer dans leur ville Abderrame, fils aifné d'Aliatan, qui n'y fut pas pluftoft, qu'il fit égorger fix mille habitans. La mefme année le Roy Alfonfe le Chafte voyant qu'il eftoit fans enfans, & qu'il avoit befoin d'autres forces que les fiennes pour refifter aux Arabes, dépefcha fecrétement vers Charlemagne, de qui il connoiffoit la valeur, pour en avoir du fecours, à la charge de luy laiffer la Couronne. Charlemagne acceptant la condition, leve vne puiffante armée, & la fit paffer les montagnes, pour entrer dans la Navarre, comme il avoit fait autrefois; mais fur la nouvelle de fa venuë, Alfonfe convoqua les Eftats, pour leur faire favoir fa volonté; à quoy n'ayant pas voulu confentir, il manda à ce Prince qu'il n'avançaft pas davantage, & qu'il attendift vne meilleure occafion. Charlemagne en colére de fe voir fruftré de fes efpérances, & de la dépenfe qu'il avoit faite, auffi-bien que de la peine qu'il avoit prife, s'enfonça dans le paffage de Roncevaux, avec grand nombre de Princes Chreftiens qu'il avoit à fa fuite. Alfonfe piqué de cela, commanda à tous fes Sujets de prendre les armes, & fe ligua avec Aliatan, donnant le commandement de fon armée à Dom Bernard fon neveu. Cependant, Aliatan commanda au Gouverneur de Saragoffe d'amaffer le plus de gens qu'il pourroit, & de fe joindre à luy, pour empefcher les François d'entrer en Efpagne; fi-bien qu'ils marchérent enfemble vers Roncevaux, pour leur défendre le paffage. Les François eftoient cent trente-quatre mille combatans, commandez par Roland, Olivier & Aftolphe, Comtes du Palais. Dignité qui avoit la mefme autorité que le Roy pour les affaires de la guerre. L'armée eftoit campée dans la valée

809.

L'an 809. felon les Annales de Gafcogne, ou 800.

Fils de Dogna Chimena, fœur du Roy, & du Comte Sancho Diaz de Saldagne.

d'Ospita, sur le costé des Pirenées, qui regarde la France; & celle d'Espagne dans vne autre, d'où Bernard envoya se saisir des passages, & du haut des montagnes, pour empescher les François de passer. Charlemagne accompagné d'Arastan, Roy de Bretagne, de Gondebaud Roy de Frize, de Gayfre Duc de Guienne, de Iasson Duc de Bourgongne, & de quantité d'autres Princes & Seigneurs de marque, qui sembloient mépriser les forces d'Espagne, divisa son armée en trois corps; quoy-qu'on die que ce fut vn artifice de Ganelon. Le premier, qui estoit comme l'avant-garde, fut conduit par Roland & Olivier, avec toute la Noblesse Françoise; Le second, par Louïs le Debonnaire, accompagné de tous les Princes. Charlemagne, avec le Comte Ganelon se reserva le dernier pour soy. L'armée d'Espagne estoit divisée en deux corps, l'vn de Chrestiens, commandé par Bernard; & l'autre de Maures, sous Masile, sans parler des gens détachez, qui estoient dispersez deçà & de-là sur les cimes des montagnes. Comme l'avant-garde commençoit à monter chargée d'armes & fatiguée du chemin, les Espagnols fondirent dessus de toutes parts, & la rompirent facilement. Olivier & Roland furent tuez, & le reste contraints de se sauver par la fuite. Ceux qui furent tuez dans le combat ne furent pas les plus malheureux: car les autres fuyans par les rochers & les précipices, moururent avec plus de tourment & de peine. L'avant-garde estant défaite, la bataille qui la suivoit ne pût résister; & Bernard qui poursuivoit sa victoire, donna jusqu'au camp de Charlemagne. Ce Prince voyant ce desordre, se retira avec son arriére-garde à Thoulouse; & les Espagnols, avec les Arabes, retournérent victorieux en Espagne.

*Au Val de Carolo.*

L'année d'aprés, Aliatan voyant la mes-intelligence qui estoit entre le Roy de France & d'Espagne, rompit avec celuy-cy, qui dépescha aussi-tost vers Charlemagne, pour en estre secouru, & s'excusa si-bien, qu'il fit la paix avec luy. Aliatan ayant séparé son armée en deux, l'vne sous le commandement d'Abulabez, & l'autre de Mélec, envoya le premier dans la Galice, & le second dans la Castille. Le Roy Alfonse divisa son armée en deux, à son exemple, &

810.

en donna l'vne à Bernard, qui vainquit Abulabez, & le tua à Naron; & pour luy il défit Mélec prés de la riviére de Cépha, où le Maure se noya, & perdit dans ces deux rencontres la plus grande partie des Arabes.

L'an huit cens onze, Omar qui commandoit dans Mérida en Eftrémadure, entra sur les terres d'Alfonse, & assiégea la ville de Benévent; mais elle fut secouruë par la diligence de Bernard, qui tua Omar de sa propre main, & fit tant de faits-d'armes cette journée-là, qu'il se sauva peu d'Arabes. La mesme année, Aliatan entra avec vne armée considérable dans le Portugal, & assiégea la ville de Lisbonne, qu'il prit par composition, & reprit plusieurs places à son retour sur Dom Alfonse. Mais comme il assiégeoit Lédesme, le Roy accourut au secours, & luy donna bataille, où il mourut quantité de gens de part-&-d'autre, sans qu'on pût juger qui avoit l'avantage. De-sorte qu'Alfonse s'en retourna de son costé, & Aliatan se retira à Cordouë, aprés avoir laissé Alcama pour garder les places qu'il avoit prises. Il envoya aussi son armée navale vers les costes d'Italie, & vne partie saccagea en passant l'Isle de Sardaigne, & l'autre celle de Majorque. Mais Bernard, Roy d'Italie, s'opposa aux prémiers, & en tua la pluspart.

811.

L'an huit cens douze, Alcama ayant rassemblé grand nombre d'Arabes dans Badachos, que les Arabes appellent Béled-ayx, c'est-à-dire Terre de la vie, assiégea la ville de Samore, où il fut vaincu & tué par Bernard, qui poursuivant sa victoire, laissa peu d'ennemis en vie. La mesme année Aliatan voyant que ses affaires n'alloient pas trop bien, demanda du secours aux Princes d'Afrique, qui luy envoyérent deux armées au Printems de l'année suivante. Elles entrérent toutes deux dans les terres de Dom Alfonse, qui partagea aussi ses troupes en deux pour leur resister. Bernard vainquit l'vne sur la frontiére de Portugal, en vn lieu appelé Valdemore; & le Roy l'autre, prés de la riviére d'Ornese, où furent tuez vne infinité d'Arabes, & quantité de places prises sur l'ennemi. Aliatan ainsi maltraité, fit tréve avec Charlemagne & avec Dom Alfonse, pendant laquelle Bernard declara la guerre au Roy Dom Alfonse, & luy prit la ville

813.

# SVCCESSEVRS, LIVRE II.

ville de Carpio, qui est entre Salamanque & Alva-de-tormes, pour l'obliger à luy rendre le Comte Sancho Diaz de Saldagne, son pere, qu'il tenoit prisonnier. A la fin il fut conclu que Bernard rendroit la ville de Carpio au Roy, & que le Roy luy rendroit son pere. Bernard ayant rendu sa ville, receut son pere mort; ce qui le fascha tant, que se retirant en France, le Roy le fit son Connestable.

Nous avons dit au chapitre dix-huitiéme comme Abdala, fils de Mahamet, pour establir son Empire & le laisser à son fils Mahamet le Méhédi, persécuta la Maison d'Ali, de-sorte que l'vn se sauva dans la Mauritanie Tingitane, & s'établit à Tiulit, dans la montagne de Saraon. Celuy-cy comme parent de Mahomet, & d'vn naturel accort, gagna tellement le cœur de ces peuples, qu'ils le reverérent comme vn Saint, & luy obéïrent comme à leur Prince; de-sorte que ce fut le prémier qui y planta cette maudite secte. Pour se faire estimer davantage, il envoyoit souvent des troupes en Espagne, pour faire la guerre aux Chrestiens; ce qui luy acquit beaucoup de bien & de reputation. Il ne laissa qu'vn fils d'vne esclave Chrestienne de la race des Goths: encore croit-on qu'il ne nâquit qu'aprés sa mort. Il fut élevé avec grand soin, & on luy donna pour conducteur vn ancien serviteur de son pere, nommé Rachid; le peuple ne voulant point d'autre Souverain que luy. Ce Prince, qui fut appelé Idris, comme son pere, devint vn des plus puissans Monarques de l'Afrique, & gagna plusieurs batailles en sa jeunesse. Ce fut luy qui fonda la ville de Fez, sur la riviére du mesme nom, l'an sept cens quatre-vingts treize, & l'an cent quatre-vingts cinq de l'Egyre. Cette Maison a régné dans la Mauritanie entiére, ou dans vne partie, cent cinquante ans, jusqu'à ce qu'elle fut ruinée par celle de Méquinécis, & ensuite par Moahédin Calife hérétique de Carvan. L'an huit cens quatorze Aron Rachid mourut en Perse, comme il se préparoit à faire puissamment la guerre à l'Empereur, & laissa pour successeur son fils Mahamet, pendant le régne duquel arriva le schisme de Babylone, & la division génerale de l'Empire des Arabes, comme nous dirons au chapitre suivant.

*Asie.*

*Idris.*

En Arabe Beleyda, ou Zingifer.

Dd

## CHAPITRE XXII.

*De Mahamet, vingtiéme Calife; & de ce qui arriva sous son régne.*

814.

MAHAMET ayant pris les resnes de l'Empire, eut plusieurs guerres contre son frére Abdala, pendant quoy les Chrestiens opprimez, quittérent le païs & se retirérent ailleurs. La ville de Iérusalem fut la plus exposée à la persécution: Car les saints lieux furent profanez, les Eglises abandonnées, aussi-bien que les Monastéres, & plusieurs Abbez & Religieux martyrisez; ce qui obligea les autres à se retirer en Chypre & à Constantinople, avec beaucoup de peine & de danger. A la fin les deux fréres voyant que leur division causeroit la ruine de l'Empire, s'accordérent, à la charge de prendre tous deux le titre de Calife. Et Mahamet transporta le siége de Damas à Baldac, ou Bagdet, qu'il bastit sur les ruines de l'ancienne Babylone. Ce schisme donna sujet à plusieurs revoltes; & il y eut cinq Califes, deux en Afrique, vn en Espagne, & les deux autres à Bagdet & au Caire. De ceux d'Afrique, l'vn régnot dans Fez, & l'autre dans Carvan; où il y avoit déja vn Seigneur Arabe nommé Agleb ou Galeb, dont la Maison régna plus de cent soixante ans, jusqu'à ce qu'elle fust dépossédée par Chéay el Moahédin, qui fut le prémier Calife d'Afrique du costé de l'Orient, comme Idris à l'Occident, & tous deux de diverses races & de differentes sectes; parce-que el Moahédin estoit de la Maison d'Abés, oncle de Mahomet; & Idris de celle d'Ali, son gendre, sans qu'on reconnust plus ni en Afrique, ni en Espagne, les Califes de Bagdet; parce-que ceux-cy devinrent fort puissans, particuliérement ceux de Carvan, qui estendirent leur Empire jusqu'aux païs des Negres, & conquirent la Sicile & vne partie de la Toscane, & du Royaume de Naples. Leur Cour à la fin devint si grosse, que ne pouvant plus tenir dans Carvan, elle s'establit à Raquéda, qui en est proche, & les Princes l'embellirent de tant

*ou plustost de Seleucie à vne journée de l'ancienne Babylone.*

## SVCCESSEVRS, LIVRE II.

de superbes édifices, qu'elle alloit du pair avec Bagdet. Outre le Prince & la Noblesse qui y faisoient leur demeure, les principaux habitans de Carvan s'y establirent avec des Docteurs de la loy, en aussi grand nombre que dans Bazra. Le Caire aussi s'acrut de-sorte en Egypte, depuis que les Soudans y eurent establi leur siége, qu'il passe aujourd'huy pour la plus grande ville du monde *. Pour les Califes d'Orient, ils régnérent dans la ville de Baldac jusqu'à ce que les Tartares la ruinérent, l'an mille deux cens quatre-vingts huit, qui fut aussi la derniére année de ces Califes.

*En y comprenant plusieurs lieux d'alentour, qui sont comme des fauxbourgs détachez.

Cependant, le Calife Mahamet voyant ressusciter la secte des Moarabites, par les prédications d'vn nommé Giohora, qui envoyoit ses disciples par-tout, fit faire vne assemblée dans Baldac, où cette secte fut condamnée, & tous ses adherans poursuivis à mort. Mais Giohora la défendit si-bien depuis contre les Docteurs de la secte de Leshari, qu'il la fit embrasser au Calife.

En ce tems-là l'Empereur Michel, gendre de Nicéphore, eut vne grande guerre, dont je parleray icy, parce-qu'elle fut faite en partie avec les forces des Arabes. Vn certain Thomas, homme de grand cœur, mais de basse naissance, estant au service d'vn Senateur de Constantinople, il luy arriva quelque disgrace, qui l'obligea à se retirer chez les Arabes, où il aquit tant de réputation & de crédit chez les Califes en l'espace de vingt ans, qu'aprés avoir embrassé leur secte, ils l'envoyérent avec vne armée contre l'Empire, qu'il promettoit de reduire sous leur obeïssance. D'autres disent qu'il estoit Turc, de la lignée de Bardane, & qu'ayant esté amy de Leon, il voulut venger sa mort sur son meurtrier *. Il assembla donc vne puissante armée de Perses, de Medes, de Chaldéens, d'Arabes, d'Ibéres, & de plusieurs autres nations, qui le suivirent, soit par affection ou par interest, & quelques-vns par force, sans parler de plusieurs Gentilshommes Chrestiens, qui prirent son parti, par la haine qu'ils portoient à Michel, à-cause de ses vices. Avec cette armée il se rendit maistre de toutes les provinces de l'Orient, & ruina quantité de villes en Asie, qui vouloient garder la fidélité à l'Empereur. De tous les Capitaines donc de

* Michel.

Il y a Occident à l'original.

Dd ij

l'Empire, il n'en resta que deux, Cataçela & Olvian ; celuy-cy en Arménie & l'autre ailleurs *, dont l'Empereur reconnut depuis magnifiquement les services. Thomas enflé de tant de victoires, prit le titre d'Empereur, & se fit couronner par Iob Evesque d'Antioche, qu'il associa à l'Empire. Sur ces nouvelles, l'Empereur assembla quelques troupes, que l'autre comme plus fort batit aisément: car il avoit quatre-vingts mille hommes, & comme il estoit maistre de l'armée navale, il passa victorieux jusqu'à Abide, brûlant & saccageant tout. De-là il passa en Thrace, à la faveur d'une nuit noire & obscure, & plusieurs du parti contraire se venoient rendre tous les jours à luy, sans qu'Olvian & Cataçela, que l'Empereur fit revenir, luy pussent résister. Ensuite il assiégea Constantinople par mer & par terre, rompit la chaîne qui fermoit le port, & ne pouvant forcer la place, campa autour avec une partie de l'armée, tandis que l'autre assujétissoit le reste de la Thrace. Comme il estoit dans l'espérance de prendre la ville, il survint une tempeste qui écarta ses vaisseaux, & qui le contraignit de se retirer en Asie, parce-que l'hiver approchoit. Si-tost que le printems fut venu il recommença le siége avec plus de troupes qu'auparavant; mais comme l'Empereur estoit en estat de se défendre, il fit une sortie par toutes les portes, & en ayant tué une partie, mit le reste en desordre. L'armée navale de l'Empereur attaqua en mesme tems celle de l'ennemi, & la défit. Sur ces entrefaites un parent de Leon, qui avoit pris le parti de Thomas, parce-qu'il estoit mal avec l'Empereur, prit cette occasion pour rentrer en grace avec son Prince. Et comme il commandoit quantité de troupes, il attaqua le reste de l'armée en queuë. Mais Thomas indigné de cette trahison, laissa des forces dans son camp autant qu'il faloit pour le garder, & donnant de furie sur luy, le vainquit & le tua. Ensuite dissimulant sa défaite, il écrivit par-tout que c'estoit luy qui avoit défait l'Empereur, & qu'il le tenoit pressé dans sa capitale. Cependant, l'armée navale qui estoit à Barut arriva, dont l'Empereur ayant eu avis, envoya de nuit contre elle ses vaisseaux, qui luy donnérent tant de terreur, par la multitude des feux d'artifice dont ils se servoient, qu'ils

* En l'Obciciane.

Michel.

## SVCCESSEVRS, LIVRE II.

en brûlérent vne partie, & écartérent le reste, à la réserve de ceux qu'ils emmenérent à Constantinople, & ceux qui pûrent échaper se joignirent à l'armée de terre. Cependant, le bruit de ce succés estant répandu par-tout, le Roy des Bulgares, tant pour l'envie du butin, que pour confirmer la tréve qu'il avoit faite avec Leon, se declara contre Thomas, & l'estant venu rencontrer assez prés de Constantinople, luy donna bataille & le défit, puis s'en retourna chargé de prisonniers & de butin. Sur ces nouvelles, ceux qui étoient restez au camp, passérent du costé de l'Empereur; & Thomas ralliant le débris de ses troupes, s'alla camper en vn lieu d'où il pouvoit beaucoup incommoder les habitans, & recevoir quelque secours qui luy pût arriver par mer. Mais l'Empereur qui avoit grossi son armée du débris de la sienne, l'allant attaquer dans son fort, le contraignit de prendre la fuite. Il se sauva dans Andrinople avec le plus de gens qu'il pût ramasser, voyant que le reste l'abandonnoit, & Anastase, son fils adoptif, dans le chasteau de Bizie. Sur ces nouvelles, l'Empereur se vint camper devant Andrinople, & la serra de si prés, que les vivres venant à manquer, les habitans dépeschérent en secret vers luy, pour luy demander pardon, & luy livrérent Thomas, qu'il fit estendre par terre, & passant par-dessus son corps, le foula aux pieds; puis le fit mener ignominieusement sur vn asne, aprés luy avoir coupé les pieds & les mains : Ce malheureux criant, Toy, Seigneur Dieu, qui est le Roy véritable, ayes pitié de moy. L'Empereur voulut savoir de luy le nom de quelques conjurez; mais il n'en nomma point, & mourut ainsi dans les tourmens, sans vouloir rien confesser. Anastase qui s'estoit sauvé dans Bizie, fut livré depuis, & puni de la mesme sorte.

Pour retourner au Couchant, qui n'estoit pas moins troublé de guerres; aprés qu'Alfonse & Bernard eurent défait les deux armées d'Aliatan, l'an huit cens treize, ils firent tréve avec luy, & l'année d'aprés Charlemagne mourut, aprés avoir régné quarante-sept ans en France, dont il en avoit esté quatorze Empereur, & son fils Louïs le Debonnaire luy succéda, ce qui réveilla les espérances des Infidelles. Cepen-

*Mortague.*

*En vn lieu nommé Cédocte.*

*Espagne.*

dant, le Gouverneur de la ville de Valence Abdala, se revolta contre Aliatan, & luy fit la guerre l'espace de quatre ans ; pendant lesquels Mahamet, Gouverneur de Mérida, se revolta aussi, pensant estre secouru du Roy Alfonse. Mais cette revolte fut étouffée dans sa naissance. Car Abderrame, fils d'Aliatan, le vainquit, & se rendit maistre de sa place. Il ne laissa pas de rallier quelques troupes, & d'aller trouver Alfonse, qui le receut fort bien, & l'envoya en Galice contre certains peuples qui s'estoient soulevez, à la suscitation d'vn Chevalier appellé Dom Raymond. Quelques années aprés, Mahamet pour faire à Dom Alfonse ce qu'il avoit fait à Aliatan, s'allia avec Raymond, & tous deux ensemble firent des courses dans son païs, avec quantité d'Arabes qu'ils avoient attirez à leur parti. Aussi-tost Alfonse y mena son armée, & prit la route de Galice ; mais si-tost que Raymond le vit il abandonna Mahamet, & épousa sa niéce. Mahamet abandonné, se retira dans le chasteau de Sainte Christine, où le Roy l'assiégea. Et comme il se vit reduit à l'extremité, il résolut de faire vn dernier effort, ou de se sauver par la fuite ; mais il fut vaincu & pris prisonnier, puis on luy fit trancher la teste. Dom Alfonse ayant appaisé cette revolte, & repris toutes les places qu'on luy avoit occupées, s'en retourna à Leon l'an huit cens dix-huit. Ensuite Aliatan fit tréve avec luy, & entrant dans la Catalongne avec vne puissante armée assiégea la capitale, que Bernard del Carpio, Connestable de France, ou quelque autre de ce nom, défendit vaillamment contre luy ; De-sorte que sur la nouvelle que Loüis le Debonnaire arrivoit, il leva le siége, & fit tréve pour trois ans, aprés avoir perdu à l'attaque vne partie de ses troupes. La tréve estant expirée, pendant laquelle il ne se passa rien de memorable, il leva vne autre armée d'Arabes & d'Africains, & prit la route de Barcelone. Mais la fiévre le saisit en chemin, & termina tous ses desseins avec sa vie. Il laissa douze fils, & vingt-deux filles, & eut pour Successeur son fils aisné Abderrame. Le Roy Alfonse mourut aprés l'an huit cens vingt-quatre, & laissa par testament la Couronne à Dom Ramir, qui fit tréve avec Abderrame, laquelle dura long-tems.

*Barcelone.*

819.

824.

*Fils du Roy Vermude.*

Cependant, les Arabes du Royaume de Valence, qui a-
voient favorisé Abdala contre Aliatan, voyant les Rois d'E-
spagne & de France en paix, demandérent permission à Abderrame de s'aller establir quelque part dans la Chrestienté,
& rassemblant quantité de vaisseaux, de ceux qu'il leur donna, ou qui leur vinrent d'Afrique, ils allérent descendre en
l'Isle de Corse, sous le commandement de Mumen Abdima-
re. Mais comme ils s'estoient saisis d'vne partie de l'Isle,
vne armée d'Italie vint fondre sur eux, & les en chassa a-
vec perte de leur Chef. Ils élûrent en sa place Caracax,
que d'autres nomment Achape. Et sachant que les provinces de l'Empire estoient desolées par les guerres précédentes, ils navigérent du costé de la Grece, & saccagérent plusieurs Isles, qu'ils trouvérent sans défense. Mais se doutant
que celle de Créte ne seroit pas mieux gardée, & sachant
que c'estoit la plus propre pour y establir sa demeure, à-
cause de la fertilité du païs, & de l'avantage de sa situation,
ils résolurent de retourner en Espagne se pourvoir de tout
ce qui estoit necessaire pour l'éxécution d'vn si grand dessein. Caracax retourna donc en Créte l'année d'après avec
quarante navires chargez de gens, qui avoient plus d'envie
de piller que de peupler. Mais ce Capitaine qui avoit d'autres desseins, n'eust pas plustost pris terre, qu'en envoyant
vne partie faire des courses, il fit mettre le feu aux navires,
& les brûla. Comme ils murmuroient de cette action, il leur
dit qu'ils luy avoient demandé vne demeure plus avantageuse que celle de Valence, & qu'il n'en pouvoit trouver
de meilleure, ni où ils pussent mieux s'enrichir que celle
où ils estoient. Comme plusieurs s'atristoient pour l'absence de leurs femmes & de leurs enfans, il les tira d'inquié-
tude, en disant qu'ils en trouveroient d'autres dans l'Isle.
De-sorte qu'ils se fortifiérent au lieu où ils avoient abordé,
& le nommérent Candax. L'Empereur ayant eu avis de
cette entreprise, & n'ayant rien à faire à son païs, envoya
contre eux le Gouverneur des provinces d'Orient avec des
troupes, & vn brave Capitaine, nommé Damien. Mais ils
furent vaincus & chassez par ces Arabes, avec perte de ce
Capitaine. Alors vn Moine qui habitoit dans les montagnes

*Conqueste de l'Isle de Créte par les Arabes.*

826.

*Michel.*

de l'Isle, les vint trouver, & leur dit, que le lieu qu'ils avoient choisi pour leur demeure n'estoit pas si propre qu'vn autre qu'il leur montra. De-sorte qu'ils s'y allérent establir, & y jettérent les commencemens de la ville de Candie, d'où ils conquirent toute l'Isle, & les habitans demeurérent leurs vassaux.

D'vn autre costé vne troupe d'Arabes, partis de la ville d'Almérie en Espagne, allérent pour s'establir en l'Isle de Corse & de Sardaigne; mais les Italiens les en chassérent, sous la conduite de Charles Comte de Bucaréde, avec perte de cinq mille Arabes. Depuis prenant l'occasion de la guerre de Pepin, Roy d'Italie, contre les Venitiens, ils y retournérent, & ayant saccagé vne partie de l'Isle de Sardaigne, & tué plusieurs habitans, en amenérent quantité de prisonniers en celle de Corse.

D'ailleurs l'Empereur desirant purger l'Isle de Créte de ces Arabes, y envoya soixante & dix grans navires, & plusieurs autres moindres, avec quantité de troupes, sous le commandement d'vn nommé Cratére, qui estant arrivé dans l'Isle eut combat contre les Arabes, depuis la pointe du jour jusqu'à midy, avec avantage égal. A la fin estant demeuré victorieux, il fit vn grand carnage des ennemis, le reste se sauva dans la ville de Candie à la faveur de la nuit; mais le vainqueur s'estant relasché par la victoire, & rempli de vin & de viande, sans faire ni garde ni sentinelle; les Arabes qui ne dormoient pas, revinrent fondre sur ses gens la mesme nuit, & les égorgérent tous sans qu'il en restast vn seul. Car le Général s'estant sauvé dans vn navire, feignant d'estre marchand, on en envoya d'autres aprés, qui le ramenérent, & Caracax le fit pendre. Sur cette nouvelle, l'Empereur y en envoya vn autre plus sage & plus experimenté, qui fit des courses le long de la coste, tuant & faisant prisonniers plusieurs Arabes, ce qui rabatit leur orgueil.

*Orisan.*

L'an huit cens vingt-huit, Eupheme qui commandoit vne légion en Sicile, ayant enlevé vne Religieuse de son Monastére, & ses fréres s'en estant plaints à l'Empereur, il commanda au Gouverneur qu'il luy fist couper le nez; dequoy ce Colonel ayant eu avis, fit vne conjuration contre luy,

*Sicile.*

828.

&

# SVCCESSEVRS, LIVRE II.

& passant en Afrique, promit à Abdala, Roy de Carvan, de la Maison d'Agleb, qui estoit alors fort puissant, de le rendre maistre de la Sicile, & ensuite de l'Empire. Sur cette espérance, Abdulac leva vne puissante armée & l'envoya en Sicile, sous le commandement de son frére Alcama, qui chassa les Impériaux de l'Isle, & bastit vne forteresse de son nom, du costé qui regarde l'Afrique, qui est celle qu'on nomme maintenant Alcama. Les nouvelles en ayant esté répanduës en Europe, les Chrestiens y accoururent de toutes parts, & l'assiégérent. Mais Abdulac y envoya le Capitaine Aced avec des troupes, qui firent lever le siége, & s'estant joints avec les autres, chassérent les Chrestiens de l'Isle, & s'en rendirent maistres, sous le Pontificat de Gregoire IV. Ensuite les vainqueurs partagérent les terres & les revenus de l'Estat, & firent batre de la monnoye que j'ay veuë, où il y a d'vn costé des lettres Arabes, & de l'autre des lettres & des armes des Chrestiens. Mais incontinent aprés, Euphéme receut la récompense de sa trahison dans Saragosse *, où les habitans le tuérent, comme il y estoit avec les marques de l'Empire. Les Arabes estant maistres de la Sicile, ravagérent de-là la Calabre & les autres provinces d'Italie, & bâtirent des forteresses dans les Isles de Malte, de Goze & de Pantanalée, pour servir de retraite aux armées navales, & recevoir le secours qu'on leur envoyeroit d'Afrique.

L'an huit cens soixante & dix Ermangayre, Général de l'armée navale d'Italie, fit vn combat prés des Isles de Corse & de Sardaigne, où il prit quantité de navires, & délivra cinq cens esclaves Chrestiens. D'autre-costé, les Arabes de Sicile sachant que les Venitiens armoient puissamment en faveur de l'Empereur, à qui appartenoit cette Isle, s'y retirérent chargez du pillage qu'ils avoient fait par toutes les costes. Ces Infidelles y tenoient alors la cité de Palerme, & il n'y avoit personne qui leur osast faire teste. Lors que Boniface, Comte de Corse, accompagné des Venitiens, & de quelque Noblesse de la Romanie, qui faisoient tous ensemble vn corps-d'armée considérable, passérent en Afrique, & ayant pris terre entre Vtique & Carthage, gagnérent quatre ba-

Elle estoit à l'Empereur de Constantinople.

* Syracuse

Ee

tailles contre les Arabes, & en défirent vn grand nombre. Ce qui obligea ceux de la Sicile d'abandonner l'Isle, pour aller secourir leurs maisons & leurs familles. Voilà comme Boniface délivra la Sicile de ces brigans, & revint en Italie chargé de butin.

*834. Espagne.*

Pour retourner aux affaires d'Espagne, Abderrame Roy de Cordouë, rompit la tréve avec Dom Ramir la mesme année, à la persuasion d'Idris, Roy de Fez, & d'autres Princes d'Afrique, qui luy offroient leur assistance. Il passa donc en Espagne tant d'Arabes & d'Africains, que la terre en estoit toute couverte comme de sauterelles, & entrant dans les terres de Dom Ramir, ils y firent de grans ravages. L'entrée de ces troupes, & la rupture de la tréve, surprirent tellement Dom Ramir, qui n'estoit pas préparé à les recevoir, aprés environ onze ans de paix, qu'il envoya prier Abderrame de vouloir conserver la tréve, puisqu'il n'avoit aucun sujet de la rompre. Mais ce Prince enorgueilly de ses forces, répondit aux Ambassadeurs, qu'il ne l'accorderoit point qu'en luy donnant cent jeunes filles de tribut par an, comme on avoit fait à ses prédécesseurs. Ce bon Prince irrité de cette insolence, en conceut vne certaine espérance de succés, & assemblant en haste toutes ses troupes, fut rencontrer ses ennemis qui voltigeoient autour de Nachare, brûlant & saccageant tout. La bataille fut sanglante, & dura tout le jour, avec avantage égal; mais le Roy voyant approcher la nuit, & que ses gens estoient fort foibles, se retira sur vne montagne, où il fut toute la nuit en oraison, priant Dieu qu'il luy donnast la victoire. Dans cette meditation il s'assoupit, & l'Apostre Saint Iacques luy apparut, & luy dit, Que la défense de l'Espagne luy estoit écheuë en partage; Qu'il eut bon courage, & qu'avec l'ayde de Dieu il remporteroit la victoire; mais que plusieurs des siens mourroient en la bataille; Que pour preuve de ce qu'il disoit, on le verroit monté sur vn cheval blanc au plus fort du combat; Qu'il se résolut donc de se confesser dés la pointe du jour avec toute son armée, & de recevoir le Saint Sacrement, & qu'aprés cela il marchast hardiment contre l'ennemi. Aussi-tost le Roy manda les Evesques, & les Aumos-

*En vn lieu appelé Clavicho, au champ d'Aunelle. Otero del gamito.*

niers, avec toute la Noblesse, il leur recite son songe, & les ayant fait confesser & communier, eux & tous les soldats, recommença la bataille, où il vit l'Apostre frapant sur les ennemis, comme l'affirment les Historiens, & comme il le dit luy-mesme, dans le privilége qu'il donna à la Maison du bien-heureux Apostre, lors-que les plus Grans du Royaume firent le vœu qu'on appelle de Saint Iacques. Enfin, avec le secours du Ciel, les Arabes furent vaincus, & l'on tient qu'il en mourut soixante & dix mille, sans compter grand nombre de prisonniers. Abderrame se sauva à Cordouë. Et Dom Ramir en mémoire de cette victoire institua l'Ordre des Chevaliers de Saint Iacques. Cette bataille se donna l'an huit cens trente-quatre, ou selon quelques-vns, huit cens trente-cinq, au commencement du régne de ce Prince; Et c'est vne des plus grandes victoires que les Espagnols ayent jamais gagnées sur les Arabes, où mourut l'élite de la Noblesse d'Afrique ; & qui obligea Abderrame de demander tréve à Dom Ramir.

D'autre-costé, les Arabes d'Afrique voyant que l'Empereur se donnoit du bon-tems dans Constantinople, & que les Princes Chrestiens estoient divisez, ils attaquérent l'Italie plus puissamment qu'ils n'avoient jamais fait, & ayant pris Civita-Vecchia, vinrent fondre dans Rome. Ils entrérent dans le bourg du Vatican, qui n'estoit pas alors fermé, pillérent & brûlérent l'Eglise S. Pierre, & enlevérent les portes qui estoient d'argent, & tinrent le Pape assiégé, en intention de prendre la ville & de mettre tout à feu & à sang. Mais sur la nouvelle que le Marquis de Lombardie venoit secourir le Saint Siege avec vne armée assez considerable, ils ne l'osérent attendre, & en se retirant brûlérent & saccagérent tout ce qui estoit sur leur passage. Ils pillérent aussi l'Eglise S. Paul, qui estoit sur le chemin d'Ostie. Delà ils revinrent par la voye Latine, & pillérent l'Eglise de S. Germain, & le Monastére de S. Benoist du Mont-Cassin, d'où ils emportérent de riches ornemens : & aprés avoir desolé toute la campagne de Rome, allérent embarquer leur butin sur la riviére de Garillan, & s'en retournérent en Afrique. Vne autre armée d'Arabes passa encore la mes- *Gregoire II.* *Guido.*

me année en Italie, & prit la ville d'Otronte en Calabre, où ils baſtirent vne forterefſe, ſans que perſonne s'y oppoſaſt, pendant la diviſion des Princes Chreſtiens. Ils ſe renforcérent de plus en plus par la mort de l'Empereur, qui avoit fait ligue avec les Venitiens, pour les chaſſer de l'Italie, & tenoit vne armée toute preſte pour ce ſujet. La meſme année mourut le Calife Mahamet, & ſon fils Imbrael luy ſuccéda.

## CHAPITRE XXIII.

*D'Imbrael, vingt & vniéme Calife; & des choſes qui arrivérent de ſon tems.*

IMBRAEL ayant ſuccédé à l'Empire de Bagdet l'an huit cens trente-quatre, comme il eſtoit jeune & vaillant, & qu'il n'aimoit pas les Chreſtiens, il raſſembla toutes ſes troupes, & entra dans les provinces Romaines. Sur ces nouvelles, Théophile qui avoit ſuccédé à Michel ſon pere, ſe mit auſſi en campagne, & à la perſuaſion de deux braves guerriers, Théophébe & Manuël, ſe hazarda de donner bataille, quoy-que beaucoup moindre en nombre. Mais Imbrael, ſoit qu'il craigniſt l'évenement, ou qu'il mépriſaſt ſes forces, laiſſa ſon Lieutenant général avec quatre-vingts mille hommes, pour combatre contre luy, & s'en retourna en Syrie avec le reſte de l'armée. Aprés vn long combat, les Romains prirent la fuite, & l'Empereur euſt eſté pris ſans le ſecours de Théophébe, qui le ſauva avec deux mille Perſes, & toute la Nobleſſe de ſa Cour. Mais eſtant pourſuivi des Arabes, & aſſiégé ſur vne colline, Théophébe fit ſonner la nuit les trompettes, & jetter des cris de réjouïſſance, comme s'il leur fuſt arrivé du ſecours; de-ſorte que les Arabes ſe retirérent, & l'Empereur raſſemblant le débris de ſes troupes, s'en retourna à Conſtantinople. L'année ſuivante Théophébe marcha contre eux par ordre du Prince, & les vainquit prés de Carſiane, où il fit plus de vingt-cinq mille priſonniers. L'Empereur enflé de ce ſuccés voulut marcher en perſonne contre l'ennemi l'année ſuivante; mais s'eſtant engagé au combat, il eut du pire, & euſt eſté pris ſans le ſecours de Manuël, qui le voyant envelopé de tous coſtez, ſe fit jour à travers les eſcadrons qui l'environnoient, & le trouvant eſtonné & tout hors de ſoy, hauſſa le bras, & luy dit, Qu'il ſe ſauvaſt, ou qu'il le tuëroit, pour ne point donner la gloire à des Barbares d'emmener vn Empereur priſonnier. Lors qu'il fut de retour à Conſtantinople, il fit de grandes largeſſes à Manuël pour récompenſe. Mais quelque tems après ſur des ſoupçons, ſoit faux ou véritables, il le voulut faire arreſter, & luy crever les yeux. Manuël averti de ce deſſein, paſſa vers Imbrael, qui luy fit de grandes careſſes, & luy donna le commandement d'vne armée contre les Perſes, où il gagna pluſieurs batailles, & aquit beaucoup de réputation, puis retourna au ſervice de l'Empereur, à ſa priére. L'an huit cens trente-huit, Théophile aſſembla encore vne armée, & emmenant avec luy Théophébe, entra dans les provinces de Syrie: Mais l'ennemi ne mit point en campagne. De-ſorte que l'Empereur retourna à Conſtantinople ſans rien faire. Mais l'année ſuivante, ſur la nouvelle qu'Imbraël avoit envoyé ſon armée contre les Perſes, il reprit la route de Syrie, & ravagea toutes ces provinces, & la ville meſme de Sozzopetra, où Imbrael avoit pris naiſſance, quoy-qu'il l'euſt prié de l'épargner. Enſuite il retourna à Conſtantinople, laiſſant le commandement de l'armée à Théophébe, qui fut proclamé Empereur par ſes ſoldats, mutinez faute de paye; mais il refuſa cét honneur, & s'en envoya excuſer au Prince, pour montrer que cela s'eſtoit fait contre ſa volonté. D'autre coſté, Imbraël indigné contre Theophile, de ce qu'il n'avoit pas reſpecté le lieu de ſa naiſſance, mit ſus pied vne grande armée, pour en faire autant à la ville d'Amorium en Phrygie, où Theophile eſtoit né; mais l'Empereur en ayant eu avis, y envoya du ſecours ſous le commandement de Theodore Cratére, & raſſembla toutes ſes forces pour marcher contre les Arabes. Sur ces nouvelles, Imbraël envoya Zacharie, avec dix mille chevaux Turcs, & tous les Armeniens au-devant de l'Empereur qui prenoit la route de Syrie. Comme Zacharie fut arrivé à Traſimene, Theophile s'avança juſqu'à vn lieu appelé Anzi, & envoya Manuel pour reconnoistre l'ennemi. Celuy-cy les ayant contemplez du haut d'vne montagne, conseilla l'Empereur de ne point hazarder la bataille contre des gens plus forts que luy. Mais ce Prince craignant qu'il ne leur arrivast de nouvelles forces, la voulut donner, & eut quelque avantage d'abord, toutefois à la fin, les Chrestiens furent accablez de la multitude des fleches des Turcs, & prirent la fuite, laissant l'Empereur avec ses Chefs, au milieu des ennemis. Mais la pluye survenant, rendit les fleches des Turcs inutiles, & les vaincus reprenant courage, obligérent les ennemis à se retirer. La nuit suivante, Manuel faisant la ronde par tout le camp, découvrit que les Perses qui estoient dans leur parti, traitoient avec les Arabes, & obligea l'Empereur à se retirer dés la pointe du jour, puis se retira luy-mesme avec le reste de l'armée. Zacharie s'estant joint ensuite à Ismaël, ils assiégérent ensemble la ville d'Amorium ; mais aprés vn long siége, comme ils méditoient leur retraite, vn traistre, soit pour de l'argent, ou pour quelque mécontentement particulier, leur donna entrée dans la ville, qu'ils ruinérent de fond en comble, quoy-que ce fust la plus belle de l'Asie. Ils firent main basse sur tous ceux qui estoient capables de défense, & emmenérent prisonniers le reste. Plusieurs des principaux de l'armée furent de ce nombre, & amenez devant Imbraël, qui se réjouït fort de cette prise, où il s'estoit bien vengé du sac de Sozzopetra. Sur ces nouvelles, Theophile luy envoya des Ambassadeurs avec présens, pour le prier de mettre ces Chefs en liberté, & luy offrir pour eux, deux cens cinquante mille pesans d'or de rançon. Mais il fit réponse, que c'estoit trop peu de chose, & que cette guerre luy coûtoit beaucoup davantage ; dequoy l'Empereur conçût vn tel déplaisir, qu'il en mourut.

Pour retourner aux affaires de l'Europe, les Princes Chrestiens estant en division en Italie, les Rois de Mauritanie & de Carvan liguez ensemble, envoyérent vne grande armée en Sicile, sous le commandement du brave Saba, qui passant dans la Pouille, assiégea Tarente ; dequoy l'Empereur Theophile averti, envoya contre-eux Theodose

*Bortitis.*

*Caliste, Constantin, Cratére, Théodore, Patrice, &c.*

843.

## SVCCESSEVRS, LIVRE II.

avec vne armée navale, laquelle devoit joindre soixante galéres des Venitiens en vertu de leur alliance. Sur ces nouvelles, Saba fit semblant d'avoir peur, & leva le siége, en intention pourtant d'attaquer l'armée Impériale, avant la jonction des Venitiens, comme il fit si à propos, que la trouvant en desordre, il la mit en fuite, prit quantité de vaisseaux, & coula à fond les autres. De-là il alla attaquer les Venitiens, & aprés vn grand combat, vint à bout de toutes leurs galéres. Enflé de cette victoire, il entra dans leur Golfe, & courant toutes leurs costes, prit prés de leur ville, quelques-vns de leurs vaisseaux chargez de marchandises du Levant. Comme il fut arrivé à Ancone, l'épouvante en ayant fait sortir la pluspart des habitans, il la prit, & l'ayant saccagée, & mis le feu par-tout, il revint de-là assiéger Tarente, & la serra de si prés, qu'il l'emporta d'assaut, puis retourna en Sicile chargé de butin. L'an huit cens quarante-sept, sous le Pontificat de Leon quatriéme, comme il couroit victorieux par toute la mer Méditerranée, & qu'il retournoit en Afrique, avec quantité de richesses & de prisonniers, il fut surpris d'vne si grande tempeste, qu'il eut bien de la peine à se sauver à Vtique, avec quatre vaisseaux en fort mauvais ordre, le reste fut coulé à fond; ce qui donna quelque relâche aux Chrestiens.

Tandis que ces choses se passoient en Italie, l'Asie estoit travaillée des courses des Arabes aprés la mort de Theophile, qui avoit laissé pour successeur Michel qui estoit encore enfant, sous la conduite de sa mere Theodore, à laquelle ce jeune Prince osta le Gouvernement; & la premiére chose qu'il fit, fut d'assembler vne puissante armée, & d'entrer dans le païs, où il mit tout à feu & à sang, & alla assiéger Samosate, qui estoit fameuse par ses fortifications, & par ses richesses. Les assiégez feignant d'avoir peur, fermérent leurs portes; mais comme ils virent les assiégeans relâchez, qui s'écartoient pour le pillage, & faisoient fort mauvaise garde, le troisiéme jour du siége, qui estoit vn Dimanche, pendant qu'on disoit la Messe, ils firent vne furieuse sortie de toutes parts: car il y estoit entré grand nombre d'Arabes, & ayant tué vne partie des assiégeans, mirent le reste en fuite. Pour com-

*Asie.*

*Ville sur l'Euphrate.*

ble de malheur, quelques hérétiques les pourſuivant avec
les Arabes, firent priſonniers pluſieurs Chefs, & force Nobleſſe qu'ils vendirent à leurs ennemis, l'Empereur eſtant
échapé à toute peine par la vîteſſe de ſon cheval. L'année
d'aprés, Imbraël envoya contre l'Empire vne armée de
trente mille hommes, contre laquelle l'Empereur marcha
avec quarante mille qu'il avoit tirez de la Thrace, & de la
Macédoine ; mais les Arabes l'ayant laiſſé paſſer, revinrent
fondre ſur luy, & l'euſſent pris ſans Manuël, qui le ſauva
du milieu d'eux ; mais ils mirent ſon armée en fuite.

Pour revenir en Afrique, le Roy de Fez s'eſtant enrichi
des dépouilles du païs, & de celles d'Eſpagne, baſtit l'an
huit cens quarante, la partie de la ville qui eſt au Couchant
de la riviére, & commença par la Moſquée de Carvin, la
plus grande & la plus ſomptueuſe de toute l'Afrique. La
paix régnoit alors par toute l'Eſpagne, & Abderrame s'occupoit à fortifier & embellir les places de ſon obéïſſance,
faiſant venir de l'eau dans les villes, baſtiſſant des Moſquées,
mandant des ouvriers de Damas pour y eſtablir des manu-
factures de ſoye. Ce fut le premier qui mit ſon nom ſur la
monnoye Arabeſque. Pendant ſon régne, les Anglois vinrent en Eſpagne en faveur des Chreſtiens, & aſſiégérent la
ville de Liſbonne, où ils firent de grans degats tout autour.
La muraille du coſté de la mer ayant eſté abatuë, les habitans qui perdoient par là l'eau des fontaines qui eſtoient
proches, la firent remonter par des machines & des canaux en divers endroits de la ville. Les Anglois voyant
que tout leur travail ne ſervoit de rien, levérent le ſiége,
& allérent prendre Cadis, puis ſe joignant à quelques vaiſſeaux Chreſtiens, forcérent Seville ; mais comme ils eſtoient
occupez au ſiége de Cherés, Abderrame le fit lever, &
aprés avoir tué vn grand nombre d'Anglois, & brûlé pluſieurs de leurs vaiſſeaux, reprit Seville, & Cadis. Il mourut
quelque tems aprés, laiſſant la Couronne à Mahamet l'aiſné de quarante-deux fils qu'il avoit. Celuy-cy eut guerre
contre vn Arabe, nommé Omar, fils de Cacem, qu'il vainquit, & le tua, puis confima la tréve avec Dom Ramir, qui
aprés avoir régné vingt-ſix ans, laiſſa la Couronne à Dom
Ordogno

# SVCCESSEVRS, LIVRE II.

Ordogno son fils, qui fut fort brave, & qui obtint plusieurs victoires contre les Arabes. En mesme tems mourut Imbraël, & Mémon son fils luy succéda.

849.

## CHAPITRE XXIV.

*De Mémon, vingt-deuxième Calife; & de ce qui se passa sous son régne.*

MEMON ayant pris les resnes de l'Empire, eut tant d'inclination pour la vertu & pour les sciences, qu'ayant seu que le Philosophe Leon, Evesque de Thessalonique, estoit à Constantinople, où il s'estoit retiré, aprés avoir esté chassé de son Eglise, à cause du different qui estoit entre les Grecs & les Latins, touchant la veneration des Images, où il ne subsistoit que de ce que ses écoliers luy donnoient, il luy écrivit par vn esclave Chrestien, qui avoit esté son disciple, & estoit grand Mathématicien, Qu'ayant appris que le Maistre d'vn si docte écolier n'estoit pas reconnû de l'Empereur, ni traité selon son merite, il le prioit de le venir trouver pour l'instruire, luy & tous les Arabes, sous promesse de le rendre le plus riche de tous les Philosophes. Il donna charge à celuy qui portoit cette lettre, de faire tout ce qu'il pourroit pour l'emmener. Mais le bruit en ayant esté répandu dans Constantinople, l'Empereur luy fit défenses de sortir, & luy dressa vne Académie. Mémon frustré de son dessein, l'envoya prier de luy donner la resolution de quelques propositions de Geométrie; surquoy ayant esté satisfait, & régalé outre cela de quelques nouvelles instructions, il s'écria que ceux-là estoient heureux qui jouïssoient de la conversation d'vn si grand personnage, & dépescha vne ambassade à l'Empereur, avec de grans présens, accompagnez de cette lettre. Mémon, " grand Amir & Prince des Arabes, à Michel, Empereur des " Chrestiens. I'avois dessein de vous aller visiter comme " ami; mais parce-que la grandeur de mon Empire, & le na- " turel de mes peuples, ne me permettent pas de jouïr de cét "

Ff

" honneur, je vous prie de m'envoyer le tres-docte Philoso-
" phe Leon, afin que je puisse profiter de sa doctrine, pour
" laquelle j'ay vne passion extrême. Ne vous arrestez-point à
" la diversité de la Religon, parce-que je le demande com-
" me ami. En cette considération, j'entretiendray vne paix
" perpetuelle avec vous, & vous envoyeray mille pesans d'or
" pour ayder à vous rembourser des frais de la derniére guerre.
L'Empereur n'eut point d'égard à la demande de Mémon,
sous prétexte qu'il ne faloit pas enseigner les sciences aux
Infidelles, de-peur que cela ne contribuast à leur agrandissement. Mais il commença à aimer les Lettres, à l'exemple
de ce grand Prince, & faisant du bien à Leon, le restablit
quelque tems aprés dans son Evesché de Thessalonique.

*Italie.*  Pendant le régne de cét Empereur, & sous le Pontificat
de Leon IV. les Arabes d'Afrique recommencérent la guerre contre les Chrestiens, & cinglérent vers Rome avec vne
puissante armée, qui estant arrivée à Ostie, donna telle é-
pouvante à la ville, que le Pape fut contraint d'assembler
toute la Noblesse, & de l'encourager à se montrer digne de
ses ancestres ; aprés-quoy il marcha contre eux, suivi de tout
le peuple. Quelques-vns disent que Charles le Chauve, Roy
de France, le fut secourir, & qu'il se trouva à la bataille.
Mais la plus commune opinion est, qu'il ne fut assisté de
personne. Comme il fut arrivé en présence de l'ennemi, il
se mit à genoux avant que de donner bataille, & pria Dieu
qui avoit donné la victoire à Gédeon contre les Infidelles,
& qui jamais n'avoit abandonné son peuple, d'écouter ses
priéres par le merite de son cher Fils, qui avoit répandu
son Sang pour nostre salut, & de luy faire la grace de le défendre contre les ennemis de sa loy. Puis s'adressant à Iesus
Christ, qui avoit délivré Saint Pierre des flots de la mer, &
Saint Paul de son troisiéme naufrage ; il le pria de le garen-
tir de cette tempeste, & de luy donner victoire contre les
ennemis du nom Chrestien, afin que son saint Nom fust exal-
té & glorifié. Aprés il commanda de donner ; ce que les
Romains firent avec tant de furie, dans vne espérance certaine de la victoire, qu'ils n'ont jamais fait vn plus grand effort ; de-sorte que les Arabes aprés avoir resisté du com-

mencement, furent à la fin vaincus, & la plus grande partie ayant esté tuez ou pris, le reste se sauva dans les navires, où la tempeste acheva leur défaite. Le Pape victorieux retourna à Rome, où il fut receu en grande pompe & cérémonie, & employa ses captifs à fermer le bourg du Vatican, qu'on nomma de son nom, la ville Leonine, & qu'il peupla de Corses, qui avoient abandonné leur Isle pour se sauver de la tyrannie des Arabes.

*Asie.*

Tandis que ces choses se passoient en Italie, le Calife Mémon entra dans les provinces de l'Empire, dont l'Empereur averti envoya contre luy son oncle Pétronius, qui estoit Gouverneur de la Thrace, avec toutes les forces de l'Estat. Les deux armées estant en présence, Mémon en peine du succés de la bataille, demanda à vn des captifs le nom des lieux où ils estoient, le Chrestien répondit que la contrée s'appelloit Lalaceon, le champ de bataille Eptosante, & la riviére Hire ; ce qu'il prit à mauvais augure, parce-que Lalaceon signifioit affliction du peuple ; Eptosante, exclus ; & Hire, renversé ou foulé aux pieds des ennemis. Il ne laissa pas de présenter le combat à Pétronius, qui reculoit le plus qu'il pouvoit ; & le lendemain ayant encore rangé son armée en bataille, il marcha contre Pétronius, & se trouvant dans la meslée, enfermé de toutes parts, il fit diverses tentatives, pour essayer à rompre les ennemis, & voyant tous ses efforts vains, il retourna au combat avec plus de furie, & y fut tué, & toute son armée défaite. Vn de ses fils en voulut sauver le débris à Méliténe : mais les Chrestiens qui attendoient les fuyars au passage de Carsiane, s'en saisirent & le menérent à Pétronius, qui l'envoya à l'Empereur avec la teste de son pere.

*Espagne.*

L'Espagne n'estoit pas moins travaillée de guerre alors : car encore que Dom Ordogno & Charles le Chauve eussent fait tréve avec Mahamet, Roy de Cordouë, les habitans de Toléde se soûlevérent sous le commandement de Muça, fils de Cacem. Ce Chef estant de grand cœur, & favorisé des Arabes, qui se faschoient que la paix duroit long-tems, assembla de grandes forces, sous prétexte d'attaquer les Chrestiens, & laissant son fils Lot dans Toléde, entra dans l'Arra-

850.

Ff ij

gon, & prit d'abord les villes de Saragoſſe & de Gueſcar, d'où il fit la guerre aux Chreſtiens de ces contrées. De-là paſſant dans la Catalongne, il vainquit en bataille Dom Iofre, & aſſiégea Barcelone ; mais aprés quelques jours de ſiége, voyant qu'il ne la pouvoit prendre, il ruina tout le païs d'alentour, & entrant en France, ſe fit appeller par-tout Calife, & Roy d'Eſpagne. Il paſſa le quartier d'hiver dans la ville de Narbonne, qu'il avoit priſe, puis vainquit les François en bataille, & fit deux de leurs Généraux* priſonniers. Quelques Hiſtoriens diſent que Charles le Chauve ne pouvant ſe trouver à cette guerre, s'accommoda avec luy, & luy donna de l'argent pour ſortir de ſon païs. Mais d'autres diſent avec plus de vray-ſemblance, qu'il marcha contre luy, & le pourſuivant juſques aux monts Pirenées, luy donna bataille en vn lieu appelé Val-Carolo, où il le défit, & luy tua quantité d'Arabes. L'année ſuivante cét Arabe fit paix avec Mahamet, Roy de Cordouë, qui luy confirma la Seigneurie de tout le païs qu'il poſſédoit, moyennant quoy il le reconnût pour Souverain. Enſuite Muça leva vne puiſſante armée, & entrant dans le païs de Dom Ordogno, ravagea tout, juſqu'à vn lieu appellé Albayde ou Albanie, qui luy ſemblant fort propre pour vne forterefſſe, il y en baſtit vne, où il laiſſa garniſon, puis s'en retourna chez luy. Sur cét avis, Ordogno vint aſſiéger ce nouveau fort; mais Muça revint pour le ſecourir, & ſe campa ſur vne montagne. Le Roy ſépara ſon armée en deux à ſa venuë, & en laiſſant vne partie devant le chaſteau, marcha contre luy avec l'autre, & luy donnant bataille le vainquit. L'Arabe bleſſé en trois endroits, mourut quelque tems aprés dans Saragoſſe; & ſon gendre Aced, qui eſtoit ſon Lieutenant général, fut auſſi tué. On tient qu'il demeura ſur la place douze mille chevaux, & grand nombre d'infanterie. Aprés cette victoire, le Roy Ordogno alla rejoindre ſes troupes devant le chaſteau, qui ne tint plus que ſept jours, & fut emporté d'aſſaut. On fit main-baſſe ſur tout ce qui y eſtoit, à la reſerve des femmes & des enfans, qu'on emmena priſonniers; aprés-quoy le Roy fit démolir la forterefſſe, & s'en retourna à Leon.

Pendant que ces choſes ſe paſſoient, le Roy de Cordouë

852.

*Sanche & Pietre.

854.

Le Mont Guarduche.

Mahamet.

prit de-là occasion de rompre avec Ordogno, sous prétexte de secourir son vassal. Mais ayant appris le succés de la bataille, il tourna ses armes contre Lot, & assiégea la ville de Toléde, qui se défendit vaillamment ; de-sorte qu'il leva le siége pour s'aller rendre maistre des villes de Saragosse & de Valence, qui appartenoient à Muça. Cependant, Lot pour estre secouru d'Ordogno, se fit son vassal, & receut de ses troupes dans Toléde. L'année d'aprés, Ordogno marcha contre la ville de Coria, qui appartenoit à vn Arabe, lequel le vint rencontrer, & fut défait. Ensuite dequoy le Roy prit sa ville & la peupla de Chrestiens. De-là il marcha contre Salamanque, & défit en rase-campagne celuy qui y commandoit ; aprés-quoy il força la ville, & fit tous les habitans esclaves, puis s'en retourna à Leon. Le Roy de Cordouë voyant les progrez d'Ordogno, fit paix avec Lot, à la charge qu'il luy feroit hommage, & qu'il luy payeroit quelque chose tous les ans par forme de reconnoissance, moyennant quoy il luy laissoit le titre de Roy, & le prenoit en sa protection. Tandis que cette paix se faisoit devant Toléde, le Roy de Leon alla prendre Saragosse, & plusieurs autres places voisines. L'année suivante le Roy de Cordouë envoya demander secours aux Califes de Fez & de Carvan, qui luy envoyérent grand nombre de cavalerie & d'infanterie, l'vn par le détroit de Gibraltar, & l'autre par le Royaume de Valence, qui se rejoignirent à Cordouë l'an huit cens cinquante-neuf. Le Roy Ordogno de son costé demanda secours aux Rois de France & de Navarre, qui luy envoyérent vne armée de Gascons, de Provençaux & de Navarrois. On se rencontra sur le bord du Tage, où il y eut grand combat, & les Chrestiens furent défaits, & quantité de Noblesse morte, ou prisonniére ; mais il y mourut vn plus grand nombre d'Arabes. Mahamet poursuivant sa victoire entra dans le païs des Chrestiens, où il mit tout à feu & à sang, prit les villes de Samore & de Salamanque, & saccagea le plat païs. De-là il entra dans la Navarre, & porta ses armes victorieuses jusqu'à Thoulouse ; mais comme il pensoit repasser les Monts, pour aller prendre ses quartiers-d'hyver dans l'Andalousie, le Roy de Navarre, Sanche Garçia, l'atten-

*Cyet el Quetib.*

*Maçaudi.*

857.

858.

contre Mahamet.

dit au paſſage, & luy défit vne partie de ſes troupes. Sur ces nouvelles, Lot fit ligue contre luy, avec quelques Princes Arabes ſes voiſins, qui ſecourus de Dom Ordogno, firent long-tems la guerre au Roy de Cordouë. Cependant, le Roy Ordogno fit pluſieurs entrepriſes ſur les ennemis, gagna ſur eux grand nombre de places, baſtit la ville d'Aranda de Duero l'an huit cens ſoixante & vn; & l'année ſuivante prit celles de Lara & d'Oca, avec tous les païs d'alentour. D'autre-coſté Mahamet continua la guerre contre Lot, & ayant domté quelques-vns des Chefs qui s'eſtoient revoltez contre luy, alla attaquer la ville de Toléde. Mais ſur cét avis Lot envoya demander du ſecours à Dom Ordogno, qui luy en envoya. Mahamet eſtant arrivé prés de Toléde, mit vne partie de ſon armée en embuſcade, & s'avançant avec l'autre, attira les ennemis hors de leurs murailles par ſon petit nombre; puis ſe batant laſchement, prit la fuite, & les fit donner dans l'embuſcade, où ils furent tous défaits. Il y mourut quinze cens Chreſtiens, & plus de trois mille de ceux de Lot, qui regagna la ville à toute bride. Mahamet victorieux ſe vint camper devant, & envoya aux Rois de Barbarie, comme par trophée, la teſte des principaux Chreſtiens qui avoient eſté tuez au combat. Mais voyant que le ſiége de la place tiroit en longueur, il s'en retourna à Cordouë. L'an huit cens ſoixante & quatre, le Roy Ordogno mourut dans Oviédo, aprés avoir régné dix-huit ans, & laiſſa pour ſucceſſeur ſon fils Alfonſe, qui fut ſurnommé le Grand. Celuy-cy eut guerre contre ſes Sujets l'eſpace de ſix années, & remporta aprés de grans avantages ſur les Arabes. Le Calife Mémon eſtant mort, comme nous avons dit, Ozmen luy ſuccéda, comme nous dirons au chapitre ſuivant.

861.

864.

865.

## CHAPITRE XXV.

*D'Ozmen, vingt-troisiéme Calife; & de ce qui se passa sous son régne.*

APRES la mort de Mémon il y eut grande division entre les Arabes, qui nommérent pour successeur de l'Empire Ozmen; car les Perses se revoltérent contre luy. Mais il se gouverna si bien en marchant contre eux, qu'il appaisa tout sans grande effusion de sang. D'autre-costé les Arabes de Créte voyant l'Empire de Constantinople déchiré de guerres civiles, Basile ayant tué Michel, & s'estant fait Empereur, ils coururent toutes les costes & les Isles de la Grece, puis retournant dans le Golfe de Venise, prirent la ville de Grade, qui appartenoit à cette République. Sur ces nouvelles, Basile croyant qu'il estoit de l'interest de l'Empire de chastier ces Barbares, & de faire rendre cette place, cingla contre eux avec vne armée navale, pour les chasser de ce poste. Mais il perdit la bataille, où il courut risque d'estre pris, & laissa grand nombre de morts & de prisonniers. Estant de retour à Constantinople, il essaya de réparer sa perte, & envoyant vne seconde armée navale en Candie, marcha luy-mesme contre Ozmen. Le Lieutenant général * qu'il avoit envoyé contre les Arabes de l'Isle de Créte, rabatit leur insolence par vn heureux combat, & luy, estant entré dans la Syrie, prit plusieurs villes & chasteaux, & ravagea tout, jusqu'à la ville de Tefrica, qu'il assiégea. Mais le siége tirant en longueur, il desespera de la prendre, & passant l'Euphrate, prit plusieurs places de l'autre costé, les vnes par force, les autres par composition; & ayant imposé des contributions par-tout, retourna passer l'hyver à Constantinople. Il repassa en Syrie l'année suivante dés le commencement du printems, & n'ayant pû prendre Adate, dont il avoit brûlé les fauxbourgs, il reprocha à ses soldats leur lascheté; parce-que les habitans ne se défendoient pas bien; Mais vn vieillard luy repartit, que la prise de cette ville

* Christophle.

estoit reservée à vn Constantin qui seroit son fils, & que celuy qui portoit maintenant ce nom ne l'estoit point. L'Empereur aprés avoir fait plusieurs vains efforts contre cette place, fit mourir tous les prisonniers qui estoient dans son camp, & retourna à Constantinople.

En mesme tems les Arabes d'Afrique entrérent dans l'Illyrie, avec vne armée navale, & ayant attaqué vne place *, l'Empereur envoya à son secours vne flote de cent navires, qui leur fit lever le siége, & regagner l'Italie, où s'estant joints avec ceux du mont Gargano, ils firent de grans ravages le long de la coste, puis assiégérent la ville de Bari, & l'ayant prise, ne se contentérent pas de ravager la Pouille & la Calabre; mais coururent toutes les costes d'Italie, où ils prirent plusieurs places.

* Arragoça.

place de la Pouille.

En mesme tems, Alamir, Prince de Tarse, qui se faisoit appeler Calife, aussi-bien que celuy de Bagdet, entra dans les provinces de l'Empire, avec vne armée de Sarasins qui y commirent de grans excés, & comme le Gouverneur du Levant * se voulut opposer à leur furie, Alamir luy manda, que s'il donnoit bataille, le fils de Marie ne le sauveroit pas de leurs mains. Mais ce blasphéme ne demeura pas long-tems impuni: car le jour du combat, ce Gouverneur prit la lettre du Barbare, & l'ayant fait attacher à vne Image de la Vierge, pour servir d'étendart, défit les ennemis avec grand meurtre, & fit couper la teste à Alamir, qu'il avoit fait prisonnier avec plusieurs autres. Mais accusé depuis de n'avoir pas voulu prendre Tarse, il fut cassé, & son Gouvernement donné à vn autre *, qui s'estant laissé surprendre dans son camp par les Arabes, fut défait, & contraint de chercher son salut dans la fuite.

* André Scyche.

* Stipiote.

Sous le Pontificat du Pape Iean VIII. l'Italie affligée des courses continuëlles des Arabes, & ne pouvant espérer du secours des Princes de l'Europe qui s'entre-faisoient la guerre, eut recours à l'Empereur de Constantinople, qui y envoya vne armée, avec priéres au Roy de France, d'y joindre ses forces; de sorte qu'avec ces deux armées on vainquit, & on fit prisonnier Sultan, Prince des Arabes, & on luy tua la pluspart de ses gens. Les Historiens disent que

Charles

# SVCCESSEVRS, LIVRE II.

Charles le Chauve tint ce Sultan prisonnier dans Capoüe, l'espace de deux ans, pendant lesquels on ne le vit rire qu'vne fois ; que voyant passer vne charette dans la ruë, cela le fit souvenir de l'estat des Grans, & de l'inconstance de la Fortune, qui met les vns tantost au-dessus, & tantost au-dessous de sa roüe. Il conseilla au Roy, pour conserver les villes de Capoüe, & de Bénévent, d'en chasser la Noblesse ; & la Noblesse ayant esté avertie de ce dessein par le Sultan mesme, elle ferma les portes comme le Roy estoit allé à la chasse, & mit en liberté le Sultan qui leur avoit donné cét avis. Mais ils receurent bien-tost le payement de leur revolte : car le Sultan, aprés avoir rassemblé des Arabes de tous costez, tant de la Poüille, que de l'Afrique, & de la Sicile, vint mettre le siége devant Capoüe, qui fut contrainte d'envoyer demander pardon à Charles le Chauve pour en avoir du secours. Mais comme ils virent qu'il se réjoüissoit de leur perte, au-lieu de les secourir, ils dépeschérent vers l'Empereur de Constantinople, qui leur promit tout secours ; mais les Arabes ayant pris leur député, ils le menérent au Sultan, qui ayant sceu le sujet de sa députation, l'obligea, pour sauver sa vie, d'approcher des murs de la place, & de crier aux habitans qu'ils n'espérassent aucun secours de l'Empereur. Mais on dit qu'en passant prés des portes, il les encouragea tout-bas à tenir ferme ; ce que le Sultan ayant appris, il le fit tuër, & desespérant de prendre la place, leva le siége. Pour retourner en Asie, Ozman estant allé attaquer l'Isle de Chypre, receut vn coup au siége de Famagoste, dont il mourut, aprés avoir régné huit ans, & Caym Adam luy succéda.

873.

## CHAPITRE XXVI.

*De Caym Adam, vingt-quatriéme Calife; & des choses arrivées de son tems.*

CAYM Adan, ayant pris les resnes de l'Empire, eut de grandes guerres contre les Perses, & en mesme tems,

874.

le Prince des Arabes de Candie * envoya ravager les Isles & les costes de la Grece. Mais ses gens furent défaits par l'armée navale de l'Empereur *, qui prit ou brûla plusieurs de leurs vaisseaux, & le reste rassemblant quelques vaisseaux Corsaires, alla ravager le Peloponése, & les Isles voisines. Sur ces nouvelles, Nicétas, qui commandoit l'armée navale de l'Empereur, leur donna la chasse, & sachant qu'ils devoient aborder à Moton, Pile, ou Patrasse, transporta ses vaisseaux au-delà du détroit de Corinthe, & les alla surprendre à l'improviste ; la pluspart de leurs vaisseaux furent brûlez, les autres coulez à fond, & leur Général tué dans le combat ; si-bien que toute leur armée navale fut détruite.

Tandis que ces choses se passoient, le Calife faisoit la guerre aux Perses, qui se voyant trop pressez, implorérent le secours des Turcs, lesquels devinrent à la fin si puissans, qu'ils succédérent à l'Empire des Arabes. Pour retourner aux affaires d'Occident, Alfonse le Grand estant en guerre contre les Chrestiens, les Arabes entrérent en son païs, & y firent de grans maux pendant six ans que la guerre dura ; mais ils eussent fait encore pis, si la division ne se fust point mise parmi eux. En mesme tems sortit de Carthage, vne flote de soixante gros navires bien équipez, qui coururent toutes les mers du Levant, & firent de grans ravages dans les Isles de Zante, & de Céphalonie, jusqu'à ce que l'Empereur envoya contre-eux son armée navale, qui en coula à fond la pluspart, & fit quantité de prisonniers. De-là elle courut toute cette mer, & donna par-tout de la terreur, puis ravagea la Sicile, & s'en retourna chargée de butin à Constantinople. Cependant, les Arabes qui estoient au-tour de Messine, allérent batre les costes de Phénicie, & de Syrie, où ils firent de grans ravages. Car l'Empereur en avoit pris tous les gens de mer de ses navires, pour travailler aux Temples qu'il faisoit construire à Constantinople, & comme il eut envoyé contre-eux vne armée navale pour reparer cét affront, ils la défirent. Mais Nicéphore Phocas, brave & expérimenté Capitaine, cingla contre-eux avec vne nouvelle armée, & en remporta plusieurs victoires.

*Marginalia:*
* Sueto Apocapa.
* Basile.
sur des rouleaux.
Pothic.

En ce tems-là, mourut l'Empereur Basile, laissant pour successeur, son fils Leon le Philosophe, qui tint l'Empire vingt-cinq ans, & fut grand bastisseur, aussi-bien que son pere. Cependant, les Arabes prirent l'Isle de Lemnos, où ils tuérent quantité de Chrestiens, puis se retirérent chargez de butin, & se reposérent quelque tems pendant les guerres civiles d'Afrique. Pour retourner aux autres provinces. Sous le régne d'Alfonse le Grand, Mahamet, Roy de Cordouë, leva deux armées, & les envoya ravager le Royaume d'Alfonse, sous le commandement d'Almandari, & d'Abulcaçen, dont celuy-là entra dans la Castille, & l'autre dans le quartier de Leon. Le Roy Alfonse ayant rassemblé vne armée, où se joignirent plusieurs Navarrois, & Gascons, marcha contre-eux, & contraignit celuy-cy de se retirer avec grande perte. Mais Almandari qui ravageoit le quartier de Salamanque, ayant appris la défaite d'Abulcaçem, & sachant qu'Alfonse venoit contre luy, se retira sans avoir rien fait de mémorable. Le Roy de Cordouë ayant échoüé de ce costé-là, tourna ses forces contre Tolède, & laissant son fils Almundir dans Talavera, passa outre, & assujettit plusieurs places de cét Estat. Lot, Roy de Tolède, voyant l'armée des ennemis partagée, alla donner bataille à Almundir; mais il fut vaincu, & contraint de se retirer en desordre; & Mahamet ayant appris sa défaite, l'alla assiéger dans Tolède, qu'il réduisit aux abois, aprés avoir fait abatre le pont; de-sorte que Lot fut contraint de se faire son vassal. Tandis que Mahamet estoit occupé à ces choses, Alfonse courut son païs, & le contraignit de faire la tréve, à condition que pas vn d'eux ne pourroient restablir les places qui avoient esté ruïnées pendant la guerre. Cette tréve dura six ans, & jusques à la mort de Mahamet, qui laissa pour successeur Almundir, l'aisné de trente-quatre fils qu'il avoit. Ce Prince estoit alors occupé en vne guerre contre l'Arabe Omar qui s'estoit revolté, & ne voulut point revenir qu'elle ne fust achevée par la mort du rebelle, puis il s'en retourna à Cordouë. Aprés avoir esté salüé Roy, il confirma la tréve avec Alfonse, & mourut au bout de deux ans, sans avoir rien fait de mémorable. Son

*Espagne.*
872.

il le défit prés de Leon.

880.

frére Abdala luy succéda, qui régna vingt-cinq ans, & confirma la mesme tréve ; mais l'an huit cens quatre-vingts cinq, voyant qu'au préjudice du traité, Alfonse faisoit fortifier Samora, Viseo, & autres places qui avoient esté ruinées pendant la guerre ; il envoya ses Alfaquis demander du secours en Afrique, & ayant rassemblé quantité d'Arabes, entra dans la Castille, & la ravagea jusqu'à Salamanque, qu'il prit avant qu'Alfonse la pût secourir, puis se retira à Cordouë. D'autre-costé, Alfonse entra dans le Royaume de Toléde, & ravagea le quartier qui obéïssoit à Abdala, puis s'en retourna à Oviédo. L'année d'aprés, Abdala rassembla ses troupes, & avec vn nouueau renfort qui luy vint d'Afrique, prit les villes de Nachara, & d'Occa sur le Roy Alfonse, d'où entrant dans la Navarre, il assiégea Pampelune, où le Roy Dom Sanche s'estoit renfermé, avec toute la fleur de son Estat. Aprés plusieurs sorties, où moururent quantité de gens de part-&-d'autre, Abdala emporta la ville d'assaut, & le Roy Dom Sanche y fut tué, avec la pluspart de sa Noblesse. Cela fait, les Arabes s'en retournérent chargez de butin, & de prisonniers. Le Roy Alfonse qui accouroit au secours du Roy de Navarre, se mit à leur queuë, & entrant dans le Royaume de Toléde, il prit par composition la ville de Guadalachara ; aprés-quoy les troupes s'estant retirées de part-&-d'autre, on fit tréve pour six ans.

Lors-que le Calife de Babylone eut mis fin à la guerre des Perses, & qu'il les eut remis dans l'obéïssance aprés la desolation entiére de ces provinces, il tourna ses forces contre l'Empereur *, & entrant dans son païs avec vne puissante armée, y fit de grandes cruautez. Mais l'Empereur rassemblant ses légions, marcha contre luy, & le vainquit dans la Syrie. Tandis que son Amiral * défit la flote d'Aléxandrie, avec grand meurtre, & quantité de prisonniers. La perte de ces deux batailles diminua beaucoup les forces & l'orgueil des Arabes. De-sorte que les Chrestiens eurent quelque relasche, jusqu'à l'Empire de Constantin, fils de Leon, qui eut pour Gouverneur pendant son jeune âge, Romanus Lacapenus, pendant le gouvernement duquel, deux Lieutenans généraux de l'Empereur gagnérent plusieurs batail-

*moins quinze jours.*

885.
Docteurs de la Loy de Mahomet.

886.

Caym Adam.

*Leon le Philosophe.

Himere.

Curca & Theophilose.

les, & prirent plusieurs villes dans la Syrie. Aprés ces heureux commencemens, l'Empereur ayant appris que les Arabes de Candie ruïnoient les costes de l'Empire, il envoya contre eux vne armée navale, qui fut défaite par l'ignorance du Général, & la pluspart des Chrestiens tuez, ou faits prisonniers. Mais Phocas qui commandoit les armées de Levant, conduisit la guerre avec tant d'adresse contre le Calife, qu'il prit plusieurs villes, & ruïna vne partie de la Syrie. Tandis que ces choses se passoient, vn autre Phocas alla contre les Arabes de Candie, & leur fit la guerre à toute outrance l'espace de sept mois ; & aprés leur avoir gagné plusieurs batailles, ruïna la ville de Candace, reprit plusieurs chasteaux, & fit prisonnier leur Général *; de sorte que s'il n'eust esté rappellé à Constantinople, il eust achevé de reprendre toute l'Isle. D'autre costé, Leon, Gouverneur des provinces du Levant, marcha contre le Calife qui estoit entré dans l'Empire avec vne puissante armée, & reprenoit les places conquises par les Romains ; & luy ayant livré bataille, le défit, tua ou fit prisonniers la plus grande partie des Arabes, & rentra triomphant dans Constantinople. L'année d'aprés, l'Empereur envoya Nicéphore Phocas en Levant, sur l'avis que le Calife retournoit avec vne nouvelle armée, & ce Général passant en Syrie, luy donna bataille, & le vainquit aprés vn combat fort opiniâtre, puis prit la ville de Beroë, & la saccagea, à la reserve du chasteau. Outre les grandes richesses qu'il y trouva, il donna la liberté à quantité de Chrestiens qui y estoient captifs, fit grand nombre de prisonniers, & retourna glorieux à Constantinople, remportant pour Reliques, vne partie des vestemens de Saint Iean. Ensuite Phocas ayant succédé à Romanus, les Arabes de Sicile luy envoyérent demander quelque argent qui leur avoit esté promis, à ce qu'ils disoient, par ses prédécesseurs. Cela luy déplût si fort, depeur qu'on ne crût que de son tems, l'Empire fust tributaire, qu'il envoya contre eux vne armée, sous le commandement du Patrice Manuël, qui n'estant pas fort expérimenté, souffrit que ses soldats se débandassent en prenant terre; de-sorte que les Arabes se jettérent sur eux, & ayant tué

*marginalia:* Bardophocas, ou le faux Phocas.
Nicéphore Phocas.
* Curape.
891.

G g iij

Manüel en massacrérent ou firent prisonnier la plus grande partie, sans qu'il se sauvast que fort peu de navires. Cimissa fut bien plus heureux : car ayant esté envoyé dans la Cilicie, il remporta vne victoire entiére contre les Arabes, prés de la ville d'Adana, & fit si-bien que l'Empereur l'année d'aprés, se rendit maistre d'vne grande partie de la province, & y prit plusieurs places ; mais il n'attaqua ni Tarse, ni Mopsueste, à-cause de la venuë de l'hyver, & retourna prendre ses quartiers en Cappadoce. Si-tost que le printems fut de retour, il passa en Cilicie, & envoya son frére Leon avec vne partie de l'armée assiéger Tarse, tandis qu'il attaquoit Mopsueste. La riviére de Sare la coupe par le milieu; de-sorte que les Arabes voyant les Chrestiens maistres de l'vne, y mirent le feu, & se retirérent dans l'autre ; mais ils furent poursuivis si chaudement que l'on emporta la place, où tous les habitans furent tuez, ou faits prisonniers, & la ville de Tarse se rendit au bruit de cette nouvelle. Trois jours aprés arriva l'armée navale d'Aléxandrie, que le Calife envoyoit au secours ; mais n'ayant pû prendre terre, elle fut contrainte de relascher en pleine mer, où elle rencontra celle de l'Empereur, qui en coula à fond vne partie, & le reste fut submergé par la tempeste. L'Empereur retourna victorieux à Constantinople, faisant emporter avec luy les portes de Tarse & de Mopsueste, qui estoient de bronze & fort bien travaillées, lesquelles il fit mettre en son Palais, les vnes vers l'Orient, & les autres vers l'Occident. Cét Empereur redonna aussi à l'Empire l'isle de Chypre, que les Arabes tenoient depuis long-tems, & prit quantité de villes autour du Liban, & sur la coste, dont il desola la plus grande partie. Ensuite passant jusqu'à Antioche, qui est sur le fleuve Oronte, il l'assiégea ; mais les vivres venant à luy manquer, aprés vn long siége, à-cause des pluyes continuëlles qui avoient gasté les chemins, il fit bastir vn chasteau sur le mont Taurus, pour incommoder les habitans, & retourna à Constantinople, laissant le soin de l'armée à vn Capitaine expérimenté, pour la mettre en quartier-d'hyver. L'Empereur estant party, Michel Burge, qui commandoit dans ce chasteau nouvellement basti, essaya

*Arabarsa, Rosso, Adana.*

*Aujourd'huy Maurus.*

*Pierre Eunun-que.*

# SVCCESSEVRS, LIVRE II.

plusieurs fois de prendre Antioche; & vn jour ayant pris la hauteur d'vne tour qui estoit sur l'vne des portes de la ville, il y planta des échelles la nuit par vn fort mauvais tems, & montant avec trois cens soldats, égorgea le corps-degarde endormi, & s'y fortifia. Ensuite il manda du secours au Général, qui n'y voulut point entendre du commencement, pour la raison que je diray ensuite. Cependant, les habitans attaquérent Burge de toute leur force, mais il se défendit fort bien, & ayant esté à la fin secouru par toute l'armée, emporta la place. L'Empereur en ayant eu avis, en receut plus de mécontentement que de satisfaction, parcequ'il luy avoit esté prédit, qu'en la prenant il devoit mourir. De-sorte qu'il maltraitta les Chefs, & leur osta leurs charges, la sixiéme & derniére année de son Empire.

Pour retourner en Occident, la tréve qui estoit entre le Roy Dom Alfonse, & Abdala, Roy de Cordouë, estant finie; celuy-cy joignant ses troupes à celles de Lot, Roy de Toléde, fit de grans ravages sur les terres des Chrestiens, à-cause du different qui survint entre les enfans du Roy Alfonse, pour lesquels appaiser il donna le Gouvernement de Leon à Dom Garçia, & celuy de Galice à Dom Ordogno, & se retira à Oviédo. Ordogno défit par deux fois les armées d'Abdala, l'an huit cens quatre-vingts dix-huit; & l'année neuf cens, Dom Alfonse revenant de visiter l'Eglise de S. Iacques, dit à Garçia qu'il assemblast ses troupes, parce-qu'il vouloit faire la guerre aux Arabes; De-sorte qu'il ravagea leur païs avec vne grande armée, puis retourna passer l'hyver à Samore, & de-là à Oviédo. Depuis jusqu'en l'an neuf cens sept, la guerre s'alluma de plus en plus en Espagne, où plusieurs accouroient d'Afrique au secours d'Abdala, qui estoit attaqué de toutes parts. Aprés cela il mourut, laissant la Couronne à Abderrame, qui fut surnommé l'Exaltateur de la Loy, & fut préféré à son aisné par le crédit du Roy d'Afrique. Alfonse mourut deux ans aprés, quoy-que quelques-vns content sa mort dés qu'il retourna à Samore. Il fut enterré à Oviédo avec sa femme Chiméne, & laissa pour Successeur au Royaume de Leon, son fils Dom Garçia. Le Calife de Syrie mourut aussi déja sur l'âge, aprés avoir régné

*Espagne.*

898.

907.

Vnaçardin.

Caym Adam

908.

quarante-quatre ans. Sa mort causa de grandes divisions dans l'Empire des Arabes, parce-qu'il y en eut quatre qui prétendirent en mesme tems à sa succession, dont l'vn se fit appeller Calife de Babylone, l'autre d'Ionie, le troisiéme de Perse, & le quatriéme d'Egypte ; sans parler des Gouverneurs des villes & des provinces, qui prenoient divers partis, & s'entrefaisoient la guerre. Ces divisions, dont il nous reste peu de mémoire, diminuërent fort l'Empire des Arabes.

## CHAPITRE XXVII.

*De Cosdar, vingt-cinquiéme Calife ; & de ce qui arriva de son tems.*

APRES la mort de Caym Adam, qui n'avoit pas esté fort heureux dans ses guerres contre l'Empereur de Constantinople, quatre Califes s'elevérent en Orient. Mais parce-que le Calife de Bagdet fut tenu pour légitime successeur, & les autres pour des Tyrans, nous ne nommerons que celuy-là au rang des Califes. Il se nommoit Cosdar, & fit tout ce qu'il pût pour réünir les autres, afin de faire tous conjointement la guerre aux Chrestiens, & restablir l'Empire des Arabes. Comme l'Empereur Phocas estoit mort, & que Zimisca régnoit en sa place, il fit dessein de l'attaquer, pour commencer son régne par quelque chose de remarquable, & s'estant ligué avec les autres Princes Arabes, composa vne puissante armée, où ceux de Carvan mesmes eurent part, & assiégea Antioche. Mais elle se défendit

*Antioche sur l'Oronte.* si-bien, à la faveur des légions de la Mésopotamie, que les Arabes, quoy-que plus forts en nombre, furent défaits, & contraints de se sauver par la fuite. Cosdar se retira en Babylone, avec ce qui luy resta de troupes, & quelque tems aprés conquit la Perse, avec le secours d'Egypte, & d'Afrique.

*Espagne.* Pour retourner en Espagne, Dom Garcia ayant succédé à son pere, continüa la guerre contre le Roy de Cordouë,
&

# SVCCESSEVRS, LIVRE II.

& entrant dans son païs, prit plusieurs villes & chasteaux, & défit le Gouverneur de Talavera avec grand carnage, poursuivant les fuyars jusques dans leur ville. Il retourna donc chargé de butin, avec ce Gouverneur qu'il avoit pris ; mais ceux qui le gardoient le laissérent échaper par leur faute. Pour luy, il mourut la troisiéme année de son régne dans la ville de Samore, d'où son corps fut porté à Oviédo, & son frére Dom Ordogno luy succéda. Celuy-cy gagna plusieurs batailles contre les Arabes, & dés la prémiére année de son régne entra dans leur païs, qu'il courut sans aucune résistance, puis retourna en Castille. Il fit la mesme chose les années suivantes ; mais l'an neuf cens quatorze il assiégea Talavera, défit Abderrame, qui se présenta pour la secourir, & le contraignit de se retirer à Cordouë. Aprés-quoy il emporta la place d'assaut, & mit tout à feu & à sang. De-là il retourna victorieux à Samore, emmenant avec luy le Gouverneur prisonnier. Quelques-vns tiennent que cette bataille fut donnée du vivant de son frére Dom Garcia. Abderrame irrité de ses pertes, & jaloux de l'agrandissement de son ennemi, dépescha en Afrique pour tirer du secours des Princes de la Maison d'Idris & de Mequinez, qui régnoient alors dans les deux Mauritanies. Mahamet Motaraf, Seigneur de Ceute, passa donc en Espagne avec d'autres Chefs de la Tingitane, suivis d'vne armée de plus de quatre-vingts mille hommes, & se vinrent joindre à Abderrame autour de Cordouë. L'an neuf cens seize ils assiégérent tous ensemble la ville d'Osma, qu'Ordogno avoit fait fortifier, pour servir de rempart contre les Arabes. Sur ces nouvelles, Ordogno y accourut, & les défit ; mais ils estoient en si grand nombre, qu'Abderrame refit incontinent vne nouvelle armée ; toutefois comme l'hyver approchoit, il se retira à Cordouë, aprés avoir garni sa frontiére, & les Africains retournérent en Barbarie avec perte de plusieurs de leurs gens. L'année suivante Ordogno ayant seû leur départ, entra dans l'Estrémadure, où il mit tout à feu & à sang ; & ceux de Mérida & de Badachos, se rendirent ses tributaires, ensuite il retourna victorieux à Leon chargé de dépouilles. La mesme année Abderrame fit tréve avec luy pour trois

*Ayola, ou Yahaya.*

910.

914.

916.

Hh

ans, après quoy il défendit à Mérida de rien payer, sous promesse de les secourir. Sur ces nouvelles, Ordogno entra dans l'Estrémadure, qu'il pilla & ravagea, puis passant outre assiégea Talavera, quoy-qu'Abderrame l'eut fait fortifier de nouveau, & pourveuë de tout ce qui estoit necessaire pour soustenir vn siége. Abderrame y estant accouru, fut défait, avec perte de plus de vingt-cinq mille Arabes, & contraint de regagner Cordouë. Aprés son départ, Ordogno maistre de la campagne, emporta la ville d'assaut & la démolit, puis alla passer l'hyver à Samore. Abderrame ne fut pas plustost arrivé à Cordouë, qu'il dépescha ses Alfaquis en Afrique, pour en avoir du secours; de-sorte que dés le printems de l'année suivante, deux des principaux Chefs de la Tingitane, passérent en Espagne avec grand nombre de cavalerie & d'infanterie, qui s'estant joints avec luy, allérent assiéger la ville de Saint Estienne de Gormaz. Ordogno n'estant pas assez fort pour leur donner bataille, les attaqua de nuit à l'improviste, & les ayant mis en desordre, les rechassa dans Cordouë, où Abderrame fit tant, qu'il retint les Africains tout l'hyver, & les obligea de faire encore venir des troupes. L'année suivante il entra dans la Galice, & mit le siége devant Puerto, où Ordogno marcha suivi de toute la Noblesse, & d'vne puissante armée, qui se batit avec celle des ennemis, sans qu'on pût juger qui avoit remporté l'avantage. L'an neuf cens vingt-trois, Abderrame entrant dans la Navarre assiégea Cantabrie, dont les habitans dépeschérent vers le Roy Ordogno pour en estre secourus, sous promesse de se faire ses vassaux. Abderrame s'en estant douté, laissa vne partie de son armée dans son camp, & luy donnant bataille avec le reste, prés de Ionquéra, le défit, à ce que disent quelques-vns, & prit prisonniers les Evesques de Tuy & de Salamanque. D'autres disent, qu'Ordogno fit lever le siége, & poursuivant Abderrame, prit Nachara, & ravagea tout le païs d'alentour. Il mourut l'année d'aprés, & Dom Fruyle son frére, luy succéda, qui ne régna pas deux ans; de-sorte que la Couronne passa à Dom Alfonse quatriéme, son neveu, fils du Roy Ordogno. Si-tost que le Roy Ordogno fut mort, Abderrame dépescha en Afrique,

920.

Aben Ioseph, & Aguaya.

923.
prés de Logrogne.

924.

pour en avoir du secours, afin de faire ses affaires dans ce changement. L'an donc neuf cens vingt-cinq, Mahamet Motaraf, Seigneur de Ceute, repassa en Espagne suivi de quelques autres Grans d'Afrique, avec quinze mille chevaux & quarante mille hommes de pied, & se joignit à Abderrame, qui entra dans la Castille, mettant tout à feu & à sang. Ensuite il assiégea S. Estienne de Gormas, & la prit après plusieurs attaques ; puis passant le Duéro prit encore Pampelune, & retourna à Cordouë, sans trouver aucun obstacle sur son chemin, à-cause que les Princes Chrestiens estoient occupez en des guerres civiles. L'année d'aprés, Abderrame sans perdre l'occasion de s'agrandir, entra dans l'Arragon, & donna par-tout l'épouvante. Il avoit pour Général de son armée vn brave Capitaine Arabe, qui pour avoir fait de grans exploits contre les Chrestiens du Levant, fut surnommé Alhabib Almansor ; c'est-à-dire bien-aimé de Dieu, & victorieux. Comme tout le païs estoit en appréhension, n'ayant point de Chef, la Noblesse d'Arragon s'assembla, & élût pour Roy Dom Ignigo, qui par sa valeur & sa conduite, pourveut aussi-tost à ce qui estoit necessaire pour la défense, & dépescha vers le Roy de Leon, pour faire alliance avec luy. Mais ce Prince qui estoit encore jeune, & mal conseillé, se porta si lentement en cette affaire, qu'on vit toute l'Espagne sur le point de retourner sous la domination des Infidelles. Mais Dieu qui n'abandonne jamais les siens dans l'extremité, suscita Fernand Gonçales, Comte de Castille ; qui aprés s'estre aguerry en divers combats contre les Arabes, enfin voyant qu'Almansor le venoit attaquer avec vne armée de cent mille hommes, marcha contre luy avec des troupes qu'il avoit rassemblées de Gascogne, de Provence, de Navarre, d'Arragon & de Castille, & le défit prés de la riviére d'Arlança, où il demeura sur la place trente mille Africains, sans compter les Arabes d'Espagne ; & Almansor fut contraint de se sauver à Cordouë ; ce qui joint à d'autres avantages, rabaissa fort l'orgueil des Arabes. Quelques-vns disent que cette bataille se donna l'an neuf cens quinze. Mais Aben el hach, Auteur Africain, qui estoit de ce tems-là, & que nous suivons pour le calcul des années,

*Alfonse IV.*

*930.*

*En la contrée d'Hacines.*

dit que ce fut l'an trois cens vingt-sept de l'Egyre, qui se rapporte à l'an neuf cens trente de nostre Seigneur; & depuis jusqu'en l'an neuf cens trente-cinq il ne se passa rien de mémorable en Espagne.

*Italie.*

Mais en Italie les provinces de la Pouïlle & de la Calabre ayant secoüé le joug de Ian Cimisca, Empereur de Constantinople; ce Prince irrité de cette revolte, y attira les Arabes, qui se rendirent presque les maistres de tout le Royaume de Naples, & approchérent bien prés de Rome. Le Pape Iean dixiéme * voyant vn si puissant ennemi à ses portes, demanda secours à son frére Albert, Marquis de Toscane, qui joignit ses forces avec celles des Romains, & marcha contre eux. Il y eut grand combat, où les Arabes furent vaincus, & contraints de regagner la Pouïlle, & d'abandonner toutes les places qu'ils avoient prises. Mais quelque tems aprés ils se ralliérent, à la faveur de quelques troupes d'Afrique & de Sicile, & perdirent vne seconde bataille dans la terre de Labour; d'où ils furent contraints de se sauver dans la forteresse du mont Gargano, qu'ils avoient bastie à l'embouchure du Golfe de Siponte. Mais n'estant pas pressez vivement, à cause que les Princes d'Italie estoient divisez, ils eurent le tems de se remettre, & de faire des courses deçà & delà, depuis la riviére du Tybre jusqu'à celle de Pescare, & depuis Tules jusqu'au Cap d'Otrente. Ils prirent mesme la ville de Bénévent, & la rasérent, faisant le dégast par tout le païs. Cela contraignit les habitans de ces provinces de se soûmettre à leur domination, de peur de la captivité, ou du pillage; ce qui fonda puissamment l'autorité des Arabes en Italie.

* ou XI.

*Dans la Campagne de Rome.*

*Où est aujourd'huy le mont S. Ange.*

*Afrique.*
926.

L'Afrique d'autre-costé n'estoit pas moins troublée de divisions, parce-que l'an neuf cens vingt-six, les naturels du païs se revoltérent contre les Arabes, & commencérent vne guerre qui dura long-tems, & fut fort cruëlle. Elle prit son origine dans la Mauritanie Tingitane, où régnoient ceux de la Maison d'Idris: car vne lignée de la tribu des Zénétes, appelée Méquinéce, ayant secoüé le joug, s'empara de la pluspart de ses provinces, & annoblit la ville de Méquinez, où elle establit les bornes de son Empire, à douze lieuës de celle de Fez. Cependant, vn prédicateur Morabite, qui Quemin ben eſtoit en crédit, ſous prétexte de ſainteté, perſuada aux peu-Menal. ples de la province de Temecéne, ſur la frontiére de Maroc, de n'obéïr ni payer tribut à ceux de la Maiſon d'Idris, parce-qu'ils ne faiſoient point de juſtice, & qu'ils opprimoient les peuples. Ayant donc fait accroire qu'il eſtoit Prophéte, & qu'il eſtoit venu exprés pour les délivrer de la tyrannie, il vſurpa ſur eux vne autorité temporelle & ſpirituelle, & aſſembla les forces de la province*, qui eſtoit alors \* Temecéne. ſi puiſſante, que de quarante villes & de trois cens bourgs fermez, elle tiroit quatre-vingts mille hommes de cavalerie, & deux cens mille d'infanterie. Celuy-cy donc declara la guerre au Roy de Fez, qui eſtant déja occupé à ſouſtenir celle des Zénétes, fut contraint de faire la paix avec luy, & de le confirmer dans ſon vſurpation, où il régna l'eſpace de trente ans, & aprés luy ſes ſucceſſeurs plus de cent, juſqu'au régne de Ioſef Aben Téchéfien, qui aprés avoir baſti la ville de Maroc, détruiſit cette province, comme nous dirons en ſon lieu. Aprés cela, environ l'an neuf cens trente-qua- .934. tre, vint encore d'Arabie vn autre Charlatan en habit de Pelerin, diſant qu'il eſtoit Prophéte, de la lignée d'Abez, dont les Califes d'Arabie tiroient leur origine, & les Seigneurs de Carvan de la Maiſon d'Agleb. Celuy-cy devint en ſi grande eſtime au Royaume de Tunis, qu'on le reveroit comme vn Saint, & qu'Abdala, le dernier Prince de la Maiſon d'Agleb, luy portoit honneur comme à ſon pere, & n'entreprenoit rien ſans ſon conſentement. Il ſe fit appeller Limen el Moahédin, ou la Tourterelle reſtauratrice de la Loy, à-cauſe de la pureté de ſes mœurs & de ſa doctrine. Ceux qui ont écrit ſon hiſtoire, & particuliérement ceux de Tunis, diſent qu'il eſtoit Iuif de nation, & l'appellent Moahédin Cheay. Feignant donc que ceux de la Maiſon d'Idris, qui eſtoient Seigneurs de Fez, eſtoient hérétiques, il ſouleva le païs contre eux en faveur des Zénétes; & ayant détruit pluſieurs villes dans la Mauritanie, ſe rendit maiſtre Hareſgol, Mede toute la province de Habat, où ſont Ceute, Tanger, & cemnie, &c. Arzile. La Mauritanie Tingitane eſtoit alors diviſée en dix parts, à-cauſe des dix enfans d'Idris, ſecond Roy de Fez, qu'il avoit partagez également. Mais comme ils n'estoient pas en bonne intelligence, ils ne pouvoient résister à vn si puissant ennemi. Deux Princes de cette famille implorérent donc le secours d'Abderrame, Roy de Cordouë, qu'ils avoient assisté plusieurs fois contre les Chrestiens. Mais le Moahédin, & les Maquinéces, firent tant de diligence, que lors-que le secours arriva, ces Princes estoient déja massacrez, & leurs provinces détruites. Aprés cette victoire, le Moahédin se fit appeller Calife ; establit vne Cour, comme celle des Califes de Babylone, & élût vn Soudan, ou Lieutenant général, pour commander ses armées. Aprés avoir establi les choses dans l'ordre qu'il desiroit, il tira vers le mont Atlas, pour lever des contributions, & se fit reconnoître pour Souverain de tous les peuples de la Numidie. Mais estant arrivé à la ville de Sugulmesse, qui est à plus de quatre cens lieuës de Carvan du costé du Couchant ; celuy * qui y commandoit, & dans toute la province, ne luy voulut pas obéïr, & soûlevant les peuples contre luy, comme contre vn imposteur, le défit, & le prit prisonnier. Toutefois il eut à la fin pitié de luy, & aprés l'avoir tenu long-tems en prison le délivra, à-cause de son esprit & de son savoir, outre qu'il se disoit de la lignée de Mahomet. Cependant, comme il estoit prisonnier à Sugulmesse, Alhabib Almansor, Général du Calife Hissen, Roy de Cordouë, qui avoit amené vne armée en Afrique en faveur des 'dris, entra dans l'vne & l'autre Mauritanie, & se rendit maistre de la pluspart de leurs provinces. Ensuite pour faciliter le passage des armées, il fit fortifier la ville de Haresgol, dans la Mauritanie Césarienne, & celle d'Argile dans la Tingitane, & y mit garnison, qui y demeura long-tems sous l'autorité des Rois de Cordouë. Mais à la fin les Almoravides l'en chassèrent, aprés s'estre rendus maistres du païs, & ruinèrent ces places & plusieurs autres, comme nous dirons ensuite. Pour revenir à Moahédin Chéay, en récompense de la liberté, que le Chéque de Sugulmesse luy avoit donnée, il conjura contre luy avec d'autres Morabites & Alfaquis de la province, & l'estant venu trouver à l'ordinaire, sous prétexte de visite, le poignarda en luy faisant la révérence, & défit ensuite ses

*Vn Zénéte Africain, de la Maison d'Abdeluad.

troupes. S'eſtant rendu maiſtre par là de cette province, & de toutes celles d'alentour, il exerça tant de tyrannie, qu'il devint odieux à tout le monde, & les peuples de la Numidie & de la Libye, ſe ſoûlevérent pour l'exterminer. Il paſſa donc vers la partie Orientale de la Barbarie, où il baſtit vne ville ſur la coſte prés de celle de Carvan, & l'ayant fait fortifier autant qu'il eſtoit neceſſaire pour la ſeureté de ſa perſonne, l'appella Mehédie; mais les Chreſtiens l'ont nommée Afrique.

Pour revenir en Italie, au meſme tems qu'Abdala qui commandoit dans Carvan, envoyoit des armées en Italie, & en Eſpagne, il en dreſſoit vne autre contre les Chreſtiens du Levant, qui s'eſtant jointe à des navires de Sicile, où les Arabes eſtoient alors les maiſtres, vint mettre le ſiége devant Gennes, & la prit aprés vne longue reſiſtance. On fit main-baſſe ſur tout ce qui eſtoit en âge de porter les armes, & l'on emmena le reſte en Afrique, avec toutes les richeſſes qui y eſtoient. Quelque tems aprés, Dandalo, noble Venitien, fit tant envers les ennemis, qu'ils renvoyérent les captifs à Gennes; mais les Auteurs ne diſent point comme cela ſe fit.

*Italie.*

935.

La meſme année, le Roy Ignigo fut avec Fernand Gonçales, mettre le ſiége devant la ville de Pampelune, qui ſe rendit à compoſition; de-ſorte qu'ils en chaſſérent les Arabes, & mirent en leur place des Chreſtiens. Sur ces nouvelles, Abderrame envoya Abuyahaya, avec vne armée pour aſſiéger Saragoſſe; mais elle ne fit rien de conſiderable; & cependant, le Roy Ignigo, & le Comte Fernand Gonçales prirent Navarrette, Nachare, Logrogne, & pluſieurs autres petites places, pour ſervir de rempart contre les Arabes. Mais le premier mourut à Nachare, laiſſant Dom Garſia Igniguez ſon fils pour ſucceſſeur. La meſme année, le Roy Alfonſe ſe rendit Moine dans le monaſtére de S. Fecond, laiſſant la Couronne à ſon frére Dom Ramir; mais il s'en repentit aprés, & voulut reprendre l'Empire ce qui obligea Ramir, qui avoit vne armée toute preſte pour marcher contre les Arabes, de l'aſſiéger dans la ville de Leon, où il le prit aprés deux ans de ſiége, & le mit en priſon,

*Eſpagne.*

940.

avec les enfans rebelles du Roy Fruyle, à qui il avoit fait crever les yeux. Alfonse mourut deux ans aprés, & fut enterré au Monastére de Saint Paul, dans la ville de Leon, laissant Dom Ramir paisible possesseur de l'Estat. Celuy-cy ayant rompu la tréve que son frére Dom Alfonse avoit faite avec Abderrame, entra avec vne puissante armée dans le Royaume de Toléde, & prit la ville de Madrid, puis retourna passer l'hyver à Leon, aprés avoir ravagé le païs. Sur ces nouvelles, Abderrame manda du secours d'Afrique, & Almansor luy envoya trente mille hommes, sous le commandement de Céphale son neveu, qui s'estant joint à Abderrame à Cordouë, alla avec luy l'année suivante, assiéger la ville d'Osma, où Fernand Gonçales estant accouru, les vainquit, & les contraignit de regagner Cordouë. Aben Yahaya* ayant appris la défaite d'Abderrame, se souleva contre luy; ce qui mit de la division entre les Arabes, & donna moyen aux Princes Chrestiens de joindre leurs forces, & d'entrer dans le païs ennemi, où ils prirent d'abord Calahorre, Tudéle, & autres places d'Yahaya, qui se rendit vassal de Dom Ramir, mais se révolta quelque tems aprés. La mesme année, Abderrame demanda encore des troupes à Almansor, qui publia vne espece de croisade contre les Chrestiens, & donna le commandement d'vne infinité d'Africains & d'Arabes au brave Abulabed, qui s'estant joint à Abderrame, l'an neuf cens quarante-cinq, entra dans la Castille, & assiégea Simanque. Sur ces nouvvelles, Dom Ramir assembla toute sa Noblesse, & s'estant joint à Dom Fernand, alla attaquer les ennemis, quoy-que beaucoup plus forts que luy. La victoire fut long-tems incertaine; mais la valeur l'emporta à la fin sur le nombre, & Abenyahaya fut pris avec perte de quatre-vingts mille hommes. Les Arabes appellent cette journée, qui fut le sixiéme d'Aoust, la journée de Barranco; aprés quoy Abderrame sauva le débris de son armée au chasteau d'Alhondigue sur le Tage, où Dom Ramir l'assiégea; mais il se retira la nuit, & se sauva à Cordouë. Les Chrestiens estant demeurez maistres du champ de bataille, s'enrichirent des dépouïlles du camp ennemi, & Dom Ramir ayant pris le chasteau, retourna victorieux

*marginalia:*
942.
* Gouverneur de Saragosse, &c.
944.
Ils avoient cinquante mille chevaux, & cent cinquante mille hommes de pied.
ou de la fonderie.

victorieux à Leon. Dans le Privilége que le Comte Gon- çales donna à Saint Millan, il dit que l'Apoſtre Saint Iac- ques fut veu en cette journée, combatant contre les Ara- bes. Abderrame abatu de l'âge, & de ſes pertes, demanda tréve à Dom Ramir, qui la luy accorda, & il la garda tou- te ſa vie.  *De la Cogol- la.*

Cependant, en Afrique la lignée des Magaroas, qui eſt vne branche des Zénétes, prit les armes contre les Méqui- néces, & contre les Abderrames, & s'eſtant jointe à celle des Zinhagiens, leur fit vne cruelle guerre l'eſpace de quel- ques années. L'an neuf cens quarante-ſix, s'éleva vn Alfa- qui, nommé Bajazet, vers la partie Orientale d'Afrique, & ſuivi de pluſieurs peuples, qui avoient en horreur Moahé- din, à-cauſe de ſes tyrannies, aſſembla contre luy plus de quarante mille hommes, criant qu'il eſtoit hérétique. On le nommoit par dériſion, le Chevalier de l'Aſne, à-cauſe qu'il alloit ordinairement ſur vn aſne, avec le viſage maſ- qué. Moahédin n'oſant luy donner bataille, ſe renferma dans Mehédie, où Bajazet l'aſſiégea ; mais Abderrame, Roy de Cordouë, luy ayant envoyé quarante vaiſſeaux de ren- fort, il donna bataille à Bajazet, & le vainquit, avec ſon fils qui eſtoit Général des armées, & qui y fut tué. Aprés cette victoire, Moahédin s'empara de Carvan, ſur ceux de la Mai- ſon d'Agleb, & aſſujettit tous ces peuples, ou par amitié, ou par force ; de-ſorte qu'il demeura paiſible poſſeſſeur de tout l'Orient d'Afrique, & d'vne partie de l'Occident. Ce fut le premier Califfe heretique qui régna dans Carvan, & ſa poſterité régna encore aprés luy.  *Afrique.*

Pour retourner en Eſpagne, Abderrame attribuant la cauſe de ſes pertes à la permiſſion qu'il donnoit dans ſes Eſtats aux Chreſtiens, & aux Mahométans, de s'allier en- ſemble, voulut que tous les Chreſtiens qui s'eſtoient alliez avec les Mahométans, fiſſent eux & leurs enfans, profeſ- ſion de la Loy de Mahomet, dont pluſieurs ſouffrirent le martyre. Avant ſa mort, il fit venir d'Afrique vne armée pour faire la guerre aux Chreſtiens ; mais ſur ce deſſein il mourut l'an neuf cens cinquante-huit, aprés avoir régné plus de cinquante ans. Il laiſſa pour ſucceſſeur, ſon fils  *Eſpagne.* 951. Alodia & Nu- nilon, ſœurs, Gregoire, Na- tal, Lilioſa, S. Victor, S. Pe- lage, &c.

I i

Hifcen, & à-cause de son bas âge, luy donna pour Gouverneur, Almansor, qui avoit amené les troupes d'Afrique. Pour retourner en cette province, Mohaédin mourut l'an neuf cens cinquante-vn, laissant pour successeur, son fils Abdala, qui ne fut pas moins puissant que luy. Car dés la premiére année de son régne, il envoya vne grande armée en Italie, qui rétablit les chasteaux de Malte, & de Pantalarée, que l'armée Impériale avoit ruïnez, débarqua quantité de soldats en Sicile, entra dans la Calabre qu'elle ravagea toute, avec la Poüille & la Basilicate, bastit vne forteresse à Richoles, vis-à-vis de Messine, & vne autre à Otrente ; si-bien qu'avec celle du mont Gargano, que Moahédin avoit fait bastir, les Arabes avoient pour retraite, trois forts, d'où ils firent de grans maux, l'espace de dix-huit ans, à la République Chrestienne.

*Il y eut alors grande persécution en Espagne.*

*Italie.*

*Asie.*

Pour retourner en Asie, Basile Porphyrogénete, & son frére Constantin, enfans de Nicéphore, gouvernant l'Empire, aprés la mort de Zimisca, Sclére se souleva, & se fit appeller Empereur ; mais il fut vaincu par Phocas, qui commandoit les legions du Levant, & s'enfuit vers Cosdar. Basile envoya prier le Calife de ne point protéger vn traitre ; mais comme il avoit écrit à Sclére par le mesme Ambassadeur, qu'il luy pardonneroit, & à ceux qui estoient avec luy, s'il vouloit rentrer dans son devoir ; Cosdar ayant surpris les lettres, les arresta tous, & l'Ambassadeur aussi.

En mesme tems s'éleva en Perse Inargue, qui sous prétexte de Religion, leva vne grande armée, & afranchit le païs de la domination des Arabes. Cosdar aprés plusieurs défaites, tira Sclére de prison, & luy donna le commandement de ses troupes ; mais il ne voulut accepter que celuy de trois mille Chrestiens qui avoient esté arrestez avec luy, & défit avec eux Inargue, puis se retira dans la Romanie, pour ne point retomber sous la tyrannie de Cosdar, qui ayant envoyé des troupes aprés luy, ne pût empescher sa retraite. Inargue mourut alors, laissant pour successeur, son fils Mahamet, qui pour se défendre des Babyloniens & des Indiens, appella les Turcs à son secours. Le Calife Cosdar mourut aussi cette année, laissant pour successeur, son fils

*958.*

Pifafire, qui fut le penultiéme Calife, dont nous parlerons en cette Histoire.

## CHAPITRE XXVIII.

*De l'origine des Turcs, & du commencement de leur régne fous Pifafire, vingt-fixiéme Calife.*

PISASIRE ayant pris les resnes de l'Empire de Babylone, comme les Arabes eſtoient fur leur déclin à-cauſe de leurs diviſions, & qu'il n'en régnoit déja plus guere de la race de Mahomet : Les Turcs ſortirent du Septentrion, Mahamet régnant en Perſe, Abdala à Carvan, Daber en Egypte, & pluſieurs autres ailleurs. Ces peuples établirent vn nouvel Empire par leur propre puiſſance, ſans aucun prétexte de Religion, & le poférent ſur de ſi bons fondemens, qu'il n'a pû depuis eſtre ébranlé, au contraire, il a toûjours eſté en augmentant, ou par ruſe, ou par violence, il a obſcurci ou enſeveli celuy des Arabes, & fait de grans progrés en la Chreſtienté. Car les Empereurs de Conſtantinople ne laiſſoient pas de ſe maintenir contre les autres avec differens ſuccés ; mais la puiſſance des Turcs s'eſt tellement accruë en l'eſpace de ſix cens ans, qu'où ils ont pris pied vne fois, on ne les en a pû chaſſer. Le ſeul Dom Iean d'Autriche, fils de l'invincible Empereur Charles Quint, & frére de Philippe ſecond, a obſcurci leurs victoires, & arreſté leurs progrés par la bataille de Lepante, comme nous dirons en ſon lieu. Pour retourner à noſtre Hiſtoire, Mahamet les ayant appelez à ſon ſecours contre le Calife de Babylone, ils ſortirent de leur païs, comme ils avoient déja fait, ayant eſté perſuadez par les Arabes, d'embraſſer leur Loy. Ces peuples habitoient au-tour du mont Caucaſe, & s'étendoient encore au-delà, vers le Septentrion. Pline les appelle Huns Teutacites, & les diſtingue en quatre, Tuſſagétes, Turcs, Moſcovites, & Vdines ; mais les Auteurs Grecs les comprennent tous ſous vn meſme nom, parce qu'ils habitent vn meſme païs.

Sans déroger à l'autorité de Pline, les Scythes qui hā-

I i ij

Tartares. bitent au-delà du mont Taurus, & s'étendent le long de l'Océan Septentrional, jusqu'à l'extrémité de l'Orient, ont esté de tout-tems partagez en plusieurs Communautez ou Tribus, comme ils le sont encore aujourd'huy. Ces quatre peuples que nous venons de nommer, sont de leur nombre, & comme ils estoient fort belliqueux, ils ont établi leur Empire par les armes, & sont nommez diversement par les Historiens, tantost Huns, tantost Moscovites, tantost Turcs, & tantost Tussagétes. Mais les Huns qui habitoient plus prés de l'Océan Scytique, avoient déja fait éclater leur nom long-tems auparavant sous Attila, & incité leurs voisins à faire de mesme. Car les Moscovites s'habituérent au païs, à qui ils ont donné leur nom, & Cédrénus, Zonare, & quelques autres Auteurs Grecs, les nomment Turcs, & ensuite Huns. Bérose dit que les Huns tirent leur origine de Hun, fils de Tuyscon, & que ces peuples estoient partagez en diverses Communautez, qui prennent le nom de ceux qui y commandent, ceux-cy n'ont point voulu quiter celuy de leur Fondateur. C'est le nom qu'on donne aussi à ceux d'entre-eux, qui n'ont point abandonné leur ancienne demeure ; & leur art magique, à quoy ces peuples sont fort adonnez, c'est pourquoy quelques-vns les font descendre des Faunes.

Les Turcs donc, ou Tussagétes, d'où ont pris leur origine ceux dont nous redoutons aujourd'huy la puissance, viennent des peuples qui habitoient la partie Septentrionale du mont Caucase, quoy-qu'ils soient differens en mœurs, & en coûtumes; mais si semblables d'ailleurs, quant à leurs personnes, & si bons amis, qu'on les tenoit pour les mesmes, & ils le sont peut-estre en effet. De mesme que les Arméniens leurs voisins, appeloient Sages, c'est-à-dire, Saints, ceux qui estoient les Ministres de leur Religion, & que les Turcs les nommoient Teutaçites, comme qui diroit Sacrificateurs. Procope dit, qu'ils n'estoient pas voisins des autres Huns, & n'avoient point de communication avec eux, ni n'estoient Pasteurs comme les Scytes; mais qu'ils demeuroient au Septentrion de la Perse, vers l'Arménie, occupant le meilleur païs qui fust entre ces montagnes, & estant blancs, & de bonne mine, & non comme les autres Huns olivâtres, & mal-faits, qui vivent dans les champs comme des sauvages. Il ajouste que leur gouvernement estoit si bien ordonné, qu'il ne cédoit en rien à celuy des Grecs & des Romains, & que leur Prince qui estoit de leur nation, tenoit sa Cour dans la ville de Gorga, où vingt des principaux du païs l'assistoient de leur conseil. Quelques Auteurs disent que les Turcs tirent leur origine des dix Tribus d'Israël, qui furent transportées en la Médie; d'autres de Gog, & de Magog, dont l'écriture fait mention, à qui quelques-vns atribuënt l'origine des Gots, & des Tartares. Quelques-vns les font venir des Troyens, dont le contraire n'est pas difficile à montrer ; mais sans condamner ni approuver pour cette heure, pas vne de ces opinions ; Nous dirons que les Turcs vinrent au secours de Mahamet, sous le commandement du brave & hardi Tangrolipix Mucalet, qui se batit contre Pisasire, Calife de Babylone, & contre les Indiens, qu'il défit par la multitude de ses fleches. Mahamet les voulant empescher de retourner en leur païs, pour se servir d'eux dans ses guerres, se saisit du passage de l'Araxe ; de-sorte qu'ils furent contraints de se retirer dans vn lieu desert*, n'estant pas assez forts * pour le combatre. Ils faisoient de là des courses sur les Arabes, pour avoir dequoy vivre, & Mahamet envoya contre-eux vne armée de trente mille hommes, qui s'estant engagez témérairement dans ce desert, sans estre pourveus d'eau, ni de vivres, furent à la fin défaits vne nuit par surprise, & contraints de se sauver par la fuite. Aprés cette victoire, les Turcs ayant fait vn grand butin, d'armes & de chevaux, ne voulurent plus demeurer dans les deserts comme des voleurs, & se répandirent par la campagne, où plusieurs gens de toutes sortes se joignirent à eux pour vivre de rapine, & firent vne armée de quarante mille hommes. Mahamet luy-mesme l'augmenta par les cruautez qu'il exerça contre les Chefs, & les soldats qui estoient restez de la défaite ; si-bien que la pluspart, ou par ressentiment, ou par crainte, se joignirent à eux. Tangrolipix se voyant si puissant, marcha con-

Turcs, grans Archers.

* Carbonitidine.
* Ils n'estoient que trois mille.

I i iij

tre Mahamet, qui le vint rencontrer prés d'Albacan, avec vne armée de plus de cinquante mille hommes, & vne centaine d'éléphans chargez de tours. Le combat fut cruël & opiniâtre, tant que Mahamet estant tombé de cheval comme il couroit çà & là, pour animer les siens, & s'estant tué de sa cheute, son armée salüa aussi-tost pour Roy, Tangrolipix, qui fit incontinent ouvrir le passage de l'Araxe, & donnant entrée aux Turcs, se rendit maistre de tout cét Empire. Ensuite, il défit les Sarasins, & s'estant saisi des provinces de Hagez, qui sont dans l'Arabie, les Agaréniens luy obeïrent; de-sorte qu'il y mit des Turcs pour Gouverneurs, en la place de ceux du païs.

Perses, Arabes, Cabriens, Horaçayniens

Pour retourner aux affaires du Couchant, Dom Ramir ayant appris la mort d'Abderrame, & la minorité de son fils, entra dans le Royaume de Toléde, & assiégea la ville de Talavéra, qu'il ruïna, aprés l'avoir prise. De-là il passa à Calatrava, qu'il assiégea aussi; mais Almansor estant accouru au secours, il y eut combat, où les Arabes furent vaincus, & le Roy retourna victorieux à Leon, aprés-quoy l'on fit vne tréve pour trois ans, à la priére d'Almansor. Incontinent aprés, Dom Ramir mourut, & fut enterré dans sa capitale, au Monastére de Saint Sauveur, qu'il avoit fait bastir pour sa fille. Son successeur Dom Ordogno, ne vescut pas long-tems aprés, & mourut l'an neuf cens cinquante neuf, & laissa la Couronne à Dom Sanche, prémier du nom, son frére, qui fut surnommé le Gros. Il eut de grandes affaires à démesler avec Dom Ordogno, fils de Dom Alfonse quatriéme, qui le chassa à la fin de son Estat, & le contraignit de se retirer à Cordoüe, tant pour estre secouru de ce Prince, que pour estre traité par quelques Médecins célébres, qui par le moyen d'herbes médecinales, le déchargérent de la graisse qui l'incommodoit. Il sortit l'année d'aprés avec Almansor à la teste d'vne armée, & reconquit son Estat sans mettre l'épée à la main, parce-que Dom Ordogno n'osa paroistre en campagne. Mais on ne demanda rien au Comte Fernand Gonçalez, qui commandoit en Castille, pour n'avoir point traversé

958.
Espagne.

963.

# SVCCESSEVRS, LIVRE II.

son deffein, & cette province ne reconnut plus le Royaume de Leon. Cependant, comme il n'avoit point esté compris dans la tréve, il fit vne cruelle guerre à ceux de Toléde, & contraignit Almanfor de fortir contre luy, & d'affiéger Sepulveda, qu'il fecourut avec vne armée d'Arragonnois, de Navarrois, de Provençaux & de Gafcons; & aprés avoir tué plus de quinze mille des ennemis, retourna victorieux en Castille. L'année d'aprés il prit la ville de Tarance; & comme Almanfor fut accouru au fecours, il luy tua vingt mille hommes, & le contraignit de faire tréve pour trois ans, pendant lefquels le Comte mourut. Dom Sanche mourut auffi, laiffant pour fucceffeur fon fils Dom Ramir, troifiéme du nom, encore enfant, fous l'autorité de quelques tuteurs, qui confirmérent la tréve avec le Roy de * Cordouë. Depuis cette année, jufqu'en l'an neuf cens quatrevingts, il ne fe paffa rien de mémorable contre les Arabes. Mais il y eut de grandes guerres entre ceux de Leon & de Castille, & le Comte Garci Fernandez fut fecouru par le Roy de Navarre, & par des troupes de Gafcogne & de Provence.

965.

972.

* Hiffem.

D. Sanche Abarca.

Pour retourner en Afie, l'Empereur Basile Porphyrogénete, ayant appaifé les revoltes de Sclére & de Phocas, entra dans la Syrie; & eut affaire à quelques Arabes, qui dans le declin de leur Empire, s'eftoient faifis de Tripoli, de Damas, de Tyr, & de Béryt, d'où ils faifoient des courfes fur les terres d'Antioche. L'Empereur leur ayant donné bataille, les vainquit, rendit ces villes-là tributaires, & s'en retourna victorieux à Constantinople, avec quelques habitans en oftage. Bafile eftant mort, & fon frére Conftantin Empereur, le Calife d'Egypte qui s'eftoit rendu tributaire de l'Empire, rompit la tréve, fit détruire le Saint Sepulcre, & tous les lieux Saints, & envoya vne puiffante armée navale dans les Ifles Cyclades. Mais elle fut défaite par l'Amiral de l'Empire, qui retourna victorieux à Conftantinople avec douze vaiffeaux de cette flote, ayant coulé le refte à fond. Sous l'Empire d'Argyropolitain, les Arabes reprirent les villes de Phénicie & de Syrie, conquifes par les Empereurs précedens, & firent main-baffe fur tous les gens de guerre

Afie:

Daber.

qui y eſtoient. Cependant, le Prince d'Alep, ou de Béroée, ravagea les terres d'Antioche, & le quartier de Syrie, qui tenoit pour l'Empereur, Conſtantin eſtant encore vivant, & défit le Gouverneur de cette place, qui ſe porta fort laſchement au combat. L'Empereur irrité de cét affront, y voulut aller en perſonne. Mais le Calife d'Egypte luy envoya des préſens pour l'appaiſer, avec ordre d'offrir le tribut. Quoy-que les Chefs de ſon armée luy conſeillaſſent d'accepter ces offres, il paſſa outre, ſous eſpérance de remporter la victoire, & ſe vint camper devant Alep, qui eſtoit bien fortifié. Mais les Arabes qui ſont entreprenans, dreſſans des embuſcades autour de ſon camp, tuoient ou faiſoient priſonniers tous ceux qui s'écartoient pour aller au bois, à l'eau, ou au fourage, en attendant que toutes leurs forces fuſſent aſſemblées pour donner bataille. Enfin ils vinrent de tous coſtez à l'attaque du camp, qui prit l'épouvante, & ſe mit en fuite; & l'Empereur euſt eſté pris, ſi l'vn de ſes gens ne l'euſt ſauvé. Les Arabes ne le voulurent pas ſuivre de-peur de ſurpriſe, & ſe contentérent de piller le camp, & de faire priſonniers quelques Grans qu'ils y trouvérent, puis s'en retournérent chargez de butin; & l'Empereur ſe retira à Antioche avec le débris de ſon armée, & de là à Conſtantinople, où il fit tréve pour quelques années avec le Prince d'Alep.

<small>Aben Amar.</small>

D'autre-coſté, les Arabes d'Iconie entrérent dans la Méſopotamie, & le Calife d'Egypte envoya ſon armée navale ravager les coſtes de l'Eſclavonie. Mais celle de l'Empereur la défit, & brûla vne partie de ſes vaiſſeaux, le reſte ayant eſté briſé depuis par la tourmente dans les mers de Sicile. Preſque en meſme tems le Calife de Carvan envoya vne flote de mille navires ravager les coſtes d'Italie, & les Iſles de la mer Méditerranée. Mais comme elle s'eſtoit partagée à-cauſe de ſon grand nombre, celle de l'Empereur en défit vne partie, & ramena pluſieurs priſonniers à Conſtantinople. Cependant, celuy * qui commandoit pour l'Empereur ſur les rives de l'Euphrate, força la ville d'Edeſſe, & envoya vne lettre à l'Empereur, qu'il avoit trouvée dans la ville de Samoſate, & qu'on diſoit eſtre de la main de Ieſus Chriſt.

<small>Abdala.</small>

<small>* George Maniace. Argyropoliſain.</small>

Les

# SVCCESSEVRS, LIVRE II.

Les Arabes assiégérent depuis Edesse ; mais elle fut secouruë par Constantin, Gouverneur d'Antioche, qui estoit frere de l'Empereur Michel Paléologue.

En mesme tems mourut Daber, Calife d'Egypte, laissant la Couronne à vn fils encore enfant *, sous la tutele de sa mere, qui estoit Chrestienne, & qui fit tréve pour trente ans avec l'Empire, à la charge de restablir le Temple de Ierusalem, & les autres lieux saints que Daber avoit ruinez. Cependant, les Arabes prenant l'occasion des guerres qui estoient entre le Pape Iean treiziéme, l'Empereur Othon premier, & les autres Princes Chrestiens, firent de grans desordres dans la Poüille & la Calabre, prirent & ruinérent la ville de Cosence, & donnérent l'épouvante à Capouë ; ceux du mont Gargano s'estant joints pour cela avec quelques autres d'Afrique & de Sicile. Mais sur ces entrefaites, les Esclavons qui s'estoient convertis à la Foy Chrestienne du tems d'Adrien second, estant passez dans la Poüille, rabatirent leur orgueil par plusieurs défaites. Les Hongrois firent quelque tems après la mesme chose, & les chassérent de la Poüille, qu'ils vendirent depuis à l'Empereur de Constantinople, lequel fit la paix avec les Arabes de la Calabre. Mais l'Empereur d'Alemagne Othon, acheva de les chasser d'Italie, & ceux qui y demeurérent, reconnurent son Empire.

* Amer.

972.

En mesme tems Mansor & Abdala, deux fréres Arabes, estant en querelle entre-eux dans la Sicile ; celuy-cy implora le secours de l'Empereur, qui luy envoya vne armée navale, sous le commandement du Patrice George Maniace. Mais avant qu'il fust entré dans l'Isle, les deux fréres voyant la faute qu'ils faisoient, se raccommodérent, & joignirent leurs forces pour s'y opposer. Toutefois voyant qu'ils n'étoient pas assez forts pour luy défendre l'entrée, ils firent venir du secours d'Afrique ; mais les Chrestiens furent les maistres, & aprés avoir défait les Arabes en plusieurs rencontres, & ruiné les villes de Catane, de Messine & de Syracuse, & plusieurs autres, rendirent l'Isle tributaire de l'Empereur.

Sicile.

D'autre-costé, Pisasire Calife de Syrie, fit vne ligue avec

Asie.

K k

les autres Soudans, pour prendre la ville d'Edesse, & s'en voulant rendre maistres par surprise, ils feignirent d'envoyer des présens à l'Empereur, & chargeant mille hommes dans des paniers sur cinq cens chameaux, prirent la route de cette ville, croyant qu'on les laisseroit entrer. Mais le Gouverneur ne donna entrée qu'aux Chefs, qui estoient douze, & à leurs valets. Sur ces entrefaites, vn pauvre demandant l'aumosne à ceux qui conduisoient les chameaux, entendit quelqu'vn dans ces paniers qui demandoit où ils estoient; il le fut aussi-tost dire au Gouverneur, qui ayant fait arrester les Chefs dans la ville, sortit avec des troupes, & à mesure qu'il ouvroit les paniers, égorgeoit ceux qui y estoient; puis rentrant dans la place, en fit autant aux Chefs, à la reserve d'vn, qu'il renvoya cruëllement mutilé.

*Abdala.* Cependant, le Calife de Carvan ayant appris la défaite des siens en Sicile, assembla vne armée contre Maniace, & ayant débarqué les Arabes à Alcame, qui estoit encore pour eux, fit des courses par toute l'Isle; mais Maniace ne pouvant souffrir cét affront, tira des troupes de toutes les garnisons pour leur faire teste, & ordonna au Patrice Estienne, qui commandoit l'armée navale, de courre toute la coste, afin qu'ils ne se pussent sauver nulle-part; aprés-quoy il donna la bataille, & les défit. Le Calife Abdala voyant que les siens avoient du pire, descendit dans vne petite barque, & se sauva à Carthage, à travers l'armée ennemie. Maniace l'ayant appris, leva la main contre le Patrice Estienne, qui pour se venger de cet affront, l'accusa de se vouloir rendre maistre de l'Isle. Sur ces nouvelles, l'Empereur le fit prendre, & mener à Constantinople, & donna le Gouvernement de la Sicile à Estienne, qui laissa reprendre toute l'Isle aux Arabes. Car Abdala ne fut pas plustost de retour en Afrique, qu'il assembla vne armée d'Africains & d'Egyptiens, pour venger sa perte; & s'estant joint avec Almansor, l'vn des deux freres qui régnoient en l'Isle, comme nous avons dit, il la reprit en fort peu de tems, à la reserve de Messi-

\* Catacalon Ambuste.
*Espagne.* ne, où il y avoit vn brave Gouverneur \*.

Pour retourner en Espagne, Almansor Lieutenant du Roy de Cordouë, pour favoriser le Comte Dom Véla, qui im-

# SVCCESSEVRS, LIVRE II.

ploroit son secours, & qui avoit esté dépouillé de ses Estats par Gonsales, pere de Garci Fernandez, qui les possédoit, luy envoya vne partie de son armée, sous le commandement du Capitaine Orduan, qui entra dans la Castille l'an neuf cens quatre-vingts, & y fit de grans ravages; mais il fut vaincu par Garci Fernandez, & Dom Sanche Abarca Roy de Navarre, & regagna Cordouë : tandis que Fernandez tournoit contre ceux de Leon. Almansor voyant les progrez du Comte, pour mettre fin tout d'vn coup à cette guerre, manda à son fils Almudafir, qui commandoit en Mauritanie, qu'il fist tréve avec le Calife de Carvan, & qu'il passast en Espagne, aprés avoir laissé garnison sur les frontiéres. Il écrivit la mesme chose aux Chéques des Zénétes, & aux autres Chefs d'Afrique, qui estoient de son parti; puis ayant fait publier vne croisade à leur mode contre les Chrestiens, il attira vne nuée d'Arabes en Espagne. Les vns débarquérent à Malaga, d'autres à Gibraltar, & aux autres ports de cette coste, & marchérent tous vers Cordouë, où Almansor les attendoit avec son armée. De-là ils entrérent dans la Castille, & prirent Saint Estienne de Gormas, qu'ils remplirent d'Arabes, aprés avoir tué tous ceux qui y estoient. Et parce-que ce siége dura vne grande partie de l'Esté, ils s'en retournérent prendre leur quartier-d'hyver aux environs de Cordouë. L'année suivante ils retournérent mettre le siége devant Simanque, au Royaume de Leon, & la prirent. Quoy-que les tuteurs du jeune Roy, Dom Ramir, se fussent plaints de la rupture de la tréve, & que Hiscen eut commandé à Almansor de la garder, il ne rendit pas la place, & l'ayant fait fortifier, la peupla d'Arabes. Cependant, l'Empereur Basile voyant qu'Othon s'estoit saisi de ses Estats d'Italie, passa dans la Pouïlle avec vne armée de Grecs & d'Arabes, & luy ayant donné bataille, le vainquit, & fit prisonnier, puis le mena en Sicile, où les habitans corrompus par ses promesses, le sauvérent. D'autre-costé, Almansor prit Sepulvéda, & l'ayant fait fortifier, la peupla d'Arabes. L'année d'aprés, à la priére des Gouverneurs de Saragosse & de Tortose, il envoya son armée contre Dom Sanche Abarca, Roy de Navarre, qui couroit tout le païs. L'armée

980.

Les Maures nomment ces Croisades, Gazie.

981.
Autrefois Setmanque.

983.
La Iournée de Basonelle en Calabre.

Autrefois Setpulvega.

985.

s'eſtant ſéparée en deux, le Gouverneur de Saragoſſe courut toute la Navarre, & celuy de Tortoſe la Catalongne, où il ſe batit prés de Moncada contre Dom Borel, Comte de Barcelone, & le vainquit, aprés vn grand combat. Le Comte s'eſtant retiré dans ſa place, les Arabes l'y aſſiégérent, & la prirent le ſixiéme de Iuillet, aprés qu'il ſe fut ſauvé la nuit. De-là ils s'en retournérent à Tortoſe chargez de butin, aprés avoir ruiné la ville, & emmené tous les habitans. Le Gouverneur de Saragoſſe ne fut pas ſi heureux; car il fut contraint de ſe retirer de la Navarre avec perte, ſans avoir pris aucune place d'importance.

987.  Vers le printems, le Gouverneur de Tortoſe retourna dans la Catalongne, & acheva de reduire cette province ſous le joug des Arabes, à la reſerve de deux places fortes, Cerbélon & Moncade. La meſme année ceux de Galice s'eſtant batus contre ceux de Leon, avec grande perte de part-&-d'autre, Almanſor prit cette occaſion pour entrer dans le païs, & conquit Coimbre, Puerto & Brague, avec le païs d'alentour; puis la ville de Brutonia, qu'il ruina, & s'eſtant rendu maiſtre de tout le Portugal depuis le Lime juſqu'au Mondégue, retourna victorieux à Cordouë. La meſme année mourut Dom Ramir en la ville de Leon, laiſſant pour ſucceſſeur ſon frére Bermude, qui continüa la guerre contre la Caſtille, & fit obéïr les Aſturies. L'an neuf cens quatre-vingts huit, le Comte Borel retourna peupler Barcelone, que les Arabes avoient ruinée, & eut quelques heureux combats contre eux; mais Almanſor continüant ſon deſſein, entra dans la Caſtille, & mit le ſiége devant la ville d'Atiença, qui dura tout l'Eſté; puis l'ayant priſe, la démolit, & retourna paſſer l'hyver à Cordouë. Cependant, le Roy Bermude voyant les Arabes s'agrandir de jour-à-autre, envoya prier le Roy de Cordouë de confirmer la tréve qu'il avoit faite avec ſon frére. Mais bien-loin de cela, il envoya Almanſor aſſiéger la ville de Samore qu'il prit; & aprés l'avoir démolie, retourna encore chargé de butin à Cordouë.

990.  L'année ſuivante il en fit autant d'Oſma, & deux ans aprés il entra dans le quartier de Campos, ravageant tout ce qui eſtoit ſur ſa route, & prit la ville de Valence par compoſi-

tion, aprés vn long siége. De-là il alla assiéger Leon ; mais Dom Bermude ayant assemblé ses troupes, où se joignirent plusieurs François, Provençaux & Gascons, luy donna bataille. Almansor ayant du pire, jetta son habillement de teste contre les ennemis, qui est vne cérémonie qui se pratique parmi les Arabes pour ralumer leur courage, & donnant en mesme tems, gagna la victoire ; de-sorte que Dom Bermude fut contraint de se sauver dans les montagnes. Cependant, Almansor victorieux continüa le siége de Leon, & l'eust prise sans les pluyes continuëlles, qui le contraignirent de se retirer à Cordouë. Mais l'année d'aprés il y retourna mettre le siége, qu'il continüa jusqu'au printems de l'année suivante, où il la batit si rudement qu'il l'emporta d'assaut, malgré les efforts de Guillin Gonzales, Gouverneur de Galice, que le Roy y avoit fait entrer pour la défendre. Car comme il estoit au lit malade, ayant seû que la ville estoit ouverte en deux endroits, il se fit armer de toutes piéces, & s'alla mettre à la bréche, où il se défendit trois jours de suite, & le quatriéme fut emporté d'assaut. La ville estant prise, les Arabes n'y laissérent qu'vne tour pour marque, aprés avoir démoli le reste ; & s'estant rendus maistres de tout le païs, s'en retournérent à Cordouë. L'an neuf cens quatre-vingts quinze, Almansor entra dans le Portugal, où il prit & ruina la ville de Tuy, avec toutes celles de la contrée ; puis passant à Compostelle l'assiégea, & l'ayant prise, profana l'Eglise de Saint Iacques, & en mit les portes à la Mosquée de Cordouë. Mais comme il y estoit encore, la peste se mit dans son camp, qui en emporta vne grande partie. D'ailleurs, les Princes Chrestiens reprenant courage à la veille de leur ruine, & la paix s'estant faite entre Dom Bermude & le Comte Garci Fernandez, par l'entremise de quelques Religieux, ils entrérent dans le Royaume de Toléde avec Dom Sanche de Navarre, & assiégérent la forte ville de Calatançor, entre le Duéro & le Tage. Aussi-tost Almansor quitta la Galice pour y accourir, & passant le détroit de Zébréros, entra dans le Royaume de Leon. La bataille fut sanglante ; mais à la fin les Chrestiens remportérent la victoire, & contraignirent Almansor de se sauver avec peu de gens. Mais

*994*

Quelques-vns disent que le Comte n'y fut pas en personne, & se contenta d'y envoyer ses troupes.

passant à Bordé Correcha, entre Berlangue & Calatançor, il tomba malade, & mourut de dépit dans vne chambre, où l'on dit qu'il s'enferma sans vouloir ni boire ni manger. Il fut enlevé de-là, & porté à Médina-Céli, où on l'enterra.

*Le Guadalguivir.*

Le bruit court que le jour de sa défaite, avant que la nouvelle en fust venuë à Cordouë, on entendit vne voix en l'air sur la riviére, qui disoit, qu'il avoit perdu son tambour à Calatançor, & sa fortune. Cette perte est fort regrettée par les Arabes, comme la plus grande qu'ils ayent receuë en Espagne, & ils parlent de soixante & dix mille hommes d'infanterie, & de quarante mille de cavalerie, qui y moururent,

*Latah Buhélul, ou Caçem Mégéri, natif des montagnes de Gomére.*

célébrant en vers & en prose la mort d'vn Brave, qui est comme leur Roland. Dom Sanche Abarca, Roy de Navarre, mourut l'année suivante laissant deux fils, dont l'aîsné Dom Garcia le Tremblant, luy succéda; & l'autre, Dom Gonzale, fut Roy d'Arragon. Mais il ne se passa rien de mémorable ni cette année, ni celle d'après; le Roy de Cordouë reprenant haleine, & les Princes Chrestiens estant occupez à asseurer leurs frontiéres. L'an neuf cens quatre-vingt

*996.*

dix-huit Abdulmalic, fils d'Almansor, fut éleu en sa place pour commander les armées, & assiégea Avila, où le Comte Fernandez accourut, & fut défait avec grand meurtre, ayant esté blessé, pris & emmené à Cordouë, où il mourut le vingt-

*1000.*

neufviéme Iuillet, aprés avoir gouverné la Castille vingt-huit ans. Le Comte Sancho Garcia, son fils, luy succéda, & rachetant son corps à grand prix, l'enterra au tombeau de son ayeul, & establit de fort bonnes loix. L'année d'après Abdulmalic mourut dans Cordouë, & son frére Abderrame fut mis en sa place. Mais il fut si débauché, que ne se souciant point de la guerre, les Arabes d'Espagne se soulevérent, & se partagérent en deux factions; ceux d'Afrique d'vn costé, commandez par Soliman, & ceux d'Espagne de l'autre, par Mahamet. Celuy-cy entra dans le Palais de Cordouë par surprise, & emprisonna le Calife, qui fut le dernier de la race des Abderrames, sans que personne en murmurast, à cause de ses vices & de sa lascheté; & pour faire croire qu'il estoit mort, il fit égorger vn Chrestien en sa place, aprés quoy il se fit appeller Roy & Calife, & se rendit maistre de

# SVCCESSEVRS, LIVRE II.

la ville. Sur ces nouvelles, Soliman luy fit vne cruëlle guerre, comme à vn tyran & à vn vsurpateur. Cependant, Dom Sanche de Castille entra dans le Royaume de Toléde, où il fit de grans ravages, sans que personne s'y opposast, parceque tout estoit dans la revolte. D'autre-costé, le Calife de Carvan, qui estoit le plus puissant Prince de toute l'Afrique, envoya son armée dans la Mauritanie, à la requeste de ces peuples, qui se vouloient soustraire de l'oppression des Magaroas, & des Abderrames, lesquels perdirent par ce moyen la Seigneurie de ces païs. Almudasir, fils d'Almansor, qui estoit revenu d'Espagne aprés la mort de son pere, s'estant retiré en la ville d'Haresgol, y fut emporté d'assaut, & tué avec tous les Abderrames qui s'y rencontrérent. Car c'est ainsi qu'on appeloit alors en Afrique les Arabes d'Espagne. Mais aprés la retraite des troupes d'Abdala, les Magaroas & les Zinhagiens, d'où sont descendus les Rois de Tremécen, que l'on nomme Abdulvates, se souslevérent ; & à leur exemple les Gomeres & les Haoares, qui habitent dans les montagnes du petit Atlas, vers la mer Méditerranée, & se partagérent en plusieurs petits Estats, chacun sous vn Chef de leur nation, pour estre maintenus dans leurs droits & leurs priviléges ; si-bien que les Abderrames n'eurent depuis aucun commandement en Afrique. L'an neuf cens quatre-vingts six, le Calife Abdala mourut, & eut pour successeur Caym Beamirila, qui se disoit légitime héritier de la Maison d'Abez, & avec l'aide des Arabes se rendit maistre en peu de tems de tout l'Orient d'Afrique ; d'où passant au Couchant, il ravagea les provinces de Habat & d'Errif, & plusieurs autres du Royaume de Fez. Ensuite par la valeur d'vn Capitaine Esclavon, il se rendit maistre de toute la Barbarie, la Numidie & la Libye, & amassant de grandes richesses dans Carvan, devint le plus puissant Prince qui eut encore régné en Afrique.

Pour revenir en Asie, Tangrolipix qui s'estoit fait Roy de Perse, ayant pacifié ces provinces, tourna ses armes contre le Calife de Babylone, & l'ayant vaincu en plusieurs batailles, le tua à la fin, & se rendit maistre du païs, & de toute la Syrie, mettant fin à l'Empire des Califes de Babylone, qui

*Marginalia:* 986. — Abi Arid, Ibni-Abdulmalic, Aben Maivan. — Givo har el quetib. — Asie. Pisasire.

se difoient légitimes fucceffeurs de Mahomet. Car encore qu'il y en eut depuis quelques-vns, ce n'eſtoit que pour le fpirituel, fans avoir plus de puiſſance, ni d'autorité fouveraine. Mais vn fils de Piſaſire, nommé Elvir, s'eſtant fauvé en Egypte, y régna quelque tems, comme nous dirons enſuite.

Les Turcs donc gardant toûjours la ſecte de Mahomet, maintenoient le pouvoir & l'autorité temporelle, tenant les Califes ſeulement en qualité de Preſtres & de Pontifes, & quand ils mouroient le Chérif leur ſuccédoit, comme le Singel des Grecs faiſoit aux Patriarches. De-là vient que tous les Alfaquis & Docteurs de la Loy, aſpirant à cette dignité, ſe faiſoient appeller Chérifs, qui ſont comme les Sophis en Perſe. Ces Chérifs ſont fort eſtimez en Afrique, en Egypte & en Syrie, comme les autres en Perſe & en Arménie, parce-qu'on les tient deſcendus des filles de Mahomet.

*Archorfas.*

## CHAPITRE XXIX.

*D'Elvir, vingt-ſeptiéme Calife; & de ce qui arriva de ſon tems.*

*Calife du Caire.*

ELVIR eſtant paſſé en Egypte, y fut receu comme Souverain Pontife, par le Seigneur du païs, & les Egyptiens aſſemblérent toutes leurs forces pour s'oppoſer à l'uſurpateur, & luy firent la guerre deux ans durant. Mais luy voyant que tous les Arabes ſe ſoûlevoient en faveur de leur Calife, pour détourner cét orage, s'aviſa d'vn ſtratagéme, qui fut d'envoyer reconnoiſtre Elvir pour Souverain dans tout ce qui concernoit le ſpirituel, & de s'offrir à prendre de luy le cimeterre, & les brodequins, pour marque de ſa dignité, & à le rétablir dans Babylone, pourveu qu'il fuſt le maiſtre abſolu, pour ce qui concerne le temporel. La paix fut faite à ces conditions, & le Turc tourna ſes armes contre vn Prince de l'Arabie, qui ſe faiſoit appeller Calife, & envoya vne armée contre luy, ſous le commandement de Cutlume ſon neveu,

*Cutheïa.*

# SVCCESSEVRS, LIVRE II.

neveu, où les Turcs furent défaits avec grand meurtre. Sur cette nouvelle, il voulut marcher en personne à cette guerre, & dépescha vers le Patrice Estienne, Gouverneur de la Medie pour l'Empereur *, afin d'avoir le passage libre, ce que l'autre refusant, il le défit en bataille rangée, & le fit prisonnier par l'entremise de son neveu. Ce Prince voulut persuader à son oncle de conquerir la Medie, à-cause de l'abondance du païs, & que la conqueste en estoit facile; mais il le refusa, & prit luy-mesme la conduite de ses troupes à-cause de la précédente défaite. Le neveu voyant le mépris que son oncle faisoit de luy, & appréhendant vn plus mauvais traitement, se sauva avec ses troupes dans la ville de Pesar, dont il se rendit maistre. Son oncle sans se soucier de luy pour l'heure, marcha contre cét Arabe, qui avoit défait son neveu, & perdit vne seconde bataille, avec grand meurtre de Turcs & de Perses, puis regagna Babylone. L'année d'après il alla attaquer son neveu Cutlume, dans la ville où il s'estoit retiré; mais pendant le siége ayant envoyé vn autre neveu nommé Assan le Sourd, avec vingt mille hommes pour ravager la Medie, il ne s'en sauva pas deux mille, le reste ayant esté tué, avec son neveu, ou fait prisonnier. Il pensa mourir de déplaisir de cette nouvelle, & y envoya vne armée de cent mille hommes, sous le commandement de son frére Alim Brahem; ce que le Gouverneur ayant appris, demanda du secours à l'Empereur, & en attendant, répandit ses troupes dans les places, pour n'estre point obligé de donner bataille que le secours ne fust arrivé. Alim ne pouvant l'attirer au combat, attaqua le bourg d'Arsé, qui n'estoit pas fermé de murailles; mais comme il y avoit plusieurs marchans fort riches, ils se retranchérent dans toutes les ruës avec des poutres & des sacs de laine, & luy tuérent si grand nombre de gens à coups de pierres, & de dards par les portes & les fenestres, qu'ils rendirent ses efforts vains l'espace de six jours. Mais alors s'estant avisé de mettre le feu aux maisons les plus proches, il gagna peu à peu les autres, & contraignit les habitans d'abandonner la place, où l'on trouva de grandes richesses, tant en or & en argent qu'en autres choses, que le feu n'a-

*Constantin l'Escrimeur, ou le Moine.*

*Dans l'Horaxanie, peut estre Corazah.*

*Baasprucan.*

voit pù confumer. Sur ces entrefaites le Gouverneur d'Ibérie eftant arrivé avec le fecours, on fe batit dés la pointe du jour avec tant de valeur, que les Turcs prirent la fuite à l'vne des ailes, & furent pourfuivis jufques bien avant dans la nuit, fans qu'on ceffaft de tuër ni de fraper; mais le Gouverneur d'Ibérie fut pris à l'autre, fans eftre ni veû, ni fecouru des fiens, & l'on euft crû qu'il euft efté du nombre des morts, fi l'on n'euft appris que les ennemis l'emmenoient prifonnier; ce qui diminüa beaucoup de l'alegreffe de la victoire. Sur ces nouvelles, l'Empereur dépefcha auffi-toft des Ambaffadeurs pour fa rançon, avec quantité de préfens, & la demande d'vne tréve. De-quoy le Sultan touché, luy renvoya le prifonnier, avec l'argent & les préfens, en le conjurant de ne faire plus la guerre aux Turcs. Quelque tems aprés vn Chérif eftant venu de fa part à Conftantinople avec grand appareil, pour demander tribut, l'Empereur indigné de cette infolence, le rebuta; ce qui mit le Sultan en telle coléte, qu'il declara la guerre aux Chreftiens, & entra dans l'Ibérie avec vne puiffante armée. Mais comme les habitans s'eftoient retirez dans les chafteaux & les places fortes, avec ce qu'ils avoient de meilleur, & que l'armée Impériale s'affembloit à Céfarée, il retourna dans la Médie, & refolut à la fin de faire des fiéges, voyant qu'on fe retiroit ainfi dans les fortereffes. Il attaqua donc la ville de Manziquiert, qui eftoit fermée de trois murailles, & bien pourveuë d'eau, & de tout ce qui eftoit neceffaire pour la défenfe; de-forte qu'aprés trente jours de fiége il fut contraint de fe retirer, avec perte de fes gens & de fa réputation. Sur ces entrefaites, fon oncle Alim Brahim voyant qu'il eftoit déja vieux, & qu'il vouloit nommer pour fucceffeur vn de fes neveux, à fon préjudice, fe joignit à fon autre neveu, qui s'eftoit déja revolté contre luy, & luy donna bataille prés de Pazar où Brahim fut vaincu & tué. Mais le neveu fe fauva avec fix mille hommes en la compagnie de Malec, fils d'Alim, & dépefcha vers Conftantin Duca, qui régnoit à Conftantinople, pour avoir du fecours contre le Sultan. Mais comme il attendoit la réponfe en la ville de Carfi, il eut avis que le Sultan l'y venoit attaquer, & fe fauva dans

*Liparite.*

*Jufqu'à la ville de Come.*

*Axane.*
*Cutlume.*

l'Arabie-heureuse. Cependant, le Sultan ravagea l'Ibérie, & comme il eut appris que Michel venoit contre luy avec l'armée Impériale, il se retira en son païs, comme estant au dessous de luy de se batre contre vn Lieutenant de l'Empereur, & laissa seulement trois mille hommes, sous le commandement d'vn Capitaine fort experimenté, pour faire le dégast dans la province. Ensuite il remit en campagne sous l'Empire de Romanus Diogenés, & comme il vit que l'Empereur marchoit contre luy, il sépara son armée en deux, & en envoya la moitié du costé du Midy, & l'autre vers le Septentrion, & se contenta de faire le dégast, puis ayant saccagé la ville de Neocésarée, ses troupes s'en retournérent chargées de butin. Mais l'Empereur qui fit grande diligence, s'estant saisi des passages avec l'élite de ses gens, ils abandonnérent tout pour se sauver par la fuite. Il n'y en eut pas beaucoup de tuez, car l'armée Chrestienne estoit si lasse de sa longue marche, qu'elle ne leur pût donner la chasse, & se contenta de reprendre le butin, & de mettre en liberté quantité de Chrestiens, qu'ils emmenoient. L'Empereur entrant ensuite dans la Syrie, envoya vne légion à Meliténe, qui courut tout le païs, & emmena à Alep grand nombre d'hommes & de troupeaux, ayant pris la ville d'Hiérapolis de Syrie par composition. En mesme tems les Turcs remirent leurs troupes sus-pied, & comme vne partie de l'armée Impériale voltigeoit par-tout, elles se jettérent dessus, & la mirent en fuite ; mais le mal eust esté beaucoup plus grand si l'Empereur n'y eust accouru de Hiérapolis. Sur cette nouvelle, le Gouverneur d'Alep croyant toute l'armée Impériale défaite, passa du costé des Turcs. Comme ils estoient donc maistres de la campagne, & qu'ils environnoient de tous costez le camp de l'Empereur, ce Prince pour les surprendre, tira sans bruit son armée hors de ses retranchemens, & les attaquant à l'improviste, les mit en desordre ; mais pour les avoir poursuivi negligemment, il n'acheva pas sa victoire. Neantmoins croyant avoir assez fait d'avoir fait perdre à ses gens la peur qu'ils avoient des Turcs, il fit bastir vne citadelle dans Hiérapolis, & ayant pris plusieurs places sur cette frontiére, se retira en Cilicie, où il mit ses trou-

ou Calep.

pes en quartier-d'hyver, à-cause qu'il y avoit abondance de vivres. Alors le Sultan mourut de vieillesse, laissant de grans troubles entre les Turcs pour sa succession, quoy-qu'il eut laissé la Couronne à Axane son neveu.

*Tangrolipix,*
*ou son petit-fils*

Pour retourner maintenant en Afrique & en Europe, les Arabes estant en division en Espagne, les Princes Chrestiens ne songérent qu'à fortifier leur frontiére, & à s'emparer de ce qui estoit à leur bienséance ; & Dom Sanche de Castille fit la guerre fortement au Royaume de Toléde. Le Comte de Barcelone entra dans le païs du Roy de Tortose, & luy tua quantité de gens en vne bataille. Autant en firent de leur costé les Rois d'Arragon & de Navarre, & remportérent plusieurs victoires sur les Arabes de leurs voisinages. Mais ces peuples voyant que tout leur mal ne procedoit que de leur division, se reünirent tous ensemble sous l'Empire de Mahamet, Roy de Cordoüe, qui partageant son armée en deux, en envoya l'vne au Royaume de Toléde, sous le commandement d'Abdala, & fut en personne avec l'autre à Médina-Céli. Alors mourut Dom Bermude, laissant pour successeur son fils Alfonse, cinquiéme du nom. Et Mahamet n'eut pas vn heureux succés de son entreprise. Car Abdala s'estant rendu maistre de Toléde, se souleva contre luy, & faisant tréve avec Dom Alfonse, épousa sa sœur, à qui il fit de grans présens, & vne reception magnifique, & luy donna quantité de Chrestiens de l'vn & de l'autre sexe pour la servir. Mais comme cela se faisoit pour des raisons d'Estat, contre le consentement de l'Infante, il n'en pût jouïr que par force, puis il la renvoya à Leon, où elle se mit dans vn Monastére, & Abdala mourut quelque tems aprés. Sur cette nouvelle, Soliman passa à Toléde, où estant entré sans aucune résistance, il fit tréve avec Dom Sanche de Castille, & luy abandonna quantité de places, pour avoir son secours contre le Roy de Cordoüe. Ces deux Princes ayant joint leurs forces, tirérent vers Cordoüe, & obligérent Mahamet à quitter la guerre qu'il avoit contre les Arragonnois, pour marcher contre eux. La bataille fut sanglante de part & d'autre ; mais Mahamet fut vaincu, & perdit plus de trente mille hommes : de-sorte que n'osant se retirer à Cordoüe,

*Espagne.*

1003.
*Raimond Beref.*

1009.

*Dom Teresa*

*Mahamet, ou Mehedi.*

il prit la route de Médinacéli; mais ayant appris que le Comte & Soliman prenoient le chemin de Cordouë; pour empescher qu'on ne les y receust, il écrivit au Gouverneur qu'il tirast le Calife Hiscen hors de prison, & qu'il le montrast au peuple. A la veuë d'vn spectacle si inesperé, le peuple se défendit dans la place vaillamment. Mais le Comte les pressa de si prés, qu'ils furent contraints de se rendre; & remettant la ville entre les mains de Soliman, il retourna victorieux en Castille. Cependant, Mahamet ramassa quantité d'Africains & d'Arabes, sous le nom d'Hiscen, & retourna dans l'Andalousie, où ayant appris que Soliman vivoit negligemment dans les delices, il fit ligue avec les Catelans, à la charge de leur rendre leurs places, qui estoient entre les mains de quelques Capitaines de son parti, pour marcher tous ensemble contre Soliman. Le Comte de Barcelone se joignit donc à luy, avec celuy d'Vrgel, & plusieurs autres Prelats & Chevaliers. Comme toutes les troupes furent assemblées, elles prirent la route de Cordouë, d'où Soliman sortit, & les vint recevoir à neuf lieuës de là dans vne rase campagne. La bataille fut sanglante, quoy que les Chrestiens remportassent la victoire. Les Evesques de Barcelone, de Girone, & d'Ozonobe y moururent, avec quantité de brave Noblesse. Ensuite, Mahamet se presenta devant Cordouë, sous pretexte de restablir Hiscen dans le trône. De sorte que les habitans luy ouvrirent les portes, & le Comte d'Vrgel alla prendre ses quartiers-d'hyver à Barcelone, dont il prit le Gouvernement. L'année suivante Dom Garcia, Roy de Navarre mourut, laissant pour successeur Dom Sanche, son aisné; Et le Calife Hiscen fut salüé pour la seconde fois Roy de Cordouë. Soliman se retira dans le chasteau de Safra, où ne croyant pas estre en seureté, il passa en Barbarie, avec quelques Africains qui l'avoient suivi en cette guerre. Les Arabes appellent Safar le lieu où est ce chasteau, à cause d'vne foire ou marché qui s'y fait tous les ans au mois de Safar *, où abordent quantité de troupeaux & de marchandises. Mahamet devint si célèbre par cette victoire, que plusieurs prirent son parti. Si-bien qu'ayant assemblé quantité de troupes, il prit la route d'Almerie, & l'empor-

*Raymond. Armengon.*

1010. ou 1012. *Haratal Bacar.*

1011.

*Le troisiéme de leur année lunaire, qui se rapporte au mois de Iuillet.*

ta d'assaut sur vn Arabe qui s'estoit revolté, à qui il fit couper la teste. Il prit aussi Iaen, Baeça, & Archone, avec plusieurs places soulevées, qu'il remit toutes sous l'obéïssance dn Calife, aprés-quoy il mourut ; & ceux de Toléde élûrent en sa place Abidala, son aisné. Mais il ne voulut pas obeïr au Calife Hiscen, comme son pere avoit fait, & tournant ses forces contre luy, donna bataille à ceux de Cordoüe, où il fut tué. Les habitans de Toléde voyant leur Roy mort en élûrent aussi-tost vn autre de la race d'Ommie, appellé Hayr. Cependant, les Arabes de Barbarie, qui estoient en Espagne, voulant favoriser vn brave Capitaine d'entre eux nommé Ali, prirent les armes contre le Calife Hiscen, qui mourant dans cette conjoncture, fut cause qu'ils se rendirent aisément maistres de Cordoüe. Cette mort donna sujet encore à plusieurs autres de la Maison d'Ommie, ou d'autres considérables, de se soûlever dans les villes dont ils estoient Gouverneurs, & de prendre le titre de Rois. Aliatar se soûleva contre Ali, & ils eurent plusieurs guerres ensemble, se servant tous deux des Arabes d'Afrique. Mais enfin la ville de Iaen s'estant donnée à Ali, Aliatar corrompit quelques habitans, qui le tuërent en trahison. Cette lascheté le rendit odieux par toute l'Andalousie, & l'on ne le voulut plus reconnoistre nulle-part pour Souverain. Ceux de Cordoüe élûrent pour Roy Cacem, frere du défunt · mais Aliatar voyant le peu de profit que luy rapportoit sa perfidie, persuada à Abderrame, neveu du Calife Hiscen, de prendre les armes contre ce nouveau Roy, sous promesse de l'aider de toutes ses forces, & attira dans ce parti Ben al hax, qui s'estoit soûlevé dans Saragosse, & les Gouverneurs de Valence & de Tortose, qui entreprirent tous la guerre contre Cacem, à cause qu'il se servoit des Arabes de Barbarie. Tous ces Chefs s'estant assemblez, Abderrame prit la route de Iaen, où les Gazules estoient arrivez depuis peu de Maroc, & l'ayant assiégée l'emporta aprés quelque resistance, & fit main-basse sur la pluspart de la garnison. Il assiégea ensuite Murcia, & l'ayant prise, mit toute cette province sous son obéïssance. L'année suivante il alla attaquer Grenade, qui n'estoit pas alors fort peuplée, & estoit nommée par les

## SUCCESSEURS, LIVRE II.

Arabes Hizna Roman, ou la ville du Grain. Vn brave Chef natif des montagnes de Gomére, en estoit Seigneur. Comme Abderrame la tenoit assiégée de si prés que rien n'y pouvoit entrer; les habitans craignant vn mauvais succés, traitoient avec luy par l'entremise de quelques Alfaquis, lors que celuy qui en estoit maistre, leur sceût si-bien représenter les maux qu'ils souffriroient sous le joug d'vn Tyran, qui estoit ennemi mortel des Arabes d'Afrique, qu'ils se resolurent à la défense. Prenant donc trois cens chevaux, & deux mille hommes de pied, qui s'estoient refugiez là des lieux voisins, il sortit à la ravine de Beyre, où est maintenant l'Hospital de Saint Lazare, à vn trait d'arbaleste de la ville, & surprenant les ennemis au dépourveu, à-cause du traité, en tua vn si grand nombre, que la ravine fut long-tems toute couverte de corps morts. De-là passant aux tentes d'Abderrame, il les saccagea, & l'ayant atteint, le tua avec plusieurs des principaux Officiers, & des Grans de sa suite. La mémoire de cette action se conserve encore à Grenade au vieux Palais de ce vainqueur, où l'on voit au haut du toit vn cavalier monté sur vn cheval de bronze, qui leve le bras avec vne pique ferrée par les deux bouts, à la main-droite, & vn bouclier à la gauche, sur lequel sont gravez ces mots, *Bedéci aben habus dit qu'il faut garder l'Andalousie de cette façon.* Ce cheval est posé sur vne pointe de fer avec tant d'artifice, que le moindre vent le fait tourner, c'est-pourquoy on le nomme le Coq, parce-qu'il sert de girouëtte pour marquer les vens. Ensuite de cette victoire il envoya vn présent au Roy Cacem, qui luy confirma la principauté de Grenade & d'Elibéri, dont ses successeurs ont joüi plusieurs années. Cacem mourut dans Cordouë l'année d'aprés, & les Arabes de Barbarie, qui se faisoient appeller Gazis, ou Défenseurs de la loy, élûrent Yahaya, contre la volonté de ceux de Cordouë, qui indignez de ce qu'on avoit fait cette élection à leur préjudice, dépeschérent secrétement vers Bédéci, comme Yahaya estoit sorti de Cordouë pour attaquer Malaga, & il leur envoya deux Chefs, avec quantité de soldats. Ceux-cy estant entrez à l'improviste, égorgérent toute la faction contraire, & s'estant em-

*Marginalia:*
Bédéci aben Abuz.
La montagne de Sirgo ou Alpucharras.
prés d'Atarfe.
Arme des Arabes.
Dic Reh, coq du vent.
1015.
Hayr & Algid.

parez du Palais, affranchirent la ville de la domination d'Yahaya, qui fut tué ensuite par vn de ses gens * dans Malaga l'onziéme mois de son regne. Ceux de Malaga en élurent vn autre en sa place, qui ne vécut que quarante-sept jours, & après luy son fils Mahamet. La mesme année mourut Dom Sanche de Garcia, Comte de Castille, quoy-que quelques-vns le fassent vivre douze ans davantage. Dom Garcia Sanchez luy succéda, qui fut vn tres-brave Prince, & qui gagna plusieurs batailles contre les Arabes.

* H. smaël.

L'an mille seize Mahamet fut tué en trahison par ceux de Malaga, & Idris, Seigneur de Ceute, pour venger la mort d'Yahaya, qui estoit son parent, passa à Gibraltar avec quantité d'Africains, & alla assiéger Malaga. L'ayant prise il fit vne cruëlle vengeance de ceux qui avoient tué son parent, quoy-qu'il ne parut pas que les habitans eussent eu part à cette mort. Ensuite il se fit proclamer Roy de Malaga, mais ceux de Seville ayant éleû pour Roy Hiscen, fils de Mahamet, & aspirant à la Souveraineté de Cordouë & de Grenade, Bédéci & Idris les furent attaquer ensemble, mettant tout à feu & à sang sur leur passage. Ceux de Seville apprehendant de tomber sous la domination de Bédéci, se donnérent à Idris, aussi-bien que ceux d'Alcala, de Carmone, & d'autres lieux. Hiscen se voyant haï dans Seville, se retira à Cordouë, où il demeura quelques mois, jusqu'à ce que ses propres Sujets le dépouïllérent de la Royauté. Dans ce desordre vn Arabe de la Maison d'Ommie, nommé Almendari, sollicita le peuple de l'élire pour Roy; & comme ses amis luy conseilloient de vivre plustost en paix dans sa maison, il répondit qu'il ne se soucioit pas de mourir pourveu qu'il fust Roy seulement vn jour; Mais il fut tué sur l'heure. Ensuite les habitans chassérent Hiscen, & bannirent tous ceux de la Maison d'Ommie; mais ayant appris qu'il alloit par-tout demander du secours, ils l'envoyérent prendre, & l'emprisonnérent; puis saluërent pour Roy Giouhar, qui estoit de l'Algarbe. Alors mourut Idris, & comme Giouhar prétendoit à sa succession, ceux de Seville ne le voulurent point reconnoistre, & élurent pour Roy le brave Aliben Cacen, qui ne reconnut point aussi

1017.

ceux

# SVCCESSEVRS, LIVRE II.

ceux de Cordouë, ni aprés luy ses descendans, à qui les Almoravides entrant en Espagne, ostérent depuis la Couronne.

Tandis que ces choses se passoient en Andalousie, le Roy Dom Alfonse faisoit la guerre en Portugal, où après avoir remporté plusieurs victoires sur les Arabes, & en avoir chassé de la province la plus grande partie, il fut blessé d'vn coup de flèche au siége de Viseo, comme il alloit reconnoistre la muraille, & mourut quelque tems après en la ville de Puerto, ce qui fit lever le siége. Dom Bermude son fils luy succéda, qui eut plusieurs guerres contre les Castillans, & mourut à la derniére, en la Iournée de Tamaron, sans qu'il se passast rien alors de mémorable. Dom Fernand luy succéda, qui avoit épousé la sœur de Bermude, & fut aussi Roy de Navarre, estant fils de Dom Sanche le Grand. Ce fut le premier Roy de Castille, par le decés de la Reine Elvire sa mere, fille de Dom Garcia. Il eut aussi le Royaume d'Arragon par le moyen de son frére Dom Ramir, & régna plus de quarante ans, estant le plus puissant Roy qu'il y eut eu en Espagne depuis les Gots. C'est-pourquoy il fut appelé le Grand, & vit de grans troubles en Espagne pendant son régne. Alors régnoit dans Toléde vn petit fils de Hayr, appelé Ali Mémon, à qui il fit la guerre; & après avoir ravagé son païs, le contraignit de se faire son vassal. L'on tient que Sainte Casilde, qui est enterrée dans la province de Buréba, estoit sa fille, & que Aben Ragel, qui a écrit de l'Astrologie judiciaire, & Ali Abul Hascen, avec d'autres savans hommes, florissoient alors dans Toléde.

*Prés de la riviére de Carrion.*

*Doña Sancha.*

*Guadalachara, Alcala & Madrid.*

Cependant, l'Afrique n'estoit pas moins travaillée de guerre que l'Espagne, par l'ambition du Calife de Carvan, qui ayant conquis la pluspart de ses provinces par la valeur d'vn Capitaine Esclavon, aspira à de plus hauts desseins, & résolut de l'envoyer à la conqueste de l'Egypte, de la Syrie & de la Perse, possédée par des Princes qui n'estoient pas comme luy de la race de Mahomet. Ce brave Capitaine luy promettoit de le rendre maistre de tous ces Estats, d'establir son siége dans Babylone, où ses prédécesseurs avoient régné, & de venger les outrages qu'ils avoient receus de la

*Afrique. Caym.*

*Iouhar el queteb.*

Mm

Maison d'Ommie. Fondé sur ces espérances, il luy donna vne armée de quatre-vingts mille hommes; avec toutes les choses necessaires pour vne si grande entreprise, & l'envoya par les deserts de Barca à la conqueste de l'Egypte. Il entra de telle furie dans cette province, que celuy qui gouvernoit Aléxandrie pour le Calife, ne pouvant esperer aucun secours des Turcs, occupez à la guerre d'Asie, s'enfuit de-peur de tomber entre ses mains. Si-bien qu'il se rendit maistre en peu de tems de toute l'Egypte. Mais depuis, appréhendant le retour des armées d'Asie, jointes aux forces du Calife, il se retira au Caire, qu'il fit fortifier de murs & de tours, tant pour défendre le passage du Nil contre les ennemis, que pour se maintenir en attendant le secours d'Afrique. Cette nouvelle enceinte qu'il fit, vint à estre depuis si peuplée & si célèbre, qu'on la nomme maintenant le grand Caire, qui estoit peu de chose auparavant. Comme il vit que rien ne branloit, & que les Turcs ne venoient point, il en donna avis au Calife de Carvan, & l'invita à venir prendre possession de ses conquestes, dans l'assurance que tous les peuples le reconnoistroient, estant bien-aises d'estre délivrez de la tyrannie des Turcs, & des Califes de la Maison d'Ommie. Il leva donc vne armée de cinquante mille hommes, & se rendit en Egypte par la mesme route que son Général avoit prise, aprés avoir laissé pour Gouverneur dans Carvan Abulhagex, Africain de nation, de la tribu de Zinhagie. Il fut receu dans Aléxandrie avec grande magnificence, & de-là mené au Caire, où son Général luy ayant rendu compte de tout ce qu'il avoit fait, le mit en possession de tous les trésors de l'Egypte. Mais comme il méditoit le siége de Babylone, il apprit qu'Abulhagex avoit fait souslever tout le païs en son absence, & dépesché vers le Calife Elvir, pour le reconnoistre, & estre confirmé dans la possession de l'Afrique, comme il fut. Cette nouvelle rompit l'entreprise de Babylone, & fit maudire à Caym celle d'Egypte. L'Esclavon le voyant en cét estat, pour luy remettre l'esprit, & le venger de son ennemi, luy conseilla d'ouvrir aux Arabes la porte de l'Afrique, qui leur avoit esté fermée par ses prédécesseurs, sur l'espérance de gagner

*Elvir Aben Vmeya, Calife.*

998.
307. de l'Egypte.

par là de l'argent & de la réputation, & d'obtenir le but de ses desseins. Ce conseil agréa fort au Calife, quoy-qu'il craignist que ceux qu'il y envoyeroit ne s'emparassent du païs. Mais se voyant comme déchû de cét Empire, il ferma les yeux à toute autre considération, & fit publier par toute l'Arabie, la permission de passer en Afrique avec tout son train & son équipage, moyennant vn ducat par teste à la sortie d'Egypte, où l'on fourniroit de vivres, & de tout ce qui seroit besoin pour le voyage, pourveu qu'on jurast de faire la guerre à Abulhagex. Cela ne fut pas plustost publié, que trois grandes lignées d'Arabes, qui erroient par le païs, se mirent en chemin, au nombre de plus d'vn million de personnes, à ce que dit Ibni Alraquiq, qui estoit de ce tems-là, quoy-qu'ils ne fussent que cinquante mille combatans. Ils entrérent dans la Barbarie par les deserts de Barca, & saccagérent Tripoli, Cabes, & autres lieux de l'Afrique Orientale, d'où ils passérent jusqu'à Carvan, où Abulhagex s'estoit retranché, & l'ayant pris aprés vn siége de huit mois, le firent mourir par de cruëls supplices. Ses enfans se sauvérent, les vns à Tunis, les autres à Bugie, où ils régnérent, & leur posterité aprés eux, plusieurs années. Carvan fut détruit l'an trois cens quarante-sept de sa fondation, deux cens ans aprés que ceux d'Agleb eurent édifié Raqueda, & demeura long-tems en cét estat. Les Arabes victorieux, partagérent entre eux le païs, & establirent de grans tributs sur leurs voisins, quoy-qu'ils reconnussent Caym pour Calife, tandis qu'il vécut. Mais aprés sa mort ils demeurérent maistres absolus, & la ville de Carvan fut deserte jusqu'au régne des Almohades, qu'Aldulmumen passa en ces quartiers-là, & ayant pris sur les Chrestiens la ville d'Afrique, & d'autres qu'ils avoient occupées depuis la ruine de Carvan, il restablit celle-cy en l'estat qu'elle est aujourd'huy. Cependant, Caym demeura en Egypte, où ses successeurs régnérent aprés luy plus de deux cens ans, jusqu'à Hadec dernier Calife, qui fut tué par Saladin, premier Soudan d'Egypte. Ces Arabes faisant leurs habitations dans les campagnes d'Afrique, comme nous avons dit au premier livre, eurent de grandes guerres contre les Zénétes, & con-

*La Deserte, la Petrée, & l'Heureuse.*

*Voy livre 1. ch. 28.*

*L'an 1001. le 400. de l'Egypte.*

*Il n'y en a qu'vne partie d'habitée.*

*Chap. 28. Africains.*

Mm ij

tre les successeurs d'Abulhagex, & donnérent tant de peine aux Magaroas, & aux Haoares, qui possédoient alors la Mauritanie, ou du moins la plus grande part, qu'ils diminuërent peu à peu. De sorte que les Lamptunes se rendirent maistres de tout le païs, & ravagérent l'Espagne tout de nouveau, comme nous dirons ailleurs.

*Branche des Zinhagiens demeurant en Numidie.*

*Asie.*

Pour retourner en Asie, l'Empereur Diogéne ayant fait bastir la citadelle de Hiérapolis, comme nous avons dit, & pris quantité d'autres places aux Turcs, vint au printems à Césarée, où ayant appris qu'ils faisoient des courses au païs, il envoya devant vne partie de ses troupes, & les suivant en bon ordre, en tua grand nombre, & fit quantité de prisonniers. De-là passant l'Euphrate, il y laissa vne partie de son armée, sous le commandement de Filarrete, qui estoit de la race des Bracamiens, & tourna vers le Septentrion. Mais aprés son depart les Turcs s'estant ralliez, tuérent quantité de ses gens, & prirent tout leur bagage ; puis ravagérent la Cappadoce jusqu'à Iconie, ville célébre, tant pour le trafic que pour la bonté du païs, & y mirent le siége. Sur ces nouvelles, l'Empereur qui estoit alors à Sébaste, se mit en campagne pour les aller attaquer, & apprit en chemin qu'ils avoient pris Iconie, & qu'ils s'estoient retirez sur le bruit de sa venuë, aprés l'avoir ruinée. Voyant donc son voyage inutile, il manda au Gouverneur d'Antioche, qu'il allast à Mopsueste avec vne partie de l'armée, se saisir des passages par où ils devoient retourner ; mais les Turcs estant arrivez dans les plaines de Tarse, les Arméniens qui s'estoient ralliez de toutes parts, leur enlevérent tout leur butin ; & ayant avis de l'embuscade qu'on avoit dressée à Mopsueste, se sauvérent de nuit par vn autre endroit ; & l'Empereur irrité de ce succés, retourna à Constantinople. L'année d'aprés les Turcs estant revenus encore faire des courses dans l'Empire dés le printems, il envoya contre eux Michel Comnéne, qui n'avoit pas encore vn poil de barbe, & qui remporta tant d'avantage sur eux, que l'Empereur jaloux de sa gloire, luy osta vne partie de ses troupes, & le renvoya en Syrie. Mais estant arrivé à Sébaste, il fut attaqué par les Turcs, qui feignant de fuir au commencement du combat,

*Cataguro.*

*Général des légions du Levant.*

tournérent teste comme il les poursuivoit en desordre, & l'ayant fait prisonnier, avec plusieurs autres, luy tuérent la pluspart de ses troupes, & pillérent son camp. Sur ces nouvelles, l'Empereur résolut de les aller attaquer en personne; & comme il faisoit ses préparatifs, Comnéne arriva à Constantinople avec celuy qui l'avoit fait prisonnier. Car ce Turc ayant appris que le Sultan le vouloit faire prendre pour quelque crime, il se sauva vers l'Empereur, qui luy donna vn employ honorable, à-cause de sa valeur & de son expérience. L'année d'après, l'Empereur poursuivant son entreprise, malgré quelques mauvais augures, vint vers le printems à Césarée, & se retrancha en vn lieu avantageux, pour y attendre l'ennemi. Sur ces entrefaites, vne troupe de Scythes, qui estoient à son service, se voulut retirer; mais l'ayant poursuivie, il la ramena & la remit dans son devoir. De-là passant outre, sur l'avis que les ennemis n'estoient pas en estat de combatre, il commanda à ses soldats de se fournir de vivres pour deux mois; parce-qu'il avoit à traverser de grans deserts. Il sépara donc son armée en trois, & envoya vne des brigades attaquer Ciliate, l'autre Mansicerte, & retint la troisiéme pour luy. Les Turcs qui estoient dans Mansicerte l'ayant abandonnée, les habitans se rendirent. Mais les troupes qu'on y laissa estant fort incommodées de leurs courses, on leur envoya du renfort, sous le commandement de Nicéphore Brienne, qui se trouvant encore trop foible, envoya demander du secours à l'Empereur, lequel luy envoya vn autre Nicéphore, nommé Bacilace, avec reproche de sa lascheté. Bacilace joint à Brienne, se batit long-tems contre les Turcs, mais ne se trouvant pas secondé par Brienne, comme il espéroit, il fit vn dernier effort, & les rechassa dans leur camp. Sur ces entrefaites, son cheval estant tombé de ses blessures, il ne se pût relever à-cause de la pesanteur de ses armes, & fut pris par les Turcs, qui le menérent au Sultan, dont il fut bien traité à-cause de sa valeur. L'Empereur sortit ensuite de ses retranchemens avec ses légions, pour voir la contenance des ennemis, & s'ils auroient la hardiesse de combatre; mais ils demeurérent dans leur camp jusques vers le soir, qu'ils vinrent fondre avec de grans cris

*Axane.*

*Il le fit son Président.*

*A Criapega.*

*A Théodosopile.*

*Sous le commandement de Roussel, Latin, ou Romain.*

*Axane.*

278   DE MAHOMET ET DE SES

sur ses troupes, comme elles se retiroient, & leur donnérent l'alarme toute la nuit. Le lendemain vne troupe de Barbares, qui estoient au service de l'Empereur, ayant passé du costé des Turcs, il craignit que les autres n'en fissent autant, & manda les troupes de Ciliate, mais comme elles tardoient à venir, parce-qu'on leur avoit donné l'épouvante, & qu'elles s'estoient retirées, il résolut de tenter la fortune du combat. Là-dessus le Sultan luy dépescha quelques gens pour traiter d'accord; mais il fit réponse, qu'il estoit besoin pour cela, que le Sultan retirast ses troupes, afin qu'il pûst camper en cét endroit, & sans attendre sa réponse marcha contre luy. Le Sultan feignit d'avoir peur, & se retira peu-à-peu, faisant face de tems-en-tems. Mais comme il se faisoit tard, l'Empereur commença à retourner vers son camp, qu'il avoit laissé dégarni. Lors-qu'on vit branler son estendart, ses troupes qui estoient les plus éloignées croyant qu'il fuyoit, tournérent le dos, & regagnérent le camp à la course. L'Empereur fit alte pour essayer de les arrester, mais en vain; car les Turcs donnant là-dessus, il fut obligé de tourner teste, où il fit tout ce qu'on pouvoit attendre de sa valeur, jusqu'à ce qu'ayant esté blessé, & son cheval aussi, & ne pouvant plus ni se sauver, ni se défendre, il fut pris & mené au Sultan. Le Barbare le traita avec respect, ne pouvant croire du commencement que ce fust luy. Mais ayant esté reconnu par ses Ambassadeurs, & Bacilace, qui estoit prisonnier, s'estant jetté à ses genoux avec larmes, le Sultan descendit de son trône, & l'embrassant le consola, & luy fit dresser vne tente avec vn appareil royal, le faisant asseoir à sa table, & donnant liberté à autant de prisonniers qu'il demandoit. Aprés l'avoir retenu quelque tems, il fit la paix avec luy, & le renvoya avec escorte sans rien demander. A son retour il séjourna quelque tems à Théodosople, pour se faire penser de sa blessure, & prit la route de Constantinople avec les gens du Sultan; mais il n'y trouva pas les choses disposées à le bien recevoir. Car Iean César, & ceux de sa faction, qui le haïssoient, & qui avoient esté cause, à ce qu'on tient, de la perte de la bataille, firent élire en sa place Michel Duca, & se saisissant de sa personne, luy crevérent les yeux avec plus de cruauté que les Barbares n'avoient témoigné de compassion de sa fortune. Sur ces nouvelles, le Sultan irrité, envoya son armée dans l'Empire, non pas pour faire des courses ; mais pour s'en mettre en possession, comme il estoit facile, parce-qu'il ne s'y presenta personne pour luy resister. Mais le nouvel Empereur, aprés avoir réglé les choses dans Constantinople, envoya vne armée contre luy, sous le commandement d'Isaac Comnéne, & d'vn certain Roussel, qui se révolta avec la ville d'Iconie, faisant tantost la guerre au Turc, & tantost aux Sujets de l'Empereur. Comnéne, qui conduisoit le reste de l'armée, fut défait & pris par les Turcs, dont il se racheta aprés pour de l'argent. L'Empereur sur ces nouvelles, envoya contre Roussel son oncle Iean César ; mais le rebelle s'estant saisi du détroit de Constantinople, & campé vis-à-vis de luy, ne voulut entendre à aucun accord, & luy donnant bataille le défit, & prit prisonnier avec quantité de Noblesse ; aprésquoy il vint mettre le siége devant Constantinople. Comme il vit que l'Empereur appeloit le Turc à son aide, il ne se crût pas capable de pouvoir résister à l'vn & à l'autre, & tirant César de prison, le salüa Empereur ; puis donnant bataille aux Turcs, les mit en fuite. Mais comme César & luy poursuivoient vn peu inconsidérément leur victoire, ils furent pris, pour s'estre trop éloignez de leurs gens, & rachetez aussi-tost, l'vn par sa femme, & l'autre par l'Empereur. Roussel estant en liberté tira vers l'Arménie, où il avoit autrefois demeuré, & fit alliance avec les Turcs, sans cesser de faire la guerre à l'Empereur. Ce Prince envoya donc contre luy Alexis Comnéne, qui estant arrivé à Amasie, traita secrétement avec les Turcs, qui luy livrérent Roussel pour vne grande somme d'argent ; si-bien qu'il le ramena à Constantinople, où l'on le mit en prison dans vne tour. Tandis que ces choses se passoient dans l'Empire, Cutlumo, neveu de l'ancien Sultan, irrité contre le nouveau qui avoit esté élû en sa place, se prépara à luy faire la guerre ; mais le Calife Elvir qui estoit en grande autorité, craignant que la division ne ruinast l'Empire des Turcs, comme elle avoit fait celuy des Arabes, s'entremit de leur different,

*Il mourut en cét estat, privé de l'Empire, & de la veuë.*

*Il prit Sangorium.*

*Tangrolipix.*

& les estant venu trouver, quoy-qu'il y eut long-tems qu'il ne fust sorti en public, appaisa leurs differens par sa presence, & fit la paix à ces conditions, Que le Sultan conserveroit l'Empire, & laisseroit à Cutlumo la Cappadoce, où il l'aideroit à s'agrandir sur les Romains. Aprés cette paix, les Turcs conquirent la Médie, & les autres provinces Orientales, & envoyérent vne armée navale, qui prit les Isles de Chio, Lesbos, Samos, Rhodes, Candie & Chypre; mais elles furent reprises depuis par l'Empereur. Cependant, le Sultan demeurant en Perse, donna le Gouvernement de Damas, & ce qu'il possédoit en Egypte, à vn de ses neveux nommé Ducat, pour s'opposer aux Egyptiens, comme Cutlumo s'opposoit aux Grecs, parce-que le Calife Caym s'étoit rendu maistre de l'Egypte & de la Syrie, jusqu'à Laodicée. Il donna aussi à Sumuco, dont nous avons déja parlé, la ville d'Alep, & se fit reconnoistre pour Souverain par tous ces Gouverneurs; mais donna pouvoir à Cutlumo seul de se faire appeller Soudan.

*Axane, ou Caffian.*

*ou plustost en Syrie.*

*Italie.*

*C'est ainsi qu'on nommoit celuy qui commandoit Italie pour l'Empereur.*

*C'est le fier à bras de nos Romans.*

Pour retourner en Occident, les Arabes qui possédoient la Sicile, firent la guerre dans la Pouïlle, & dans la Calabre contre l'Exarque de l'Empereur, sur lequel ils prirent plusieurs places pendant les divisions d'Italie. Sur ces entrefaites vn Capitaine Normand, surnommé Guillaume Brasfort, ou Fort-bras, qui s'estoit establi en Italie avec quelques-vns de ses compagnons, s'estant ligué avec les Princes de Capouë & de Salerne, fit vne cruëlle guerre aux Arabes, à l'aide de l'Exarque; de-sorte qu'ayant joint toutes leurs forces, ils les chassérent à la fin de la Sicile. Mais comme ils la vouloient partager entre-eux, l'Exarque qui estoit le plus fort, en chassa les autres. Le Normand voyant ce mauvais procédé, le dissimula pour lors, & se séparant des deux Princes confédérez, dont l'vn se retira à Capouë, & l'autre à Salerne, entra avec ses troupes dans la Pouïlle & la Calabre, & se saisit de Melphes, & de plusieurs autres places. Sur ces nouvelles, l'Exarque part de Sicile pour le combatre; & estant vaincu, laisse le Normand paisible possesseur de la Pouïlle. Comme l'Empereur en eut repris depuis vne partie, Dracon frére de Guillaume, se batit contre ses troupes

pes trois fois en vn jour, & les ayant vaincuës, chaſſa les Grecs du païs. Sur ces entrefaites, les Arabes d'Afrique paſſant en Italie avec vne puiſſante armée, aſſiégérent en meſme tems Bari & Capouë; mais Grégoire qui commandoit l'armée navale de l'Empereur, s'eſtant joint aux Venitiens, fit lever le ſiége de Bari, & Capouë fut ſecouruë par l'Empereur d'Alemagne, qui ſe trouvant alors à Rome, marcha contre les Arabes, & les défit. Cependant, Bubagan qui avoit ſuccédé à Moloque dans l'Exarcat d'Italie, favoriſoit les Arabes de la Pouille & de la Calabre contre les Chreſtiens; dequoy l'Empereur d'Alemagne irrité, tourna ſes armes contre luy, & luy fit long-tems la guerre. D'autre coſté, les Arabes qui s'eſtoient habituez dans la Sicile, favoriſez du Calife d'Egypte, recouvrérent la partie de l'Iſle qui regarde le Midy; & par le moyen d'Alcama, qui eſtoit alors la plus forte place de l'Iſle, la conquirent toute entiére. Mais Roger & Robert Normans la gagnérent depuis, par l'entremiſe de celuy qui gouvernoit la Sicile pour le Calife d'Egypte; les peuples s'eſtant revoltez contre les Arabes, & contre les Grecs qui y eſtoient. Ils reprirent prémiérement la ville de Meſſine, & enſuite les autres places; ſi-bien qu'ayant chaſſé les ennemis de toute l'Iſle, Roger fut élû Comte de Sicile, où régnérent ſes deſcendans aprés luy, ſans que les Arabes y repriſſent depuis aucune autorité. Au contraire, les Rois de Tunis ont eſté tributaires de cét Eſtat.

Henry.

ou Arcamo.

Betimin, Amiral de Beſcavet.

Voyez l'Hiſtoire.

Nous ceſſerons icy de parler des Califes de Babylone, parce-que l'autorité des Arabes prit fin entiérement en Aſie, & qu'il ne reſta que les Califes d'Egypte, qui firent la guerre contre les Turcs, & depuis contre les Chreſtiens qui alloient à la conqueſte de Ieruſalem. Mais comme nous ne traitons qu'en paſſant l'Hiſtoire d'Aſie, à-cauſe des ſucceſſeurs de Mahomet qui y ont eſtabli leur domination, & que noſtre principal but eſt celle d'Afrique; nous parlerons maintenant des Africains, qui dans le declin de l'Empire des Arabes ont fondé leur domination dans cette partie du monde, d'où ils ont fait la guerre en Eſpagne. Nous ne les appellerons plus auſſi Arabes, mais Maures; parce-qu'ils

Les ſucceſſeurs de Caim.

establirent leur Empire à Maroc & à Fez, qui sont les capitales de la Mauritanie Tingitane, ou à Trémécen, qui est celle de la Césarée, & qu'à la faveur de ce peuple belliqueux ils ont soûmis les Arabes, qui les avoient devancez dans cette conqueste, & qui avoient régné si long-tems en Afrique.

1039.
ou l'aisné.

Pour revenir en Espagne, Dom Garçia, fils de Dom Sanche le Grand, Roy de Navarre, défit les Arabes, & reprit sur eux Calahorre & Tudele, rendit tributaire les Gouverneurs de Saragosse, & de Guescar, & eust fait encore d'autres conquestes, si la division qui se mit parmi les Princes Chrestiens ne l'eust empesché de passer outre.

Saragosse d'Arragon.

## CHAPITRE XXX.

*D'Abu Téchifien, prémier Roy d'Afrique; & des choses arrivées de son tems.*

1051.

L'INSOLENCE des nouveaux Arabes d'Afrique, & leur ambition furieuse, fut cause de faire soûlever le païs contre eux, d'autant plus qu'il n'y avoit point de Souverain dont on reconnoist l'autorité, & que le Calife Caim s'estoit establi en Egypte, & estoit occupé en Syrie en des guerres plus importantes. Vn Africain donc Morabite, de la tribu de Zinagie, de la branche qu'on appelle des Lumptunes, nommé Abu Téchifien, natif de Guergela, se souleva dans la partie Méridionale d'Afrique, où sont situées les provinces de Numidie & de Libye. Car comme il commandoit en ces quartiers, où il s'estoit retiré pour fuir la domination des Arabes, il attira à luy vne infinité de peuples, sous prétexte de la liberté, & de s'afranchir de la tyrannie, tant de ceux de Barbarie que d'Espagne. La première chose qu'il fit, ce fut d'envoyer quelques Morabites crier liberté par les provinces, & voyant qu'ils estoient écoutez du peuple, il assembla vne puissante armée d'Africains, tant Zinagiens que Zénétes, & autres de la Numidie; & traversant les montagnes du grand Atlas, prés de la ville d'Agmet, se rendit maistre de la province de Maroc. De-là ayant soûmis les Arabes & les Magaroas, qui possédoient quelque partie de la Tingitane, il establit son siége dans Agmet, & se fit appeller Amir le Mominin, ou Empereur des Catholiques, prétendant que ce nom luy appartenoit en vertu de sa secte, qui parvient à la perfection par les cinquante degrez de discipline. Comme tous ces Chefs estoient Morabites, les Auteurs Africains les appellent de ce nom, comme ils font maintenant tous ceux de la province, d'où ils sortirent; & nos Historiens les appellent Almoravides, *joignant l'article au nom, selon la coustume des Arabes, & changeant le* b *en* v, *selon la prononciation Espagnole.* Ce sont ceux dont les Auteurs Espagnols font plus de mention, à-cause qu'ils devinrent fort puissans, & qu'ils entrèrent plusieurs fois en Espagne avec de grandes armées.

Tandis qu'Abu Téchifien triomphoit en Afrique, les Maures d'Espagne s'entrebatoient, & donnoient sujet aux Princes Chrestiens de profiter de leurs divisions, parce-qu'ils estoient partagez entre plusieurs Rois, qui n'estoient pas tous fort puissans. Le Roy Dom Fernand ayant défait son frère Dom Garcie en la Iournée d'Atapuercas, & s'estant emparé du Royaume de Navarre, gagna plusieurs batailles contre les Arabes, & trois ans aprés leva vne puissante armée, & passant à Merida & à Badajox, entra dans le Portugal, où il prit plusieurs places fortes, & y laissant garnison, vint à Lisbonne, & ravagea tout le païs. Les Gouverneurs de Mérida & de Badajox, assistez du secours du Roy de Seville, luy donnérent bataille, où les Maures furent vaincus avec grand meurtre. Ce Prince poursuivant sa victoire, assiégea Viseo, où le Roy Dom Alfonse avoit esté blessé, & en vengeance de sa mort la ruina aprés l'avoir prise, & fit mourir cruëllement celuy qui avoit fait le coup. De-là il passa à Lamego, qu'il prit aussi avec plusieurs autres places du voisinage, puis retourna victorieux à Leon. Il rassembla ses troupes l'année suivante, & retournant en Portugal, il assiégea la ville de Coymbre, & l'ayant prise la fit fortifier. Quelques-vns disent que le siége dura sept ans, aprés-quoy elle se rendit à composition. L'an mille cinquante-neuf il

*Les Magaroas estoient Africains.*

*Commandant des Fideles.*

*ou Morabitins.*

*Espagne.*

1054.

*Abu Aled, fils de Cacem.*

retourna contre les Maures, & prit sur eux les villes de Gormas & de Berlaga, par intelligence, & de force Aguilera, &
le chasteau de Saint Iust; & ayant détruit tout le territoire
de Taracone tourna contre Médina-Céli, & en fit autant
de toute cette contrée. La mesme année il força le chasteau
de Montemor en Portugal, d'où l'on incommodoit fort ses
Sujets; puis ayant ravagé l'Algarbe, tourna vers Seville,
dont le Roy se rendit son vassal *. De-là il alla rebastir Samore, qui avoit esté détruite dés le tems d'Almansor, où le
Roy de Saragosse * envoya luy faire hommage par son Ambassadeur. L'année suivante il entra au Royaume de Toléde, dont le Roy se fit aussi son vassal, & passa avec luy à
Valence, où l'on luy en fit autant; aprés-quoy il retourna
glorieux passer l'hyver à Leon. Tous ces Princes aprés l'a-
voir reconnu pour Souverain, furent sollicitez par Abu Téchifien de se soûlever contre luy; de-sorte que voyant le peu
d'asseurance qu'il y avoit en la foy de ces Infidelles, il assembla vne puissante armée pour leur faire la guerre; & les Rois
de Saragosse & de Toléde, luy vinrent aussi-tost offrir le tribut, avec promesse de l'accompagner. Toutes choses estant
disposées pour vne grande entreprise, il entra au Royaume
de Valence, où il mit tout à feu & à sang; mais n'ayant pû
prendre la ville, il retourna passer l'hyver à Leon, où il mourut l'an mille soixante-trois, laissant trois enfans, Dom
Sanche qui régna en Castille, Dom Alfonse à Leon, & Dom
Garçia en Galice & en Portugal. Dom Sanche dés la premiére année de son régne alla assiéger Valence, & contraignit le Roy à luy rendre hommage; aprés-quoy il marcha
contre celuy de Saragosse, qui ayant esté vassal du Roy son
pere, s'appuyoit de la protection du Roy de Navarre, pour
s'empescher de luy obéïr. Ce Prince n'estant pas capable de
resister à vn long siége, demanda secours au Roy de Navarre: mais Dom Sanche le pressa si fort, qu'il fut contraint de
se rendre avant que le secours pûst arriver. L'an mille soixante-sept le Roy de Navarre mourut, & depuis jusqu'en
l'an mille soixante & douze, les enfans de Dom Fernand
s'entrefirent la guerre; mais le Roy Dom Sanche ayant vaincu & fait emprisonner le Roy Dom Alfonse, il le mit en li-

* Abu Abed.
Alhalib Al-
mansor.
* Al fulgil.

1067.
Gayfic.

1062.

M Golpilléré.

# SVCCESSEVRS, LIVRE II.

berté, à condition qu'il quiteroit son païs; si-bien qu'il se retira à Toléde, où il fit quelque sejour. En mesme tems Ali-mémon, Roy de Toléde, rompant la tréve qu'il avoit avec Dom Sanche de Castille, alla assiéger Ségovie, qu'il prit par composition; aprés-quoy le Roy Dom Sanche mourut, comme il assiégeoit Samore, qui appartenoit à Vrraca, sa sœur. Le Roy Dom Alfonse, son frére, à qui il avoit osté le Royaume de Leon, ayant eu avis de sa mort à Toléde, où il s'estoit retiré, fit alliance avec Ali-mémon, puis marchant vers Samore fut salüé Roy de Leon & de Castille. La mesme année mourut Abu Abed, Roy de Seville, & les Maures de Cordouë se revoltérent contre son fils, qui estoit alors dans la place; mais le Roy de Toléde fit encore plus : car il luy declara la guerre, & avec l'aide du Roy Dom Alfonse, ravagea le quartier de Seville. L'an mille soixante & quatorze, Dom Alfonse ayant levé vne puissante armée, entra dans l'Estrémadure, & passant à Mérida fit la guerre aux vassaux d'Aben Abed, qui ne pouvant resister à vn si puissant ennemi, fit tréve avec luy, à la charge de payer le mesme tribut que son pere payoit au Roy Dom Sanche. En mesme tems la ville de Cordouë, & quelques autres de l'Andalousie s'estant revoltées contre Aben Abed, il implora le secours de Dom Alfonse, & ayant assemblé vne puissante armée, alla assiéger Cordouë, & la prit. Mais ceux de Grenade & de Iaen, où régnoit Almudafar, se défendirent bravement, & Aben Abed implora encore le secours de Dom Alfonse, qui luy en envoya sous la conduite du Cid, dont le nom est célébre dans l'Histoire. Almudafar de son costé eut la faveur de quelques autres Princes Chrestiens, qui l'assistérent en cette guerre, & entrant sur les terres de Seville assiégea Cabra l'an mille soixante & seize. Sur cét avis, Aben Abed leva le siege de Iaen, & accourut au secours avec le Cid; de-sorte qu'Almudafar fut vaincu, & le Comte de Barcelone qui l'accompagnoit, tué. La mesme année le Roy Alfonse entrant dans le Royaume d'Arragon, ravagea tout jusqu'à Saragosse, dont le Roy fut assiéger la ville de Gormas, pour faire diversion. Mais le Cid de retour de la guerre de Grenade la fut secourir, & le contraignit de se reti-

*Sur la riviére de Pisuergue.*

*Il fut le Txiéme de ce nom.*

*Alimémon.*

*Le Roy de Seville.*

*1075.*

*Fils ou petit-fils de Bédéci.*

*Rodrigo Dias de Bivar.*

*D. Berenguel.*

rer au Royaume de Toléde avec perte, encore fit-il de grans degats dans ce païs, nonobstant la tréve de Dom Alfonse avec ce Prince. Aussi eut-il ordre de Dom Alfonse de rendre toutes les places, & le butin qu'il avoit pris, & pour ne l'avoir pas voulu faire, fut banni. Piqué de cette injure, il prit trois cens chevaux, & quatre mille hommes de pied, qui le suivirent volontairement, & alla prendre sur les Maures le chasteau de Castrejon, & fit tant de ravage dans le quartier de Guadalachara, qu'Ali-mémon fut contraint, pour avoir la paix, de payer la solde à ses troupes, moyennant-quoy il alla faire la guerre au Roy de Valence, qui estoit son ennemi. Le Cid en ce voyage prit le chasteau d'Alcoçer, & le fortifia pour soy avec la ville; Mais sur ces nouvelles, le Roy de Valence l'alla assiéger. Alors le Cid sortant de la place à heure-induë, donna telle épouvante aux assiégeans, qu'il en défit plus de trente mille; puis poursuivant la victoire, ravagea tout le païs. L'an mille soixante & dix-sept, Dom Rémond fit la guerre à son frére Dom Sanche, Roy de Navarre, & le tua, pensant par-là demeurer paisible possesseur du Royaume; mais le Roy Dom Alfonse le déposseda. La mesme année le Cid sortant d'Alcoçer avec vne armée qui grossissoit tous les jours au bruit de ses hauts-faits, alla ravager les environs de Saragosse, & contraignit le Roy Maure de luy donner appointement, & le prendre à son service. Aprés estre entré dans la place, le Roy vint à mourir, laissant deux fils, dont l'aisné Soliman, demeura à Saragosse; l'autre Aben Alhax, se retira à Denia en grande contestation avec son frére, pour la succession de la Couronne. Le Cid estoit porté pour l'aisné, & Dom Rémond, Comte de Barcelone, pour le cadet. Il en falut venir à vne bataille, où le Cid victorieux, prit le Comte Rémond prisonnier; puis passant à Monson, qui tenoit pour Aben Alhax, la remit entre les mains de Soliman. Ensuite il donna la liberté au Comte sans rançon, & retourna passer l'hyver à Saragosse. Le Comte s'estant rejoint avec Aben Alhax, perdit vne autre bataille contre le Cid, l'an mille soixante & dix-huit.

L'année d'aprés Ali-mémon, Roy de Toléde, mourut,

# SVCCESSEVRS, LIVRE II.

laiſſant pour ſucceſſeur ſon fils aiſné Hiſcen, qui ne régna qu'vn an. Yahaya ſon frére luy ſuccéda ; mais il fut ſi méchant & ſi débauché, que les peuples ſe revoltérent contre luy, particuliérement à Valence, dont le Gouverneur Abubéquer prit le parti du Roy de Badajox. Ceux de Toléde firent la meſme choſe, ce qui contraignit Yahaya d'avoir recours au Roy Alfonſe, qui luy donna des troupes conſidérables, ſous le commandement de Dom Alvare, lequel eſtant arrivé à Valence, fut receu des habitans ſans aucune difficulté. D'autre-coſté, le Roy Alfonſe indigné du mauvais traitement que ceux de Toléde faiſoient à leur Roy, qu'ils n'avoient pas voulu recevoir à ſa priére, entra dans le païs, & ayant pris la ville d'Hùete la fortifia, puis mit le ſiége devant Toléde. Mais voyant qu'il ne la pouvoit forcer, & que les habitans ne ſe vouloient pas rendre, il fit le dégaſt dans le païs, & ſe retira à Huete ; puis s'eſtant emparé de toutes les places qui ſont entre celle-cy & Siguença, alla paſſer l'hyver à Nachara. L'année d'aprés il retourna contre les Maures, & prit ſur eux Cuelliar & Arevala, & d'autres places de cette contrée ; puis paſſant à Avila, aſſiégea Eſcalon, & l'ayant priſe la ſaccagea, d'où arrivant à Toléde, il mit ſous contribution le païs, & aprés avoir forcé Madrid, retourna paſſer l'hyver en Caſtille. La meſme année le Roy de Seville fit la guerre à ceux de Toléde, par le commandement d'Alfonſe, dont il eſtoit vaſſal, & entrant par la Guadiane, prit ſur les Maures Calatrava, Vilchés, Conſuégra, & pluſieurs places des environs. L'année d'aprés, le Roy Alfonſe entra du coſté de Sepulveda, par les détroits de Somo-ſierra, & peupla Hita, que les Maures avoient abandonnée, puis prit pluſieurs autres places des environs, & enſuite Guadalachara & Alcala de Henarez, & ravageant tout le païs, retourna paſſer l'hyver dans la Caſtille. Pour ne point perdre de tems dés le commencement de l'année ſuivante, il retourna par Zébréros, & prit la ville de Maquéda, d'où paſſant à Toléde, il ruina tout le païs, puis retourna victorieux chez luy. L'année d'aprés il retourna aſſiéger Toléde avec de plus grandes forces, & pilla & ravagea les deux bords du Tage. D'autre-coſté, le Roy

*Vagnez Mignaya.*

*Aben Abed.*

1081.

*Mont-Some.*

1082.

de Seville prit Sorita, & retourna aussi victorieux chez soy. L'an mille quatre-vingts trois, Aben Falaque, vassal du Roy de Saragosse, & Gouverneur du chasteau de Buëda, envoya dire au Roy Alfonse, que s'il vouloit venir en personne, il luy remettroit sa place entre les mains ; mais son conseil s'y opposant, il se contenta d'y envoyer Dom Ramir, Infant de Navarre, & le Comte Dom Gonzalo Salvador, son beau-pere, avec plus de mille chevaux, qui ne furent pas plustost arrivez dans la place, qu'ils furent tous tuez, ou faits prisonniers. La mémoire de cette trahison se conservera toujours dans le chasteau d'Ogna, où la pluspart de ceux qui y moururent, furent enterrez. La mesme année le Roy Alfonse entra dans le Royaume de Toléde, brûlant & saccageant tout ; & aprés avoir ruiné plusieurs places, s'en retourna en Castille. L'an mille quatre-vingts cinq, il y retourna encore, & se campant sous les murs de Toléde, les habitans qui manquoient de vivres, se rendirent à de certaines conditions ; de-sorte que cette place retourna au pouvoir des Chrestiens le vingt-cinquiéme May, aprés avoir esté possédée par les Maures prés de trois cens soixante & douze ans. Le Roy Alfonse y establit sa Cour, & se fit appeller Empereur d'Espagne.

1085.

Vn Dimanche le jour S. Vrbain.

Cependant, Abu Téchifien faisoit vne cruëlle guerre aux Arabes d'Afrique, & aux autres Chefs, & les ayant défaits en plusieurs batailles, avec les armes victorieuses des Lumptunes, les chassa de toute la partie Occidentale de la Tingitane, où est maintenant le Royaume de Maroc. Sur ces entrefaites il mourut, laissant pour successeur son fils Iosef, qui fut fort vaillant.

1086.

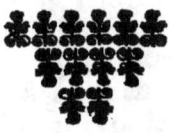

# SVCCESSEVRS, LIVRE II.

## CHAPITRE XXXI.

*De Iosef, fils de Téchifien, second Roy d'Afrique, de la race des Almoravides.*

APRE's la mort d'Abu Téchifien, les Africains de la tribu de Zinagie, saluèrent pour Roy son fils Iosef, qui remplit le monde du bruit de ses armes. Dés l'entrée de son régne méprisant la ville d'Agmet, qui estoit dans les montagnes, il bastit Maroc, ou selon quelques-vns l'acheva, aprés avoir esté commencée par son pere, & y establit le siége de son Empire. Quelques Espagnols modernes en attribuënt la fondation à Aben Taamon, qui se sauva dans la Mauritanie Tingitane du tems du Calife Aldulmalic. Mais l'opinion la plus commune, confirmée par les Auteurs du païs, & par de vieilles inscriptions, est qu'Abu Téchifien en fut le premier Fondateur ; & les Histoires Arabes & Africaines font assez de mention de son fils, & de son petit-fils, qui y ont régné aprés luy, & de ce que chacun d'eux y a fait. Celuy dont nous parlons desola & ruina entiérement la province Teméçen, l'an mille soixante & onze, le quatre cens soixante & douze de l'Egyre. Car comme il estoit déja fort puissant dans la Mauritanie Tingitane, & dans la Numidie, il y envoya dans le païs de Teméçen ses Ambassadeurs, avec quelques Morabites, pour faire quitter au peuple la secte de Quemin, qui s'en estoit emparé, comme nous avons dit. Mais le peuple se confiant en ses forces, & méprisant celles de Iosef, & les remonstrances de ses Morabites, s'assembla en la ville d'Anafe, qui estoit la capitale de la province, & sans autre consideration, massacra les Morabites & les Ambassadeurs; & pour toute réponse, résolut de faire vn corps de cinquante mille hommes, pour l'aller déposseder. Iosef indigné de cette insolence, ne leur donna pas le loisir de l'attaquer ; mais entrant à l'improviste dans le païs, aprés avoir passé la riviére d'Ommirabi, leur fit vne cruelle guerre, avant qu'ils pussent join-

*Vulgairement Aben Dramon.*

*Iean Leon, & autres.*

O o

dre leurs forces. Les Zénétes surpris & eſtonnez, n'oſérent luy donner bataille, & abandonnant le païs, ſe retirérent avec leur Prince du coſté de Fez, pour en tirer du ſecours. Ioſef victorieux, fit démolir toutes les places, & égorgea juſqu'aux enfans, pour venger l'injure faite à ſes Ambaſſadeurs, ſans que perſonne s'y oppoſaſt; parce-que ceux de Fez bien-loin de les ſecourir, leur donnérent la chaſſe, comme à leurs Sujets revoltez, & les rencontrant ſur la riviére de Burregreg, avec leur bagage & leur famille, tout haraſſez, & à demy-morts de faim, les taillérent en pieces, à la reſerve de ceux qui ſe noyérent, ou qui ſe précipitérent en bas des rochers. Voilà de quelle façon perit ce peuple ſuperbe & mal-conſeillé, au nombre d'vn million de perſonnes, de tout âge & de tout ſexe. Ioſef victorieux retourna à Maroc, laiſſant cette province pour retraite aux beſtes farouches; & quelque tems aprés alla faire la guerre à ceux de Fez, qui eſtoient gouvernez par deux Princes, leſquels il vainquit prés de la montagne d'Honegui, à neuf licuës de Méquinés, & ſe rendit maiſtre de tout le païs ſans aucune reſiſtance. De-là paſſant au Royaume de Treméçen, il chaſſa de Bugie les ſucceſſeurs d'Abul hagex, & leur pardonnant depuis, comme à des Africains de ſa tribu, il les remit dans leurs Eſtats, où ils ſe ſont toûjours maintenus depuis pendant le régne des Almoravides. Il fit la meſme choſe à ceux de Tunis, qu'il rendit auſſi ſes vaſſaux, & tributaires, puis retournant victorieux à Maroc, prit le titre d'Amir-el-Muminin, comme ſon pere. Sous ſon régne les Italiens prirent la ville de Méhédi en Afrique, qu'ils gardérent pluſieurs années, juſques à ce qu'elle fut repriſe par Abdulmumen, ſecond Roy des Almohades. Mais l'Hiſtorien de Fez ne dit pas que ceux qui la prirent fuſſent Chreſtiens, quoy-que ſelon mon jugement ce fuſſent des Chreſtiens de la Sicile.

Cependant, les Maures d'Eſpagne eſtonnez de la priſe de Toléde, & des progrés du Roy Alfonſe, dépeſchérent en Afrique vers Ioſef, & les autres Princes, pour repréſenter l'eſtat miſerable du païs, qui avoit tant couſté de ſang à leurs predeceſſeurs, & qu'ils ne pouvoient reſtablir d'eux-meſmes, à-cauſe de leur foibleſſe & de leur deſvnion. Ioſef

*En l'eſpace de huit mois.*

*Celuy qui avoit régné dans Carvan.*

*Commandant des Fidelles, d'où l'on a fait le mot de Miralmumin.*

*Le Chérif.*

*Eſpagne.*

touché de leurs plaintes, leur permit de lever des troupes dans ses Estats; de-sorte qu'il en sortit quarante mille hommes de guerre, sous le commandement d'Ali ben Ayx, qui s'étant joint au Roy de Badajox, & aux autres Rois confederez, entrérent ensemble dans la Castille. Le Roy Alfonse ayant assemblé ses troupes marcha contre eux, comme ils ravageoient le quartier d'Avila, & les défit en la Iournée de Sagalia, où il en tua grand nombre, & contraignit le reste de se retirer. La mesme année ceux de Valence se revoltérent contre leur Prince, & se donnérent au Roy de Tortose. Cependant, Dom Sanche Ramir, qui régnoit en Aragon, eut vn grand démeslé avec Abderrame, Roy de Guescar, & ayant ravagé son païs luy donna bataille, & le vainquit; mais le Maure ayant rassemblé ses troupes à l'aide du Cid, & de Dom Alfonse, donna vne seconde bataille, où il fut encore vaincu avec le Cid, & contraint de se faire son vassal. L'an mille quatre-vingts huit, Alfonse alla assiéger le chasteau de Rüeda, pour venger le meurtre de l'Infant; mais ne l'ayant pû prendre tout l'Esté, & voyant l'hyver approcher, & les Maures se préparer à le secourir, il leva le siége, aprés avoir receu l'hommage du Roy de Saragosse. La mesme année le Roy de Seville le vint trouver, pour traiter avec luy de l'accommodement du Roy de Badajox, qui se rendit son vassal. D'autre-costé, Yahaya chassé de Valence, assiégea Chative, qui s'estoit revoltée contre luy, & l'ayant prise défit ensuite le Roy de Tortose son frére, qui s'alloit jetter dans Valence, où il estoit appelé par ceux de la ville. L'année suivante, le Roy d'Arragon continüant la guerre contre Abderrame, Roy de Guescar, prit par composition la ville de Monçon, & le contraignit de se rendre son vassal. Cependant, les Maures d'Espagne, & leurs Princes s'entrefirent la guerre. Yahaya reprit Valence, & le Roy de Saragosse fit la guerre à celuy de Tortose, avec l'aide du Cid & de Dom Alfonse, tandis que le Roy d'Arragon & le Comte de Barcelone favorisoient son rival. Le Roy Dom Sanche Ramir, bastit le chasteau de Castellar sur la rive de l'Ebre, à cinq lieuës de Saragosse; & de-là prit les villes de Sainte Olailla, d'Almenar, de Navar, & de Lune,

1087.

Quelques-vns mettent cette bataille l'année précédente.
Yahaya.

prés de Tudéle.

prés de Motrille.
D. Ramir.

Aben Abed.

Aben el hax.

1089.
D. Sanche Ramir.

1090.

D. Raymond.

où il borna sa frontière, & fit de grans degasts sur les terres de Saragosse. D'autre-costé, le Roy de Badajox entra dans le Portugal, quoy-qu'il se fust fait vassal du Roy Alfonse, lequel assemblant son armée, prit par composition la ville de Lisbone; puis retourna en Castille, après s'estre rendu maistre de tout le païs par où il avoit passé. Mais le Roy de Seville fit leur accommodement, à la charge que le Roy de Badajox payeroit le tribut qu'il luy devoit. Le Roy de Seville donna aussi sa fille en mariage au Roy Alfonse, qui estoit veuf, avec plusieurs places en dot, qui estoient du Royaume de Toléde, dont il mit ce Prince en possession. Cette Dame fut baptizée avant les noces, & appellée Isabelle, ou selon quelques-vns Marie, & fut mere de Dom Sanche, que les Maures tuërent en vne bataille estant encore enfant. Ces places estoient peuplées de Maures, qui se firent vassaux du Roy & Mudechares; car c'est ainsi qu'on nomme les Maures qui sont sujets des Princes Chrestiens, sans quiter leur religion, & non pas ceux qui ont esté Iuifs, comme quelques-vns pensent. Tandis que ces choses se passoient en Castille, le Roy d'Arragon faisoit la guerre à Abderrame, & vint assiéger Guescar avec vn secours de François & de Gascons; mais il fut blessé d'vne fléche au dessous du bras, comme il alloit reconnoistre la muraille, & mourut le quatriéme de Iuin, laissant la Couronne à son fils Dom Pedre, qui continüa le siége tout le reste de l'année, & celle d'après, avec son frére Dom Alfonse. Abderrame implora le secours du nouveau Roy de Saragosse, qui y accourut avec le Comte Dom Garçia de Nachare, & autres Chrestiens. Mais le Roy Dom Pedre les alla rencontrer prés d'Alcoras, où il tua plus de trente mille Maures, & prit le Comte prisonnier. On dit que S. George fut apperçu dans l'armée des Aragonnois, combatant en leur faveur; de-sorte qu'ils l'ont pris depuis pour Patron. Aussi-tost la ville de Guescar se rendit à Dom Pedre, & le Roy Abderrame se retira avec tous les habitans, après deux ans de siége. L'année suivante le Roy de Saragosse alla assiéger Guescar, comme Dom Pedre s'estoit retiré, & avoit licencié ses troupes. Mais ce Prince accourut aussi-tost au secours, & entrant dans le camp à l'improviste, les défit, & délivra la ville de l'appréhension où elle estoit de rentrer sous le joug des Infidelles.

En mesme tems le Roy de Tortose assiégea Valence, dont le Roy envoya aussi-tost demander du secours au Roy Alfonse, qui ne le pouvant secourir assez promtement, parceque son armée estoit au service du Roy de Seville, son beaupere, contre le Roy de Grenade ; ce Prince eut recours au Roy Dom Pedre, & au Cid, qui s'estoit emparé de plusieurs places sur les Maures. Mais comme ils se preparoient pour l'aller secourir, il s'accommoda avec le Roy de Tortose ; de-sorte qu'en arrivant ils trouvérent le siége levé, & furent quelques jours à se reposer aux environs. Tandis qu'ils estoient là, le Roy de Valence traita avec le Cid, pour en estre secouru contre les Maures. Mais les Chrestiens estoient à peine retirez, que le Roy de Tortose, aidé du Comte de Barcelone, prit le chasteau de Monviédro, & retourna assiéger Valence, dont il fut contraint de lever le siége sur la venuë du Cid. Celuy-cy prit plusieurs places de ce Prince, tant qu'ils en vinrent à vne bataille, où le Comte de Barcelone, qui accouroit au secours du Roy de Tortose, fut vaincu, & plusieurs des siens tuez, ou faits prisonniers. Cette défaite fit mourir de regret le Roy de Tortose, & ses Sujets aprés sa mort, obtinrent la protection du Cid, en luy payant le mesme tribut qu'ils faisoient au Comte de Barcelone. La guerre estoit fort allumée alors entre le Roy de Seville & celuy de Grenade, où l'armée d'Alfonse marchoit victorieuse sous le commandement de Dom Alvare, qui contraignit ce Prince d'envoyer en Afrique demander du secours. Cependant, Dom Alfonse alla assiéger en personne la ville d'Vbéda, & ne l'ayant pû prendre, retourna passer l'hyver en Castille.

Tandis que ces choses se passoient, l'Afrique n'estoit pas moins travaillée de guerres que l'Espagne, par l'ambition de Iosef, qui s'estant rendu maistre de Fez, & ayant rendu tributaires les Rois de Treméçen & de Tunis, faisoit vne guerre continuëlle aux Arabes, retirez dans les montagnes & dans les deserts de Numidie & de Libye. Ils faisoient de-

*Yahaya.*

*D. Raymond.*

*Denia, &c.*

*Aben al haz.*

là des courses dans son païs, & incommodoient fort les naturels Africains; outre qu'il y avoit des lieux forts, & des villes imprenables dans ces montagnes, dont les Seigneurs ne vouloient pas reconnoistre sa puissance. Mais aprés avoir achevé de bastir la ville de Maroc, & de les reduire de gré, ou de force, il resolut de passer en Espagne, à la sollicitation du Roy de Grenade, qui fit si-bien avec les autres Rois Maures du païs, qu'ils resolurent de le reconnoistre tous pour Souverain, sur l'esperance de se restablir par son entremise. Iosef donc ayant accepté leurs offres, passa le détroit de Gibraltar, & ayant joint ses forces avec les leurs, assiégea la ville de Toléde. Sur ces nouvelles, le Roy Alfonse assemblant toute sa Noblesse, à la reserve du Cid, qui faisoit la guerre au Roy de Saragosse, pour l'empescher de se joindre aux autres Rois Maures, partit pour aller faire lever le siége. Mais Iosef ne l'osa attendre, & se retira à Grenade avant qu'il fust arrivé, & de-là à Almerie, sans avoir rien fait de mémorable.

 Le Roy de Saragosse voyant la foiblesse de son parti, dépescha vers Alfonse pour luy faire hommage; mais il ne le voulut pas recevoir, & manda au Cid de continuër la guerre. Aprés la retraite d'Alfonse, Iosef alla attaquer la ville de Murcie, qui appartenoit à vn Roy Maure, vassal de celuy de Castille, & l'ayant prise par composition, envoya son fils avec les plus lestes de l'armée investir Dom Alfonse dans Consuégra, avec tant de diligence, qu'il se trouva assiégé avant que d'avoir appris sa venuë. Mais sur cette nouvelle Dom Alvare y accourut avec ce qu'il pût assembler de gens, & fit lever le siége. Cependant, Iosef aprés la retraite des Chrestiens, voyant que les Maures se repentoient de l'avoir appelé, se rendit maistre des Royaumes de Murcie, de Grenade, de Cordouë, de Iaen, & d'vne partie de celuy de Valence, & retourna avec son fils en Afrique, aprés avoir laissé son neveu Mahamet pour gouverner en son absence, avec vne partie de l'armée. L'année d'aprés le Roy Dom Alfonse, suivi du Roy Maure de Seville & du Cid, avec plusieurs autres Seigneurs Chrestiens, entra par le Pas de Muradal, & ravagea les contrées d'Vbéda, de Baéça, & de

# SVCCESSEVRS, LIVRE II.

baen, & toute la plaine de Grenade, d'où voulant passer à Cordouë, les habitans le priérent de leur donner pour Prince le Roy de Seville, qui l'avoit déja esté; de-sorte qu'il le mit en possession de Cordouë, & des autres places de la province, & se retira victorieux à Toléde.

En mesme tems vne armée navale de Genois, composée de quarante voiles, vint attaquer la ville de Tortose par mer, tandis que le Roy d'Arragon, & le Comte de Barcelone l'assiégeoit par terre ; mais ils s'en retournérent tous sans rien faire. D'autre-costé, le Roy de Saragosse appréhendant les armes du Cid, se fit vassal de Dom Alfonse, & le Seigneur de Requena, à son exemple, avec tous les autres Maures de la contrée.

Iosef ne fut pas plustost de retour en Afrique, qu'il publia la Gazie, qui est vne espece de Croisade parmi les Maures, & ayant rassemblé grand nombre de troupes, s'embarqua à Ceute, & vint prendre terre à Malaga. De-là il passa à la ville de Grenade, puis dans l'Andalousie, où se joignant à Mahamet, ils furent ensemble assiéger Toléde, mettant tout à feu & à sang. Sur cette nouvelle, Dom Alfonse, qui estoit alors à Nachara, accourut en diligence pour faire lever le siége ; mais Iosef sans l'oser encore attendre, alla prendre Consuégra, qu'il fortifia, & de-là se retirant à Cordouë, envoya Mahamet avec vne partie de l'armée assiéger Valence, qu'il prit, & fit mourir le Roy. Cependant, Alfonse voyant que l'ennemi s'estoit retiré de Toléde, alla ravager tout le quartier d'Vbéda, de Baéça & de Iaen, pour attirer Iosef au combat ; mais il se retira en Barbarie, après avoir mis en quartier-d'hyver toutes ses troupes sur la frontiére ; & Dom Alfonse assiégea Consuégra, & ne l'ayant pû prendre, se retira à Toléde. En mesme tems Almocabil, Roy de Saragosse, par le commandement de Dom Alfonse, chassa de son païs le Cid, qui alla à Iuballa, & s'estant rendu maistre de cette contrée, prit Cogoglia ; puis accompagné de beaucoup de gens, qui se rangérent à son parti, fut secourir Iosef, fils d'Yahaya Roy de Valence, contre les Almoravides, qui avoient tué le pere de ce Prince, & pris sa ville. Il fit tant de beaux faits-d'armes en cette guerre, qu'il les chas-

*Yahaya, fils d'Ali-mémou.*

ſa de Valence, & ayant fait contribuer cette place, afin d'eſtre protegée, il y laiſſa Ioſef pour Roy, & retourna à Iuballa. Mais ſi-toſt qu'il ſe fut retiré, ceux de Valence ſe voyant libres, chaſſérent Ioſef, & ſaluërent pour Roy Abdulcaçem. Le Cid ayant appris leur revolte y retourna auſſitoſt, & la tint neuf mois aſſiégée, au bout deſquels les Maures ayant abandonné la place, la veille de la Saint Iean il y entra avec ſes troupes, & envoya des préſens au Roy Alfonſe, afin qu'il permiſt à ſes Sujets d'y aller demeurer ; ce qu'il luy accorda. L'année d'aprés vne puiſſante armée d'Almoravides paſſa d'Afrique en Eſpagne, & fut aſſiéger Valence, avec les autres Chefs du païs. L'attaque fut ſi rude, que le Cid fut contraint d'implorer le ſecours du Roy d'Aragon D. Pedre, qui y eſtant accouru, le Cid fit vne ſi furieuſe ſortie ſur le camp des Maures, qu'il les mit en fuite ; ce qu'on attribuë à miracle, parce-qu'ils eſtoient cent contre vn. La meſme année, le Roy Alfonſe, & celuy de Seville, ſon beau-pere, entrérent dans l'Eſtrémadure, où ils prirent beaucoup de païs au Roy de Badajox, qu'Alfonſe donna tout au Roy Maure. L'année ſuivante, pour empeſcher le ſecours d'Afrique, il fit tréve avec Ioſef, à la charge de luy donner les villes de Gibraltar & d'Algézire, avec celle de Tarife. Mais ſi-toſt qu'il en fut le maiſtre, il rompit la tréve, & paſſant en Eſpagne avec de grandes forces, attaqua le Royaume de Seville. Le Roy marcha auſſi-toſt contre luy, avec celuy de Badajox, & quelques troupes de Dom Alfonſe, & luy donnant bataille prés de Cherez de la frontiére, où Aben Abed fut tué, & ſes enfans avec le Roy de Badajox pris priſonniers. Ioſef victorieux prit les villes de Cherez, d'Ecicha, de Seville, & de Cordouë, avec les dépendances, & demeura maiſtre de l'Andalouſie & du Royaume de Grenade, juſqu'à Murcie ; aprés-quoy il répandit ſes troupes ſur la frontiére, & ſes Gouverneurs dans les forter eſſes, & retourna paſſer l'hyver en Barbarie. Cependant, ſur la nouvelle de ſa venuë, le Roy Alfonſe aſſembla ſes troupes pour aller ſecourir ſon beau-pere ; mais ayant appris ſa mort, & le retour de Ioſef en Afrique, il entra dans le païs ennemi, & prit Médina-Céli, pour ſervir de rempart de ce coſté-là ;

# SVCCESSEVRS, LIVRE II.

là; puis ayant fait le degaſt par tous ces quartiers, retourna paſſer l'hyver à Toléde. Le Cid eſtant mort alors, les Almoravides entrérent dans le Royaume de Valence, & ſe rendirent maiſtres de toutes les places, horſmis de la capitale, qu'Alfonſe ne pouvant ſecourir, Chiméne veſve du Cid, l'abandonna quaſi vuide d'habitans, & ſe retira avec ſes enfans en Caſtille; mais le Roy de Saragoſſe s'en empara, & la repeupla de Maures. L'an mille cent quatre, le Roy Alfonſe d'vn coſté, & Dom Pedre d'Aragon de l'autre, ravagérent le païs de ce Prince, & Alfonſe ayant pris Luſſon & Siguença, retourna victorieux en Caſtille. La meſme année Dom Pedre d'Aragon mourut, laiſſant pour ſucceſſeur ſon frére Alfonſe; de-ſorte qu'il y avoit deux Rois Chreſtiens de ce nom en Eſpagne; mais pour les diſtinguer on appelloit celuy de Caſtille Empereur, & il fit la guerre trois ans durant à Saragoſſe, tant qu'il l'aſſiégea la derniére, aprés avoir pris Tudéle, Tarracone, Alcala & Ayud, avec tous les lieux d'alentour. La meſme année, Ioſef paſſa en Eſpagne, & comme le Roy de Caſtille ſavoit qu'il devoit paſſer le détroit de Muradal pour venir à Toléde, il envoya Dom Henry, ſon gendre, Duc de Portugal, pour s'oppoſer à ſon paſſage, avec vne partie de l'armée; mais il fut vaincu dans la plaine de Calatrava, laiſſant par cette victoire Ioſef maiſtre de tout le païs juſqu'à Cuença, dont il força le chaſteau, puis alla aſſiéger Toléde. Sur ces nouvelles, Alfonſe leva le ſiége de Saragoſſe, & venant pour la ſecourir, pourſuivit Ioſef, qui avoit quité Toléde, & tiroit vers l'Eſtrémadure. Les deux armées s'eſtant rencontrées entre Coria & Badajox, les Chreſtiens furent défaits; mais non pas entiérement, quoy-qu'Alfonſe fuſt bleſſé, & ſon camp pris. Alfonſe s'eſtant retiré à Coria pour ſe faire penſer, Ioſef alla aſſiéger Badajox, qu'il batit ſi rudement, qu'il fut contraint de ſe rendre; de-ſorte qu'il ſe rendit maiſtre de tout cét Eſtat. Enſuite Alfonſe eſtant retourné à Toléde, Ioſef aſſiégea Coria, qui ſe rendit à compoſition, prit enſuite Liſbonne de meſme, & comme l'hyver approchoit, retourna à Cordouë, & de-là en Barbarie. Alors Alfonſe raſſemblant ſes troupes, & celles des autres Princes Chre-

*Almoçabil.*

1107.

Il y a frére au texte; mais c'eſt vne correction.

stiens, alla à Confuégra, où Abdala commandoit, qui ne l'oſant attendre ſe retira à Cordouë, où le Roy Dom Alfonſe le ſuivit, & aſſiégea la ville. Abdala luy ayant donné bataille, fut vaincu & pris avec d'autres Chefs, qu'Alfonſe fit tous pendre; puis entrant dans la ville, qui s'eſtoit renduë à compoſition, fit preſter le ſerment de fidélité aux habitans. L'an mille cent huit Ioſef rentra en Eſpagne, & ayant repris Cordouë, s'en retourna en Afrique; mais ſi-toſt qu'il fut parti, Alfonſe entra dans l'Andalouſie avec vne puiſſante armée, & obligea les villes de Cordouë & de Seville à recevoir pour Rois deux enfans d'Aben Abed, & celles de Grenade & de Iaen, à le reconnoiſtre pour Souverain. En meſme tems le Roy de Seville, beau-frére d'Alfonſe, alla inveſtir les villes d'Algéſire & de Gibraltar, qui eſtoient à Ioſef, & les prit. D'autre coſté, Alfonſe ayant dreſſé vne armée navale fit voile en Barbarie, & rencontrant en pleine mer l'armée de Ioſef, en coula à fond dix galéres. Lors qu'il fut arrivé ſur la coſte, Ioſef luy envoya demander tréve; mais il fit réponſe qu'il vouloit donc qu'il luy payaſt tribut; ce qui le mit en telle colére, qu'il luy envoya vn cartel de défi, & jura de deſtruire toute la Chreſtienté. Alfonſe eſtant de retour en Eſpagne, ſans avoir rien fait de mémorable, Ioſef aſſembla vne armée, & y entra l'an mille cent neuf. Sur ces nouvelles, Alfonſe aſſembla à Calatrava tous les Chefs Maures de ſon parti, & ayant donné ordre à tout ce qui eſtoit neceſſaire, alla paſſer l'hyver à Toléde. Cependant, Ioſef prit terre à Malaga, & alla aſſiéger Cordouë, où il fit ſi-bien par de ſecrétes pratiques avec les Maures, qui tenoient les places d'Andalouſie, qu'avant qu'Alfonſe euſt aſſemblé ſon armée, il eut gagné Calatrava, & l'alla aſſiéger dans Toléde. Alors les Princes Chreſtiens s'aſſemblérent ſous le commandement de Dom Sanche, ſon fils vnique, pour l'aller ſecourir, & Ioſef l'ayant appris commença à ſe retirer; mais ils le pourſuivirent de ſi prés, qu'ils le contraignirent de donner bataille, où ils furent vaincus; le Prince Dom Sanche fut tué, & avec luy le Comte Dom Garçia de Grignon, ſon Gouverneur, & ſix autres Comtes, ſans parler de pluſieurs autres perſonnes

# SVCCESSEVRS, LIVRE II.

considérables. Cette bataille s'appela la bataille des sept Comtes; & Taric, Historien Arabe tres-fameux, dit, qu'elle se donna en la montagne de Zalage, & qu'il y mourut trente-cinq mille Chrestiens; ce qui causa vne si grande fascherie à Dom Alfonse, qu'il mourut de regret avant la fin de l'année *. Aprés sa mort la Couronne échût à Dom Alfonse, Roy d'Aragon, qui avoit épousé sa fille. Les Historiens Arabes, qui traitent de ces choses, appellent les Chrestiens Alfonsiens, en mémoire de ces braves Princes. Aprés que Dogna Vrraca eut succédé au Royaume, par la mort de son pere, soit qu'Alfonse l'eust épousée auparavant, ou qu'il l'épousast depuis, il y eut de grans troubles dans l'Estat. Cependant, Iosef mourut de maladie à Maroc, où il estoit retourné depuis la bataille, & son fils Ali luy succéda.

*dez, le Comte Martin, le Comte Gomez, le Comte D. Sanche, petit-fils du Cid, &c.*

*\* 11. mois, le dernier Iuin.*

*1110.*

Pour retourner en Asie, nous avons dit comme le Sultan Axane, par la paix qu'il avoit faite avec Cutlume, luy avoit laissé la Cappadoce, & les autres provinces qui tirent vers Constantinople, avec le titre de Sultan, & qu'il s'estoit reservé pour luy le Royaume de Perse & de Babylone, avec le titre de Souverain. Qu'il avoit mis Ducat dans Damas, pour faire la guerre au Calife d'Egypte, qu'il tenoit pour schismatique, & donné à Sanguin la ville d'Alep, à Soliman celle de Nicée, & à Achian celle d'Antioche, tous ses neveux. Le Sultan de la Cappadoce eut plusieurs guerres contre les Chrestiens. Le Gouverneur d'Alep s'empara du Royaume de Damas, & laissa son fils Norandin pour successeur, qui eut plusieurs differens depuis contre les Rois de Ierusalem. La sainte Cité estoit possédée alors par les Turcs; & comme les Chrestiens qui y demeuroient, & dans les autres lieux de la domination du Turc, estoient plus maltraitez d'eux que des Arabes, vn Hermite François qui y avoit esté, s'en plaignit au Pape Vrbain second, qui convoqua pour ce sujet vn Concile à Clermont en Auvergne, & animant les Chrestiens à vne si sainte entreprise, publia la Croisade contre le Royaume de Syrie. Les Chrestiens commencérent donc à marcher de divers endroits vers l'Asie, sous Godefroy de Bullion, Eustache & Baudouïn, ses

*Conqueste de la Terre-Sainte.*

*Ils l'ont tenuë 87. ans.*

*1096. ou 1090. selon quelques-vns.*

frères, Rémond & Robert, Comtes de Flandres, Hugues, surnommé le Grand, frére de Philippe Roy de France; Estienne de Valois, Comte de Chartres; Gautier de Saint Severin; l'Evesque de Pau; & Pierre l'Hermite, auteur de cette entreprise. On tient qu'ils estoient bien cinq cens mille hommes, qui estant entrez sur les terres des Infidelles, eurent plusieurs batailles contre les Turcs de l'Asie, & contre les Arabes d'Egypte. Vne partie alla à Nicée, ville de Bithynie; vne autre à Antioche, sur la riviére d'Oronte, où Saint Pierre establit son Siége avant que de venir à Rome, & Saint Luc écriv't son Evangile. Elle estoit à quatre lieuës de la mer, & sous la domination des Turcs depuis quatorze ans. Vne troisiéme partie alla en Iérusalem, où ils establirent vn Royaume Chrestien avec grande effusion de sang; le reste tira vers d'autres lieux. Alexis estoit alors Empereur de Constantinople, & avoit fait tréve avec Belchiorac, qui avoit succédé au Royaume de Perse par la mort d'Axane, & avec Soliman, qui possédoit la Cappadoce, & les provinces de sa dépendance, & estoit Sultan du Couchant, comme l'autre de l'Orient. Si-tost que l'armée Chrestienne fut descenduë en Asie, les Turcs défirent le Comte Raymond, qui estoit entré inconsidérément dans la campagne de Nicée, & le contraignirent de se sauver en vn lieu desert, où enfermé de tous costez, il fut obligé de se rendre, avec ce qui luy restoit de troupes, qui estoit en petit nombre. Le reste perit en divers combats, & en partie mourut de faim, ou fut pris & égorgé, sans aucune rémission. Vne partie de l'armée alla premiérement à Nicomédie, d'où elle passa à Nicée; & comme elle la batoit, Soliman les vint attaquer brusquement par le quartier de l'Evesque du Puy; mais cela ne servit de rien, parce-que les François luy resistérent vaillamment, & le firent retirer; si-bien que la ville ne pouvant estre secouruë, fut prise. Aprés on combatit avec avantage à quatre journées de-là, contre Soliman, qui avoit attiré à son secours toutes les forces d'Orient, & l'on prit Iconie, prés du mont Taurus, qui estoit la capitale, & ensuite celle des Princes de Phrygie & d'Heraclée. De-là l'armée s'estant séparée en trois, Baudouin entra

*on du Puy.*

*Iadis Réblata.*

*ou Tanisman.*

*Esorgues.*

*Ville de Bithynie.*
*Autrement Tanisman.*

*Aujourd'huy Cogni.*
*Aujourd'huy Curamanie.*

## SVCCESSEVRS, LIVRE II.

dans la Cilicie, & prit Tarfe, Edeffe & Manufe. Vne autre partie de l'armée mit Palmyre l'Arménien en poffeffion de l'Arménie. Enfuite ils prirent la Cappadoce, Céfarée, Sororgie & Sura, dans le deftroit du mont Taurus. A peine avoient-ils paffé cette montagne, que les Turcs fe prefentérent de l'autre cofté dans la plaine, & furent défaits. Aprés-quoy l'on marcha droit à Antioche, qui fe rendit par compofition; mais ce ne fut qu'aprés la défaite des Turcs, qui fe prefentérent pour la fecourir, & qui y perdirent quarante mille hommes, & quinze mille chameaux. D'autrecofté, les Venitiens avec vne flote de deux cens voiles, prirent Smyrne, fur les coftes d'Ionie ; & les Latins, aprés la prife d'Antioche, prirent Rugie & Albaie, où ils pafférent l'hyver. Dés le commencement du printems, ils fe mirent en campagne, & attaquérent Tortofe, & enfuite Tripoli de Syrie, dont l'vne fe défendit vaillamment, & l'autre fe fit tributaire. Aprés, paffant les riviéres de Zébule, de Zabare & de Bray, ils arrivérent à Bérit par des lieux afpres & dangereux, & à Saget de Bérit, d'où ils vinrent en dix jours à Céfarée ; & de-là à Rama, & en Ierufalem, qu'ils affiégérent & prirent d'affaut, aprés vne grande refiftance, Godefroy de Bullion eftant monté le premier à la brefche, & couronné Roy de Ierufalem. Cette prife donna tant d'épouvante aux Infidelles, que les Turcs & les Egyptiens fe liguérent enfemble pour la reprendre ; mais Godefroy les défit prés d'Afcalon, & leur tua plus de cinquante mille hommes. Cependant, l'armée navale des Venitiens couroit les coftes de Lycie & de Pamphilie, de Cilicie & de Syrie, & ayant débarqué à Ioppe ou Iafa, que les Chreftiens avoient prife pour la commodité du fecours & des vivres, prit Afcalon, Porphiria & Tibériade, toutes villes maritimes. Sur ces entrefaites mourut Godefroy, ce qui caufa la retraite de plufieurs Princes Chreftiens, mécontens de l'élection de fon frére Baudoüin, qui prit enfuite Ptolémaide, avec l'aide des Venitiens, des Genois, & de Boémond, lequel fe faifoit appeller Roy d'Antioche. Il prit auffi Sidon & Bérit, dans la Phénicie; aprés-quoy Boémond eftant mort, fon frére Tancréde luy fuccéda : Et les Turcs, joints au Calife

*Edeffe, ou Rages.*

*Ville de Phénicie, fur l'Oronte.*

*Il y mourut quatre mille Chreftiens.*

*Ville maritime.*

1100. ou 1099. *vn manufcrit Efpagnol la met, l'an 1092.*
*Les Arabes d'Egypte.*

1101.

Pp iij

d'Egypte, marchérent contre Iérusalem. Mais Baudouïn aidé de Tancréde, leur donna bataille, où il fut vaincu avec grande perte, & les Turcs s'emparérent du mont Sinaï. Peu de tems aprés estant mort, on élût pour Roy en sa place vn autre Baudouin, qui redoutant la puissance des Infidelles, implora le secours des Princes Chrestiens. Il fut mal assisté de l'Empereur de Constantinople ; mais Guillaume, Duc d'Aquitaine ; Hugues, frére du Roy Philippe ; Estienne, Comte de Chartres ; & vn autre Estienne, Comte de Bourgongne & de Thoulouse, y accoururent à grand' peine, & trouvérent à leur arrivée qu'on s'estoit batu contre les Turcs, & que Baudouin avoit esté vaincu, & fait prisonnier, puis racheté pour de l'argent. Cependant, les Venitiens s'estant batus sur mer contre le Calife d'Egypte, luy prirent sept cens vaisseaux au port de Iafa, & ensuite assiégérent Tyr. On dit qu'en ce siége les soldats prirent vn pigeon qui voloit sur leur teste avec vn billet attaché à son cou, & que c'estoit vne lettre du Roy de Damas, qui promettoit secours à ceux de Tyr, & les encourageoit à tenir ferme. Mais on en mit vne autre en sa place, qui disoit tout le contraire, ce qui fut cause de faire rendre la place. Sur ces entrefaites Boémond, Roy de la Pouïlle, partit d'Italie, & s'embarqua avec son armée, & estant arrivé à Constantinople, l'Empereur le fit jurer qu'il ne porteroit point les armes contre luy. Mais ayant ensuite faussé sa foy, & craignant qu'on ne le fist arrester, il se fit enlever dans vne caisse de bois en forme de biére, comme s'il eust esté mort, & se sauva ainsi en son païs. Depuis estant revenu avec vne armée, il assiégea la ville de Durazzo ; & ne la pouvant prendre, fit paix avec luy. Sur la fin de l'Empire d'Alexis, les Turcs victorieux de Baudouïn, assemblérent vne puissante armée pour entrer dans les provinces de l'Empire, & l'Empereur envoya contre eux Eustache Canize, qui fut défait, & pris ; ce qui obligea ce Prince à y aller luy-mesme, mais les ennemis se retirérent. Quelque tems aprés il sortit avec son armée, pour leur donner la chasse, & s'estant saisi de Philomelie, qu'ils avoient abandonnée sur la nouvelle de sa venuë, prit plusieurs autres places, & retourna à Con-

*ou de Guyenne.*

*On dit qu'ils le firent tomber par leurs cris.*

stantinople, où le Sultan du Couchant le vint voir, & fit tréve avec luy.

*Celuy de Cappadoce ou d'Iconie.*

Il y avoit alors parmi les Turcs & les Arabes vne certaine race, nation, ou secte d'Assassins: car c'est ainsi qu'on les nommoit, qui faisoient de grans meurtres & de grans pillages. Leur fondateur estoit vn Arabe d'entre les Sarasins, surnommé Algaydin, ou Reformateur de la Loy, qui demeuroit à l'extremité de la Perse vers les Indes, au bas du mont Caucase; & Arrian fait mention de certains peuples de ce nom dans l'Histoire d'Alexandre, & les loge entre le fleuve Indus & le Cophe. On tient que c'est en ce païs que furent transportées les dix tribus d'Israël, & que cét Algaydin, pour faire croire aux peuples de ces contrées qu'il les pouvoit rendre participans de la beatitude Eternelle, fit bastir vn Palais magnifique dans vn valon delicieux, fortifié par l'art & par la nature, où se rencontroient en abondance tous les plaisirs des sens. Il enlevoit là ceux qu'il destinoit à quelque grande entreprise, qui estoient tous les mieux faits de la jeunesse, & aprés les avoir entretenus quelque tems dans les delices, comme ils estoient assoupis par vn certain breuvage qu'il leur donnoit, & dont il s'estoit servi pour les transporter, il les faisoit reporter dehors, & leur faisoit accroire qu'ils avoient esté tout ce tems-là au Paradis de Mahomet, où ils retourneroient aprés leur mort en faisant sa volonté. Cela leur faisoit mépriser tous les perils de la vie, & aller assassiner sans crainte ceux qu'il leur commandoit. Cette secte devint si puissante, qu'elle estoit répanduë par toute la Syrie au nombre de soixante mille hommes, comme si c'eust esté vn ordre de Chevalerie, dont le Grand-Maistre s'appelloit Sexmoncios, & demeuroit en Damas en vn riche Cloistre; mais il y en avoit encore plusieurs autres en divers endroits, & leur Paradis ou lieu de delices, s'appelloit Tigad. Ces monstres affligérent cruellement les Chrestiens dans toute l'Asie par leurs vols & leurs trahisons, car toute leur industrie se tournoit contre les Chrestiens; mais ils furent détruits par les Tartares, & les lieux où ils se retiroient démolis, aussi-bien que la forteresse où estoit le sejour de leurs delices. Voilà l'histoire de ceux

*Histoire des Assassins.*

*Assasseniens prés de l'Ariane, aujourd'huy Mulehet.*

*J'ay traité en vn mot ce que l'Auteur dit fabuleusement en plus de paroles.*

qu'on a nommez par erreur Arsacides, & que les Arabes appellent Gazis, dont il ne reste plus aucun vestige. Retournons maintenant à nostre Histoire.

ou Esseniens.

## CHAPITRE XXXII.

*D'Ali, fils de Josef, troisiéme Roy de Maroc, de la lignée des Almoravides; & de ce qui arriva sous son régne.*

1110.

ALI, fils de Iosef, à son avenement à la Couronne, fit bastir la principale Mosquée de Maroc, & plusieurs autres beaux édifices, & cependant le Roy Alfonse d'Aragon assiégea Valence, qui se rendit, & remporta plusieurs victoires sur les Maures d'Espagne. Car après avoir pris plusieurs places, il défit le Roy de Saragosse, & obligea tous les Maures de ces quartiers de le reconnoistre pour Souverain. Mais la division se mit incontinent aprés entre les Princes Chrestiens, d'où les Maures prirent occasion d'implorer le secours d'Ali, qui y vint luy-mesme en personne avec vne puissante armée. Il entra au Royaume de Toléde accompagné des Maures d'Espagne, assiégea Monçante, & prit Orécha d'assaut; mais Alfonse estant accouru au secours de Monçante, il se retira à Cordoüe, & de-là en Barbarie, sans avoir rien fait de mémorable. L'année d'après il repassa en Espagne, & trouvant la guerre allumée encore plus fort entre les Princes Chrestiens, il assiégea la ville de Toléde, attaqua les fauxbourgs, & détruisit tout le païs d'alentour, d'où il emmena plusieurs captifs.

Taraçone, Calatayud, & Tudéle.

1113.

1114.

Pecinas, Cavagnas, Margan, lieux de la Sagra.

Sur ces entrefaites, ceux de Pise & de Genes, qui estoient puissans sur mer, joints aux Catelans, prirent les Isles de Majorque & de Minorque; & ayant tué le Roy de la premiére, emmenérent sa femme & son fils, qui se fit Chrestien, & fut depuis Chanoine de Pise, & restabli ensuite dans le Royaume de son pere. Tandis que le Comte de Barcelone estoit occupé en cette guerre, ses Sujets Maures se revoltérent, & se joignirent à Ali; dequoy ayant eu avis,

il

# SVCCESSEVRS, LIVRE II.

il retourna à Barcelone, & ayant assemblé des troupes, leur donna bataille, sans qu'on pûst juger qui avoit remporté la victoire. Cependant, Ali tenoit Tolède assiégée, & après plusieurs assauts, voyant qu'il n'en pouvoit venir à-bout, le va le siége, & retourna passer l'hyver à Cordouë. Comme il se preparoit à y retourner au printems, Alfonse obtint du Pape vne croisade, & entrant avec vne puissante armée dans le païs des Maures, prit la ville de Moriella d'assaut; après quoy Ali vint au devant de luy avec toutes les forces d'Andalousie, & luy donnant bataille, fut vaincu & tué, avec plus de trente mille Maures; ceux qui se sauvérent retournérent en Barbarie, où ils saluërent pour Roy son fils Brahem, qui fut le penultiéme Roy des Almoravides.

*Pascal II.*
*1115.*

*La 6. année de son régne.*

Cependant, régnoit dans Constantinople Iean, fils d'Alexis, qui remporta quelques victoires sur les Turcs de la Perse, & prit & fortifia la ville de Laodicée en Phrygie. De-là passant à Sozopoli, qui estoit forte & bien gardée, il envoya escarmoucher contre la garnison, & l'ayant attirée dans vne embuscade, en fit vn grand carnage, & prit ensuite la ville; aprés-quoy le chasteau, qu'on appelloit le Faiste de l'Eprévier, se rendit avec plusieurs autres places voisines. Ensuite il entra en Bithynie & en Paphlagonie, & prit d'emblée la ville de Castamone, où commandoit vn Chérif Persan, qui estoit allé demander secours au Soudan de Cappadoce, lequel la reprit lors que l'Empereur se fut retiré à Constantinople. Mais il y retourna dés le printems de l'année suivante, & ayant appris que le Chérif estoit mort, & que celuy qui régnoit en sa place estoit ennemi de Masute, qui commandoit dans Iconie, il s'accorda avec celuy-cy, & joignit ses forces pour luy faire la guerre. Mais le Soudan de Cappadoce se sentant trop foible, fit paix avec Masute, à condition qu'il se separeroit de l'Empereur, ce qu'il fit. Aprés qu'il eut retiré ses gens, l'Empereur avec ses seules forces marcha contre le Soudan, & prit la ville de Castamone, d'où passant à Zangre, l'vne des plus belles villes de Pont, il gagna d'abord les fauxbourgs, & l'ayant prise par composition, aprés plusieurs assauts, y laissa deux mille soldats en garnison, & s'en retourna à Constantinople. Mais

*Asie.*

*Ville de Pamphilie.*

*Mahamet, successeur de Soliman, ou Tanismam.*

Q q

elle ne fut pas long-tems à luy, car les Turcs aprés son départ y revinrent mettre le siége, & la prirent par famine tandis qu'il estoit occupé ailleurs. L'Empereur passa ensuite en Cilicie, & prit sur les ennemis Adana, Tarse, Anabarse, & le fort chasteau de Baca ; puis se joignant avec les gens de Raymond, qui estoit à Antioche, prit la route de la Syrophénicie, que tenoient les Sarasins ; & estant arrivé à l'Euphrate, attaqua la ville de Pise, qui se défendit fort bien. Mais il la serra de si prés, qu'il la contraignit de se rendre à composition, à la charge que les habitans pourroient aller demeurer où il leur plairoit. De-là passant l'Euphrate, il ruina les places qui estoient de l'autre costé du fleuve, & fit de grans degasts par-tout ; puis laissant Pise au Comte d'Edesse, passa par Benpezo, pour aller attaquer Alep. Mais avant qu'il y arrivast les ennemis luy donnérent bataille, où ils furent vaincus, & rechassez dans la ville. Aussi-tost l'Empereur y vint mettre le siége ; mais comme la place estoit bonne, & qu'il ne faloit pas penser la prendre par force ; parce qu'il y avoit dedans quantité de troupes, outre qu'il manquoit d'eau, de bois & de vivres, il leva le siége, & passant à Ferep, qu'il prit d'emblée, il la donna à Raymond. De-là il vint à Cafarde, place forte, & des principales de la province, & l'ayant prise, alla jusqu'à Istrie, proche de Zézéri, qui estoit pleine de tous biens, dont il donna le pillage aux Scythes qui l'avoient prise. Passant ensuite à Zézéri, il trouva que tous les Turcs & les Arabes de ces contrées s'estoient assemblez pour la secourir, & que les habitans avoient fait entrer quantité de chevaux dans la ville, sur lesquels ils passérent la riviére, pour en empescher le passage aux Chrestiens. Mais ayant esté batus, ils se retirérent sans plus paroistre, qu'à l'abri de quelques méchantes murailles, d'où ils ne pouvoient empescher qu'on ne brûlast tout aux environs. L'Empereur voulant empescher les sorties, partagea son armée en quatre corps, pour se pouvoir entresecourir ; ce qui donna l'épouvante aux ennemis, & leur fit abandonner les dehors, pour se retirer dans la place. Sur ces entrefaites, l'Empereur apprit que les Turcs de la Perse tenoient la ville d'Edesse assiégée, & qu'elle estoit

*Antioche, sur le fleuve d'Oronte.*

*Ville de Mesopotamie, ou Diarbeh.*

*L'vn des Macédoniens, le 2. des Scythes, le 3. des Grecs, & Latins, & le 4. des Arméniens & des Perses.*

perduë si l'on ne la secouroit. Cette nouvelle, accompagnée des présens que les assiégez luy firent, & entre-autres d'vne riche croix qui avoit esté à l'Empereur Diogene, l'obligea à lever le siége, & à prendre la route d'Antioche. Mais les Turcs donnérent sur son arriéregarde, & ayant esté défaits, y laissérent deux de leurs principaux Chefs prisonniers. L'Empereur estant arrivé à Antioche, prit la route de Constantinople, aprés avoir envoyé vne partie de son armée contre le Soudan d'Iconie, qui avoit fait de grans ravages dans la Syrie pendant son absence. Sa défaite fut cause de faire lever le siége d'Edesse; si-bien que les Chrestiens demeurérent les maistres, par la bonne conduite de cét Empereur, dont nous décrirons les progrés ensuite.

*Le fils d'Atacapa, & celuy du Sumuque, qui commandoit dans Alep. Masute.*

## CHAPITRE XXXIII.

*De Brahem, fils d'Ali, dernier Roy de Maroc, de la race des Almoravides; & de ce qui arriva sous son régne.*

BRAHEM ayant pris possession des Estats de son ayeul & de son pere, & confirmé ceux qui possédoient sous luy les provinces Orientales d'Afrique & de Numidie, fut reconnu pour Souverain, avec le titre d'Amir el Mocelemin. En ce tems-là les Maures de Tunis furent fort incommodez d'vne armée de Chrestiens, qui vint d'Italie à la ville de Mehédia, que tenoient les Italiens, quoy-que nos Historiens n'en fassent point de mention. Mais Aldulmalic dit dans les Chroniques de Maroc, que les Rumys, c'est ainsi que les Ecrivains Arabes appellent les Chrestiens d'Italie, comme ceux de Castille Fonsis, ceux de Portugal Chamorris, les Grecs Nisaranis ou Caisares *, & les François Farangis; Que les Rumis, dis-je, estant débarquez à Mehédie, firent de grans ravages le long de la coste, d'où ils passérent vers Carvan, sous la conduite d'vn Alfaqui, qui leur avoit promis de leur livrer la place, à la charge qu'ils luy en laisseroient le commandement. Ils n'eurent pas plustost fait deux

*Afrique.*

*Il confond ce titre avec celuy d'Amir el Muminin, parce-qu'il revient à vn.*

*A-cause des Alfonses qui y ont régné.*
*\* C'est Césars, à-cause de l'Empire.*

grandes journées, qu'ils trouvérent les Maures en bataille, avec qui l'Alfaqui se joignant, ils se jettérent tous ensemble sur les Chrestiens, & en tuérent sept mille. Ils assiégérent ensuite Méhédie, où les fuyars s'estoient retirez; mais *Abdel Ganen ne l'ayant pû prendre, ils levérent le siége. L'Alfaqui * devenu considérable par cette victoire, fit la guerre aux Almoravides; mais ayant esté défait, & contraint de se sauver en Numidie, il fut pris dans Pescare par le Chéque, qui estoit parent de Brahem, & qui luy fit arracher les yeux, puis le mit dans vn cachot, où il mourut. Voilà ce qui se passa de remarquable alors en Afrique.

*Espagne.*
1118.

Pour retourner en Espagne, sur la nouvelle de la mort d'Ali, le Roy Alfonse mit le siége devant Castellar, où le Roy de Saragosse estant accouru, fut défait, & Saragosse ensuite assiégée, qui se rendit au mois de Decembre. Les Gouverneurs de l'Andalousie se firent aussi tous Rois & Prin-
ou Aben Gama. ces de leurs villes. Aben Guméda se souleva avec les Royaumes de Grenade, de Iaen, d'Almérie & de Murcie; & ayant appris qu'Alfonse avoit pris Saragosse, alla assiéger cette place avec d'autres Rois Maures. Mais Alfonse luy
prés de Daroc. donna bataille, & le vainquit; de-sorte qu'il y perdit quan-
Hariza, Da- tité de Noblesse, & vn de ses fils, & le vainqueur se rendit
roc,Taracona, maistre de plusieurs villes. L'année suivante, il entra dans
Calatayud, le quartier de Lérida & de Tortose, qui implorérent le se-
Tudéla, &
Soria. cours d'Aben Guméda, lequel y accourut avec onze Rois
1121. Maures, & fut défait. Alfonse victorieux, prit par composition la ville d'Arançuel, & retourna à Saragosse, où les Rois de Lérida & de Tortose luy envoyérent demander tréve, qu'il leur accorda pour trois ans, à la charge de
1125. quelque tribut. La tréve estant expirée, Alfonse entra avec vne puissante armée dans le Royaume de Murcie, dont la capitale se rendit, aprés la prise de Pégna Cadiela; puis passant à Almérie, Benguméda luy donna bataille, & fut vaincu. Ensuite tournant vers Cordouë, Loth qui s'en estoit fait Roy, sortit au devant de luy, & se rendit son vassal, aprés-quoy il retourna victorieux à Toléde. Sa
Dogna Vrra- femme estant morte sur ces entrefaites, il fut obligé de
ca,heritiére de quiter les Royaumes de Castille & de Leon à son fils Al-
ces Estats.

## SVCCESSEVRS, LIVRE II.

fonfe huitiéme, qui fut appelé Empereur. Depuis jufqu'en l'an mille cent trente-deux, il y eut de grandes guerres entre les Chreftiens; mais comme les Maures n'eftoient pas bien d'accord, ils ne pûrent profiter de leurs divifions, & ne laifférent pas de tuër l'Evefque Eftienne, & le Vicomte Dom Gafton. L'an mille cent trente-deux, Dom Alfonfe envoya fon armée contre ceux de Badajox & de Seville, fous le commandement de Gonzale de Lara, qui leur donna bataille, & les vainquit; & comme il retournoit chargé de dépouilles, il fut attaqué par le Roy de Badajox, lequel avoit raffemblé fes troupes; mais ce Prince fut défait, & tué, & Gonzale retourna triomphant en Caftille. En mefme tems Céfadale, fils de Loth Roy de Cordouë, favorifé d'Alfonfe, fit la guerre à Aben Guméda, & luy enleva Grenade; mais Aben Gumeda, & les autres Princes de l'Andaloufie, dépefchérent en Afrique vers Brahem, pour en avoir du fecours, & en obtinrent, à condition de le payer. Aben Guméda orgueilleux de ce fecours, declara la guerre à Céfadale, qui s'eftoit rendu maiftre de Iaen, & prit fur luy Cordouë, & autres places de cét Eftat. Céfadale ainfi maltraité eut recours à Dom Alfonfe, qui fe joignit à luy; de-forte qu'ils attaquérent l'année fuivante Aben Guméda, & ravagérent fon païs. Mais il promit fécretement à Céfadale de luy rendre ce qu'il avoit pris, pourveu qu'il ne fourniſt ni vivres, ni munitions à Alfonfe, qui fut contraint par ce moyen de s'en retourner à Tolede. Auffi-toft les Rois Maures d'Efpagne firent vne ligue entre-eux, où le Roy de Lérida fut compris, & d'autres vaffaux d'Alfonfe, Roy d'Aragon. Ce que ce Prince ayant feû, il affembla fon armée à Saragoffe, & entrant dans le quartier de Lérida, prit Mequinéce & autres places, & affiégea Fragues, qu'il ne pût prendre. Mais il y retourna l'année fuivante, & Aben Guméda, pour faire diverfion, affembla les troupes de la ligue, & celles des Almoravides, & favorifé des habitans de Valence, força le chafteau, d'où il marcha vers Fragues, & préfenta la bataille à Dom Alfonfe, qui fut vaincu, comme inférieur en nombre, & mourut au combat. Aprés fa mort, Dom Alfonfe huitiéme du

1127.

Eftevan.
1132.

Omar.

1136.

1137.

Le 7. Iuillet
1137.

nom, Roy de Castille, luy succéda, ce qui causa plusieurs guerres & divisions entre les Chrestiens, dont les Maures mesmes ne furent pas exemts. Car Aben Guméda orgueilleux de sa victoire, se voulut faire reconnoistre pour Souverain par ses compagnons, & prendre le titre d'Amir-Elmocelemin*. Mais Faraqui Abdéli se souleva dans Cordouë, avec tout le voisinage, & se fit vassal de Dom Alfonse, pour en estre maintenu, ce qui fit durer long-tems la guerre. Vn autre Maure appellé Ismaël, tua le Roy de Badajox, & faisant soulever cét Estat, entra dans le Portugal avec d'autres Maures; mais le Duc Alfonse Henrique le vainquit*, & le rechassa dans Badajox. Quelques Ecrivains disent, que c'est là le jour que ce brave Prince fut proclamé Roy de Portugal. Ensuite Dom Raymond, Comte de Barcelone, qui se nommoit Prince d'Aragon, fit vne cruelle guerre aux Maures le long de la Cinga, & prit sur eux plusieurs places*. D'autre-costé, le Roy Alfonse prit par composition la ville de Coria, & la fortifia, pour couvrir sa frontiére; mais allant vn jour à la chasse, il fut blessé à la jambe par vn sanglier, & se retira à Toléde, pour se faire traiter. Tandis que son Lieutenant général entra dans le païs des Maures, d'où il emmena plus de dix mille captifs. L'année suivante, le Roy remit son armée sur pied, & ne fut pas plustost entré dans l'Estrémadure, que les villes de Caçerés, de Truchillo, & d'Alcantara, se rendirent à luy, avec tous les lieux de leurs dépendances. Aprés avoir assujetti tous les Maures de ces quartiers, & s'estre rendu maistre de leurs forteresses, il passa à Seville, pilla l'Acharafe, & toute la contrée, puis retourna victorieux à Toléde, où Nugno Alfonse rapporta les testes d'Azobeyr & d'Abenzeid, qu'il avoit tuez de sa main en vn combat prés de la riviére d'Adore. Mais ayant combatu ensuite contre Alfache prés de Mora, il fut tué, & sa teste portée avec l'vn de ses bras, à Cordouë. En mesme tems Céfadale, Roy de Grenade, qui s'estoit soulevé avec la ville de Iaen, voulant prendre Cordouë, fit vne entreveuë avec Alfax Abdeli, qui en estoit Roy, & le poignarda dans vne Mosquée. Mais comme il se vouloit rendre maistre de la ville, à l'aide de quelques-vns de sa faction; les autres

---

*Commandeur des Fidelles, ou des enfans de Salvation.*

1139.

*En la plaine d'Vrique, prés de Castro Verde.*

1141.
* Alcolée & Canalée.

1142.
Rodrigo Fernandez.

1143.

## SVCCESSEVRS, LIVRE II.

mettant l'épée à la main, l'en chassèrent, & le contraignant de se sauver à Iaen, élûrent pour Roy Abenhaddu. Cette perfidie fut le commencement d'vne cruelle guerre entre les Rois de Iaen, de Grenade & de Cordouë, au grand avantage des Chrestiens. Car le Roy Alfonse entrant dans les terres de celuy-cy, passa jusqu'à Seville, où Céfadale promit de fournir des vivres pour le siége de Cordouë; mais il manqua de parole; de-sorte qu'Alfonse fut contraint de lever le siége. Mais au retour il emmena quantité de captifs, & de troupeaux à Toléde. 1044.

La mesme année Aben Guméda ayant envoyé vne armée navale le long des costes d'Italie; celle des Genois leur donna la chasse jusqu'à la ville d'Almérie, avec vingt-deux galéres, qui entrant à l'improviste dans le port, & trouvant la ville dépourveuë de gens de guerre, donnérent telle épouvante à Aben Guméda, qu'il leur donna beaucoup d'argent pour se retirer, & le Pape les tança fort de l'avoir pris. L'année suivante Céfadale, Roy de Grenade & de Iaen, rompit avec D. Alfonse, sans l'en avertir, & joignant les troupes des autres Maures, ravagea le Royaume de Toléde; mais Dom Manrique de Lara luy donna bataille, où Cefadale fut tué, avec la pluspart de ses gens. Aprés sa mort ceux de Grenade & de Iaen se donnérent à Aben Guméda, qui s'étoit rendu maistre de Cordouë depuis le départ des Genois, Aben Haddu luy ayant abandonné la ville, sans oser venir à vne bataille; mais il manda à Dom Alfonse, que s'il vouloit aller à Cordouë, il luy donneroit passage sur ses terres. Le Prince acceptant ces offres entra dans le quartier de Calatrava, dont tous les habitans se rendirent à luy, excepté ceux de la ville, qui tenoient pour Aben Guméda. Cela luy fit prendre vne autre route, & passer à Almodovar del Campo, qu'il prit; puis traversant la Sierra Morena, il vint à Montore, qu'il prit aussi & fortifia; aprés-quoy il alla mettre le siége devant Cordouë. Aben Haddu l'estant venu joindre, la ville se rendit au mois de May, à condition d'estre vassale de Dom Alfonse, & non d'Aben Haddu, moyennant quoy le Roy y estant entré, fit fortifier le chasteau. Alors Aben Guméda le vint trouver, & luy baisant la main, se fit

1145.

1146.

son vassal, & le mit en possession de Calatrava, qui estoit vne place forte; aprés-quoy le Roy retourna victorieux à Tolède, laissant Cordouë sous le commandement d'Aben Guméda. Mais celuy-cy ayant appris qu'il venoit vne armée d'Italie ravager ses costes, à-cause des courses des Maures, implora le secours de Dom Alfonse, qui luy répondit qu'il ne le pouvoit secourir contre vne armée du Pape, dequoy le Maure irrité commença à luy faire la guerre. Le Pape Eugéne troisiéme avoit pris cette armée à son service pour exterminer la ville d'Almérie, où se retiroient ordinairement quatre-vingts vaisseaux de Corsaires, & en avoit donné le commandement à Ansaldo Doria, Consul du Senat de Genes. Si-tost que Dom Alfonse eut appris que l'armée avoit fait voile, il tira ses soldats des garnisons, comme il avoit concerté avec le Pape, & marcha du costé d'Almérie, où il apprit en arrivant, que l'armée des Genois avoit esté batuë à la descente, & s'estoit retirée au Cap de Gata. A son arrivée la ville fut attaquée par mer & par terre, & emportée aprés plusieurs assauts, avec perte de plus de trente mille Maures. Aben Guméda s'estant retiré dans la forteresse s'y défendit vaillamment; & comme il ne pouvoit plus tenir, la rendit à condition de sortir vie & bagues-sauves, & de donner trente mille pistoles d'or au Roy, & demeurer son vassal. Les Genois se contentérent, à ce qu'on dit, pour leur part d'vne riche émeraude, qu'ils gardent par rareté, & s'estant retirez, le Roy mit garnison dans la ville. En mesme tems Dom Raymond, Comte de Barcelone, qui depuis fut Roy d'Aragon, eut de grans differens avec Dom Ramir, surnommé le Moyne, pour la ville de Tortose, & l'ayant prise, à l'aide des Genois, il les mit quarante jours aprés en possession de la forteresse. Mais la ville luy demeura, & il la donna en fief à Raymond de Moncade, qui la peupla de Chrestiens.

Pour retourner en Afrique, il s'y fit vne grande revolution, qui prit naissance dans la partie Occidentale de la Mauritanie Tingitane, par le moyen d'vn Berebére des montagnes du grand Atlas, Auteur de la secte des Mouahédins, c'est-à-dire des Vnitaires: car ce fut le nom qu'il prit

*Marginalia:*
Almérie.
C'estoient Genois.
1147.
Au mois d'Octobre.
Doublons
Roy d'Aragon.
1148.
Afrique. Origine du Régne des Almohades l'an 1140.
Du mont Ten-

# SVCCESSEVRS, LIVRE II.

au lieu qu'il s'appelloit auparavant Abdala, & fut fort esti- *mellet, dans la*
mé par ses sermons, particuliérement des Africains de la tri- *province de*
bu de Muçamuda, dont il estoit. Aprés avoir assemblé grand *Maroc.*
nombre de peuples, il eut l'insolence de s'attaquer au Roy *De la bran-*
de Maroc, qui ne voulut pas estouffer ce monstre dans sa *che d'Hargie.*
naissance, ni déployer ses forces contre vn homme de neant,
& continüa à s'adonner aux plaisirs, & à charger son peuple
de nouveaux tributs, pour satisfaire à ses débauches. Mais
à la fin voyant qu'il estoit entré en son païs, & que sous
prétexte de liberté il faisoit de grans degasts dans ses provinces, il sortit, quoy-que trop tard, & avec moins de gens *Sur la pente du*
qu'il ne devoit, & luy donnant bataille, il fut vaincu, & son *mont Atlas,*
armée mise en fuite. Comme la nuit approchoit, Abdala vain- *roc, au lieu de*
queur envoya les plus vistes de ses gens se saisir des passages, *Quehéra, ou*
pour l'empescher de rentrer dans la ville; de-sorte qu'il fut *de Malencon-*
contraint de se retirer vers la montagne, pour se retrancher *tre.*
en quelque lieu avantageux, & y ramasser le débris de ses
troupes. Mais Abdala l'ayant appris, envoya en diligence
Abdulmumen à ses trousses, avec vne partie de ses forces, & *Quelques-vns*
investit la ville de Maroc, avec le reste. Abdulmumen le *disent, que c'é-*
poursuivit de si prés, qu'il ne luy donna aucun moyen de se *toit son fils.*
fortifier nulle-part; si-bien qu'il fut contraint à la fin, se
voyant poussé par-tout, de gagner la ville de Fez, où bien-
loin de le recevoir, on donna entrée à son ennemi. Il ne *Il estoit haï,*
trouva donc retraite qu'en la ville d'Oran, qui estoit alors *pour avoir*
fort peuplée, où il fut receu avec le peu de gens qui l'avoient *l'Empire à*
pû suivre. Mais Abdulmumen l'assiégea aussi-tost, & attaqua *Maroc.*
la place avec tant de furie, que les habitans craignant leur
perte, & les menaces qu'il faisoit de mettre tout à feu & à
sang, priérent ce pauvre Prince de se retirer, puisqu'ils n'é-
toient pas capables de le défendre. Il sortit donc par vne
nuit obscure, ayant vne de ses femmes en trousse, qui l'avoit
toûjours accompagné; mais se voyant découvert par les gardes & les sentinelles du camp, il piqua son cheval de rage,
& le fit sauter en bas d'vn rocher, où il fut mis en pieces,
aimant mieux mourir de la sorte, que de tomber entre les
mains de ses ennemis. Dés le lendemain matin ceux de la
ville ouvrirent les portes à Abdulmumen, qui l'ayant fait

R r

chercher par-tout, trouva le corps brisé, & envoya la teste à Abdala. De-là il courut victorieux tout le Royaume de Treméçen, puis retourna à Maroc avec les tributs de ces provinces. Il trouva à son retour Abdala mort, & tous les Chefs s'assemblant, l'élûrent pour Roy, sous ce titre, *Amir Elmuminin*, *Abu Mahamet*, *Abdulmumen ben Abdala*, *Ibni Ali*. C'est-à-dire, Empereur des Catholiques, de la Maison de Mahomet, Abdulmumen, fils d'Abdala, de la lignée d'Ali. Le défunt avoit ordonné de son vivant vn Conseil de quarante disciples de sa secte, avec seize autres, qui estoient comme les Secrétaires. Ceux-là régloient les affaires, & sortoient en campagne quand il faloit aller prescher & annoncer leur doctrine : car ils estoient tous prédicateurs. De ce nombre devoit estre élû le successeur, en qualité de Pontife & de Roy. Les Sectateurs se nommoient Mouahédins, en mémoire de leur fondateur ; Mais les Ecrivains Arabes les appellent Prédicateurs, & les Espagnols Almohades, joignant l'article Arabe au mot qu'ils ont corrompu. Les Rois qui descendirent de cette lignée, prirent le titre d'Amir Elmuminin, ou d'Empereur des Catholiques, & ont esté fort puissans en Afrique & en Espagne. Abdulmumen incontinent aprés son élection fit batre Maroc de toutes parts, & comme il vit que les habitans ne se vouloient pas rendre, il jura de ne point quiter la ville, qu'il ne l'eust prise & criblée, & l'ayant emportée d'assaut, se saisit du fils de Brahem, encore enfant, qu'on avoit élû en sa place, & l'étrangla de ses propres mains. Par sa mort fut esteinte la lignée des Almoravides, que les Historiens d'Afrique appellent Lumptunes, ou Morabitins, qui ont fondé la superbe ville de Maroc. Abdulmumen pour accomplir son serment, fit reduire la ville en poudre, & en passer la pluspart par le crible. Il fit mesme démolir le Palais des Rois & les Mosquées, particuliérement la grande d'Ali, pour ne laisser aucune mémoire de leurs Fondateurs, aprés-quoy il les fit rebastir de somptueux édifices en son nom. Mais il ne pût effacer de la mémoire des hommes ce qu'il effaçoit des pierres, & entendoit encore de son vivant appeler les choses de la façon ancienne. Il persecuta ensuite tous les autres qui estoient de

1148.

Isac.

la lignée des Almoravides ; de-sorte qu'il n'en resta pas vn dans toute l'Afrique, qui vinst à sa connoissance, ou à celle de ses Officiers, tant il avoit envie d'establir fortement son Empire.

Pour retourner en Asie, où la guerre des Turcs continüoit toûjours, Mahamet Seigneur de la nouvelle Césarée, ayant amassé de grandes richesses, & s'estant rendu puissant des dépoüilles des Chrestiens, s'empara des Ibéres, & de plusieurs places de la Mésopotamie. Il se disoit de la race des Arsacides, ou Tanismans, & l'Empire eut plusieurs guerres contre luy avec divers succez. L'Empereur Iean estant passé en Phrygie avec vne puissante armée, s'arresta à la ville d'Attale, pour donner ordre de là aux choses de la guerre. Car quantité de places de cette contrée estoient possédées par les ennemis, & les habitans du lac de Pussuse, où il y avoit de petites Isles peuplées de Chrestiens, qui par le voisinage des Turcs, & le commerce qu'ils avoient avec eux, estoient devenus tellement ennemis des autres Chrestiens, qu'ils avoient secoüé le joug de l'Empire. Si-tost donc que l'Empereur fut arrivé à Pussuse, il manda à ces Insulaires qu'ils sortissent de ce lac, & qu'ils se retirassent en Perse, & sur leur refus, il fit faire des navires à fond plat, & des radeaux pour porter des machines, dont il batit les forteresses du lac, & les emporta, non sans grande perte des siens. Car il s'éleva vne tempeste, dont plusieurs vaisseaux furent submergez, & ceux qui estoient dessus engloutis des vagues. De-là il passa à Isauri, où ayant donné les ordres necessaires, il alla en Syrie, publiant qu'il vouloit reduire les Arméniens à la raison, & contraindre le Roy de Trébisonde, qui s'estoit soulevé, de rentrer dans l'obeïssance, avec le reste du païs. D'ailleurs, il vouloit réünir l'Estat d'Antioche avec celuy de Constantinople, & faire ensuite le mesme de Ierusalem. Il envoya donc quelques-vns des siens pour sonder la volonté des habitans, qu'il trouva assez souples ; mais lors qu'il se fut approché, il rencontra tout le contraire. Falcon mesmes Roy de Ierusalem, ne le voulut pas laisser entrer avec ses troupes pour visiter les saints lieux, & dit, que le païs n'estoit pas assez abondant pour tant de monde, & qu'il

*Asie.*

*ou Colajoannes.*

*Gabra.*

*La place estoit tenuë par des Chrestiens d'Occident.*

n'y devoit entrer au plus qu'avec dix mille hommes. L'Empereur n'ayant pû rien faire par cét artifice, retourna en Cilicie, ravageant tout par où il paſſoit, quoy-qu'il fiſt ſemblant que ce fuſt contre ſon ordre. Mais comme il eſtoit campé entre des montagnes, en vn lieu nommé le Nid de Corbeaux, il luy prit envie d'aller à la chaſſe aux ours, où il ſe bleſſa d'vne fleſche empoiſonnée, dont il mourut. Manuël Comnéne luy ſuccéda à l'Empire, au lieu de ſon frére Iſac, qui eſtoit l'aiſné, & qui luy fit pour cela la guerre; Mais à la fin s'eſtant accordez, Manuël mena ſon armée contre les Saraſins, qui ravageoient la Thrace ſous le commandement du Soudan d'Iconie. Il ſe batit contre eux à Filomélie, où il fut bleſſé au pied d'vn coup de fléche; mais il ne laiſſa pas de paſſer victorieux à Iconie, remportant l'avantage ſur le Soudan en quelques rencontres. A la fin voyant que le nombre des Turcs croiſſoit à toute-heure, & qu'il en revenoit toûjours plus qu'on n'en tuoit, il ſe retira à toute peine à Conſtantinople. Ce Prince conſiderant les grandes dépenſes qu'il faloit faire, voulut retrancher ſon armée navale; mais il reconnut bien-toſt la faute qu'il avoit faite, parce-que les Corſaires Turcs & Arabes vinrent ravager ſes coſtes impunément.

Cependant, comme les Chreſtiens, qui eſtoient maiſtres d'Antioche & de Ieruſalem, & d'autres places de la Syrie, eſtoient fort tourmentez des Turcs, les Princes de l'Europe firent vn troiſiéme armement, ſous le commandement de l'Empereur Conrad, que quelques-vns appellent Duc de Franconie. Ils avoient déja poſſédé la Terre-Sainte, & les lieux d'alentour plus de quarante-cinq ans, avec guerres continuëlles; lors-que Foulques, gendre de Baudoüin ſecond, eſtant Roy de Ieruſalem, la diviſion ſe mit entre-eux, & l'Empereur Iean, comme nous avons dit : ce qui joint aux troubles qui arrivérent entre Manuël & Iſac pour l'Empire, donna moyen aux Infidelles de ſe reſtablir. Les Turcs donc vinrent de la Perſe avec vne puiſſante armée pour aſſiéger Antioche. Dequoy Foulques ayant eu avis, marcha contre-eux, & en tua plus de trois mille en vne bataille. Mais Alaf, qui régnoit alors en Perſe, aſſembla toutes ſes

*Maſure.*

*Zonare, Blondus, Platine.*

## SUCCESSEURS, LIVRE II.

forces, & vint assiéger la ville d'Edesse *, qui estoit alors tres-opulente ; & après l'avoir batuë rudement, l'emporta d'assaut, & la traita avec toutes les rigueurs de la guerre. Sur ces entrefaites, Foulques estant à la chasse autour de Ierusalem, son cheval s'abatit sous luy en courant vn liévre, & le tua, laissant son fils Baudouïn pour successeur. Ce changement donna lieu aux Turcs de s'agrandir pendant le gouvernement d'vn jeune Prince. Les Chrestiens affligez de ces nouvelles, & particuliérement de la prise d'Edesse, S. Bernard se chargea de persuader aux Princes Chrestiens vne guerre si sainte & si juste, & commença cette entreprise sous le Pontificat d'Innocent second, & de Celestin son successeur, & la continüa du tems d'Eugéne. Les lettres de ce Pontife, & les persuasions de ce grand Saint, obligérent Louïs le Ieune, Roy de France, à se croiser avec la pluspart de sa Noblesse. Cependant, Saint Bernard alla en Alemagne solliciter l'Empereur Conrad à faire la mesme chose ; ce qu'il luy accorda, avec témoignage d'vn grand zele. Mais comme deux si grans Princes ne pouvoient marcher conjointement avec toutes leurs forces, on résolut que l'Empereur partiroit le premier. Il se mit donc en campagne l'an mille cent quarante-six, accompagné des Ducs de Suaube & de Lorraine, des Comtes de Flandres & de Frize, du Marquis d'Austriche, de Guelphe, avec qui il se reconcilia pour ce sujet, & d'autres Princes & Seigneurs, qui desirérent estre de la partie. Son armée estoit composée de soixante mille chevaux, & d'autant de fantassins, avec lesquels il passa de l'Austriche dans la Hongrie, & de-là à Constantinople, où il demanda passage à l'Empereur Manuël, & des vivres pour de l'argent. Il le receut avec grand témoignage d'alégresse, loüant vne si sainte entreprise, & admirant la charité d'vne si grande multitude. Ensuite il fit distribuër l'armée dans les villages, & promit de donner ordre pour les vivres, & de faire en-sorte qu'il y auroit abondance de tout, pourveu qu'on promist de ne faire aucun desordre. Après-quoy il fit porter des vivres au camp ; Mais appréhendant quelque secréte entreprise, il fit entrer des troupes dans Constantinople, & garnit toutes les places voisines, parce-qu'il savoit

* ou Arach, qu'on dit avoir esté convertie à la Foy par Iudas Tadée.

Abbé de Clervaux.

ou 1147.

que le Roy de Sicile venoit contre luy avec vne armée. Aprés que les Alemans eurent décampé d'autour de Constantinople, ils marchérent vers la ville de Philippe, costoyez des troupes de l'Empereur, de-peur de desordre ; mais comme ils en partirent, leur arriére-garde eut prise avec l'avantgarde des Grecs, & l'on en fust venu aux mains, sans la prudence d'vn Evesque Italien, qui appaisa tout ; car l'Empereur Conrad avoit résolu de donner bataille. Il continüa donc son chemin, & arrivant à Andrinople, passa outre avec l'armée, aprés avoir laissé dans la ville vn de ses parens, qui estoit malade. Mais des séditieux, qui avoient receu quelque mécontentement, mirent le feu dans la maison où il estoit, & l'y brûlérent. Sur ces nouvelles, il manda à Frideric son neveu, Duc de Suaube, qu'il prist vengeance de cette injure ; & comme ce jeune Prince estoit vn brutal & vn emporté, il mit le feu au Monastére où l'on avoit brûlé le malade, & tuant tous les Grecs qu'il pût rencontrer, recouvra l'argent qu'on avoit perdu. Cela émut la sédition dans la ville, & le mal eust esté plus grand, sans la prudence d'vn des principaux habitans, qui appaisa Fréderic par ses raisons, & empescha son mauvais dessein ; aprés-quoy l'armée continüa sa marche comme auparavant. A quelque téms de là, elle arriva dans la plaine * qu'arose la riviére de Méla, qui n'est ni fort large, ni fort profonde, mais elle baigne toute cette campagne par des rigoles qu'on en tire, qui s'emplissent l'hyver de l'eau des pluyes, en-sorte que la plaine paroist comme vne mer. On n'y peut alors aller qu'en bateau, encore y-a-t-il des tems où l'on n'y sauroit passer à-cause du vent. Cette riviére devint tout-à-coup si haute la nuit, que les Alemans y estoient campez, qu'elle noya toute la plaine. Car comme ils ne pensoient à rien, les canaux commencérent à regorger ; & l'eau entrant dans les tentes, fit floter tout ce qui n'estoit pas capable d'aller à fond, & plusieurs y perirent, envelopez dans le sommeil. Ce spectacle effroyable fut pris pour vne marque du couroux céleste contre cette superbe armée, & chacun tascha à se sauver, aprés la perte de son équipage. L'Empereur Conrad affligé d'vn si grand desastre, décampa aussi-tost, & se

*Michel.*

*Prusuc.*

*Chérobaqui*

*Hommes, chevaux, bagages.*

raprochant de Constantinople, passa en Asie avec toutes ses troupes sur les bateaux que l'Empereur Manuël luy fournit. Cependant, il commença à manquer de vivres, quoy-que Manuël en apparence fist tous ses efforts pour l'en pourvoir, comme il avoit promis ; mais il les faisoit destourner secrétement, & mettoit des gens en embuscade, qui tuoient tout ce qui se trouvoit à l'écart. D'ailleurs, les Grecs fermoient les portes aux soldats, sans les vouloir recevoir, & se contentoient de leur descendre ce qu'ils demandoient du haut des murailles, aprés avoir receu leur argent, & quelquefois le retenoient sans rien fournir, ou mesloient du plastre & de la chaux parmi du pain, pour les empoisonner. L'Empereur mesme fit batre de la fausse-monnoye, pour leur donner en échange de la bonne. Enfin, il leur fit tous les mauvais traitemens dont il se pût imaginer, pour en empescher d'autres à l'avenir de faire de semblables entreprises. Il incita mesme contre-eux vn Général d'armée des ennemis, qui les défit prés de la ville de Bathi, & en tua vn grand nombre. Malgré tous ces obstacles, ils ne laissérent pas d'arriver au fleuve Méandre, où ils virent les Turcs campez à l'autre bord, pour leur empescher le passage. Car cette riviére ne se passe à gué en aucune saison, & estoit alors enflée de l'eau des pluyes. C'est-là que les Alemans firent paroistre leur résolution, & montrérent évidemment que ce n'estoit pas par lascheté, mais par générosité qu'ils n'avoient rien entrepris sur les Grecs. Car l'Empereur Conrad estant arrivé sur le bord du fleuve, & voyant les ennemis rangez à l'autre bord qui blessoient son avant-garde à coups de fléches, il la fit retirer hors de la portée du trait, & luy commanda de repaistre pour monter à cheval, & donner bataille dés le point du jour. Le lendemain ayant rangé ses gens en bon ordre, & voyant les ennemis de l'autre costé avec leurs archers à la teste, pour incommoder la cavalerie au passage, il assembla ses Chefs autour de luy, & leur representa les maux qu'ils avoient soufferts, pour en venir jusques-là, & comme ils avoient quité le repos & les delices pour la gloire de leur Redempteur. Qu'il faloit forcer cét obstacle qui s'opposoit à leurs desseins, & qu'aprés cela tout leur seroit facile. Que

*Pamplas.*

*Ie n'ay mis que le suc de la harangue, qui est trop longue pour vn abregé.*

Iesus-Christ estoit plus grand que Mahomet, & plus capable de leur accorder la victoire, & qu'aprés tout en mourant pour luy, ils estoient asseurez de vivre eternellement. Qu'il se faloit venger de ces Infidelles, qui avoient égorgé leurs parens & leurs amis, & qu'ils ne pouvoient mourir pour vne plus belle entreprise, puisque c'estoit pour affranchir le Sepulcre de Iesus-Christ. Qu'il s'estoit avisé d'vn stratagême pour passer cette riviére qui n'estoit pas guéable, qui estoit de marcher serrez en vn gros escadron, pour faire remonter le fil de l'eau, afin de donner moyen à l'infanterie de passer au dessous. Aprés avoir dit cela, il donna le signal de la bataille, & piquant son cheval, entra brusquement dans l'eau, suivi de toute la cavalerie, en l'estat qu'il avoit dit; ce qui donna moyen à l'infanterie de passer à gué, tant le nombre des chevaux estoit grand. On combatit aussi vigoureusement dans l'eau, comme si l'on eust combatu de pied-ferme, tant que l'ennemi ne pouvant résister à l'impetuosité des Alemans, lascha le pied. Les vns se sauvérent par la fuite, les autres se retirérent en combatant, & la campagne fut jonchée de corps-morts, & le sang ruisseloit dans les valées. Il n'en mourut pas beaucoup du costé des Chrestiens; mais il y en eut plusieurs de blessez à coups de trait. Aprés cette victoire, ils continuérent leur route, méprisant les forces de l'ennemi, & tirérent vers Ierusalem par la Phrygie supérieure, la Cilicie & la Pisidie, qui par la negligence des Empereurs de Constantinople, estoient occupées par les Barbares. Quelques-vns disent que l'Empereur Conrad fut vaincu par les Turcs, & qu'il se sauva à Constantinople, où rassemblant le débris de son armée, il passa en Ierusalem sur les vaisseaux que l'Empereur luy presta. Quelque tems aprés le Roy Louïs arriva aussi, ayant souffert de grans travaux, & beaucoup de disgraces dans son voyage, & fut fort bien receu de l'Empereur, & du Roy de Ierusalem. Tous ces Princes s'estant joints, furent assiéger la ville de Damas, qui incommodoit plus les Chrestiens de Syrie & de Ierusalem, que toutes les autres ensemble; mais les vivres venant à leur manquer, & les assiégez se défendant vaillamment, ils furent contraints de se retirer, aprés quelques jours de siége.

*Nicétas Coniates, qui a continué Zonare, & Curion, livre 3.*

*Baudouïn.*

siège. Il y a des Historiens qui disent, qu'ils prirent la ville, mais que sur quelque contestation qui survint entre-eux, ils se séparérent, & chacun alla où il luy plût. Conrad se retira à Constantinople, & de-là en Alemagne, pour empescher Guelfon, qui estoit parti le premier, de se rendre maî- *ou Guelphe.*
tre de l'Empire, & Louïs fit la mesme chose quelque tems aprés. La guerre dura quatre ans sans rien faire de mémorable, & laissa les ennemis plus puissans qu'ils n'estoient d'abord.

Tandis que ces choses se passoient, Roger Roy de Sicile, *Afrique.*
qui avoit guerre contre l'Empereur de Constantinople, 1146.
passa en Afrique avec vne grande armée, & ayant pris ter- ou
re à Méhédie, courut toute la coste, & le plat-païs, aidé 1147.
des Arabes, qui pensoient se rendre maistres de Tunis dans le declin de l'Empire des Almoravides. Mais le Roy Maure qui y commandoit n'estant pas encore bien establi, fit paix avec Roger, pour quelque tribut que luy & ses successeurs seroient obligez de luy payer tous les ans, moyennant quoy il seroit obligé de les assister dans l'occasion. Depuis ce temslà il y eut vne garnison de Siciliens dans Tunis, qui estoit payée aux dépens de la ville. L'Historien de Fez dit dans *Chérif.*
son Abregé des Chroniques, que ce tribut se paya jusqu'à ce qu'Abdulmumen fust Roy de Tunis, & ayant pris la ville de Méhédie sur les Chrestiens, les chassa aussi de celle-cy, & rendit ce Roy son tributaire. D'autre-costé, Roger passa dans les provinces de Manuël avec la mesme armée qu'il avoit menée en Afrique, & prit la capitale de l'Isle de Corfou, que les Insulaires luy livrérent. Il prit aussi Corinthe, dans le Péloponnese, ou la Morée, Thébes dans la Béocie, & Negrepont. Puis passant sur la coste d'Asie, pour favoriser les Chrestiens qui alloient en Iérusalem, il rencontra l'armée navale des Turcs, qui avoit pris le Roy Louïs en passant du port de Saint Simeon d'Antioche, pour aller à la Terre-Sainte; mais il le tira de leurs mains par vn heureux combat, & le mit à terre au port de Iafa, d'où il alla à Iérusalem, à ce que dit Colenuce dans son abregé de l'Histoire de Naples. Aprés le départ des Chrestiens, le Sou- *Masute.*
dan d'Iconie & de Syrie, se batit contre Raymond d'Antio-

che, & l'ayant vaincu, saccagea tout le païs, excepté la capitale, qui fut gardée avec grande difficulté par le Roy de Jérusalem.

## CHAPITRE XXXIV.

*D'Abdulmumen, Roy de Maroc; & de ce qui arriva pendant son régne.*

LEs Almohades ou Mouahédins s'estant soulevez en Afrique, & leur Fondateur ayant eu pour successeur Abdulmumen, qui exerça tant de cruautez contre les Grans de la lignée des Almoravides, & dans la ville de Maroc, toute l'Afrique fut embrasée du feu de cette guerre. Les Arabes qui habitoient la partie Orientale de la Barbarie & de la Numidie, dont la fierté avoit esté domptée par les Almoravides, & qui avoient esté chassez dans les deserts & les campagnes, où ils ne s'occupoient qu'à la culture de la terre, & à la nouriture de leurs troupeaux, prenant occasion de ces differens, entrérent dans la Barbarie, & s'emparant des provinces de Tunis & Treméçen, assujétirent les naturels Africains, qui relevoient de l'Empire des Arabes du tems des Califes; mais au lieu d'vn maistre ils leur en donnérent plusieurs, car chacun conquéroit pour soy. D'autre costé, les Viceroix & les Gouverneurs, qui tenoient les villes & les provinces pour les Almoravides, ne voulurent point se soumettre aux Almohades; si-bien qu'il s'éleva plusieurs petits Souverains, dont les peuples souffrirent beaucoup. Il y avoit des Rois dans Tripoli, dans Carvan, Tunis, Bugie, Alger, Tenez, Treméçen, & en d'autres lieux ; & outre ceux-là, les Africains des montagnes firent des Seigneurs particuliers. Cependant, Abdulmumen s'estant rendu maître de Maroc & de Fez, le fut aussi en peu de tems de toute la Mauritanie Tingitane, & favorisé de la tribu de Muçamuda, & particuliérement de la branche de Beniguérégil, dont il estoit, il se fit obéïr par les Numides & les Gétules de l'Occident, & gagna peu à peu les Royaumes du Tunis

& de Treméçen, ou la plus grande partie, soit par amour ou par force ; puis prit sur les Chrestiens la ville d'Afrique, & quantité d'autres qu'ils avoient occupées sur la coste. Mais la puissance des Arabes subsista toûjours au Royaume de Tunis, avec divers succez, jusqu'au tems de Iacob Almansor, quatriéme Roy des Almohades, qui les assujétit.

Pour retourner en Espagne, les Princes Chrestiens faisant leur profit de ces divisions, gagnérent plusieurs batailles contre les Maures. Le Roy Aben Guméda, qui avoit rendu la forteresse d'Almérie à Dom Alfonse, luy envoya dire qu'il luy mettroit la ville de Iaen entre les mains, s'il venoit de sa part quelque personne d'autorité pour en prendre possession ; mais comme le Comte Dom Manrique de Lara fut arrivé avec des troupes, le traître s'en saisit, & prenant la route de Cordouë, il luy fit rendre la ville. Pour venger cette perfidie, le Roy Alfonse entra dans l'Andalousie à main-armée, & ayant ravagé tous les quartiers de Iaen, assiégea Baéça. Sur ces entrefaites, Aben Guméda vint à mourir, & les habitans de Cordouë délivrérent le Comte de Manrique, & tous ceux qui estoient avec luy, & les envoyant à Dom Alfonse, élûrent pour Roy de son consentement Aben Haddu. D'autre-costé, les Maures de Baéça & d'Vbéda, qui estoient assiégez par Alfonse, & ceux de Grenade & de Iaen ne voulant pas faire comme Cordouë, implorérent le secours d'Abdulmumen, qui estant occupé ailleurs, leur permit de lever des troupes dans les montagnes de Goméres, d'où ils amenérent en Espagne vingt mille Maures, sous le commandement d'Abdulasis; mais le Roy Alfonse les allant attendre au passage, les défit, & ceux qui échapérent de la bataille, se dispersérent dans les places de l'Andalousie. Il continuä donc le siége de Baéça sans crainte, & la serra de si prés, qu'il la contraignit de se rendre la mesme année. D'autre-costé, Dom Raymond Béranger ayant pris Lérida sur les Maures, les villes de Fragues & de Mequinéçe se rendirent ; & Dom Alfonse Enriquez, Roy de Portugal, favorisé d'vne armée estrangére qui alloit à la conqueste de la Terre-Sainte, assiégea la ville de Lisbonne,

*Espagne.*
1149.

Le jour de
s. Crépin.
1150.

& la prit, & peupla de Chrestiens. L'année suivante, les Rois de Grenade & de Iaen, se rendirent maistres de Cordouë, à la faveur des troupes qui leur estoient venuës d'Afrique, & contraignirent Aben Haddu d'implorer le secours de Dom Alfonse, qui entrant dans l'Andalousie, courut tout le païs de Iaen, d'Anduchar, & d'Arjone, prit la ville de Montore, dont les Maures s'estoient emparez, & l'ayant fortifiée passa à Cordouë; Mais les Maures du païs ayant rassemblé leurs forces, luy donnérent bataille, qu'il gagna; puis revint assiéger Cordouë, qui se rendit, & il la remit entre les mains d'Aben Haddu, qui estoit présent. Les Maures d'Espagne se sentant trop foibles pour resister aux Chrestiens, envoyérent offrir obeïssance à Abdulmumen, qui triomphoit en Afrique, & il leur envoya trente mille hommes, qui se joignant aux Rois de Grenade & de Iaen, recommencérent la guerre contre Aben Haddu, Roy de Cordouë. Il demanda aussi-tost secours au Roy Alfonse, qui se joignant à Dom Raymond Bérenger, les alla attaquer au siége de Cordouë, & les défit; puis alla assiéger la ville de Iaen, & ne l'ayant pû prendre, ravagea le païs, & retourna en Castille. Mais les Almohades qui s'estoient sauvez de la bataille, s'estant joints avec les troupes de Grenade, allérent assiéger Murcie, dont le Prince estoit vassal de Dom Raymond, & qui demanda aussi-tost secours à Dom Alfonse. Sur ces nouvelles, les Almohades marchérent contre eux, & leur donnérent bataille, où ils furent défaits vne seconde fois, avec grande perte, aprés vn combat fort opiniastré. Abdulmumen l'ayant appris, renvoya vne seconde armée, qui recommença la guerre tout de nouveau, laquelle dura plus de soixante ans. Cependant, les deux Princes Chrestiens victorieux, s'emparérent de plusieurs places sur les ennemis. Car Alfonse prit les villes de Guadix & de Baça l'an mille cent cinquante-deux, & l'année suivante il assiégea la ville d'Anduchar, où Félix Yvagnez de Toléde mourut. Aprés l'avoir prise par composition, il alla à Iaen, dont les habitans appréhendant la ruine, chassérent les Almohades, & receurent pour Roy Aben Haddu, du consentement de Dom Alfonse, qui retourna victorieux à Tolé-

*Ce fut alors qu'on osta les grans verrouïls de la principale Mosquée de Cordouë, & qu'on les porta à Valladolid, où ils sont maintenant aux portes de l'ancienne Eglise de Nôtre-Dame.*
1151.

Loth.

de. D'autre-cofté, Dom Raymond qui fe faifoit appeller Prince d'Aragon, occupa les montagnes de Prades vers l'Ebre, entre Saragoffe & Tortofe, & prit les chafteaux de Civrana & de Miravet. L'an mille cent cinquante-cinq, le Roy Alfonfe rentrant dans le païs des Maures, les chaffa de la campagne de Calatrava, & prit les villes de Caracuel & d'Almodovar, avec tous les lieux d'alentour. De-là il batit & emporta d'affaut Pédroche, puis Santofime par compofition, & l'ayant fortifiée retourna à Toléde. L'année fuivante Abdulmumen s'eftant rendu maiftre de la plufpart de la Barbarie, voulut paffer en Espagne avec vne puiffante armée, & eftant mort dans ce deffein, fon fils Iofef, qui luy fuccéda, le continüa.

1155.

D'autre-cofté, Manfute Soudan des provinces que les Turcs tenoient au Couchant mourut, laiffant trois enfans mafles, dont l'aifné Iagupafan eut en partage Amafie, Acre & la Cappadoce, qu'on nomme l'heureufe, avec toutes leurs dépendances; Dadun eut Céfarée & Sebafte; & Clizaftlan, Iconie; mais fe fouciant peu d'vnion & de partage, ils s'entrefirent la guerre, à la perfuafion de l'Empereur Manuël, qui les incitoit fourdement par fes ambaffades. Il fe declara neantmoins pour Iagupafan, & luy envoya de grans préfens, avec offre de fervice, pour la haine qu'il portoit à Clizaftlan, qui non content de perfécuter les Chreftiens, perfécutoit fes propres freres. Ces deux Princes s'entrefirent donc les premiers la guerre; & aprés plufieurs rencontres, Iagupafan demeura vainqueur, & le vaincu fe jetta entre les bras de Manuël, qui le receut fort bien, pour en tirer avantage dans les guerres de l'Afie, & l'ayant mené à Conftantinople, fit faire des feftes & des réjouïffances à-caufe de fa venuë, & le renvoya avec de grans préfens, & de plus grandes promeffes, s'il luy livroit la ville de Sebafte, comme il le promettoit. Aprés fon départ, l'Empereur luy envoya toute forte d'armes tres-riches, & autres chofes de grand prix, pour l'obliger à executer fa promeffe, avant qu'il euft le tems de fe repentir; Mais il ne fut pas pluftoft de retour à Iconie, qu'il luy declara la guerre, & s'empara de plufieurs places de l'Empire. Il attaqua auffi fon frere Dadun, & prit fur

*Afie.*

Sf iij

luy Céfarée, aprés-quoy il fit tout ce qu'il pût pour exterminer Iagupafan, qui mourut comme il eftoit fur le point de luy donner bataille. Aprés fa mort il entra fécrétement dans Amafie, & fe rendit maiftre de la province, & enfuite de la Cappadoce; puis pourfuivant fa pointe, augmenta fon Empire par la mort, ou le banniffement de la plufpart des Seigneurs qui commandoient aux environs. De-là il tourna fes armes contre l'Empereur qu'il ne laiffoit pas pourtant d'appeller fon pere, comme l'autre l'appelloit fon fils; & fi l'Empereur venoit à batre fes armées, il dépefchoit vers luy des Ambaffadeurs avec préfens, s'excufant de tous ces defordres fur les Turcs. Cependant, il ravagea les terres de Laodicée, dont il tua l'Evefque, & fit plufieurs autres maux. Il difoit, en raillant, que plus il faifoit de mal à l'Empereur, plus il en recevoit de bien, parce-qu'on luy envoyoit des préfens aprés fes victoires, pour l'empefcher de paffer outre. Enfin l'Empereur irrité, envoya vne armée contre luy, fous le commandement de Bafile, qui entra la nuit dans fon camp, parce-qu'il refufoit la bataille, & fit d'abord vn grand carnage; Mais les Turcs ayant feû le mot des Chreftiens, arreftérent leurs progrez dans l'obfcurité; de-forte qu'on fe retira au point du jour avec grande perte de part-&-d'autre, & Bafile retourna à Conftantinople.

*Salomon.*

## CHAPITRE XXXV.

*De Iofef, fecond du nom, Roy de Maroc; & des chofes arrivées fous fon régne.*

1156.

IOSEF eftant parvenu à l'Empire aprés la mort de fon pere Abdulmumen, fe montra entreprenant, & grand ennemi des Chreftiens. Aprés avoir appaifé donc quelques troubles, & confirmé dans leurs Eftats les Rois de Tunis & de Bugie, qui eftoient fes vaffaux, il paffa en Efpagne dés le

1158.

commencement de l'année avec foixante mille chevaux, & plus de cent mille hommes de pied, à la priére des Rois Maures, qui luy offroient obeïffance, pour s'affranchir du joug des Chrestiens. Il ne fut pas plustost arrivé, qu'ils le furent trouver, & luy prestérent ferment de fidelité, & Aben Haddu aussi-bien que les autres, nonobstant les obligations qu'il avoit à Dom Alfonse. Il n'y eut que Loth, Roy de Murcie & de Valence, qui demeura dans son devoir. Sur ces nouvelles, le Roy Alfonse, qui avoit pourveu à toutes les places de la frontiére, au bruit de la venuë d'vn si puissant ennemi, & imploré le secours du Pape & du Roy de France, assembla son armée, tandis que les Maures s'emparoient des places de l'Andalousie. Mais comme ils eurent mis le siége devant Almérie, il y accourut, & tomba malade dans Baça, où il laissa le commandement de l'armée à son fils, pour retourner à Toléde. Toutefois en passant la Sierra Moréna, le mal le pressa si fort au détroit de Muradal, qu'il fut contraint de s'appuyer contre vn chesne, où il mourut, laissant la Couronne de Castille à son fils aisné, Dom Sanche, surnommé le Desiré, & celle de Leon à Fernand. Sa mort causa de grans maux à l'Espagne. Car son armée destituée de sa présence se retira, & laissa prendre Almérie & Guadix, puis la ville d'Anduchar; aprés-quoy l'ennemi assiégea Baéça & Montore. Le Comte Dom Manrique de Lara, qui commandoit dans la premiére, ayant demandé du secours à Dom Sanche, & receu responfe qu'on n'estoit pas en estat de le secourir, rendit la place, & ceux de Montore en firent autant. Iosef alla de-là aux Pédroches, & comme il continüoit ses progrés, Dom Sanche s'aprestant à marcher contre luy, aprés avoir grossi son armée de quelque secours estranger, tomba malade dans Toléde & mourut. Cependant, comme il estoit arrivé dans son armée quantité de brave Noblesse de toutes parts, par forme de croisade, on ne laissa pas de marcher contre l'ennemi, qui tiroit vers Seville, & l'on luy donna bataille, où il fut vaincu, avec perte de quantité de gens & de braves Chefs, dont il y en avoit deux principaux, Bugime & Adalguer. Aprés sa défaite, il se retira à Seville, & les Chrestiens à Toléde, où ils mirent bas les armes, & chacun retourna chez soy chargé de gloire & de butin. Dom Sanche par sa mort laissa la Couronne de Castille à son fils Dom Alfonse neusvié-

*A la prairie de Fresnéde, le 21. Aoust.*

*Le dernier Aoust 1158.*

me du nom, sous la tutelle ou régence de Dom Gutiére Hernandez de Castro, parce-qu'il n'avoit que trois ans, préferant ainsi son fils à son frére Dom Fernand, qui régnoit dans Leon, ce qui causa de grans troubles. Cependant, Iosef laissa en paix les Chrestiens, pour tourner ses armes contre les Rois Maures qui l'avoient appellé, & se rendit maître de tous leurs Estats. Le premier qui fut attaqué, fut Loth, qui régnoit dans Murçie & dans Valence, & qui estoit tributaire de Raymond, Comte de Barcelone, aprés l'avoir esté de Dom Alfonse, Roy de Castille. Le second fut Aben Alhax, Roy de Mérida, qui se rendit son vassal, & favorisé de ses troupes, envoya vne armée dans la Castille, sous le commandement de deux de ses fils, qui retournant chargez de butin vers Talavera, aprés avoir ravagé les contrées de Plasencia & d'Avila, furent attaquez par Sanche & Gomés Chimenés, qui les défirent, & reprirent tout le butin. Cependant, la guerre s'allumoit de plus en plus entre Iosef & Loth, qui secouru des Chrestiens se rendit maistre de Grenade, puis la perdit, & la recouvra. L'an mille cent soixante-deux, Dom Alfonse Enriquez, Prince de Portugal, prit la ville de Becha sur les Maures; & Sancho Chimenés, avec son frére, fit des courses au quartier de la Seréna, d'où ils enlevérent force troupeaux, & les Maures estant accourus à la récousse, ils les défirent, & retournérent à Avila chargez de butin. Les differens d'entre Castille & Leon estoient alors plus échauffez qu'auparavant, & Dom Fernand Ruis de Castro, neveu du Régent, & Gouverneur de plusieurs places, estant alors dans Toléde, les Almohades entrérent dans le païs, & firent de grans ravages; mais comme ils se retiroient dans l'Andalousie chargez de butin, il leur donna bataille prés de Calatrava, sans aucun avantage de part-&-d'autre, & chacun s'en retourna d'où il estoit venu. D'autre-costé, Dom Alfonse Enriquez prit sur les Maures Zambra ou Cézimbra, & assiégea Palmelle; & comme le Roy Maure de Badajox alloit pour la secourir avec quinze cens chevaux & soixante mille hommes de pied, Enriquez luy donna bataille, & le défit, puis continüa le siége de Palmelle, qui se rendit par composition. Cependant, Dom Alfonse,

## SVCCESSEVRS, LIVRE II.

Alfonfe, Roy d'Aragon, prit fur les Maures toutes les places qui eftoient le long de l'Ebre & du Calendaçon, jufqu'à Canta Viécha, avec l'aide des Templiers, & de ceux de S. Iean, & de Calatrava, outre beaucoup d'autres François & Efpagnols, qui le vinrent fecourir. D'autre cofté, le Roy Alfonfe de Caftille s'empara de quelques places du Royaume de To- léde, que tenoit Fernando Ruis de Caftro, qui avoit pris le parti du Roy de Leon, & qui luy abandonna enfin la capi- tale, pour fe retirer vers Iofef. Il fut receû avec joye en la compagnie de plufieurs Chreftiens, qui le fuivirent, & on l'envoya faire la guerre au Roy de Grenade, qui luy tint tefte, à l'aide de Dom Alfonfe. En mefme tems, Iofef qui eftoit dans Seville, eut guerre avec Alfonfe Enriquez, Prin- ce de Portugal, qui envoya vne armée contre luy, fous le commandement de fon fils Dom Sanche, accompagné de braves volontaires qui y eftoient accourus, comme à vne croifade. Dom Sanche ayant donné bataille aux Maures, les vainquit, & les rechaffa jufqu'aux portes de Seville; aprés- quoy il mit le fiége devant Niébla, ayant ruiné l'Acharafe. Mais fur la nouvelle que les Maures avoient affiégé Beje, il leva le fiége, & les rencontrant en chemin, les défit, & re- tourna victorieux en Portugal. L'année d'aprés ayant appris que l'armée du Roy de Badajox ravageoit la contrée entre Mondégue & le Tage, il l'alla rencontrer, & la batit, avec grand meurtre, gagnant plufieurs autres batailles contre les Maures.

L'an 1166. le 26. Aouft.

Sur ces entrefaites, Iofef ayant appris que quelques Com- munautez des Zénétes s'eftoient foulevées au Royaume de Treméçen, & que fon abfence levoit le cœur aux Arabes, il repaffa en Afrique, laiffant vne cruelle guerre dans l'An- dalousie, entre Loth Roy de Grenade, aidé du fecours de Dom Alfonfe, & Fernand Ruys de Caftro, & les Maures de fon parti. Mais aprés avoir appaifé les troubles d'Afrique, il repaffa en Efpagne avec vne innombrable armée, pour terminer ces differens. Sur la nouvelle de fa venuë, les Gou- verneurs d'Alfonfe, aprés avoir garni fa frontiére, imploré- rent le fecours du Pape, qui fit publier vne croifade, & luy envoya vn Cardinal Legat, avec de grandes Indulgences. Il

1171.

arriva donc de France & d'Italie quantité de gens de guerre, & les Princes d'Espagne se reconciliérent, sur l'appréhension des forces des Maures. Alfonse d'Aragon prit plusieurs places sur eux le long des bords de l'Hebre & de la Calende, & ailleurs, & Iosef fit la guerre toute l'année contre Loth, sans luy faire beaucoup de mal, à cause du secours de Dom Alfonse. Mais là-dessus Loth estant mort de maladie, ceux de Grenade se soûmirent à Iosef, qui se fit maistre de toutes les forteresses de cét Estat, & de la ville de Iaen. De là tournant par Almérie, il assujettit cette contrée, & traversant le Royaume de Murcie, passa à Cuença, & en la compagnie de son fils Almansor, alla assiéger Huete, qui eut esté contrainte de se rendre faute d'eau, sans vn orage qui survint le jour de Saint Iuste, qui en fournit en abondance, jusqu'à renverser les tentes du Roy Maure. D'ailleurs quantité de Bearnois & de Gascons, & autres estrangers, accoururent au secours de cette place, qui firent retirer Iosef au Royaume de Murcie, dont il acheva la conqueste. L'année suivante, avec vn renfort qui luy vint d'Afrique, il sortit de Cordoüe accompagné de treize Rois Maures, & entra par le Royaume de Badajox dans le Portugal, où ayant emporté d'assaut vne place forte, il ravagea le païs. Sur la nouvelle de sa venuë, Dom Alfonse Enriquez fortifia Lisbonne, & y laissant l'Infant Dom Sanche, passa à Coimbre, & pourveut d'hommes & de munitions toutes les places de ces quartiers-là, puis il se retira à Santaren, où Iosef le vint attaquer, & le premier assaut dura cinq jours & cinq nuits sans discontinuation. Cependant, le Roy Alfonse de Castille y envoya du secours, & les Rois d'Aragon, de Navarre & de Leon, en firent autant à son exemple. Le Cardinal Legat de son costé avoit assemblé grand nombre de Gascons, Provençaux, & de Bearnois, par le moyen de la croisade, & les Chevaliers de tous les Ordres. De-sorte que Iosef sachant que tout estoit prest pour le secours, redoubla tous ses efforts pour prendre cette ville, mais sur ces entrefaites, il receut vn coup de fléche, dont il mourut. Quelques-vns disent, qu'il fut blessé par vn des siens, d'autres par vn Portugais; mais tant y a que les Maures levérent le siége, & ceux d'Afrique

[marginalia: 1172.]
[marginalia: Torresnovas.]

# SVCCESSEVRS, LIVRE II.

s'en retournérent en Barbarie. Iacob Almanſor ſon fils, luy ſuccéda, qui fut nommé auſſi Amir Elmocélemin, & Dom Raymond Bérenger, Comte de Barcelone, eſtant mort, laiſſa pour ſucceſſeur ſon fils Dom Alfonſe, qui fut Roy d'Aragon.

Pour retourner en Aſie, les Soudans d'Iconie & d'Egypte s'eſtant liguez enſemble pour faire guerre aux Chreſtiens, l'Empereur Manuël aſſembla vne flote de deux cens galéres, ſous le commandement d'Andronique, pour leur reſiſter par mer; tandis qu'il les attaqueroit par terre avec les Chreſtiens de la Iudée, pour prendre ſur eux la ville de Damiette. Aprés avoir donc communiqué ſon deſſein à Alméric, Roy de Ieruſalem, qui s'offrit d'y aller en perſonne, il le fit avertir qu'il ſeroit dans peu à Damiette, avec de l'argent pour payer la cavalerie qu'il luy ameneroit. Peu de tems aprés Andronique arriva à Mélibote, où il trouva l'Empereur, qui y eſtoit venu pour voir l'armée navale, & donner les ordres neceſſaires. Aprés y avoir demeuré deux jours, il ſe rendit prés de Seſte & d'Abyde, où ayant fait embarquer quantité de gens de guerre, il prit la route de Chypre, & ayant rencontré ſix galéres d'Egypte, qui venoient à la découverte, il en prit deux, & le reſte ſe ſauva. Comme il fut arrivé à Chypre, il fit ſavoir ſa venuë au Roy de Ieruſalem, qui ſe repentant de cette entrepriſe, en differa l'exécution; mais enfin il luy manda qu'il le vinſt trouver, pour en deliberer enſemble. Andronique y eſtant arrivé, & voyant les difficultez qu'il faiſoit, le pria de ne point faire avorter vn ſi glorieux deſſein. Enfin le Roy réſolut de faire l'entrepriſe par terre avec toutes ſes forces, parce que le voyage eſtoit plus ſeur, & qu'on pourroit s'emparer de deux grandes bourgades, ſituées dans vne plaine fort fertile, où l'armée ſe rafraiſchiroit, outre qu'elles eſtoient peuplées de Chreſtiens, quoy-qu'elles fuſſent ſous l'obéïſſance du Roy d'Egypte. Il partit donc, & y eſtant arrivé, les habitans ſe rendirent auſſi-toſt. De-là il alla à Damiette, où il trouva l'armée navale, qui avoit déja eu affaire avec les ennemis, & fit entrer les galéres dans le Nil, pour aſſiéger la ville de tous coſtez. Aprés avoir fait bréche en divers endroits, il

*Aſie.*
Cliſaitlan & Amirhadec.

Au port de Célé.

Tinie & Thénéhé.

fit donner l'assaut ; mais les habitans se défendant vaillamment, il en falut venir à vn accord, qui fut remis à la decision de l'Empereur, lequel fit la paix plus avantageuse pour les Barbares qu'honorable pour les Chrestiens ; de-sorte qu'Andronique retourna tout en colére à Constantinople, & le Roy en Ierusalem. Ensuite Manuël marcha contre le Soudan d'Iconie, qui ne laissoit pas nonobstant la tréve, de faire des courses dans les terres de l'Empire, & l'Empereur passant à Dorilée, la voulut fortifier. Sur cét avis, le Soudan luy envoya demander pourquoy il luy faisoit la guerre, & il fit response qu'il ne l'ignoroit pas, aprés ce qu'il avoit fait, & se hasta de fortifier la place, & d'y faire creuser des puits, à-cause qu'elle manquoit d'eau. Les Turcs voyant qu'il ne la fortifioit à autre dessein, que pour les chasser de la campagne où ils faisoient paistre leurs troupeaux, & d'où ils faisoient des courses çà & là sur les Chrestiens, se partagérent en plusieurs troupes, & vinrent par divers endroits pour empescher les travaux, tuant ou faisant captifs ceux qui alloient aux pierres ou à l'eau ; Mais l'Empereur y accourut en personne avec sa cavalerie, pour escorter les ouvriers, & aprés avoir fortifié Dorilée, & vne autre place*, retourna à Constantinople. L'année d'aprés ayant assemblé vne armée encore plus forte, où il y avoit des Italiens & des Tartares, de ceux qui habitent le long du Danube, & plusieurs autres nations, il prit la route de Phrygie & de Laodicée, & arrivant à Cone, entra au fameux Temple de Saint Michel, d'où il passa à Lampi, & vint à Célene, où est la source du Méandre. C'est-là qu'on tient qu'Apollon écorcha Marsias, qui luy vouloit disputer le prix de la Musique. De-là il passa à Come, & à vn vieux chasteau desert, nommé Myriocéfale, pour le grand nombre de testes que les Turcs coupérent prés de là aux Chrestiens. Il continüa ainsi sa route, avançant autant qu'il pouvoit avec l'embaras des chariots & de l'attirail ; mais se fortifiant toûjours dans ses campemens sans se negliger en aucune façon. D'ailleurs il estoit retardé par les courses & les escarmouches des Turcs, qui empoisonnoient les eaux, & luy coupoient les vivres. Sur ces entrefaites, le Soudan d'Iconie, quoy-qu'il

*Sublée.

Ville de Palace.

# SVCCESSEVRS, LIVRE II.

euſt aſſemblé vn grand ſecours de la Perſe, de la Méſopotamie, & d'ailleurs, l'envoya rechercher d'accord, à quoy inclinoient les Capitaines les plus experimentez, parce qu'il tenoit la pluſpart des paſſages & des places fortes par où il faloit paſſer. Mais l'Empereur ſuivant le conſeil des jeunes gens, qui ne ſavoient rien de la guerre, renvoya les Ambaſſadeurs ſans rien conclure. Le Soudan fit vne nouvelle recharge, mais en vain; aprés quoy il envoya ſes gens en embuſcade dans les paſſages du mont Taurus, avec ordre d'en chaſſer les Chreſtiens, s'ils s'en eſtoient emparez auparavant. Il y a en cét endroit vne valée ſpacieuſe * qui ſe hauſſant vers le ſommet des montagnes, s'eſtend de là vers le Septentrion, vn peu au bas des coſtes, & ſe diviſe en d'autres valées plus découvertes, eſtant ceinte de l'autre coſté de roches eſcarpées. L'Empereur ayant à paſſer par là avec ſes troupes, oublia au beſoin ſa diligence accouſtumée. Car ſans faire reconnoiſtre les paſſages, ni ſeparer les bagages de l'armée, pour ne point l'embaraſſer dans le combat, il marcha en cét ordre. L'avantgarde eſtoit commandée par Iean & Andronique *, le corps de bataille par Conſtantin & Labarda, avec leurs bataillons rangez en forme de croiſſant, dont la corne droite eſtoit commandée par Baudoüin, Roy de Ieruſalem, & la gauche par Théodore; aprés-quoy venoit tout le bagage, & enſuite l'Empereur, avec la force des troupes. L'Amiral Andronique faiſoit l'arriéregarde. Voilà l'ordre de l'armée en entrant dans ces valons. Mais lors qu'on vint aux deſtroits, où l'on ne pouvoit s'eſtendre, les deux pointes de la bataille ſe reſſerrérent & enfoncérent les ennemis qui s'eſtoient poſtez de part-&-d'autre ſur les montagnes, pour empeſcher le paſſage. Le reſte de l'armée eut paſſé de meſme ſans danger, s'ils euſſent rangé de part-&-d'autre les gens de trait, pour dénicher les ennemis du haut des montagnes, & qu'ils euſſent fait vne paveſade, comme on faiſoit alors pour ſe remparer contre les fleſches des Turcs, & les tenir écartez. Mais ne l'ayant pas fait, ils vinrent fondre de tous coſtez ſur eux avec de grans cris, & mettant les Chreſtiens en deſordre, en tuërent grand nombre. L'aile de Baudoüin prit la fuite; mais dans cette conjonctu-

* Cliſſura, ou Cluſſe.

* Fils de Conſtantin l'Ange.

Conſtantin Macroduc, & Labarda Sandronique.

re, ce généreux Prince ralliant vn corps de cavalerie, donna au milieu des ennemis, où il fut tué avec tous ceux qui le suivoient. Le Turc enflé de ce succés, fit tant qu'il rompit l'avantgarde & la bataille, & se saisissant des passages où les Chrestiens accouroient en foule, il les tuoit les vns sur les autres, sans qu'ils se pússent défendre, ni l'Empereur les secourir, à-cause de l'embaras du bagage, outre qu'on estoit ceint de toutes parts de roches escarpées. Le nombre des Chrestiens qui fut tué à coups de flesches fut si grand, que les valons estant remplis de corps morts, on y voyoit couler des ruisseaux de sang. Sur ces entrefaites, les Turcs montrérent au bout d'vne lance la teste du neveu de l'Empereur, qu'il avoit envoyé avec les troupes de Paphlagonie contre les Amaséniens, & attaquérent Manuël de tous costez avec le plus d'effort, sachant bien que de-là dépendoit tout le succés du combat. Cela luy fit redoubler ses forces, & encourager les siens, pour s'ouvrir vn passage l'épée à la main. S'estant donc rallié avec ce qui luy restoit, il se fit jour à travers vn gros qui venoit pour l'envelopper, & combatit avec tant de vigueur, qu'outre ses blessures il receut en son bouclier trente flesches, & son casque fut tellement enfoncé, qu'on ne pouvoit hausser la visiére. Cependant, les Turcs ne cessoient de tuer & de fraper, & ceux qui se pensoient sauver pardessus les corps de leurs compagnons, estoient égorgez par les Turcs, qui estoient répandus deçà & delà dans ces montagnes. Car le lieu dont nous parlons se divise en sept profondes valées, proches les vnes des autres; & encore que le passage soit assez large d'abord, il se resserre peu à peu; de-sorte qu'à peine trois chevaux en quelques endroits y peuvent passer de front. Les Turcs s'estant donc saisis de ces lieux, on n'avoit pas pluſtost passé vn défilé qu'on estoit inveſti de toutes parts. Pour comble de malheur, il survint vn grand vent, qui couvroit tout l'air de sable & de poussiére; de-sorte qu'on ne se voyoit pas l'vn l'autre, & l'on s'entretuoit sans se reconnoistre. Il en tomboit donc des deux costez, mais non pas en si grand nombre du costé des Turcs, ni les plus braves, comme parmi les Chrestiens, car il n'y avoit que ceux-là qui fissent teste. Sur

*Andronique Bataque.*

*L'Auteur luy fait faire icy vne harangue; mais il estoit trop embarassé pour cela.*

# SUCCESSEURS, LIVRE II.

ces entrefaites, l'Empereur se trouvant sans gardes, accompagné d'vn seul Ecuyer, se mit au pied d'vn poirier sauvage pour reprendre haleine ; & comme son Ecuyer luy racommodoit ses armes qui estoient toutes brisées, il survint vn Turc, qui mit la main sur la bride de son cheval pour l'arrester. Mais il luy donna vn si grand coup sur la teste, d'vn tronçon de lance, qu'il le jetta mort par terre ; & comme d'autres accoururent pour le prendre, il prit la lance de son Ecuyer, & en tua le premier, tandis que son Ecuyer d'vn coup de sabre coupe la teste à vn autre. Dans cette conjoncture dix de ses cavaliers arrivérent, qui le mirent au milieu d'eux, & l'emmenérent vers vn gros qui avoit pris le devant. Mais ce ne fut pas sans peril, à cause des ennemis qu'ils rencontroient à diverses fois sur leur route. Lors-qu'il eut passé ces destroits, où il falut marcher assez long-tems sur des corps-morts, & traverser vne riviére qui couloit au milieu, il joignit vn gros de ses gens, & chargea les ennemis. Iean Cantacuzéne y fut tué, & l'Empereur attaqué ensuite ; mais il combatit avec tant de courage, qu'il se dégagea, & joignit l'arriéregarde qui l'attendoit dans son camp, où quelques troupes s'estoient encore ralliées. Il fit faire bonne garde toute la nuit, & le lendemain comme les Turcs s'apprestoient à l'attaquer, le Soudan meû de compassion, luy envoya des rafraischissemens, & fit tréve avec luy, à la charge qu'il démoliroit les forteresses de Sublée & de Dorilée, qu'il avoit restablies. Mais l'Empereur se voyant hors de danger ne voulut pas démolir celle-cy ; ce qui donna sujet au Soudan de recommencer la guerre, & d'envoyer contre luy l'élite de ses troupes, avec ordre de détruire tous les lieux par où elles passeroient, & de luy rapporter de l'eau & du sablon de la mer. Elles entrérent donc dans les provinces de l'Empire, & détruisirent les villes de Phrygie & de Méandre ; mais elles donnérent sans y penser dans vne embuscade au passage de ce fleuve, où elles perdirent quantité de gens, & tout le butin.

*Il avoit épousé vne niéce de l'Empereur.*

*L'Auteur dit & vne taxe.*

En mesme tems il y eut de grandes guerres en Egypte entre les Soudans ; & Saladin, neveu de Saracon, ayant tué le Calife Amer-hadec, se rendit maistre de tout le païs. Mais

*Saracon & Sanar.*

pour ne point partager noſtre narration, nous dirons ces choſes dans la ſuite en parlant des Mammelus.

## CHAPITRE XXXVI.

*D'Abu Iacob, fils de Ioſef, Roy de Maroc; & des choſes arrivées de ſon tems.*

*C'eſt-à-dire le Victorieux.*

APRE'S la mort de Ioſef il y eut de grans troubles en Afrique, où la pluſpart des places & des provinces ſe ſoûlevérent; Mais Abu Iacob, qu'on nomme ordinairement Iacob Almanſor, ayant pris les reſnes de l'Empire, les remit toutes dans leur devoir, ou par amour ou par crainte, & fut receu auſſi-toſt dans Fez pour Souverain. Les Rois de Treméçen & de Tunis, n'ayant pas voulu obéir d'abord, & pratiquant ſous-main les Arabes, il fit vne paix feinte avec eux, & anima contre eux ces peuples; & lors-qu'il les vit bien engagez dans la guerre, il aſſembla vne armée dans la Tingitane, comme pour les affranchir de la tyrannie des Arabes, & paſſant dans le Royaume de Treméçen, ſe joignit à leurs ennemis, & les dépoſſéda de leurs Eſtats, aprés avoir remporté la victoire. Enſuite pour tenir ces provinces en paix, & les delivrer de l'oppreſſion des Arabes, il emmena ceux-cy avec luy, ſous prétexte de les tirer de ces deſerts, & de leur donner vn meilleur païs à habiter, & plaçant les principaux dans les provinces de Duquéla, de Teméçen, & d'Azgar, envoya le reſte dans la Numidie & la Libye, pour les affoiblir en les partageant. Tous ceux qui demeurérent dans la Mauritanie Tingitane, furent ſes vaſſaux, parce que ces peuples ſont hors de leur élement lors qu'ils ſont hors de leurs deſerts, & perdent leur courage & leur force. Auſſi s'en fuſſent-ils retournez, s'ils euſſent pû traverſer les détroits occupez par les naturels Africains, & les campagnes poſſédées par les Arabes anciens, ſujets du Roy. Ils quitérent donc leur fierté naturelle, pour s'occuper à l'agriculture, & à la nourriture de leurs troupeaux. Ceux de la province d'Azgar payérent d'abord tribut; mais ceux de Duquéla &

de

# SVCCESSEVRS, LIVRE II.

de Teméçen, estant en plus grand nombre & s'entendant mieux, s'en exemtérent, & avec le tems le firent payer mesme aux naturels du païs, pour ne pas ruiner leurs terres, tant ils estoient puissans & considerables. Ceux qui furent envoyez dans la Numidie & la Libye, n'entendant pas bien le païs, furent quelque tems comme vassaux des Numides; mais à la fin ils s'en rendirent les maistres, & estendirent encore leur Empire dans les provinces voisines, sans plus reconnoistre de Souverain que leurs Checs ou Commandans. Ceux qui demeurérent dans le Royaume de Tunis, & qui ne purent estre transplantez, pour estre trop belliqueux & indomtables, se soûlevérent aprés la mort d'Almansor, & se rendirent les maistres. Leur domination a duré jusqu'au régne des Bénimerinis, qui cédérent cét Estat à vn Chevalier d'entre les Zénétes, dont les successeurs ont régné depuis dans Tunis l'vn aprés l'autre de masle en masle, jusqu'à Hamida, qui fut depossedé par le Gouverneur d'Alger, pour le Grand Seigneur. Ce Chevalier donc demeura maistre des villes & des villages, en laissant la moitié des revenus de l'Estat aux Arabes, tant que ceux-cy croissant toûjours en nombre, on ne paya plus rien qu'à ceux qui estoient alliez, & qui servoient à la défense du païs. Cependant, les autres faisoient des courses deçà & delà, plustost comme voleurs, que comme habitans; de-sorte qu'il estoit difficile de voyager par ces provinces sans prendre passe-port de lieu à autre, ce qui se fait en cette sorte. Lors qu'on est arrivé quelque part, le Chec du lieu écrit dans vn registre les noms des voyageurs, & leur donne vn homme pour les conduire, qui porte vne lance avec vn guidon, où est sa devise, jusques à ce qu'on soit arrivé en vn autre lieu, où l'on fait la mesme chose, & l'on prend tant par teste, & pour chaque charge, des Iuifs aussi-bien que des Maures, sans quoy l'on court fortune d'estre tué ou volé. Voilà ce qu'on pratique pour sa seureté par tous les quartiers où il y a des Arabes.

Pour retourner à nostre Histoire, Iacob Almansor s'estant rendu maistre des provinces de Barbarie, fit des courses dans le païs des Numides, & assujettit tout ce qui est depuis Messa jusqu'à Tripoli, qui comprend les Royaumes de Maroc,

*Rois de Maroc & de Fez.*

*Abuhafça.*

*Aluch, Ali Fartaci.*

*A l'extremité de la Barbarie, vers l'Occident, du costé des Négres.*

V u

de Fez, de Treméçen & de Tunis, & contient plus de douze cens lieües de longueur, & de largeur cent quatre-vingts, depuis la mer Mediterranée jusqu'aux sablons de la Libye. D'autre-costé, tous les Maures d'Espagne le reconnoissoient pour Souverain, & il y fit encore des conquestes sur les Chrestiens ; si-bien que ce fut le plus puissant Roy qui ait régné en Afrique depuis les Califes. Il bastit la ville de Rabato, prés de Salé, & outre cela Mansora, Alcaçar-qui-vir, Alcaçar-çaguer, à-cause du passage des armées en Espagne, & plusieurs autres, dont nous ferons mention quand nous en parlerons en détail ; ce qui luy aquit le nom d'Almansor, ou de Victorieux, car ce n'estoit pas son nom propre.

*Autrement Méhédie.*

Pour retourner en Espagne, Loth Roy de Valence estant mort, ses Sujets se partagérent entre son fils & les Almohades, les vns soustenant vn party, les autres l'autre. D'où Alfonse, Roy d'Aragon, prit occasion d'assiéger la ville, aprés avoir ravagé le païs ; mais vn Chevalier Almoravide, qui y commandoit, s'offrit de le reconnoistre pour Souverain, pourveu qu'il luy laissast le gouvernement de la place, ce qui fut fait. De-là Alfonse alla assiéger Chative, qui appartenoit au fils de Loth, sans quiter le siége que ce Prince ne se fust fait son vassal ; quoy-que cependant le Roy de Navarre courust son païs.

*Espagne.*

*1174.*

L'année suivante, Iacob Almansor, qui avoit déja pris ce titre avec celuy d'Amir Elmocélémin, passa en Espagne aprés avoir pacifié l'Afrique. Il fit son entrée dans Cordouë à la teste d'vne puissante armée, puis retourna en Afrique sans rien faire, sur la nouvelle de la revolte de quelques Gouverneurs. Il laissa pour Lieutenant général Dom Fernand Ruis de Castro, avec vne partie de ses troupes, quoy-qu'il fust Chrestien ; & si-tost qu'il fust parti, Fernand joignit les autres Maures, & entrant dans le Portugal, assiégea Ciudad Rodrigo, aprés avoir ravagé le païs. Sur ces nouvelles, Dom Fernand, Roy de Leon, y accourut ; & quoy-que plus foible, luy donna bataille, & le vainquit, sans rompre pourtant le gros des Chrestiens qu'il commandoit ; car il ne le voulut point attaquer, & fit si-bien par des gens qu'il envoya vers luy, avec promesse de luy donner sa sœur en ma-

*Au lieu qu'on nomme saint Iacques.*

riage, qu'il quita le parti des Maures pour prendre le sien. Ceux de Badajox, de Mérida, & des lieux d'alentour, se rendirent aussi ses vassaux. Aprés ces choses il y eut guerre entre les Rois de Castille & de Navarre, qui fut assoupie pour l'heure par l'entremise du Legat du Pape; mais l'année d'aprés, Alfonse, Roy de Castille, alla assiéger Cuença en la compagnie du Roy d'Aragon, & comme il la batoient, Fernand Ruis de Castro, qui estoit venu avec celuy-cy, se retira par ordre du Roy de Leon, & s'alla rendre maistre de plusieurs places de la Castille, qui avoient appartenu à ses prédecesseurs. Mais sur cét avis le Roy de Castille laissa la conduite du siége au Roy d'Aragon, & alla reprendre ces places, & faire la guerre à ce Prince. Alors les Maures de l'Andalousie s'assemblérent pour secourir Cuença; mais n'osant attaquer le Roy d'Aragon, qui estoit puissant & en bon ordre, ils allérent ravager le quartier de Toléde. Les habitans estant sortis furent défaits, & deux des principaux Chevaliers de la ville tuez; aprés-quoy les Maures retournérent dans l'Andalousie, & le Roy de Castille au siége de Cuença, qui se rendit à la fin à composition, & il la repeupla & fortifia. D'autre costé, le Roy d'Aragon entra au Royaume de Valence, & rendit tributaires tous les Almoravides de cette contrée, puis retourna victorieux en son païs. L'an mille cent soixante & dix-huit, il y eut guerre entre les Rois de Leon & de Castille, & l'année suivante ceux de Castille & d'Aragon partagérent leurs conquestes, & le Royaume de Valence échût à celuy-cy, comme celuy de Murcie au Roy de Castille; aprés-quoy le Roy d'Aragon prit sur les Maures Viller, & autres places frontiéres de Valence, qui s'estoient soûlevées. L'année mille cent quatre-vingts, les Maures de Badajox & de Mérida, & autres de ces quartiers, entrérent ensemble dans le Portugal, & assiégérent Santario & Gelves; mais le Roy de Leon, dont ils estoient vassaux, leur ayant mandé qu'ils levassent le siége, ils obeïrent. Deux ans aprés, le Roy de Castille passa de Calatrava au païs des Maures avec vne puissante armée, & prit le chasteau de Céféla, en la contrée de Consuégra, & y ayant laissé bonne garnison, passa dans les campagnes de Montiel & d'Alcaras,

1176.

Castro Chéris, & Duégnas, &c.

D. Gudiel, & D. Pédre, fréres.

Au mois d'Octobre.

1182.

Vu ij

& en la contrée d'Vbéda, qu'il ravagea entiérement, puis retourna victorieux en Castille. L'an mille cent quatre-vingts trois, il prit la route de Vélés & d'Alarcon, & passant la riviére de Chucar, fit des courses par tout le Royaume de Murcie, puis retourna à Toléde chargé de butin. L'année suivante il retourna dans le Royaume de Murcie, & prit par composition le chasteau d'Alarcon, puis se retira victorieux en Castille. L'an mille cent quatre-vingts cinq, il prit la route de Talavera, & passant le Tage entra dans le païs de Truchillo, & fit de grans ravages en la Seréna, d'où il passa jusques vers Seville, puis vint assiéger le chasteau de Reyna, & l'ayant pris, retourna à Toléde chargé de butin. La mesme année Dom Alfonse Henriquez, Prince de Portugal, estant mort, Dom Sanche son fils luy succéda, & le Roy de Leon prit Iniesta l'année suivante.

1184.
Sur le bord du Chucar.

La mesme année le Pape solicita le Roy de Castille de vouloir estre d'un voyage de la Terre-Sainte, avec l'Empereur Fréderic, & les Rois de France & d'Angleterre, contre Saladin, qui s'estoit rendu maistre de la plus grande partie de la Syrie, & de l'Arabie, aprés s'estre défait du dernier Calife d'Egypte de la lignée de Caym, & menaçoit Iérusalem. Le Roy fit responSe, qu'il ne pouvoit abandonner la guerre qu'il avoit commencée contre les Infidelles en Espagne, & la division s'estant meslée entre Fréderic & ces autres Princes, le voyage fut rompu. Mais l'an mille cent quatre-vingts neuf, Philippe Roy de France, fit paix avec Richard d'Angleterre, pour faire l'entreprise ensemble, & furent suivis de Guillaume, Roy de Sicile, & de plusieurs autres Princes Chrestiens. Mais ceux d'Espagne ayant guerre entre-eux & contre les Maures, ne purent estre de la partie. L'année suivante, les Rois de Castille & d'Aragon entrérent par divers endroits dans l'Estrémadure, & forcérent les chasteaux de Magazel & de Bagnos, & de plusieurs autres places, d'où passant jusqu'à Guadalquivir, ils ravagérent tous ces quartiers. La mesme année ils retournérent dans l'Estrémadure, & achevérent de détruire le païs du Roy de Mérida, d'où passant par les montagnes de Frégenal à l'Acharafe, ils arrivérent jusqu'à la mer pillant, & saccageant tout. Ils pri-

1186.
Asie.

Hadec.

1190.

Quartier de Seville.

# SVCCESSEVRS, LIVRE II.

rent auſſi Calaſparre, puis retournérent en leur païs chargez de butin. Sur ces entrefaites, vne armée d'Anglois qui alloit à la conqueſte de la Terre-Sainte, eſtant arrivée à Lisbonne, Dom Sanche, Roy de Portugal, la pria avec grande inſtance de l'aider à prendre Silves en Algarbe, ſur l'eſperance d'vn grand butin, à quoy elle s'accorda ; ſi-bien que le Roy l'attaquant par terre, & les Anglois par mer, elle fut contrainte de ſe rendre. L'année ſuivante les Rois de Caſtille & d'Aragon n'oubliant pas la guerre qu'ils avoient entrepriſe, raſſemblérent leurs troupes & ravagérent les terres de Seville & de Cordouë, puis celles de Murcie & de Valence, & s'en retournérent chargez de butin. Sur ces entrefaites, Pero Hernandez de Caſtro Banni de Leon paſſa en Afrique au ſervice de Iacob Almanſor, qui le receut fort bien, & luy aſſigna ſes appointemens ſur les terres de Cordouë & de Seville, comme il le deſiroit. Aprés il le renvoya, pour faire la reveuë des places de l'Andalouſie, & tenir toutes choſes en bon eſtat, juſqu'à ſon arrivée, parcequ'il deliberoit d'aller à la conqueſte d'Eſpagne. Dés le printems donc de l'année mille cent quatre-vingts quatorze, Pero Hernandez aſſembla tous les Maures du parti d'Almanſor, & entra dans le Portugal, où il fit de grans ravages entre le Tage & la Guadiane, & prit Abrante ; mais comme il retournoit chargé de butin, vn Capitaine Portugais, Martin Perez, donna vne allarme au camp des Maures, & en tua vn grand nombre. La meſme année mourut Dom Sanche le Sage, Roy de Navarre, grand perſécuteur des Maures, ſur qui il prit pluſieurs places dans ſon voiſinage.

Aprés qu'Almanſor eut pacifié les troubles d'Afrique, aſſujéti les provinces d'Orient, & transporté dans le Couchant les Arabes, il fit publier la Gazie, qui eſt parmi les Maures comme la Croiſade parmi les Chreſtiens ; car ceux d'entr'eux qui s'enrolent, ſe perſuadent qu'ils ſont abſous de tous leurs pechez, & vont droit en Paradis, en mourant ou tuant vn Chreſtien ; de-ſorte qu'ils s'enrolent à la foule ſans aucune paye. Aprés avoir aſſemblé par ce moyen vne armée de quatre cens mille hommes, dont il y avoit cent mille chevaux, il paſſa en Eſpagne, & vint à Cordouë, où Pero Her-

1191.

Caſtilnovo, Alédo, Locha, Armallo, Arcédillo, Pégnadé, Acamoa, &c.
1195.

Vu iij

nandez le vint joindre, avec les troupes qu'il commandoit; si-bien que tout estant prest, ils prirent la route de Toléde. Sur le bruit d'vn si grand armement, Alfonse Roy de Castille implora le secours des Princes Chrestiens d'Espagne, & voyant qu'il tardoit trop, marcha contre l'ennemi, aprés avoir soudoyé quelques troupes de Gascogne & de Provence. La bataille se donna vn Mecredy, prés de la ville d'Alarcos, le dix-neufviéme de Iuillet, & fut fort sanglante. Mais Alfonse voyant ses gens s'affoiblir donna dans les ennemis, & ayant esté blessé à la jambe d'vn coup de lance, fut retiré par les siens, qui poursuivirent le combat; mais à la fin accablez du nombre des ennemis, ils furent défaits, & les Maures remportérent la victoire. Les Chefs des Chrestiens se retirérent dans Alarcos, où ils se deffendirent du mieux qu'ils pûrent, & en sortirent la vie-sauve par l'entremise de Pero Hernandez, aprés-quoy la ville fut démolie. Almansor passa de-là à Calatrava, & l'attaqua si vivement, qu'il l'emporta d'assaut, où Dom Nugno de Fuentes, troisiéme Maistre de l'Ordre, y mourut, & les Maures ayant fortifié la place, retournérent à Cordouë. L'année d'aprés, le Roy Alfonse d'Aragon mourut, & Dom Pedre, son successeur, eut de grandes guerres contre les Maures, sur lesquels il prit plusieurs places, & fit de grans degasts au Royaume de Valence. Mais Almansor sortant alors de Cordouë, entra avec son armée dans l'Estrémadure, & emporta d'assaut Sainte Croix des Templiers, qu'il démolit; puis passant à Truchillo, la prit par composition, & la fit fortifier. Ensuite il se rendit maistre de Placencia, & de toutes les places en remontant le long du Tage, jusqu'à Talavera, qu'il ne pût prendre. Aprés-quoy il ruina toute la campagne, & alla assiéger Santa Olalla, qu'il força, aussi-bien qu'Escalone, aprés vne vigoureuse résistance, puis vint mettre le siége devant Toléde. Mais aprés y avoir demeuré dix jours, voyant qu'il ne la pouvoit prendre, il ruina toute la campagne, & alla attaquer Maquéda, qu'il ne pût prendre non plus. De-là il voulut gagner Avila par le Pas de Zébréros; mais ayant seû qu'il estoit fortifié, & que le Roy de Castille estoit dans Avila avec vne armée, il rentra dans le

*1196.*

Le chasteau d'Adamus, Vique & Cervera.

Royaume de Toléde, croyant qu'il le suivroit, & assiégea Maquéda pour la seconde fois. Mais ne l'ayant pû prendre encore par la vigoureuse résistance des Chevaliers de Calatrava, il se vint camper devant Toléde. Toutefois ayant consideré qu'il l'attaqueroit en vain, il se contenta d'en ruiner tous les jardinages, & se retira vers Calatrava, aprés avoir demeuré là vne partie du mois de Iuin. Cependant, les Rois de Leon & de Navarre attaquoient la Castille de leur costé ; ce qui faillit à causer la perte entiére de l'Espagne. Car Almansor retourna assiéger Toléde l'année suivante ; mais voyant que tous ses efforts estoient vains, il retourna du costé de Madrid, qu'il ne pût prendre non plus, ni ensuite Alcala de Hénares, parce-que le Roy Alfonse se voyant contraint d'abandonner la campagne, avoit donné bon ordre à la seureté de ces places. De-là il passa par Orécha, Velez, Huete, Cuença & Alarcon, ravageant sans pouvoir rien prendre ; puis retourna dans l'Andalousie, sans que personne s'opposast à son passage, à-cause de la division des Princes Chrestiens. Pour terminer ces differens, le Pape envoya son Legat, qui y travailla en vain, & fit publier vne Croisade. Mais le Roy de Castille demanda tréve à Almansor, qui la luy accorda aisément, à-cause des troubles d'Afrique, où plusieurs peuples s'estoient revoltez en son absence. Par le traité chacun demeura maistre de ce qu'il tenoit, avec pouvoir de le fortifier ; aprés-quoy Almansor retourna en Barbarie, laissant Pero Hernandez de Castro pour commander en sa place. Aprés son départ, les Rois de Castille & de Leon s'entrefirent la guerre si cruëllement, qu'ils n'eurent pas le loisir de songer aux Maures ; mais à la fin le Roy de Leon ayant du pire, Pero Hernandez de Castro passa de son costé avec mille lances, & plusieurs Seigneurs Maures de ses amis, & fit leur accord, qui dura long-tems.

1197.

Celestin III.

1190.

Pour retourner en Afrique, Almansor faisoit la guerre depuis trois ans en Espagne, lors-que le Gouverneur de Maroc prit l'occasion de son absence pour ébranler la fidelité des peuples, & ayant gagné les Arabes des campagnes voisines, fit soûlever le païs. Au bruit de cette revolte Alman-

*Afrique.*

sor repassa en Afrique avec vne puissante armée, & l'ennemi ne l'osant attendre en campagne, se renferme dans la ville. Almansor y mit le siége, qui dura vn an entier, sans rien avancer, aprés-quoy voyant ses gens perdre courage, il assemble ses Officiers, & les ayant encouragez, leur commande d'apporter le lendemain chacun vne échelle de la hauteur des murailles. De-sorte qu'il s'en trouva quatre mille de prestes le lendemain. Le jour venu, il donna par-tout l'assaut, & marchant le premier à la teste avec les siens, leur dit, Qu'ils avoient combatu jusques-là pour la gloire, & qu'il faloit combatre maintenant pour la vengeance, & pour tirer leurs femmes & leurs enfans d'entre les mains des ravisseurs. L'assaut dura trois jours & trois nuits, avec vn perpetuel rafraischissement des assiégeans, tant que les assiégez hors d'haleine, se retirérent dans la forteresse, & le victorieux entrant dans la ville fit main-basse sur tout ce qu'il rencontra. Almansor estant entré incontinent aprés, & voyant toutes les ruës jonchées de morts, deffendit sur peine de la vie d'en enterrer aucun, & sur les plaintes qu'on luy fit de la putréfaction, il sortit de son Palais, & alla mouiller luy-mesme la manche de sa cazaque dans le sang, & l'approchant de son nez, dit, qu'il n'y avoit rien qui sentist si bon que la mort d'vn ennemi, & particuliérement d'vn traître, sans vouloir qu'on enlevast les corps morts, tant qu'estant tout consumez, il fit aprés reduire les os en poudre. Cependant, le Gouverneur qui s'estoit retiré dans la citadelle avec des gens de tout âge & de tout sexe, commençant à manquer de vivres, eut recours à vn Morabite de grande reputation, qui fit son accommodement. Mais parce-qu'Almansor avoit fait serment d'entrer par-dessus le mur, il fit dresser vn échafaut sur la porte, & y entra par-là. Comme il fut dans son Palais, le traître vint pour le saluër en la compagnie du Morabite, & des complices de sa revolte, & se jettant à ses pieds, luy demanda pardon. Mais Almansor ne pouvant retenir sa colére, luy jetta son soulier à la teste, & luy fit couper le cou sur l'heure, & à tous ceux qui l'avoient suivi. Et comme le Morabite luy eut dit qu'il ne faloit pas fausser sa foy, il repartit qu'il ne devoit pas tenir sa parole à celuy qui ne

*Au rapport d'Abdulmalec, Chroniqueur de Maroc.*

# SVCCESSEVRS, LIVRE II.

ne luy avoit tenu la sienne. Voilà comme se passa cette revolte, selon que le raconte l'Historien Arabe, dont nous avons parlé, qui ajouste qu'Almansor de regret de n'avoir pas tenu sa promesse, s'en alla vagabond par le monde, & mourut boulanger dans la ville d'Aléxandrie. Les Africains content plusieurs autres choses de ce Prince, dont je parleray dans la description de la ville de Tunis. Ceux de Maroc se voyant privez de leur Prince, qu'ils aimoient vniquement, & croyant qu'il fust allé visiter le sepulcre de Mahomet, élûrent son frere Brahem pour gouverner en son absence ; & comme l'an fut passé sans qu'on apprist de ses nouvelles, ils choisirent pour Roy son fils Mahamet Enacer, qui perdit la grande bataille des plaines de Tolosa.

*C'est qu'il l'avoit laissé pour Gouverneur en son absence.*

1206.

Pour revenir en Italie, tandis que ces choses se passoient en Afrique & en Espagne, elle n'estoit pas moins troublée des divisions de l'Empereur Fréderic, & du Pape Aléxandre, où Guillaume, Roy de Sicile, se trouva embarassé en faveur du Pape. D'ailleurs, l'Empereur de Constantinople ayant receu la grande défaite que nous avons dite, les Turcs avoient pris occasion de-là d'envahir la Syrie, & d'entrer dans les provinces de l'Empire. Le Pape voyant le grand tort que ces divisions faisoient à la Chrestienté, tascha à les accommoder, & se transportant à Venise, fit la paix avec l'Empereur, qui luy baisa les pieds, & luy rendit l'obédience ; aprèsquoy le Pape fit vne tréve de quinze ans entre Fréderic & le Roy de Sicile, qui fut confirmée en Lombardie, & ratifiée entiérement sous le Pontificat de Lucius troisiéme, qui succéda à Aléxandre. Sur ces entrefaites, l'Empereur de Constantinople mourut, après avoir régné trente-sept ans, laissant pour successeur son fils Alexis, qui estoit encore jeune, sous le gouvernement d'Andronique, qui estoit son parent. Mais celuy-cy par vne maudite envie de régner, fit mourir Alexis, & plusieurs personnes de condition, qui tenoient son parti, & commit tant de cruautez & de crimes, que Guillaume Roy de Sicile, & d'autres Princes Chrestiens, luy declarérent la guerre, & luy prirent plusieurs places ; jusques-là mesme que ceux de Constantinople conjurérent contre luy, & saluérent pour Empereur vn

*Italie, & Empire.*

1177.

1183.

*Manuël.*
1180.

X x

parent de Manuël, nommé Isac, qui combatit contre Andronique, & l'ayant pris, le fit mourir par de cruels supplices, & demeura paisible possesseur de l'Empire.

*Affaires de Iérusalem.*
Damas, Alep.

Aymeri.

Luce III.

1184.

Boémond, Prince d'Antioche, Raymond Comte de Tripoli, de Galilée & de Tibériade, &c.

Baudouïn, fils de Sibylle, & du Marquis de Montferrat.

Passons maintenant en Asie, où Saladin après s'estre rendu maistre de l'Egypte, & de quantité de places de la Syrie, de l'Arménie, de la Lycie & de la Mésopotamie, attaquoit de tous costez Baudouïn, quatriéme du nom, Roy de Iérusalem, & les Princes d'Antioche & de Tripoli, avec tous les autres de ces quartiers. Car outre qu'il avoit pris plusieurs villes que Baudouïn tenoit en Egypte, & affranchi le Royaume du tribut qu'il payoit à son prédécesseur, il le pressoit de si prés, que tout ce qu'il pouvoit faire, c'estoit de se défendre. Comme le Pape donc faisoit tout son possible pour exciter les Princes Chrestiens à cette guerre, il mourut à Verone, laissant pour successeur Vrbain troisiéme, qui poursuivit son entreprise, & les anima contre Saladin. Mais sur ces entrefaites, Baudouïn tomba malade dans Nazareth, de la lépre, dont il estoit frapé, & se faisant porter en Iérusalem, mit le Gouvernement entre les mains de Guy de Lusignan, son beau-frére, qui avoit épousé en secondes noces sa sœur Sibylle, veuve de Guillaume, Marquis de Montferrat. Les Princes & Généraux d'armée de Syrie furent fort mal-contens de ce choix, ce qui donna moyen à Saladin de s'agrandir. Car il entra dans le païs avec vne puissante armée, & prit plusieurs places, sans que Guy de Lusignan sortist contre luy, parce-qu'il estoit trop foible. Cela obligea Baudouïn à mettre la Couronne entre les mains d'vn de ses neveux, qui portoit son nom, à qui il donna pour gouverneur Raymond, Comte de Tripoli, parce-que ce n'estoit encore qu'vn enfant. Mais Guy de Lusignan s'estant saisi d'vne partie des places, il luy fut impossible de l'en chasser, & les deux Baudouïns, l'oncle & le neveu, estant morts dans l'année, Guy de Lusignan traita avec le Patriarche de Iérusalem, & les principaux Citoyens, qui le reconnurent pour Roy, à-cause de sa femme, d'où nâquit le dépit de Raymond, qui acheva la ruine de l'Estat. Car il fit paix avec Saladin, & luy promit de ne point secourir le Roy de Iérusalem, que Saladin ne manqua pas aussi-tost d'attaquer;

& de crainte qu'il ne fuſt ſecouru par le Prince d'Antioche, il envoya contre luy vne partie de ſon armée. Mais Raymond qui voyoit que les Infidelles de jour en jour prenoient pied dans la Terre-Sainte, reconnut ſa faute, & jugeant bien qu'on viendroit à luy auſſi-toſt que le Royaume de Ieruſalem ſeroit ruiné ; il fit paix avec Guy de Luſignan, & envoya ſon armée au ſecours de Ptolémaïde ; de-ſorte que Saladin fut contraint de lever le ſiége, & de dépit alla aſſiéger Tibériade, qui appartenoit à Raymond. Alors le Roy de Ieruſalem, & les Comtes d'Antioche & de Tripoli, avec les Grans-Maiſtres de Saint Iean & du Temple, & les autres Seigneurs du païs, joints aux Patriarches de Ieruſalem & d'Alexandrie, & autres Prelats, raſſemblérent juſqu'à trente mille chevaux, & quarante mille fantaſſins, pour faire lever le ſiége. Mais Saladin en ayant eu avis, marcha contre eux, & comme ils penſoient ſe ſaiſir d'vn lieu fort commode pour camper, à-cauſe d'vne petite riviére, il y vint camper le premier ; ce qui deſeſpera les Chreſtiens, matez de ſoif & de laſſitude, & contraints de camper dans vne campagne aride, aprés avoir eſſayé en vain de le chaſſer de ce poſte. Il ne manqua pas donc de les attaquer le lendemain tout haraſſez, & en fit vn grand carnage, d'autant plus qu'il les ſurpaſſoit en nombre. Le Roy de Ieruſalem fut pris dans le combat ; Raymond ſe ſauva par la fuite, mais mourut aprés ſubitement ; Boëmond fut pris, & tué, auſſi-bien que tous les Chevaliers du Temple, & de Saint Iean de Ieruſalem, qui tombérent entre les mains des ennemis, & plus de vingt mille Chreſtiens. Saladin victorieux retourna aſſieger Ptolémaïde, & la prit, avec Bérite, & quantité d'autres places, dont les habitans ſe rendoient aux premiéres approches, voyant le bon traitement qu'il leur faiſoit, & qu'ils ne pouvoient eſperer aucun ſecours. De-là il alla aſſiéger Ieruſalem, qui ſe deffendit vaillamment vn mois entier, aprés-quoy elle ſe rendit à compoſition. Les Chreſtiens l'avoient poſſédée quatre-vingts huit ans, ſous le régne de neuf Rois *, & depuis ce tems-là n'y régnérent plus, quoy-qu'ils tinſſent encore l'eſpace de plus de cent ans quantité de villes en Syrie. Il eſt vray que l'Em-

1186.

Le 2. Octobre 1187.

* Godefroy, Baudoüin I. Baudoüin II.

pereur Fréderic la reprit; mais il y demeura peu, comme nous dirons ensuite. Cependant, Antioche, Tyr, Sidon, Tripoli, & les autres places, coururent grande fortune de subir le joug des Infidelles. Car Saladin se rendit maistre de toute la Iudée. D'autre-costé, l'Empereur d'Alemagne, Frederic, quoy-qu'âgé & fatigué des guerres qu'il avoit euës, résolut par vn grand zéle, d'employer toutes ses forces pour le recouvrement de la Terre-Sainte, & les Rois de France & d'Angleterre, avec plusieurs autres Princes Chrestiens, l'imitérent en vn si glorieux dessein. Le Pape Vrbain donc estant mort, & ensuite Grégoire huitiéme, qui ne régna que cinquante-sept jours, Clement troisiéme, qui leur succéda, voyant les progrez de Saladin, qui depuis la prise de Ierusalem, avoit gagné dans l'Estat d'Antioche vingt-cinq villes, excita tous les Princes Chrestiens à se joindre contre luy; & dés l'heure mesme plusieurs se croisérent. Le premier fut l'Empereur Frédéric, qui ayant levé vne puissante armée, tant de cavalerie que d'infanterie, tira vers Constantinople, par la Hongrie, la Bulgarie & la Thrace, en la compagnie de Fréderic, Duc de Suaube, son fils, de Bertaud Duc de Moravie, & du Marquis de Bade* son frére, & de quantité d'autres Ducs, Comtes, Evesques & Archevesques. Il fut suivi de Philippe Roy de France, de Richard Roy d'Angleterre, d'Othon Duc de Bourgongne, de la Seigneurie de Venise & de celle de Pise, qui estoit alors fort puissante sur mer. Conrad Marquis de Montferrat, Henry Comte de Champagne, & quantité d'autres Seigneurs d'Italie, de France & d'Espagne, voulurent estre de la partie. Il partit cinquante vaisseaux de Frize & de Dannemarc; le Comte de Flandres y en envoya douze, & Guillaume Roy de Sicile & de Naples équipa quarante galéres, avec toutes sortes de munitions de guerre & de bouche, pour escorter les Croisez, & asseurer la mer contre les Corsaires. Sur ces entrefaites, mourut le Soudan d'Iconie, comme il estoit entré dans la Phrygie avec vne puissante armée, & qu'il y avoit pris plusieurs places par force ou par composition, & laissa son fils pour successeur. L'Empereur Fréderic estant arrivé à Constantino-

*Marginalia:*
Foulques, Boudouïn III. Aimeri, Baudouïn IV. Baudouïn V. Guy de Lusignau.

* ou Bande.

L'Auteur dit galéres.

Clizastlan.

Chaz Cosroés.

ple, apprit que Guy de Lusignan s'estoit sauvé de la prison, & avoit refait vn petit corps-d'armée, & passant en diligence l'Hellespont, aprés avoir fait paix avec l'Empereur de Constantinople, il entra dans l'Asie mineure, traversant les terres de l'Empire sans trouver aucun obstacle. Comme il fut arrivé sur les terres de Cosroés, il fit paix avec luy, & promit de passer sans y faire aucun desordre, pourveu qu'on luy fournist des vivres. Mais Cosroés manquant de parole, fit tout ce qu'il pût pour faire périr l'armée, aprés avoir assemblé des troupes, & s'estre saisi des passages. L'Empereur donc commença à luy faire la guerre, & passa avec grande difficulté dans la Cilicie, les Infidelles s'estant saisis des destroits. Mais comme il fut arrivé dans la plaine, il vainquit le Soudan en bataille, & fit son frére prisonnier; aprés-quoy il prit Iconie, & la pluspart de la province. On raconte des merveilles d'vn Cavalier Alemand de son armée, qui la suivant à pied avec son cheval en main, qui estoit fort las, fut attaqué par cinquante Turcs, sans faire semblant de s'émouvoir, & donna vn tel coup au premier sur la teste, qu'il le fendit jusqu'aux arçons; ce qui estonna tellement les autres, que pas vn d'eux n'osa branler, ce qui sembleroit fabuleux s'il n'estoit écrit par vn Auteur contemporain. Cependant, la victoire de l'Empereur releva l'esperance des Chrestiens, & abatit le courage des Infidelles. D'ailleurs Guy de Lusignan, & son frére Aimery, qui s'estoient retirez dans Tripoli & dans Tyr, avec ceux qui acoururent, allérent assiéger Ptolémaide, pour faciliter la descente aux Princes Chrestiens, & particuliérement aux armées de France & d'Angleterre. Mais sur ces entrefaites, l'Empereur Fréderic s'estant voulu rafraichir dans vne riviére pendant vn grand chaud, se noya malheureusement, sans pouvoir estre secouru des siens; ce qui arresta le cours de ses victoires, & dissipa toute son armée. Et comme vn malheur n'arrive pas seul, Sibyle femme de Guy de Lusignan, mourut d'vn flux de sang au siége de Ptolémaide, avec ses quatre fils, & par sa mort mit la division entre les Princes Chrestiens pour la succession de la Couronne. Car Herfrand, qui avoit épousé sa sœur Isabelle, se voulut faire

*1189*

*Le Soudan d'Iconie.*

*prés d'Iconie.*

*Copatin.*

*Nicétas Coniate.*

*Port de mer.*

*prés de Syrie.*

*1190.*
*le 10. de Iuin.*

Conrad.

Frederic.

Conrad.

Isabelle.

1470.

declarer Roy ; mais le Marquis de Montferrat luy enleva sa femme, disant que le mariage n'estoit pas légitime, & l'ayant espousée, prétendit pour soy la Couronne ; & comme il estoit maistre de Tyr, Guy dissimula cette action. D'autre-costé, l'armée de l'Empereur ayant élû son fils en sa place, il prit la route de Syrie, sous la conduite de deux Cavaliers, que le Roy Guy luy envoya. Mais il ne fut pas plustost arrivé à Antioche, que la peste emporta la plus grande partie de son armée, & s'estant embarqué avec le reste, il passa à Tyr, & y laissa le corps de son pere, puis s'alla rendre au siége de Ptolémaide, où arrivérent ensuite les Rois de France, & d'Angleterre. Mais comme ce siége fut long, il y mourut, & les assiégez se défendirent vaillamment l'espace de deux ans, estant munis de tout ce qui estoit necessaire, aprésquoy ils se rendirent. Saladin batu en plusieurs rencontres, & voyant qu'il ne pourroit garder toutes ses villes, fit démanteler Césarée, Ascalon, Gaza, Porphiria, & plusieurs autres, & estoit en résolution de rendre Iérusalem, moyennant quelque tréve, si la division ne se fust point mise entre les Rois de France & d'Angleterre, qui obligea le premier à s'en revenir, aprés avoir laissé vne grande partie de son armée au Duc de Bourgongne. Son absence fit renaistre les esperances de Saladin, quoy-que le Roy Richard, à qui tous obéissoient, luy résistast vaillamment, & qu'il eust fortifié Iafa, & d'autres villes qu'il avoit abandonnées. Sur ces entrefaites, les prisonniers Turcs qui estoient dans Tyr, tuérent le Marquis de Montferrat, qui se faisoit appeller Roy de Iérusalem, & sa veuve se remaria quelque tems aprés à vn neveu du Roy de France, nommé Henry, à qui elle porta en mariage la principauté de Tyr, & ses prétensions sur Iérusalem. D'autre-costé, Richard donna à Guy de Lusignan pour recompense, l'Isle de Chypre, qu'il avoit conquise ; moyennant quoy il renonça au Royaume de Iérusalem, & alla prendre possession de celuy-cy, où ses descendans régnérent aprés luy, jusqu'à ce que les Venitiens s'en rendirent maistres par la mort d'vne Dame de leur païs, qui en estoit Reine, & qui mourant sans enfans, les laissa ses héritiers. Ils l'ont possédée cent ans, aprés-quoy les Turcs la conquirent, comme nous dirons en son lieu. Cependant, Saladin ayant rassemblé ses forces, & donné bataille aux Chrestiens, fut vaincu & contraint de se retirer à Damas, d'où il envoya demander la paix à Richard, à la charge de rendre Ierusalem. Mais sur ces entrefaites, le Roy de France estant entré dans la Normandie, qui appartenoit à l'Anglois; & les armées navales de Pise & de Venise s'estant retirées, pour quelque mécontentement, Richard fut contraint de traiter avec luy, à conditions égales, & fit tréve pour cinq ans. Ensuite ayant laissé garnison dans les places fortes, sous le gouvernement d'Othon, Duc de Bourgongne, de Henry Seigneur de Tyr, & des Chevaliers du Temple & de Saint Iean de Ierusalem, il s'embarqua pour retourner en Angleterre, mais il fut pris en chemin par le Duc d'Austriche, & il luy arriva encore d'autres disgraces, dont nous ne parlerons point, pour n'estre pas de nostre sujet.

Tandis que ces choses se passoient en Syrie, les Turcs voisins de l'Empire n'estoient pas moins travaillez de divisions, par la mort de Clizastlan, Soudan d'Iconie, dont les quatre fils avoient partagé l'Estat. Car il laissa à Mazute Amasie, Ancyre, Dorilée, & autres villes de Pont; à Copatin, Melitene, Césarée & Colones, maintenant Tachare; à Rucratin, la Missie, Docée, & autres villes le long de la coste; & à Chaz-Cosroés, Iconie, avec la Lycaonie & la Pamphilie, & toutes leurs dépendances jusqu'à Cotiane. L'Empereur Fréderic prit à celuy-cy Iconie, comme nous avons dit; aprésquoy Copatin venant à mourir, ses fréres eurent de grandes contestations pour le partage de ses Estats, & Mazute estant venu aux mains avec Rucratin, fut vaincu, & perdit vne partie de son païs. Rucratin victorieux, desirant se rendre maistre d'Iconie, où estoit le siége de l'Empire, declara la guerre à Cosroés, qui estoit rentré dans la place aprés la mort de Fréderic. Il alleguoit qu'estant né d'vne Chrestienne, il ne devoit pas succéder à la Couronne, ce qui le contraignit à avoir recours à l'Empereur de Constantinople; de qui se voyant negligé, il se renferma dans Iconie; mais il n'y fut pas plustost rentré que son frére y mit le siége, dont n'osant pas attendre l'évenement, à cause de sa foiblesse, il

*1571.*

*1193.*

*Asie.*

*ou la Mysie.*

se sauva à Lébun en Arménie, & n'en pouvant tirer du secours, il se retira à Constantinople, où il vécut *incognito* jusqu'à la mort.

1192.  Sur ces entrefaites, Saladin mourut dans Iérusalem, laissant son Empire, comme le Soudan, à cinq fils. Aladin, qui estoit l'aisné, eut pour son partage l'Egypte & Damas; & les autres, les provinces de la Syrie & de l'Arabie, reconnoissant tous pour Souverain, quant au spirituel, le Calife de Babylone. Car encore que Saladin eut fait mourir celuy d'Egypte, il ne laissoit pas de reconnoistre l'autorité de celuy de Babylone, comme du successeur de Mahomet, & ses enfans en firent autant aprés sa mort, s'appuyant pour le temporel de la milice des Mammelus, que Saladin avoit instituez, comme nous dirons ensuite.

Iérusalem.  Cependant, Henry sixiéme estant Empereur d'Occident, le Pape Célestin, pour s'aquiter de sa charge, & maintenir la Chrestienté, solicita les Princes de l'Europe à s'armer contre les Infidelles, & particuliérement l'Empereur, sur ce que la tréve estant rompuë par la mort de Saladin, & son Empire partagé en plusieurs pieces, il seroit plus aisé de recouvrer Iérusalem. L'Empereur ne pouvant aller en personne à cette guerre, de-peur que son absence ne causast quelques troubles en ses Estats, où son autorité n'estoit pas encore bien establie, y envoya vne puissante armée sous la conduite de l'Evesque de Mayence, assisté de celuy de Ratisbonne, de Bernard Duc de Saxe, de Conrad Chancelier de l'Empire, de Léopold Duc d'Austriche, du Lantgrave de Turinge, du Duc de Brabant, & de plusieurs autres, Marquis, Comtes & Gentilshommes de condition, qui d'vne piété non feinte entreprirent ce voyage. Aprés avoir enduré mille fatigues, tant sur mer que sur terre, enfin favorisez d'Isac, Empereur de Constantinople, ils arrivérent sur les costes de la Palestine, & prirent terre aux ports de Tyr & de Ptolémaide, où ils se mirent en estat de faire la guerre. Cependant, Guy de Lusignan estant mort sans enfans masles, son frére Aimery succéda au Royaume de Chypre; & Henry Seigneur de Ptolémaide, qui avoit épousé Isabelle, fille de Baudouïn, & pretendoit au Royaume de Iérusalem,

## SVCCESSEVRS, LIVRE II.

lem, s'estant tué en tombant d'vne galerie, il épousa sa veuve, & se fit appeler Roy de Chypre & de Ierusalem. Les
gens donc de l'Empereur s'estant joints avec les siens, & les
Chevaliers de Saint Iean & du Temple, ils prirent quelques
places sur les ennemis, & rabatirent l'orgueil des Infidelles.
Aprés avoir ainsi relevé l'esperance des Chrestiens, & donné ordre aux affaires d'Orient, ils en laisserent la conduite
à Aimery, & retournérent en leur païs. Mais il fut si lasche
& si incapable de régner, que ses propres Officiers le pri-
vérent du Royaume, & mirent en sa place le brave Iean de
Brégne, qui avoit épousé vne fille d'Isabelle, l'ayant fait
venir de France pour ce sujet.

*Berite prise, Iafa restablie.*

Sur ces entrefaites, Alexis oubliant le respect & la fidelité
qu'il devoit à son frére Isac, Empereur de Constantinople,
son bien-facteur, conjura contre luy avec plusieurs seditieux,
& se saisissant de sa personne, luy creva les yeux, & se declara Empereur. Mais son neveu Alexis, fils d'Isac, pour se sauver de sa tyrannie, se retira prés de l'Empereur d'Alemagne,
qui avoit épousé sa sœur, & n'en pût tirer aucun secours,
à cause des troubles de l'Empire. Il passa donc à Venise, où
il trouva Baudoüin Comte de Flandres, Henry son frére,
Boniface Marquis de Montferrat, Loüis Comte de Savoye,
& plusieurs autres Princes & Seigneurs, qui s'estoient ren-
dus-là avec grand nombre de troupes, à la solicitation du
Pape Innocent, pour la conqueste de Ierusalem. Ils résolurent donc tous conjointement avec les Venitiens, de le secourir, & le restablirent dans l'Empire, où il régna avec son
pere, qui estoit aveugle. Mais peu de tems aprés Isac estant
mort, ils prirent les armes contre son fils, sous prétexte de
n'avoir pas tenu sa promesse; & Mirtilles, qu'Isac avoit autrefois dépossedé de son bien, tua l'Empereur Alexis en
trahison, n'ayant régné seul qu'vn mois; mais comme il a-
voit envahi l'Empire, il fut défait & chassé par les victorieux.
Aprés s'estre saisi de Constantinople, & de tous les environs, voyant qu'il n'y avoit aucun légitime successeur, ils
saluérent pour Empereur Baudoüin, Comte de Flandres, qui
fut confirmé par le Pape. Ensuite ils partagérent entre-eux
les provinces. Les Isles de Candie & de Négrepont furent

*Conqueste de Constantinople par les Chrestiens.*

*Philippe Iréne.*

DE MAHOMET ET DE SES

donnés aux Venitiens ; Boniface Marquis de Montferrat eut la Thessalie, avec le titre de Roy ; & les autres Grans, d'autres partages. Mais les Grecs mal-contens de cette election, élûrent pour Empereur Théodore Lascaris, gendre d'Alexis l'vsurpateur, qui establit son siége en la ville d'Andrinople, & ne se contentant pas de regner en Bithynie, & aux environs, passa le long de la coste vers le Septentrion, jusqu'à la mer de Galacie, & la Cappadoce, & s'establit dans Nicée. Cependant, Baudouïn mit le siége devant Andrinople, où il mourut, & laissa son frére pour successeur, tandis que le tyran Alexis alla par la mer Egée en habit de pelerin, supplier le Soudan de le remettre dans son Empire, en vertu de l'alliance, qui estoit entre ses prédécesseurs & les Empereurs Grecs. Ses persuasions accompagnées de grandes promesses, firent qu'il dépescha vers l'Empereur Théodore, pour l'obliger à luy rendre l'Empire, & sur son refus, alla assiéger la ville d'Antioche sur le Méandre. Théodore de son costé assembla ses troupes, & se fiant en leur valeur & en leur expérience, parce-que c'estoit tous vieux soldats, traversa le détroit de la montagne d'Olympe, qui s'estend depuis la Bithynie du costé du Septentrion, jusqu'en la Phrygie vers le Midy, & passant le fleuve Caystre, parut l'onziéme jour en présence des ennemis. Ils marchoient en desordre par vn défilé, sans songer à rien, lors qu'ils se virent attaquez à l'improviste, & furent défaits avant qu'ils se pûssent reconnoistre ; si-bien que la pluspart de leur armée y perit. L'Empereur tua de sa propre main le Soudan, & prit Alexis, sans luy faire aucun déplaisir, ni le mettre en prison. Ainsi l'orgueil des Turcs fut pour quelque tems abatu.

*L'Empire demeura à Baudouïn & à ses successeurs, l'espace de soixante ans.*

*Henry. Iatatin, fils de Rucratin.*

*Iatatin.*

## CHAPITRE XXXVII.

*De Mahamet Enacer, Roy de Maroc, de la lignée des Almohades; & de ce qui se passa durant son régne.*

MAHAMET Enacer ayant pris l'Empire en la place de son pere Almansor, confirma les Princes de Tremécen & de Tunis dans leurs Estats, & les Gouverneurs des provinces de Numidie & de Libye; & comme il estoit belliqueux, il desira d'arrester les progrez du Roy de Castille, qui avoit pris plusieurs places sur les Maures, & rompit la tréve que son pere avoit faite avec luy. Il passa donc en Espagne avec six-vingts mille chevaux, & trois cens mille hommes de pied; ce qui paroistroit incroyable, si tous les Historiens, tant Espagnols qu'Arabes, n'en tomboient d'accord. Les principaux Chefs des Arabes, tant Orientaux qu'Occidentaux, l'accompagnérent; Et lors qu'il fut arrivé dans l'Andalousie, les Maures d'Espagne se joignirent à luy. Avec cette épouvantable armée, il partit de Cordouë au mois de Iuin, & entrant dans les campagnes de Calatrava, assiégea Salvatére, où les Chevaliers de l'Ordre de Calatrava faisoient leur résidence, aprés l'avoir prise sur les Maures quelque tems auparavant. Le siége de cette forte place, & d'vn chasteau voisin, dura fort long-tems, & eust duré encore davantage sans la mort du Grand-Maistre, & de plusieurs braves Chevaliers, aprés-quoy la ville fut emportée d'assaut, & rasée jusqu'aux fondemens. Les Arabes disent, que le Grand-Maistre accorda de rendre la place s'il n'estoit secouru dans vn certain tems; & qu'en ayant donné avis au Roy, qui faisoit la guerre en Galice, ce Prince luy fit response qu'il ne le pouvoit secourir; si-bien qu'il rendit la place, aprés-quoy le victorieux se retira à Cordouë. Ensuite le Roy Alfonse vint à Toléde, aprés avoir traité avec ceux de Galice; & voyant que Mahamet s'estoit retiré, il envoya son fils D. Fernand avec vne partie de l'armée faire le degast vers

*Alphonse.*

*1210.*

*Salvatierra.*

*Castil de Dios.*

*D. Martin.*

*En la montagne de S. Vincent.*

Truchille & Montanche, d'où estant revenu à Toléde, il tomba malade, & mourut six semaines aprés. Dom Sanche, Roy de Portugal, mourut aussi, laissant pour successeur Dom Alfonse second, surnommé le Gros.

1212.

Le Pape publia alors vne Croisade contre les Infidelles, & il s'assembla grand nombre de gens à Toléde, de France, d'Espagne, d'Italie, de Provence, & d'ailleurs. Cependant, le Roy de Castille, avec ceux de Madrid, de Guadalachara, d'Huete, de Cuença, & de Vélés, & les Grans du Royaume, prit plusieurs places sur les Maures, & voyant qu'il s'assembloit grand nombre d'Estrangers à Toléde, il y retourna pour donner ordre à tout. Car aprés la prise de Sauveterre, il avoit envoyé l'Archevesque de Toléde en France, en Alemagne, & en Italie, pour demander secours contre Mahamet, qui avoit juré la ruine des Chrestiens, & le Pape avoit publié par tout de grandes Indulgences pour tous ceux qui iroient; si-bien qu'il en abordoit de toutes parts, & il y eut émute dans la ville le Dimanche gras, où perirent quantité de Iuifs & d'Estrangers. Le desordre eust passé plus outre, si les Rois de Castille & d'Aragon, estant entrez dans la ville le jour des Cendres, n'eussent pacifié tout par leur prudence & leur autorité. Cependant, les nouveaux Croisez, qui abordoient tous les jours, furent long-tems à Toléde & aux environs, où ils firent mille ravages, avant que de recevoir l'ordre de ce qu'ils avoient à faire. Enfin ces Princes firent batre aux champs le douziéme de Iuin, & allérent prendre vne place qui appartenoit aux Maures, où ils firent main-basse sur tout ce qui y estoit. De-là passant à Calatrava, ils luy donnérent tant d'assauts qu'elle se rendit; puis prirent Alarcos, Bénévent, Piédra Buéna, & Caracuel, d'où passant le destroit de Muradal, ils attaquérent & prirent Castel-ferrat. Les Estrangers se mutinérent-là, sur ce que le Roy n'avoit pas abandonné la ville de Calatrava au pillage; de-sorte qu'vne partie s'en retourna, & repassant à Toléde en intention de la piller, les habitans leur fermérent les portes, comme à des traîtres. Leur départ fut fort sensible aux Rois de Castille & d'Aragon, & diminüa beaucoup de leurs forces, parce-qu'il se re-

*Iorquéra, las Cuévas Alcala.*

*Malagon.*

tira bien mille chevaux, & cinquante mille hommes de pied.
Mais ils ne laissèrent pas de continuer leur marche, d'autant plus que le Roy Dom Sanche de Navarre les vint joindre à Alarcos avec quantité de bonnes troupes. Sur la nouvelle d'vn si grand armement, Mahamet manda encore de nouvelles troupes d'Afrique, & fit vne si grosse armée, qu'il ne s'en estoit jamais veu de semblable en Espagne. Comme il fut arrivé à Baéça, il eut avis du mécontentement des Estrangers & de leur départ, & s'approchant du Pas de Muradal avec grande allegresse, se saisit des passages de la Losa, qui est dans vne vallée fort profonde, presque au milieu de ces montagnes, pour combatre en ce lieu les Chrestiens avec avantage. Les Rois estant arrivez à cét endroit, & voyant que les Maures s'en estoient emparez, se trouvérent fort surpris, mais à la fin ils conclurent de passer par les plaines de Tolosa, où les Maures leur disputérent le passage quatre jours entiers. Mais vn Lundy de grand matin, les Princes Chrestiens mirent leur armée en bataille, Dom Diégo Lopez de Haro avoit l'avantgarde, avec Dom Ruydias de Quintana, & tous les Chevaliers & Religieux des cinq Royaumes ; le Roy de Navarre l'aile droite, celuy d'Aragon la gauche, & le Roy de Castille la bataille, chacun avec les troupes de son païs. En cét ordre ils donnérent teste baissée sur les Infidelles, qui les attendoient de pied-ferme. Dom Diégo Lopez de Haro commença le combat, & eust esté rompu par la furie des Maures, s'il n'eust esté secouru tout à propos par le Roy de Navarre, qui eust esté contraint à la fin de plier, aussi-bien que le Roy d'Aragon, si Dom Alfonse n'y eust accouru avec l'Archevesque de Tolède, & le gros de l'armée. Le combat fut grand, mais enfin les Maures furent défaits, & l'on tient qu'il en mourut plus de cent cinquante mille d'infanterie, avec trente-cinq mille chevaux. Mahamet se sauva à la course avec quelquesvns de son parti ; tout le bagage & l'attirail du camp demeura au vainqueur, qui y perdit fort peu de gens, & remporta vn riche butin. On poursuivit les Maures jusqu'à Vbéda, où s'estoient retirez ceux de Baéça & de Bagnos, & des villes & chasteaux que les Maures avoient abandonnez. La

Nommée Ebdeta par les Arabes, à cause d'vne grande victoire qu'ils

Y y iij

368 DE MAHOMET ET DE SES

*y obtinrent en la conqueſte de l'Eſpagne. L'an 1250. de l'Ere de Céſar.*

ville fut aſſiégée, & priſe, avec plus de cinquante mille captifs. On laiſſa ces villes deſertes, & Alfonſe ſe contenta de peupler Bilchez, Bagnos, Toloſa, & Ferrat. Cette bataille ſe donna l'an mille deux cens douze, l'an ſix cens dix-ſept de l'Egyre, quoy-que quelques Hiſtoriens Arabes la mettent l'an ſix cens neuf ; mais ils tombent d'accord qu'il y mourut ſoixante mille Maures, avec le Général de l'armée, qui eſtoit le plus brave de ſon tems entre les Africains.

*Buhalul de la montagne de Haut Erez.*

## CHAPITRE XXXVIII.

*Ce ſont ceux que nos Romans appellent de Bellemarine.*

*Fin du régne des Almohades, & commencement de celuy des Beni Merinis, qui s'intitulérent Rois de Fez; avec les guerres arrivées depuis ce tems-là, juſqu'en l'an mille quatre cens ſoixante & onze.*

MAHAMET Enacer, ſans faire plus long ſejour en Eſpagne, repaſſa en Barbarie, laiſſant le commandement général à ſon frére Aben Saad, qui fut depuis proclamé Roy de Valence. Comme il fut arrivé dans ſes Eſtats, il vécut avec beaucoup d'ennuy dans l'averſion de ſes Sujets, qui imputoient la perte de la bataille à ſa laſcheté, & à ſon infamie. Il laiſſa en mourant la Couronne à Céyed Barrax, vn de ſes petits-fils, contre qui tous les Gouverneurs des provinces ſe revoltérent, & particuliérement ceux de Tremeçen, de Fez & de Tunis. Le premier, qui fut vn Africain de la tribu des Zénétes, nommé Gamarazan, fils de Zeyen, de la race des Abdulvates, anciens Rois de Treméçen, & vaſſal des Almohades, qui fit ſoûlever tout ce Royaume. Mais comme il n'eſtoit pas aſſez fort pour reſiſter à Céyed, il ſe retira à ſa venuë dans vn chaſteau, où ſur le point de perir, il envoya vers luy vn de ſes couſins, qui feignant d'eſtre malcontent, luy dit qu'il luy montreroit vn endroit par où le chaſteau ſe pourroit prendre, & comme pour le reconnoître Céyed fut venu avec luy, il le tua, & ſe ſauva dans la place. Quelques-vns diſent, que ce fut par vn complot fait avec quelques Gouverneurs des provinces, qui se vouloient soûlever. Sa mort fit vn tel trouble dans son armée, que Gamarazan la défit, & se rendit maistre du Royaume de Tremeçen, où il régna tant qu'il vécut, ordonnant à sa mort que ses successeurs s'appelleroient Benizéyenez, & non Abdulvates, comme ils avoient fait jusqu'alors. Aprés la mort de Céyed, les Almohades élûrent pour Roy son oncle Abdelcader, qui n'estant pas fort puissant, fut cause que d'autres de ses parens, qui avoient quelques pretentions, partagérent avec luy l'Empire, ce qui fit naistre plusieurs petits Souverains. Abdulac Gouverneur de Fez pour les Almohades, & qui estoit de la tribu des Zénétes, de la branche des Benimerinis, se rendit fort puissant, Iacob son frére, se saisit des villes de Rabat & d'Anfa, dans la province de Teméçen, & défit les Almohades en plaine campagne, entre Fez & Méquinez, d'où ils se sauvérent à Maroc ; ce qui accrut fort la puissance des Benimerinis. Car aprés la mort d'Abdulac le Royaume vint à son fils, & son oncle fut son tuteur; mais ce fils venant à mourir, l'oncle demeura maistre de l'Estat, & se fit appeller Roy de Fez, avec le titre de Muley Chec, ou d'ancien Roy, que luy donnoient ses peuples; parce-que l'enfant estant encore vivant, il gouvernoit l'Estat en qualité de Roy de Méquinez. Ce nom de Muley vient de Meul, qui veut dire Maistre ou Seigneur de quelque chose, & ne se donne qu'aux Rois & aux Princes du sang, estant synonyme de celuy de Sultan, qui veut dire Roy, car ils se servent indifferemment de l'vn & de l'autre. Outre ceux dont nous venons de parler, Mahamet Budobus, oncle de Céyed, se soûleva aussi avec les provinces de Tedla & de Dominet, & fit ligue avec le Roy de Fez, en luy donnant la premiére de ces provinces, pour estre secouru contre Abdelcader. Le Roy de Maroc ayant seû ce traité, & que leurs troupes marchoient contre luy, n'osa demeurer dans sa capitale, si-bien que Budobus s'en saisit, & envoya aprés luy vn de ses Chefs, qui le tua dans Sugulmesse. Budobus victorieux ne voulut plus tenir la parole qu'il avoit donnée à Aben Iosef, au contraire il luy declara la guerre, comme Chef des Almohades, pour le chasser du Royaume de

Fez, dont il s'estoit emparé sur cette famille. De-là naquit vne grande guerre, qui finit par la mort & la défaite de Budobus, laquelle rendit Aben Iosef maistre de Maroc. La Mauritanie Tingitane demeura donc par ce moyen aux Benimerinis, qui s'emparérent depuis en divers tems des Royaumes de Tunis & de Treméçen. Il est vray qu'il y eut des Gouverneurs des Almohades qui demeurérent maistres de ce qu'ils tenoient, à la charge de reconnoistre le Roy de Fez. Ils se maintinrent ainsi dans les montagnes du grand Atlas, & en quelques endroits du Royaume de Maroc, où estoit puissante la tribu de Muçamuda, d'où ils tiroient leur origine, & de laquelle sont les Hentetes, qui ont régné dans Tunis.

*Nous avons passé ces choses en peu de mots, parce-qu'elles seront retouchées dans la description particuliére de ces lieux.*

Pour retourner en Espagne, aprés que Mahamet Enacer eut perdu la bataille du Pas de Muradal *, dont l'Eglise célébre tous les ans la mémoire le seiziéme de Iuillet: Le Roy Alfonse s'estant retiré victorieux à Toléde, les Maures de Iaen, de Grenade & de Cordoüe, joignirent leurs forces à celles qui estoient restées d'Afrique, & allérent attaquer les forteresses de Bagnos, de Tolosa & de Ferrat, & n'en ayant pû prendre pas vne, ils assiégérent Vilchés, & la batirent continuëllement l'espace de douze jours; mais le Roy Alfonse y ayant envoyé vne partie de son armée, sous le commandement de Gonzale, & de Martin Nugnés, ils ne les osérent attendre, & levérent le siége. L'armée ayant fait le degast sur les terres de Iaen & de Grenade, retourna chargée de butin à Toléde, sur la fin du mois de Septembre. D'autre-costé, les Maures se rassemblérent en la ville de Locha, qu'ils appelloient Hizna Locha, & allérent attaquer Alcala de Bençaide, qui est aujourd'huy Alcala la Réal, qu'ils prirent. Mais l'an d'aprés le Roy Alfonse ayant rassemblé ses troupes, la reprit, & ensuite le chasteau de Locubin, au mois de Février. De-là continuant ses progrez, il alla assiéger Castil de Dios avec la Noblesse de Castille, & les Chevaliers de ses Ordres, joints aux troupes de Toléde, de Maquéda & d'Escalone, & l'ayant pris avec le château d'Aben-jore, il passa à la ville d'Alcaras, dont la prise luy cousta plus de deux mille Chrestiens, tant elle se défendit

* ou des plaines de Tolosa.

La cavalerie & l'infanterie de Toléde, de Madrid & d'Huete.

1212.
Ceux de Madrid, de Guadalachara, d'Huete, de Cuença, de Vélez.

à la my-Mars ou Aben Goubar.

# SVCCESSEVRS, LIVRE II.

dit valeureusement. Il alla assiéger ensuite Baéça, que tenoit  Vn Mécredy
Aben Mahamet, cousin de Mahamet Enacer, & ne l'ayant  le 22. de May.
pû prendre, fit tréve avec ce Prince, qui s'estoit fait Roy de
Cordouë & de Toléde, & soustenoit le parti des Almohades ; après-quoy il prit la ville d'Alcantara, & retourna victorieux à Toléde. Les Portugais ne demeuroient pas cependant les bras croisez, & Dom Martin Evesque de Lisbonne,
prit sur les Maures Alcaçar Dosal, par le moyen de quelques troupes estrangeres qui avoient abordé en Portugal au
voyage de la Terre-Sainte. Sur ces entrefaites, mourut Al-  1214.
fonse Roy de Castille, dans vn village des environs d'Avila,
laissant pour successeur Henry premier, sous le régne du-  Vn Dimanche
quel il ne se passa rien de mémorable entre les Chrestiens  5. d'Octobre.
& les Maures. Après sa mort, Dom Fernand troisiéme, surnommé le Saint, fils de Dom Alfonse Roy de Leon, succéda
au Royaume de Castille.

Sous le régne de Fréderic second, Empereur d'Alemagne,  1220.
il se fit vne nouvelle entreprise en la Terre-Sainte, & plusieurs Chrestiens s'estant assemblez, allérent assiéger Da-  Ville d'Egy-
miette, & la prirent, quoy-que l'ennemi l'eust fortifiée ; mais  pte.
il la reprit l'année suivante, & les Chrestiens se retirérent
dans Tyr, & dans Ptolémaide.

L'an mille deux cens vingt-trois, le Roy Alfonse de Portugal mourut, laissant son fils Dom Sanche pour successeur;
Et la mesme année les habitans de Cuença, d'Huéte, d'A-
larcon, de Moya, & de tous les lieux d'alentour, s'assemblérent par le commandement du Roy Dom Fernand, &
ravagérent dans le Royaume de Valence, tandis qu'il entroit avec vne puissante armée dans l'Andalousie, où il prit
Quésade, & contraignit les Gouverneurs de Baéça & de Valence de luy payer tribut. L'année d'après il retourna dans  1224.
l'Andalousie, & prit la ville d'Anduchar, & celle de Martos,
qui estoit tres-forte ; & continüant ses progrez, l'année suivante prit les villes de Iodar & de Belmar, & fit de grans
degasts sur les terres de Iaen. De-là passant par Saint Estienne du Port, il prit Hisna-Torafe, & d'autres places de ces
quartiers, & ensuite la ville de Pliego, d'où passant par Locha à la plaine de Grenade, il saccagea le païs, & obligea

Zz

les Grenadins de luy rendre treize cens captifs Chrestiens, & de luy payer tribut. La mesme année Sahad Ala, fils de Ferez, cousin germain de Mahamet Enacer, s'estant fait Roy de Seville, & rendu maistre d'Eçicha, de Chérez & de Carmone, assembla les Maures de ces contrées, & alla prendre Garcies. Mais il fut défait ensuite par les Chrestiens de ces quartiers, qui luy tuërent plus de vingt mille hommes. Sur ces nouvelles, Aben Mahamet Roy de Baéça, confirma la tréve avec le Roy Dom Fernand, & pour en estre protegé, luy offrit les villes de Capilla & de Salvaterre, & le mit en possession de la citadelle de Baéça, où l'on fit entrer le Grand-Maistre de Calatrava avec des troupes. Salvaterre

*Gonzale Yvagnez.*

luy fut aussi-tost livrée; mais l'autre place ne se voulant pas rendre, Dom Fernand l'alla assiéger, & l'y contraignit. Les Maures de Cordouë indignez de cét accommodement, conjurérent contre Mahamet, & l'ayant assassiné, envoyérent sa teste au Roy de Seville. Mais il fit le mesme traitement à ceux qui l'avoient apportée, & jetta leurs testes aux chiens. Cependant, les Maures de Baéça ayant appris la mort de leur Roy, assiégérent le Grand-Maistre dans le chasteau, mais il fut secouru par Dom Fernand ; dequoy éperdus, ils abandonnérent la ville pour aller demeurer à Grenade, & Dom Fernand la repeupla de Chrestiens la mesme année. Tandis que ces choses se passoient en Espagne, l'Empereur Fréderic passa en Syrie, & aprés quelques combats contre les Turcs, fit tréve avec le Soudan d'Egypte, & entrant dans

1228.

Ierusalem, s'y fit couronner Roy. Tandis qu'en Espagne Dom Fernand triomphoit des Maures, Dom Iayme Roy

1230.
Vers la fin de Decembre.
*Abul Habib.

d'Aragon fit vne entreprise sur l'Isle de Majorque, & ayant pris la capitale, en fit le Roy * prisonnier; mais les Insulaires se sauvérent sur les montagnes en attendant du secours, & voyant qu'il tardoit trop à venir, ils se rendirent au vain-

Choarb.

queur, quoy-qu'ils eussent fait vn autre Roy. Iayme s'estant rendu maistre de toute l'Isle, passa la mesme année à Mi-

1231.

norque, & cependant le Roy de Tunis vint pour la reprendre ; mais en vain, parce-que le Roy Dom Iayme la secourut.

En mesme tems Aben Hut, Maure tres-savant, & des

principaux du païs, amaſſa quantité de gens, ſous prétexte de ſainteté, & s'eſtant rendu maiſtre de quelques places du Royaume de Grenade, ſe fit appeller Promoteur & Reformateur de la Loy de Mahomet ; ſi-bien que preſchant contre les Almohades, il les vainquit, & prit ſur eux les villes d'Almérie, de Grenade, de Cordouë & d'Eçicha, & quantité d'autres places, ſans poſer les armes qu'il ne les euſt chaſſez de ces quartiers. La meſme année, les Maures de Grenade ayant pris la ville de Queſada, l'Archeveſque de Toléde * la fut aſſiéger, & la reprit. L'an mille deux cens trente-deux, Dom Iayme Roy d'Aragon, prit ſur les Maures la Preſ-qu'Iſle de Burrieh, & autres lieux le long de la riviére de Chucar. Il prit auſſi la tour de Moncade, & d'autres places voiſines ; ce qui luy donna lieu d'entreprendre la conqueſte du Royaume de Valence, occupé par pluſieurs petits Princes. L'année d'aprés, Dom Pedre, Infant de Portugal, quoy-qu'il fuſt toûjours mal avec le Roy ſon pere*, avec l'armée navale de Dom Iayme, prit ſur les Maures les Iſles d'Yvica, Formentéra, Conechéra, & Cabréra, & ſe ſignala encore par d'autres exploits. Cependant, la guerre continüant contre le Roy de Grenade, Dom Fernand de Caſtille aſſiégea la ville d'Vbéda, & l'ayant priſe aprés quelques iours de ſiége, la repeupla de Chreſtiens. Le Roy Dom Iayme faiſoit la guerre en meſme tems contre celuy de Valence, & l'année d'aprés Aben Hut, Roy de Grenade, aſſembla ſes troupes contre luy, mais eſtant arrivé à Almérie, il fut tué par vn de ſes gens, ce qui cauſa de grandes diviſions entre les Maures d'Eſpagne. La meſme année vne armée de Chreſtiens allant à la conqueſte de la Terre-Sainte, fut défaite par les Turcs entre Gaza & Ptolémaide. Les Infidelles ne furent pas ſi heureux en Eſpagne, car Dom Bernardin Guillem commandant l'armée du Roy d'Aragon, défit celuy de Valence ; & les peuples des frontiéres de Caſtille, ſous la conduite d'Alvaro Colodro, & de Benito Bagnos, eſcaladérent vne tour de Cordouë, & s'eſtant rendu maiſtre d'vne partie de la ville, furent ſecourus ſi à propos par Dom Fernand, qu'elle fut contrainte de ſe rendre. La priſe de cette place fut cauſe de grans troubles entre les Maures

* Rodrigue Chiménes.

* D. Sanche.

1234.

Abu Zeyen.

En el puxio de Sancta Maria

1236. 29. Iuin.

d'Espagne, & firent naistre plusieurs petites guerres. Abu Zéyen, & Zidan Ibni Saad, dans Valence; Abu Haquez, Ibni Hudiel, dans Murcie; vn autre dans Niebla & dans l'Algarbe. Ceux de Seville prirent Iafar pour les commander; & ceux d'Archone, Mahamet Abusayd, qui fut le plus puissant de tous, & régna dans Grenade, & ses successeurs aprés luy, plus de deux cens cinquante ans, sous le titre d'Alahamares, jusques à ce qu'ils furent dépossédez par Ferdinand & Isabelle, comme nous dirons en son lieu. Pour parler maintenant de luy & de son establissement, il estoit d'Archone, & en fut Gouverneur. C'estoit vn homme riche & fort estimé entre les Maures, de la race des Hagez, parceque ce ne sont pas des Arabes naturels; mais de ceux qui se sont joints à eux, & ont embrassé leur secte. Iouhori dit dans son Dictionaire à la lettre H, qu'vne tribu nommée la Hamire, s'empara de Cufa sur la mer Rouge, d'où plusieurs fort considerables passérent au service des Califes de Damas, à la conqueste de l'Afrique & de l'Espagne, & associérent avec eux ceux de la lignée des Alahamares, c'està-dire des Rouges, non pas qu'ils fussent rouges en effet, mais parce-que c'estoit le nom de leur famille. Cela se verifie par beaucoup de titres, & de provisions de Gouvernemens que nous avons veuës; outre plusieurs inscriptions Arabes, qui se trouvent encore gravées en divers endroits de la ville de Grenade, & du chasteau qu'ils y ont basti, & embelli de superbes édifices. Or voicy l'ordre que celuy-cy observa pour parvenir à la Couronne. Quand les Califes furent dépossédez du Royaume d'Espagne, plusieurs des principaux de leur race demeurérent au païs pourveus de Charges & de Gouvernemens, & particuliérement de celuy d'Archone, qui leur demeura long-tems. Comme celuy-cy vit qu'au declin de l'Empire des Almohades chacun se rendoit maistre de ce qu'il tenoit, & qu'il n'estoit pas moins aimé que les autres, de son peuple, il voulut faire la mesme chose, & feignit d'avoir songé la nuit en dormant, qu'vn essain d'abeilles, & vne volée d'oiseaux s'estoient venus percher sur son toit. Il fut donc trouver vn Morabite qui estoit en grande estime au païs, lequel luy dit que cela luy pronosti-

*Abdala Ibni Iaufon.*

*Des descendans d'Alahamar.*

*Establissement des Rois de Grenade.*

*Il y a dans l'Espagnol, la mer majeure.*

*Il se nomme Alhambra, de leur nom.*

*Cidi el Memphti.*

# SVCCESSEVRS, LIVRE II.

quoit la Royauté. La nouvelle s'en estant répanduë dans la ville, le peuple amoureux de la nouveauté, l'élût pour Roy, dans la créance qu'il rassembleroit tous les Maures, comme le bruit en couroit, & qu'il seroit leur protecteur. Ceux de Iaen, de Guadix, de Baça, & d'autres villes, firent la mesme chose, & aprés eux ceux de Grenade ; de-sorte qu'estant maistre de tant de places, il establit à la fin sa demeure en celle-cy, & prit pour titre le Roy Mahamet Sayd *, descendu de la race des Alhamares, fils d'Abdala, fils de Nacer, serviteur de Dieu, & Exaltateur de la Loy. Il y a eu vingt & vn Rois de cette famille, dont les quatre premiers furent luy, son fils, & ses deux petits-fils, d'où le Royaume passa aux fils d'vne de ses petites filles, qu'il maria au Gouverneur de Malaga *, qui estoit de la mesme Maison, & dont le fils aisné régna aprés, puis deux fils de cét aisné ; & c'est du cadet, nommé Abil Gualid, que venoit le dernier Roy de Grenade, que les Rois Catholiques dépossédérent. Il n'y eut que dix Rois de cette branche, tous ceux qui régnérent hors de ceux-là, furent collateraux, & quelques-vns furent des vsurpateurs, comme on verra par la suite de l'Histoire. Les Rois Maures ont accoustumé, à l'imitation des Hebreux, de mettre en leurs titres, leur généalogie du costé de leur pere, comme les Princes Chrestiens y mettent le dénombrement de leurs Royaumes, & de leurs provinces. Tous ces Rois s'appellérent par honneur Amir Elmocélémin, à l'exemple de ceux de Maroc & de Fez, & des Califes d'Arabie & de Syrie, & autres Princes Mahometans ; comme les Souverains de Rome & d'Egypte se faisoient appeller autrefois Césars & Pharaons. Ils avoient accoustumé aussi de mettre le nom de Mahomet avant le leur dans tous leurs mandemens, & plusieurs les nomment de la sorte par respect, à-cause de leur Fondateur, ou Legislateur.

Pour revenir à nostre Histoire, la mesme année que Mahamet Abu Sayd fut élù Roy de Grenade, Dom Fernand entra dans le païs de Iaen, & prit la ville d'Andujar, & la forteresse de Martos, puis retourna glorieux en Castille. D'autre-costé, Dom Iayme Roy d'Aragon entra dans le Royaume de Valence, & ayant pris plusieurs places, assié-

1237.
L'an 596. de l'Egyre.
* Muley Mahamete, Abu Sayd, Ibni Aben Alahamar, Ibni Abdala, Ibni Nacer.

* Farax.

* Abi Abdala.

C'est-pourquoy il se nommoit Mahamet Sayd ; car Sayd étoit son nom.

Arménie, &c.  gea la capitale ; mais sur ces entrefaites, arrivérent douze galéres, & six barques des Maures, que le Roy de Tunis envoyoit au secours d'Abuzéyen, qui en estoit le maistre. Toutefois les assiégeans firent si-bien que le secours ne pût entrer dans la ville, & se retira. Cependant, Abuzéyen reduit

1238.  à l'extremité, se rendit l'année suivante, à condition de sortir avec armes & bagage, & tous ceux qui le voudroient suivre, & que le reste pourroit demeurer en toute liberté, en prestant le serment au vainqueur. Voilà comme le Roy d'Aragon entra dans Valence le huitiéme de Septembre de l'an mille deux cens trente-huit, & fut attaquer Sax ensuite, où Dom Artal d'Alagon fut tué par les Maures.

Asie.
1240.  Tandis que ces choses se passoient en Espagne, il s'alluma vne grande guerre en Asie. Car les Tartares qui habitent entre les monts Riphées vers l'Océan Septentrional, se répandirent par toute l'Asie, & firent la guerre aux Turcs. Ces Tartares sont les derniers peuples du Nort, qu'Homére appelle les plus justes de tous les hommes, parce-qu'ils n'ont ni procez ni querelles, ne connoissent ni l'argent ni les delices, & menent vne vie tranquille, sans lettres & sans loix, guidez par la seule raison naturelle, qui leur sert à gouverner leur Estat, & à maintenir leur liberté. Ils habitent vn païs pauvre, sans cultiver, ni champs ni vignes, se nourrissent d'herbes & de fruits sauvages, avec ce qu'ils peuvent prendre à la chasse, s'habillent simplement de peaux, & n'ont ni festes ni spectacles. De ce païs, comme d'vne source inépuisable, vne infinité de nations belliqueuses se sont débordées en divers tems. Et avant que ceux dont nous parlons en sortissent, ils obéïssoient aux Princes de la Georgie, ou à quelques autres, & estoient divisez en sept

* Tartar, Tangur, Cunat, Talay, Senic, Mongli, Tebet.  Tribus *, qui avoient tant multiplié en hommes & en troupeaux, que le païs ne les pouvant plus porter, ils résolurent d'en aller chercher vn autre. L'auteur de cette sortie fut vn vieillard de la tribu de Tartar, nommé Cangi, d'assez basse naissance, mais en grande opinion de sainteté. Il leur conseilla, comme par l'ordre d'vn Dieu, d'aller chercher vn païs plus grand & plus fertile que le leur, qui est comme enfermé entre l'Océan & la mer Caspienne ; de-sorte qu'il n'y a

qu'vn paſſage entre les montagnes & la mer, par où ils ſortirent ſous ſa conduite. Le nom de ſa tribu demeura à tous ces peuples, que quelques-vns font venir, auſſi-bien que les Turcs, des dix Tribus d'Iſraël, quoy-qu'ils viennent pluſtoſt de Magog, fils de Iaphet, dont l'Ecriture parle en pluſieurs endroits; outre que les dix Tribus furent tranſportées chez les Médes, & non pas en Scythie. Ces Tartares donc ſous la conduite de ce bon vieillard, qu'ils nommérent Cam par honneur, c'eſt-à-dire Empereur ou Souverain, deſcendirent vers la mer Caſpienne, où il mourut; ſi-bien qu'ils mirent en ſa place l'aiſné de ſes deux fils, car il en avoit autant. Celuy-cy nommé Occate, fut ſage & vaillant, & paſſant le premier le deſtroit de la mer Caſpienne, traverſa la Sogdiane, & la riviére du meſme nom, & vint prendre ſes quartiers-d'hyver ſur le mont Taurus, en vn païs fertile & agréable, qui fournit des vivres en abondance à ces peuples, outre ce qu'ils avoient volé en chemin. Le mont Taurus eſt le plus grand de tous ceux dont on a connoiſſance, & commence vers le Couchant, à la mer Egée: d'où il s'eſtend par vne longue ſuite de montagnes, juſqu'à la mer du Levant, & diviſe l'Aſie en deux. Occate ayant paſſé tout l'hyver en ces quartiers, en partit au commencement du printems, & grimpant par ces rochers, vint fondre ſur les peuples qui eſtoient de l'autre coſté, & aprés avoir ravagé toutes ces provinces, ſe répandit deçà & delà du fleuve Indus, où il fonda Cambalu, pour eſtre le ſiége de ſon Empire. Cette ville, outre qu'elle eſt fort peuplée, c'eſt le lieu le plus agréable de toute l'Aſie. Comme il ſe fut eſtabli, il envoya de-là des armées vers toutes les parties du monde, & conquit l'Aracoſie, la Caramanie, & pluſieurs autres provinces, & enfin la Perſe, d'où il chaſſa les Turcs; Et s'empara enſuite de la Syrie, de la Méſopotamie & de l'Arabie, & détruiſit la fameuſe ville de Babylone, où eſtoit le ſiége des Califes. Aprés ces choſes, les Tartares ſe ſaiſirent de la grande Arménie, & paſſant delà dans l'Ibérie & la Colchide, ſemérent par tout l'épouvante; & ils euſſent pouſſé plus loin leurs conqueſtes, ſi les delices des Indes n'euſſent arreſté leur Général dans Cambalu, d'où il diſtribua le Gouverne-

*Sogde.*

*L'an 1058. le 618. de l'Egyre.*

ment des provinces à ſes parens, & à ſes amis, qui prirent les couſtumes des Perſes, des Caldéens & des Aſſyriens, & nommérent leur Patriarche Préte-Ian, eſtabliſſant vn nouvel Empire tres-puiſſant.

Mais comme il ne ſera pas deſagréable de faire vne petite digreſſion ſur le détail de leurs conqueſtes, je diray que la premiére choſe qu'ils firent, aprés avoir paſſé les montagnes, ce fut de prendre la ville d'Aléxandrie, qui eſt baſtie au détroit qu'on nomme la Porte-de-Fer. Cela donna tant d'effroy aux Turcs, qu'Azatin Soudan d'Iconie, pour leur pouvoir réſiſter, fit tréve avec l'Empereur de Conſtantinople, pour longues années, à quoy il conſentit facilement, pour le faire ſervir de rempart contre les Tartares, qui menaçoient l'Aſie de ruine. Les Chreſtiens de l'Orient eſtant alors tourmentez de guerres continuëlles, avoient abandonné le labourage, & le ſoin des troupeaux ; de ſorte que la neceſſité eſtoit grande, & l'Empereur avoit conſumé tous les tréſors de ſon Epargne. Comme il ſe vit donc libre par cette tréve, il voulut reſtablir la campagne, & commanda à ſes Sujets de reprendre le ſoin de l'agriculture. Et pour les inviter par ſon exemple, il prit pour ſoy vn quartier qui eſtoit deſert, & y fit planter des vignes & des oliviers, entretenant ſa deſpenſe de ce revenu, & faiſant diſtribuer le reſte aux Religieux & aux Hoſpitaux. Il fit faire auſſi des greniers & des magaſins par toutes les villes, pour diſtribuer du bled au peuple dans la neceſſité, par le moyen dequoy le païs reprit ſa premiére ſplendeur. Les Hiſtoriens diſent, que ce bon Empereur prit tant de ſoin de ces choſes, que les poules ſeules que l'Impératrice faiſoit nourrir, défrayoient toute ſa maiſon d'œufs & de poulets, & qu'elle fit faire du ſurplus vne Couronne d'or, enrichie de perles & de pierreries, qu'on nomma la Couronne d'Oeufs, parce-qu'outre qu'elle les repreſentoit, elle s'eſtoit faite de l'argent qui en eſtoit provenu. Ce ſoin de l'Empereur ne fit pas ſeulement ſubſiſter ſon peuple, mais l'enrichit ; parce-que les Turcs en guerre perpetuëlle contre les Tartares, manquoient de vivres, & les achetoient à grand prix des Chreſtiens, donnant en échange ce qu'ils avoient de plus précieux. Pour
retourner

*Détroit de la mer Caſpienne.*

# SVCCESSEVRS, LIVRE II.

retourner aux Tartares, ils ne furent pas si-tost maistres de la ville d'Alexandrie, que leur avantgarde marcha contre les Turcs, sous le commandement de Gabo Saba, que le Soudan d'Iconie Azatin fut attendre à Bosdra, en la grande Arménie, avec vne armée de Turcs, d'Arabes, de Grecs, d'Italiens, d'Alemans & de François, qui s'estoient joints tous ensemble pour resister à leur commun ennemy. Iean Lividnade, ou autrement Paléologue, de l'Isle de Chypre, qui estoit alors en la disgrace de l'Empereur, commandoit les Grecs, & Boniface Molineo, Gentilhomme Venitien, les Latins, qui estoient au service du Soudan. Les Tartares voyant vne si grande armée, composée de tant de nations differentes, crurent qu'il estoit arrivé vn grand secours au Soudan, & voulurent tourner le dos; Mais sur ces entrefaites, vn parent du Soudan, qui en avoit receu quelque déplaisir, passa de leur costé avec sa troupe, & leur dit, que la diversité des nations qui composoient cette armée, faisoit plustost sa foiblesse que sa force. Cela les arresta tout court, & fut cause qu'ils donnérent la bataille, où le Soudan fut défait, & les Tartares passant l'Euphrate, assujettirt la Syrie & l'Arabie, & se les rendant tributaires, revinrent en Orient chargez de butin. Ils retournérent l'année suivante, & passant l'Euphrate avec furie du costé du Nort, où il n'est pas éloigné de sa source, ils vinrent en Cappadoce, & au fleuve de Termodon, & prirent Iconie, qui estoit la capitale de cét Empire. Le Soudan se voyant perdu, prit son frere avec luy, & croyant que l'Empereur Paléologue, qui régnoit alors, se souviendroit de leur amitié, il le pria de le secourir contre les Tartares, ou de luy donner quelques places en attendant, où il pust se retirer avec ses tresors & sa famille. Mais il ne voulut faire ni l'vn ni l'autre, pour ne point partager ses troupes, ni donner à vn si grand Prince, & autrefois si puissant, vne retraite où ses Officiers & ses soldats le pussent venir trouver; ce qui ne pourroit estre qu'à la ruine du païs, à cause de leur necessité & de leur valeur. Le Soudan voyant que l'Empereur l'entretenoit en esperance sans aucun fruit, gagna la province de Pont avec son frere, à la faveur de quelques Scy-

*C'est que le Cam y estoit au Royaume du Grand Mogor.*

*Azatin. Malic.*

*Occate.*

*Amar.*

thes de l'Europe, & se mit entre les mains du Cam des Tartares, qui le remit dans son Estat, moyennant quelque tribut. Mais il n'en jouït pas long-tems, parce qu'vn autre Satrape luy fit la guerre, & le contraignit de se retirer à Heraclée au Royaume de Pont, jusqu'à ce qu'il recouvra son Estat par la faveur des Tartares, & y fut tué en trahison. Sa mort mit fin pour lors à l'Empire des Turcs, qui passérent par ce moyen de la souveraine félicité à la souveraine misére, par la division qui s'y mit entre-eux, qui les donna en proye à plusieurs petits Tyrans; de-sorte que non seulement les Seigneurs & la Noblesse, mais le peuple se mit à piller & à voler, descendant des montagnes sans autres armes que leur arc & leurs flesches, faisoient des courses sur les grans chemins, & dans les lieux qui estoient sans défense, à la ruine des provinces voisines. Les Chrestiens souffrirent le plus de ce dommage, parce-que l'Empereur pour retrancher la despense, avoit osté les garnisons des places, & les Turcs pour se sauver des Tartares, s'y retiroient, & les pilloient tout à leur aise, en venant aux mains lors qu'on leur resistoit. Pour remedier à ce desordre, l'Empereur sachant qu'vne armée de Turcs s'estoit retirée dans la Paphlagonie, luy alla donner bataille, & la défit; mais les soldats s'estant emportez trop loin dans la poursuite, l'ennemy revint à la charge, & en tua vne partie sur les bords de la riviére de Sangare, l'Empereur ayant eu bien de la peine à se sauver. Aprés cette victoire les Turcs passérent la riviére, & se répandirent depuis la mer de Pont, & la Galatie, jusqu'à celle de Lycie, & au fleuve Eurymedon, où ils se rassemblérent pour marcher contre les Tartares.

*Histoire des Mammelus.*

Les Soudans d'Egypte & les Mammelus florissoient alors, & ne firent pas des choses moindres que les Tartares. Car ils se rendirent maistres de plusieurs provinces, où ils subsistérent long-tems, & estendirent bien loin leurs frontiéres, aprés avoir commencé de la sorte que je vais dire. Les Califes d'Egypte ayant perdu cette premiére valeur, & cette vnion qui les avoit rendus si glorieux, se relaschérent dans les plaisirs, & se laissérent corrompre de sorte par l'oisiveté, qu'il faloit peu de forces pour conquerir leur Estat, quoy-qu'il fuſt tres-floriſſant. Cela obligea Baudoüin, Roy de Ieruſalem, à tourner ſes armes contre eux, avec tant de ſuccés, qu'il les rendit tributaires. Mais depuis ſur le refus qu'ils firent de continuer ce tribut, Aimery ſon frere, & ſon ſucceſſeur, aſſembla vne armée, & défit le Soudan Dargan au deſert, qui eſt entre la Iudée & l'Egypte. Il euſt pouſſé plus loin ſa victoire, s'ils n'euſſent rompu les digues & noyé tout le païs, dont l'armée Chreſtienne faillit à ſe perdre, & fut contrainte de regagner la Iudée. Le Soudan Sanar, que Dargan avoit dépoſſedé, & qui s'eſtoit retiré avec les Arabes de ſa tribu, prenant l'occaſion de cette défaite, vint trouver Norandin, Roy de Damas, & le pria de l'aider à recouvrer la dignité dont Dargan l'avoit dépoüillé. Il fut bien-aiſe de cette demande, dans la créance de ſe pouvoir rendre maiſtre de l'Egypte, s'il y pouvoit vne fois mettre le pied. Il y envoye donc vne armée, ſous le commandement de Siracon, homme de baſſe naiſſance; mais grand Capitaine, & plein d'amour de la gloire. Sanar s'eſtant joint à luy, ils prirent la route d'Egypte, & donnérent telle frayeur au Soudan, qu'il implora le ſecours du Roy de Ieruſalem, à la charge de luy payer le tribut que les Califes payoient à ſes prédéceſſeurs. Mais dans cét intervale, les ennemis s'avancérent tant, qu'il fut contraint de marcher contre eux, ſans en venir pourtant à vne bataille, en attendant toûjours que le traité fuſt conclu avec le Roy de Ieruſalem; mais là-deſſus vn de ſes gens le tua en trahiſon. Aprés ſa mort, Sanar & les Turcs, ſe rendirent maiſtres de toute l'Egypte, parce-que le Calife, renfermé dans ſa maiſon, & abandonné aux plaiſirs, ne ſe ſoucioit pas qui eut le commandement des armées, pourveu qu'on le reconnuſt pour Souverain. Sur ces entrefaites, Siracon ayant pris la ville de Bilbis, qu'on nommoit autrefois Peluſe, la voulut retenir pour ſoy contre la volonté de Sanar, qui irrité de ce refus, envoya prier Aimery, Roy de Ieruſalem, de luy faire la meſme faveur qu'il vouloit faire à ſon devancier, & le traité eſtant conclu, ils aſſiégérent enſemble la ville, & la ſerrérent de ſi prés, que Siracon fut contraint de la rendre. Enſuite celuy-cy voyant qu'il n'eſtoit pas capable de reſiſter à deux ſi puiſſans enne-

*C'eſt que le Nil alors éſtoit en ſon plain.*

*Les Soudans eſtoient les Conneſtables, ou les Lieutenans généraux des Califes dans leurs armées.*

mis, & que Norandin avoit assez d'affaires en Syrie contre les Chrestiens, sans se mesler de celles d'Egypte, il eut recours au Calife de Babylone, & luy montrant l'interest qu'il avoit à se rendre maistre d'vn païs si riche, luy persuada de faire cette entreprise, qu'il y avoit long-tems qu'il souhaitoit, pour perdre son rival. Assemblant donc vne armée d'Arabes, de Perses, d'Assyriens, & de Turcs, qui le reconnoissent tous pour Souverain ; il la donna à Siracon, avec grande provision de vivres, pour passer le desert, & l'envoya en Egypte. Aimery ayant rassemblé ses troupes sur le bruit de sa venuë, marcha contre luy, & luy donnant bataille dans le desert, remporta la victoire aprés vn long combat, & le rechassa en Syrie, puis retourna en Ierusalem chargé de dépouïlles. Quelque tems aprés, Aimery ayant appris que Sanar traitoit avec Norandin pour luy faire la guerre, quoyque quelques-vns disent, que ce ne fut qu'vn pretexte pour envahir l'Egypte, il rassembla son armée, & ayant emporté d'assaut la ville de Bilbis, mit tout à feu & à sang. Sur ces nouvelles, Sanar a recours vne seconde fois à Norandin, qui y renvoya Siracon ; mais la crainte de son ambition fit resoudre Sanar à contenter Aimery par vne grande somme de deniers, pour avoir sujet de contremander le secours. Toutefois Siracon qui estoit en chemin avec son armée, prit Sanar au dépourveu, & marchant droit au Caire, le fit arrester comme il le venoit recevoir, & luy fit couper la teste. Ensuite entrant dans la ville, il fit hommage au Calife, qui le declara Soudan en la place du défunt. Quelque tems aprés Siracon estant mort de maladie, laissa pour successeur Salhdin, son neveu, que nos Historiens nomment Saladin, qui fut vn autre Alexandre en valeur, en promptitude, en generosité, & en liberalité. Ce fut luy qui tua le Calife, & tous ceux qu'il pût attraper de sa famille, & par là mit fin aux Califes de la race de Caym, qui estoit passé d'Afrique en Egypte, comme nous avons dit. Ensuite il se declara Souverain, tant au spirituel qu'au temporel, & voyant la foiblesse des Egyptiens, qui adonnez à leurs plaisirs, negligeoient les choses de la guerre, & estoient contraints d'avoir recours ailleurs dans l'occasion, il fit des-

*Les Califes de Babylone, rivaux de ceux d'Egypte.*

Hadec. 1150.

sein d'entretenir vne armée de braves gens pour la défense
du païs. Comme les peuples donc du Septentrion sont plus
propres à la guerre que ceux du Midy, il fit alliance avec
les Circasses *, qui demeurent prés du Pont Euxin, & des Pa-  * ou Ziges.
lus Méotides, à la charge de luy fournir tous les ans de jeunes garçons bien-faits, à certain prix, lesquels il faisoit nourrir dans l'exercice des armes, sans souffrir d'autres gens de
guerre qu'eux dans tout le païs, & donnant les principales
dignitez aux plus vaillans. Les peuples dont ils tirent leur
origine, sont d'vn naturel sauvage, & accoustumé dés l'enfance au travail & à la peine, & à souffrir la faim & la soif.
Ils n'habitent point de villes ; mais sont répandus deçà &
delà, vers la riviére du Phase, sur la frontiére de la Col-  Il appelle ain-
chide, prés de la porte du Tanais, qui n'a pas plus de cin-  si la distance
quante lieuës. Encore qu'ils soient Chrestiens, ils ont beau-  du Tanais au
coup de cérémonies estrangéres, & si-tost qu'vn enfant est né  Volga.
ils le vont laver dans le fleuve. Ils sont la pluspart forts &
robustes, blancs & de bonne mine. Tout leur païs est plein
de lacs, qui portent quantité de roseaux, dont ils bastissent
leurs cabanes. Ils ont guerre perpetuëlle avec les Tartares,
& les autres peuples leurs voisins ; Leur Noblesse ne quite
point la cotte-de-maille, ne souffre au peuple armes ni
chevaux, & ne luy permet de s'occuper qu'au labourage.
Ils vivent libres & sans Rois ; ne savent ni lire ni écrire, &
n'ont pas mesme de caractéres pour cela ; aussi leurs loix ne
sont-elles pas écrites. Ils vuident tous leurs differens par les
armes, ou par vn accommodement. Ils sont fort charitables
envers les estrangers ; vivent de la chasse & du brigandage,
& sont tres-propres aux armes. Saladin dépeschoit tous les
ans vers eux pour acheter les jeunes captifs, qu'ils font à la
guerre, ou ceux que la pauvreté contraignoit les peres de
vendre, & les faisoit élever comme nous avons dit. On les
nommoit Mammelus, comme qui diroit Esclaves. Ce fut
avec ces gens-là qu'il se rendit maistre de Damas, aprés la
mort de Norandin, & qu'il chassa les Chrestiens de la Syrie
& de la Iudée, & se saisit ensuite de la partie Orientale de
l'Afrique. De son tems les Turcs n'avoient que trois Princes considerables, luy, le Roy de Perse, & le Soudan de

Cappadoce. Ses successeurs ont régné en Egypte cent cinquante ans, avec souveraine autorité, tant au spirituel qu'au temporel, sous le titre de Soudan, & il n'y eut qu'eux d'exemts de l'Empire des Tartares, par la valeur des Mammelus & l'alliance des Circasses. Car toutes les fois que les Tartares leur faisoient la guerre, les Circasses entroient dans la Tartarie, & les contraignoient de se retirer, outre que la cavalerie des Mammelus estoit meilleure que la leur. La race de Saladin estant esteinte, les Mammelus suivant la coûtume de leur païs, ne souffrirent point que les Egyptiens eussent ni armes ni chevaux, & élûrent pour Soudan le brave Pépéris, qui estoit de leur corps, avec défense de faire passer la Couronne aux enfans, ni d'avoir égard à la race en l'élection du Souverain. Ceux du Soudan estoient nourris indifferemment avec ceux qu'on amenoit de Circassie, & n'heritoient point de leurs peres; mais tiroient comme les autres, tout leur avantage de leur merite, & non pas de leur sang. Ce dernier establissement se fit environ l'an mille trois cens de Nostre Seigneur, qu'ils commencérent à régner en Egypte, quoy-qu'ils y fussent long-tems auparavant, comme nous avons dit, & ils se maintinrent de la sorte jusqu'en l'an mille cinq cens dix-sept, que Selim Empereur des Turcs abolit leur Empire. Nous avons trouvé à propos de mettre icy leur Histoire, tant à-cause qu'elle est mémorable, que parce-qu'elle sert d'éclaircissement aux choses que nous traitons; mais nous en parlerons plus amplement en la seconde partie de l'Afrique, lors que nous viendrons à la description de l'Egypte.

1242.

Pour retourner en Espagne, Abu-Sayd Roy de Grenade, ayant fait tréve avec Dom Fernand, la rompit aussi-tost, & défit Alfonse de Leon, frére du Roy. Mais Dom Fernand ayant rassemblé vne armée, prit Archone, où Abu-Sayd estoit né, avec quelques chasteaux, & aprés avoir couru le païs, vint assiéger Grenade. Cependant, les Gazules qui estoient dans Iaen, assiégérent Martos, pour faire diversion. Mais le Roy envoya son frére au secours, & se retira sans avoir rien fait. L'année suivante Abu-Sayd voyant que Fernand rassembloit ses troupes pour retourner devant Grena-

Cepalajar, Campotejar, Moutijar.

Africains de Maroc de la Gétulie.

1243.

de, fit tréve avec luy ; & par le traité, luy rendit Iaen, & luy fit hommage du Royaume de Grenade, avec moitié du revenu, moyennant quoy Dom Fernand luy presta des troupes pour remettre quelques Gouverneurs * des places dans leur devoir. Aprés les avoir rangez dans l'obeïssance, voyant qu'il n'avoit plus à faire à Dom Fernand, il fit la guerre au Roy de Seville, & entrant dans son païs, ravagea les environs de Carmone, & donna la ville d'Alcala aux Chrestiens. Deux ans aprés, Dom Fernand entra avec vne puissante armée dans le païs des Maures, estant asseuré du costé de Grenade, & assiégea Carmone, qui se rendit incontinent, & les habitans devinrent ses vassaux. Plusieurs autres places prirent le mesme parti. Il assiégea ensuite, & prit Alcala del Rio, & l'année suivante vers le mois d'Aoust, accompagné du Roy de Grenade, il assiégea Seville.

* Beni Su-meyta.

Alcala de Guadayra.

1244.

1246.

Constantina, Reyna, Lora, Guillena.

La mesme année les Turcs & les Arabes se joignirent ensemble, & ayant gagné vne bataille contre les Chrestiens de Syrie, prirent sur eux la ville de Ierusalem, & y exercérent de grandes cruautez. D'autre-costé, Louïs Roy de France, entreprit le voyage de la Terre-Sainte en faveur des Chrestiens, & aprés s'estre délassé quelque tems en l'Isle de Chypre, alla assiéger Damiette en Egypte, & l'emporta d'assaut, mais deux ans aprés il fut pris prisonnier, avec Charles & Alfonse ses fréres, & quantité de Noblesse, que les ennemis délivrérent ensuite, moyennant la ville de Damiette, qu'on leur rendit, & ils la démolirent. Sur ces entrefaites, cinq mille Pasteurs, ou jeunes gens, prirent les armes en France, comme par vne revelation, sous pretexte de mettre le Roy en liberté, & ayant appris sa délivrance, mirent bas les armes.

Asie.

Cependant, Dom Fernand assiégeoit Seville, dont le siége dura quatorze mois & dix-huit jours, aprés-quoy elle se rendit, & les Maures en estant sortis avec leurs meubles & leur équipage, le Roy y entra le dixiéme Decembre, en la compagnie du Roy de Grenade, qui donna retraite chez soy au Roy de Seville, & luy assigna quelques heritages pour sa subsistance, où est maintenant la vieille Chartreuse, que l'on nomme encore les heritages d'Abid. L'an mille deux

1248.

1252.

cens cinquante-deux, mourut à Seville au mois de May, Dom Fernand, surnommé le Saint, Dom Alfonse le Sage, son fils, luy succéda, & fit la guerre au commencement de son régne contre le Roy d'Aragon. En mesme tems les Maures de Valence se souleverent, à la persuasion du Roy Alfonse, & se maintinrent quelque tems dans leur revolte, aprés-quoy ils se rendirent à certaines conditions au Roy d'Aragon, à qui ils estoient, & il en fit présent à l'Infant Dom Alfonse, son fils. L'année suivante, Dom Alfonse le Sage rompit la tréve avec le Roy de Grenade, & prit sur luy Techéda, & autres places de ces quartiers, puis retourna victorieux en Castille. Deux ans aprés il recommença la guerre, & assiégea la ville de Cherés de la frontière; mais les habitans ayant chassé les Gazules, se rendirent & devinrent ses vassaux, & ceux d'Arcos & de Libricha en firent autant. L'an mille deux cens cinquante-sept, il entra dans l'Algarbe, & prit sur les Maures la ville de Niébla, où s'estoit retiré vn fils d'Aben Mofad, qui se faisoit appeller Roy de l'Algarbe, puis poursuivant sa victoire, il prit plusieurs villes & forteresses qui appartenoient à des Seigneurs Maures, lesquels se firent ses vassaux, aprés-quoy il édifia Villa Réal. La mesme année mourut Dom Sanche, Roy de Portugal, laissant son frère Alfonse pour successeur.

Mustaçem Munibila, dont nous avons parlé, estant Calife, les Tartares aprés avoir conquis la Perse, vinrent fondre devant Babylone, sous le commandement du brave Haloon, & l'ayant prise sans resistance, enfermérent le Calife dans vne chambre où estoient ses tresors, & l'y firent mourir de faim, pour punition de ce qu'il n'avoit osé lever des troupes, de-peur de dépenser son argent. La religion de Mahomet demeura par ce moyen sans Calife l'espace de plus de deux cens ans. Mais les Soudans d'Egypte s'attribuoient le mesme honneur, & décidoient des cérémonies & des coustumes de la loy. Vn Arabe des descendans d'Ali, d'où sont venus les Sophis, régna depuis en Perse, & y fut en grande vénération.

D'autre-costé, le Roy de Grenade, & les Seigneurs Maures du Royaume de Murcie & de l'Algarbe, ayant pour suspects

# SVCCESSEVRS, LIVRE II.

spects les progrez du Roy de Castille, dépeschérent secrétement vers le Roy de Fez, qui estoit alors fort puissant, &
maistre de toute la Mauritanie, & disposérent les Maures de
Seville à tuër Dom Alfonse & sa femme, & se soûlever ensuite; mais cela n'eust point d'effet. Cependant, il passa tant
de Maures d'Afrique, qu'ils jettérent l'Espagne dans vne
grande consternation, & prenant plusieurs places, firent soulever tous les Maures qui estoient vassaux de Dom Alfonse;
Mais ce Prince pour faire diversion, envoya en Afrique vne
armée navale, qui prit Salé, & ne l'ayant pû garder que dix
jours, se rembarqua & retourna en Espagne. *Chérez de la Frontiere, Arcos, Libricha, Médina, Sidonia, &c. 1261.*

Cependant, les Chrestiens de la Syrie eurent de grans démeslez les vns avec les autres ; ceux de Venise & de Genes,
commencérent les premiers, & Tyr & Ptolémaide s'entrefirent la guerre, avec grand meurtre. D'autre-costé Mainfroy, bastard de l'Empereur Fréderic, s'estant emparé du
Royaume de Sicile, sous le Pontificat d'Aléxandre quatriéme, fit venir plusieurs Arabes d'Afrique, & les envoya au
Royaume de Naples pour vsurper les terres de l'Eglise.
S'estant donc joints aux Arabes de Lucéric, ils entrérent dans
la campagne de Rome, sous le Pontificat d'Vrbain quatriéme, & saccagérent tout, jusqu'à Frosalon. Vrbain publia contre-eux vne croisade, & implora le secours de Saint Louïs,
qui luy envoya vne armée, sous le commandement de Guy,
Evesque d'Auxerre, Richard Comte de Vendosme, Robert
fils du Comte de Flandres, & gendre du frére de Saint Louïs.
Tous ceux-là partirent d'Albe en Piedmont, & traversant
la Lombardie, vinrent en la Campagne de Rome, d'où ils
chassérent les ennemis, sans mettre l'épée à la main. Mais ils
ne les pûrent chasser du Royaume de Naples, parce qu'ayant
passé le Garillan, ils se fortifiérent au-de-là, & en défendirent le passage. Le Pape pour se maintenir contre Mainfroy, donna l'investiture des Royaumes de Naples & de Sicile, à Charles Duc d'Anjou, qui passant en Italie, fut couronné à Saint Iean de Latran le jour des Rois, par Clement
quatriéme, qui succéda à Vrbain. Ensuite disputant la Couronne à Mainfroy, il le défit, & tua vn mois aprés dans la
plaine de Sainte Marie de la Gradelle, où tous les Arabes *Asie, & Italie. 1261. Charles, Duc d'Anjou. 1265. prés de Pierterosette.*

BBb

furent tuez ou faits prisonniers ; après-quoy il se rendit maistre de ces Royaumes, & fut le premier Roy de ce nom.

*Espagne.* 1273.

Pour repasser en Espagne, l'an mille deux cens soixante-trois, les Seigneurs Maures qui s'estoient revoltez contre Alfonse, entrérent dans ses Estats, & assiégérent Vtréra; mais y estant accouru, ils se retirérent. Cependant, les Maures qui estoient passez en Espagne au secours du Roy de Grenade, faisoient tant de maux à ceux du païs, que ceux de Guadix, & de Malaga se soulevérent contre le Roy de Grenade, & se rendirent vassaux de Dom Alfonse, qui leur envoya mille lances, sous le commandement de Nugno de Lara. Le Roy de Grenade reconnoissant sa faute, pria Dom Alfonse de ne plus protéger ses Sujets, & traita avec luy dans la ville d'Alcala, qu'on nomme aujourd'huy la Royale. Les principaux articles du traité furent, que le Roy de Grenade abandonneroit celuy de Murcie, pour prendre le parti de Dom Alfonse, & luy donner moyen de conquerir cét Estat, & que le Roy Alfonse de son costé, ne protégeroit point ses Sujets rebelles. Aussi-tost Alfonse alla faire la guerre au Roy de Murcie, qui se voyant abandonné de celuy de Grenade, vint au devant de luy *, & luy baisant la main, se fit son vassal. De-là estant entrez ensemble dans Murcie, qu'Alfonse donna à vn Maure, qui estoit frére d'Aben Hut, à condition qu'il luy rendroit tous les ans le tiers du revenu, & abandonna d'autres places au Roy de Murcie, pour sa demeure & son entretien. Quelques-vns disent, que Dom Iayme, Roy d'Aragon, la prit l'an mille deux cens soixante-quatre, à la faveur de Dom Alfonse, & qu'il conquit tout cét Estat ; mais ces deux Rois avoient déja partagé leurs conquestes, & ordonné que le Royaume de Valence demeureroit au Roy d'Aragon, & celuy de Murcie au Roy de Castille. Le Roy de Grenade irrité de cette conqueste, qui estoit faite pendant la trêve, traita secrétement avec le Roy de Fez, pour en estre secouru, à la charge que tous les Maures d'Espagne le reconnoistroient pour Souverain. Ce Prince, pour pouvoir assembler son armée sans donner jalousie à Dom Alfonse, fit publier que c'estoit pour

1275.

Mahamet Ben Hamet.

Guadix & Malaga.

* à Fesna Torose.

Mahamet Ibni Hut.

Cela est contraire à ce qu'il vient de dire.

Abu Iosef.

remettre le Gouverneur de Ceute dans l'obéïssance, & pour mieux cacher son dessein, traita avec le Roy d'Aragon, afin d'avoir son armée navale, pour assiéger Ceute par mer & par terre, & luy offrit pour cela cent mille pistoles, outre le payement de l'armée. Mais D. Alfonse qui se doutoit de la fourbe, ne laissa pas de pourvoir à sa frontiére. Abu Iosef donc, Roy de Fez, que d'autres nomment Muley Chec, entra en Espagne par le détroit de Gibraltar avec dix-sept mille chevaux, & plus de cinquante mille hommes de pied, & ne fut pas plustost entré, que le Roy de Grena- *Farax.* de luy livra les forteresses d'Algézire & de Tarife, où il mit garnison, & passa à Malaga, pour faire l'accommodement du Gouverneur, & de celuy de Guadix avec le Roy de Grenade. Aprés avoir rassemblé toutes leurs troupes, il alla ravager les terres de Seville & de Cordouë, & n'ayant pû prendre quelques forteresses trop bien munies, repassa en Afrique, demeurant toûjours maistre de Tarife & d'Algézire. Cependant, l'Infant Dom Sanche, avec vne partie de l'armée de son pere, entra sur les terres des Maures, & défit *AbenOccuba.* vn grand Capitaine prés de la Guadalette, où il y eut quantité de morts & de prisonniers, aprés-quoy il retourna à Seville.

Tandis que ces choses se passoient, les Turcs & les Arabes *Asie.* triomphoient en Syrie, & ayant vaincu les Chrestiens, & 1268. pris plusieurs de leurs villes, le Soudan Beguéder fit le siége d'Antioche, & aprés plusieurs combats l'emporta d'assaut, & la démolit, aprés avoir tué, ou fait prisonniers tous les Chrestiens qui y estoient. L'an mille deux cens soixante & dix, au mois de Iuillet, Saint Louïs s'embarqua à Aiguesmorte, avec vne belle armée, & passant en Barbarie, eut avantage contre les Maures, & fut attaquer Tunis, qui incommodoit fort les Pelerins de la Terre-Sainte. Aprés avoir pris terre l'épée à la main, & s'estre emparé de la ville de Marça, bastie sur les ruines de Carthage, il se campa *Le lieu se* prés de la mer sur vne colline. Mais aprés vn mois de siége *nomme Ca-* la peste se mit dans son camp, qui emporta le Roy, vn de *tum, qui signi-* ses enfans, & le Legat du Pape, avec vne grande partie de *Hebreu.* l'armée; mais son frére Charles, Roy de Sicile, estant arrivé depuis à son secours, continüa le siége, & contraignit le Roy de Tunis de devenir tributaire des Rois de Sicile, de laisser le commerce libre dans ses Estats aux marchands Chrestiens, sans rien payer, de fournir de vivres & de toutes choses necessaires à ceux qui alloient à la conqueste de la Terre-Sainte, & de mettre en liberté tous les captifs.

La mesme année Odman, frère du Roy de Fez, passa en Espagne avec quantité de gens de guerre, en faveur du Roy de Grenade; Et d'ailleurs, l'Infant Dom Philippe, frère du Roy Alfonse, Dom Nugno Gonsales de Lara, & Dom Lope Dias de Haro, s'allièrent avec les Maures, & saccagèrent plusieurs places des Chrestiens, puis retournèrent à Grenade chargez de butin, & en partirent aussi-tost pour aller ranger le Gouverneur de Guadix à son devoir. Sur ces entrefaites, le Roy de Grenade mourut, laissant son fils Abdala pour successeur; ce qui causa de grans troubles dans cét Estat, où quelques-vns vouloient élire son frère Iosef, & d'autres donner la Couronne au Gouverneur de Malaga, ou à celuy de Guadix. Mais l'Infant Dom Philippe & la Noblesse Chrestienne, qui estoient alors dans Grenade, firent recevoir Abdala; & l'année suivante retournèrent au service de Dom Alfonse, avec qui Abdala fit paix, & se rendit son vassal. Mais quelque tems après il rompit la tréve, & s'allia avec le Roy de Fez, qui passa en Espagne avec vne puissante armée, & marcha vers Ecicha, tandis qu'Abdala alloit vers Iaen. Sur ces nouvelles, Nugno Gonsalez de Lara, qui avoit repassé au service d'Alfonse, & estoit Gouverneur de Cordoüe, marcha contre le Roy de Fez, & l'ayant rencontré, accepta le combat, quoy-qu'inferieur en nombre, & fut tué après vne longue résistance, ce qui acheva la défaite. Il mourut de son costé deux cens cinquante cavaliers, & quatre mille fantassins, le reste se sauva dans Ecicha. L'autre armée qui avoit pris la route de Iaen, rencontra celle de Dom Sanche, Archevesque de Toléde, fils du Roy d'Aragon, composée de ceux de Toléde, de Madrid, de Guadalachara & de Talavéra, qui estoient sortis pour leur empescher le passage; si-bien qu'estant venus aux mains tous les Chrestiens y perirent, & l'Infant y fut fait

*Muley Omar el Mustancor.*

*Espagne.*

*Mahamet Abu Sayd.*
*Abdala fils de Mahamet, descendans de Nacer, Emnereur des Catholiques.*
1274.

1275.

prisonnier. Mais sa prise fut fatale au vainqueur, car les Maures d'Afrique & d'Espagne, faillirent à en venir au combat pour son sujet, chacun le prétendant faire son prisonnier, jusqu'à ce qu'vn Maure les voyant prests à s'entretuër, jetta l'Infant par terre d'vn coup de lance, & luy coupant la teste, & la main où il portoit ses anneaux, appaisa par-là tous les troubles. Sur ces entrefaites, Dom Alfonse alla prendre possession de l'Empire d'Alemagne, où il avoit esté éleu, & laissa Dom Fernand de la Cerde, son fils, pour Gouueneur de ses Estats. D'autre-costé, les Maures de Valence, qui estoient vassaux du Roy d'Aragon, se soúlevérent contre luy, & il eut bien de la peine à les remettre en leur devoir. L'année suivante Dom Fernand de la Cerde estant mort, son frére Dom Sanche prit le Gouvernement en l'absence de son pere, & se revolta contre luy, aprés avoir fait tréve pour deux ans avec les Rois Maures.

1276.

En mesme tems il y eut de grans differens en Afrique entre deux enfans d'Omar, Roy de Tunis, à qui il avoit donné les Estats de Bugie & de Constantine. Car ils firent tout ce qu'ils purent pour se déposséder l'vn l'autre, jusques-là que celuy de Constantine implora le secours du Roy d'Aragon, à la charge de se faire son vassal. Ce Prince qui estoit courageux & entreprenant, accepta ces offres, & ayant assemblé vne armée, s'embarqua le troisiéme de Iuin, & aborda en l'Isle de Minorque, où estant descendu pour se rafraichir, il depescha vn brigantin à Constantine, pour donner nouvelle de sa venuë, afin qu'on le vinst recevoir, pour favoriser sa descente. Mais les Maures irritez se revoltérent contre leur Prince, & l'ayant pris dans son Palais le tuërent, & se donnérent à son frére. Quelques Historiens disent, qu'il ne fut pas tué par les habitans; mais par son frére mesme, à qui secrétement ils avoient donné entrée; quoy-que l'autre opinion est la plus commune; & il mourut avec luy plus de deux cens Chrestiens, qui estoient à son service. Cependant, le Roy d'Aragon continüoit son voyage, & estant parti du port de Maon, qui est tres-grand & tres-seur, alla débarquer à Coll, entre Bone & Bugie, où il sejourna quelque tems, tandis qu'vne partie de son ar-

*Afrique.*

*Les habitans avoient abandonné la ville.*

mée prenoit quelques bourgades d'alentour, & que sa cavalerie batoit la campagne avec quelque infanterie, où elle eut plusieurs démeslez avec les Arabes & les Africains des montagnes, qui accouroient de toutes parts pour le repousser. Sur ces entrefaites, il arriva des troubles dans la Sicile qui le rappellérent comme il triomphoit en Afrique, à la faveur de quelques Seigneurs Maures du parti du Prince de Constantine, qui l'avoient suivi. D'autre-costé, la tréve de l'Infant D. Sanche avec les Maures estant expirée, ce Prince entra avec toutes ses forces dans l'Andalousie, & mit le siége devant Algézire par mer & par terre ; ce qui obligea le Roy de Fez à venir à Tanger, d'où il envoya son armée contre les Chrestiens, qui furent défaits, & le siége levé. Ensuite il passa en Espagne, sur la nouvelle que le Gouverneur de Malaga avoit pris le parti de Dom Sanche, & s'estoit rendu son vassal ; car il appréhendoit que les autres Chefs des Maures n'en fissent autant. Mais aprés s'estre asseuré d'eux, la tréve se fit, où le Roy de Grenade ne voulut pas estre compris, & travailla aux fortifications de ses places. Cela n'empescha pas Dom Sanche d'entrer dans son païs l'année suivante, où le Grand-Maistre de Saint Iacques fut tué en vne embuscade, & perdit plus de deux mille hommes. Mais l'Infant ne laissa pas de poursuivre son entreprise, & ayant ravagé la plaine de Grenade, retourna à Iaen, & de-là à Cordouë. Il s'estoit rendu maistre alors du païs de Dom Alfonse son pere, & pour maintenir son armée, il faisoit incessamment la guerre aux Maures. Mais l'année d'aprés estant encore entré dans la mesme plaine pour la ravager, il fut contraint de s'accommoder, pour faire la guerre à son pere, qui se voyant dépossédé, demanda secours au Roy de Fez, lequel embrassa cette occasion avec chaleur, & passa en Espagne avec vne puissante armée. L'Infant qui se faisoit déja appeller Roy de Castille & de Leon, répandit ses troupes sur la frontiére, & dans ses autres places, sans vouloir venir aux mains, & le Roy de Fez voyant le peu de progrez qu'il faisoit, retourna en Barbarie. Cependant, l'Infant pour confirmer la tréve avec le Roy de Grenade, luy rendit la forteresse d'Arénas, que son pere avoit prise. L'an

## SVCCESSEVRS, LIVRE II.

mille deux cens quatre-vingts trois, le Roy de Fez repaſſa en Eſpagne au commencement du printems, pour faire la guerre au Roy de Grenade, qui favoriſoit Dom Sanche; mais il ne fit pas mieux que l'autre fois, & retourna en Barbarie. Sur ces entrefaites, Dom Alfonſe le Sage mourut dans Seville, laiſſant par-là Dom Sanche maiſtre abſolu des Royaumes de Caſtille & de Leon, dont il s'eſtoit déja mis en poſſeſſion d'vne bonne partie; & le Roy de Fez repaſſa en Eſpagne avec vne armée plus forte que les précédentes, & aſſiégea Chérés de la frontiére. Mais le Roy Dom Sanche, & Abdala, le contraignirent de lever le ſiege, & de repaſſer en Afrique, aprés avoir fait tréve avec le premier. Le Roy de Grenade eſtant donc en paix, s'occupa à la ſtructure de l'Alhambra, & d'autres forteresſes; & celuy de Fez mourut, laiſſant pour ſucceſſeur ſon fils Abu Sayd, qui confirma la tréve avec Dom Sanche, laquelle dura juſqu'en l'an mille deux cens quatre-vingts & onze.

1284.

1285.
Roy de Grenade.

Cependant, les Chreſtiens de Syrie eſtoient fort perſecutez, & le Soudan d'Egypte prit ſur eux les villes de Tripoli, de Sidon, de Tyr, de Bérit & de Ptolémaide, avec pluſieurs autres. L'année ſuivante, Roger de Lori prit Tolomete par force; mais le Soudan la reprit la meſme année, & ayant fait ruiner les villes de Tripoli & de Ptolémaïde, les Chreſtiens qui y demeuroient, s'embarquérent pour aller en Candie, & perirent tous en chemin par la tempeſte.

1289.

1290.

La tréve eſtant expirée entre Abu Sayd & le Roy Dom Sanche, celuy-là paſſa en Eſpagne, & aſſiégea la ville de Beje; mais ſur l'avis que Dom Sanche accouroit au ſecours, aprés avoir fait paix avec le Roy de Grenade, il leva le ſiége & repaſſa en Afrique. Alors Dom Sanche s'approcha de Tarife, où Abu Sayd avoit garniſon, & l'ayant emportée d'aſſaut, en donna le Gouvernement à Alonſo Perez Guſman, & retourna à Cordouë. Cependant, Dom Iean, frére de Dom Sanche, pour quelque mécontentement paſſa en Barbarie, & fut receu magnifiquement du Roy de Fez, qui luy donna vne armée pour aller reprendre Tarife. Il y vint donc mettre le ſiége, & ne la pouvant prendre, menaça

1291.

1292.
Alonſo Perez.

Gusman de faire égorger son fils s'il ne la rendoit. Mais luy sans s'estonner luy jetta vn poignard du haut des murs, comme pour executer son dessein, & luy cria, que l'appréhension ne luy feroit jamais rien faire contre le service de Dieu & de son Roy. Comme il continüoit donc dans sa résolution, les Maures levérent le siége, & le Roy de Fez voyant que les guerres d'Espagne ne luy réüssissoient pas, en abandonna l'entreprise, & rendit Algezire au Roy de Grenade. L'année d'après, Dom Fernand succéda au Royaume de Castille & de Leon, en la place de son pere, dont la mort causa de grans troubles en Espagne. Car l'Infant Dom Iean favorisé des Rois de Grenade & de Fez, voulut vsurper l'Estat ; & Dom Alfonse de la Cerde, fils de l'Infant Dom Fernand de la Cerde, appuyé des Rois de France & d'Aragon, prit le titre de Roy de Leon & de Castille. Cela fut cause que le Roy de Grenade rompit la tréve avec Dom Sanche, & fit de grans maux au païs. En mesme tems les Maures tuérent Dom Rodrigue, Grand-Maistre de Calatrava, comme il alloit faire son entrée dans l'vne de leurs villes, & défirent l'Infant Dom Henrique, & le tuérent en vne bataille entre Iaen & Archone. Le Roy de Grenade glorieux de ces succés, assiégea la ville d'Alcaudete, qu'il emporta d'assaut. Et poursuivant ses victoires, tandis que les Princes Chrestiens s'entrebatoient, mit en campagne dés le printems de l'année suivante, & assiégea Iaen, Henriqué Perez de Arana, qui la tenoit pour Dom Fernand, fut tué à la prise des fauxbourgs ; mais Abdala ne laissa pas de lever le siége, voyant qu'il ne la pouvoit prendre, & alla forcer Quésada, qu'il traita à toute rigueur.

L'an mille trois cens vn, s'éleva dans la Natolie, pour le chastiment des Chrestiens, vn Turc nommé Otoman, d'vn village du mesme nom, riche laboureur, qui de l'agriculture s'adonna à l'exercice des armes, & devint si puissant, à cause des troubles du païs, qu'il conquit la pluspart de la Bithynie, & des places du Pont-Euxin, & prenant le titre de Sultan & de Roy, jetta les fondemens de l'Empire des Otomans, qui s'est élevé si haut sur les ruines de la Chrestienté.

L'Espagne

*marginalia:*
1294.
1295.
On l'appella aprés la mort Lajourné.
Fils du Roy D. Fernand, qui prit Seville.
1299.
1300.
Asie.

## SVCCESSEVRS, LIVRE II.

L'Espagne n'estoit pas plus tranquille que l'Asie, par la mesintelligence des Princes Chrestiens, qui donna moyen au Roy de Grenade de faire de grans ravages dans l'Andaloussie, & ils eussent esté encore plus grans, si aprés avoir pris la forteresse de Belmar, & plusieurs autres, la mort ne fust venu borner ses conquestes. Il laissa pour successeur son fils Muley Mahamet, surnommé la Ami, ou l'Aveugle, qui sachant que le Roy de Fez estoit mort, & que l'Estat estoit en trouble, envoya le Gouverneur de Malaga, son beau-frére, prendre la ville de Ceute, & faire d'autres conquestes, d'où il revint en Espagne, aprés avoir laissé garnison dans cette place. D'autre-costé, apprehendant quelques troubles en son Estat, il demanda tréve à Dom Fernand, qui estoit déja fort puissant, lequel la luy accorda, à la charge de quelque reconnoissance ou tribut ; cette tréve dura quatre ans.

Tandis que ces choses se passoient en Espagne, les Chevaliers de Saint Iean de Ierusalem attaquérent l'Isle de Rhodes, que les Turcs possedoient, & s'en estant rendu maistres le jour de l'Assomption, s'y establirent, & la fortifiérent, pour commander aux Isles voisines, & estre le rempart de la Chrestienté.

Cette année, Dom Fernand Roy de Castille, s'estant allié au Roy d'Aragon, & ayant obtenu vne croisade du Pape, rompit la tréve avec celuy de Grenade, & assiégea Algézire, tandis que l'autre assiégeoit Almérie, & ces deux siéges durérent long-tems. Pendant le dernier le Roy de Fez voulant recouvrer la ville de Ceute, envoya prier le Roy d'Aragon de l'assister de ses galéres, sous promesse d'abandonner le butin aux Chrestiens, & de ne faire ni paix ni tréve avec le Roy de Grenade. Il luy envoya donc quelques galéres, sous le commandement du Comte de Castellon ; de-sorte que cette place attaquée par mer & par terre, fut prise vers la fin de Iuillet de l'année mille trois cens dix. Cependant, le Roy de Grenade allant pour secourir Almérie, fut défait par le Roy d'Aragon ; mais la ville pour cela ne fut pas prise, & durant le siége d'Algézire, le Roy de Castille envoya Dom Gusman prendre Gibraltár ; de-sorte

*Espagne.*
1302.
1303.
Farax.
*Asie.*
1307.
*Espagne.*
Abu Ertab, Ibni Saad.
Gasbert.

que le Roy de Grenade fut contraint de faire tréve avec luy, & de luy donner deux places avec cent mille pistoles, pour l'obliger à lever le siége. Mais le frére du Roy de Grenade indigné de cét accord, conjura contre luy, avec quelques-vns des principaux, & l'ayant tué, se fit élire en sa place. Cette mort ayant donc rompu la tréve, l'Infant Dom Pedre, frére du Roy Dom Fernand, entra sur les terres des Maures, & aprés les avoir ravagées, assiégea la ville d'Alcaudete, qui se rendit par composition. Cependant, Farax Gouverneur de Malaga, leva des troupes contre le nouveau Roy de Grenade, qui se voyant attaqué de tous costez, se fit vassal de Dom Fernand, pour en estre secouru. Mais Fernand mourut l'année suivante, laissant pour successeur Dom Alfonse onziéme du nom, qui institua l'Ordre des Chevaliers de l'Escharpe. En mesme tems Ismaël, fils de Farax, & de l'vne des sœurs du Roy de Grenade, favorisé des armes du Roy de Fez, dépouilla son oncle, qui abandonna la ville de Grenade pour se retirer à Guadix. Ce fut le premier qui arriva à la Couronne de Grenade du costé des femmes, quoy-que son pere fust aussi de la Maison Royale. Cependant, l'oncle & le neveu s'entrefirent long-tems la guerre, le premier se servant des armes de Dom Alfonse, & l'autre de celles de Barbarie. La guerre estant ainsi allumée entre-eux, l'Infant Dom Pedre entra dans la plaine de Grenade, & donnant bataille au Lieutenant d'Ismaël*, le vainquit & tua, avec plusieurs personnes de condition, puis tournant d'vn autre costé, prit deux petites places*, & retourna victorieux à Seville. L'année suivante il entra dans la plaine de Grenade, & comme il se retiroit, aprés en avoir saccagé vne grande partie, il apprit qu'Ismaël estoit allé attaquer Gibraltar, & tourna tout court pour la secourir, mais l'autre se retira à Grenade. Il le suivit, & ravageant encore cette plaine, prit quelques petites places, sans que le Roy Maure * luy osast presenter la bataille. Comme ce Prince se sentoit donc trop foible pour luy resister, il donna plusieurs places au Roy de Fez, pour en estre secouru; de sorte qu'il passa plusieurs Maures en Espagne pour s'en mettre en possession, qui fi-

* Belmar, & Quesada.

Mahamet IV. Roy de Grenade des Alahamares.

Luy paya tribut.

1313.

Ismaël Aben Alahamar, Ibni Nacer.

* 1315
*Aben Odman.
* Cambil & Haranal.
1316.

Belmez & son chasteau Hisnaelleus, & Pinar, &c.
* Iosef Aben Iacob, successeur d'Abu Errabab.
1318.

rent quelques degasts autour de Seville. L'année suivante, l'Infant Dom Pedre entra sur les terres d'Ismaël, & ayant forcé la ville de Tiscar, & pris le chasteau par composition, retourna victorieux à Seville, sans que les Maures d'Afrique osassent luy livrer bataille. L'an mille trois cens vingt, les Infans Dom Pedre, & Dom Iean son oncle, entrérent au mois de Iuin dans la plaine de Grenade, & approchérent le lendemain de la Saint Iean jusqu'aux portes de la ville, ruinant & saccageant tout. Mais le Lieutenant d'Ismaël estant sorti avec quantité de cavalerie & d'infanterie, donna sur l'arriéregarde, comme elle se retiroit, & les Infans, qui estoient Princes courageux, estant accourus au secours s'échauffèrent tellement dans le combat, soit à rallier leurs troupes pour s'empescher de s'écarter, ou à combatre de leur personne, qu'ils en moururent tous deux de chaleur & de lassitude : Dom Pedre le premier, & son oncle ensuite ; quoy-que quelques-vns ayent dit, que ce fut de rage & de dépit. Leur armée se retira sans autre perte, quoy-que celle-là fust assez grande. Sur cette nouvelle, Ismaël rassembla de nouvelles forces, à l'aide du Roy de Fez, & prit les villes de Guescar, d'Orce & de Galére, avec celle de Martos, qui estoit forte, puis fit tréve avec le Roy de Castille, sur l'apprehension que ceux de Fez ne luy fissent la guerre. Il ne se trompoit pas dans cette conjecture, parce-qu'Odman, cousin du Roy de Fez, traitoit secrétement avec quelques Officiers Maures, pour se défaire de luy, & en mettre vn autre en sa place, sous pretexte qu'il estoit devenu trop superbe. Ils entrérent donc dans son Palais vne apresdisnée, & passant de chambre-en-chambre, firent tant qu'ils l'attrapérent, & l'eussent tué sur le champ à coups d'épée, s'il n'eust esté secouru par vn de ses amis, qui le défendit si long-tems, que les traîtres furent pris & égorgez, puis descendant dans la ville, on tua tous ceux qu'on soupçonnoit de la conjuration. Mais on n'osa s'attaquer à Aben Odman, qui estoit appuyé des troupes d'Afrique, & l'on se servit mesme de luy pour faire le chastiment des coupables. Ismaël ne laissa pas de mourir de ses blessures, & après sa mort on saluä pour Roy son fils Abul-Hagex, qui prit le titre d'A-

*Algézires, Ronde, Maruelle, Castellar, Giméne, Estopene.*

1320.

*Odman.*

1321.

*Aben Alcama.*

CCc ij

mir el Mocélémin, comme son pere, & fut le sixiéme de la lignée des Alahamares. L'an mille trois cens vingt-cinq, mourut le Roy Denis de Portugal dans la ville de Santaren, laissant pour successeur son fils Alfonse, qui fut surnommé le Fier, ou le Cruel. Cependant, la tréve estant rompuë par la mort d'Ismaël, Aben Odman pour se signaler, fit vne course dans le Royaume de Castille, & assiegea la ville de Rute; mais Dom Manuël, Gouverneur de l'Andalousie, luy donna bataille entre Cordouë & Antéquerre, & luy ayant tué les plus braves de ses troupes, contraignit le reste de se sauver par la fuite. La mesme année vn des fils de ce Général vint à la Cour du Roy de Castille avec quantité de Noblesse, pour vn mécontentement qu'il avoit receû du Roy, & Dom Manuël passa du costé des Maures pour vn semblable sujet. L'année suivante le Roy Alfonse alla assiéger la ville d'Olvére, & ayant appris que les Maures d'Ayamont, & d'autres places voisines, mettoient dehors leurs femmes & leurs enfans, sur la crainte d'vn siége; il envoya contre eux les troupes de Seville, qui furent défaites, & leur estendart pris. Alfonse irrité de cette perte, serra de si prés les assiégez, qu'ils se rendirent à composition, par l'entremise du fils d'Odman, qui estoit au service du Roy. De-là ce Prince passa à Ayamont, qu'il prit avec plusieurs autres petites places de ces quartiers. La mesme année mourut Otoman, Empereur des Turcs, & son fils Orcan luy succéda.

En mesme tems l'armée navale d'Aragon se batit contre celle de Fez, & la mit en fuite, aprés luy avoir coulé à fond quatre galéres, pris trois, & emmené captifs douze cens Maures. D'autre-costé, Dom Manuël qui avoit pris le parti du Roy de Grenade, pour quelque mécontentement qu'il avoit du Roy Alfonse, fit la guerre à ce Prince son Souverain, à la faveur du Roy d'Aragon, & puis se reconcilia avec luy, & retourna à son service. La mesme année Alfonse assiégea la ville de Téva, & comme Odman se fust préparé à la secourir avec les troupes de Grenade, il n'osa approcher, de-peur d'estre obligé de donner bataille; si-bien que la ville se rendit au mois d'Aoust, aprés-quoy il prit

*C'est le second de ceux qu'Hercher eut du costé des femmes.*

*prés de la riviere de Guadalfert.*

1327.
Brahem.

1328.

1330.

encore d'autres places. Abul Hagex appréhendant les pro- | Cagnete, Pliego, Cuevas & Ortechica.
grez de Dom Alfonſe, ſe fit ſon vaſſal, moyennant douze
milles piſtoles de tribut par an. Mais l'accord fut rompu
dés l'année ſuivante, & Dom Manuël retournant au ſervi- | 1331.
ce du Roy de Grenade, les Maures aſſemblérent leurs
forces, & entrérent dans le Royaume de Murcie, où ils prirent le chaſteau de Guardamar, & ravagérent toute la plaine
d'Origuéla, & toute la contrée.

Iacob, fils de Ioſef Roy de Fez, eſtant mort, ſes deux fils
Abul Haſçen & Céyed, eurent de grans combats pour ſa
ſucceſſion, où Céyed ayant eſté vaincu, & Abul proclamé
Roy, Céyed vint demander ſecours au Roy de Grenade,
qui promit de l'aſſiſter, de quoy Abul Haſçen conceut vne
haine mortelle contre luy. Mais enfin le Roy de Grenade
ſe ſentant trop foible pour réſiſter à Dom Alfonſe, ou ſe
voulant purger auprés du Roy de Fez de ce qu'il avoit donné retraite à ſon frére, paſſa en Barbarie, & dit tant de
choſes à ce Prince, qu'il l'appaiſa, & en obtint vne promeſſe de ſecours contre le Roy de Caſtille. Le Roy de Fez
luy envoya donc l'année ſuivante ſon fils Abdulmalic avec | 1333.
huit mille chevaux, & quantité d'infanterie, qui débarquérent à Algézire, dont il prit auſſi-toſt le titre de Roy. La
premiére choſe qu'il fit, fut d'attaquer Gibraltar, qu'il prit
avec la montagne qui y commande ; mais le chaſteau luy
fut rendu par le Gouverneur, qui appréhendant pour cela | Vaſco Perez de Neira.
vn mauvais traitement de ſon Prince, ſe ſauva en Barbarie.
En meſme tems le Roy de Grenade entra dans le Royaume
de Cordouë, & ayant pris la ville de Caſtro el Rio, fit raſer le chaſteau, qui luy fut rendu par compoſition, & retourna victorieux à Grenade. Cependant, le Roy Alfonſe n'euſt
pas pluſtoſt ſeû la priſe de Gibraltar, qu'il y vint mettre le
ſiége ; mais le Roy de Grenade entra dans ſon païs pour faire diverſion, & prit Bénaméchich, d'où paſſant à Cordouë,
il ravagea toute la contrée, ce qui obligea Alfonſe à lever
le ſiége, comme eſtant enfermé entre deux armées, qui luy
coupoient les vivres. La meſme année deux fils d'Odman, | 25. Aouſt. Abu Abdeli, Abul Hagex Iuſef.
Haſçen, & vn autre, aſſaſſinérent le Roy de Grenade, pour
vſurper la Couronne ; mais il en arriva autrement ; car les

Grenadins élûrent pour Roy vn fils du défunt, qui se mit aussi-tost sous la protection du Roy de Fez, duquel il fut favorisé & maintenu, quoy-qu'il fust le plus jeune des enfans du Roy de Grenade. Ce fut vn brave Prince, qui régna vingt & vn an, & fit les riches appartemens de l'Alhambra, & la tour de Comares, qui est le nom d'vne damasquinure tres-précieuse, dont elle fut enrichie. Il fit faire aussi le portail de l'Alhambra, où il grava en lettres Arabes sur vne pierre de marbre poly. *Abu Abdeli Abul Hagex Iosef Ibni Abul Hagex Ibni Nacer a fait faire cette porte, qu'on nomme la porte du Iugement, par laquelle Dieu Tres-haut rende heureuse la loy des enfans de salvation, & qu'il maintienne les œuvres pieuses & charitables de ce Prince, & fasse passer la succession de ses victorieux faits à ses desiendans.* Cét édifice fut construit le vingt-septiéme de la Lune de Maulud l'Engendreur, l'an sept cens quarante-sept, qui se rapporte à l'an de grace mille trois cens trente-huit. Car les années de l'Egyre sont des années Lunaires, comme nous avons dit, qui sont moindres de onze jours que les nostres; si-bien qu'il faut rabatre vingt-deux ans de ce nombre. Tous les Rois de Grenade se sont servis de ce nom d'Abu Abdeli, & l'ont mis le premier à la teste de leurs patentes, aussi-bien que celuy de Mahomet; ce qui a fait croire mal-à-propos à quelques-vns qu'ils s'appelloient tous de ce nom, au-lieu que ce ne sont que des titres qu'ils prennent par respect, & par devotion.

*Comaragia.*

*Afrique.*

Hascen.

Abul Hagex Iosef.

1334.

Abu Téchisien.

Pour retourner à nostre Histoire, le Roy de Fez ayant vne guerre tres-considerable contre celuy de Treméçen, remanda son fils Abdulmalic, qui repassa avec ses troupes, après avoir fait tréve pour quatre ans avec le Roy de Castille, dans laquelle il fit entrer celuy de Grenade, qui envoya aussi ses troupes au Roy de Fez. Cette guerre dura trois ans, en laquelle le Roy de Treméçen fut vaincu, & perdit avec son Royaume Sugulmesse, qui est voisine de la Numidie. Le Roy de Fez poursuivant sa victoire, se rendit aussi maistre du Royaume de Tunis, & devint vn des plus puissans Princes qui ayent régné en Afrique depuis le declin de l'Empire des Califes.

# SVCCESSEVRS, LIVRE II. 391

Aprés ces exploits, tournant ses pensées à la conqueste d'Espagne, il envoya quantité d'armes & de munitions de guerre dans les villes d'Algézire, de Gibraltar, de Maruelle & de Malaga, en résolution de faire la guerre en personne. Tandis qu'il faisoit ces preparatifs pour vne si grande entreprise, il envoya devant son fils Abdulmalic avec vne puissante armée, sans se soucier de la tréve, qui n'estoit pas encore finie. D'autre-costé, le Roy de Grenade rassemblant ses forces assiégea Silos; mais le Grand-Maistre Dom Alfonse de Guzman y estant accouru, les Maures furent défaits, & le Roy contraint de se retirer avec perte. Les Rois de Castille & d'Aragon considerant les aprests du Roy de Fez, qui pour estre maistre du détroit de Gibraltar, avoit pris à sa solde quarante galéres de Genes, outre soixante & dix, qui estoient à luy ou à ses vassaux, ils eurent peur chacun pour soy d'vn si grand Conquérant, & équipant des flotes & des armées, pourveurent leurs places frontiéres de tout ce qui estoit necessaire pour leur conservation, l'vn craignant pour Seville & pour Cordouë, & l'autre pour Valence. Cependant, Abdulmalic faisoit le pis qu'il pouvoit à ceux de Médina-Sidonia, & de Chérés; mais comme il avoit envoyé des troupes sur les terres de Libricha & d'Arcos, & qu'elles s'en retournoient chargées de dépoüilles, les Gouverneurs du païs s'estant assemblez, les défirent & reconquirent tout le butin. D'autre-costé, Abdulmalic estant allé vers Alcala des Ganzules, la Noblesse de Chérés de la frontiére, & des autres lieux voisins, s'estant assemblée, donna dans son camp à l'improviste, & luy tua quantité de gens, avec vn de ses cousins, nommé Aliatan. L'attaque fut si promte, qu'il n'eut pas le loisir de monter à cheval, & se sauva à pied; toutefois comme il ne pouvoit aller bien viste, & qu'il craignoit d'estre reconnu, il se cacha dans des ronces, où se voyant découvert, il s'estendit tout de son long, & contrefit le mort; mais vn Chrestien en passant, luy donna deux coups de lance, & passa outre. Lors-qu'il ne vit plus personne il se releva, & s'estant mis en chemin rencontra quelque tems aprés vn Maure, à qui il donna charge d'aller avertir ses gens de l'estat où il estoit;

*Abul Hagex Iosef.*

*Alfonse de Gusman.*

*1339.*

*à Algézire.*

Mais comme il sortoit grande abondance de sang de ses blessures, & qu'il s'évanouïssoit à chaque pas, il se coucha prés d'vn ruisseau, où il rendit l'esprit. Les Maures estant arrivez, tirérent son corps hors du ruisseau où il estoit tombé, & l'emportérent à Algézire avec de grandes lamenta-

*Abul Hascen.* tions, & de-là en Barbarie. Sa mort hasta le départ de son pere, pour en tirer vengeance, & outre les gens qu'il avoit assemblez, il fit publier vne croisade à la Moresque par tou-

*la Gazie.* te l'Afrique. En mesme tems les Maures de Gibraltar tué-

*Geofroy Gi-* rent l'Amiral d'Aragon, ce qui fit revenir son armée na-
*ralbert.* vale, qui gardoit le détroit; quoy-que quelques-vns disent que ce fut sur la nouvelle qu'on venoit attaquer le Royaume de Valence. Le Roy de Fez ayant fait tous ses preparatifs, & assemblé deux cens soixante & dix navires pour la garde du détroit, partit de Fez, & se rendit à Ceuta, avec

*1340.* menaces d'attaquer tous les Princes Chrestiens. Dés l'heure mesme tout commença à filer, soldats, armes, chevaux &

*Iofroy Te-* munitions, sans que l'Amiral du Roy Alfonse le pust empes-
*nore.* cher avec ses vingt-sept galéres. Mais comme on en murmuroit, il resolut de perir, & donnant bataille à soixante & dix galéres royales, sans compter plusieurs barques, il fut tué, avec perte de vingt-cinq des siennes. De-là en avant les Maures passérent sans crainte, & dans l'opinion que rien ne leur pourroit resister, ils menoient leurs femmes & leurs enfans pour peupler le païs. Il passa quatre mois durant, des gens de tout sexe & de tout âge, aux villes d'Algézire, de Gibraltar, de Malaga, de Maruelle, & ailleurs, & l'on croit qu'il y avoit plus de soixante & dix mille chevaux, & de quatre cens mille hommes de pied; aprés-quoy le Roy passa le dernier, avec toute sa cour & sa suite. On ouït dire aussi-tost qu'il alloit assiéger Tarife, pour de-là passer à Seville, & le vingt-septiéme de Septembre il se campa devant cette place, & l'assiégea de tous costez, jusqu'à mettre des soldats entre les murs de la ville & la mer, où il ne pouvoit faire de retranchemens, afin que rien ne pust entrer ni sortir. Il fit faire outre cela vn mur de circonvalation pour empescher le secours. Il y avoit dans la place Iean Alfonse de Bénavidés, Ruy Gomez de Castagnéda, Iean Fernandez Coronel,

## SVCCESSEVRS, LIVRE II.

Coronel, Fernand Carrille, Pedro Carrillo, Sancho Martinez, Miguel Lopez de Horozco, & autres braves Chefs & Gentilshommes. Le Roy Alfonse ne les voulant point abandonner, envoya Fernand Rodrigue, Prieur de Saint Iean, avec quinze galéres & douze navires, pour fermer le passage du détroit, parce qu'vne partie de l'armée navale des ennemis estoit retournée en Barbarie, & l'autre couroit les costes de Valence, d'où l'on enlevoit les vaisseaux qui portoient des vivres & des munitions au camp. Mais la tempeste fit échoüer neuf de ces galéres, où plusieurs gens perirent, & les autres tournérent vers Alicante; de sorte que les Maures eurent toûjours le passage libre. Sur ces entrefaites, le Roy de Grenade se rendit au camp avec sept mille chevaux, & plus de cinquante mille hommes de pied, suivi d'vn grand nombre de chariots chargez de vivres. Pour comble de malheur, les Rois de Castille & de Portugal, étoient mal ensemble, & celuy de Castille avoit envoyé sa femme, qui estoit fille de l'autre, pour traiter avec luy; mais n'ayant pû rien conclure elle revenoit fort affligée, lors qu'entre Olivença & Badajox elle receut nouvelle de la conclusion, & fit bastir en cét endroit vne chapelle, qu'on nomme encore aujourd'huy Nostre-Dame de la Paix. Les deux Rois s'estant rendus à Seville avec les deux armées, pour marcher au secours de Tarife, vinrent camper prés de Rio Salado, à vne lieuë de Chérez, où l'Amiral d'Aragon se rendit avec l'armée navale, & ayant eu ordre de garder le passage du détroit, se vint camper prés de Tarife, en attendant celle de Portugal. Les Rois Maures voyant la resolution des Chrestiens, s'allérent camper sur la pente de la montagne, sans lever le siége, & les Chrestiens sur vne autre, qu'on nomme la Roche du Cerf. Alors ils commencérent à s'escarmoucher, & les Rois Chrestiens envoyérent mille chevaux, & quatre mille hommes de pied du costé de Tarife, où ils se batirent contre vn fils du Roy de Fez, qui estoit à la garde du passage avec deux mille chevaux, & le rompant avec grand meurtre des siens, jettérent vn secours dans la place. Ensuite ils ordonnérent leurs batailles, & furent attaquer leurs ennemis. Le Roy de Castille eut affaire

*La Reine Marie.*

*Rivicre Salée. Chérez de la frontiére.*

*27. d'Octobre.*

*Abul Amar.*

au Roy de Fez, qui estoit rangé dans la plaine vers la mer, & le Roy de Portugal à celuy de Grenade, qui estoit sur la pente de la montagne. Les Chrestiens ayant passé entre la mer & la Roche, sur laquelle ils estoient campez, commencérent vn sanglant combat, où les Maures se défendirent bravement d'abord ; mais la confusion s'estant mise dans vne si grande multitude, ils prirent la fuite jusqu'à Algézire, d'où le Roy de Fez repassa à Ceute, & l'autre à Marvelle ; & les Chrestiens remportérent vne pleine & entiére victoire. Tous les Historiens tombent d'accord, qu'il y mourut deux cens mille Maures, avec beaucoup de Chrestiens. Les vainqueurs estant de retour, il se fit de grandes réjouïssances, & des processions générales, pour rendre graces à Dieu d'vne si grande victoire.

1341.    Dés le commencement de l'année suivante, Dom Alfonse de Castille poursuivant sa pointe, entra dans le Royaume de Grenade, où il prit la forte ville d'Alcala d'Abensaïde, qu'on nomme aujourd'huy Alcala la Royale. Il prit aussi le chasteau de Locubin, & les villes de Cartabuey, Pliégo, Rute, Benaméchix, & autres places de cette contrée ; & son Amiral se batit contre l'armée navale du Roy de Fez, dont il coula à fond trente-six galéres, & en prit vingt-deux. Le Roy Alfonse fut la mesme année assiéger la ville de Gibraltar, & la batit rudement ; mais il ne la pût prendre.

1342.    De-là il alla assiéger Algézire en la compagnie du Roy de Navarre, & comme les Maures la venoient secourir, l'Amiral d'Aragon se batit contre eux, & leur prit douze galéres.

*Asie.*    Tandis que ces choses se passoient en Espagne, l'Asie n'estoit pas moins travaillée de divisions, & les Turcs se servoient de la discorde qui estoit entre deux prétendans à l'Empire, pour s'agrandir à leur préjudice. Car Paléologue faisoit la guerre à Cantacuséne, & Orcan Empereur des Turcs, qui portoit ses armes victorieuses par-tout, aprés la prise de Bursa, sous prétexte d'aller secourir celuy-cy, à qui il avoit donné sa fille en mariage, prit toute la Caramanie, & ayant tué l'vn des enfans de Cantacuséne, dépouïlla le pere de la plusplart de ses Estats. Quoy-que les

## SVCCESSEVRS, LIVRE II.

Princes Chrestiens vissent bien qu'il se rendoit puissant aux dépens de la Chrestienté, & qu'ils eussent bien souhaité de faire vne ligue contre luy, il n'y eut que les Venitiens qui envoyassent leur armée navale courir les costes de la Syrie, mais sans effet; outre que le Pape vint à mourir dans le tems qu'il avoit publié vne croisade.

1342.

D'autre-costé, le Roy de Fez de retour en Afrique aprés sa défaite, ordonna vne croisade à la Moresque par tout le païs, & fit de grans préparatifs pour retourner en Espagne: mais estant arrivé à Ceute, pour donner les ordres necessaires, vn de ses fils se souleva contre luy, avec la ville de Méquinez, & d'autres places; de-sorte qu'il dépescha aussi-tost vn des principaux Alfaquis, pour luy accorder tout ce qu'il demandoit, & aprés l'avoir desarmé le fit mourir secrétement. Cependant, il envoya vn autre * de ses fils au secours d'Algézire, avec soixante galéres chargées de troupes, & ordre si-tost qu'il seroit arrivé, de se joindre au Roy de Grenade, qui estoit entré dans le Royaume de Castille pour faire diversion, & avoit ruiné quelques places * faisant le de-gast par-tout. Mais Dom Alfonse pressoit de plus en plus Algézire, & redoubloit ses assauts, sans vouloir entendre à aucun accord. Cependant, Fernand Gonzales d'Aguilar, & autres Gouverneurs des frontiéres, s'assemblérent pour s'opposer au Roy de Grenade, & défirent vne partie de ses gens prés de la riviére de las-Yeguas, comme ils revenoient avec quantité de troupeaux & de prisonniers, & leur ostérent tout le butin. En mesme tems les troupes du Roy de Fez s'estant jointes à celles du Roy de Grenade, prirent la route d'Algézire, en intention de la secourir, ou de donner bataille. Mais Dom Alfonse ne bougeant de ses retranchemens, & les Maures ne l'y osant attaquer, ils se retirérent à Gibraltar pour l'incommoder par leurs courses, puisqu'il ne vouloit entendre à aucun accord. Enfin voyant la ville reduite à l'extremité, ils traitérent de sa reddition, parce-qu'vn autre fils du Roy de Fez s'estoit soûlevé contre luy, & le déposséda depuis de tous ses Estats; si-bien qu'Algézire fut renduë, moyennant vne tréve de dix ans, & douze mille pistoles que le Roy de Grenade devoit payer de tri-

*Espagne.*

1343.

*Abderrame.*

* Abu Alicon.

* Benama-quez, & Estepone.

' Abu Hénun.

DDd ij

but. Enfuite la ville d'Algézire ayant efté renduë, Alfonfe y entra le vingt-troifiéme de Mars mille trois cens quarante-quatre, & le Roy de Fez demeura en poffeffion des villes de Gibraltar, Ronda, Marvella, Zahara, Eftepone & Caftellar, avec leurs fortereffes.

*Afrique.* 1346.

Abuhenun, fils du Roy de Fez, ayant dépouillé fon pere du Royaume, voulut faire vne entreprife contre les Chreftiens, pour mieux affermir fon trône; mais comme il avoit fait vn grand armement dans Ceute, & dans les autres villes maritimes, fon pere qui s'eftoit retiré dans la province de Sugulmeffe, reprit plufieurs places du Royaume de Fez, à la faveur des peuples de Numidie, & obligea fon fils à tourner fes armes de ce cofté-là.

1347.

1350.

Cependant, Dom Alfonfe qui avoit affemblé fes troupes pour s'oppofer à fon effort, ayant eu avis de ce changement, alla affiéger Gibraltar, mais la pefte s'eftant mife dans fon camp, il en fut emporté le vingt-feptiéme de Mars, & laiffa la Couronne à fon fils Dom Pedre, qui fut furnommé le Cruel. Sa mort caufa la levée du fiége, quoy-que quelques-vns le faffent durer quatre ans.

*Afie.*

Tandis que ces chofes fe paffoient en Efpagne, les Tartares qui couroient victorieux par toute l'Afie, défirent & tuërent Orcan, avec plus de cinquante mille Turcs; mais fon fils Murad, ou Amurat, eut fa revanche en quelques rencontres, & prit depuis vne partie des provinces de l'Empire Grec. Cela mit en tel defefpoir l'Empereur Cantacuféne, qu'il fe rendit Moine, & laiffa la Couronne à Paléologue, qui affocia à l'Empire le fils de Cantacuféne, appellé Mathieu. Cependant, Guy Roy de Chypre, voyant les progrez d'Amurat, qui depuis peu avoit pris Gallipoli, im-

Innocent VI.

plora le fecours du Pape, lequel publia vne croifade; mais fa mort & la difcorde des Princes Chreftiens, diffipérent cette entreprife.

1353.

L'année fuivante le Roy de Fez, affifté de Dom Pedre de Caftille, vainquit fon pere dans la province de Cus, & par cette victoire demeura poffeffeur de tous fes Eftats, & rendit depuis les Royaumes de Treméçen & de Tunis tributaires. Ce Prince embellit la ville de Fez de fomptueux

édifices, & entre-autres d'vn Collége qui porte son nom, le- d'Abu Hé-
quel surpasse tous les autres de ce tems-là, tant en sa stru- nun.
cture, qu'en richesses & en revenus.

La mesme année le Roy de Grenade fut tué en trahison 1354.
par ses Sujets, & laissa la Couronne à son oncle Abil Gualid, qui prit le titre aussi d'Abu Abdel. L'an mille trois
cens cinquante-sept, Alfonse Roy de Portugal mourut,
laissant pour successeur son fils Dom Pedre, qui fut surnommé le Iusticier. Deux ans aprés le couronnement d'Abil
Gualid, Mahamet, de la mesme famille, se rendit maistre de
l'Alhambra, & chassa Abil Gualid, à la faveur d'Idris Ibni
Odman, & d'autres Chefs de Grenade, aprés-quoy il s'em- 1360.
para des villes & des forteresses du Royaume; de-sorte qu'A- Ville des ap-
bil Gualid fut contraint de se sauver à Ronda, pour tirer partenances
quelque secours du Roy de Fez, aussi-bien que de celuy de du Roy de
Castille, qui estoit alors à Seville. Mais Mahamet fit tréve Fez.
avec le Roy d'Aragon contre Abil Gualid, & dépescha ses Il y avoit en
Ambassadeurs pour ce mesme sujet au Roy de Castille, qui mesme tems
ne voulut point traiter qu'il n'eust rompu avec celuy d'Ara- trois Rois qui
gon. Mais ce traité n'empescha pas que le Maure appré- se nommoient
hendant de perdre ses Estats, ne fist vn traité secret avec D. Pedres.
les Rois d'Aragon & de Fez contre Dom Pedre. Car ceux
d'Aragon & de Castille estoient en guerre l'vn contre l'autre. Mais celuy de Fez, qui estoit ami de Dom Pedre,
luy donna aussi-tost avis du traité; de-sorte que pour se venger de cette perfidie, il fit paix avec le Roy d'Aragon. Cependant, il envoya querir Abil Gualid, & traitant avec luy
dans Seville, ils allérent ensemble assiéger la ville d'Anté- 1361.
querre, mais ne l'ayant pû prendre, ils passérent dans la
plaine de Grenade, pour faire quelque remuëment dans la
ville à la veuë de leur Roy, ce qui n'ayant point eu d'effet,
ils retournérent à Seville. Aprés leur retraite, les Maures
de Grenade & de Guadix entrérent par le Gouvernement ou Prélature.
de Casorla, & saccagérent le chasteau de Péal de Béserro,
d'où retournant à grand'haste avec quantité d'hommes &
de butin, Dom Diégo Garçia de Padilla, Grand-Maistre
de Calatrava, Dom Henrique Henriquez, Gouverneur de
la frontiére, & Mendo Rodriguez de Biedma, qui comman-

DDd iij

le 21 Decem-
bre.
1362.

Diégo Garçia
de Padilla.

Hiznachar,
Bénaméchix,
&c.

Forge Har-
dal, Turon, las
Cuevas, &c.

doit les gens de l'Evesque de Iaen, les défirent, & en ayant pris & tué grand nombre, regagnérent tout le butin. L'année suivante ils entrérent sur les terres des Maures, mais arrivant à Cadis, vn corps de cavalerie, qui s'estoit retiré dans la ville, leur dressa vne embuscade, & les défit, quoy-qu'ils se défendissent vaillamment. Le Grand-Maistre de Calatrava fut pris, & presque tout le reste tué ou fait prisonnier. Le Roy de Grenade le renvoya, pour adoucir le Roy de Castille, afin qu'il le receust pour vassal, mais inutilement ; car il entra la mesme année sur ses terres, & prit quelques places, puis retourna à Seville chargé de butin. Il est vray qu'incontinent après le Maure reprit quelques-vnes de ces places ; mais il n'eut pas plustost le dos tourné, qu'Abil Gualid d'vn costé, & Dom Pedre de l'autre, en reprirent de nouvelles. Le Maure voyant bien qu'il ne pourroit resister plus long-tems, prit quatre cens chevaux, & deux cens hommes de pied, & vint trouver Dom Pedre dans Seville, pour le faire juge du different, qui estoit entre luy & Aben Gualid, & s'offrit pour son vassal aux mesmes conditions que ses prédécesseurs. Le Roy le receut fort bien en apparence, & luy promit de faire ce qu'il desiroit ; mais le lendemain l'ayant convié à disner, il le fit prendre comme il estoit à table, & luy reprochant la mort d'Abul Hagex, & sa tyrannie, le fit monter sur vn asne, suivi de trente-cinq Maures des principaux de sa suite, & fit crier devant luy dans les ruës le sujet pourquoy il le traitoit ainsi. Ensuite il le fit mener au champ qu'on nomme de Tablada, & le fit massacrer en sa présence, avec tous ceux qui estoient avec luy. L'on dit mesme qu'il le frapa d'vne lance, en luy disant, que c'estoit la recompense du traité qu'il luy avoit fait faire avec le Roy d'Aragon, par lequel il avoit perdu le chasteau de Hariza ; Mais que le Maure luy repartit, Ha le bel exploit que tu as fait aujourd'huy, Dom Pedre: après-quoy on luy trancha la teste. Sitost que Gualid eut appris sa mort, il se rendit à Grenade, où il fut receu pour Roy, avec vn applaudissement général, & fut nommé Muley Chec, à cause de son âge, & de son régne précédent. Aussi-tost le Roy Dom Pedre luy en-

## SVCCESSEVRS, LIVRE II.

voya la teste de Mahamet, & en recompense il mit en liberté tous les prisonniers de la défaite de Cadix, & se fit son vassal.

Cependant, Amurat continüant ses progrez, prit sur les Chrestiens les villes de Philippes & d'Andrinople ; & les Genois, pour gagner de l'argent, le passérent en Europe avec toute son armée, au grand préjudice de la Chrestienté. D'autre costé, Dom Pedre de Castille, assisté du Roy de Grenade, recommença la guerre contre celuy d'Aragon, qui dura jusqu'aux guerres civiles entre luy & le Comte de Transtamare son frère, qui favorisé de quelques Seigneurs de Castille, d'Aragon & de France, prit la ville de Calahore. Mais le Roy de Grenade, à l'occasion de ces divisions, se saisit d'Hisnachar, & le Comte de Transtamare s'estant peu à peu rendu maistre de l'Estat, il se fit son vassal, tandis que Dom Pedre estoit retiré à Bayonne.

Defeste à Abyde.
1363.

1366.
prés de Lo-grogne.

Sur ces entrefaites, mourut Dom Pedre, Roy de Portugal, laissant pour successeur son fils Fernand, & la mesme année le Roy de Grenade demanda tréve au Roy d'Aragon, qui la luy accorda, à la charge de ne point secourir Dom Pedre, ni faire paix ou tréve avec luy, ce qu'il luy jura. Toutefois lors-que Dom Pedre fut de retour, aprés avoir vaincu son frère, il ne laissa pas de faire paix avec luy ; & le Comte de Transtamare estant revenu aprés avec vne armée Françoise, entra dans la Castille ; & le Roy de Grenade voulant favoriser Dom Pedre son ami, l'alla trouver avec 7000. chevaux, & 80000. hommes de pied, & assiégea avec luy Cordoüe, qui tenoit pour le Comte de Transtamare ; mais ne l'ayant pû prendre, il leva le siége & retourna à Grenade. La mesme année il alla attaquer Jaen, & la prit, & saccagea ; mais il ne pût prendre la citadelle. De-là il alla à Vbéda, & l'ayant forcée, la mit à feu & à sang ; mais n'ayant pû prendre Anduchar, il fit des courses sur les terres de Marchena & d'Vtréra, puis retourna à Grenade avec plus de douze mille captifs, & sans licencier son armée reprit plusieurs petites places, que le Roy Dom Pedre avoit prises sur les Maures quelque tems auparavant. Tolède estant assiégée ensuite par le Comte de Transtamare, Dom Pedre luy demanda secours pour aller faire lever le siége, & il luy envoya quantité de cavalerie ; mais Dom

1367.

1368.

Belimar, Cambil, Harabal, Turon, Hardales, Elborge Cagnette, las Cuevas, Ortechica, &c.
1369.

Pedre ayant perdu la bataille, les Maures retournérent à Grenade, & le vaincu s'estant renfermé dans le chasteau de Montiel, y fut assiégé & tué par son frére, qui devint par ce moyen paisible possesseur des Royaumes de Castille & de Leon. Comme le Roy de Portugal fut venu faire la guerre ensuite à Transtamare, le Roy de Grenade prit cette occasion pour prendre Algézire, qu'il fit raser jusqu'aux fondemens, sans qu'elle ait esté restablie depuis. La mesme année, le Roy d'Aragon fit tréve pour cinq ans avec les Rois de Grenade & de Fez, & celuy-cy voulant restablir Algézire, l'Amiral de Castille prit tous ses vaisseaux avec ceux qui estoient dessus. Ensuite le Roy de Grenade ne laissant pas perdre l'occasion de faire ses affaires pendant la division des Chrestiens, fit de grans ravages dans l'Andalousie, sous pretexte de favoriser les enfans de Dom Pedre, qui estoient dans Carmone. Mais cela ne dura pas long-tems, car il fit tréve incontinent aprés avec le Roy de Castille, qui eut affaire long-tems avec les Rois de Navarre, & de Portugal.

*le 5. d'Aoust.*

*1370.*

Pour retourner en Asie, Amurat s'estant rendu maistre d'vne partie des provinces de l'Empire, avec grand meurtre des Chrestiens, vainquit le Despote de Servie, & se rendit maistre de ses Estats, puis le fit mourir. Mais estant entré ensuite dans la Misie superieure, il fut tué d'vn coup de poignard par vn serviteur du Despote, qui vengea la mort de son maistre. Aprés son decez l'Empire des Turcs tomba entre les mains de Bajazet, qui fut le quatriéme Empereur de la race des Otomans. A son avenement à l'Empire, il fit la guerre au Roy des Bulgares, & l'ayant vaincu fit vne cruëlle boucherie de ses gens, & ensuite saccagea les provinces de Bosnie, de Croatie, d'Esclavonie, d'Albanie & de Valachie, où plusieurs milliers de Chrestiens furent tuez ou faits prisonniers, avec l'épouvante generale de toute la Chrestienté.

*Asie.*
*Aux champs Cassins.*
*Servie & Bulgarie.*
*1372.*

*MarcCratére.*

Pour retourner en Espagne, le Roy de Castille mourut l'an mille trois cens soixante & dix-neuf, au mois de May, par la perfidie d'vn Maure de Grenade, qui feignant de luy venir offrir son service, luy fit présent entre-autres choses de

*Espagne.*
*1379.*

de riches brodequins empoisonnez, qu'il n'eut pas plustost chaussez, qu'il en mourut, laissant son fils Dom Iean pour successeur. Le Roy de Grenade mourut aussi, & laissa la Couronne à son fils Abul Hagex, qui fut receu généralement par-tout, & fit paix avec Dom Iean, laquelle il entretint toute sa vie. Comme il n'avoit donc point de guerre, il s'occupa à bien fonder son Empire, & embellit fort la ville de Grenade, ce qui le fit aimer de ses Sujets, & il ne se passa rien de mémorable durant son régne entre les Chrestiens & les Maures. L'an mille trois cens quatre-vingts cinq mourut Dom Fernand de Portugal, laissant la Couronne à son frére Dom Iean, surnommé de Bonne-mémoire. Le Roy de Castille mourut aussi, aprés avoir eu de grandes guerres contre le Duc de Lanclastre, & contre d'autres Princes Chrestiens, & laissa la Couronne à son fils Henry. Abi Abdala, fils du Roy de Grenade, succéda aussi à son pere, & fut l'onziéme Roy de cette famille, & grand amy des Chrestiens. Il eut guerre avec son fils Muley Mahamet, qui le voulut déposséder, avec la faveur d'Aben Vmeya, & d'autres principaux d'entre les Maures; mais à la fin le fils fut contraint de s'accommoder. Comme le Roy de Grenade estoit en paix avec le Roy de Castille, le Grand-Maistre d'Alcantara, qui estoit Portugais, luy envoya faire vn défi de cent contre deux cens, ou de cinq cens contre mille, pour faire voir que la Religion de Iesus-Christ estoit la meilleure. Personne ne le pût destourner de cette entreprise, non pas mesme le Roy, parce-qu'il ne se gouvernoit que par le conseil d'vn certain Hermite, qui luy souffloit aux oreilles ce dessein. Ayant donc assemblé quantité de troupes, il prit la route de Grenade, & se campa sur la riviére d'Açores, sans se soucier de la tréve. Mais le Roy de Grenade vint fondre dessus à l'improviste, avec grand nombre de cavalerie & d'infanterie, & tua presque toute la cavalerie du Grand-Maistre, & plus de douze cens hommes de pied, le reste se sauva avec luy à Alcala la Réal. Cette défaite ne rompit point la tréve, parce-que l'entreprise avoit esté faite sans le consentement du Roy de Castille. Mais deux ans aprés, le Roy de Fez, qui haïssoit en son

1285.

1390.

D. Martin Yagnez de la Barbude.

Iovan de Sayo.

1394.

1396.

cœur le Roy de Grenade, le fit mourir par le moyen d'vne casaque empoisonnée, qu'il luy envoya parmi d'autres présens, & qui l'emporta au bout d'vn mois, la chair luy tombant par pieces. Son fils Mahamet luy succéda, qui entretint long-tems la tréve avec le Roy de Castille.

*Asie.*

La mesme année, Bajazet continuant la guerre contre l'Empire, alla assiéger Constantinople avec vne puissante armée, & sur la nouvelle que la France, l'Angleterre & la Pologne envoyoient contre luy de grandes forces, il les alla rencontrer prés de Nicopolis. L'armée Chrestienne estoit composée de vingt mille chevaux, & de cent mille hommes de pied, & celle du Turc de soixante mille chevaux, & de cent quarante mille fantassins. La bataille fut fort sanglante ; mais l'Infidelle fut le plus fort, quoy-qu'il y perdit plus de troupes. La cavalerie Françoise, qui avoit l'avantgarde, fut toute taillée en pieces, ou prisonniére ; le Roy Sigismond se sauva à toute peine vers la mer, où trouvant vn vaisseau Chrestien tout à propos, il passa en l'Isle de Rhodes, d'où il revint en Hongrie, où on l'avoit pleuré pour mort. Vne si grande perte est attribuée par quelques-vns à la division des Chrestiens, dont les François voulurent avoir l'avantgarde sur les Hongrois ; de sorte qu'ils ne s'entraiderent pas bien ; & les Valaques & Transilvains se retirérent d'abord, avec le Vayvode Estienne, ce qui donna la victoire aux Infidelles. Bajazet victorieux, retourna au siége de Constantinople, qu'il fut contraint de lever incontinent, pour marcher contre Tamerlan, qui ravageoit toutes ses provinces. La puissance de ce Chef vint à tel point, que de Roy des Tartares, il devint Empereur des Turcs, & maistre d'vne grande partie de la Scythie Européenne, Seigneur de l'Ibérie, de la Perse, de l'Albanie, de la Médie, de l'Arménie, de la Mésopotamie, de l'Asie mineure, de l'Egypte & de la Syrie. Il eut dans son armée jusqu'à douze cens mille hommes de combat, dont la cavalerie faisoit prés de la moitié, & nourrissoit douze cens Seigneurs à sa Cour. Bajazet l'estant venu rencontrer avec vne armée qui n'estoit guere moindre que la sienne, à ce que disent quelques Historiens, la bataille se donna sur la

*Le Turc 60. mille, & les Chrestiens vingt mille.*

*1397. ou Temirlan, homme de basse naissance.*

*500. mille chevaux.*

frontiére de la Bithynie & de la Galacie, où il mourut deux cens mille Turcs. Bajazet ayant esté fait prisonnier, avec plusieurs autres grans Seigneurs, Tamerlan le fit amener devant luy, & le foula aux pieds, puis le fit lier d'vne grosse chaine d'or, & enfermer dans vne cage de fer, & quand il vouloit manger, il le faisoit mettre sous sa table, & luy jettoit de la viande comme à vn chien, se servant aussi de luy comme d'vn marchepied pour monter à cheval. Il le mena de la sorte ignominieusement par toute l'Asie, sans le mettre jamais en liberté. Cette victoire le rendit maistre de toutes les provinces qui sont entre le Tanaïs & le Nil. Il prit aussi Cufa, qui est vne colonie de Genois, dans la Quersonese Taurique. Aprés avoir domté toute l'Asie, il bastit en son païs Samarcand, qui signifie en son langage diversité de Nations, parce-qu'il la peupla de tous ses prisonniers, & l'enrichit des dépoüilles de toutes les villes qu'il avoit détruites. On conte plusieurs choses de sa rigueur, ou plûtost de sa cruauté, & entre-autres celle-cy, qu'il avoit des tentes de trois couleurs, dont la blanche se mettoit la premiére quand il assiégeoit vne place, pour marque de douceur, si l'on venoit à se rendre ; & ensuite la rouge, pour montrer qu'il en cousteroit du sang si l'on s'opiniâtroit ; aprés-quoy il faisoit tendre la noire, pour dire qu'il n'y avoit plus de quartier. Il se faisoit appeller le Fleau de Dieu, & eust désolé le monde s'il eust duré plus long-tems. Son Empire prit fin avec luy, car la division s'estant mise entre ses deux fils, toutes ses conquestes se perdirent, & la mémoire de ses hauts faits, s'est à peine conservée à la posterité.

Pour retourner à Sigismond, les provinces de Valaquie, de Transylvanie & de Moldavie, se soûlevérent contre luy la mesme année, avec ce qui est au de-là du Danube, & prirent pour Chef le Vayvode Estienne, qui fut suivi des Turcs, ce qui fit voir qu'il avoit esté cause de la défaite. Cependant, aprés la perte de Bajazet, les Turcs nommérent pour Sultan son fils *, qui rallia le reste de son armée ; mais il ne fit rien de mémorable, & mourut trois ans aprés, laissant deux fils, Orcan & Mahamet, dont l'aisné fut saluë Empereur. Il eut guerre contre son frére, & fut tué en tra-

*prés du mont Estelle.*

*Il a régné 36. ans de l'Egyre, qui sont quelque 35. de nos années. Le Grand Mogor est de ses descendans.*

*\* Calepin, ou Cyris Chelebi. 1400.*

hifon par vn de fes oncles dans le combat ; de-forte que Mahamet demeura paifible poffeffeur de l'Empire, & ce fut luy qui fit de plus grans progrez fur les Chreftiens.

La mefme année, Mahomet Roy de Grenade, rompit la tréve qu'il avoit faite avec celuy de Caftille, & voyant qu'il eftoit occupé contre le Roy de Portugal, luy emporta de force la ville d'Ayamont. L'année fuivante il rentra dans le païs des Chreftiens, & brûla la ville de Quéfada ; & comme Pedro Manriqué, & Diégo Sanchés de Bénavidés, furent fortis contre luy avec Dom Alfonfe d'Avalos, fuivi des habitans d'Vbéda, & le Sénéchal de Baéça, accompagné d'autres Chevaliers, qui faifoient en tout douze cens hommes, tant de pied que de cheval, ils atteignirent les Maures dans vne plaine, où la bataille fut fanglante, & il mourut du cofté des Chreftiens, le Sénéchal, avec Dom Alfonfe d'Avalos, & Dom Martin Lopés d'Avalos, & autre Nobleffe illuftre. Mais pour cent Chreftiens, il y mourut deux mille Maures, & les Chreftiens fans fe débander, fe retirérent fur vne montagne, tandis que les ennemis pilloient leur camp. Le Roy de Caftille mourut depuis en la ville de Toléde le vingtiéme de Decembre, laiffant pour fucceffeur fon fils Dom Iean, qui n'avoit que vingt mois, & pour fon tuteur l'Infant Fernand fon oncle, qui fut fort belliqueux. Car la premiére année qu'il eut le Gouvernement de l'Eftat pour Dom Iean, il entra fur les terres des Maures, & prit les villes de Zahara & d'Audita, & comme il eut affiégé Setenil, le Roy de Grenade courut du cofté de Iaen pour faire diverfion ; mais l'Infant n'abandonna point pour cela le fiége, quoy-qu'il fuft contraint toutefois de le lever au mois d'Octobre, par la brave refiftance des habitans. Mais en mefme tems les Chreftiens recouvrérent plufieurs petites places que les Maures avoient gagnées du tems d'Abil Gualid. Cependant, le Roy de Grenade voyant le dommage que l'Infant Dom Fernand faifoit en fon païs, alla affiéger la ville d'Alcaudete avec fept mille chevaux, & fix vingts mille fantaffins, au mois de Février ; & voyant qu'il ne la pouvoit prendre, fit tréve avec D. Fernand, & retourna en fon païs.

*Marginalia:*
prés de Gazare, non loin de la riviére d'Ebre, l'an 1405.
7. Empereur des Turcs.
*Espagne.*
1406.
ou ravageoient la campagne.
1407.
1408.

## SVCCESSEVRS, LIVRE II.

Alors régnoit dans Fez Muley Abu-Sayd, plus enclin aux débauches qu'à la guerre, ce qui donna sujet à Dom Iean de Portugal d'aller attaquer Ceute, & comme il ne la secourut pas à tems, elle fut prise. Cette lascheté déplut de telle sorte à ses Sujets, à qui il estoit déja odieux pour ses débauches, qu'ils conjurérent contre luy, & le tuërent, comme nous dirons ailleurs. Maintenant pour revenir au Roy de Grenade, il tomba malade la mesme année, & comme il estoit sur le point de mourir, il dépescha vn de ses Lieutenans vers son frére, qui estoit en prison pour quelque revolte, avec ordre de luy couper la teste, pour assurer le Royaume à son fils. L'Officier arrivant le trouva qui joüoit aux échets avec vn Alfaqui, & comme il luy eut dit l'ordre du Roy, l'autre le pria de luy donner deux heures, pour donner ordre à ses affaires, & sur son refus, le pria seulement de luy laisser achever sa partie, ce qu'il fit ; mais avant qu'elle fust achevée, il arriva vn courier de Grenade, qui apporta les nouvelles que Mahamet estoit mort, & qu'on avoit élû le prisonnier pour Roy ; de-sorte que l'Officier au lieu d'executer sa commission, accompagna le nouveau Prince jusqu'à Grenade, où il prit possession de la Couronne, & fut le treiziéme de la race des Alahamares. Il confirma aussi-tost la tréve que son frére avoit faite avec les Chrestiens ; Mais l'Infant Dom Fernand trouvant l'occasion favorable de faire la guerre aux Maures, la rompit au bout de sept mois, & assemblant ses troupes entra au Royaume de Grenade, où il assiégea Antequerre, qui estoit vne bonne place, fort propre pour en faire vne place-d'armes, à-cause qu'elle estoit entre Ronde & Grenade. Sur ces nouvelles, Abul-Hagex envoya au secours deux de ses fréres, avec quatre mille chevaux, & cinquante mille hommes de pied ; la bataille se donna le sixiéme de May, où ils furent vaincus, & perdirent plus de douze mille hommes ; aprésquoy l'Infant retournant assiéger la place, la prit, & y laissa garnison. Les villes que les Maures d'Afrique tenoient en Espagne, voyant qu'elles ne se pouvoient défendre toutes seules, & qu'Abu-Sayd les negligeoit, s'estoient réünies alors à la Couronne de Grenade ; mais ceux de Gibraltar mécon-

*Afrique, & Espagne.*
*1409.*

*Abul Hagex. au chasteau de Salobregne.*

*1410.*

*Mahamet, & Ali.*

*Au mois de Septembre.*

1411.

Sayd.

tens du Roy de Grenade, se soûlevérent contre luy, & envoyérent prier le Roy de Fez de les secourir, comme ses anciens vassaux. Ce Prince qui avoit vn frére fort vaillant & fort aimé du peuple, fut bien-aise de trouver occasion de l'éloigner, & l'envoya en Espagne avec mille chevaux, & deux mille hommes de pied, pour se jetter dans la place, avec ordre d'essayer à regagner toutes les villes qui avoient appartenu à la Couronne. De-sorte qu'ayant esté bien receu à Gibraltar, il le fut encore à Marvelle, & en plusieurs autres places de ces quartiers. Sur ces nouvelles, le Roy de Grenade fit tréve avec les tuteurs de Dom Iean, & alla assiéger Gibraltar, d'où Sayd envoya aussi-tost demander du secours à son frére, qui ne luy envoya que quelques vaisseaux mal équipez, que le Roy de Grenade prit incontinent, non sans soupçon, que celuy de Fez luy en avoit donné avis, afin de perdre son frére. La place fut donc prise, & Sayd fait prisonnier, & mené à Grenade, où il fut enfermé long-temps dans vne tour de l'Alhambra, le Roy de Fez solicitant perpetuëllement celuy de Grenade de le faire mourir, & luy promettant pour cela beaucoup d'argent, avec alliance perpetuelle, & secours contre les Chrestiens. Mais le Roy de Grenade n'en voulut rien faire, sur l'esperance de tirer quelque avantage de ce prisonnier dans les troubles d'Afrique.

Asie.

à present à Salombrines.

Pour retourner en Asie, Mahomet s'estant rendu maistre de l'Empire, aprés la mort de son frére, marcha contre Sigismond Roy de Pologne, & le vainquit dans les campagnes de Philadelphie, où il mourut plusieurs milliers de Chrestiens, outre quantité de prisonniers. Ensuite comme il estoit le premier des Otomans qui eut passé le Danube, il conquit la Macédoine, & porta ses armes victorieuses jusqu'à la mer Ionique, au grand préjudice des Chrestiens.

1412.

Afrique.
* Abubaba.

D'autre-costé, les Maures du Royaume de Fez conjurérent contre leur Prince, & son Visir * le tua à coups de poignard, avec six enfans masles qu'il avoit. Sa mort fut suivie de grans troubles, & ceux de Fez furent huit ans sans Roy, pendant lesquels le Roy de Grenade mit Sayd en li-

1415.

berté, & l'envoya en Barbarie avec des troupes, pour prendre possession du Royaume de son pere; mais il eut de grans démeslez avec son frére Iacob, & rasa plusieurs places qui ne le voulurent pas reconnoistre. Cependant, le Roy de Grenade envoya son fils avec vne armée navale *, pour reprendre Ceute, que tenoit le Roy de Portugal, & l'assiégea par mer tandis que Sayd la bloquoit par terre. Mais l'Infant Dom Henry la défendit vaillamment, & les Maures furent contraints de se retirer avec perte. Enfin le Royaume de Fez ayant esté sans Roy huit ans durant, il parut vn fils d'Abu-Sayd, nommé Abdulac, que sa mere, qui estoit Chrestienne & Espagnole, avoit sauvé à Tunis. Il fut receu avec alegresse de tous les habitans, & reconnu pour Roy, mesme par ses oncles, & par tous les Chefs de l'armée, quoy qu'à la fin il devint en telle horreur par ses tyrannies, que ses propres vassaux conjurérent contre luy, & vn habitant de Fez le tua, comme nous dirons en son lieu.

*Mahamet el Azeri.

1423.

Pendant tout ce temps-là, il ne se passa rien de remarquable entre les Chrestiens & les Maures, parce-que le Roy de Grenade rendit toûjours l'hommage qu'il devoit à celuy de Castille, qui de son costé aussi entretint la tréve. L'an mille quatre cens vingt-trois, le Roy de Grenade mourut laissant pour successeur son fils Mahomet el Azeri que les Chrestiens nommérent le Gauché, parce qu'il l'estoit en effet. Il ne se passa encore rien de memorable sous son regne, entre les Chrestiens & les Maures, parce-qu'ils entretinrent la tréve ; mais ils eurent bien des affaires chacun separément.

Espagne.

1423.

Il s'inscrivoit Ibni Nacer, Aben Abul Hagex, Amir el Mocélémia.

L'an mille quatre cens vingt-quatre, Mahomet Empereur des Turcs, mourut laissant deux fils qui eurent grande contestation pour l'Empire, dont Amurat à la fin demeura le maistre par la mort de Mustapha. Ce fut luy qui institua les Iannissaires, ou Enfans du grand Seigneur, qui ne servent qu'à la garde de sa personne. Deux ans aprés, il assembla vne puissante armée contre le Despote de Servie, & assiégea deux villes qui soûtinrent quatre ans le siege, pendant lequel deux autres eurent beaucoup à souffrir, & ayant pris deux fils du Despote, il les fit Eunuques, & leur fit crever

Asie.

1424.

1426.
ou Russie, Nouoment & Escopie, Belgrade & Sinderovie.

les yeux, & ensuite il épousa leur sœur qu'il avoit fait prisonnière.

*Cathagusna.*

*Espagne.*
*1427.*

D'autre costé, le Roy de Grenade fut chassé de ses Estats par Mahamet el Saguer son cousin, que le peuple favorisoit; de-sorte que ce Prince dépouillé se retira en Barbarie, pour demander secours au Roy de Tunis *, qui couroit victorieux par toute l'Afrique, & s'estoit rendu maistre du Royaume de Tremécen, & d'vne partie de celuy de Fez & de Maroc, pendant la division de ces Princes. Cependant, il eut nouvelle que celuy qui l'avoit chassé de son Royaume, exerçoit tant de cruautez, qu'on avoit conjuré contre luy, & que Ioseph Aben Cerage, l'vn des plus puissans du païs, avoit prié le Roy de Castille, de dépescher à Tunis pour le faire revenir. Il en partit donc en la compagnie de cét Aben Cerage, avec trois mille hommes que le Roy de Tunis luy donna, & abordant à Almérie, fut receu par les Maures de ces quartiers, & ensuite par ceux de Grenade, & assiégeant l'vsurpateur dans la forteresse de l'Alhambra, il le prit, & luy fit couper la teste, puis envoya le tribut ordinaire à Dom Iean. Cette tréve neantmoins dura fort peu; car deux ans aprés, à la persuasion des Maures de Barbarie, il refusa le tribut; si-bien que le Maréchal Pero Garçia de Herrera prit la ville de Chiménés par escalade la nuit, & Dom Alvaro de Luna, Connestable de Castille, entra dans la plaine de Grenade, & en ravagea vne grande partie. Mais le Gouverneur de Caforla estant entré d'vn autre costé, fut défait avec grande perte. Cependant, le Roy Dom Iean assembloit vne armée de plus de quatre-vingts mille hommes, & entra dans la plaine de Grenade vers le mois de Iuin, menant avec luy le petit-fils du Roy Maure, que Dom Pedre tua dans Seville. Le Roy de Grenade de son costé le vint rencontrer avec cinq mille chevaux, & quantité d'infanterie, aprés-quoy, il fut défait avec grand meurtre, & Grenade eust esté prise si l'on eust poursuivi sa pointe. Mais le Roy de Castille, aprés avoir saccagé le païs, s'en retourna chargé de gloire & de butin. Quelques-vns disent, que le Connestable fut gagné par de l'argent qu'on luy envoya dans des cabas de figues & de raisins secs, pour faire e

\* Muley Abu Feret.

ou à Vera. Purchéna, Baça, Cadix.
*1429.*

*1431.*

Rodrigo de Perea.

Iosef Aben Muléy.

le 1 Iuin.

faire lever le siége. Ensuite le Roy de Castille donna des troupes à ce jeune Prince Maure qu'il avoit amené avec luy, lequel s'empara de la ville de Montefrio, à sept lieuës de Grenade, & ensuite de plusieurs autres ; puis passant à Locha, avec quelque secours qui luy vint, il défit en bataille rangée Aben Cerrage, Gouverneur de ces quartiers, pour le Roy de Grenade. Aprés cette victoire, Locha se rendit à luy avec le chasteau, & ensuite Grenade, dont le Roy se sauva à Malaga. Le victorieux reconnoissant qu'il devoit sa Couronne au Roy de Castille, luy envoya le tribut ordinaire, avec présens, & mit en liberté douze cens esclaves Chrestiens ; mais il mourut six mois aprés, & l'on rappella de Malaga le Roy qui s'y estoit sauvé. Sur la nouvelle de sa mort, le Roy de Castille envoya Dom Alvarez de Toléde, avec les troupes de la frontiére, faire des courses dans le païs, où il prit quelques chasteaux, & quantité de butin sur les terres de Baça. La mesme année le Roy de Portugal mourut, laissant son fils Edoüard pour successeur. Cependant, comme Dom Diégo de Ribéra couroit le païs ennemy, & assiégeoit la ville de Lore, il fut tué d'vn coup de flesche de dessus la muraille ; mais Dom Rodrigue Manriqué prit la nuit la ville de Guescar par escalade, & le chasteau par composition. D'autre-costé, le Grand-Maistre d'Alcantara estant allé faire des courses sur les terres d'Archidone, tomba dans vne embuscade, d'où il ne se pût sauver qu'avec cent hommes de douze cens qu'il menoit. L'année suivante Dom Alvarez de Toléde alla faire des courses sur les terres de Cadix avec six mille hommes de pied, & mille chevaux, & défit quinze cens chevaux, & quarante mille hommes de pied, qu'on avoit rassemblez de la ville & des montagnes d'alentour. Dom Fernand Fachardo alla aussi prendre les villes de Velez el Blanco, & Velez el Rubio, dont les chasteaux se rendirent par composition, & les habitans demeurérent Sujets du Roy ; de-sorte que les Chrestiens gagnérent beaucoup alors à la guerre contre les Maures, & prirent tous les jours quelques places sur eux.

*Cambil, Harabal, Alcuton, Illora, Setenil, Ronda, Hisnachar, Archidona, Caçarabonela, Turon, Hardales, Castellar, &c.*

1432.
*Bençulema & Bénamorel.*

1433.

1434.
*D. Gutierse de Soto Mayor.*

1435.
*d'Alpucharie.*

1436.

Pour retourner en Asie, l'Empereur Amurat prit sur les *Asie.*

FFf

Venitiens la ville de Theſſalonique ſi célébre, & y exerça toutes les rigueurs de la guerre. La meſme année continüant ſes progrez, il entra dans la Hongrie, & aſſiégea Belgrade; mais il fut contraint de ſe retirer, aprés ſept mois de ſiége, avec perte de plus de quinze mille hommes, dans les attaques, & fut attaqué dans la retraite par Iean Huniade, Général du Roy de Hongrie, qui remporta ſur luy vne pleine & entiére victoire.

1438.

Cependant les Caſtillans pourſuivant la guerre en Eſpagne, aſſiégérent la ville de Gibraltar par mer & par terre; mais les Maures ſe défendirent ſi-bien, qu'ils les contraignirent de lever le ſiége avec perte. Dom Henry fut noyé, & ſon fils ſe retira ſans rien faire*. On fut plus heureux d'vn autre coſté, & l'on prit ſur les Maures la ville de Guelma; mais Dom Rodrigue de Pérea, eſtant entré ſur les terres des Maures, fut défait par Aben Cerrage, ſans pouvoir ſauver que vingt hommes de quatorze cens qu'il avoit, & mourut en la bataille, auſſi-bien que le Général des ennemis. Le Roy de Portugal mourut auſſi la meſme année, laiſſant ſon fils Alfonſe pour ſucceſſeur.

*Espagne.*

*IgnicoLopez de Mendoça Seigneur d'Hita.*

*Edoüart.*

Pour retourner en Hongrie, le Turc y rentra ſous le régne de Ladiſlas, Roy de Pologne, qui avoit pour ſon Lieutenant général Iean Huniade, lequel défit Amurat vne ſeconde fois, & l'obligea à demander tréve; mais elle ne fut pas de longue durée, car les Hongrois la rompirent, à la perſuaſion du Pape Eugene, & cette perfidie cauſa de grans maux à la Chreſtienté. Premiérement, ſoixante & dix galéres royales ſe perdirent dans le détroit de Conſtantinople, & Ladiſlas eſtant obligé de ſe batre* contre Amurat, perdit trente mille hommes, ou par l'eau ou par le fer, car il y en eut beaucoup de noyez dans vn lac voiſin. Le Legat du Pape qui avoit procuré la rupture, & le Roy Ladiſlas, moururent auſſi à la bataille, & Iean Huniade eut bien de la peine à ſe ſauver avec les Tranſſylvains. Les Hiſtoriens rejettent la cauſe de cette perte ſur les Genois, qui pour vn eſcu par teſte, paſſérent ſur leurs galéres toute l'armée d'Amurat au détroit de Boſphore.

*Affaires d'Aſie.*

1440.

*11. Nov. prés de Barna.*

*Iean Céſarin.*

D'autre-coſté, en Eſpagne le Roy de Grenade, qui avoit

*Espagne.*

## SVCCESSEVRS, LIVRE II.

déja receu tant de secousses, fut dépossédé par vn de ses neveux*, à la faveur de quelques Grans, & pris dans son Palais, aprés qu'ils se furent saisis de la ville. Mais il y avoit alors au service du Roy de Castille vn autre Infant Maure, fils d'Aben Muley, qui aspirant à la Couronne, fit la guerre à ce nouveau Roy, & porté par Dom Iean, s'empara de quelques places fortes.

*1445.*
*Muley Mahamet, fils d'Odman, Ismaël.*

La mesme année Amurat continua ses victoires contre l'Empereur de Constantinople, & se saisissant du détroit de Corinthe, gagna vne bataille contre le frére de l'Empereur, & desola tout le païs. Ensuite le Roy de Pologne combatit contre luy, & le défit ; mais ayant rassemblé son armée, il donna vne seconde bataille, où il mourut plus de quatre-vingts mille hommes, tant Turcs que Chrestiens, mais moins de ceux-cy. Amurat y perdit vn fils, & le Roy de Pologne y perdit le Général de son armée.

*Asie.*

*1446.*

Tandis que ces choses se passoient en Hongrie, Aben Odman Roy de Grenade, fit paix avec Dom Iean Roy de Navarre, & declara la guerre à celuy de Castille, qui favorisoit Ismaël son ennemi. Estant donc entré dans le païs, il prit les villes de Benamaurel & de Bençulema, prés de Baça, & l'année d'aprés celles d'Arénas, de Guescar, de Velés el Blanco, & de Velés el Ruvio, & fit de grans degasts en tout ce païs, avec diverses conquestes, jusqu'en l'an mille quatre cens quarante-neuf, par le secours du Roy de Navarre.

L'an mille quatre cens quarante-huit, ceux de Hongrie & de Transilvanie, assemblérent vne armée de six cens mille hommes, & entrérent dans le païs du Turc, sous le commandement de Iean Huniade, qui donna la bataille à Amurat, avec quelque desavantage d'abord ; mais à la fin il reprit cœur, & fit grand carnage des Infidelles. L'année d'aprés Amurat tourna ses armes contre Scanderberg, & l'assiégea dans la ville de Croye ; mais il se défendit si bien, qu'aprés plusieurs mois de siége, le Turc fut contraint de se retirer, avec perte de la pluspart de son armée, & mourut ensuite, laissant pour successeur son fils Mahomet, qui fut le huitiéme Empereur de la race des Otomans, né de la fille du Despote de Servie, dont nous avons parlé. Aussi-tost que son

*Turquie.*

*1449.*

*1450.*

FFf ij

pere fut mort, il fit mourir fon frere, & les enferma tous deux en vn mefme tombeau. Ses premiéres armes furent contre Scanderberg, qu'il affiégea dans fa capitale, comme fon pere avoit fait, & fut contraint comme luy de lever le fiége. L'année fuivante il affiégea la ville d'Athénes, & l'ayant emportée d'affaut, la détruifit entiérement.

Cependant, les guerres de Grenade & de Caftille fe renforçoient, & l'on fe batit en diverfes rencontres dans les courfes qu'on faifoit de part-&-d'autre fur le païs ennemy. Il y eut auffi guerre entre les Maures de Grenade, dont le Roy fut dépoffédé par vn de fes parens, qui régna longtems en paix.

*Abi Nacer Abdilchi.*

*Prife de Conftantinople.*

Cependant, Mahomet aprés avoir pris la ville d'Athénes, mit le fiége devant Conftantinople l'an mille quatre cens cinquante-trois, le neufviéme d'Avril, fous l'Empire de Conftantin Paléologue, qui envoya de tous coftez implorer le fecours des Princes Chreftiens, mais inutilement. Les Turcs affiégeoient en mefme tems Pera & Conftantinople, & gagnant pied-à-pied, firent de fi grans efforts, qu'ayant abatu vne grande partie des murailles, & n'y ayant que fix mille Grecs ou Italiens à la défenfe, ils emportérent la ville d'affaut le neufviéme de May, aprés vn mois de fiége, & y exercérent toutes les rigueurs de la guerre. Cependant, les Venitiens, & quelques autres Princes de la Chreftienté s'appreftoient à la fecourir, à la priére du Pape; mais avant que le fecours arrivaft la ville fut prife. L'Empereur mourut fur la brefche, & Mahomet luy fit couper la tefte, & la trainer dans les ruës par ignominie, puis fit démolir tous les Temples, à la referve de celuy de Sainte Sophie. Trois jours aprés il fit vn feftin à fes Généraux, où pour le deffert, il fit amener toute la Nobleffe Chreftienne, qui eftoit prifonniére, & luy fit couper la tefte. Aprés ce fuccés, ceux de Pera fe rendirent, & n'en furent pas quites à meilleur marché; car on y exerça les mefmes cruautez qu'à Conftantinople. Ainfi fe perdit la capitale de l'Orient, aprés avoir efté le fiége de l'Empire mille cent quatre-vingts & onze ans; & comme vn Conftantin fils d'Héléne l'avoit fondée, vn autre Conftantin fils d'Héléne la perdit. Ce qui eft de

*1453.*

## SVCCESSEVRS, LIVRE II.

plus admirable, c'est que ce Philosophe Grec dont nous avons parlé au chapitre du Calife Maymon, voyant vne ancienne colomne de bronze faite par petits carreaux en échiquier, en laquelle le nom de Constantin le Grand estoit écrit au premier carreau, & celuy du Patriarche Grégoire au second, avec les autres noms des Empereurs & des Patriarches, selon leur ordre; il dit à l'Empereur Michel qu'alors que les carreaux seroient remplis, l'Empire seroit éteint, & ,'écrivit de sa main sur la colomne, *Constantin me fit, & Constantin me défera*, ce qui eut son accomplissement. Le mesme nom du Patriarche se rencontrant aussi au tems de la prise, comme à celuy de la fondation, & les carreaux estant achevez de remplir. Depuis ce tems là jusqu'à cette heure, Constantinople a esté le siége de l'Empire des Otomans.

*En l'Eglise de S. Demetrius.*

*Grégoire.*

Pour retourner en Espagne, le Roy de Castille mourut l'an mille quatre cens cinquante-quatre, le vingtiéme de Iuillet, & son fils Dom Henry luy succéda, & fit aussitost la guerre aux Maures. Il entra donc avec vne armée de quatorze mille chevaux, & de cinquante mille hommes de pied, dans la plaine de Grenade, qu'il ravagea presque toute entiere, & fit la mesme chose l'année suivante, pour contraindre la ville à se rendre par la faim.

*Espagne.*
*1454.*
*D. r. 1er des Rois de Castille de ce nom.*
*1455.*
*&*
*1456.*

Cependant, Mahomet orgueilleux de sa nouvelle conqueste, entreprit celle de la Hongrie, & alla assiéger Belgrade avec vne armée de cent cinquante mille hommes. Sur cette nouvelle, le Pape Calixte envoya son Legat pour la secourir, aprés avoir publié vne croisade. Car le Turc faisoit estat d'attaquer l'Austriche, aprés avoir pris la Hongrie, & de passer en Italie par l'Alemagne; mais il plût à Dieu de donner la victoire aux Chrestiens. Il y avoit alors en Hongrie vn Cordelier nommé Iean Capistran, plein de zéle & de vertu, qui avant la venuë du Legat avoit émû plusieurs peuples à cette guerre, sous le commandement de Iean Huniade, lequel donnant bataille aux Turcs, en tua plus de quarante mille, & prit leur camp, avec tout le bagage & l'attirail. Mahomet blessé d'vn coup de flesche, se sauva à Constantinople, où il fut long-tems sans se laisser

*Turquie.*
*1456.*
*Autrement Taurin ou Albe Grecque.*
*Calixte III. Iean de Caravajal, Espagnol.*
*Ce dessein-là semble estre renouvellé aujourd'huy.*

FFf iij

voir. Pour action de grace de cette victoire, le Pape institua la feste de la Transfiguration, autrement de Saint Sauveur, qui se solennise tous les ans le sixiéme d'Aoust, avec les mesmes indulgences que le jour du Saint Sacrement.

*Quelques-vns la mettent vn an depuis.*

*1457.*

L'année suivante, Mahomet fit la guerre à Vsum-Cassam Roy de Perse, & luy donna deux batailles, en l'vne desquelles il fut vaincu, & en l'autre vainqueur. Quelques-vns disent, qu'Vsum-Cassam estoit de la race des Tartares, qui ont esté si puissans en Asie. Mahomet fit ensuite la guerre à l'Empereur de Trebisonde, qui ne l'osa attendre en campagne, & se retira dans des lieux avantageux; mais Mahomet se jetta sur la Paphlagonie, & l'ayant prise passa à Trébisonde, avec tant de vistesse, qu'il l'emporta & prit l'Empereur avec sa femme. Aprés s'estre rendu maistre de tout l'Empire, il laissa garnison dans les places fortes, & retournant victorieux entra triomphant dans Constantinople, & fit égorger les prisonniers. Ainsi la conqueste des deux Empires ne luy cousta que quatre ans.

*Espagne.*

Pour retourner en Espagne, le Roy de Castille continuant la guerre contre les Maures, alla ravager la plaine de Grenade, où Garcilasso de Véga fut tué aprés s'estre batu sans son ordre; mais le Roy ne laissa pas de prendre la ville de Chiméne avec le chasteau; ensuite la paix fut faite, & le Roy de Grenade se rendit son vassal; mais Iaen ne fut pas compris dans la paix. La mesme année, le Comte de Castagneda y fut batu, & fait prisonnier par les Maures, ce qui fut cause que la tréve fut declarée genérale, à condition de payer tous les ans douze mille pistoles de tribut.

*Turquie.*
*1458.*
*Bulgarie, & Valachie.*

Cependant Mahomet continuant ses progrés, prit la ville de Corinthe sur les Venitiens, & l'année d'aprés donna bataille au Roy de Mesic, & l'ayant tué, se rendit maistre de tout son Estat. Mais Vsum-Cassam, en faveur du Pape Calixte, luy fit la guerre en Asie, ce qui soulagea fort la Chrestienté.

*Espagne.*
*Ali Abul Hassen.*

D'autre-costé, le fils du Roy de Grenade, qui estoit mal avec son pere, entra dans le Royaume de Castille, nonobstant la tréve, & en enleva quantité de prisonniers & de butin; mais Dom Rodrigue Ponce de Leon, & le Gouverneur d'Ossuna qui l'attendoient au passage, le défirent, quoy-

# SVCCESSEVRS, LIVRE II. 415

qu'inferieurs en nombre, & regagnérent tout le butin, avec
ses drapeaux & ses tymbales. La tréve estant rompuë, Dom *1460.*
Iean de Gusman, Comte de Niebla prit deux ans aprés sur
les Maures la ville de Gibraltar, où son pere avoit perdu *1462.*
la vie, & l'année suivante, Dom Iean Pacheco, Marquis de
Villaina, prit celle d'Archidone, qui fut suivie encore
d'autres avantages.

Tandis que ces choses se passoient en Espagne, le Turc *Turquie.*
continuoit ses progrés sur les Chrestiens, & prit l'Isle de
Metelin, & l'année suivante les Venitiens envoyérent leur *1463.*
armée navale le long de la coste pour reprendre Corinthe,
mais sans effet. D'autre-costé, les Hongrois prirent la ville
de Gersa dans la Bosnie, & comme le Turc y fut venu mettre le siége, le Roy de Hongrie y accourut pour la secourir, ce qui le fit retirer avec tant de precipitation, qu'il jer-
ta quatre pieces d'artillerie dans la riviére* pour aller plus *Druine.*
viste. Sur ces entrefaites, Iean de Lusignan, Roy de Chypre,
estant mort sans autre heritier, qu'vne fille qui avoit épousé
le fils du Duc de Savoye, le Royaume fut occupé par Iacob
son frére bâtard, à la faveur du Soudan d'Egypte. Celuy-
cy venant à mourir sans enfans & sans heritiers, sa femme
demeura maistresse du Royaume, & comme elle estoit Ve-
nitienne, elle le donna aux Venitiens qui l'ont possedé jusqu'à Selim, Empereur des Turcs. L'année suivante, Maho- *1464.*
met ayant attiré chez luy le Roy de Misie, sous couleur de
paix, le fit étrangler, & ayant pris son frére & sa sœur, les
mena en triomphe à Constantinople. L'an mille quatre
cens soixante-cinq il fit bastir vne forteresse en Epire, pour
servir de rempart ou de place d'armes contre les Chrestiens,
& elle fut achevée en trente jours, quoy-qu'elle fust bastie
comme vne ville: la mesme année les Venitiens prirent la
ville d'Athénes, & assiegérent Patras, où ils furent défaits
par les Turcs. Cette guerre dura plusieurs années avec divers succés ; mais les Turcs demeurérent enfin les maistres.

Tandis que ces choses se passoient en Levant, le Roy de *Espagne.*
Grenade mourut au mois de Mars, dans la ville d'Almérie, *Ali Abul Has-*
laissant pour successeur vn fils qui eut de grans differens *cen.*

avec le Gouverneur de Malaga, lequel favorisé du Roy de Castille luy fit perpetuellement la guerre ; Et le Roy de Castille de son costé eut prise avec divers Grans de son Royaume ; De-sorte qu'il ne se passa rien de considerable entre les Chrestiens & les Maures, sous le regne de ce Prince.

*D. Henry.*

*Turquie.*

La mesme année, Scanderberg Roy d'Epire, remporta vne grande victoire sur les Turcs qui estoient entrez en son païs, & les rechassa de ses Estats ; de-sorte qu'ils ne firent point d'entreprise cette année, ni l'année suivante. Mais l'an mille quatre cens soixante-huit Mahomet entra dans l'Egypte & dans la Syrie, qui appartenoit au Soudan, & ayant pris quelques villes y mit le feu, & fit main basse sur tout le peuple, reservant la Noblesse de l'vn & de l'autre sexe, à de plus cruels supplices. Il fit paix aussi avec le Roy des Indes *, & luy envoya en mariage vne belle Dame du Serrail, accompagnée en Reine, avec de grans presens, pour l'engager à faire la guerre au Roy de Perse, mais sans effet. Car Vsum-Cassam luy fit la guerre, luy prit plusieurs places, & luy tua quantité de gens en diverses rencontres. La mesme année, l'Amiral des Venitiens donna la chasse à l'armée navale des Turcs, qui d'ailleurs firent de grans maux aux Chrestiens en divers endroits de la Grece. L'an mille quatre cens soixante & dix le Turc envoya dans l'Isle de Negrepont six vingts mille hommes de guerre en quatre cens navires, sous le commandement d'Omar, qui l'ayant prise avec perte de quarante mille hommes, fit empaler tous les soldats Italiens qui s'y trouvérent, & traita les habitans dans toutes les rigueurs de la guerre. Vne autre armée de Turcs entra la mesme année dans la Hongrie, pillant & saccageant tout, jusqu'à Zagabre, d'où elle retourna chargée de butin, avec plus de quinze mille prisonniers. Ils entrérent aussi en mesme tems dans la Dalmatie, dans la Styrie, & dans le Frioul, où ils firent de grans ravages, & prirent beaucoup d'hommes & de troupeaux.

1468.
Norantan,
Escandalore.
Il les fit précipiter.

*Zicin, c'est le Mogor.
1469.

1470.

Il a dit plus haut qu'A. a le fut ruïnée sans estre depuis rebastie.

L'an mille quatre cens soixante & onze Dom Alfonse, Roy de Portugal, fit la guerre aux Maures de Barbarie, & prit sur eux les villes d'Arzile & de Tanger, comme nous verrons

## SVCCESSEVRS, LIVRE II.

rons dans la description particuliére de ces places, pour en rendre la narration plus agreable. Il ne reste plus qu'à mettre icy la fin du regne des Benimerinis, & le commencement de celuy des Benioatazes, & ce qui arriva sous leur regne, jusqu'à celuy des Cherifs.

## CHAPITRE XXXIX.

*La fin du regne des Benimérinis, & le commencement des Benioatazes ; & de ce qui se fit jusqu'à la fin de leur Empire.*

CEPENDANT la Mauritanie estoit embrasée de guer- *Afrique.* res civiles, car vn habitant de Fez, nommé Cherif, assassina Abdulac, dernier Roy des Benimérinis, avec grand applaudissement du peuple, qui ne pouvoit plus souffrir sa tyrannie, & se fit proclamer Roy en sa place. Cela attira contre luy tous les grans de cette famille, & particuliérement Szydoataci, qu'on nommoit autrement Muley Chec, qui se souleva dans Arzile, & luy fit la guerre *à la faveur  * Holotes & des Arabes de cette province, & de celle d'Asgar. Celuy- Sophiaus. cy faillit à prendre la ville de Fez, & ayant esté vaincu par ce Cherif, se retira en desordre dans son Gouvernement. Mais depuis sur l'avis que les troupes de l'vsurpateur estoient allées remettre dans l'obeïssance la province de Temé- en la bataille cen, qui s'estoit soulevée aussi dans ce changement, il as- de Mequinez. sembla huit mille chevaux, tant des Arabes que des siens, & fut investir la ville de Fez, où le nouveau Roy se tenoit renfermé, sans oser sortir à la campagne. Cependant ayant appris que le Roy de Portugal avoit investi la ville d'Arzile, où estoient sa femme & ses enfans, il quita le blocus de Fez 1471. pour l'aller secourir, & la trouvant prise, fit tréve avec ce Prince, & retourna assiéger Fez, tant qu'elle se rendit par composition, & l'vsurpateur se sauva au Royaume de Tunis avec sa famille. C'est icy le premier Roy des Benioatazes, que les Cherifs Huscénes ont depossedé de nostre tems, comme nous dirons en son lieu. Ces Benioatazes estoient

GGg

Zenétes de la race des Benimérinis; mais d'vne autre branche que les precédens, qui ne fut pas si puissante que celle-là, & ne régna que dans Fez, parce-que Maroc & d'autres provinces, avoient de petits Souverains qui ne la reconnoissoient point. De son temps, les Maures achevérent de perdre ce qui leur restoit en Espagne, sous Ferdinand & Isabelle.

*Sus, Sugulmesse.*

Pour retourner maintenant en Asie, Vsum-Cassam, Roy de Perse, remporta divers avantages sur les Turcs, & leur prit plusieurs villes, ce qui remplit tout l'Orient de sa renommée. D'autre-costé, le Général des Venitiens se joignant aux forces de ce Prince, leur fit aussi vne cruelle guerre; mais ils ne laissérent pas pour cela de faire de grans ravages dans la Hongrie.

*Asie.*
1472.

Cependant mourut Dom Henry, Roy de la Castille, laissant la Couronne à sa sœur Isabelle, qui fut mariée à Ferdinand, fils du Roy d'Arragon. Ils eurent guerre d'abord contre le Roy de Portugal, qui voulut s'emparer de la Castille à la faveur de quelques Grans du païs, en vertu du droit de Ieanne, qui se disoit fille du feu Roy; mais à la fin, Ferdinand & Isabelle demeurérent paisibles possesseurs de la Couronne, pour abolir en Espagne l'Empire des Maures, quoy-qu'ils eussent fait tréve d'abord avec le Roy de Grenade.

1474.

La mesme année, Mahomet & Vsum-Cassam se batirent prés de l'Euphrate, où celuy-cy fut vaincu, & l'autre retourna victorieux à Constantinople, emmenant captifs six mille huit cens Chrestiens, dont il faisoit mettre en pieces cinq cens toutes les fois qu'il décampoit, laissant par toute l'Armenie vn spectacle d'horreur & de carnage. Mais l'année suivante, les Turcs estant entrez dans la Valachie & la Moldavie; Estienne Palatin qui y commandoit, remporta sur eux vne pleine & entiére victoire. Mathias Corvin, Roy de Hongrie, eut aussi avantage sur eux, & leur gagna vne place forte prés de la Save. Et les Turcs d'autre-costé, prirent par intelligence la ville de Cufa sur les Génois, dans la Quersonése Taurique. L'an mille quatre cens soixante & dix-sept Vsum-Cassam, Roy de Perse, mourut, aprés avoir régné sur les Par-

*Il prit trente-six drapeaux.*

thes & les Medes, & presque sur tout l'Orient, & laissa pour successeur, son fils aisné, qui tua tous ses freres pour estre paisible possesseur de l'Empire. Cette année l'armée navale des Turcs abordant en Chypre, en emmena beaucoup de captifs, aprés avoir fait de grans ravages, & détruit presque la ville de Nicosie. Depuis, vne grande armée de Turcs ayant esté défaite en Mesie, les Venitiens prirent cette occasion, pour faire tréve avec le Grand Seigneur, qui leur avoit pris deux places, & luy donnérent huit mille ducats par an, pour avoir la navigation libre du Pont Euxin. En faveur de cette tréve, le Grand Seigneur équipa vne grande armée navale, & l'envoya dans la Pouïlle, tandis qu'il entroit en personne dans la Hongrie, d'où il emmena grand nombre de prisonniers, aussi bien que du Royaume de Naples; & prit ensuite plusieurs Isles * à l'entrée du Golfe de Venise, faisant par-tout de grans maux à la Chrestienté.

1478.
Calcide & Escodra.

1479.

*Leucade, Nerite, Céfalonie, Zante.

Il y avoit tréve alors entre les Rois Catholiques, & celuy de Grenade, pendant laquelle les Maures de Baça & de Cadix, ayant fait des courses dans leur païs sans l'ordre de leur Prince, le Gouverneur de Cassorla en tua quinze cens, & leur prit trente drapeaux avec beaucoup de prisonniers, sans perdre qu'vn seul Ecuyer.

Espagne.
Lopé Vasquez Déacugna.

Le Grand Seigneur ayant assujeti tant de provinces, & faisant de chaque conqueste, vn degré à vne plus grande, assembla vne puissante armée pour aller contre Alexandrie, tandis qu'il en équipoit vne autre contre Rhodes, de-sorte que la premiére entreprise n'ayant pas réüssi, il en fit vne nouvelle sur cette Isle qu'il attaqua, & la ville aussi par quatre endroits avec quatre camps separez. Mais les Chevaliers se défendirent si-bien par la valeur du Grand Maistre d'Aubusson, que son General * fut contraint de se retirer, avec perte de quinze mille Turcs, sans compter grand nombre de blessez, aprés quatre-vingts neuf jours de siege. La mesme année, Acomat descendit avec vne autre armée dans la Pouïlle, & emporta d'assaut la ville d'Otrante, où il fit main basse sur tous les Chrestiens, & y mit bonne garnison Les Turcs ne furent pas si heureux dans la Mo-

Turquie.
1478.
La mesme année mourut le Roy de Portugal.
1480.

* Masique.

rée, où les Grecs s'estant assemblez les défirent, & en tuérent six mille.

*Pies de Mantinée.*

Parlons maintenant de l'origine des Sophis, dont la connoissance ne sera pas moins agreable que beaucoup d'autres que nous avons inserées dans cette Histoire, pour le divertissement du Lecteur. Le chef de cette famille se disoit descendu de pere en fils d'Ali Husçein, second fils d'Ali, & de Fatime, fille de Mahomet. Ce n'estoit pas son nom propre ; mais comme les autres descendans de Mahomet se sont nommez Cherifs, ceux d'Ali se sont fait apeller Sophis, comme qui diroit Sages ou Mages, & ne sont pas moins honorez en Perse que les Cherifs, parce-qu'on n'y fait pas moins d'estat d'Ali que de Mahomet. Quelques-vns tirent l'interprétation de ce nom, d'vn mot Arabe, qui signifie laine, parce-que ne pouvant par leur régle, porter sur la teste ni or ni soye, ils ont des bonnets de feutre. Il se nommoit en son nom Cha Ismaël, & le premier de sa famille, qui se fit valoir par la devotion, fut Muça Caçem, à la mort du dernier Calife de Babylone. Car voyant l'Empire des Califes abatu, il commença à annoncer avec plus de liberté la secte d'Ali, & s'estant rendu maistre d'vne petite province, qu'on nomme Arduele, ses sectateurs furent nommez Arduelins, & par d'autres, Etnachares *, parce-qu'en memoire des douze fils d'Ali Husçein, & pour se distinguer des autres Mahometans, ils portent douze plis à leur bonnet, six d'vn costé, & six d'vn autre. On les nomme aussi Cuselba ou Testes rouges, à cause de la couleur de leur turban. Aprés la mort de Muça Caçem, son fils Guinés devint en si grande opinion de sainteté, que Tamerlan estant arrivé en Perse, dans sa conqueste de l'Asie, le fut visiter, & luy fit present de trente mille captifs qu'il luy demanda pour les instruire en sa doctrine ; & son fils Chec Aydar fit depuis la guerre avec eux aux Georgiens, pour les obliger à embrasser son opinion. Il régnoit alors en Perse, vn Turc nommé Amir, qui faisoit la guerre à Vsum-Cassam, Roy de la grande Armenie, qui estoit Turc, & Mahométan comme luy, & qui s'empara de la Perse aprés la mort d'Amir. Mais comme Vssum-Cassam estoit de basse naissance, il maria sa fille, qui

*Origine des Sophis, & leur establissement.*

*ou Chorsas.*

*Soph.*

*ou Cheq.*

*Munibila tué par les Tartares.*

*C'est-à-dire, 12. en Arabe.*

*Chec Aydar. Chrestiens de la Scythie.*

# SVCCESSEVRS, LIVRE II.

estoit petite fille de l'Empereur de Trebisonde, avec le Sophi, pour establir par là son Empire, d'où vient que les Rois de Perse ont de l'inclination pour les Chrestiens. Aprés la mort d'Vssum-Cassam, son fils redoutant la puissance de son beau-frére, ou par mépris, envoya secrétement du secours aux Georgiens pour le faire perir dans cette guerre. Chec Aydar mourant, laissa deux fils encore jeunes, Ismaël & Soliman, que ce Prince envoya bien loin au Gouverneur de la ville de Sirach, avec ordre de les garder dans vn bon chasteau\*, jusqu'à ce qu'il eust ordonné ce qu'il vouloit qu'on en fist. Ce Gouverneur ayant pitié d'eux : car l'aisné n'avoit pas plus de huit ans, & respectant leur origine, les tint chez luy avec beaucoup d'honneur, & les fit instruire avec ses enfans ; & depuis estant tombé malade d'vne grande maladie, il les fit venir, & leur donnant argent & équipage avec des gens pour les accompagner, les envoya en la province de Geylan, prés de la mer Caspienne, & de là en Tartarie, où demeuroient plusieurs amis de leur pere, & plusieurs gens de leur secte. Il craignoit que son fils, aprés sa mort, ne les livrast à Hosçen, qui avoit succédé au Royaume de son pere. Ces enfans demeurérent environ huit ans dans la capitale de cette province, d'où l'on porte à Venise quantité de tapis de soye, & d'autres étoffes, & pendant tout ce tems-là, on dit que l'aisné ne vivoit ni ne s'habilloit que de ce qu'on luy donnoit d'aumosnes, quoy-qu'ils fussent fort aimez du Seigneur du païs \*, encore donnoit-il le reste aux pauvres. Cependant Iacob Bech, fils d'Vssum-Cassam, qui avoit tué Chec Aydar, & envahi son païs, estant mort, il arriva des troubles sous le régne d'Hosçen, fils de Bech, par la revolte de ses fréres, desorte que l'Estat changea cinq fois de Maistre en l'espace de deux ans. Ismaël estoit crû alors en âge & en estime, & plusieurs de ses parens, & des amis de son pere l'estoient venu joindre, de sorte qu'il retourna à Arduele, où ceux du païs le receurent pour Seigneur, & le nommérent Sophi. Comme il eut esté là quelques jours, poussé de son grand courage, il dit qu'il vouloit aller venger la mort de son pere, & avec trois cens chevaux, & vn peu plus de gens

*Ian Paleologue.*

*Iacob Bech.*

*Zalgah. Mançor de Borna.*

*Lézian.*

*Pircail.*

GGg iij

de pied tira vers Siniaque, qu'il surprit à l'improviste, & mit tout à feu & à sang. Au bruit de cette victoire plusieurs le vinrent trouver, criant que c'estoit le nouveau Prophete, qui devoit venir pour exalter la loy, & détruire toutes les autres sectes, hormis celle d'Ali. Car les Mahométans disent, que des soixante & douze sectes principales de leur religion, il n'y en a qu'vne où l'on puisse se sauver, & que toutes les autres menent en Enfer; si-bien que chacun tasche d'establir la sienne, comme la meilleure. Les Sectateurs donc d'Ali disoient, qu'Ismaël estoit envoyé de Dieu, pour l'annoncer; de-sorte que tout le monde y accouroit comme à vne croisade, s'il n'en estoit empesché par quelque plus haute puissance, comme par celle des Turcs, qui sont ennemis mortels des Sophis. Aprés ce premier avantage, son armée estant acruë jusqu'à deux mille hommes, il eut la hardiesse d'aller devant Tauris, qui est vne grande ville fort illustre, & l'an mille cinq cens attaquant le Roy Alvante, qui régnoit alors, il le défit, quoy-qu'il eut cinq mille chevaux, sans compter l'infanterie. Comme il fut maistre de Tauris par cette victoire, il persecuta fort les gens de guerre de ses ennemis, sans épargner ni âge ni sexe. Et pour se venger du Roy Iacob, qui estoit son ennemi, fit démolir son sepulcre, brûla ses os, & jetta les cendres au vent, afin de n'en laisser rien de reste. Sa mere, qui estoit sœur de Iacob, l'en ayant voulu reprendre, il entra en telle colére, qu'il la tua, ou la fit tuër; car on le conte diversement. La prise de Tauris soûmit tous les environs, ou par amour ou par force, tandis que le Roy Alvante rassembloit vne nouvelle armée, à la faveur des Grans de Perse, aprés-quoy il prit la route de Tauris, & estant proche, l'envoya défier en rase campagne, selon l'ancienne coustume de Perse, de ne se point batre dans des moissons. Mais il fut défait & tué, & le Sophi, quoy-que plus foible en nombre de troupes, retourna victorieux à Tauris, avec peu de perte & grand butin. Cette victoire estonna de-sorte les Turcomans, qui estoient les gens de guerre du païs, que son nom seul les faisoit fuir, & il accourut tant de gens à luy, que son armée crût en nombre & en estime. Cependant, Amurat, cousin germain d'Alvante, &

*prés d'Arduele lieu de commerce des Venitiens.*

*Le reste est exprimé en suite.*

*Il appelle ainsi vne campagne, où il n'y a rien de semé.*

## SVCCESSEVRS, LIVRE II.

Gouuerneur de Siras, où se font ces beaux tapis de soye, & toutes sortes d'armes, tant pour hommes que pour cheuaux; car les cheuaux sont armez en Perse, comme ceux des gens-d'armes François, & d'armes dont la trempe surpasse en quelque sorte celle de Milan. Ce Gouuerneur, dis-je, qui deuoit auoir le Gouuernement de Tauris pour le sien, ayant appris la mort d'Aluante, & les victoires d'Ismaël, accompagnées de tant de cruautez, assembla vne armée de douze mille bons cheuaux, & d'infanterie à proportion, pour arrester ses progrés, & se mettre la Couronne de Perse sur la teste. Auec cette armée il enuoya défier le Sophi, qui sans attendre qu'il le vinst attaquer dans Tauris, marcha droit à Siras, qui en est à quelque vingt journées. Comme les deux armées se furent rencontrées enuiron à mi-chemin, & rangées en bataille, le Sophi donna le premier, auec quelque desauantage d'abord; mais le reste tint ferme, comme s'agissant de la religion, & passant par dessus le corps de ses compagnons, fit vn si grand carnage des ennemis, que la pluspart des hommes & des enfans furent tuez. Car leur famille les suiuoit, à la façon des Perses, & les femmes tombérent en partage aux soldats, qui les épousérent. Amurat prit la fuite vers Bagdet, auec ce qu'il pût sauuer de la défaite. Aprés cette victoire le Sophi prit la route de Siras, où il entra sans aucune resistance; & comme cette ville abonde en tout ce qui est necessaire pour rafraichir des troupes, il y passa quelques mois, & fortifia de-sorte son armée, qu'au sortir de là il auoit cinquante mille combatans bien équipez, où l'on comptoit quinze mille gensd'armes. Auec vne si florissante armée, il resolut d'aller attaquer sept chasteaux tres-forts, & comme imprenables, qu'aucun Roy de Perse n'auoit pris auant luy, qu'Vsum-Cassam; mais il demeura deux ans deuant sans en pouuoir venir à-bout, & y perdit beaucoup de gens, auec le Général de ses troupes. Enfin s'en estant rendu maistre, il retourna victorieux à Siras, & prit plusieurs autres grandes villes de la Perse & de la Médie, & entre-autres Ere, qui est fort peuplée. De-là il fut à Coragan, & prit en chemin vne forteresse, où quelques Turcomans s'estoient retirez, & faisoient de-là des courses sur la route de Tauris.

*C'est la Bactriane.*

Il y trouva quantité de tapis de soye, qu'ils y avoient amaſſez de leur pillage, & conquit enſuite diverſes provinces; de ſorte qu'il devint ſi puiſſant, que l'an mille cinq cens huit ayant achevé de détruire tous les Turcomans, ſon armée ſe trouva monter à quatre cens mille hommes, dont il y avoit cent mille chevaux, tant cavalerie legére qu'autre. En ce glorieux eſtat aſpirant à de plus grandes choſes, il partagea les provinces du Soudan d'Egypte, & du Grand Seigneur entre les principaux de ſon armée, comme s'il les eut déja conquiſes, & reſolut d'aller attaquer Bagdet, pour entrer dans la Méſopotamie, & dans l'Arménie enſuite, afin d'avoir le Soudan pour frontiére d'vn coſté, & de l'autre le Grand Seigneur, & le Prince d'Aladole, & tirer où il luy plairoit; de-ſorte qu'il donna l'épouvante aux principaux Monarques de l'Aſie, de l'Afrique & de l'Europe. Pour dire maintenant quelque choſe de ſa taille & de ſa façon, c'eſtoit vn petit homme aſſez gros, mais de bonne mine, & ſi grand amateur de la juſtice, qu'il faiſoit mourir les Gouverneurs lors qu'ils maltraitoient ſes Sujets. Du reſte, ambitieux, liberal, mais ſi orgueilleux, qu'on ne le voyoit qu'à travers vn voile. Il ſe plaiſoit aux lettres & aux arts, & quand on luy faiſoit préſent de quelque rareté, il la payoit au double, ſans que perſonne ſortiſt jamais mécontent de ſa préſence. Il eſtoit fort continent, eu égard à ſa religion, & n'avoit que des femmes legitimes. Il haïſſoit tellement les Iuifs, qu'il leur faiſoit arracher les yeux, pour eſtre aveugles, diſoit-il, du corps auſſi-bien que de l'eſprit. Pour les Turcs, il faiſoit mourir cruëllement tous ceux qui tomboient entre ſes mains, juſqu'à démolir leurs Temples & leurs Moſquées, comme d'hérétiques. Il ſe monſtroit au contraire, fort favorable aux Chreſtiens, & ne touchoit point à leurs Egliſes, menant meſme avec ſoy le Patriarche d'Arménie, accompagné de pluſieurs Preſtres & Religieux. Dans le deſſein qu'il avoit d'abolir l'Empire du Turc, il ſolicitoit de tous coſtez les Chreſtiens de luy faire la guerre en Europe, tandis qu'il la feroit en Aſie; & le Turc ayant attrapé vn de ſes Ambaſſadeurs, le fit mourir dans les ſupplices. Les autres furent arreſtez par les Venitiens, comme leur reproche

Meſſire

## SVCCESSEVRS, LIVRE II.

Messire Louïs Helien de Verseille, dans le discours qu'il fit à l'Empereur Maximilien de la part du Roy de France l'an mille cinq cens sept. Enfin le Sophi Ismaël dans le dessein qu'il avoit de perdre le Turc, luy donna quelques batailles, & prit Ezimine en Turquie, qu'il fortifia, le Prince de Cara- *Aladol.* manie luy ayant donné passage sur ses terres. Bajazet, pour avoir paix avec luy, luy offrit deux millions d'or, & l'Empire de Trébizonde ; mais il le refusa, disant comme Aléxandre à Darius, qu'il ne vouloit point quiter le tout pour vne partie. Il en vint si avant l'an mille cinq cens dix, qu'il assiégea la ville d'Alep à trois journées du Golfe de Layasse, & vn peu moins de Iérusalem. Il dépescha la mesme année vne Ambassade à Venise, pour obliger l'armée navale des Venitiens à s'avancer jusqu'à Baruth, tandis qu'il attaqueroit le Soudan par terre ; d'où nâquirent diverses avantures que je passe pour estre plus court. C'est assez que j'aye montré comme les Successeurs de Mahomet se restablirent en Perse, où ils régnent encore à présent. Du reste nous avons compté tout cecy de suite, pour ne point interrompre le fil de l'Histoire.

Pour retourner maintenant à la suite des années, nous mettrons quelque chose qui est arrivé auparavant. Dom Iean de Portugal mourut vn Dimanche huitiéme d'Octobre de l'an mille quatre cens quatre-vingts vn, laissant pour 1481. successeur Dom Manuël, son cousin germain. Mahomet mourut aussi, aprés avoir gagné sur les Chrestiens les Empires de Constantinople & de Trébizonde, avec dix Royaumes, & deux cens villes, & exercé de grandes cruautez par tout. Sa mort mit la division entre ses deux fils, dont Baja- *Zezin.* zet demeura le vainqueur, & régna seul l'an mille quatre 1482. cens quatre-vingts deux. La mesme année, Ferdinand Roy de Naples, prit la ville d'Otrante sur les Turcs, par l'entremise de son fils Alfonse, & Iean Castriot, fils de Scanderberg, reprit sur eux le Royaume de son pere. Mathias Corvin, Roy de Hongrie, & le Vayvode, prirent aussi la Mésie superieure, qu'on nomme maintenant Bosnie, & remportérent plusieurs victoires.

Parlons maintenant de la conqueste du Royaume de Gre- *La con-*

*queste du Royaume de Grenade.*

nade par Ferdinand & Isabelle. Abul Haçen, dix-neufviéme Roy de la Maison des Almahares, régnant dans Grenade, devint le plus puissant Prince de cét Estat depuis les Abderrames, par le moyen des divisions qui arrivérent entre les Princes Chrestiens. Car son païs estoit fort peuplé de Maures, riches & belliqueux, qui s'y estoient retirez des autres endroits de l'Espagne, pour estre sujets d'vn Prince de leur nation. Il estoit pourveu d'artillerie & de munitions, & outre sa cavalerie & son infanterie, composées d'arquebuziers & d'arbalestriers, il accouroit à luy de toutes parts de la Barbarie & des endroits les plus proches, comme sont les montagnes de Goméra, plusieurs soldats, à qui l'on donnoit plus qu'aux autres, à-cause qu'ils estoient mortels ennemis des Chrestiens. Ce Prince donc pendant la guerre que Ferdinand & Isabelle eurent contre le Roy de Portugal, fit de grans ravages dans l'Andalousie & dans le Royaume de Murcie, qui obligérent les Rois Catholiques de faire tréve avec luy. Cependant, le Roy Maure ayant seû que la forteresse de Zahara estoit mal gardée, à-cause de la tréve, il la prit la nuit par escalade, & tuant le Gouverneur, fit prisonniers tous ceux qui y estoient. La prise de cette place, accompagnée de la perfidie du Roy Maure, touchérent beaucoup Ferdinand & Isabelle, qui y accoururent aussi-tost, pour pourvoir à leurs frontiéres, & resolurent de ne point quiter prise qu'ils n'eussent achevé la conqueste d'vn Estat qui estoit vn obstacle perpetuël à leurs desseins, & banny d'Espagne la secte de Mahomet, qui y avoit honteusement régné si long-tems. La mesme année donc ils prirent d'assaut la ville d'Alhama, que les Maures nommoient le Rempart de Grenade; Et encore que le Roy Maure essayast en haste de la recouvrer, ceux qui estoient dedans la défendirent si bien, & le Roy Ferdinand la secourut si à propos, que la chose n'eut point d'effet. Ferdinand poursuivant sa pointe, entra par-là dans la plaine de Grenade, & y fit par deux fois le degast, puis laissant sa frontiére bien garnie, retourna victorieux à Cordouë. Il arriva tout à propos que la division se mit parmi les Maures lors qu'ils avoient le plus de besoin d'vnion. Le Roy de Grenade estant déja vieux, aveugle &

1482.

malade, fit égorger, à la poursuite d'vne Chrestienne reniée, des enfans qu'il avoit d'vn premier lit, pour laisser la Couronne aux autres. Il fit faire cette execution dans la salle de l'Alhambra, en l'appartement qu'on nomme des Lions. Mais leur mere qu'il avoit repudiée, qui estoit sa cousine germaine, sauva l'aisné, en le faisant descendre la nuit du haut de la tour de Comare, par vne corde faite des voiles & des coiffures de ses femmes. Il fut mené de-là à Cadix, par les Aben Cerrages, mal-contens de ce que le Roy avoit fait mourir quelques-vns de leur Maison, sous prétexte que l'vn d'entre-eux avoit retiré de la Cour sa sœur ; mais ce Prince l'avoit fait, parce-qu'ils favorisoient les enfans de la femme qu'il avoit repudiée, & qu'il les appréhendoit. Cette derniere action le rendit si odieux aux principaux de l'Estat, qu'ils firent venir ce jeune Prince de Cadix ; & vn jour que le Roy estoit dans ses jardins * hors de la ville, le proclamérent Roy, & fermérent les portes de l'Alhambra, pour empescher le Roy de rentrer, l'appellant le meurtrier de ses fils. Il s'enfuit donc par la vallée de Lécrin dans la forteresse de Monduchar, d'où par l'entremise d'vn de ses fréres, qui estoit fort brave, il fit la guerre à ce jeune Prince. Cette guerre emporta plusieurs personnes de condition de part-& -d'autre, sans s'accorder, quoy-qu'ils prévissent leur ruine, ni se servir de l'entremise ou du secours des Rois Catholiques, tant ils haïssoient les Chrestiens. Sur ces entrefaites, le Marquis de Cadiz, & autre Noblesse Chrestienne, firent vne course dans la Charquie de Malaga ; mais les Maures s'estant rassemblez, les défirent, & tuérent trois de ses fréres, & deux de ses neveux, avec plusieurs de ses parens & de ses domestiques, prirent le Comte de Cifuentes, & D. Pedre de Sylve son frére, & plusieurs autres Gentilshommes, & firent si-bien, que la plusfpart des Chrestiens y demeurérent morts ou prisonniers. Le nouveau Roy de Grenade s'enorgueillit si fort de cette victoire, qu'il voulut entrer en personne dans l'Andalousie, croyant la trouver sans défense aprés cette défaite. Il assembla donc en haste le plus de gens qu'il pût, tant de pied que de cheval, & menant avec luy le Gouverneur de Locha, & quantité de Noblesse, fut assiéger Lu-

Zoraya.

Ayxa.
Abi Abdala.

*les Alichares.

Il s'appelloit Abi Abdala, comme le fils.

1483.
au mois de May.

Diégo, Lopé, & Bertrand.
Laurent & Manuël.

Abi Abdala.

céne, ville du Gouvernement de los Donzelés. Quelques vieux Maures racontent, que le Roy de Grenade sortant par la porte d'Elvire, la lance de son estendart se rompit contre la voûte, & que les devins luy dirent, qu'il rebroussast chemin, & que c'estoit vn mauvais augure : Qu'estant arrivé au torrent de Veyre, vn renard passa à travers ses troupes, & tout proche de luy, sans qu'on le pût tirer ; ce qui fut vn si mauvais présage, que plusieurs des principaux d'entre les Maures faillirent à s'en retourner, disant que cette entreprise leur seroit funeste. Mais il ne voulut point l'abandonner, & vint à Lucéne, où il fit faire le degast dans les vignes, les moissons & les jardins. Sur ces nouvelles, le Comte de Cabra, qui estoit alors à Vaena, rassembla en diligence le plus de gens qu'il pût, & marcha de ce costé-là, pour se joindre au Gouverneur de los Donzelés. Mais sur cét avis le Roy Maure leva le siége, & reprit la route de Locha, avec quantité de prisonniers & de butin. Les Chrestiens le suivirent avec plus de courage que de force, parce qu'ils estoient peu à comparaison des Maures, & les attaquérent vertement au passage d'vn ruisseau, qui est à vne lieuë & demie de Lucéne. Il plût à Dieu de leur donner la victoire, où mourut le Gouverneur Alatar, & plusieurs autres, avec quantité de Noblesse ; & le Roy fut pris avec tout le butin, & neuf drapeaux, aprés-quoy ils retournérent victorieux d'où ils estoient venus. Cela arriva au mesme tems que Bajazet prit sur les Chrestiens la Valonne, & que son frére, qui estoit à Rhodes, fut emmené à Rome, où il mourut de poison. Cependant, la prise du Royaume de Grenade, ne contribua pas peu à la conqueste de son Royaume. Car dans cette conjoncture, Ferdinand entra avec armée dans la plaine de Grenade, où il fit faire le dégast, & aux environs d'Illora & de Montefrio, & mettant le siége devant Tachara, qui est vne forte place, l'emporta d'assaut, & la fit raser, puis retourna victorieux à Cordouë. Cependant, ceux qui avoient pris le Roy Maure l'emmenérent à Cordouë, où il traita avec les Rois Catholiques, par l'entremise de quelques personnes, & promit d'estre leur vassal & de leur payer tribut, pourveu qu'ils le missent en liberté ;

*de Martin Gonçalez.*

*Zézin.*

*entre Locha & Alhama.*

à quoy l'on consentit, aprés quelque contestation, sur la créance d'entretenir par-là les divisions de l'Estat. On ne se contenta donc pas de le renvoyer; mais on luy offrit du secours contre son pere, pour faire la guerre aux villes qui s'estoient declarées en sa faveur. Ce Prince estant de retour à Grenade, ne fut pas si-bien receu qu'il esperoit, à-cause de l'infamie de ce traité, & ceux mesme qui l'avoient élû se declarérent contre luy en faveur de son oncle, qui portoit le mesme nom, & qu'on appella le Brave, pour le distinguer de l'autre, qui fut nommé le Malencontreux. Aussi-tost quinze Gouverneurs de places du Royaume de Grenade, avec grand nombre de cavalerie & d'infanterie, vinrent ravager la frontière, sous prétexte qu'vn Roy prisonnier ne pouvoit obliger ses Sujets à quoy que ce soit. Mais l'entreprise ne leur réüssit pas, car le Seigneur de Palme sortit contre-eux avec les troupes de ces quartiers, les défit, & remporta sur eux quinze estendars, outre grand nombre de morts & de prisonniers, & des principaux. Mais le Marquis de Cadiz, qui les surprit comme ils fuyoient, en ayant pris aussi, & tué plusieurs, alla planter l'escalade à la ville de Zahara, & l'ayant prise, tua le Gouverneur, & fit main-basse sur la garnison, puis la fortifia & la repeupla de Chrestiens. Tout cela redoubla la haine que les Maures de Grenade portoient à leur Roy Malencontreux; de-sorte que n'estant pas assuré dans Grenade, il prit sa femme & ses enfans, & alla demeurer à la ville d'Almérie. Aussi-tost les Grenadins rappellérent son pere, & le receurent pour Roy, d'où nâquirent de grandes guerres entre le pere & le fils. D'autre-costé, les Rois Catholiques poursuivant leur entreprise, assemblérent leurs troupes, & Ferdinand entra du costé de Malaga, où il fit le degast dans les vignes, les bleds & les jardinages; puis ayant pris la petite ville d'Alore, celles d'Aloçayne & de Setenil, se rendirent, & comme il vouloit continuer la guerre l'année suivante, il alla passer l'hyver à Seville. L'an mille quatre cens quatre-vingts cinq il recommença à faire le degast en ces quartiers comme l'année precedente, & aprés s'estre emparé de plusieurs chasteaux, fut attaquer la ville de Ronde, qui se rendit aprés plusieurs as-

Abi Abdala, qui soustenoit le parti du pere.

celle de l'Andalousie.

Luys Hernandez Puerto Carrero.

AbulHascen.

1484.

Coyn, Cartama, Bena Maquez, Chur.

*riana, Pupiana, Campanilés, Fadala, Hudine, Goarro.*

*Iunquèra, Burgo, Monda, Tolox, Montechaque, Hifnalmara, Cardela, Benauxant, Montecorto, Audito, &c.*

*L'exception n'eſt que pour les principales places, & les fortereſſes.*

ſauts, encore que ſa ſituation ſemblaſt la rendre imprenable, & qu'il y eut dedans bonne garniſon, à-cauſe qu'il traitoit favorablement ceux qui en venoient à vn accord. Aprés la priſe de Ronde, pluſieurs autres places de ces quartiers ſe rendirent encore, & les habitans ſe firent vaſſaux des Rois Catholiques, avec promeſſe de les ſervir bien & fidellement. On leur donna d'autre-coſté aſſeurance de leurs biens, & de leurs perſonnes, ſous la protection du Roy, avec parole de les laiſſer vivre dans leur religion, ſans contrainte ni violence, & vuider leurs procez par leurs Iuges, ſelon leurs droits & couſtumes. D'ailleurs on leur permettoit le commerce dans toutes les villes d'Eſpagne, à la charge de n'y en entrer, ni demeurer vne heure avant le Soleil couché, ſans ordre exprés du Roy, ou des Gouverneurs. Il eſtoit permis auſſi à tous ceux qui ne voudroient pas vivre dans le païs, de vendre leur bien, & de paſſer en Afrique avec leurs femmes & leurs enfans: Pour cela on leur fournit des vaiſſeaux, & on donna ordre à tous les Officiers des frontiéres de les bien traiter. La meſme année les dix-neuf villes des montagnes d'Arraval, & les dix-ſept de celles de Gauſin, avec les douze de Villalonga, ſe rendirent aux meſmes conditions, avec Caçarabonelle; & quelque tems aprés celles de Marvelle, de Montemayor, de Cortos & d'Alaricartes, & dix autres places des environs. Le Roy paſſant outre, pour reconnoiſtre la ville de Malaga, fit razer vne

*Aben Almadala.*

forrereſſe, & mettant des Gouverneurs dans les places qui s'eſtoient renduës, retourna paſſer l'hyver à Cordouë. Cependant, le Roy de Grenade, ſurnommé le Malencontreux, eſtant retiré dans la ville d'Almérie, & les Rois Catholiques conſiderant qu'il eſtoit important d'entretenir la guerre de ce coſté-là, pour diviſer les forces des Maures, luy fourniſſoient continuëllement de l'argent, & les autres choſes neceſſaires, & donnoient ordre aux Officiers des villes de luy preſter main-forte contre ceux qui ne le voudroient pas reconnoiſtre. Si-bien qu'il faiſoit vne cruëlle guerre à ſon pere. D'autre-coſté, les Maures de Grenade voyant que leur vieux Roy aveugle, & incommodé de maladie, eſtoit incapable de gouverner l'Eſtat parmi tant de

# SVCCESSEVRS, LIVRE II.

troubles, élûrent pour Roy, le brave Abi Abdala, & déclarérent son neveu indigne de la Couronne, pour avoir pris l'alliance des Chrestiens. Cependant ils renfermérent le vieux Roy dans la forteresse de Monduchar, avec toute sa famille, d'où nâquit leur ruïne entiére; car le nouveau Prince desirant régner seul, traita avec quelques Alfaquis d'Almérie, pour avoir entrée la nuit dans la ville, afin de prendre ou tuer son neveu, dequoy ayant eu avis, il se sauva la mesme nuit à course de cheval sur les terres des Chrestiens. L'autre s'estant rendu maistre de la forteresse, courut incontinent au Palais, pensant l'y rencontrer, & trouvant qu'il s'estoit sauvé, tua son jeune frére que l'aisné avoit amené là, pour le dérober à la cruauté de leur pere, qui le vouloit tuër, comme il avoit fait les autres: il fit égorger outre cela, tous ceux du contraire parti, ce qui fut si sensible au Prince qui s'estoit sauvé, qu'il ne voulut jamais depuis se reconcilier avec son oncle, quoy-qu'il s'en presentast des occasions favorables. Quelque tems aprés, le vieux Roy mourut à Monduchar, & le nouveau ralliant toutes les forces de l'Estat, commença à faire la guerre aux Chrestiens, & remporta quelques avantages sur eux la mesme année. Car tandis que Ferdinand marchoit contre la ville de Moclin, il défit aux environs de cette place, le Comte de Cabra, & luy tua son frére *, ce qui obligea le Roy à tourner d'vn autre costé, pour attaquer les fortes places de Cambil & d'Haraval, qui servoient de rempart aux Maures contre la ville de Iaen. Elles furent si bien attaquées, qu'elles se rendirent, & le Maure qui y commandoit, se retira à Grenade avec ses troupes. En mesme temps, vn Chevalier de l'Ordre d'Alcantara, qui estoit sur la frontiére d'Alhama, prit par escalade la ville de Salea, & le Roy retourna à Tolède, aprés avoir donné ordre à la fortification de ces places. L'an mille quatre cens quatre-vingts six, continuant son dessein, il assiégea la ville de Locha avec vne puissante armée, & la prit enfin par composition aprés vn long siége; quoy-qu'il l'eust attaquée auparavant sans la pouvoir prendre. Aprés cette prise, les petites villes voisines se rendirent, & les Maures qui y estoient se retiré-

*Celuy qu'on nomme le Malenc ontreux.*

*Gonçale.*

*ou bien vn Capitaine de la porte de cette ville, el Clavero.*

1486.
*Coloméra.*

*Illora, Moclin, Montefrio, Coloméra.*

rent à Grenade; de-sorte que le Roy y mit des Gouverneurs avec des troupes, & retourna victorieux à Cordoüe. Cependant, les Maures s'entrefaisoient cruëllement la guerre, & le neveu s'estant mis à Velez el Blanco, entretenoit la guerre de ce costé-là contre son oncle, avec les troupes Chrestiennes de la frontiére. Mais l'autre qui s'estoit rendu maistre de Grenade, & de la pluspart des places de l'Estat, estant le plus puissant, faisoit mourir tous ceux de l'autre parti; cela entretenoit la haine entre eux, & les mesintelligences, & facilitoit l'entreprise des Rois Catholiques, qui ne perdoient point de tems, à cause de cela; & comme leur dessein estoit juste, Dieu fit naistre encore vne plus grande division pour son accomplissement. Le neveu voyant diminuër ses forces tous les jours, & celles de son oncle s'augmenter, resolut de perir par vne mort genéreuse, plûtost que de se voir privé de la Couronne, & traversant par des lieux détournez, & des roches escarpées, arriva prés de l'Albayzin, où laissant les troupes qui luy restoient, il s'approcha de la porte * avec cinq hommes seulement, & sceut si-bien cajoler le corps de garde, qu'il luy ouvrit, & à tous ses gens ensuite. Il fut toute la nuit de logis en logis solliciter ceux de sa faction, & les porta à se declarer pour luy.

<small>Quartier de la ville de Grenade, qui est comme détaché.
*Frax el Lauz.</small>

Le lendemain matin le bruit en courut par-tout, & ceux de l'Albayzin fortifiant les passages & les avenuës par où ceux de la ville pouvoient entrer, l'oncle commença à les attaquer, de-sorte qu'estant venus aux mains de part & d'autre, plusieurs y perdirent la vie, tant que le neveu, comme le plus foible, fut contraint de se retirer à son fort, & l'oncle y posa des corps de garde. On se batit cinquante jours sans donner quartier à personne, cependant le neveu assiégé dans l'Albayzin, voyant qu'il ne pourroit pas tenir long-tems contre son oncle, implora le secours des Rois Catholiques, qui ordonnérent aussi-tost au Gouverneur de la frontiére de l'aller secourir, & celuy-cy à la faveur d'vn heureux combat qu'il eut contre les troupes de l'oncle, jetta cinq cens arquebuziers dans l'Albayzin, & se retira sans perte. Cependant Ferdinand voyant l'occasion favorable, alla assiéger Velez Malaga, ce que voyant les Alfaquis &
les

<small>D. Fadrique Henriquez.

1487.</small>

## SVCCESSEVRS, LIVRE II.

les anciens de Grenade, & que les Chrestiens se prévaloient de leurs divisions, il montérent à la forteresse, & représentérent à l'oncle, Que tandis qu'il disputoit la Couronne il la laissoit perdre ; Que les Chrestiens estoient allé assieger Velez, & qu'en la perdant il perdroit bien-tost Malaga, & tout le reste ; Que son neveu estoit dans l'Albayzin, où il le tenoit en échec, avec les forces des ennemis, tandis que les Chrestiens faisoient des progrez ; Qu'il eust compassion de l'Estat, & fist paix ou tréve avec luy, jusqu'à relascher de son droit, afin d'avoir du tems pour les repousser. Ces remonstrances furent si fortes, qu'il respondit qu'il estoit prest de traiter avec son neveu, & qu'ils l'allassent trouver de sa part ; mais il ne se voulut jamais rendre à leurs raisons, ni se fier à son oncle, à cause de la trahison précédente, & du cruël traitement qu'il avoit fait à ceux de son parti, quoy-qu'il offrist de luy ceder la Couronne. Cependant le siége de Velez * continuant, l'oncle fut si fort importuné de le secourir, par les instantes priéres des Alfaquis, à-cause qu'elle estoit à l'extrémité, qu'aprés avoir bien pourveu la forteresse de l'Alhambra, & renforcé les troupes qui estoient opposées à l'Albayzin, il partit avec quelque cavalerie, & plus de vingt mille hommes de pied ; & par des lieux coupez, & des routes détournées, vint attaquer le camp des Chrestiens, pensant les surprendre au dépourveu. Mais il le trouva en bon ordre, parce-qu'on estoit averti de sa venuë, & sortant en bataille, on le contraignit de se retirer à Almugnecar avec grande perte ; mais ne s'y trouvant pas en seureté, il passa à Almérie, d'où il retourna à Guadix. Cependant, les Maures de Grenade, sur la nouvelle de la défaite, mettent son neveu en sa place, & luy livrent l'Alhambra, & les autres forteresses. Aussi-tost il fait égorger quatre Maures des principaux, qui luy avoient esté toûjours contraires, & dépesche vers Ferdinand, pour luy donner avis de tout ce qui s'estoit passé, & luy demander seureté pour tous les Maures de Grenade, & des lieux de son obeïssance ; il le prioit de donner ordre aux Gouverneurs de la frontiére de ne leur faire aucun déplaisir ; mais plûtost de leur donner main-forte, & leur laisser le passage &

* Iadis Menéba.

le commerce libres par-tout. Afin que sa priére eust plus d'effet, il confirma ce qu'il avoit promis secrétement aux Rois Catholiques, qu'en cas qu'ils pûssent prendre les villes d'Almérie, de Baça & de Guadix, où son ennemi s'estoit retiré, il leur livreroit trente jours aprés la ville de Grenade, en luy accordant quelques lieux de retraite pour sa subsistance. On fit tout ce qu'il desiroit, & l'on declara mesmes aux villes du parti contraire, que si dans six mois elles ne le reconnoissoient pour Souverain, les Rois Catholiques en feroient la conqueste pour eux-mesmes. Sur ces entrefaites, les habitans de Velés se voyant sans esperance de secours, se rendirent à Ferdinand, qui y entra un Vendredy, le vingt-septiéme d'Avril, & leur exemple fut suivi de plusieurs petites places de la contrée*, qui se rendirent aux mesmes conditions que Ronde & Marvelle, & l'on mit par-tout des Gouverneurs dans les chasteaux & les forteresses. Aprés la prise de Velés, Ferdinand alla assiéger la ville de Malaga, qui en est à cinq lieuës, du costé du Couchant. Elle se défendit long-tems, parce-qu'elle avoit de braves gens, & en grand nombre, mais elle se rendit à la fin. Et le Roy, accompagné de la Reine, qui vint au camp, y entra le huitiéme d'Aoust de la mesme année, aprés sept cens soixante & dix ans qu'elle avoit esté au pouvoir des Maures. La perte de cette place entraisna celle de toutes les autres de la Charquie, & de la Hoya de Malaga, qui ne s'estoient pas renduës jusqu'alors. On mit des Gouverneurs avec des troupes dans les forteresses, & l'on peupla la ville de Malaga de Chrestiens, aprés-quoy les Rois Catholiques retournérent à Cordouë. Tout le Royaume de Grenade estant conquis du costé du Couchant, Ferdinand entra du costé de l'Orient, où sont les villes de Vera, de Mochacar, de Guescar, d'Almérie, de Baça, & de Guadix, qui obeïssoient toutes au Roy Maure depossédé. Et comme il n'osoit paroistre en campagne, les villes de Vera & de Mochacar se rendirent, avec plusieurs autres petites places * aux environs, dont les habi-

* Bentomiz, Comares, Canillas, Naricha, Chédalia, Competa, Almechia, Marnete, Bénaquer, Abni Ayla, Ben Adaliz, Chimbechinlas, Padalilp, Bayro, Sinatar, Beni Corran, Cacis Buas, Casamur, Abistar Chararax, Curbila, Rubir, Lacuz el Hadara, Alcuchayda, Daymas, Alborgi, Borgara, Machara, Hachar, Coretrox Alhadac Almedita, Aprina, Alatin Rericha, Marro, &c.

†1448.
* las Cuevas, Huercal, Segena, Albarca, Bedar, Séréna, Cabrera, Lubrel, Vlula, Overa, Sorbas, Teresea, Locayna, Torrillas, Huyunque, Suebro, Béléfique, Nichar, Vereal, Velez el Blanco, Velez el Ruvio, Cantoria, Oria, Chercos, Albox, Alboreas, Beli, Andadala, Benitaraf, Atahelid, Alardia, Alhabia, Beni Alguazil, Beni libre, Benzanon, Beni mina, Almachez, Cotobao, Beni Calgad, Lichar Fines, Olula, &c.

tans demeurérent sujets & vassaux des Rois Catholiques, aux mesmes conditions que les autres. Aprés cela, Ferdinand alla reconnoistre la ville d'Almérie, puis tournant vers Baça, quelques petites places qui estoient sur sa route, se rendirent, & y ayant mis des troupes, il alla reconnoistre Baça, où estoit le Roy de Grenade dépossédé. Il y eut vne rude escarmouche devant cette place, où fut tué le Grand-Maistre de Montesa, aprés-quoy Ferdinand fut devant Guescar; qui se rendit, & ayant mis garnison dans les forteresses, il alla passer l'hyver à Toléde. Lors que les Rois Catholiques eurent donné les ordres necessaires au gouvernement de leur Estat, comme ils virent l'importance qu'il y avoit à poursuivre la guerre contre les Maures, ils vinrent à Iaen, & assemblérent leurs troupes dans les villes d'Vbéda & de Baéça; & dans le bailliage de Caçorla, parce que la guerre se devoit faire de ce costé-là. Lors que tout fut prest, Ferdinand marcha contre Baça, & attaqua si vertement vne place forte qui estoit sur sa route, qu'elle se rendit. Ensuite pour la seureté de son camp, il prit quelques chasteaux qui estoient aux environs, puis mit le siége devant la ville. Ce siége dura six mois & vingt jours, avec grande resistance de la part des Maures, & il y mourut quantité de gens de part-&-d'autre; mais à la fin le Roy ne se lassant point, & la place estant sans esperance de secours, le Gouverneur se rendit à composition, qui fut gardée, & l'on y entra le quatriéme Decembre. Aussi-tost toutes les petites places & chasteaux du Val de Pvr Chéne, & de la riviére d'Almansora, se soûmirent, aussi-bien que ceux de la ville & fleuve d'Almérie, & de la montagne de Filabres. Sur ces entrefaites, le Roy de Grenade dépossédé, qui s'estoit retiré à Guadix pendant le siége de Baça, se voyant dépourveu de secours & sans défense, fit sa capitulation, & rendit la ville & toutes les petites places du Zénéte, avec celles des montagnes, qui sont depuis-là jusqu'à Grenade, & en fit rendre encore d'autres, avec la valée de Lécrin, aimant mieux les voir entre les mains des Chrestiens que de son neveu. Les Rois Catholiques de leur costé luy assignérent certains lieux des Maures pour sa residence & sa subsistance, & de-là en avant le me-

*Philippe d'Aragon, neveu du Roy, bâtard de D. Carlos.*

1489.

*Cullar.*

*Froyla, Bacos, Canilles, & Benzulema.*

*las Taas de los dos Céhéles, Luchar, Andarax, Dalias, Vercha, Vchichar, Iubiles, Ferreyra, Pu-*

IIi ij

quoy q; la Taa nérent avec eux à la guerre, aussi-bien que le Gouverneur
d'Orgive. de Baça. Mais à la fin il leur demanda permission de se retirer en Barbarie, sous prétexte qu'il ne pouvoit vivre en particulier, où il s'estoit veu Roy. Il n'y avoit plus rien à conquerir sur les Maures d'Espagne que la ville de Grenade, & quelques autres petites places aux environs, qui s'estoient maintenuës sous le benefice de la paix, lors-que les Rois Catholiques pour en achever la conqueste, comme ils avoient résolu d'abord, envoyérent dire au Roy qu'il eust à remettre la place, avec toutes ses forteresses, entre les mains du Comte de Tendilla, & des Officiers qui estoient avec luy, sous promesse de certaine quantité d'argent, & de tous les lieux de la Taa d'Andarax, pour sa residence & sa subsistance. Mais ce Prince se repentant de ce qu'il avoit promis, répondit que la ville de Grenade estoit grande & fort nombreuse, & qu'outre les habitans, il s'y estoit retiré plusieurs Maures, qui n'estoient pas tous de mesme avis ; qu'ainsi il ne pouvoit accomplir ce qu'on desiroit, particuliérement en si peu de tems, & parmi des volontez si diverses. Sur ce refus on redoubla les offres, mais il n'y voulut point consentir, & commença la guerre, en solicitant à la revolte ceux d'Alpucharra, des montagnes, & de la valée de Lécrin. Ensuite ses habitans sortirent en grand nombre, & allérent prendre avec

\* Alhendin, luy la forteresse de Padul, sans que Ferdinand la pût secou-
Moclin, Mon- rir, parce-qu'elle estoit du costé de Guadix. Mais aussi-tost il
tefrio, Colo- fit ravitailler & munir toutes les forteresses \* d'alentour, &
mera, Illora, retourna passer l'hyver à Cordouë. L'année suivante il ren-
Alcala la Ré- tra dans la plaine de Grenade avec le Roy Maure dépossé-
al, Alhama & dé, & le Gouverneur de Baça, & plusieurs autres des prin-
Locha. cipaux, & fit le degast jusqu'aux portes de la ville ; ce qui
1490. ne se passa pas sans plusieurs sorties des habitans, pour la
défense de leurs biens, en l'vne desquelles le frére du Mar-
Alfonse Pa- quis de Villaina fut tué, avec plusieurs personnes de mar-
checo. que, & luy blessé au bras d'vn coup de lance, aprés-quoy le
Roy retourna à Cordouë, ayant pourveu aux places frontiéres. Aussi-tost aprés son départ, le Roy de Grenade assiégea la forteresse d'Alhendin, qui est à vne lieuë & demie de la ville ; quoy-qu'elle fust forte, & qu'il y eust bonne

## SVCCESSEVRS, LIVRE II.

garnifon, il la batit fi rudement avec les machines de guerre d'alors, que le Gouverneur ‹oyant qu'on avoit fapé le
mur, & qu'on alloit mettre le feu aux étayes, la rendit, &
auffi-toft il la fit rafer, & emmena prifonniers le Gouverneur & la garnifon. Au bruit de cette victoire, les Maures
des montagnes & de la valée d'Alpucharra, fe foulevérent
contre les Gouverneurs des fortereffes, & le Roy de Grenade alla avec grand nombre de troupes attaquer les villes
de Marchéne & de Buloduy, entre Almérie & Guadix, &
les trouvant dégarnies, les emporta d'affaut. Vn vieux Mau- *âgé de cent*
re de Grenade, qui eftoit dans l'Albayzin, lors que j'écri- *dix ans.*
vois cette hiftoire, m'a conté que toutes les places des Al-
puchares fe foulevérent alors, & que de toutes les fortereſ-
fes qu'y tenoient les Chreftiens, il n'y en eut que deux ou
trois qui tinffent ferme, dont celle de Monduchar fut l'vne. *Dans la valée*
Mais comme les Maures n'avoient point de port pour rece- *de Lécrin.*
voir du fecours de Barbarie, ils corrompirent ceux de Salo-
brégne, qui eftoient vaffaux du Roy Catholique, pour avoir
entrée dans leur ville, afin de fe rendre maiftre plus aifé-
ment de la fortereffe, qu'ils ferrérent de fi prés, qu'elle eftoit
perduë fi le Roy ne l'euft fecouruë promptement. Le Roy
de Grenade s'eftant retiré, Ferdinand mit en campagne au
mois de Septembre, & fit le degaft autour de la place, puis
fe retira à Cordouë; mais fur l'avis que les Maures de Baça,
de Guadix & d'Almérie, traitoient fecrétement avec le Roy
de Grenade, & luy demandoient fecours pour fe foulever
contre les Gouverneurs des citadelles, il y accourut en diligence, & entrant dans Guadix, commanda à tous les Maures qui demeuroient dans les villes, & les lieux fermez, de
fe retirer dans les villages & métairies, fur peine de confif-
cation de corps & de biens, & permit à ceux qui fe voudroient retirer hors d'Efpagne, de vendre leurs biens & de
paffer en Barbarie. Ayant affoupi par-là la rebellion, & é-
touffé les femences d'vne nouvelle guerre, il retourna à Cordouë en refolution de faire le fiége de Grenade l'année fuivante. Il partit donc de Cordouë au mois d'Avril, l'an mil- 1491.
le quatre cens quatre-vingts onze, & entrant dans la plaine
de Grenade, envoya le Marquis de Villaina avec trois mille

IIi iij

chevaux, dix mille hommes de pied, pour destruire tous les lieux qui s'estoient soûlevez dans la valée de Lécrin, & de peur que les Maures des montagnes ne vinssent fondre sur luy, il le suivit avec toute l'armée. Le Marquis ayant executé sa commission, retourna au Padul chargé de butin & de prisonniers, & rencontra le Roy, qui le fit passer outre, pour achever de destruire quelques lieux qui restoient, avant que de mettre le siége devant Grenade. Sur ces nouvelles, le Roy Maure envoya quantité d'infanterie gagner les passages de Tablate, & de l'Ancharon, par où Ferdinand devoit passer pour entrer dans la montagne ; mais les Chrestiens attaquant le chemin creux de Tablate, par le pont & par vn autre endroit fort difficile, qui est plus haut à vne lieu de-là, ils le forcérent, & chassant les ennemis de la cime de ces montagnes, le Roy passa & vint à l'Ancharon, où il demeura jusqu'à ce qu'on eust ruiné tous les lieux de la valée, & de la Taa d'Orgive, avec plusieurs autres de ces quartiers. Aprés avoir fait le degast dans toute la contrée, il ramena son armée au Padul, & entrant par-là dans la plaine de Grenade, se campa à deux lieuës de la ville *, en resolution de ne point sortir de là qu'elle ne fust prise. Ce siege dura huit mois & dix jours, & fut bien disputé de part-& d'autre, avec de hauts-faits-d'armes, tant des Grans, que d'autres personnes illustres, qui se vouloient signaler devant leurs Rois. La Reine Isabelle vint au camp avec le Prince Dom Iean, & l'Infante, & le feu se prit vne nuit à sa tente, par le moyen d'vne chandelle qu'vne femme-de-chambre avoit laissée allumée ; de-sorte qu'elle fut brûlée avec plusieurs autres d'alentour. Cela fut cause qu'on fit faire des hutes de terre, couvertes de tuile, avec des ruës, comme dans vne ville, & chaque troupe ayant pris soin de fortifier son quartier, il se fit du camp vne ville fermée de tours, & de murailles, avec vn profond fossé, & quatre ruës principales, qui répondoient aux quatre portes ; chaque troupe mettant son nom au quartier qu'elle fortifioit. Ce qui rendit le camp asseuré contre le feu, & contre quelque effort que pussent faire les ennemis. Cette ville que l'on nomma Sainte-Foy, fit perdre courage aux Maures, qui virent par-

*ou la Fondriére.*

*à los ojos de Huecar.*

depuis le 26. d'Avril jusqu'au 2. de Ianvier de l'an d'aprés.

Dogna Iuana.

là vne résolution ferme & certaine de ne point quiter le siége qu'elle ne fust prise. Comme les vivres commencérent donc à manquer, aussi-bien que l'esperance du secours, les principaux de la ville, avec les Officiers de la Iustice, & les Alfaquis, prièrent le Roy de vouloir entendre à vne composition. Il envoya donc des Deputez pour traiter avec plein pouvoir, tant de luy que des habitans, & l'on accorda pour cela vne tréve de soixante & dix jours, aprés qu'il eut donné son fils en ostage, avec des principaux de la Noblesse & du peuple, qui furent envoyez en des places de seureté. Lors qu'on eut disputé des conditions, depuis le cinquiéme d'Octobre que commença la tréve, jusqu'au vingt-cinquiéme de Novembre, on tomba d'accord Que le Roy de Grenade avec ses Chefs, Alfaquis, Cadis, Muftis, Alguaziles, Sages, Officiers, Gentilshommes, & tout le peuple de la ville, de l'Albayzin & des fauxbourgs, remettroient entre les mains des Rois Catholiques, ou de ceux qu'ils envoyeroient, la forteresse de l'Alhambra, & toutes les autres, avec leurs tours & leurs portes, aussi-bien que celles de la ville de l'Albayzin, & des fauxbourgs, bien & fidellement, sans aucune supercherie, dans l'espace de quarante jours; aprés-quoy tous les habitans se soûmettroient volontairement aux Rois Catholiques, comme bons & fidelles vassaux. Que pour seureté de cét accord, ils donneroient en ostage la veille de la reddition des forteresses l'Alguazil Iosef Aben Comicha, & cinq cens personnes d'entre les enfans, & les frères des principaux de la ville & de l'Albayzin, pour estre au pouvoir des Rois Catholiques l'espace de dix jours, tandis qu'il prendroit possession des forteresses, & qu'il y mettroit des troupes & des munitions. Les Rois Catholiques de leur costé, avec le Prince Dom Iean leur fils, promirent tant pour eux que pour leurs successeurs; Que moyennant cela ils les recevroient pour leurs vassaux & sujets, & prendroient sous leur protection, depuis le Roy jusqu'aux plus petits de la ville, des fauxbourgs, & des lieux d'alentour, sans toucher à leurs biens ni à leurs maisons, ni consertir qu'il leur fust fait aucun tort, ni aucun déplaisir, ou agir autrement avec eux, que par les formes de la justice, &

*tant de la ville que de l'Albayzin, & des fauxbourgs.*

avec connoissance de cause, commandant qu'ils fussent honorez & traitez, ainsi que les autres Sujets & Vassaux de leur Empire. Outre cela, leurs Majestez Catholiques leur accordèrent plusieurs choses concernant leurs biens, leurs personnes & leurs droits, & promirent fournir des vaisseaux à ceux qui se voudroient retirer en Barbarie, avec permission de vendre leurs biens, tant meubles qu'immeubles. Le jour venu, que le Roy de Grenade devoit livrer l'Alhambra & les autres forteresses, le Cardinal de Mendosse, Archevesque de Toléde, accompagné de quantité de Noblesse, en fut prendre possession ; & parce-qu'vne des conditions estoit, qu'on ne passeroit pas par les ruës de la ville, de-peur que la communication des Chrestiens & des Maures ne causast quelque desordre. Vn Ingenieur des Rois Catholiques fit le chemin par où l'on monte aujourd'huy du costé de Saint Antoine le Vieux, qui va rendre au haut de l'Hermitage des Martyrs, que la Reine Isabelle fit bastir au mesme lieu où estoient les cachots dans lesquels on renfermoit les esclaves Chrestiens, & de-là se va rendre à l'Alhambra. Si-tost que le Cardinal fut parti avec des troupes & de l'artillerie, les Rois Catholiques décampérent avec tout le reste de l'armée en ordre de bataille, & marchérent pas à-pas à travers la plaine, jusqu'à demi-lieuë* de la ville, où ils firent alte. Le Cardinal estant arrivé à l'endroit des prisons, rencontra le Roy de Grenade qui descendoit à pied de l'Alhambra, & luy ayant dit quelque chose en particulier; le Roy luy répondit, qu'il prist possession à la bonne heure des Palais & des forteresses au nom de leurs Majestez, à qui Dieu les avoit donnez pour leur merite, & pour les pechez des Maures, & fut au devant d'eux par la mesme route. Les Chrestiens entrérent paisiblement dans l'Alhambra, & se saisissant des tours & des portes, s'emparérent en mesme tems des tours vermeilles, & de la porte de la ruë des Gomeres ; aprés-quoy le Cardinal fit planter la Croix d'argent, qui marchoit devant luy, & l'Etendart royal, sur la tour qu'on nomme de la Cloche, d'où l'on découvroit le lieu où estoit le Roy, & tout le camp. Le Cardinal avoit tardé quelque tems à donner ce signal, & la Reine

*[marginal: Pierre Gonsalc.]*
*[marginal: * à l'Armilla.]*

ne qui l'attendoit avec impatience, se mit aussi-tost à genoux, & rendit graces au Dieu Tout-puissant en grande devotion, & ceux de sa Chapelle commencérent à chanter le *Te Deum* pour action de graces. En mesme tems le Roy Ferdinand, accompagné de quelques Seigneurs & Gentilshommes de sa Cour, marcha vers la ville, & rencontra en chemin le Roy de Grenade, qui voulut mettre pied à terre pour luy faire la reverence; mais il ne le voulut pas souffrir, & le Maure en arrivant luy baisa le bras droit, & luy presenta les clefs de la forteresse, qu'il rendit au Comte de Tendilla, qui en fut le premier Gouverneur, aussi-bien que du reste. Ensuite il se rendit à l'Alhambra par la mesme route que le Cardinal avoit prise. Quelques-vns disent, que le Roy Maure retourna joindre sa famille dans vne maison de la ville, où elle s'estoit rassemblée; mais des Maures qui estoient présens, m'ont dit qu'aprés avoir salüé le Roy, & luy avoir donné les clefs, il prit la route de l'Alpucharra, dont on luy avoit donné plusieurs places pour son appennage. Ils ajoustoient qu'estant arrivé prés du Padul, en vn lieu d'où l'on découvre pour la derniere fois la ville de Grenade, comme il tiroit vers la valée de Lécrin, il s'arresta à contempler cette grande ville, dont les Palais éclatoient de loin, & qu'il s'écria avec vn grand soûpir, O Dieu Tout-puissant, & se mit à verser des larmes; mais que sa mere luy dit, Tu fais bien de pleurer comme vne femme ce que tu n'as pû défendre comme vn homme. Cela est d'autant plus vray-semblable, que les Morisques ont toûjours depuis nommé ce lieu, *le Regard du Dieu Tout-puissant*. Les Rois Catholiques estant entrez dans la ville, les Maures leur furent faire la reverence, témoignant vne grande satisfaction de ce qui s'estoit passé. Et comme la capitulation se garda inviolablement, & qu'on ne leur fit aucun outrage, les lieux de la montagne & de l'Alpucharra, & les autres qui avoient tenu bon jusqu'alors, se rendirent incontinent; de sorte que l'Espagne demeura libre de la domination des Maures, qui l'avoient possédée sept cens soixante & dix-huit ans.

La mesme année Bajazet conquit l'Epire, qui avoit toûjours conservé sa liberté, & Mathias Corvin, Roy de Hon-

*Avant que d'arriver au pont de Génil en vne plaine où est maintenant la Chapelle S. Sebastien.*

*D. Ignigo Lopez de Mendoça.*

*La ville de Codba, & les lieux de la Taa d'Andarax, & d'autres Taas.*

*Turquie.*

grie, prit sur eux Sabaste, où il y avoit forte garnison, & assurant par-là ses Estats, les délivra de la crainte de leur tyrannie. L'année suivante le Turc envoya vne puissante armée en Hongrie, sous le commandement de Cadum Bacha, qui défit les Hongrois, & en ayant tué sept mille, envoya leurs testes à Constantinople, pour marque de sa victoire. Mais les Turcs furent défaits l'année suivante en Croatie par l'Empereur Maximilien. L'an mille quatre cens quatre-vingts dix-huit, Bajazet fit la guerre en personne aux Venitiens, & entrant dans la Dalmatie, mit tout à feu & à sang, puis retournant chargé de dépoüilles, fit égorger quatre mille Chrestiens au Frioul, & en noya plusieurs autres au passage d'vne riviére, pour n'estre pas si long-tems à la traverser. L'année d'après il prit sur eux Coron & Modon dans la Morée, & Meton ensuite ; où il fit égorger l'Evesque en sa présence, & tuër tous les Chrestiens, puis y mit le feu. Il gagna aussi sur les Venitiens Lépante & Duras, & mit telle épouvante par tous ces quartiers, que les Venitiens eurent recours au Pape, & au Roy Ferdinand, qui estoit alors l'arbitre de l'Europe, à-cause que le Pape assiégeoit Nauplia, pour nettoyer tout ce qu'ils avoient en Orient, & passer de-là à Venise, qui est le rempart de Rome, & de toute l'Italie. On y envoya donc le grand Capitaine, qui estoit alors au Royaume de Naples, d'où il avoit chassé les François. Il se joignit à l'armée navale des Venitiens, qui destruisit les Isles d'Egine & de Zante, gagna Leucadie, Céphalonie, & Nerite, qu'on nomme aujourd'huy Sainte-Maure, & fit lever le siége de Nauplia. Alors s'éleva en Perse vn Arabe nommé Elie, qui se disoit Prophete, lequel assembla plus de cent cinquante mille hommes, qui mirent tous leurs biens en commun pour aider les pauvres, & faire la guerre. Cependant Bajazet ayant appris qu'il y avoit plusieurs de ces gens-là à Constantinople, fit brûler plus de deux cens maisons, avec ceux qui estoient dedans, & en fit mourir quantité d'autres ailleurs, de-peur de quelque changement. La mesme année il fit la paix avec le Roy de Hongrie, & la Seigneurie de Venise, qui dura assez long-tems, pour faire la guerre à ces Sectaires, lesquels il vainquit ; mais il fut

*1493.*

*la Talamente.*
*1499.*

*1500.*
*ou Dyrrachium.*

*Gonçalo Hernandez de Cordoüa.*

*1501.*

*1505.*

batu par le Roy de Perse, ce qui le tint quelque tems en repos. L'an mille cinq cens six, ou deux ans plustost, selon quelques-vns, le Gouverneur de los Donzelés, gagna la forte place de Marça-el-quivir, dont l'Histoire se trouvera dans sa description au livre cinquiéme.

## CHAPITRE DERNIER.

*De la fin du régne des Benioatazes, & du commencement de celuy des Chérifs, avec vn abregé de ce qui arriva de ce tems-là.*

LA Mauritanie Tingitane estoit alors sous la domination de plusieurs petits Souverains, ce qui estoit cause que quantité de villes s'estoient mises en liberté, & les Benioatazes n'estoient pas assez puissans pour les assujétir. Dom Manuël, Roy de Portugal, meû d'vn saint zéle d'étendre la Religion Chrestienne, & d'agrandir son Estat, continüa la guerre que son prédécesseur avoit commencée, & ne se contenta pas de prendre les villes maritimes; mais bastit de nouvelles forteresses. Il y tenoit Ceute, Tanger, Arzil, Alcaçar-Ceguer, Azamor, Mazagan, Safie, le Cap d'Aguer, & le chasteau d'Erguen, dont les conquestes se verront ensuite, & avoit si bonne garnison dans toutes ces places, tant de cavalerie que d'infanterie, qu'il n'y avoit point de Prince assez puissant en Afrique pour le contrequarrer, & son nom seul estoit redouté. Car outre les Chrestiens, il avoit à son service seize mille chevaux, & plus de deux cens mille hommes de pied, Arabes ou Bérébéres, avec lesquels il faisoit la guerre aux Maures qui estoient ses ennemis, & donna plusieurs combats, comme on verra en la description particuliére des lieux où ils ont esté donnez. Sur ces entrefaites, vn Alfaqui de Tigumedet, dans la Province de Dara *, homme d'esprit, & savant dans les choses naturelles, commença à se faire valoir. Il se nommoit Mahomet Ben Hamet, ou autrement le Chérif Huscéni, & se disoit de la lignée de leur Prophete, quoy-que quelques-vns disent, qu'il estoit des-

*Origine & establissement des Chérifs.*

*Ce sont nations toûjours armées, dont on dispose quand on veut.*

1508.
* où est la Zauye des Chérifs.

cendu d'Abul Hagex, qui se soûleva dans Carvan ; & d'autres, du Chérif qui tua le dernier Roy de Fez de la race des Benimérinis. Ce Mahométan suivant la trace de ses devanciers, qui se sont agrandis par la religion, sous prétexte de sainteté, & trouvant l'occasion favorable pendant la guerre des Portugais dans la Mauritanie Tingitane, & la foiblesse de ses Princes, resolut de s'en rendre maistre, & jetta les fondemens d'vn Empire, qui fut estably par ses descendans. Il avoit trois fils, Abdel-quivir, Hamet, & Mahomet, qu'il envoya en pelerinage à la Méque, & à Médine, pour les mettre en reputation parmy ces peuples. A leur retour faisant profession de Morabites, ils furent estimez comme Saints par ces Barbares. On couroit leur baiser la robe par tout où ils passoient, & ils alloient par les ruës repetant souvent le nom de Dieu, comme élevez dans la contemplation, sans vouloir vivre que d'aumosnes. Ils commencérent à entrer en credit par cette superstition, se disant de la race de Mahomet, & se faisant nommer Chérifs Husçénis ; desorte qu'estant de retour à Tigumedet, leur pere, qui estoit à l'Antique Zauye, qu'on nomme des Chérifs, envoya aussitost à Fez les deux plus jeunes, qui estoient fort savans, disputer la chaize du Collége de Modaraça, qui fut donnée au plus âgé, & son cadet fut Précepteur des enfans du Roy. Voilà comme ils s'establirent dans Fez, où ils furent longtems en grande reputation pour leur savoir ; mais comme leur pere avoit de plus hautes pensées, il leur persuada, sous prétexte des maux infinis que faisoient les Arabes & les Berébéres, appuyez du Roy de Portugal, de demander à celuy de Fez la permission d'aller par-tout avec vn tambour, & vne bannière, pour émouvoir les peuples à s'opposer aux Chrestiens, parce qu'en qualité de Chérifs, il leur appartenoit de défendre la loy de Mahomet. Ils disoient donc que ce seroit la seureté des provinces de Sus, de Hea, de Duquéla, de Maroc, & de Teméçen, & demandoient pour luy quelque Gouvernement en ces quartiers, pour avoir plus d'autorité. Comme les Chérifs faisoient grande instance auprés du Roy sur ce sujet, son frére Muley Nacer, qui étoit versé dans les Histoires, & homme de grand merite,

*Lieu du sépulcre de Mahomet.*

*Muley Mahamet, fils de Muley Chec.*

*ou tymbale.*

# SUCCESSEURS, LIVRE II.

luy conseilla de n'en rien faire, & de ne se point fier en vne apparence de sainteté, luy alléguant l'exemple des Idris, des Magaroas, des Almoravides, & des Almohades; parce-que si vne fois ils joignoient le titre de Protecteurs du peuple auec celuy de Chérifs, ils feroient tout ce qu'ils voudroient. Mais le Roy qui auoit créance en eux, & qui ne prétendoit rien dans ces prouinces, considérant que le peuple le maudiroit s'il leur refusoit leur requeste, leur bailla vn tambour & vn étendart, auec vingt caualiers pour les accompagner, & des lettres de recommandation pour les Arabes & les Berébéres qui estoient de ses amis. La première chose qu'ils firent, fut d'aller en la prouince de Duquéla, où ils assemblérent quelques gens, & coururent la frontiére de Safie, plustost pour la gloire que pour le butin. Ils passérent de-là à la prouince de Sus, où ils firent des courses vers le Cap d'Aguer, auec plusieurs Alfaquis, & autres de leurs amis & de leurs parens. On publia aussi-tost par-tout, que les Chérifs auoient pouuoir du Roy de Fez de faire la guerre aux Chrestiens, & à ce bruit plusieurs Arabes & Africains, qui estoient deçà & delà sans maistre, parce-que la pluspart viuoient en liberté, commencérent à faire des courses sur les Maures qui estoient alliez des Portugais. Cependant, comme les Chérifs n'auoient pas dequoy les entretenir, ils demandérent les dismes, qui estoient consacrées au seruice de Dieu, afin d'en faire la guerre aux Chrestiens; car la pluspart des peuples de ces quartiers estant libres, ou sous l'autorité de gens qui n'auoient pas grand pouuoir, personne ne les demandoit, ni ne les payoit. Les premiers qui les accordérent, furent ceux de Dara; & comme la ville de Tarudante estoit à demy dépeuplée, à-cause des courses des Arabes, & n'auoit point de maistre, les Chérifs firent si-bien auec ceux de Tedsi, & leurs voisins, qu'elle élût le vieux Chérif pour la commander, & luy paya les dismes aussi-bien qu'eux, pour entretenir cinq cens cheuaux, & faire la guerre aux Chrestiens du Cap d'Aguer. Auec ces gens, le Chérif se fit obéïr & redouter de tous ces quartiers, & voyant jour à establir sa domination, se voulut assurer de la ville de Tarudante, où les Benimérinis auoient estably autrefois leur siége. Il

*C'est qu'il y auoit des Seigneurs particuliers.*

*où sont les villes de Quitéua, Timezguita, Tinulin, Tenzeta, Tagamadurt, &c.*

*ou eux-mesmes l'élurent.*

bastit donc vn chasteau à vne lieuë & demie de la ville, & s'y logeant, commença à estre obéï & respecté des bourgeois, tant pour ce qui concernoit le spirituel que le temporel, comme celuy qui n'avoit autre but, à ce qu'ils croyoient, que de faire la guerre aux Chrestiens, & d'affranchir le païs de leur domination. Leurs forces estant cruës par la faveur des peuples de Sus, il commença à faire la guerre aux Mezuares, qui estoient maistres des villes de la province de Dara, & qui favorisoient les Chrestiens du Cap d'Aguer, & aprés plusieurs combats, les assujétit. Et comme les provinces de Héa, de Duquéla, & de Teméçen, étoient exposées aux courses des Chrestiens de Safie, il s'allia d'vn renegat Genois, qui estoit Seigneur de Tiguiut*, & passant par son païs, encouragea les Berébéres de Héa de se joindre à luy, avec promesse de les délivrer de l'oppression des Chrestiens & des Arabes. Ces Barbares prestérent l'oreille à ses discours, & le receurent pour Souverain, tant au spirituel qu'au temporel. Cependant, avec les dismes qu'il prenoit, tant du labourage que du bestail, il entretenoit beaucoup de gens qui le venoient joindre de toutes parts, & se rendit maistre de Tednest, où il s'establit quelque tems, comme dans la capitale de la province, & faisoit de-là des courses sur ceux de Safie, sur les Arabes, & sur les Berébéres, qui estoient sujets du Roy de Portugal, prenant le titre de Prince de Héa. Mais le Gouverneur de Safi l'ayant défait, & s'estant rendu maistre de cette ville, comme nous dirons ailleurs, il alla demeurer quelque tems dans vne autre de la province de Maroc. Sur ces entrefaites, estant mort, ses trois fils ne furent pas moins ardens que luy à establir leur domination, & firent si-bien, qu'il y en avoit peu au païs qui ne leur payassent les dismes, & qui ne fussent bien-aises de leur obéïr. Leur reputation s'augmentant de jour à autre, ils assemblérent le plus de gens qu'ils pûrent, tant de cette province que de celles de Sus & de Dara, & furent assiéger la petite ville d'Alguel, dont estoit Chec, vn Africain vassal du Roy de Portugal, & l'ayant emportée d'assaut, la fortifiérent & y mirent garnison. Aprés y avoir demeuré quelques jours, n'estant pas en seureté si proche

*nommé Faraixa.*

*Sur le penchant du grand Atlas, vers le Midy de Sus.*

*Nugno Fernandez de Atayde.*

*Tazarot.*

*Cidi Bugima.*

des Chrestiens, ils s'allérent establir dans vn chasteau qui est au bas de Maroc, à vingt-cinq lieuës de Safi, & l'ayant reparé & fortifié pour leur servir de demeure, ils firent de-là des courses, & gagnérent l'amitié des Arabes & des habitans des villes, qui leur payoient si exactement les dismes, que par tout où ils alloient ils en avoient de reste pour leur subsistance, & pour celle de leurs troupes, quoy-qu'elles fussent en grand nombre. Ils combatirent contre les Portugais de la frontiére, avec divers succés, dont nous ferons recit en la description des lieux où ils arrivérent. Sur ces entrefaites, vn Capitaine de Safi * fut assiéger la ville d'Anega, dequoy ayant eu avis, ils accoururent au secours, & l'attaquant à l'improviste, tuërent la plus grande partie de ses troupes, & le firent prisonnier, avec plusieurs Gentilshommes Portugais, quoy-qu'ils se défendissent bravement; mais l'aisné des Chérifs mourut au combat, & les deux autres retournérent victorieux, avec plus de reputation qu'auparavant, parce-que celuy qu'ils avoient défait estoit redouté par-tout. Alors régnoit dans Maroc vn Africain d'entre les Hentetes, nommé Nacer Buchentuf, qui ne tenoit que la ville, & quelques petits lieux d'alentour, le reste estant possédé par des Seigneurs particuliers, qui estoient comme vassaux des Arabes. Les Chérifs se voulant rendre maistres de cette place, qui estoit alors toute dépeuplée, & comme deserte, afin de donner de la reputation à leurs armes, & conquerir de-là les autres provinces, ils firent alliance avec ce Prince, & luy offrant leur service, luy firent présent de quelques chevaux, & de quelques Chrestiens qu'ils avoient pris. Cela le gagna si-bien, qu'il les receût dans sa ville, & leur fit toute sorte de bon traitement, comme à des gens pleins de pieté, leur faisant donner vne partie des dismes pour entretenir la guerre. Comme il aimoit fort la chasse, ils alloient quelquefois ensemble voler le Heron, dont il y a abondance en ces quartiers. Mais vn jour qu'ils y devoient aller, ils firent faire quelques biscuits, dont il y en avoit vn empoisonné, & les donnérent à garder à vn de leurs gens, avec ordre que si on luy demandoit s'il n'avoit rien pour aider à boire vn trait d'eau, il les présentast. Ils firent donc

*marginalia:* Chauchava. \* Lopé Barriga. Abdel-quivir. C'est-à-cause qu'ils estoient maistres de la campagne.

bailler au Roy celuy qui eſtoit empoiſonné, dequoy il mourut ſix jours aprés. L'aiſné\* des deux Chérifs, qui eſtoit demeuré exprés dans la ville, tandis que ſon frère eſtoit allé en leur chaſteau pour en amener du ſecours, s'il eſtoit beſoin, fit ſi bien que les principaux, qui eſtoient ſes amis, le rendirent maiſtre de la forterefſe, & criérent, qu'il ne faloit point reconnoiſtre d'autre Souverain que luy, qui eſtoit parent de Mahomet, & par conſequent legitime heritier de la Couronne. Aprés avoir rangé à leur devoir ceux qui s'y opoſoient, le peuple le reconnut, ſur l'eſperance d'eſtre mieux traité par des gens pieux que par d'autres. Le Chérif Hamet s'eſtant ainſi rendu maiſtre de la ville & de la forterefſe, appaiſa les enfans du défunt, en leur offrant des Gouvernemens plus conſidérables, & eſſaya de gagner l'amitié des Arabes voiſins, & de tenir le païs en paix. Auſſi-toſt il dépeſcha vers le Roy de Fez, pour luy faire ſavoir comme le peuple l'avoit élû en la place du défunt, & qu'il prétendoit tenir la place en ſon nom & ſous ſon autorité, & luy payer tribut, avec quoy & quelques préſens, il le ſatisfit. Les Chérifs eſtant maiſtres par ce moyen de Maroc, le Gouverneur de Safi, & les Arabes & Africains, qui eſtoient vaſſaux du Roy de Portugal, eurent pluſieurs démeſlez avec eux ſur le ſujet des contributions, parce que les Chérifs faiſoient tout ce qu'ils pouvoient pour détacher les Maures de l'obéïſſance d'vn Roy Chreſtien, & quand ils n'en pouvoient venir about, ils les brouïlloient les vns avec les autres. Sur ces entrefaites, les Arabes de Duquéla s'entrefirent la guerre, & chaque parti croyant avoir les Chérifs pour ſoy, en vint à vne bataille ; mais ils les regardérent batre, ſans ſe declarer ; & ſur la fin du combat, comme les vns & les autres n'en pouvoient plus, & que tout eſtoit plein de morts & de bleſſez, ils vinrent fondre dans la meſlée, & les déſirent aiſément, puis retournérent chargez de butin avec quantité d'armes, de chevaux, & de beſtail ; car ils pillérent enſuite leurs Aduares. Leur nombre croiſſant par-là, parce qu'ils donnérent des armes & des chevaux à ceux qui n'en avoient point, ils commencérent à mépriſer le Roy de Fez, & au-lieu qu'ils avoient couſtume de luy envoyer le cinquiéme

\* Hamet.

Mahamet Oatai.

Nugno Fernandez de Atayde.

Ceux de Charquie & de Garbie, c'eſt-à-dire les Orientaux & Occidentaux.

cinquiéme de tout le butin, ils luy envoyérent seulement six chevaux & six chameaux assez mal-faits, dequoy il se plaignit. Mais estant mort là-dessus, son fils, qui avoit esté leur disciple, non seulement le dissimula; mais les confirma dans leur principauté, en luy payant tous les ans quelque reconnoissance. Leurs forces estant augmentées par la mort du Roy de Fez, ils firent alliance avec quelques Seigneurs des montagnes, qui estoient ennemis de ce Prince, & au lieu de luy payer tribut, luy envoyérent dire, qu'ils estoient legitimes successeurs de Mahomet, & avoient plus de droit en Afrique que personne ; Qu'ils seroient ses amis, s'il vouloit, mais que s'il s'opposoit à la guerre qu'ils faisoient aux Chrestiens, ils protestoient contre luy devant Dieu & Mahomet, & ne manquoient ni de force ni de courage, pour se défendre. Sur ces entrefaites, Mahamet le plus jeune des Chérifs, qui faisoit sa demeure ordinaire à Tarudant, qu'il embellissoit, & qu'il fortifioit de tout son pouvoir, estoit allé à la province de Sus pour faire la guerre aux Chrestiens du Cap d'Aguer, & ayant ramassé vne grande armée d'Arabes & de Berébéres, assiégea cette place ; mais l'entreprise ne luy ayant pas réüssi, il retourna à Tarudant, après avoir perdu beaucoup de troupes. Cependant, son frére aisné, à la faveur de quelques Gouverneurs, & de quelques Checs de ses amis, s'estoit emparé de petites provinces voisines de Maroc, & solicitoit d'vn costé, & son frére de l'autre, les Berébéres des montagnes du grand Atlas, de les reconnoistre, & de leur payer les dismes ; car il n'y avoit que cela qu'ils osassent encore demander. Mais le Roy de Fez voyant que leurs forces augmentoient tous les jours, & qu'ils se nommoient effrontément Rois d'Afrique, resolut, quoy-qu'vn peu tard, d'y apporter du remede ; & leur declarant la guerre, alla en personne assiéger Maroc avec vne puissante armée, & la batit de deux pieces de canon vers la porte, où est le sepulcre d'vn Morabite qui est fort reveré des Maures. Comme il batoit la tour, qui est attachée au mur, le plus jeune des Chérifs, qui venoit de Tarudant, entra dans la place avec trois mille chevaux, sans qu'on le pût empescher, & fit vn grand serment à son entrée, qu'il ne demeu-

*Aben Haddu, Muley Ferez, Muley Drvs, &c.*

*Tiguimi Rumi en Africain, & Darrumia en Arabe, c'est-à-dire maison de Chrestiens.*

*La porte de Cidi Vélaves Cebti.*

reroit pas enfermé vn seul jour. Sortant donc à l'improviste avec ses troupes & celles de son frére, il donna dans le camp des ennemis, & fit tant qu'il les chassa de leur poste, & les contraignit de se retirer vers les tentes du Roy, laissant tout le champ jonché d'hommes & de chevaux. La mesme nuit il arriva vn courier au Roy de Fez, qui luy apporta nouvelle qu'vn de ses fréres s'estoit emparé de la nouvelle ville, à la faveur de quelques habitans; ce qui le contraignit de lever le siége, & de tirer de ce costé-là à grandes journées, laissant les Chérifs en plus haute estime qu'auparavant. Mais sans perdre tems, ils le suivirent jusqu'à la province d'Escure, & donnérent sur son arriéregarde, puis passant à celle de Tedla, receurent la disme & les contributions de tous ces peuples, quoy-qu'ils fussent Sujets du Roy de Fez, pour la pluspart. Ce Prince ayant étouffé la revolte de son frére dans sa naissance, & ne pouvant dissimuler la haine qu'il leur portoit, retourna mettre le siége devant Maroc. Cependant, les Chérifs, dont l'vn prenoit déja le titre de Roy de Maroc, & l'autre celuy de Roy de Sus, ne voulurent pas attendre qu'on les vinst attaquer dans leur ville, & mettant en campagne, l'allérent attendre sur le bord de la riviére des Négres, & se campérent sur son passage*, en résolution de luy donner bataille, quoy-qu'ils n'eussent que sept mille chevaux, & qu'il en eut dix-huit mille, avec dix-sept pieces de campagne, & deux mille arquebuziers, au-lieu de deux cens qu'avoient les Cherifs. Les deux armées n'estant separées que de la riviére, chacun attendoit que son compagnon la passast pour le charger à son avantage, parce-que le fleuve estoit profond, & les rives hautes, & escarpées, mais des deux costez estoit vne raze campagne. Aprés avoir esté trois jours en cét estat à tirer les vns sur les autres, à la fin le Roy de Fez voyant que ses ennemis n'estoient venus à autre dessein que de luy empescher le passage, resolut de le tenter par l'avis de ses Chefs, & faisant trois batailles, donna la premiére avec les Tireurs à son fils, accompagné du Roy de Grenade, qui s'estoit retiré prés de luy aprés la perte de sa place. La seconde, à son beau-frére, & au Gouverneur Laatar; il se reserva la der-

*Muley Muçaud.*

*Ce n'est pas le Niger.*
*\* à Buacuba.*

*Le Malencontreux.*
*Muley Drys.*

nière, avec plusieurs Checs & grans Seigneurs. Le Roy de Grenade passa le premier avec l'avantgarde, & montant la coste, qui estoit de l'autre costé du fleuve, fit alte dans la plaine, & détacha quelques tireurs pour écarter les ennemis, & donner le loisir au reste de l'armée de passer, ne croyant pas qu'ils eussent la hardiesse de l'attaquer. Les Chérifs avoient partagé leur troupe en deux corps, dont le premier, où estoient les arquebuziers, estoit commandé par le Roy de Sus, & l'autre par celuy de Maroc. Comme ils virent que la bataille estoit dans le gué, où grimpoit la coste, ils vinrent fondre sur l'avantgarde, qui estoit passée, & tuant le fils du Roy de Fez, avec plusieurs Chefs, mirent les choses en tel estat, que ceux qui fuyoient, rencontrant ceux qui venoient à leur secours, s'entreculbutoient sur la coste & dans le gué, & l'ennemi estant à leurs trousses, le fleuve en vn instant fut plein d'hommes & de chevaux, les vns tuez & les autres noyez, avec quantité de bagage. Le Roy de Grenade mourut en cette bataille, pour la défense d'vn Royaume estranger, luy qui n'avoit pas voulu hazarder sa vie pour la défense du sien. Cependant, le Roy de Fez, qui n'estoit pas encore passé, voyant ce desordre, où il ne pouvoit apporter aucun remede, se retira en diligence, laissant son fils mort, avec la plus grande partie de ses troupes, & abandonnant son bagage, avec ses femmes, se sauva à Tedla, & de-là à Fez. Aprés cette victoire, les Chérifs recueillirent les contributions de toute la contrée, & l'année suivante passérent le grand Atlas avec plus de forces qu'auparavant, & furent assiéger la ville de Tafilet en Numidie; ils la batirent quelque tems avec l'artillerie qu'ils avoient prise au Roy de Fez. Aprés-quoy, le Seigneur à qui elle estoit, *Amar.* la rendit, moyennant quelques terres qu'on luy donna ailleurs pour sa subsistance, & les Chérifs retournérent avec luy à Maroc, aprés y avoir laissé garnison. Ces avantages les rendirent maistres de plusieurs villes de Numidie, & de grans bourgs qui estoient dans ces montagnes, les vnes par force, les autres par composition. Le Roy de Fez de retour chez luy, n'osa marcher contre-eux, quoy-qu'il en fist semblant, & se contenta d'envoyer quelques troupes pour recevoir

Lll ij

les contributions sur la frontiére. Mais le Roy de Sus s'y opposa vigoureusement, & les ayant défaites en quelques rencontres, elles retournérent à Fez, & luy à Maroc, aprés avoir laissé quelques troupes en la province de Tedla. Enflé de ce succés, il repassa à Tarudant, où il s'establit comme vn Roy; & tandis qu'il faisoit fortifier la place, envoya ses troupes courre la frontiére de la Numidie & de la Libye, faisant tuër & piller tous ceux qui ne vouloient pas obeïr. Cela le rendit maistre de plusieurs villes, & de diverses communautez d'Africains, qui vivent par la campagne comme des Arabes. Alors ne luy manquant plus que de prendre le Cap d'Aguer, il assembla vne puissante armée, avec grand nombre d'artillerie, tant de celle qu'il avoit prise sur le Roy de Fez, que d'autre qu'vn renégat François luy fondit, & aprés vn long siége prit cette place, & tous les Chrestiens qui y estoient, comme nous dirons tout au long en la description que nous en ferons au troisiéme livre. Cette victoire mit les Chérifs en l'estat où ils sont maintenant; car l'artillerie, les munitions & les armes qu'ils y gagnérent, avec les Chrestiens qu'ils y firent captifs, jointes au bruit de cette conqueste, leur soûmirent tous les Africains du grand Atlas, & toutes les villes & les provinces du Royaume de Maroc, qui n'estoient pas encore dans l'obeïssance. D'ailleurs, la plufpart des Arabes qui estoient au service du Roy de Portugal, s'en détachérent pour prendre le leur. Enfin leur puissance devint si formidable, que le Roy de Portugal voyant que cette frontiére luy coustoit plus à garder qu'elle ne valoit, en abandonna la pluspart des places, aprés avoir ruiné les fortifications, & ramenant ses troupes ailleurs, accrût par-là la reputation des Chérifs. Dans cét Estat triomphant, la Discorde fille de l'Ambition, fit naistre entre les deux fréres vne tres-cruelle guerre. Hamet, comme l'aisné, régnoit dans Maroc, & avoit donné Sus à Mahomet pour le gouverner sous son autorité, & seulement comme en appanage; mais le cadet, qui estoit le plus vaillant & le plus sage, & d'vn naturel plus civil, estoit & le plus aimé & le plus estimé du peuple, tant pour la conqueste du Cap d'Aguer, que pour estre toûjours le premier dans les com-

*D. Guitierre de Monroy. 1536.*

*Azamor, Saf, Arzile, Alcaçar Ceguer.*

bats, outre qu'il y avoit plus d'assurance en sa parole qu'en celle de son frére. Au-lieu de luy envoyer donc le quint de tout ce qu'il avoit pris dans cette place, il se contenta de luy en envoyer le Gouverneur, avec quelques captifs de l'vn & de l'autre sexe, reservant pour soy l'artillerie, & les munitions, avec les artisans qui estoient entendus à la forge des armes, & à la fonte de l'artillerie. L'aisné en colére de ce mépris, luy manda aussi-tost qu'il luy envoyast l'artillerie, les arquebuses & les munitions, avec quatre cens Chrestiens qui estoient captifs, & le quint de tout le butin. Et sur son refus, aprés plusieurs allées & venuës, envoya recueillir les contributions de tous les lieux de son appanage, & l'autre en fit autant de son costé, aimant mieux que le peuple souffrist que de rompre avec son frére. Mais le Roy de Maroc luy envoya demander vne entreveuë, dequoy il s'excusa sur ses occupations, voyant bien qu'il n'y faisoit pas seur pour luy, & ajoûta, Qu'il ne savoit pas pourquoy il luy vouloit oster la succession de son pere, & ce qu'ils avoient gagné ensemble; Qu'il seroit plus à propos de compter tous deux, & de luy rendre sa part du tresor que son pere avoit laissé à Tazarot, & des villes & provinces qu'ils avoient prises en commun, aussi-bien que des dépoüilles & de l'artillerie gagnées à la bataille contre le Roy de Fez, & qu'il n'estoit pas juste qu'ayant eu la plus grande part dans les dangers, il n'en eust point dans la recompense. Ensuite il demanda qu'il fist reconnoistre son fils aisné pour successeur de leurs Estats, comme il avoit esté accordé entre-eux aprés la mort de leur pere, lequel avoit ordonné en mourant que le premier fils qui naistroit de l'vn d'eux, seroit reconnu pour successeur de la Couronne. Cela irrita tellement le Roy de Maroc, qu'il commanda aussi-tost à ses Généraux de se rendre maistre des villes qui appartenoient à son frére; mais comme cela alloit à vne rupture manifeste, vn Alfaqui qui estoit en grande reputation de sainteté, procura entre-eux vne entreveuë sur le bord d'vne riviére, où ils se trouvérent chacun avec cinq cens chevaux. Leurs deux pavillons estant plantez deçà & delà dans la plaine, & l'Alfaqui allant tantost d'vn costé, tantost d'vn autre, il fut ar-

*Mahamet Harran.*

*Cidi Atrahal.*
*Hued Issin.*

resté que les troupes se rangeroient en bataille, & que les deux frères s'avanceroient tous deux pour parler à découvert. Comme ils furent proche, ils mirent pied-à-terre, & coururent s'embrasser, chacun se tenant sur ses gardes; mais comme le jeune se baissoit vn peu pour faire la révérence, l'autre l'embrassant, le serra si bien, qu'il faillit à le jetter par terre. Alors le cadet, qui estoit le plus fort, se redressa & lutant contre luy, l'abatit, puis sans le fraper, luy reprocha tout haut sa perfidie, ajoûtant qu'il le connoissoit trop bien pour se laisser surprendre à ses fourbes. Et l'autre repartit, Tu es venu pour te défaire de moy, je rabaisseray bien ton orgueil. Là-dessus chacun monta à cheval, & se retira vers les siens, & de-là en ses Estats. Mais si-tost que le Roy de Maroc fut de retour, il envoya son fils aisné avec cinq mille chevaux contre quelques troupes de son frère, qui recueilloient les contributions de la province de Dara. Mahamet, pour soustenir ses gens, envoya trois mille chevaux, sous le commandement du fils du renégat Génois, qui commandoit dans Tiguiut. Celuy-cy fut vaincu, & se retira dans vn chasteau avec les restes de sa défaite, croyant que le Roy de Sus l'envoyeroit bien-tost secourir; mais il fut incontinent assiégé, & contraint de se rendre faute d'eau, à condition de sortir avec armes & chevaux. Toutefois le vainqueur, au préjudice de sa parole, fit égorger tous les principaux de ceux qui s'y estoient retirez, & envoya le Commandant dans Maroc, où il fut long-tems aux fers. La guerre ayant commencé ainsi par vne cruauté & vne infidélité, le Roy de Sus envoya les restes de la défaite avec d'autres troupes qu'il tenoit prés de luy, pour recueillir les contributions de la province de Héa. Sur ces nouvelles, celuy de Maroc se vint camper sur la rivière de Néfis, & envoya de-là vn de ses enfans, avec des troupes contre celles de son frère, qu'il défit, puis retourna victorieux à Maroc. Aprés-quoy ce Prince croyant les forces de son frère affoiblies, assembla toutes les siennes pour le déposséder. Alors le Roy de Sus manda tous ses Gouverneurs, & tous les Checs qui estoient ses amis ou ses vassaux, & leur faisant vn long discours sur l'injustice de son frère, les pria de l'aider

*Muley Sidan.*

*Mumen Belchs.*

*Mulcy Cayd. Entre Daret hea & Onaya.*

de tout leur pouvoir; ce qu'ils promirent avec toute sorte
de protestations de fidélité. Aprés leur avoir rendu graces
de leurs offres, il prit sa barbe, selon la coustume du païs, — Forme de serment.
& les assura que s'ils tenoient leurs promesses, il remporteroit la victoire, & emmeneroit son frere prisonnier à Tarudant. Aussi-tost il assembla le plus de gens qu'il pût, & sachant que son frere prenoit la route de Sus, le fut attendre
à vn passage de l'Atlas, qui est sur le grand chemin de Maroc à Tarudant, & envoya devant vn renégat Portugais, — Mascarotan. Mahamet el Elche.
avec les arquebuziers qu'il commandoit, & quelques petites pieces d'artillerie, se retrancher sur le passage. Le Portugais arriva justement lors que ceux de Maroc venoient à
grandes journées pour s'en saisir, & s'y fortifia la nuit du
mieux qu'il pût, à la faveur de quelques Africains des montagnes. Le Roy de Sus arriva le lendemain, & se campa en
vne plaine qui est au dessous, tout vis-à-vis, où il attendit
l'ennemi. Sur ces nouvelles, celuy de Maroc, qui en fut averti par vn transfuge, fit ouvrir vn autre chemin à main — Zayque, commandant les arquebuziers.
gauche, à la portée d'vn trait du retranchement de l'ennemi, en sorte que l'artillerie ne le pouvoit incommoder; & — C'est qu'ils ne menent point d'infanterie dans leurs combats, comme il est dit ailleurs.
faisant quatre batailles de quatorze mille chevaux qu'il avoit, il fit avancer son second fils pas-à-pas, avec l'avantgarde, par ce nouveau chemin, qui estoit fort rude & fort
étroit. Il le suivoit en personne avec son fils Buaçon, & son — Muley Zidan.
aisné venoit aprés avec l'arriéregarde, chacun avec quatre
mille chevaux, les deux autres restant à la garde du bagage, sous la conduite d'vn autre de ses fils *. Son frere voyant — *Muley Cayd.
qu'il avoit quité le grand chemin, laissa quelques troupes
en garde au lieu où il estoit, & détachant son fils avec trois — Mahamet Harran.
mille chevaux, pour attacher l'escarmouche, le suivit avec
le reste. Son fils arriva justement comme l'avantgarde entroit dans la plaine, & vint aux mains contre-elle sans autre ordre. Le combat dura plus d'vne heure, avec grand
meurtre des principaux, qui se vouloient signaler de part-
& d'autre. Les arquebuziers de la montagne furent de grand
service à ceux de Sus; car abandonnant le passage, ils tiroient
du haut de la coste sur l'ennemi, sans pouvoir estre incommodez, & ayant tué d'vn coup vn des Généraux qui sou- — Hamet Ben Ferez.

tenoit le combat par sa valeur, ceux de Maroc commencérent à lascher le pied. Mais sur ces entrefaites, le Roy de Sus arrivant, le reste de ses troupes les serra de si prés, qu'ils regagnerent à toute bride le haut de la montagne, où rencontrant leurs gens sur leur route, ils s'entreculbutérent dans les passages, & les chevaux rouloient avec les hommes le long de la coste ; de-sorte qu'on estoit contraint de mettre pied à terre pour se sauver. L'ennemi les suivit en queuë, & les Berébéres de la montagne les prenant en flanc, en tuërent & devalizérent plusieurs. Le Roy de Maroc, & son fils Buaçon, mettant à pied à terre, s'embarasserent dans des halliers, où ils furent faits prisonniers, avec plusieurs personnes de condition, en-sorte que de huit mille chevaux qui estoient aux deux premiéres brigades, il y en eut peu qui ne fussent tuez ou pris, & tout le bagage pillé. Le Roy de Sus glorieux de ce succés, retourna victorieux à Tarudant, avec son frére & son neveu ; mais le fils aisné du Roy de Maroc se sauva avec le débris de l'armée. C'estoit vn grand Prince, & qui aimoit les Chrestiens ; de-sorte que voyant son pere prisonnier, & son oncle tout puissant, il desira de s'appuyer de l'Empereur Charles-Quint, ou du Roy de Portugal ; & en communiqua à quelques Chrestiens qu'il tenoit prisonniers, du nombre desquels j'estois, dont les vns s'offrirent de l'y servir, & de prendre cette commission ; mais comme il vouloit donner des armes aux autres pour s'en servir en cette guerre, le Gouverneur de Maroc * & quelques Alfaquis, luy représentérent que s'il le faisoit, il souleveroit toute l'Afrique contre luy. Ils trouvérent donc plus à propos d'envoyer sa femme, qui estoit fille du Roy de Sus, pour negocier avec son pere, & moyenner quelque accord, avec la liberté des prisonniers. Elle fit si-bien, qu'il consentit à la délivrance de son frére, & la paix se fit, à condition qu'ils partageroient entre-eux toutes leurs conquestes ; Que Mahamet demeureroit maistre comme auparavant, du Royaume de Sus, & de tout ce qui est au delà du mont Atlas vers le Midy, avec le quartier de Numidie & de Libye, qui touche au Sus éloigné, & que Hamet auroit tout ce qui est au deçà du grand Atlas, qui regarde le Septentrion, avec la ville

*Marginalia:* Muley Zidan. — e Gihani. — Marie.

# SVCCESSEVRS, LIVRE II.

ville de Tafilet, & ce qui touche au Royaume de Fez;
Que les tréfors du pere feroient partagez également, & que
le fils aifné du Roy de Sus feroit reconnu pour légitime fuc- *Mahamet*
cefleur des deux Eftats, & aprés luy le fils aifné du Roy de *Harran.*
Maroc. Que tous les prifonniers de part-&-d'autre feroient *Muley Zidan.*
mis en liberté fans rançon; mais qu'auparavant le Roy de
Maroc & fes fils, avec tous les Grans qui eftoient prifonniers, feroient ferment de n'enfraindre jamais aucun article
de cét accord, ni de faire la guerre au Roy de Sus. Que celuy de Maroc, comme l'aifné, auroit le quint de toutes les
prifes qui fe feroient déformais en commun; & lors que les
deux armées feroient jointes, feroit reconnu pour Souverain, & fon frére pour fon Lieutenant. La paix fut concluë
à ces conditions; mais le Roy de Maroc ne fut pas pluftoft
de retour, que la première chofe qu'il fit, fut de mander les *1543.*
Grans de fon Royaume, & de dire qu'il n'eftoit tenu à aucun article de cét accord, parce qu'il l'avoit fait eftant prifonnier, & au pouvoir de fon ennemi, & qu'il ne préjudi-
cieroit jamais au droit d'aifneffe de fon fils, qui eftoit légi- *Muley Zidan.*
time héritier de la Couronne. Il fit donc vne armée avec
plus d'ardeur qu'auparavant, & envoya declarer la guerre à
fon frére, qui raffembla auffi-toft toute la cavalerie qui eftoit
dans fes quartiers, & prit la route de Maroc, laiffant ordre
à fes fils de le fuivre avec le refte. Comme il eut paffé à
grandes journées le mont Atlas, il arriva à fept lieuës de la *Bataille de*
ville, où les armées s'eftant rencontrées, fe donnérent ba- *Guehéra.*
taille. Il arriva vne chofe digne d'admiration, que le jour
eftant fort clair & ferain, & l'air fi tranquille, qu'il ne fai- *le 19. d'Aouft*
foit aucun vent, l'étendart du Roy de Maroc s'embaraffa *1544.*
tellement dans vne épine, qu'on fut plus d'vn quart-d'heure à le dégager, & dans cét intervale fon frére donna de
telle furie, qu'il le défit, & le pourfuivit le refte du jour &
toute la nuit, avec fix mille chevaux, tant qu'au point du
jour il fe trouva aux portes de la ville. Alors rangeant toutes fes troupes en haye, il envoya dire aux habitans que s'ils
ne luy livroient la place, & qu'ils attendiffent le canon, il
feroit main-baffe fur tout. Le Gouverneur eftonné, croyant *Gihani.*
que fon maiftre fuft mort ou pris, n'ofa fe mettre en défen-

se, & pour gagner les bonnes graces du vainqueur, dit aux habitans, que Sus & Maroc n'eſtoient qu'vn meſme Eſtat; de-ſorte qu'on luy ouvrit les portes, & on cria Vive le Roy. Auſſi-toſt il fut à la forterſſe, & ayant mis des corps-de-garde par-tout, entra dans le Palais de ſon frére, où il trouva ſes femmes & ſes filles toutes troublées, qui cachoient deçà & delà ce qu'elles avoient de plus précieux, & laiſſoient le tréſor du Roy au pillage. Aprés les avoir raſſurées, & priſes ſous ſa protection, il mit le tréſor à couvert, & fut à l'arſenal, pour voir l'artillerie qui y eſtoit. Sur ces entrefaites, ſon frére arriva à la fauſſe porte du Palais, qui regardoit la montagne, avec quelques cavaliers qui le ſuivoient, & d'autres qui accouroient à ſon ſecours; car il s'étoit égaré dans l'obſcurité de la nuit, & avoit couru deçà & delà, tant que s'eſtant reconnu au point du jour, il avoit gagné cette porte, & y frappoit de grans coups afin qu'on luy ouvriſt. On luy cria de la muraille qu'il ſe ſauvaſt, & que ſon frére eſtoit maiſtre de la place. Auſſi-toſt il piqua ſon cheval de rage, & ſe retira tout confus à l'Hermitage

Cidi Abdala Ben Ceſi.

d'vn Morabite, qui eſtoit en grande vénération. De-là ſes deux fils aiſnez furent demander ſecours au Roy de Fez, qui les receut fort bien, & leur promit de leur en donner. Cependant, Mahamet eſtoit dans Maroc, où il faiſoit vn bon traitement à toutes les troupes de ſon frére qui arrivoient en deſordre, & donnant de l'argent à chacun, les enrolloit dans les ſiennes. Comme il eſtoit fort ſage, & qu'il faiſoit tout avec grande conſideration, lors qu'il ſeut que ſes neveux avoient eſté bien receus dans Fez, il fit tant par l'entremiſe des Alfaquis, qu'il procura vne entreveuë de ſon frére & luy, à deux lieuës de Maroc. Le jour venu,

prés de la riviére de Luyden.
1545.

il arriva au rendez-vous, & ſe campa ſur le bord d'vne riviére en vn lieu vn peu relevé, dans vn pavillon rond, qu'on découvroit de fort loin, & dont les rideaux eſtoient levez de toutes parts, environné de tous les ſoldats & Officiers de ſa garde, & ayant vne chemiſe de maille ſous ſa cotte-d'armes. Il eſtoit aſſis au milieu ſur vne eſtrade aſſez baſſe, & fermée de tous coſtez; de-ſorte qu'on ne le pouvoit voir, ni fraper que par devant, & tenoit en ſa main ſon cimeterre.

Le reste de ses troupes estoit en haye de part-&-d'autre, avec vne grande esplanade au milieu, par où ceux qui arrivoient le pouvoient découvrir de fort loin. Les petits enfans de son frére vinrent les premiers, suivis des plus grans, selon l'ordre de leur âge, l'aisné marchant le dernier. En approchant du pavillon, ils mirent pied à terre, & vinrent tous vn à-vn, luy baiser les genoux ou la main, en se prosternant tout bas, & il les baisa à la teste, aprés-quoy ils se levérent & se retirérent à vn costé du pavillon, où estoient ses fils, & les plus Grans de sa Cour. Le Chérif arriva le dernier en la compagnie de deux Alfaquis, & du Morabite dont nous avons parlé, & comme son frére le vit venir, il se leva, & le fut recevoir à la porte du pavillon, où ils s'embrassérent en pleurant, & s'estant assis tous deux sur la mesme estrade, furent long-tems à se regarder & à soûpirer, sans se pouvoir rien dire. A la fin Mahamet parla le premier, & dit; Que son frére n'avoit pas tenu la parole qu'il luy avoit donnée dans Tarudant, & que le manque de foy estoit plus honteux aux Rois qu'aux autres. Qu'aussi Dieu n'en avoit point différé la vengeance, & que sans luy il n'eust pas esté assez puissant pour prendre Maroc, & le dépoüiller de son Estat. Que ce parjure l'avoit rendu odieux, non seulement à ses Sujets, mais à ses enfans propres. Qu'il estoit son aisné, à qui il avoit toûjours obeï comme à son pere, & qu'il le feroit encore s'il le vouloit traiter de fils. Qu'il le reconnoissoit pour Souverain, luy obeïroit & le feroit obeïr en cette qualité, comme son Lieutenant; Que les habitans de Maroc l'avoient prié de ne le laisser pas entrer dans la place, de-peur qu'il ne les traitast à toute rigueur, & qu'il le leur avoit promis. Qu'il allast pour quelque tems en la ville de Tafilet avec ses enfans, & qu'il esperoit, avec l'aide de Dieu & de Mahomet, que tout ce qu'ils avoient conquis jusqu'alors, n'estoit qu'vn degré à de plus hautes esperances. Qu'il mettroit ses neveux en possession de plusieurs Estats, qu'il leur donneroit de sa main. Hamet aprés avoir dit quelque chose à sa décharge, luy fit de grandes actions de graces, & luy ayant recommandé ses interests, passa la nuit en cét endroit sur la foy du traité, & fut le lendemain à Tafilet, avec ses fils, & quelques Seigneurs Africains, qui le voulurent accompagner. Son frére retourna à Maroc, où se firent de grandes réjoüissances pour la paix, & comme il ne pouvoit demeurer en repos, & qu'il cherchoit de rompre avec le Roy de Fez, pour le bon accueil qu'il avoit fait à ses neveux, il luy redemanda la province de Tedla, comme estant du Royaume de Maroc. En consequence de cela, il commanda à son second fils de se joindre aux troupes qu'il envoyoit sur cette frontiére, sous le commandement de Mumen Bélelche, pour recueillir les contributions de la province, avec ordre de se rendre maistre d'vn fort chasteau, qui servoit de passage aux Estats de Maroc & de Fez, & pour cela estoit bien gardé. Aprés s'estre donc joints à Tefza, & avoir levé les contributions de la pluspart du païs, ils le furent assiéger. Le Gouverneur ayant fait entrer autant de gens & de vivres qu'il pût dans la place, se mit sur la défensive. Le Prince menoit avec soy les Turcs, & les Renégats de la garde de son pere, qui estoient plus de mille, sans la cavalerie de la frontiére, & deux canons de bronze, pour batre le chasteau. Aprés avoir logé ses troupes aux maisons qui estoient dehors du costé du Levant, voyant qu'on ne pouvoit monter l'artillerie de ce costé-là, qui estoit trop roide, il s'avisa de la faire passer de l'autre, qui estoit plus vni, pour batre vne tour détachée du chasteau, qui commandoit à vne fontaine, laquelle estoit au bas dans vne vallée fort profonde, où l'on descendoit le long d'vn mur, qui avoit deux parapets, ou défenses. Il jugeoit qu'en se rendant maistre de cette tour, on osteroit l'eau aux assiégez, & les contraindroit de se rendre. Aprés avoir donc dressé vne baterie à quelque deux cens pas de la tour, on commença à la batre ; mais comme elle estoit fort enfoncée, & que la baterie estoit haute, les balles n'atteignoient que les parapets, & quelques-vnes passoient sans les toucher. Cét inconvenient obligea le Prince à faire donner l'assaut, & les Turcs & renégats plantant les échelles, montérent avec beaucoup d'ardeur ; mais on se défendit vaillamment, & l'on fit vne sortie en mesme tems par vne fausse-porte, qui répondoit au fossé de la tour, &

*Abdel Cader.*

*le fils du renégat Génois Fistelle.*

*Ben Onzar.*

*Tiscurs.*

*l'Espagnol dit Perriers.*

*Depuis la tour principale, où estoit l'appartement du Gouverneur, jusqu'à la fontaine.*

prenant en flanc ceux qui eſtoient montez ſur les échelles, on les fit retirer avec grand meurtre. Le Prince voyant le peu d'effet que faiſoit la baterie, fit miner du coſté des logemens; mais la choſe ne pût eſtre ſi ſecrette, que ceux du chaſteau n'en fuſſent avertis, par l'adreſſe d'vn des mineurs, qui paſſant prés d'vne tour, dit en chantant, garde-toy malheureuſe, car les rats creuſent déja ſous ta robe; de-ſorte que le Gouverneur éventa la mine, & l'on fut contraint de la quiter. Sur ces entrefaites, on receut nouvelle que le Roy de Fez accouroit avec des troupes; de-ſorte qu'on leva le ſiége, & le jeune Prince retourna à Maroc, aprés avoir laiſſé Mumen ſur la frontiére. Sur ces nouvelles, le Chérif fit aſſembler toute la cavalerie, tant de Sus que de Maroc, & prit la route de Tedla, avec dix-huit pieces de canon & pluſieurs munitions, & ayant joint les troupes de Mumen, marcha contre l'ennemi, qui eſtoit déja entré dans la province. Le Roy de Fez avoit trente mille chevaux, qui eſtoient toute la fleur de la cavalerie de Fez, de Velez, de Dubudu, & des Arabes de ces quartiers, avec huit cens arquebuziers Turcs ou renégats, commandez par vn Perſan, qui eſtoit venu depuis peu d'Alger à ſon ſervice, avec quatre cens Turcs. Il avoit outre cela mille tireurs à cheval, & vingt-quatre canons de bronze. Mahamet avoit dix-huit mille chevaux, avec trois cens arquebuziers Turcs, & plus de mille tireurs, tant renégats qu'autres, outre l'artillerie que nous avons dit. Aprés avoir paſſé la riviére des Negres par le gué de Mécherat, il s'avança à petites journées avec ſes gens en bon ordre, ſur l'eſperance que ceux de Fez, nourris dans les delices, & les Arabes legers & inconſtans, s'ennuyeroient d'eſtre long-tems abſens de leurs familles, & ſe retireroient. Car encore qu'il euſt reſolu de donner bataille dés qu'il partit de Maroc, il témoignoit le contraire, & feignoit de reculer le plus qu'il pouvoit. Le Roy de Fez eſtoit campé ſur le bord de la riviére de Derna, en vn poſte avantageux, quoy-qu'en lieu vni; car il eſtoit bordé de la riviére d'vn coſté, & de l'autre de la montagne. Mais le Chérif ayant appris que ſes troupes ſe diſſipoient, pour les raiſons que j'ay dites, s'approcha peu à peu pour

*Holotes, & Beni Melec.*

*Sophian.*

*ou des arquebuziers.*

*Mécherat Eſfa.*

*Audevant de Fiſtelle.*

donner bataille. Le Roy de Fez s'en réjouït, de-peur que son armée n'achevast de se dissiper, & tirant toutes ses troupes de son camp, en fit cinq gros escadrons dans la plaine. Il en rangea l'vn à main-droite, sous le commandement de Muley Buhaçon, qui estoit son Lieutenant général, donna celuy de la gauche à commander à son frère, soustenus l'vn & l'autre par deux de ses fils, avec deux autres escadrons; il prit pour soy le cinquième, qui estoit le plus gros, avec vn autre de ses enfans. L'artillerie fut plantée en vn lieu avantageux, sur le penchant de la montagne, sous le commandement du Persan que j'ay dit, accompagné des Turcs & des renégats, & de quelques tireurs de Fez. En cét estat il attendit son ennemi. Le Chérif avoit assemblé dés la veille sur le soir tous ses Chefs & ses enfans, dans vne plaine qui estoit devant sa tente, & là environné de toutes ses troupes, leur avoit fait vn long discours sur l'importance de la victoire, qui luy ouvriroit le chemin de Fez & de toute la coste de la Barbarie, & outre la gloire qu'ils remporteroient, les combleroit de richesses. Alors se levant de son siége, tandis que tous les autres estoient assis, il leur dit, que s'il y en avoit quelques-vns qui appréhendassent l'issuë du combat, ils se retirassent de bonne heure, & qu'il ne leur en voudroit point de mal. Que chacun savoit comme les passetems & les délices de Fez amollissoient le courage, & partant qu'il n'y avoit point d'apparence que des bourgeois pûssent soutenir l'effort de braves soldats, nourris dans les armes dés leur enfance, & qui avoient fait de si illustres conquestes. Qu'il esperoit que le lendemain ils le rendroient le plus puissant Roy de l'Afrique, & qu'ils couronneroient leurs travaux d'vne gloire immortelle. Qu'ils apprestassent leurs armes & leurs chevaux, & que celuy à qui il manqueroit quelque chose, le demandast. Qu'il ne leur en diroit pas davantage, que le chemin estoit libre, comme il avoit dit pour ceux qui se voudroient retirer, & que les autres fissent paroistre leur valeur, & suivissent l'ordre de leurs Chefs, qui estoit le sien, & leur salut. Il dit en particulier aux principaux Officiers, que les devins luy promettoient qu'il n'en mourroit qu'vn des siens, qui estoit Negre, & qu'ils pren-

*De six mille chevaux chacun.*

*Le Seigneur de Velez de Gomere. Busqueri, accompagné du Seigneur de Dubudu. Cazeri & Chec. Bubquer. Marchan.*

*Qu'il trouvoit par les charmes, & des sortileges.*

droient le Roy de Fez. Alors ils s'écriérent tous, qu'il ne craignist pas que personne se voulust retirer ; Et qu'il reconnoistroit leur valeur dans le combat, aprés quoy chacun retourna dans ses quartiers, & le lendemain de grand matin il les mit en bataille, & s'avança peu à peu contre l'ennemi. Elle estoit composée de sept escadrons rangez en croissant, dont les deux pointes estoient commandées, la droite par Mumen, & la gauche par vn de ses fils, soustenu chacun par deux autres de chaque costé. Il estoit au milieu avec le reste de ses fils, & cinq mille chevaux des plus lestes, tous avec des habillemens de teste & des cottes-de-maille, & chacun la lance & le bouclier. Devant luy estoient entre les deux cornes tous les arquebuziers à cheval, suivis de l'artillerie traisnée par des païsans, & quelque petites pieces de campagne sur des mulets, avec vn homme de chaque costé, dont l'vn soustenoit le canon, & l'autre l'afust, qui estoit posé de travers sur le bast, avec de la poudre & des bales auprés, pour le pouvoir mettre à terre en vn instant, & tirer du costé qu'on voudroit. Toutes les troupes de part-&-d'autres estoient à cheval, parce-qu'ils n'ont pas accoustumé dans les batailles de se servir d'infanterie ; & comme on fut en présence dans vne plaine, où il n'y avoit ni arbre, ni buisson qui pût empescher la veuë, le Chérif alla par-tout animant ses gens, toute l'armée faisant alte, avec ordre aux deux pointes du croissant de ne point commencer l'escarmouche ni donner, qu'ils n'eussent le signal. Les deux armées furent long-tems de la sorte sans choquer, pendant vne chaleur à rostir les oyseaux, tant que le Soleil commença à decliner, & à donner à dos aux troupes du Chérif, & au visage des ennemis. Alors élevant vn petit étendart de toile blanche, semée de lettres d'or, qu'il portoit toûjours roulé prés de soy, & prenant trois cannes à la main, il commanda à vn de ses Ecuyers qu'il s'avançast devant luy, & poussant son cheval, luy jetta la premiére, puis la seconde, & de la troisiéme luy donna vn grand coup sur son escu avec plaisir. Aussi-tost il commanda d'avancer & de suivre cét étendart, & donna le signe du combat d'vn coup de canon sans bale, aprés-quoy tous les escadrons s'ébranlérent

*Muley Muçand.*

*Turcs, Renégats, Gazules.*

*Il se voit par la suite qu'il luy donne cét étendart.*

pour choquer chacun dans leur rang. Les arquebuziers après avoir fait leur décharge, s'ouvrirent & se joignirent aux deux ailes, pour donner lieu à l'artillerie de joüer. Alors on vint aux mains avec plus de bruit que de danger, parce-que ceux de Fez tinrent peu, & qu'il n'y eut que Buhaçon qui se barit. Le Chérif aussi-tost se mit à leur queuë, & les dissipa si viste, que nous autres qui regardions la bataille en demeurasmes estonnez, parce-qu'en effet, il ne mourut qu'vn homme de son costé, & de l'autre environ quarante. Le Roy de Fez voyant ses troupes rompuës de tous costez, voulut passer la riviére pour faire alte & les rallier ; mais son cheval bronchant parmi des pierres, le jetta dans l'eau, & le Negre d'vn fils du Chérif, luy donna deux coups d'estramaçon sur la teste, & l'auroit achevé sans vn page qui luy cria que c'estoit le Roy, ce qui l'arresta tout court. Là-dessus son maistre arrivant le prit, avec vn de ses fils, qui ne le voulut point abandonner. Sa prise acheva de dissiper ses gens, & Buhaçon, qui avoit fait tout ce qu'on pouvoit attendre d'vn homme de cœur, se retira en bon ordre, avec ce qui le pût suivre, faisant toûjours teste pour s'empescher d'estre enfoncé. Cependant, le Persan qui estoit à la garde du camp, voyant la défaite, mit pied à terre, & commanda à tous les Turcs & les renégats, & aux vassaux du Roy de Fez d'en faire autant ; & faisant vn réduit avec des cables, qui prenoient d'vne piece d'artillerie à l'autre, empescha que les Maures n'y entrassent en troupe pour les massacrer. Aprés avoir esté assez long-tems de la sorte sans que personne les attaquast ; le Chérif leur envoya dire, qu'il estoit prest de les recevoir à son service aux mesmes conditions que faisoit le Roy de Fez, avec permission à ceux qui se voudroient retirer, de le faire. Mais le Persan ne se fiant pas à cét ambassade, répondit que si le Chérif se vouloit servir d'eux, il leur envoyast quelqu'vn de ses fils, ou vn gage qui leur pût servir d'asseurance ; ce que le Chérif trouva bon, & tirant de son doigt vn anneau, l'envoya par vn de ses fils ; de-sorte que le Persan demeura à son service avec la plus grande partie de ses gens, le reste qui avoit femme & enfans dans Fez, jetta les armes, & se retira. Aprés le pillage du camp,

&

*Muley Muçaud.*

*Muley Bucar.*

*Marjan.*

*Muley Cayd.*

& les tentes du Roy saccagées, le Chérif mist pied à terre, & s'estant assis dedans, avec quelques-vns des principaux, on luy amena le Roy prisonnier, à qui il dit, Hamet Oataz, le couroux du Ciel est chû sur toy pour tes pechez, à cause des abominations que tu souffres tous les jours dans Fez, & ta prison establit la gloire de Dieu & celle de Mahomet. Ne crain point que je te face mal, pour avoir voulu favoriser mon frere & mon neveu à mon préjudice ; Tu n'es pas au pouvoir d'vn Chrestien, mais d'vn Mahometan ; & tu rentreras dans ton trône si tu es sage. Alors ce Prince leva vn peu la teste, parce-qu'il estoit fort incommodé de ses blessures, puis la baissant répondit ; Ce qui est écrit sur le front des hommes doit s'accomplir, & leur parole estre la regle de leurs actions. Les Rois ne sont pas capables de déraciner des vices envieillis, & qui ont pris pied par vne longue habitude, & cela n'estoit pas suffisant pour vous obliger à me faire la guerre, veu que je ne vous ay jamais fait aucun déplaisir. Au contraire, avant que la fortune vous fust favorable, vous savez que je vous ay fait le meilleur traitement que j'ay pû & à vostre frere, & vous n'avez rien demandé, que mon pere & moy ne vous l'ayons accordé aussi-tost. Peut-estre par vn secret jugement de Dieu, afin que vous nous puissiez rendre la pareille en ce tems-cy, car du reste vous n'avez point à vous plaindre du bon accueil que j'ay fait à vos neveux, puisque je vous en eusse fait autant si vous eussiez esté en leur place. Le Chérif se sousrit à ces paroles, & continüant à le consoler, le fit mettre dans vn pavillon, & envoya vn excellent Chirurgien Iuif pour le traiter. *Maistre Leon.* Le mesme jour le Gouverneur du chasteau, dont nous *Fistelli.* avons parlé, luy estant venu présenter les clefs, sur la nouvelle de la défaite, fut fort bien receu, & son exemple suivi des autres Gouverneurs de la province. Deux jours aprés il décampa, & prit la route de Fez, emmenant prisonnier le Roy & son fils, sur l'assurance que ce Prince luy avoit donnée, qu'il luy feroit bailler Méquinez pour sa rançon. Mais il en arriva autrement, car Buhaçon s'estant jetté dans Fez avec les restes de la défaite, & voyant la confusion qui y estoit, à cause qu'elle estoit sans maistre, ne voulut pas souffrir qu'on élût le frére du Roy pour gouverner pendant la prison du Prince. Et comme les principaux estoient assemblez dans la sale du conseil avec les Chefs des Arabes, il entra disant, Dieu mette sur le trône Muley Caſſery, fils du Roy, & son legitime succeſſeur; & luy baisant le premier le pied, tous ceux qui estoient presens en firent autant, à la charge toutefois de rendre la Couronne à son pere si-tost qu'il seroit en liberté. Aussi-tost il nomma Buhaçon pour son Lieutenant général, luy recommandant le soin de l'Estat, comme à vn Prince du sang, outre que Fez se venant à perdre, il perdroit son appanage. Caſſery donc qui estoit fils d'vne Chrestienne de Cordouë, estant reconnu pour Roy, les Alfaquis luy vinrent dire, que Dieu avoit permis la défaite de son pere, parce-qu'il souffroit que les Chrestiens fiſſent du vin dans Fez, & en vendiſſent aux Maures, & qu'il faisoit nourir des lions. Aussi-tost pour les contenter il fit desfoncer tous les tonneaux, & tuer à coups de fléches les lions qui estoient dans le parc. Cependant, le Chérif s'avançoit à grandes journées, & ayant paſſé vn détroit qui est à quatorze lieuës de la ville du costé du Couchant, où peu de gens pouvoient défendre le paſſage à toute vne armée, il crût que personne ne luy osoit resister, & se vint camper sur vn petit tertre, qui n'est qu'à quatre ou cinq lieuës de Fez. Il envoya delà vn cavalier, avec des lettres du Roy prisonnier, pour sa mere, son fils & Buhaçon, qu'il prioit de livrer la ville de Méquinez au Chérif, qui avoit promis de le mettre pour cela en liberté, & de luy rendre son Estat; ce qui n'estoit pas à negliger dans cette conjonéture. Le Chérif mesme écrivit à d'autres Chérifs, & à quelques habitans de ses amis, qu'ils fiſſent en sorte d'executer volontairement, ce qu'on seroit contraint aussi-bien de faire par force. Comme les gens du Chérif furent arrivez à Fez avec ses dépesches, Buhaçon les receut fort bien, & les entretint d'esperance, sachant qu'il ne pourroit pas demeurer long-tems où il estoit faute de vivres, & assemblant les principaux de la ville, & les Deputez de tous les quartiers, il resolut de sortir vne nuit avec huit mille arquebuziers ou arbalestriers, & quelque cavalerie, & de venir

*Basqueri.*

*Velez de Gomére.*

*En veuë des jardins d'Azuaga.*

*Les six.*

fondre sur l'ennemi, tandis que ceux de Méquinez se saisiroient du passage de Honéguy. Sur cét avis, le Chérif fit ravager tout ce qui estoit depuis son camp jusqu'à la ville, & égorger en sa présence plus de deux cens prisonniers, puis décampant gagna en vn jour & vne nuit ce passage, avant qu'on s'en pût saisir, & retourna à Maroc avec le Roy de Fez & son fils, chargez de fers. L'année suivante sachant qu'il y avoit de la division parmi les ennemis, il assembla vne armée plus grande que la première; car toute la cavalerie de Sus & de Maroc y estoit, avec vingt-quatre pieces d'artillerie, & quantité de chameaux, pour porter les munitions & les vivres. Il en donna le commandement à ses deux aisnez, avec ordre d'entrer du costé de Caçar-qui-vir, de-sorte qu'à la faveur d'vn puissant Prince Arabe, qui l'estoit venu trouver, ils se rendirent maistres de ces quartiers, & de Méquinez. Sur ces entrefaites, le Seigneur de Chéchuan, & le Gouverneur de Tétuan, firent ligue ensemble, pour ne point obéir à Caçery, & écrivirent au Chérif que s'il venoit, ils essayeroient de le rendre maistre de Fez; mais Caçery en ayant eu avis, envoya contre-eux Buhaçon avec force cavalerie & infanterie. Aprés avoir esté quelque tems devant Tétuan, il se retira sans la pouvoir prendre, à-cause de la bonté de la citadelle, & revint joindre le Roy, qui avoit mis en campagne, sur la nouvelle de l'arrivée des fils du Chérif, pour essayer de tirer à sa devotion les Gouverneurs de Caçar-qui-vir, de Larache, & d'Esegen, avec les Arabes de ces quartiers, qui estoient à demi-soûlevez. A la venuë de Buhaçon on tint conseil, où ce Chef se mit en telle colére contre les principaux, qui ne vouloient pas suivre son avis, qu'il remonta à cheval, & dit qu'ils fissent ce qu'ils voudroient, & qu'il alloit donner ordre à son bien. Caçery estant de retour à Fez, envoya aussi-tost vn de ses freres vers les Gouverneurs des places que nous avons dites, pour les prier de le joindre avec leurs troupes, parce-qu'ils ne s'étoient pas encore declarez; mais celuy-cy n'en pût rien tirer, & ayant eu avis qu'on se vouloit saisir de sa personne, se retira plus viste que le pas à Fez. Dans cette conjoncture, Caçery envoya son propre fils avec son Gouverneur à

1548.

Mahamet Harram, & Abdel Cader.

Mahamet Bentres, ou Barrax, brave Maure, & Hescin.

Holotss.

Abdala Ben Ferez, & Laa del Carvax.

Yahaya.

Velez, prier Buaçon d'oublier ce qui s'estoit passé, & comme Prince du sang, avoir soin de la conservation de l'Estat. Cela le toucha tellement, qu'il partit aussi-tost avec toutes ses troupes, & estant arrivé à Fez, fut receu pour Lieutenant général. Cependant, les fils du Chérif estoient entrez du costé de Caçar-qui-vir, où les places se rendoient à eux, parce qu'il n'y avoit personne pour les défendre. Mais les Alfaquis s'entremettant d'vn accord, les fils du Chérif & Caçery, firent la paix à cette condition, que le Chérif auroit Méquinez, à la charge de mettre le Roy en liberté. Cela ayant esté executé de part & d'autre, le Roy donna au Chérif à son départ, deux beaux chevaux richement enharnachez ; mais le Chérif luy dit, comme il prenoit congé de luy, qu'il ne tomboit pas d'accord de ce que ses fils avoient fait, & qu'il vouloit qu'on luy rendist la ville de Fez, si-tost qu'il la demanderoit, ce que le Roy luy promit, aprés quoy il le laissa aller. Si-tost qu'il fut arrivé à Fez, son fils luy remit entre les mains le Gouvernement ; mais au bout de deux mois, le Chérif arriva devant la place avec vne armée, & envoya sommer le Roy de sa promesse. Ce Prince ayant sceu qu'il n'avoit pas beaucoup de troupes, répondit que son fils, & les habitans, s'y opposoient, & qu'il n'estoit pas en estat de les faire obéir, aprés-quoy il mit ses gens en ordre. Cela mit en telle colére le Chérif, qu'il fit couper aussi-tost la teste à l'Ambassadeur, qui estoit vn Chérif de Fez, & envoya quatre mille chevaux courir jusqu'aux portes de la ville, & mettre tout à feu & à sang. Mais ils furent batus à vne sortie, & contraints de se retirer avec perte. Ce qui obligea le Chérif à se retirer à grand' haste dans Méquinez, d'où il manda toutes ses troupes, avec ses deux fils, Abdala & Abderrame. Comme ils furent arrivez avec celles de Maroc, de Sus & de Cara, il prit le chemin de Caçar-qui-vir, & tournant par la province d'Asgar vint à la riviére de Subu, & se campa devant Fez, où son neveu Muley Zidan estoit arrivé de Tafilet au secours du Roy de Fez. Ce jeune Prince sachant que son oncle estoit campé sur la riviére de Subu, fut pour luy défendre le passage, & il y eut vn combat fort opiniastre dans le gué mesme, où

*Vzir, ou Vizir.*

plusieurs moururent de part-&-d'autre; mais la nuit les separa. Quelques jours après Buaçon tomba malade, & Muley Zidan voyant que les choses n'aloient pas à sa fantaisie, retourna trouver son pere à Tafilet. Sur ces nouvelles, le Chérif passa le gué, après avoir défait le Roy de Fez au passage, & se campa à deux grandes lieuës de la ville, à la source du ruisseau, qui passe dans Fez, d'où il couroit jusqu'aux portes; & pour la mieux bloquer, envoya son fils Abderrame se camper de l'autre costé avec vne partie de l'armée. Cela fut cause que les habitans commencérent à manquer de vivres, & pour y donner ordre, le Roy commanda à Buaçon de sortir vne nuit de Fez avec toute la cavalerie sur le camp d'Abderrame; mais les habitans en donnérent avis eux-mesmes au Chérif, qui luy envoya du secours. Comme Buhaçon donc vint pour executer son dessein, il trouva deux embuscades qui le rechassérent dans la ville, avec douze chevaux seulement, le reste ayant pris la route de Velez. Cependant, les assiégez voyant que les vivres leur manquoient, & qu'ils n'estoient pas en estat de se défendre, s'alloient rendre à centaines au Chérif, qui les recevoit à bras ouverts; après-quoy il s'approcha à quelque deux portées de canon de la ville. Aprés que le siege eut duré deux ans, il traita secrettement avec ceux de Fez, & s'approchant la nuit du mur, le fit rompre avec des picqs & des marteaux, & entra dans la place, sans que le Roy qui estoit dans le nouveau Fez s'en apperceust. Mais sur cét avis il le vint rencontrer au milieu des ruës, où l'on se batit avec grande furie de part-&-d'autre; & il eust remporté l'avantage, si les habitans, & les femmes mesmes, voyant que les vns crioyent, Vive le Chérif, & les autres Vive Merini, n'eussent crié, Vive celuy qui nous donne du pain, & assommé à coups de pierres du haut des maisons & des fenestres les troupes du Roy, qui voyant cela se retira au nouveau Fez. Le Chérif estant maistre de la vieille ville & de son chasteau, y mit des troupes, & se retira en son camp. La nuit mesme, Buaçon conseilla au Roy de venir avec luy à Velez, où il imploreroit le secours des Princes Chrestiens, & recommenceroit la guerre; mais il répondit qu'il n'avoit

*à quelque deux lieuës du vieux Fez, du costé du Nort.*

*Lieu de son appanage.*

*Sur le bord de la riviére, à la plaine de Buger.*

*prés la porte de Bebel Fetoh.*

*Sous le commandement d'Hamubendeud.*

NNn iij

pas le courage d'abandonner sa mere, ses femmes & ses enfans à la mercy du vainqueur ; & qu'il aimoit mieux faire quelque honneste composition avec le Chérif. Sur cette réponse, Buhaçon monta sur vn cheval bay-brun, qui estoit fort viste, & sortit la nuit par vne fausse porte. La mesme nuit, la mere du Roy vint au camp, & pria le Chérif avec larmes, de laisser à son fils quelque partie de ses Estats, pour y passer le reste de sa vie, ce qu'il promit, à la charge qu'il sortiroit dans trois jours avec tout ce qu'il avoit. Cela ayant esté executé, le Chérif entra dans la place, & prit possession du Palais, aprés-quoy il manda au Roy de Fez qu'il se retirast à Maroc, & Caçery avec Abu Nacer à Tarudant, où il leur feroit savoir sa volonté. Aussi-tost il épousa en grande solemnité vne fille du Roy de Fez, & demeura maistre par ce moyen de la ville, & de la plus grande partie de l'Estat. Ensuite il envoya dire à son frére qu'il sortist de Tafilet, puisqu'il luy avoit manqué de parole, & qu'il avoit envoyé son fils au secours du Roy de Fez, & qu'il se retirast à Tiguret, qui estoit dans le desert. Son frére, pour s'excuser, luy envoya tous ses fils pour demeurer à son service, mais il luy commanda d'aller où il luy avoit dit avec ses deux aisnez, & maria les deux cadets à deux de ses filles. Cependant, son frére s'estant retiré à Tiguret, selon son ordre, Abderrame se saisit de Tafilet ; mais Hamet se gouverna si tyranniquement dans sa nouvelle possession, que les Sujets se soûlevant contre luy, il fut contraint d'implorer le secours du Chérif ; mais comme il estoit sur le point de luy en envoyer, il nâquit quelques troubles dans son Estat, qui l'arrestérent. Car comme il eut envoyé dire au Seigneur de Dubudu, qu'il luy vinst rendre hommage, comme son vassal, il n'y envoya que son fils ; & sur les plaintes du Chérif, donna ordre sous-main à son fils de se retirer à Mélila, où il se tenoit luy-mesme, & y demeura jusqu'à ce qu'il se joignit à Sal Arraez, & à Buhaçon lors qu'ils marchérent contre Fez.

Pour retourner maintenant à Buaçon, si-tost qu'il fut arrivé à Velez, il dépescha vne frégate à Dom Alvare Baçan, pour se mettre sous la protection de l'Empereur, & luy of-

# SUCCESSEURS, LIVRE II.

frir le Pegnon de Velez, pourveu qu'il le secouruſt contre le Chérif, avec priéres à Dom Alvare de luy envoyer des galéres pour paſſer en Eſpagne. Cependant, il entretenoit de paix le Chérif, & luy offroit ſes places; & voyant qu'il ne recevoit point de réponſe de Dom Alvare, arma deux fuſtes, & donnant la liberté aux forçats qui eſtoient Chreſtiens, leur commanda de le mener en la Chreſtienté. Mais les Maures de Velez en donnérent avis au Chérif, qui l'envoya prier de venir à Fez, pour luy communiquer quelque affaire d'importance. Il ſe contenta d'y envoyer ſon fils, *Nacer.* feignant d'eſtre indiſpoſé; mais le Chérif recharge, Que c'eſtoient des affaires qu'il ne pouvoit communiquer qu'à luy ſeul, & traite avec quelques habitans de Velez pour ſe ſaiſir de ſa perſonne. En ayant eu avis, il ſe voulut jetter dans le Pegnon; mais le Gouverneur ne le voulut pas rece- *Zorhoni.* voir, ni d'autre-coſté livrer le Pegnon au Chérif; de-ſorte que Buaçon vint à cheval au milieu de la place de Velez, & pour diſſimuler ſon deſſein, commanda à toutes les troupes de ſe tenir preſtes pour l'accompagner à Fez. Aprés les avoir appaiſées par cét artifice, il fut le lendemain coucher à quatre lieuës delà, & ſur le minuit, que chacun repoſoit, il prit vingt-cinq captifs Chreſtiens qu'il avoit avec luy, & tournant vers la mer, s'embarqua avec eux dans vne barque de peſcheurs, & ſe rendit à Mélila, aprés avoir laiſſé ſon cheval ſellé & bridé ſur le rivage.

Tandis que ces choſes ſe paſſoient, le Chérif pourſuivant ſes conqueſtes, envoya trois de ſes fils, Harran, Abd el Cader & Abdala, contre Treméçen, dont ils ſe rendirent maiſtres ſans mettre l'épée à la main. Car le Turc qui y commandoit la rendit, Harran laiſſant ſon frére Abdala dans la place, marcha contre Oran, comme pour l'aſſiéger, & envoya ſes gens eſcarmoucher contre la garniſon; mais quelque tems aprés il ſe retira à Fez, où il mourut de maladie. Cependant, le Chérif ayant appris que les Turcs d'Alger marchoient contre Treméçen avec grandes forces, il envoya Abd el Cader au ſecours de ſon frére; mais comme ſes troupes eſtoient laſſes de la grande traite qu'elles avoient faite, ſon pere luy donna quatre mille chevaux des ſiens,

& commanda à Abderrame, qui estoit dans Tafilet, de l'accompagner avec quatre mille autres qu'il commandoit, & qui estoient reposez & en fort bon estat. Ces deux jeunes Princes, qui estoient frères seulement du costé du pere, ne pûrent s'accorder, ce qui fut cause de leur ruine. Car estant arrivez à Treméçen, Abdel Cader pria Abderrame de luy donner deux mille chevaux des siens, qui estoient tout frais, & d'en prendre deux mille des siens, qui estoient fatiguez, ce qu'il ne voulut pas faire d'abord; mais il le fit depuis, à la prière d'Abdala. Il ne se voulut pas aussi trouver à la bataille, où l'vn de ses frères fut tué, & l'autre blessé au bras d'vn coup de lance, & comme vn * de ses cousins germains l'en reprenoit, il luy donna vn coup d'estramaçon sur le bras, dequoy s'estant plaint au Chérif, on croit que le Chérif fit empoisonner Abderrame, car il mourut vn mois aprés. Ensuite les naturels Africains de Deren Deren s'estant soûlevez contre le Chérif, il crût que c'estoit à la solicitation du Roy de Fez, & de ses fils, qui estoient dans Maroc & dans Tarudant, & les envoya égorger tous en mesme tems. Aprés leur mort Abdala marcha avec trois mille arquebuziers Turcs & renégats contre les montagnars de Deren Deren, & estant arrivé au pied de la montagne, ordonna au Commandant * des renégats de grimper en haut avec ses gens. Les Montagnars les laissérent grimper, & comme ils furent presque en haut, ils les chargérent à l'improviste, & roulérent sur eux de gros quartiers de pierre, dont ils les assommérent & les dissipérent; de-sorte qu'il ne s'en sauva que trente. Le lendemain Abdala fit le mesme commandement aux Turcs, qui faisoient les braves, & blasmoient les autres de lascheté; mais ils ne furent guere mieux traitez que leurs compagnons, & il ne s'en sauva que cinquante. Le Chérif en colére de ce succés, remanda son fils, & fut en personne contre ces Barbares, pensant les estonner de sa présence; mais aprés avoir saccagé quelques lieux qui estoient au bas de la montagne, il ne pût se rendre maistre du haut, & fut contraint de s'en revenir.

Buaçon estoit alors à Mélila, qui demandoit secours au Prince Maximilien, Gouverneur de l'Espagne en l'absence de

*marginalia:*
Contre Abeci, & les Turcs.
* Bahami.
* Iafar.

de l'Empereur, & le Maure luy promettoit de luy livrer le  *Charles-*
Pegnon de Velez, & de se faire tributaire de l'Empereur,  *Quint.*
s'il luy faisoit recouvrer son Estat. Il envoya donc le Général des galéres d'Espagne le prendre, avec seize galéres, où  *Bernardin de*
Buaçon s'estant embarqué, cingla vers la forteresse ; mais le  *Mendosse.*
Gouverneur ne la voulut jamais rendre, quoy-qu'on luy fist  *1545.*
de grandes offres, & fit à la fin tirer sur les galéres ; de sorte que celuy qui les commandoit, retourna à Malaga avec
Buaçon, qui prit aussi-tost la route de Valladolid pour traiter avec Maximilien. Ce Prince ne prenant aucune resolution, fut trouver Charles-Quint à Ausbourg, où comme
on le remettoit de jour à autre, à-cause que l'Empereur
estoit accablé d'affaires, il revint en Espagne avec Philippe  *Le fils de*
son fils, & voyant qu'il ne concluoit rien, fut trouver le  *Charles V.*
Roy de Portugal. Muley Bubcar le vint trouver à Lisbon-  *Dom Iuan.*
ne, avec des lettres de quelques habitans de Fez, qui le
prioient de retourner, & promettoient de le servir contre
le Chérif. Sur ces nouvelles, Buaçon fit tant avec le Roy,
qu'il luy donna de l'argent, & cinq cens soldats ; de-sorte
qu'il partit avec cinq caravelles, & abordant en vn port qui  *1553.*
est à sept lieuës de Velez, mit pied à terre, avec quelques
Gentilshommes Portugais, & n'y fut pas long-tems, que  *Port des Al-*
plusieurs Montagnars le vinrent trouver. Comme les ga-  *huzemes.*
léres estoient ancrées au port, Salarraez Gouverneur d'Al-  *De la valée*
ger, qui venoit du détroit de Gibraltar avec dix-huit navi-  *de Botay, &*
res à rame, voyant que c'estoient des vaisseaux Chrestiens,  *des monta-*
les investit, & combatant jusqu'au lendemain matin, les prit,  *gnes de Go-*
malgré les instances de Buaçon, qui fut exprés à sa galére  *mére.*
luy représenter qu'ils estoient à son service, & qu'on les luy
avoit prestez pour faire la guerre à leur commun ennemi.
Mais l'autre luy fit vn grand crime, de ce qu'estant Mahométan, il imploroit le secours des Chrestiens, pouvant se
servir de celuy du Turc. Salarraez estant de retour à Alger, Buaçon qui n'osoit plus demeurer en ces quartiers,
l'y fut trouver à travers les montagnes de Treméçen. & fit
si-bien que pour vne mediocre rançon, il luy donna tous
les Chrestiens qu'il avoit pris, avec les cinq caravelles, &
s'offrit à se joindre avec luy, pour déposséder le Chérif.

OOo

Buaçon accepta ses offres, & luy promit mille pistoles par jour pour la solde des Turcs, dont il luy donna assurance dans Alger, avec promesse de luy laisser tout l'or, l'argent & les pierreries qui se trouveroient au Chérif. En vertu de cét accord, Salarraez partit d'Alger avec quatre mille Turcs, & douze pieces de canon, & se rendit à Treméçen avec plusieurs gens qui se joignirent à luy en chemin. Muley Amar de Dubudu, qui s'estoit retiré à Mélila, & avoit recouvré depuis son Estat, le fut joindre avec le plus de troupes qu'il pût. Le Chérif estoit alors dans Maroc, qui faisoit la guerre aux Berébéres de Derenderen, où ayant sçeu la venuë des ennemis, il s'alla jetter dans Fez, avec les gens de guerre qu'il avoit avec luy, & fit rassembler toute sa cavalerie, pour le venir trouver. Cependant, il s'avança vers Tézar, qui est sur la frontiére de Treméçen, par où les Turcs venoient, & se campant sous les murs, fut long-tems à les attendre. Mais comme Salarraez marchoit lentement, pour rassembler toûjours des troupes, il fut contraint de se retirer, parce-que les vivres luy manquoient, & que les enfans de Buaçon, qui s'estoient jettez dans les montagnes, enlevoient les convois. Il estoit à peine parti, que Salarraez arriva, & les habitans se rendirent, à la charge qu'il laisseroit aller libres deux cens soldats qu'on leur avoit laissez en garnison. Ce Général prit aussi-tost la route de Fez par des lieux avantageux, pour ne point combatre contre le Chérif, qui le défioit avec sa cavalerie dans la plaine ; mais vn jour qu'Abdala commandoit l'arriéregarde, les Turcs l'attendirent à vn défilé, & l'ayant défait, prirent tout le bagage & toutes les munitions ; de-sorte que le Chérif fut contraint de marcher jour & nuit, & de se jetter dans Fez. Quelques jours aprés Salarraez vint camper sur la riviére de Subu, ce qui obligea le Chérif à sortir en campagne, parceque la ville de Fez a ce privilege, qu'elle fait jurer à ses Rois à leur avenement, de se pouvoir rendre lors-que l'ennemi est à demi-lieuë de la ville ; & que le Prince n'est pas assez fort pour le combatre ; Car ses fondateurs n'ont pas voulu qu'vne si grande ville se perdist pour garder vne vaine fidélité, lors-que le Roy n'est pas en estat de défendre la

*de 40. mille pour 40. jours.*

*50. jours.*

*Le fils du Chérif.*

*ou Cebu.*

## SVCCESSEVRS, LIVRE II. 475

place. Le Chérif donc ayant assemblé son Conseil, il fut résolu qu'on donneroit brusquement sur les ennemis, qui estoient las & fatiguez d'vne longue marche; de sorte qu'il envoya huit mille chevaux pour attacher l'escarmouche; & sur l'avis que son Capitaine des gardes, qui estoit Turc, écrivoit à Salarraez, il luy fit couper la teste; aprés sortant de Fez avec toute l'armée en bon ordre, il assit son camp sur le chemin qui va à Dubudu, pour couper le passage aux ennemis, ou du moins combatre avec avantage contre-eux dans le gué, comme il avoit fait contre son prédécesseur. Il avoit quatre-vingts mille hommes dans son armée, presque tous gens de cheval, parce-que les Gouverneurs de Sus, de Dara, de Maroc, & du Royaume de Fez, y estoient accourus, & ayant à la teste les huit mille chevaux que j'ay dit, il se fut camper si prés des Turcs, qu'il n'y avoit que la riviére entre-deux qui les séparoit. Salarraez voyant qu'il s'estoit campé là pour luy empescher le passage, planta ses douze pieces d'artillerie sur le bord de la riviére, & faisant prendre à chaque cavalier vn arquebuzier en trousse, passa à gué à la faveur du canon, comme les ennemis s'estoient vn peu retirez pour se mettre à couvert. Les arquebuziers ne furent pas plustost passez, qu'ils se remparérent contre la cavalerie, avec vne palissade qu'ils avoient portée avec eux, & firent ferme tandis que le reste passoit; & la valeur des Turcs fut si grande, que tous les efforts de la cavalerie ennemie ne furent pas capables de les desloger de ce poste. Salarraez passa de la sorte toutes ses troupes ce soir là, & se campant entre la riviére & vn ruisseau profond qui est du costé de Fez, demeura toute la nuit sous les armes. Le lendemain matin, le Chérif partagea son armée en trois, & en envoya l'vne sous le commandement d'Abdala, se poster d'vn costé du grand chemin, en vn petit village nommé Dardubag; il se mit de l'autre dans vne plaine, & la troisiéme au milieu du chemin, qui estoit coupé d'vn retranchement, où il y avoit douze pieces de canon. Salarraez ayant apperceu l'ordre des ennemis, partagea son armée en deux corps, de quelque six mille hommes chacun, la pluspart arquebuziers ou archers, & en donna l'vn à Buaçon, & au Seigneur

*Cara Ali.*

*Le feu Roy de Fez.*

OOo ij

de Dubudu, pour marcher vers vn village qu'on nomme Zeféte, afin d'attirer les ennemis de ce cofté-là, & de laiffer ouvert le chemin de Dardubag. Car ayant gagné ce lieu, qui eftoit vn petit tertre, il pouvoit aller jufqu'à Fez par vn chemin afpre & raboteux, fans craindre la cavalerie de l'ennemi. Ce deffein luy réüffit ; car comme Buaçon & le Seigneur de Dudubu firent mine de tourner vers Zeféte, les huit mille chevaux de Sus, qui eftoient à l'avantgarde, s'avancérent pour le défendre, parce-qu'il y avoit dedans beaucoup de vivres, & Salarraez tourna auffi-toft avec l'autre brigade fur ceux qui eftoient demeurez à la garde du tertre, & les dénichant à coups d'arquebufe, s'en rendit maiftre. Mais à la contremarche qu'il fit, les huit mille chevaux donnérent fur fon arriéregarde, qui eftoit l'avantgarde auparavant, & en ayant tué quelques-vns, gagnérent trois pieces de canon ; mais les Turcs les recouvrérent ; & les ayant perdus vne feconde fois, les regagnérent encore vn coup. Sur ces entrefaites, le Chérif donna le figne du combat, & voyant que les Turcs qui eftoient à fon fervice s'approchoient des ennemis fans tirer ; il fe défia de quelque trahifon, & leur commanda de s'arrefter, & que les renégats priffent le devant ; mais ce fut trop tard, car celuy qui commandoit les Turcs de fa garde, abatant l'étendart du Chérif, fit figne à fes gens, qui fe tournant auffi-toft, firent tous enfemble leur décharge fur les renégats qui les fuivoient, & aprés en avoir tué plufieurs, les mirent en fuite. Alors Salarraez fit tirer toute l'artillerie contre les ennemis qui étoient en bataille fur le chemin, & les Turcs qui eftoient fur le tertre venant fondre fur eux à mefme tems, leur firent lafcher le pied par vne furieufe décharge. Le Chérif avant que toute fon armée fe débandaft, fonna la retraite, & commença à prendre la route du nouveau Fez, avec les troupes de Sus & de Maroc, parce-que ceux de Fez le quitérent tous, & fe furent jetter dans la vieille ville. Les Turcs marchérent pas-à-pas jufqu'à la porte de Beb el Fetoh, fans quiter leurs rangs, & s'eftant campez auprés, plufieurs des amis de Buaçon le vinrent trouver. Le Chérif eftant entré dans la nouvelle ville, commanda à fon fils Abdala de fe jetter

*Caraguardi, renégat de Malaga.*

# SVCCESSEVRS, LIVRE II.

dans la vieille avec sa cavalerie ; ce qu'il fit, & avec deux pieces de canon, commença à tirer de la porte de Beb el Fétoh sur les Turcs. Salarraez en colére, envoya querir Buaçon, & luy reprocha, qu'il luy avoit promis qu'en arrivant devant Fez, la ville se rendroit. Buaçon luy demanda cinq cens Iannissaires, avec lesquels il entra dans la place, aprés avoir rompu les portes, sans que personne se défendit. Abdala voyant le peu d'assurance qu'il y avoit aux habitans, sort en haste par la fausse porte de la forteresse, & passant par le fauxbourg de Merz, rentre dans la ville neuve, & dit à son pere ce qui se passoit. Aussi-tost le Chérif commanda à vn de ses Chefs de se mettre avec ses troupes à la porte de la ville, pour faire mine de se défendre, tandis qu'il se retireroit avec tout son train. Cela fait, il entre dans son Palais, & dit à ses femmes, que chacune pensast à se sauver comme elle pourroit, sur des chevaux ou sur des mules, & prist la route de Maroc ; pour luy, montant sur vn cheval fort viste, il sortit par vne fausse-porte l'épée à la main. Les pauvres femmes se mettant deux-à-deux sur vne monture, sans aucune escorte, la pluspart furent prises par ceux du fauxbourg, le reste se sauva comme il pût. Deux de ses filles tombérent en bas du cheval qui les portoit, & rentrant dans le Palais, priérent quelques Chrestiens de les défendre jusqu'à la venuë de Salarraez ou de Buaçon, ce qu'ils firent, aprés avoir fermé les portes. La plus grande partie du trésor du Chérif fut pillée, car il fit ouvrir les portes en sortant, & permit à chacun de prendre ce qu'il pourroit, ce qui en enrichit plusieurs des siens, & encore plus des ennemis. Celuy qui estoit resté à la garde de la ville, voyant son maistre en seureté, fit sa composition de sortir avec armes, chevaux & bagage, & pour assurance le Turc luy envoya sa masse d'armes, qui estoit d'argent, & le Maure luy rendit la place.

*Aliben Bubcar.*

*C'est ainsi qu'on va sur des chameaux dans de grans paniers, qui sont de costé & d'autre.*

Salarraez estant maistre de Fez, quelques-vns des principaux de son parti, ennemis de Buaçon, le dissuadérent de luy donner la Couronne, sous prétexte qu'elle ne luy appartenoit pas, & qu'il estoit plus affectionné aux Chrestiens qu'aux Maures ; de-sorte qu'il le fit arrester, & proclamer

*Laadel, Cacem Zarahoni, Mahamet Barrax.*

Roy en sa place Muley Bubcar, fils & héritier du defunt. Sur cette nouvelle, toute la ville de Fez se souleve contre les Turcs, qui furent contraints, pour appaiser cette émute, de délivrer Buaçon, & de le faire voir au peuple par les créneaux de la forteresse. Mais le peuple crioit, pourquoy on le montroit comme vn miroir, & qu'on ne le mettoit pas en liberté; si-bien qu'on fut contraint de le leur rendre, après qu'il eut promis de revenir. Comme il fut dans la Mosquée de Carvin, il commença à se plaindre des Turcs, qui l'avoient mis en prison, & l'avoient voulu égorger; de-sorte qu'il ne fust pas retourné sans vn des principaux Officiers, qu'on luy avoit donné pour l'accompagner, qui dit qu'il n'oseroit pas retourner sans luy, & l'obligea à tenir sa parole. A son retour, Salarraez luy fit de grandes caresses, & le fit proclamer Roy, moyennant vne once d'argent qu'on imposa sur chaque feu, pour la peine de la sédition. Mais il ne laissoit pas de le haïr, & avant son départ donna ordre à Muley Bubcar, qu'il envoyoit avec escorte à Maroc, pour faire vn échange des filles du Chérif avec celles de Buaçon, qui estoient demeurées à Sus, de dire au Chérif qu'il retournoit à Alger avec ses troupes, & que s'il vouloit venir attaquer la ville de Fez, il la prendroit aisément, parce qu'il promettoit de n'envoyer aucun secours à Buaçon. Ensuite il rassembla tous ses chariots, & son équipage, avec le trésor du Roy, & retourna chargé de richesses à Alger, où il arriva au bout de quarante jours. Buaçon estant Roy de Fez, le Gouverneur du Pegnon remit sa place entre les mains de son fils Muley Mahamet, ce que Salarraez ayant appris, il manda à Buaçon qu'il la livrast à vn Corsaire Turc qui estoit là avec quinze vaisseaux; mais il s'en excusa, en disant qu'il n'en estoit pas le maistre, & que son fils ne la vouloit pas rendre. Sur cette réponse, Salarraez écrivit au Corsaire Turc, qu'il s'en rendist maistre comme il pourroit; de-sorte qu'ayant attiré Mahamet hors de la place, il le contraignit d'envoyer son cachet au Lieutenant pour la rendre; & la place demeura par ce moyen au pouvoir des Turcs. D'autre costé, le Chérif manda à son fils, qui estoit dans Méquinez, qu'il en sortist pour revenir à

Maroc; si-bien que Buaçon s'en rendit maistre. Sur ces entrefaites, le frére du Chérif, qui estoit relegué, comme nous avons dit, en vne place du desert, ayant appris ce qui s'estoit passé à Fez, assembla le plus de gens qu'il pût, & se jetta dans Tafilet, où il fut fort bien receu, parce-qu'il n'y avoit point de garnison. Le Chérif sur cét avis, fit deux corps-d'armée, & en donna l'vn à son fils Abdala pour marcher contre Buaçon, tandis qu'avec l'autre il prenoit la route de Tafilet. Abdala arriva devant Fez avec force cavalerie, & des Arabes tres-puissans *, ce qui obligea Buaçon à envoyer contre luy ses fils Muley Nacer, & Muley Mahamet, avec des troupes. Le premier estoit bastard, & l'autre legitime. Et quand ils furent proche des ennemis, quelques-vns conseillérent à celuy-cy, comme vne belle action, de se séparer de son frére, & d'aller attaquer seul les troupes du Chérif, pour remporter seul l'honneur de la victoire. Mais Abdala en ayant eu avis, se mit en embuscade, & le défit, & comme son frére, qui ne savoit rien de l'entreprise, vit venir ses troupes à toute bride, il craignit vne trahison, & se retira dans la place. Buaçon eut grand dépit de cette avanture, & rassemblant le plus de troupes qu'il pût, sortit en personne contre celles du Chérif, & donnant bataille à Abdala, le défit, & le contraignit de reprendre la route de Maroc. En cette bataille, tous les Arabes dont nous avons parlé, que le Chérif avoit transportez de Sus, où estoit leur ancienne demeure, dans la province de Treméçen, furent taillez en pieces. Cependant, le Chérif tenoit son frére assiégé dans Tafilet, & ayant receu nouvelle de la défaite d'Abdala, fit courre vn bruit tout contraire, ce qui abatit le courage des assiégez, voyant qu'il ne leur restoit aucun secours, & le frére du Chérif appellant ses fils, leur dit en pleurant, Que toute leur esperance estoit perduë en la perte de Buaçon ; Que leur oncle estoit plus puissant que jamais, & qu'il n'y avoit plus de remede que de s'aller jetter à ses pieds, & luy demander pardon. Ils executérent l'ordre de leur pere, aprés avoir pris leurs seuretez ; & le Chérif, de-peur qu'ils ne se repentissent quand ils viendroient à savoir la verité, fit tenir de ses gens tout

* Vled Attahamena.

1555.

prefts aux portes de la ville, pour s'en faifir fi-toft qu'ils feroient fortis ; aprés-quoy il donna ordre à fon frère de fe retirer à l'hermitage d'vn Morabite. Enfuite il joignit fes troupes aux fiennes, & prit la route de Garciluyn, pour entrer par-là au Royaume de Fez; mais comme il fut prés de la ville, il fit égorger fes deux neveux, de-peur de quelque nouvelle revolte. Cependant, Buaçon raffembla toutes fes forces, & celles des Arabes de ces quartiers, & luy vint donner bataille, qui fut fort fanglante. Car fon fils Mahamet, qui commandoit l'aile droite avec quatre mille chevaux, rompit les premiers efcadrons des ennemis, & en tua plufieurs ; mais le Chérif, qui commandoit la bataille, venant à donner, le renverfa & le rechaffa devers la ville. D'autre-cofté, fon pere & fon frère fe batoient vaillamment ; mais Buaçon ayant efté tué d'vn coup de lance, toutes fes troupes lafchérent le pied, & furent pourfuivies jufqu'aux portes de Fez, & fon fils fe fauva vers les montagnes. Mahamet rentra dans la place avec cinquante chevaux, & voyant peu de fidélité aux habitans, alla rejoindre fon frère, & fe retira avec luy dans Méquinez, & de-là à Salé, où s'eftant embarquez pour l'Efpagne dans vn vaiffeau de Marchand Chreftien, ils furent pris par des Corfaires de Bretagne. Bubquer, qui s'eftoit trouvé auffi au combat, s'enfuit à Treméçen, & de-là à Alger, où il mourut de la pefte. Le Chérif victorieux, s'eftant rendu maiftre en peu de tems de la ville & de tout le Royaume, & fe fouvenant de la revolte des Montagnars de Derenderen, laiffa dans Fez Abdala, & s'en alla à Maroc, où voyant qu'il n'en pouvoit venir à-bout, il s'accorda avec eux. Cependant, il fit venir à Maroc fon frère, & le refte de fes neveux ; & les tenant comme prifonniers, fut à Tarudant, où il époufa vne belle fille, comme il faifoit tous les ans. De-là il prit la route de Sus, avec quantité de cavalerie, & douze cens Turcs de fa garde ; mais eftant arrivé au paffage de Bibone, fur le grand Atlas, par où l'on va de Maroc à Tarudant, les Turcs s'étant mutinez, l'affaffinérent. Comme c'eft vne chofe remarquable, j'en décriray icy les circonftances. Il y avoit dans Alger vn Officier turbulent & fcélérat, nommé Hafcen, qui

qui s'offrit au Gouverneur de tuër le Chérif, qui estoit son ennemi. Surquoy l'autre luy promit de grandes recompen-ses, & dit qu'il les donneroit à ses enfans, s'il arrivoit faute de luy. Aprés avoir donc touché quelque argent, il se reti-ra avec vingt de ses compagnons, comme s'il eust esté mal avec le Bacha, & sans s'arrester à Treméçen, passa jusqu'à Fez, & offrit son service à Abdala, qui sans luy vouloir don-ner audience, luy fit bailler ce dont il avoit besoin, pour aller trouver son pere, sous prétexte qu'il ne se servoit point de Turcs, qu'il prenoit en effet pour des traîtres. Il prit donc la route de Maroc, & fut fort bien receu du Chérif, qu'il rencontra en chemin, qui le fit Capitaine de sa garde, ayant appris qui il estoit. Comme ils marchoient vers Ta-rudant, & qu'il vit ses compagnons mécontens du Chérif, qui leur devoit presque vn an de paye, & qu'on traittoit de Pirates pour s'en estre plaints au Trésorier, il crût l'occa-sion propre pour executer sa trahison, & proposa à quel-ques-vns de prendre ou tuër le Chérif, & de se sauver à Treméçen à travers la Numidie, aprés avoir pillé son ba-gage, où estoit tout son trésor. La chose fut donc concluë entre les principaux, & eut réüssi au de-là de leur esperan-ce, & de ce qui arrive ordinairement en ces rencontres, s'ils eussent bien sceû se gouverner. Car sous prétexte d'vne re-veuë, ils montérent tous à cheval avec leurs armes, & comme le Chérif estoit assis à la porte de sa tente qui les regardoit, Hasçen s'avance avec quatre autres, pour luy faire la reve-rence, & prenant le pas devant pour les assurer davantage, tira son cimeterre lors qu'il fut tout proche. Aussi-tost le Trésorier, & vn renégat Portugais, qui estoient prés du Chérif, luy crient, Sauvez-vous, il y a trahison; de-sorte qu'il se leve en haste, mais comme il tournoit le dos pour se jetter dans sa tente, il broncha contre vn des cordages qui la tenoit, & tomba à terre, où le traître luy donna vn fen-dant sur le jarret, & les autres l'achevérent. Les Turcs qui les suivoient, accourent incontinant en foule ; le Trésorier se sauve avec les autres Maures qui estoient présens, le seul renégat tint ferme, & mourut en défendant son maistre. A-prés cét exploit, les Turcs se rassemblant, publient tout

*Hasçen Ba-cha, fils de Barberousse.*

*à Alguer.*

haut la mort du Chérif, & puis avoüent qu'ils l'ont tué, comme vn tyran, aprés-quoy ils pillent ses tentes, & se saisissent de deux de ses filles qui y estoient, & de son trésor. Aussi-tost Hasçen fait crier par tout le camp, Qu'il estoit permis de se retirer à qui en auroit envie ; mais il offre à ceux qui voudroient demeurer, & se joindre à luy, de leur payer tout ce qui leur estoit deû. Ensuite avec les Turcs, & quelques Maures & renégats, qui les suivirent, il entra dans la province de Sus, où il passa librement par-tout, & vint à Tarudant, où estoit vn fils du Chérif, qui ne l'osa attendre; de-sorte qu'il se saisit du chasteau, & du trésor qui y estoit. Il y avoit dans la ville vn Maure, qui de Iuif s'estoit fait Mahométan, lequel avoit soin des moulins à sucre que le Chérif avoit dans la Province, & estoit alors prisonnier pour des dettes : c'estoit vn homme de grand sens, & Hasçen ayant seû son merite, le fit sortir, & le fit Iuge Souverain de la ville. Celuy-cy conseilla Hasçen de se fortifier dans Tarudant, où il se pourroit défendre avec les troupes qu'il avoit, jusqu'à ce qu'il y vinst du secours d'Alger. Et si l'autre eust crû son conseil, il eust embarassé le nouveau Chérif ; mais croyant que le Iuif le vouloit arrester par cét artifice, pour donner tems d'arriver aux troupes de Fez & de Maroc, il résolut de se retirer, à-cause qu'il estoit riche, & qu'il avoit fait ce qu'il avoit promis au Bacha. Aprés avoir donc esté vingt jours dans Tarudant, il prit la route de Treméçen par le desert; dequoy le Iuif, pour se mettre aux bonnes graces du Chérif, donna avis à son fils, qui rassembloit les troupes de la contrée. Le fils du Chérif ébranle aussi-tost tous les Checs des Arabes & des Berébéres contre luy, sous prétexte qu'il enlevoit les trésors du Royaume, & se mettant à la queüe des Turcs, commence à les harceler, & à les incommoder dans la marche; de-sorte qu'ils moururent tous, sans qu'il en restast que cinq, qu'on fit prisonniers. Le fils du Chérif ayant recouvré le trésor de son pere, & ses deux sœurs, retourna à Tarudant pour s'en rendre maistre. Cependant, le Gouverneur de Maroc craignant quelque soûlevement, & que le peuple inconstant ne proclamast pour Roy le frére du Chérif mort, sans

*Odman.*

*Gaçi Musa.*

*Odman.*

*Ali Ben Bubcar.*

attendre l'ordre du nouveau Prince, le fit égorger dans la prison, avec sept fils ou petis-fils qu'il avoit, tellement que les deux frères, qui s'estoient entrebatu pour régner, moururent tous deux presque en mesme tems de mort violente, & Muley Abdala, qui régne aujourd'huy, demeura paisible possesseur de l'Empire. *Hamet.*

Entre ceux que le Gouverneur de Maroc fit égorger, il y avoit deux fils de Muley Zidan, & de Marie, fille du Chérif Mahamet, qui après la mort de son mary s'estoit retirée avec Muley Abdala, son frère. Long-tems après comme elle songeoit à venger la mort de ses fils sur ce Gouverneur, elle luy fit vn trait qui luy fit couper la teste. C'estoit le premier Officier de la Cour du Chérif, & celuy qu'il estimoit le plus, tant parce-qu'il estoit chef d'vn peuple * belliqueux, qui avoit rendu de grans services à son pere, que parce-que c'estoit vn homme de grand sens, & qui avoit de la fermeté & de la constance, c'est-pourquoy il luy avoit commis le Gouvernement de l'Estat, & l'avoit fait Vizir, comme qui diroit Chef du Conseil, & celuy qui nomme le successeur, après la mort du Prince. Comme donc le Chérif Abdala avoit vn fils encore enfant, qui luy devoit succéder, cette Dame fit entendre au pere, que les peuples ne voudroient pas reconnoistre pour Roy son fils, après sa mort, & qu'il essayast d'éprouver là-dessus la résolution du Vizir, qu'il croyoit plus incliner vers son frère que vers son fils. Sur ces entrefaites, le Roy estant tombé malade, le Vizir venoit voir souvent comme il se portoit, & sur ce qu'on ne luy vouloit pas permettre de le voir, il crût qu'il estoit mort, & dit à cette Princesse, qu'il faloit qu'il sçeût absolument ce qui en estoit, parce-que tout demeuroit en suspens, & qu'on ne donnoit ordre à rien. Cette Princesse voyant la chose prendre le train qu'elle vouloit, rapporta au Prince ce qu'avoit dit son Ministre, & l'ayant couvert d'vn linge, comme s'il eust esté mort, fit venir le Vizir dans sa chambre, & luy dit, Vous voyez que vostre Prince est mort, regardez de mettre son fils en sa place. Il répondit, Son fils n'est encore qu'vn enfant, & l'estat présent des affaires veut vn homme fait. Le Roy a vn frère déja en âge, & qui me-

*Vled Zaragana.*

ou Vzir.

rite bien la Couronne. Aprés avoir dit cela, il sortit, & le Roy se jettant en bas du lit, & s'appuyant sur vn baston, parce-qu'il estoit fort foible, courut à la porte, & luy cria, Qu'il le remercioit, de vouloir oster l'Empire à son fils pour le donner à son frère; mais qu'il estoit encore en vie, & en estat de régner. Le Vizir fut si troublé d'entendre ces paroles, que sans rien répondre, il sortit du Palais comme hors de soy, & estant arrivé chez luy, se travestit en habit de femme, & tira vers vn hermitage qui est hors de la ville, aprés avoir commandé à vn de ses gens de luy seller vn cheval, pour se sauver en quelque place de la coste, de celles qui appartiennent aux Chrestiens. Comme il estoit au pied d'vn olivier en l'attendant, il passa deux cavaliers qui revenoient de la chasse, lesquels voyant qu'il se cachoit, & croyant que ce fust vne femme, luy découvrirent le visage, & l'ayant reconnu, le menérent au Chérif, qui luy fit aussitost couper la teste, & vengea par-là sa sœur, sans avoir égard aux services qu'il luy avoit rendus. Quelque tems aprés il envoya aussi égorger son neveu Mahamet, fils d'Abdelcader, Seigneur de Méquinez, son frère aisné, parce-qu'il estoit fort brave & aimé du peuple, & ainsi demeura paisible possesseur de l'Estat, & l'est encore aujourd'huy, & le plus puissant Roy de l'Afrique. Car il commande du Midy au Septentrion, depuis la frontière des Benays, au quartier des Négres, jusqu'au détroit de Gibraltar, & à la mer Mediterranée; Et du Couchant au Levant, depuis l'Océan jusqu'au Royaume de Treméçen: ce qui enferme quatorze provinces des Royaumes de Maroc & de Fez, & plusieurs autres de la Numidie & de la Libye. En effet, il s'estend de ce costé-là jusqu'à Tagaost, qui est éloigné de huit journées des derniéres extrémitez de la province du Sus éloigné, & jusqu'à Tegurarin & à Tequia, aux confins de la Guinée, où il y a plusieurs nations belliqueuses. Il entretient ordinairement soixante mille chevaux; dont il y en a quinze mille en Dara & en Sus, vingt-cinq mille en Maroc, & vingt mille en Fez, en y comprenant les cinq mille chevaux de sa garde. Il a outre cela deux mille arquebuziers renégats, à pied, avec cinq cens à cheval; & mille arquebuziers de

*Il avoit épousé Léla Sophia, fille de la sœur d'Abdala.*

*Du costé du Sus éloigné.*

*Arequia el Hamara.*

# SVCCESSEVRS, LIVRE II.

Sus, pour garder la nouvelle ville de Fez, où il demeure. Il paye tous ces gens-là tant en paix qu'en guerre, & leur fait donner leur pain & leurs appointemens tous les quatre mois; & quand il veut faire quelque entreprise, il assemble les Arabes & les Africains des montagnes, & ne les entretient qu'autant qu'il en a besoin, après-quoy il les licencie. Voilà l'abrégé en peu de mots du régne des Chérifs, que nous avons réüni tout-ensemble, pour luy donner plus de lumière. Nous retournerons maintenant à la suite de l'Histoire.

Lors-que les Chérifs commencérent à s'élever en Afrique, le Cardinal Chimenez, Archevesque de Toléde, & Gouverneur de tous les Estats qui appartenoient à la Couronne de Castille, fit l'entreprise d'Oran, & conquit cette place sur les Maures, comme on verra en la description particuliére de cette ville, & l'année suivante Dom Pedre de Navarre prit Bugie, comme on verra aussi au mesme livre. Les Chevaliers de Rhodes, qui sont comme le boulevart de la Chrestienté, firent aussi vne grande armée navale, pour s'opposer aux desseins du Grand Seigneur *, & du Soudan d'Egypte, qui s'estoient liguez ensemble contre les Princes Chrestiens, dans l'opinion qu'on n'avoit fait la paix de Cambray que pour les attaquer. Ces Infidelles donc avoient résolu de prendre l'Isle de Rhodes, & pour ce sujet le Turc avoit envoyé son fils Corcut au Soudan, avec quantité d'artillerie, d'armes & de munitions, & autres choses necessaires pour équiper cent galéres, que le Soudan devoit mettre en mer. Et comme il y a peu de bois en Egypte propre à construire des navires, le Soudan en faisoit venir de Syrie, où il y a quantité de forests. Cependant, à-cause de la tréve qu'il avoit avec le Grand-Maistre de Rhodes, il envoya secrettement vingt-cinq galéres, galions, ou fustes, avec quantité d'artillerie, & mille Turcs ou Mammelus, sous le commandement de Corcut, & d'vn autre, charger des toiles, tant de chanvre que de coton, au port de Iafa, & autres choses pour faire des voiles & des cordages, & le reste qui est necessaire pour l'équipage d'vn vaisseau. Sur ces nouvelles, le Grand-Maistre de Rhodes qui voyoit

1509.
*Europe.*

Livre 5.
1510.

* Bajazet, Abi Nacer Causer, Cauri.

bien que tout cét appareil se faisoit contre luy, y envoya son armée navale, qui les attaqua dans le port, comme ils estoient chargez, & les prit aprés vne longue resistance. Corcut se sauva à terre avec quelques troupes, & le Capitaine du Soudan y mourut, ce qui fit avorter le dessein des Infidelles. Cela irrita tellement le Soudan, pour s'estre fait durant la tréve, qu'il fit aussi-tost mettre aux fers tous les marchans Chrestiens qui estoient en Egypte & en Syrie, & les Religieux du Saint Sepulcre, & des autres endroits de la Terre-Sainte. On dit mesme qu'il eut dessein de détruire le Saint Sepulcre; mais que l'alliance qu'il avoit avec le Roy de France, le retint, & les priéres du Consul de la nation Françoise, qui estoit au Caire; de-sorte qu'il se contenta de faire fermer les passages, qu'il ouvrit depuis, & mit en liberté les Religieux. La mesme année Selim, second fils de Bajazet, sachant que son pere vouloit renoncer à la Couronne en faveur d'Acomat son aisné, se fortifia de l'alliance du Prince des Tartares, dont il épousa la fille, ce qui causa de grans troubles pour la succession de l'Empire; mais Selim à la fin fut préféré par le crédit des Iannissaires, & empoisonna depuis son pere, à ce qu'on tient, & fit tuër deux autres fréres qu'il avoit, & ses neveux. Ensuite il renouvella la tréve que son pere avoit faite avec les Hongrois & les Venitiens, & marcha contre le Sophi avec vne puissante armée. Aprés l'avoir défait en Arménie, il entra dans Tauris; mais il ne la pût garder, à-cause que le Sophi le revint attaquer avec toutes ses forces, & se retirant en diligence vers Amasie, son arriereregarde fut défaite au passage de l'Euphrate. L'année d'aprés, faisant semblant de vouloir recommencer la guerre, il tourna tout-court sur le Soudan de Cappadoce, qui l'avoit incommodé l'année précédente au passage des montagnes, pour ne point laisser d'ennemi à ses trousses, & l'ayant défait, & pris ensuite, il envoya sa teste à la Seigneurie de Venise. Aprés cette victoire, il tourna ses armes contre le Soudan d'Egypte, & l'ayant défait en bataille rangée, le Soudan mourut dans la retraite. De-là il poursuivit si vigoureusement sa pointe, qu'en deux ans il s'empara de toute l'Egypte, & de la Syrie, prit le Caire,

---

21. d'Aoust.

Philippe de Parees.

1511.

Acomat & Corcut.

1514.

Ismaël. Aux champs Caldérans.

Aladol.

Campson Cauri.
1516.

# SUCCESSEURS, LIVRE II.

Aléxandrie & Damas ; & ayant fait prisonnier le nouveau Soudan, le fit attacher en vn gibet. Ensuite il fit mourir en vn jour tous les Mammelus qu'il avoit pû attraper en Egypte, ce qui le rendit maistre du païs, comme il l'est encore aujourd'huy.

<small>Tomumbey.</small>

Pour retourner en Espagne, Ferdinand mourut la mesme année, après avoir conquis le Royaume de Naples, & laissé les Royaumes de Castille & de Leon à son gendre Philippe, fils de l'Empereur Maximilien, à qui ils appartenoient par la mort de la Reine Isabelle, & dont il reprit depuis le Gouvernement par la mort de son gendre, à cause du bas âge de son petit-fils, qui luy succéda, & régna conjointement avec la Reine Ieanne sa mere, puis fut Empereur d'Alemagne, sous le nom de Charles-Quint.

<small>Espagne. à Madrigaléchos.</small>

L'an mille cinq cens vingt, Selim qui avoit rempli toute la terre du bruit de ses armes, mourut par vne vengeance Divine au mesme lieu où il avoit fait mourir son pere ; & son fils Soliman luy succéda. Dom Manuël, Roy de Portugal, mourut aussi, laissant pour successeur son fils Dom Iean, qui abandonna les places que nous avons dites, en Afrique. La mesme année Soliman entra avec vne puissante armée en Hongrie, où il força Belgrade, & raza plusieurs places, puis retourna victorieux à Constantinople. L'année suivante il cingla avec quatre cens navires contre l'Isle de Rhodes, & attaqua la ville sur la fin du mois de Iuin, tant que les Chevaliers, après vne longue & généreuse resistance, furent contraints de la rendre à des conditions honorables, & il y entra victorieux le jour de Noël. Les Chevaliers se retirérent dans la Sicile avec les Insulaires, & demeurérent à Saragosse, jusqu'à ce que Charles-Quint leur donna l'Isle de Malte pour s'y establir. D'autre-costé, Louïs Roy de Hongrie, assembla vne puissante armée pour s'opposer à Soliman, qui entroit dans ses Estats, & ayant esté défait en bataille rangée, se noya dans vn estang, & plusieurs grans Seigneurs, qui l'accompagnoient en cette entreprise, y perirent, avec quantité de Noblesse, & entre-autres Estienne Slic, dont la perte fut fort-regrettée. Soliman victorieux, après avoir ruiné la ville de Bude, & brûlé la bel-

<small>1520.
11. Empereur des Turcs.
23. Decembre
1521.
Safi, Azamor, Arzile, Caçar Ceguer.</small>

<small>1526.</small>

le bibliotheque de Mathias Corvin, fit de grans ravages dans cét Estat. Mais la mort du Roy Louïs causa encore de plus grans maux, par la guerre qui nâquit pour sa succession, entre Ferdinand, frére de Charles-Quint, & Iean Sepus, appuyé du Grand Seigneur, laquelle dura long-tems. Mais

1529. l'an mille cinq cens vingt-neuf, Soliman rentra dans la Hongrie, & ayant pris la citadelle de Bude par composition, & saccagé tout le païs, attaqua la ville de Vienne, dont le siége dura vingt-deux jours, pendant lesquels il exerça de grandes cruautez, & fit quantité d'esclaves par toute la province, mais il fut contraint à la fin de lever le siége par la génereuse résistance des assiégez, quoy-que la pluspart des murs fussent à bas, & se retira en Turquie, aprés avoir laissé Iean Sepus pour Roy de Bude, & perdu plus de quatre-vingts mille hommes en cette entreprise, tant de faim & de froid, que dans les assauts, où Louïs d'Avalos d'Vbéda, qui commandoit les Espagnols, fit de belles actions, & ayant esté tué à la bréche, fut enterré dans la Chapelle des Prin-

1532. ces. La troisiéme entreprise de Soliman sur la Hongrie fut illustre, par treize assauts que soustint Gunsie contre deux cens mille hommes, par la génereuse défense de Nicolas Iurice qui commandoit dans cette petite place, & qui se rendit à la fin par composition. Alors l'Empereur Charles-Quint entra dans la Hongrie en faveur de son frére, avec

Espagnols, Alemans & Italiens. quatre-vingts mille hommes de pied, & trente mille chevaux, sans la cavalerie Hongroise; mais l'ennemi ne l'osant attendre, se retira par les montagnes de Baviére, chargé de butin. Le Turc envoya depuis Louïs Grit, fils du Duc de

1534. Venise, contre le Vayvode de Transilvanie; mais comme Grit estoit dans Medevise, le Transilvain luy tua tous ses gens, & l'ayant pris, le fit mourir, aprés avoir fait égorger ses enfans en sa présence.

Arrachid. La mesme année Soliman, à l'instance de Barberousse, sous prétexte de favoriser vn frére du Roy de Tunis, qui s'estoit retiré à Constantinople, envoya son armée navale contre cette fameuse ville, dont Barberousse se rendit le maistre par adresse, comme on verra au sixiéme livre, & en

Muley Hasçen. chassa le Roy. Mais Charles-Quint passa en Barbarie en
personne

personne avec ce Prince, & ayant pris Tunis, la remit entre ses mains chargée de quelque tribut, laissant garnison dans la forteresse de la Goulette, comme nous dirons au mesme livre. Deux ans aprés, Soliman tournant ses pensées à la conqueste de l'Italie, à la solicitation de Troyle, Gentilhomme Napolitain, qui estoit passé à son service, équipa vne armée navale de cent cinquante galéres, quatre-vingts galiotes, & deux cens soixante petits vaisseaux de haut bord, sous le commandement de Barberousse & de Lusrinbey; & partant de Constantinople, sous prétexte d'aller en Hongrie, vint avec vne armée de deux cens mille hommes se camper prés de la Valone, vers la coste de la Macédoine. Cependant, l'armée navale traversant la mer Ionique, rasa les Isles de Zante & de Céphalonie, & passant au port de Corfou, où estoit l'armée navale des Venitiens, les deux armées s'entresaluérent, à cause qu'il y avoit tréve, & vne partie de celle du Turc alla aborder à la Valone. Sur ces entrefaites, André Dorie, qui estoit à Messine, en partit avec vingt-cinq galéres, pour voir s'il n'y avoit rien à faire sur l'ennemi; & passant le Cap d'Espartivent, entra dans la mer Ionique, & vint à l'Isle de Zante, qui appartient aux Venitiens, & delà à Céphalonie, pour voir s'il pourroit surprendre quelques vaisseaux Turcs écartez de l'armée navale. Et en ayant rencontré treize grans, chargez de vivres & de munitions pour la Valone, les prit sans combat, & les brûla tous, aprés en avoir emporté quelques munitions pour ses galéres. Car comme la mer estoit pleine de vaisseaux ennemis, il faloit aller à la legére. Ensuite ayant appris des Turcs, qu'il avoit fait prisonniers, qu'il estoit parti douze galéres pour l'armée, chargées de Spahis & de Ianissaires, il leur alla donner la chasse, & rencontrant deux galéres Turques vuides, que le Général des Venitiens auoit fait échoüer à terre, parce-qu'elles ne l'avoient pas voulu saluër en passant, il vint à Corfou*. Il eut avis là des douze galéres, & du jour qu'elles estoient parties, aussi-bien que de la route qu'elles avoient prise, & passant le Cap de Corfou, les découvrit qui venoient aux Isles Merlaye. Aussitost ayant arboré-les enseignes de Saint Marc, pour les trom-

1535.

1537.

Le Promontoire de Zéphire.

*Autrefois de Cassiope.

per, elles vinrent à luy enseignes déployées, & pour luy faire vne salve, ostérent les boulets de leur artillerie; mais elles s'en repentirent bien-tost, parce-qu'il les salüa à bons coups de canon. Alors se mettant en défense du mieux qu'elles pûrent, il y eut vn sanglant combat, où les Spahis & les Iannissaires furent presque tous tuez; mais il y mourut quatre cens Chrestiens, presque tous Espagnols, outre plus de six cens blessez, & André Dorie retourna glorieux à Messine, avec les galéres qu'il avoit prises. Cela fut cause de la rupture du Turc avec les Venitiens, parce-qu'il crût que cela ne s'estoit pas fait sans leur participation, outre qu'il apprit qu'il se traitoit vne ligue entre-eux, le Pape, & l'Empereur. Cependant, l'armée navale qui estoit à la Valone, passa la pluspart en Italie, avec dix mille hommes de pied, & deux mille chevaux, qui prirent le chasteau de Castro, à deux lieuës & demie d'Otrante, & firent de grans ravages sur la coste; mais le Gouverneur de la province * les repoussa vaillamment, & en tua plusieurs. Sur ces nouvelles, Soliman décampa de la Valone à dessein de faire la guerre aux Venitiens, & envoya rappeller Barberousse, qui estoit sur les costes de la Poüille, pour cingler contre Corfou. D'autre-costé, le Général des Venitiens * tira des troupes de ses galéres pour renforcer les deux chasteaux de l'Isle, & fut rejoindre vne partie de l'armée navale, qui estoit dans le Golfe de Venise. Les Turcs voyant qu'ils ne pouvoient prendre Corfou, se retirérent, aprés dix jours de siége, & ayant brulé les fauxbourgs & defolé toute la campagne, en emmenérent seize mille prisonniers, dont Soliman fit tuër la plus grande partie. Son armée navale passa delà aux Isles de Zante & de Citére, qu'elle saccagea, ruina Ezine de fond-en-comble, prit Paré, fit l'Isle de Naxe tributaire, & retourna la mesme année à Constantinople. D'autre-costé, celle des Venitiens s'estant rejointe, entra dans le Golfe de Dalmatie, & prit d'assaut la ville d'Escardon, & la raza jusqu'aux fondemens, pour empescher les Turcs de s'y revenir mettre. Venise pressoit alors la ligue entre les Princes Chrestiens, qui se conclud à la fin à Rome le huitiéme de Fevrier mille cinq cens trente-huit. Le Pape donnoit tren-

*Marginalia:*
Mercure Gatinaire le rendit, à la persuasion de Troyle.
* Scipion de Somc.

* Pesare.

Sous le commandement de Iean Vetur.

re six galéres, l'Empereur quatre-vingts deux, & les Venitiens autant, pour faire le nombre de deux cens en tout. Le Patriarche d'Aquilée fut Général de l'armée du Pape, André Dorie de celle de l'Empereur, & Vincent Capel de celle des Venitiens, avec ordre d'obeïr à Fernand Gonzague, Viceroy de Sicile, si l'on mettoit pied à terre. Sur ces nouvelles, Soliman commanda à Barberousse d'aprester les siennes, & de sortir du Golfe de Gallipoli, pour faire du pis qu'il pourroit aux Venitiens. Il fut attaquer la Canée dans l'Isle de Candie, & ne l'ayant pû prendre se retira en haste, aprés avoir perdu plusieurs soldats, & laissé plus de mille Turcs à terre, que les Candiots égorgérent depuis. Il passa aussi à Sude au Golfe d'Amphimalée, & n'y ayant pû rien faire passa à Rétinio; mais ceux du païs l'empeschérent de descendre, à coups de canon, de sorte qu'il quita la coste. Alors l'armée de la ligue estant preste, & les Venitiens postez devant l'Isle de Corfou, André Dorie, & Ferdinand de Gonzague, partirent de Messine avec l'armée navale de l'Empereur, chargée de vieux soldats Espagnols, des regimens de Naples, de Sicile & de Lombardie. Aprés s'estre joints, Barberousse n'osant les attaquer se mit dans le Golfe de Larte, & fit faire deux forts à son embouchure, qui est fort étroite, où il pointa beaucoup de canon. D'autre-costé, le Général des galéres du Pape, batit la Prévice, qui n'est pas loin de cette embouchure; mais ayant mis pied à terre, les Turcs de Lépante accoururent, & l'attaquant en tuërent & blessérent plusieurs, le reste rentra dans les galéres, & quita le bord. Aprés avoir joint les autres, ils furent tous ensemble au port de la Guménique *, & cinglérent vers le Golfe de Lépante, en resolution de combatre Barberousse, & d'attaquer Lépante, s'il osoit sortir; car ils avoient deux cens cinquante voiles. Mais comme il sçut que l'armée de la ligue prenoit la route de Sainte-Maure, il sortit du Golfe avec quatre-vingts sept galéres, trente grosses fustes, & quelques moindres vaisseaux, qui pouvoient faire en tout cent soixante voiles; & luy vint présenter la bataille hors de la portée du canon, pour ne combatre qu'avec ses galéres. Mais André Dorie ne s'éloignoit point des galions, & vou-

*Marc Grimans.*

*Grimans.*

* Autrement Forte-régio.

loit l'obliger à s'avancer jusques-là, & comme il n'en vouloit rien faire, il fut d'avis que les galéres Venitiennes char-

> Capel.

geassent l'infanterie Espagnole qui estoient sur les grans navires, & qu'on l'alast attaquer; mais leur Général n'y voulut pas consentir, & dit, Qu'il n'en avoit point d'ordre, & que ses galéres estoient assez fournies de troupes; toutefois que si l'on vouloit donner bataille, il esperoit, qu'avec l'aide de Dieu, on remporteroit la victoire, & demandoit d'avoir l'avantgarde. Cela engendra de la défiance entre les Généraux de la ligue; de-sorte qu'André Dorie avec ses galéres, prit la route de Corfou, & estant suivi des autres en desordre, quelques vaisseaux ronds, dépourveus de leur secours, furent attaquez par les ennemis, qui y perdirent beaucoup de gens, parce-que les Espagnols se défendirent vaillamment, particuliérement deux vaisseaux où estoient de braves Capitaines; mais on ne laissa pas de perdre trois navires, l'vn où estoit Louïs de Figuéroa, avec sa compagnie, & deux autres chargées de vivres, outre deux galéres Venitiennes. Aprés cét avantage, Barberousse se mit à la queuë des Chrestiens, jusqu'à ce qu'il les perdit de veuë la nuit, & relascha dans vne petite Isle* qui est à trois lieuës de Corfou vers l'Orient, pour les combatre à la sortie. Mais quoy-que les Généraux de la ligue fussent resolus au combat, & que celuy des Venitiens s'offrit à recevoir les Espagnols sur ses galéres, on fut si long-tems à se resoudre, que Barberousse croyant en avoir assez fait, retourna au Golfe de Larte, & l'armée navale de la ligue vers celuy de Catare, où elle attaqua Castelnove, qui estoit alors pour les Turcs, & ayant forcé la place, le chasteau se rendit trois jours aprés. Aprés cét exploit, André Dorie retourna en Italie, à-cause que l'hyver approchoit, & laissa dans la place Francisco Sarmiento avec quatre mille Espagnols, contre la volonté des Venitiens, qui estoient bien-aises de l'avoir. Mais voyant le peu d'effet de la ligue, ils commencérent à renouveller le traité avec le Turc, & le conclurent l'année suivante, moyennant trois cens mille sequins, deux places sur la frontiére de Macédoine, & deux chasteaux en Dalmatie. L'an mille cinq cens quarante, Barberousse renforçant son armée navale de

> Boca Négra, & Machin de Mongia.

> * Paçu.

> 1539.
> Naples de Romanie, Malvasie, Lauran, & Nadin.

troupes & de navires, & de grand nombre d'artillerie & de munitions, fut attaquer Castelnove, & aprés vne vigoureuse resistance l'emporta d'assaut, & y perdit beaucoup de soldats. Le Gouverneur Espagnol y mourut, avec beaucoup de braves gens, & l'on accuse les Venitiens de n'avoir pas esté mal-contens de la perte de cette place, pour n'avoir pas l'Empereur si proche de leur païs. *Francisco Sarmiento.*

La mesme année sortit d'Alger, au mois de Septembre, vne petite armée navale de seize vaisseaux, où il y avoit treize cens soldats Turcs, sous le commandement du jeune Cara Mami, & du vieux Corsaire Ali Hamet, en intention d'attaquer les galéres Espagnoles, comme on le sceut depuis par le rapport des prisonniers. Aprés les avoir manquées aux Isles de Majorque, ils résolurent de passer le détroit, & de se signaler par l'attaque de quelque place. Quelques forçats Turcs de Dom Alvare Baçan s'estoient sauvez quelques jours auparavant de Cartagéne sur vne galere; & comme ils avoient grande connoissance de la coste, & qu'ils avoient esté plusieurs fois à Gibraltar, ils dirent à Cara Mami, que s'il y arrivoit au point du jour, du costé de Nostre-Dame de l'Europe, il pourroit aisément prendre la ville, qui n'étoit pas fermée de ce costé-là; outre que chacun estoit alors occupé à ses vendanges. Cét avis ayant esté bien receu & executé, celuy qui estoit à la tour qu'on nomme du Turc, voyant venir ces vaisseaux, demanda ce que c'estoit, à quoy vn renégat Espagnol répondit, que c'estoient les galéres d'Espagne; toutefois voyant qu'on débarquoit en haste des troupes, il reconnut que c'estoient des ennemis, & descendant de la tour il courut donner l'alarme par-tout. Mais on songeoit si peu à cela, qu'encore qu'il criast par les ruës qu'on prist les armes, & que les Turcs estoient descendus à terre, plusieurs mettant la teste à la fenestre, luy crioient qu'il estoit yvre. Cependant, les ennemis ayant débarqué neuf cens hommes, furent avec cinq cens par le costé de la montagne gagner le passage de la forteresse, pour empescher qu'on ne s'y sauvast, & avec les quatre cens autres entrérent de furie dans la ville, jusqu'au Monastére des Cordeliers, pillant & saccageant tout. Le trouble fut grand *Défaite de seize vaisseaux Turcs. 7. galéres, 8. grosses galiotes, & 5. fustes.*

quand on vit tant de Turcs dans les ruës, & pendant que les femmes & les enfans se sauvoient vers la forteresse, plusieurs se ralliérent, & soustenant leur effort, leur ostérent vne partie de leur butin; mais il y en eut beaucoup de tuez & de blessez. D'autre-costé, ceux qui estoient aux avenuës de la forteresse, firent quantité de prisonniers, & le mal eut esté encore plus grand sans vn arbalestrier, qui par le créneau d'vne tour mit par terre celuy qui portoit le drapeau, & en blessa ou tua quelques autres, ce qui les fit retirer de la porte où les femmes s'estoient cantonnées. Car le Gouverneur aprés avoir donné entrée aux fuyars, la fit fermer lors qu'il vit que l'ennemi estoit proche, de-peur qu'il n'entrast parmi la foule. Cependant, ceux qui estoient à la campagne entendant l'alarme, revinrent fondre sur les Turcs, qui se retirérent en bon ordre, aprés avoir envoyé devant les prisonniers & le butin, & mis le feu à quelques maisons. Lors-qu'ils se furent rembarquez, ils coururent le long de la coste, où ils pillérent tout à leur aise, parce-qu'on accouroit de tous costez à la ville. Mais la cavalerie de Chérez en tua plusieurs le lendemain, qui s'estoient écartez, & fit rembarquer les autres malgré eux. Il y avoit au port de Gibraltar vne espece de galére desarmée\*, dont ils se voulurent saisir, & envoyérent deux galiotes pour la tirer; mais elles s'approchérent si prés du mur de la ville, pour se mettre à couvert de l'artillerie du chasteau, qu'elle s'échoüa, de-sorte que voyant qu'elles ne la pouvoient plus tirer, elles y mirent le feu. Aprés cét avantage, qui n'estoit pas petit pour des Corsaires, si bien-tost on ne les en eust fait repentir, ils prirent la route de Tétuan, où ils vendirent tout ce qu'ils avoient pris, & furent nettoyer leurs vaisseaux à Velez de Gomére. Au bruit que les Turcs estoient entrez dans Gibraltar, Dom Louïs Hurtado de Mendosa, Gouverneur de Grenade, rassemblant en haste toutes les troupes de la ville & de la forteresse, accourut au secours; mais estant arrivé à Antequerre, il apprit qu'ils s'estoient retirez, & tournant vers Malaga, le long de la coste, dépescha vn brigantin vers son frére \*, qui commandoit les galéres d'Espagne, pour luy porter la nouvelle de ce qui estoit arrivé.

\* d'Alvares Baçan.

ou s'ils ne se fussent refroidis.

Rajuster vn vaisseau.

\*Bernardin de Mendosse.

## SVCCESSEVRS, LIVRE II.    495

Aussi-tost il prit la route de Cartagéne, où il aborda à for-ce de rames, & ayant allegé & fourni les galéres de ce qu'el-les avoient besoin, il en prit encore deux autres qu'il avoit laissées, parce-qu'elles faisoient eau, & estoient trop pesan-tes, & rasa la coste jusqu'à l'embouchure de la riviére d'Al-mansor, pour apprendre quelques nouvelles des ennemis. Comme il vit qu'ils devoient rentrer de necessité dans Al-ger, & que le plus seur estoit de prendre les devans, il tra-versa le port d'Arzée, aprés avoir fait eau, & n'y ayant plus rien à apprendre de certain, passa à Oran, où il prit terre vn Vendredy matin, sans pouvoir rien savoir de plus, que ce que son frére luy avoit mandé. Il se rembarqua donc sur le soir, & razant la coste de la Barbarie, droit au Couchant, vint au Cap d'Entrefolque, d'où il envoya vn brigantin à Mé-lila, & apprit d'vn Capitaine de la coste, que les Turcs a-voient vendu leur prise à Tétuan, & estoient à Velez de Go-mére. Voyant donc que les ennemis avoient à passer par où il estoit pour retourner à Alger, il fit apprester les galéres, & mettre dans chacune trois ou quatre charges de pierre d'vn ruisseau qui estoit proche, pour donner aux forçats Chrestiens dans le combat. Ensuite il mit deux brigantins en sentinelle à la pointe d'vn Cap, & se cachant derriére, envoya quelques gens à terre pour prendre langue du païs, & apprit d'vn cavalier Maure, qu'on fit prisonnier, que les Turcs estoient à Velez de la Gomére avec seize vaisseaux qu'ils racommodoient. Il crût qu'il disoit vray, & le faisant met-tre en liberté, luy donna six aunes d'écarlate, & huit pie-ces d'or*, & le pria d'aller voir ce qu'ils faisoient, & de luy en rapporter réponse dans trois jours, sur l'asseurance d'e-stre bien recompensé. Il le fit; mais le Général des galé-res prenant vn meilleur avis, passa l'Isle d'Arbolan, d'où l'on découvre la coste d'Espagne & de Barbarie, & y de-meura la nuit du Ieudy. Les loups-marins firent vn bruit effroyable toute la nuit, ce que quelques-vns prenoient à mauvais augure; mais il n'y avoit rien en cela d'extraordi-naire, car il y en a toûjours grand nombre. Le lendemain, il partit au lever du Soleil, & avoit à peine quité le bord, qu'vn matelot de la Capitane découvrit de la hune les

*Il estoit entre Alican & Grosse Isle.*

*Qui entre en la mer prés de Vere.*

*Ce que les chaloupes pûrent porter en trois ou qua-tre fois.*

*\*: & couronnés d'or.*

*Vn Vendredy, le 1. d'Octob.*

Turcs, qui eſtoient au-large à trois lieuës de la coſte de la meſme Iſle. Cara Mami eſtoit parti la veille de Velez en intention d'attaquer Adra, ſur l'eſperance du pillage, & ayant eſté batu toute la nuit des vagues en haute mer, prenoit la route de l'Iſle, & découvrit dix de nos galeres, quoy-que le General les fiſt auſſi-toſt revenir, pour ſe mettre à couvert de l'Iſle. Voyant donc que c'eſtoient les galeres d'Eſpagne, il fit paſſer Ali Hamet, & les autres Chefs, à ſon bord, pour déliberer ce qu'il faloit faire, & pluſieurs furent d'avis de ne point hazarder le combat. Mais Ali Hamet croyant qu'il n'y avoit que les dix galeres qu'on avoit veuës, & qu'elles s'eſtoient retirées de peur, leur dit qu'il ne faloit point perdre l'occaſion d'vne victoire certaine ; & les faiſant ſouvenir de celle de Portunde, & de la reputation qu'elle avoit donnée à Barberouſſe, ajoûta qu'il donneroit ſeul avec ſes quatre galiotes, ſi le reſte ne le vouloit ſuivre, & qu'il ne ſouffriroit point vn reproche eternel. Cela obligea Cara Mami, qui eſtoit de contraire avis, à vouloir conſulter le ſort, comme font tous les Corſaires Turcs avant que de donner combat ; & l'ayant eu trois fois favorable, il y eut par-tout grande allegreſſe. Auſſi-toſt les Chefs firent leur priere, comme ils ont accouſtumé avant que de donner bataille, puis s'eſtant rangez en croiſſant, avec la Capitane au milieu, & les deux galeres à ſes coſtez, ils s'avancérent peu-à-peu vers les Chreſtiens au ſon des clairons & des trompettes, avec force étendars & banderoles autour des hunes, des antennes & des batailloles. Le General des galeres d'Eſpagne, Dom Bernardin de Mendoſe, avoit déja donné ordre à tout, & rendant graces à Dieu de ce qu'il luy donnoit moyen de venger ſur les Infidelles le pillage de Gibraltar, encourageoit ſes ſoldats à bien faire, & fit oſter aux forçats Chreſtiens leurs fers, pour leur donner des pierres, & des demy-piques, avec aſſurance de la liberté s'ils faiſoient bien leur devoir. Cela eſtant fait, l'arambade dreſſée, la paveſade miſe, & les ſoldats rangez aux creneaux, & aux lieux où ils avoient à combatre, il arbora l'étendart avec pluſieurs autres banderoles, & cingla contre les ennemis au ſon des tambours, des trompettes & des fifres. Il marchoit en trois
escadres,

*Petites banderoles en forme de lozange, où le vent ſe jouë.*

*Fers fourchus ſur les flancs des galeres.*

*Galerie de bois haute de ſix pieds, pour attaquer de plein pied vn grand vaiſſeau de deſſus vne galere.*

escadres, & estoit en celle du milieu environné de six galéres, où il y avoit plusieurs arbalestriers, & gens de la coste, qu'il avoit pris quelques jours auparavant à Motril. Pour faire que son artillerie fist plus d'effet en tirant de plus prés, il défendit aux cannoniers de tirer que la Capitane n'eut commencé. Lors qu'on fut à la portée du canon, les Turcs firent leur décharge de loin, & percérent d'vn coup la Capitane; mais Dieu permit qu'vne femme, qui estoit proche de la boussole, sous le tillac, osta aussi-tost sa juppe pour boucher le trou; & voyant que cela ne suffisoit pas, y mit le matelas sur lequel elle estoit couchée, si-bien que l'eau ne fit pas grand mal. Les autres boulets passérent à travers les costez, ou par haut, sans aucun dommage; aprés-quoy les deux Amirales se vinrent joindre, & les Chrestiens faisant leur décharge de prés, firent grand carnage des ennemis, aussi-bien que les perriers, & les petits canons de fer. Aussi-tost l'air s'obscurcit par la fumée, de-sorte qu'on ne se voyoit pas l'vn l'autre, & qu'on n'entendoit que les cris. A peine l'air fut éclairci, qu'on vint aux mains, les Turcs appellant Mahomet, & les Chrestiens Iesus-Christ, la Vierge & Saint Iacques. La victoire balança long-tems entre les deux Capitanes, tantost l'vne & tantost l'autre ayant l'avantage, & chacune donnant à l'envi. L'effort ne fut pas moindre dans les autres galéres, parce-que les Turcs avoient de bonnes troupes & en grand nombre. Les pierres qu'on avoit données aux forçats firent grand effet, & tomboient comme gresle sur les ennemis. Mais Mendosse remporta l'honneur du combat, par sa valeur & par sa prudence; combatant de la voix & de la main, & ayant à ses costez vn soldat avec deux arbalestes qu'il bandoit tour-à-tour, dont ce Marquis miroit les plus braves, & en tua quelques-vns. La Capitane des Turcs se voyant pressée, implora le secours d'Ali Hamet, qui la rafraichit aussi-tost de nouvelles troupes, qui entrérent victorieuses dans la galére du Marquis jusqu'à l'arbre du vaisseau. Mais ce Seigneur voyant que le succés du combat dépendoit de celuy des deux Capitanes, s'avança avec les plus braves soldats, & quoy-qu'il fust blessé à la teste d'vn coup d'arquebuze, qui luy perça son armet, il

*Chambre de l'eguille, ou prés du mast.*

R R r

ne se relascha point, & estant secouru à propos de la galére qu'on nommoit la Victoire, qui luy envoya des gens par l'échelle de poupe, & de celle de Saint Marc, qui d'vn coup de canon enleva vne partie de la postiche * de la Capitane des ennemis : Les Turcs laschérent le pied, & les Chrestiens poursuivant leur victoire, entrérent victorieux jusqu'à la poupe de la Capitane Turque. Le combat recommença en cét endroit, les vns pour abatre le pavillon Turc, qui estoit à la poupe, & les autres pour l'empescher. Mais vn soldat ayant tué Cara Mami d'vn coup d'arquebuse, les Turcs perdirent courage, & ceux qui se púrent sauver se jettérent dans la mer. Si-tost que l'étendart fut à bas, on cria par-tout victoire, & les Chrestiens reprenant de nouvelles forces, surmontérent leurs ennemis. Ali Hamer pensant se sauver sur vne fuste legére, qui estoit vn peu écartée, se jetta dans la mer; mais elle fut aussi-tost attaquée par vne galére, qui s'en rendit maistre, & le prit. Le combat dura plus d'vne heure, il y mourut sept cens soldats Turcs, & l'on en prit cinq cens, sans avoir perdu que deux cens hommes; mais il y eut plus de cinq cens blessez. Quatre braves Capitaines y perdirent la vie, avec plusieurs bons soldats. Les ennemis se sauvérent à Alger, aprés avoir perdu neuf galiotes, & vne galére, où sept cens cinquante forçats Chrestiens recouvrérent leur liberté. Le butin fut grand en argent, en pierreries, & en soye, & autres choses de grand prix, que ces Corsaires avoient butiné, quoy-que sur le point de perir ils eussent jetté plusieurs balots dans la mer. Mais on les repescha aussi-tost avec les esquifs des galéres, qui sauvérent aussi plusieurs des ennemis. Aprés avoir rendu graces à Dieu de la victoire, on relascha sur la coste de Motril, d'où le Général des galéres en envoya porter la nouvelle au Gouverneur de Grenade, qui en fit faire des processions & des réjouïssances publiques par toute l'Andalousie. De-là il fut à Malaga, où on luy fit vne entrée magnifique; mais comme il n'avoit pas moins de piété que de valeur & de prudence, il n'eut pas plustost mis pied à terre, qu'il fut en procession à Nostre-Dame de la Victoire, suivi des Officiers, des soldats, & des

* piece de bois sur quoy posent les armes.

Lieu relevé, ou pilier devant la poupe, où est l'étendart, c'est la place du Général.

Alonso de Armenta, Tineo, Iouan de Sussnaga, & Martin de Gurichaga.

captifs délivrez, avec chacun vn cierge à la main. Aprés les actions de graces, il leur donna l'aumoîne, & les renvoya chez eux, puis mettant en liberté plusieurs forçats Chrestiens de ses galéres, pour avoir bien fait leur devoir, fit prendre leur place à des Turcs.

Pour retourner en Hongrie, l'an mille cinq cens quaran- *Hongrie, & Afrique.* te-vn, Iean Sepus mourut, aprés avoir esté confirmé par Soliman, & laissa vn fils, nommé Estienne, dont les tuteurs, & particuliérement l'Evesque de Varadin *, implorérent le * *Frére Iorge.* secours du Turc contre le Roy Ferdinand, qui le vouloit déposséder. Sous ce prétexte, le Turc se vint camper avec vne puissante armée sous les murs de Bude, & ayant fait venir le jeune Prince pour le voir, se saisit de la ville en le renvoyant à sa mere, & desarmant les bourgeois, en demeura le maistre sans combat. Ensuite il gagna Peste, Strigonie, & Albe, ruina les Cinq-Eglises; & s'empara de la plus grande partie de la Hongrie. La mesme année, l'Empereur Charles-Quint, pour asseurer la mer du Ponant contre les Corsaires d'Alger, qui faisoient des courses à toute-heure sur les Chrestiens, cingla avec vne puissante armée vers cette place, où commandoit vn renegat * de Cerdégne; Mais aprés * *Hascen Aga.* avoir batu les Turcs & les Maures en quelque rencontre, il survint vne tempeste qui dissipa toute sa flote, & le contraignit de se retirer au Cap de Metafus, & delà à Bugie, aprés avoir perdu la plus grande partie de ses navires. Le détail de cette avanture se trouvera au cinquiéme livre, en la description de cette ville.

Soliman ayant pris Bude, & fait de grans desordres dans *Hongrie.* la Hongrie, les Princes Chrestiens se liguérent contre luy 1542. en faveur de Ferdinand, & mettant sur pied vne grande armée, sous le commandement de Ioachim, Marquis de Brandebourg, entrérent dans le païs, où la pluspart de leurs troupes moururent de maladie, sans pouvoir reprendre Bude, quelque effort qu'ils fissent, parce que les Turcs la défendirent vaillamment. L'année suivante, les Hongrois firent tréve avec les Turcs, au contentement des vns & des autres, qui estoient bien las de la guerre. Et l'année mille cinq cens quarante-six, Sigismond Roy de Pologne envoya raser vn fort que les Turcs avoient fait sur sa frontiére.

1547.

*Tolcha.

En la petite Arménie.

L'année d'aprés Mustapha, fils de Soliman, & Gouverneur d'Amasie, se voulut saisir de l'Empire, & solicita contre son pere, les Egyptiens & les Perses; mais Soliman marcha contre le Sophi * avec vne puissante armée, dont il perdit vne partie, & les Tartares qui le devoient joindre, furent défaits aussi par les Perses; de-sorte qu'il retourna à Constantinople avec grande perte de gens & de reputation. La mesme année le Capitaine Dragut, Corsaire Turc, dont nous parlerons particulièrement au livre sixiéme, en la description de la ville d'Afrique, ayant ramassé vingt fustes, ou galiotes, courut les costes de Naples & de Sicile, prit Castel-amar, & fit grand butin, par la négligence des peuples, qui n'estoient pas sur leurs gardes. D'autre-costé, Soliman voulant venger sa défaite, refit la guerre au Sophi,

Asie.
1549.

& confirmant la paix ou la tréve avec tous les Princes Chrestiens, partit de Constantinople, aprés avoir rassemblé vne grande armée, par le moyen de nouveaux avantages qu'il fit aux soldats, & laissé cent galéres pour la garde de la ville. Mais la faim & la peste emportérent vne grande partie de ses troupes, & il mourut soixante & dix mille hommes de contagion dans Constantinople. Cependant, Dra-

1550.

gut s'estoit saisi des villes de Sus, de Monester & d'Afrique; mais les Généraux de Charles-Quint ayant rassemblé vne armée navale, sous le commandement d'André Dorie, & vne de terre, sous celuy du Viceroy de Sicile, reprirent tou-

Iean de Véga.

tes ces places, & particuliérement celle d'Afrique, dont on verra le détail au sixiéme livre. Ensuite de cela, le

1551.

Turc rompit avec Charles-Quint, sous prétexte qu'il n'avoit pû legitimement s'emparer de ces places pendant la tréve, parce-qu'elles estoient gardées par des Turcs, & envoya vne puissante armée ravager les costes d'Italie, sous le

Entre Catane, & Saragosse.

commandement de Cenan l'Amiral, accompagné de Salarraez & de Dragut, & autres braves Corsaires, qui firent de grans maux sur les costes de Sicile, & aux Isles de Goze & d'e Malte. De-là passant en Barbarie, ils prirent Tripoli

Cambati.
Livre 6.

qui appartenoit à l'Ordre de Malte, & fut renduë par vn Chevalier qui estoit François, comme il se verra en son lieu.

# SVCCESSEVRS, LIVRE II.

L'an mille cinq cens cinquante-trois, Soliman aprés s'estre reconcilié avec son fils Mustapha, le fit tuër cuëllement, ce qui toucha tellement vn * de ses fréres, qu'il se tua sur luy, avec des reproches à Soliman de sa cruauté, quoy-que ce Prince l'aimast autant qu'il haïssoit l'autre. [*Ianchir.]

Salarraez estant alors Gouverneur d'Alger, fut assiéger la ville de Bugie, à la persuasion d'vn Morabite, avec vingt-deux vaisseaux à rames, & plus de 40000. hommes de pied; & attaquant les chasteaux, il gagna celuy de la mer, aprés que les Chrestiens en eurent abandonné vn autre, qu'on nommoit l'Imperial; & le troisiéme se rendit, dont on verra le détail au cinquiéme livre. La mesme année, il envoya demander l'armée navale pour attaquer Oran, & estant retourné glorieux à Alger, aprés la prise de Bugie, il eut avis que le Grand Seigneur luy envoyoit quarante galéres, sous le commandement d'Ali Portuque, & de Mamiarraez, mais comme il les alloit recevoir à Bône, la peste le prit au Cap de Métafus, dont il mourut trois jours aprés dans Alger. Aprés sa mort, son fils Mahamet Bay, & les autres Généraux Turcs, firent l'entreprise d'Oran; mais cette place fut si bien défenduë par Dom Martin de Cordouë, qu'ils furent contraints de se retirer avec perte. Nous ne disons qu'vn mot icy de toutes ces avantures, parce-qu'on en verra le détail dans la description de chaque place. [Ce n'est pas celuy dont il est parlé en l'histoire des Cherifs. 1555. Cidi Mahamet el Hax.]

L'an mille cinq cens cinquante-six, Soliman prit quelques places dans la Stirie, & en ayant brûlé plusieurs autres, se retira, n'ayant pû prendre Siguete. La mesme année l'Empereur laissa le soin des choses du monde pour vaquer à la contemplation, & Philippe second son fils, qui étoit déja Roy d'Angleterre, prit sa place. L'année suivante, Dom Iean de Portugal mourut vn Vendredy onziéme Iuillet, & laissa pour successeur son petit-fils Dom Sebastien, sous la garde du Cardinal Infant son oncle, & de la Reine Catherine son ayeule, à-cause de son bas âge, & il prit depuis possession de la Couronne à quatorze ans, le vingtiéme de Ianvier l'an mille cinq cens soixante-sept, le propre jour de sa naissance. [Copa, Capenisvar, & Baboza. Il brûla celle-cy avec S. Martin Gerosgale, Selie, S.Laurent, Caliange, &c. On arbora ses enseignes dans Toléde, à la Quasimodo. 1557. Fils de Dom Iuan, & de la fille de Charles-Quint. Afrique.]

Aprés que les Turcs eurent levé le siége d'Oran, Dom

Martin de Cordouë paſſa en Eſpagne, pour faire l'entrepriſe de Moſtagan, & ayant obtenu ſix mille hommes, l'alla attaquer, & fut défait, avec perte de toutes ſes troupes, auſſi-bien que de l'artillerie, comme on verra au livre cinquiéme, chapitre vingt-huitiéme. Deux ans après, Philippe ſecond aſſembla vne armée navale en Sicile, ſous le commandement du Duc de Médina-Céli, pour chaſſer Dragut de l'Iſle de Gelves; mais après avoir pris la fortereſſe, comme on baſtiſſoit vn fort pour y mettre l'infanterie Eſpagnole en garniſon, Piali Bacha arriva avec ſon armée navale, & coula à fond vingt & vne galéres, & dix-ſept vaiſſeaux ronds. Le reſte ſe ſauva en Sicile, à l'abry du fort, commandé par D. Alvare de Sande, & qui fut emporté d'aſſaut avec grand meurtre, après vne longue réſiſtance, & les vaiſſeaux brûlez, comme l'on verra enſuite. La meſme année le Turc gagna la fortereſſe de Filec en Hongrie, puis fit tréve avec Ferdinand, qui eſtoit alors Empereur, & la garda tant qu'il vécut. Après la défaite de Dom Martin de Cordouë, Haſçen Bacha, Gouverneur d'Alger, aſſembla vne grande armée d'Arabes, de Turcs & d'Africains, & fut attaquer par mer & par terre la forte ville de Marça-qui-vir, où commandoit le jeune Dom Martin de Cordouë, qui la défendit vaillamment. Car comme les Turcs eurent gagné le fort de Saint Michel, qui eſtoit ſur vne montagne détachée de la place, & donné pluſieurs aſſauts à la ville, avec grande perte, les galéres d'Eſpagne arriverent au ſecours, & les Turcs ſe retirérent à Alger, laiſſant ſur la place la fleur des Ianniſſaires & des Levantins, & quantité de Turcs & de Maures, comme on verra plus au long dans la deſcription de cette place.

L'année ſuivante, Maximilien Roy de Boheme, ayant ſuccédé à l'Empire par la mort de Ferdinand, prit vne place forte que tenoit le Vayvode, avec vne garniſon Turque, & le Grand Seigneur envoya enſuite vne armée dans l'Iſle de Malte, qui fut bravement défenduë par les Chevaliers, & ſecouruë ſi à propos par l'armée navale du Roy Catholique, que l'ennemi fut contraint de ſe retirer avec perte de ſa reputation, & de la plus grande partie de ſes troupes,

1558.
1560.

Liv. 6. ch. 41.

1563.

S. Miguel.

Liv. 5. ch. 28.

Europe.
1564.
Tocay.
1565.

Dragut y mourut, avec Aluch-Ali Eſcanderie, &c.

comme on verra tout au long en la description de cette Isle. L'an mille cinq cens soixante-six, Soliman entra dans le païs de l'Empereur Maximilien, & ayant pris par force la forteresse de Ciguet, assiégea Iule ; mais il mourut de maladie dix jours avant sa prise, & jusques-là sa mort fut celée, aprésquoy son fils Selim fut salüé Empereur, & laissant garnison dans ces places, retourna à Constantinople. Deux ans aprés s'émût vne grande guerre en Espagne par la revolte des Maures de Grenade, qui s'estoient convertis à la Foy Chrestienne, & qu'on vouloit obliger de changer de langage & d'habit, & de quiter quelques superstitions qui leur estoient restées depuis le tems qu'on les avoit assujétis. Ceux d'Alpuchara se soûlevérent les premiers, & s'estant jettez sur les Prestres, & les autres Chrestiens qui estoient parmy eux, brûlérent les Eglises, & firent plusieurs meurtres, sacriléges & méchancetez contre la Majesté divine & humaine, faisant venir les Turcs & les Maures de Barbarie, & appellant Mahomet. Mais cette revolte fut éteinte avec l'entiére destruction des rebelles, par Dom Iean d'Austriche, frére du Roy, comme on verra dans le livre que nous en avons fait, & que nous mettrons bien-tost au jour, avec la grace de Dieu.

1566.

1568.

Tandis que ces choses se passoient, Selim Empereur des Turcs se servant de sa puissance, à la ruine des Chrestiens, & voulant restablir par quelque grande entreprise la perte que son pere avoit faite en l'Isle de Malte, envoya demander le Royaume de Chypre aux Veniciens, comme vne dépendance des Estats de Syrie & d'Egypte. Son Ambassadeur ayant esté receu avec les cérémonies accoustumées, entra dans le Senat, & aprés vn long discours, présenta cette lettre du Grand Seigneur, seellée de son cachet. *Sultan Selim, Empereur de Constantinople, de Rome, d'Afrique, d'Asie, & de Trebizonde ; Roy de Pons, de Bithynie, d'Achaye, d'Acarnanie, & d'Arménie ; Seigneur de la grande & petite Tartarie, & de toutes leurs provinces ; Roy de l'Arabie, de la Turquie & de la Russie ; Soudan de Babylone, de Perse, d'Egypte & de la grande Inde ; Souverain dans tout le pays qu'embrassent les sept bras du fleuve du Gange ; & en général de tout ce que le Ciel environne, & que le Soleil*

*La prise de l'Isle de Chypre.*

éclairé; descendu de la haute tige des Dieux; fils du grand Soliman, destructeur du peuple Chrestien, & domteur de l'Univers, &c. A vous, les injustes possesseurs de l'Estat & Seigneurie qui m'appartient; je vous envoye cette Ambassade, pour pouvoir avec plus de raison executer tout ce que je suis obligé de faire contre vous, & contre vos défenseurs, en épanchant vostre sang par ma triomphante épée. Rien ne vous servira contre elle, ni force, ni tresors, si vous ne me remettez présentement entre les mains le Royaume de Chypre, que vous retenez injustement depuis tant d'années, & qui m'appartient, comme Souverain de la Syrie & de l'Egypte. Ie viendray fondre sur vous par mer & par terre, comme une furieuse tempeste, & abatre toutes vos forces, pour vous détruire par une mort honteuse, suivant la promesse du Prophete Mahomet; Et pour entendre mieux les raisons qui me meuvent à une si juste entreprise, je vous envoye cét Ambassadeur, avec pouvoir de vous declarer la guerre, si vous ne m'accordez ma demande. Donné l'an quatriéme de nostre régne, en la ville Imperiale de Constantinople, où vos prédécesseurs ont esté défaits, massacrez & détruits, pour n'avoir pas voulu se soûmettre aux miens, comme il vous arrivera. La Seigneurie répondit, aprés avoir leû la lettre, & ouï l'Ambassadeur, Que ses raisons n'estoient pas assez considérables pour leur faire quitter un bien dont ils estoient en legitime possession de tems immemorial, & que s'il estoit d'humeur à usurper le bien d'autruy sans avoir egard à la justice, il n'en viendroit pas peut-estre à bout si aisément qu'il pensoit, puisqu'ils ne manquoient ni de volonté, ni de pouvoir pour se défendre; & sans plus long delay ils renvoyérent l'Ambassadeur, qui leur declara aussi-tost la guerre. Ils firent donc provision d'armes, de vivres, de munitions & de troupes, en un mot de tout ce qui estoit necessaire pour la défense de l'Isle de Chypre, & de ce qu'ils tenoient de reste au Levant. L'Ambassadeur estant de retour à Constantinople, le Grand Seigneur équipa une armée navale de trois cens voiles, galéres, fustes, & autres vaisseaux de haut-bord, & les envoya en cette Isle, sous le commandement de Piali Bacha, & d'Ali Bacha, Généraux de la mer, & de Mustapha Bacha, Gouverneur d'Egypte, qui devoit commander l'armée de terre. Ils partirent de Constantinople au mois de May l'an mille cinq cens soixante-

xante-neuf; & ayant fait aiguade au Cap Quélidonien, où  *Cap de Phénicie.*
la cavalerie s'embarqua, prirent la route de Chypre, & vinrent surgir à la plage des Salines, où ils débarquérent leurs troupes pour le siége de Nicosie. C'est vne grande ville, où il y avoit quantité d'Italiens en garnison, qui se voulant mettre en défense, les habitans s'y opposérent, comme n'étant pas capables de resister; de-sorte que dans cette contestation, se nuisant les vns aux autres, la ville fut emportée d'assaut le vingtiéme jour du siége. On fit main-basse sur tous les gens de guerre, & plusieurs Gentilshommes, qui vouloient obliger les autres habitans à se défendre, furent massacrez cruëllement. Aprés la prise de Nicosie, les Ba-  *ou souffrirent*
chas laissant garnison dans le chasteau, & prenant quelques  *vne mort*
jeunes captifs pour les servir, avec des filles & des garçons  *honteuse.*
de condition, pour présenter au Grand Seigneur, laissérent le reste dans la ville pour la peupler. Aussi-tost ils s'embarquérent pour aller à Famagoste, & arrivant devant cette forte place, l'assiégérent avec plus de quatre-vingts mille hommes, & grand nombre d'artillerie. Avant que de commencer à la batre, Piali Bacha écrivit aux assiégez en ces termes. *Piali Bacha, Général de cette puissante armée, & Lieutenant de la bienheureuse Porte du Grand Seigneur, aux Gouverneurs, bourgeois & habitans de Famagoste. Ie vous fais savoir que je suis venu pour me rendre maistre de cette Isle, que les Venitiens possédent injustement, & parce-que vous faites mine de vous vouloir défendre dans cette place contre vne armée invincible, je vous donne avis que si vous estes sages, vous vous rendrez à composition, moyennant quoy vous demeurerez maistres de vos biens, de vos femmes & de vos enfans, en payant le tribut ordinaire, sans estre de pire condition que les autres Sujets du Grand Seigneur. Que si vous ne le faites, vostre destruction est certaine, dequoy j'ay esté bien-aise de vous donner avis, pour ne point passer à l'entiere désolation de cette Isle; car quelque tréve qu'on puisse faire, vous n'y serez point compris. Resolvez vous donc promptement, sans vous amuser aux vaines promesses de vos Gouverneurs. Ie donneray assurance à tous les gens de guerre qui sont dans la ville, & aux principaux bourgeois, de pouvoir aller en toute liberté où il leur plaira, & à ceux qui voudront demeurer de le pouvoir faire, sans perdre leurs biens, ni quiter leur forme de gouverne-*

ment, en payant seulement au *Grand Seigneur* ce qu'ils payoient aux *Venitiens.* Renvoyez moy ce *Heraut* avec vostre réponse, sans luy faire aucun déplaisir; autrement je jure par le vray Dieu, en qui je croy, & par l'épée que je porte, de ne laisser aucun de vous en vie. *De la bienheureuse armée du Grand Seigneur, Piali Bacha.* Cette lettre ayant esté leuë par les Gouverneurs, & renduë aux habitans pour y faire réponse, on luy répondit, Qu'on avoit juré fidelité au Senat de Venise, & qu'on n'avoit point sujet de s'en repentir, veu la douceur de leur gouvernement. Que pour ce qu'il mandoit, qu'il estoit venu pour se rendre maistre de l'Isle, qu'on esperoit que Dieu ne favoriseroit pas ceux qui venoient pour vsurper le bien d'autruy. Que pour les promesses qu'il faisoit d'vn bon traitement, il n'y avoit pas sujet d'y ajoûter foy : & qu'aprés avoir violé tant de fois la parole à vne puissante République, ils ne la garderoient pas à de petits Insulaires. Qu'en leur faisant de la peine, ils en souffriroient plus qu'eux. Que toutes leurs menaces & fanfaronades, ne pouvoient préjudicier au droit des Venitiens. Qu'ils ne croyoient pas pouvoir estre maltraitez si l'on faisoit vne tréve. Qu'ils ne se laissoient point abuser par leurs Gouverneurs, & que s'ils estoient nez Sujets du Grand Seigneur, ils feroient la mesme chose pour luy qu'ils faisoient pour le Senat. Que pour la favorable composition qu'il leur promettoit, qu'on gardoit cela pour la fin, & qu'ils n'estoient pas encore en cét estat-là. Qu'ils feroient peut-estre bien-aises eux-mesmes d'obtenir à la fin pour eux ce qu'ils promettoient aux autres. Qu'ils vivoient plus heureux sous le gouvernement des Venitiens, qu'ils ne feroient sous le leur propre, c'est-pourquoy on les amusoit en vain d'vne vaine promesse de liberté. Que le Turc n'auroit pas sujet de se fier en eux, s'ils avoient faussé la foy aux Venitiens, qui les avoient toûjours bien gouvernez, & qui faisoient tout ce qu'ils pouvoient pour les défendre. Qu'enfin ils avoient resolu de ne point ajoûter de foy aux promesses, ni aux menasses de leurs ennemis, & qu'ils feroient bien de ne leur en plus faire. Piali ne fut pas content de cette réponse, & voyant que la place ne seroit pas si-tost prise, estant bastie sur vn roc au bord de la mer, & n'estant

*Ie n'ay mis que la substance d'vne longue formule.*

commandée d'aucun endroit, il laissa Mustapha Bacha pour commander l'armée de terre, & le Gouverneur de Rhodes *Arabamat. avec quinze galéres, & cinq galiotes, pour tourner l'Isle & empescher le secours, & retourna à Constantinople avec le reste de l'armée navale. Comme il estoit sur le point de partir, & que tout estoit embarqué, il survint vn pitoyable accident. Car les Bachas avoient mis toute la jeune Noblesse d'vn & d'autre sexe, qu'ils vouloient présenter au Grand Seigneur, dans vn grand galion où estoit la poudre, vn Gentilhomme de Nicosie, qui y estoit avec deux de ses filles, voyant qu'vn Turc en vouloit forcer vne, prit de rage vn tison de feu, & le jetta sur vn baril de poudre, qui fit sauter aussi-tost le galion, avec deux mille deux cens personnes qui y estoient. Le feu se prit mesme à vn vaisseau qui estoit proche, & à vne galere qui en tiroit du biscuit, & les consuma l'vn & l'autre. Ceux de Famagoste qui voyoient cela de dessus leurs murailles, en témoignérent beaucoup de joye, ne sachant pas que ce malheur fust arrivé à des Chrestiens, & à ce qu'il y avoit de plus beau & de plus illustre dans Chypre. L'armée navale estant partie, alla se rafraichir à Rhodes, & passant en l'Isle de Kio, prit la route de Constantinople, laissant vingt galéres en cette Isle, qui allérent faire provision de bled à Datane, & à Negrepont, puis y revinrent passer l'hyver. Les deux Bachas estant arrivez à Constantinople, on apprit que les Venitiens avoient pris cette occasion pour envoyer douze galéres, & quelques vaisseaux jetter des troupes, des vivres & des munitions dans Famagoste. Le Grand Seigneur donc ordonna aux vingt galéres, que nous avons dites, de leur donner la chasse, & d'essayer de les prendre, & le Gouverneur d'Aléxandrie qui *Siroco. les commandoit, & qui estoit grand Pilote de l'armée navale, prit la route de Chypre; Mais les galéres Venitiennes s'estoient déja retirées, aprés avoir fait leur effet, car le Gouverneur de Rhodes croyant qu'elles fussent en plus grand *Arabamat. nombre, s'estoit retiré à Tripoli. Cependant, comme l'autre estoit sur la coste de Chypre, il survint vne tempeste, qui faillit à perdre toutes ses galéres, & il y en eut deux d'échoüées prés de Famagoste; de sorte qu'il s'en retourna

1571.

Depuis le Golfe du Diable & la coste de Syrie.
*Aluch Ali.

sans rien faire. Dés le commencement du printems, Ali Bacha fut porter des vivres & des munitions au camp avec quatre-vingts galéres royales, & rassemblant celles des Gouverneurs de Rhodes & d'Aléxandrie, fut ramasser des facines le long de la coste, pour faire des approches, & fortifier le camp. Depuis il fut à Castel Rosso, qui est dans l'Archipel, pour charger sur ses navires Farta Bacha; & le Gouverneur d'Alger* se joignit à luy en cét endroit avec l'armée navale du Couchant. Ils faisoient donc tous ensemble trois cens quatorze voiles, en comptant quelques galiotes & passe-chevaux, qui sont de grans vaisseaux fort larges, pour porter la cavalerie. Le Bacha s'estant embarqué avec les troupes de terre, la flote partit de Castel Rosso, & prit la route de Candie, pensant y trouver cent galéres Venitiennes; mais elles s'estoient retirées, & les Turcs mettant pied à terre, ravagérent le païs, prirent vn fort que les Venitiens avoient fait, où il y avoit vingt pieces de canon, & brulérent deux galéres qui n'estoient pas encore achevées. Ensuite toute leur armée navale passa devant la forteresse de Candie, & mettant pied à terre, brûla & saccagea tout ce qui estoit aux environs; mais il survint vne bourasque la nuit, qui fit échouër quatre galéres, & l'armée prit la route d'Estaric, qui appartient aux Venitiens; mais n'y pouvant rien faire, à cause qu'il y a vne bonne forteresse, elle passa en terre-ferme, & débarqua des troupes au Cap du Mayne. C'est vne pointe de rocher qui s'avance dans la mer, & qui a sur le haut des grotes & des cavernes, où se nichent des Barbares*, dont le revenu consiste en leur arc & leur arquebuze; de-sorte que les Turcs s'estant trop avancez dans le païs, y perdirent plus de sept cens hommes, & furent rechassez dans leurs navires. Ensuite la flote fut prendre des rafraichissemens à Coron & à Modon, puis passa à Zante, & attaqua la forteresse; mais voyant qu'elle se défendoit trop bien, elle rembarqua ses troupes, aprés avoir mis le feu aux maisons du bourg. De-là elle passa à Céfalonie, qui appartient aux Venitiens, & en emmena plus de trois mille femmes & enfans, aprés-quoy elle attaqua la forteresse de l'Isle, & ne la pût prendre, à-cause de la brave résistance des assiégez, qui

Ist.

*Les Maynoëes.

luy tuërent beaucoup de monde. Sur ces entrefaites, douze galéres Venitiennes qui venoient à la découverte, furent apperceuës, & l'vne d'elles ayant esté prise, leur apprit que les Princes Chrestiens s'estoient liguez, & assembloient vne grande armée navale pour secourir les Venitiens, dequoy Ali Bacha envoya donner avis au Grand Seigneur. Car le Pape Pie cinquiéme, pour destourner la tempeste qui venoit fondre sur la Chrestienté, envoya son grand Camérien implorer le secours de Philippe second, & celuy des autres Princes Chrestiens, qui dépendoient de luy, & luy representer le péril qui le menaçoit luy-mesme, & que si l'on ne joignoit ses forces, on seroit emporté dans peu. Qu'il n'y avoit point de Princes Chrestiens assez puissans pour resister seul, mais que tous ensemble en viendroient à bout. Qu'estant le premier en zéle & en puissance, son secours devoit estre le plus puissant, à quoy il promettoit de joindre ses armes, tant spirituelles que temporelles. Que si la flote d'Espagne se venoit poster en Sicile, elle serviroit de frein aux ennemis, & les empescheroit de rien entreprendre ; & si la Chrestienté estoit attaquée en quelque endroit, elle y accourroit aussi-tost. Philippe second se rendant à ses raisons, envoya incontinant des pouvoirs aux Cardinaux Pachéque & de Granvelle, & à Dom Iean de Sugniga, son Ambassadeur, pour conclure la ligue avec sa Sainteté & la Seigneurie de Venise. Les Venitiens donnérent mesme pouvoir à leurs Ambassadeurs; de-sorte que l'affaire se traitant avec les Deputez du Pape, elle fut en moins de rien concluë. Dom Iean d'Austriche, frére naturel de Philippe second, qui estoit occupé alors à remettre les Maures de Grenade dans leur devoir, fut nommé pour Généralissime. Aprés avoir donc mis fin à la guerre, il prit la route de Messine, où sa Sainteté trouvoit à propos que l'armée navale se joignist. Sur ces nouvelles, les Turcs prirent le route de Corfou, qui appartient aux Venitiens, & n'osant pas y descendre, vinrent surgir au port de Pescara, qui est vis-à-vis, en terre-ferme, où ils demeurérent quelque tems, pendant lequel ils prirent trois galéres Venitiennes qui venoient à Corfou, & le lendemain vne frégate, qui venoit de Messine

*Maistre Torres.*

*Michel Surian, & Iean Superance.*

à la découverte, & qui leur apprit que Dom Iean y estoit avec l'armée navale de la ligue: car ce brave Prince s'estoit hasté de partir, de-peur que les Turcs ne se retirassent à Constantinople, & qu'on ne pûst venir aux mains avec eux. Cependant, Ali Bacha sachant que l'armée navale des Chre- stiens estoit à Messine, fut attaquer vn chasteau des Veni- tiens, où il y avoit deux cens Italiens en garnison, & l'ayant emporté d'assaut, les tailla en pieces. Comme il estoit en ce port, les vaisseaux qui estoient en garde prirent vn grand navire des Venitiens, chargé d'hommes & de munitions pour Corfou, qui leur confirma la nouvelle de la frégate. Cela réjoüit fort Ali Bacha, qui prenant la route du Golfe de Venise, se saisit d'vn second navire chargé d'hommes & de munitions pour Corfou, & mettant des troupes à terre, prit Dulcine & Budie, & deux autres forteresses des Veni- tiens, dont il démolit seulement Budie, & mit garnison dans les autres. Ensuite la flote fut espalmer à Castelnove; puis se rafraichir à la Valone, où elle prit du biscuit, aprés-quoy elle retourna à Corfou, & donna fons au port de Pescare, où elle avoit esté d'abord. Elle embarqua-là huit cens che- vaux Turcs, que le Bacha avoit mandez, avec quoy elle ra- vagea toute l'Isle de Corfou, puis les rembarqua sans oser attaquer la forteresse, & estant de retour à Pescare, les mit à terre, & prit la route de Previce pour y prendre du pain, d'où elle envoya le Corsaire Carafocha vers la Sicile avec deux galiotes, pour prendre langue de l'armée navale des Chrestiens. Le Bacha estant arrivé à Patras, ou Lépante, entra dans le Golfe, pour prendre du pain, & se rafraichir, à-cause de la bonté du païs, & Carafocha l'y vint trouver, qui l'avertit que l'armée Chrestienne prenoit la route de Corfou, & qu'il l'avoit appris de quelques prisonniers qu'il avoit faits en Calabre; dequoy le Bacha fort réjoüi, le ren- voya encore à la découverte. Cependant, l'armée navale des Chrestiens s'estant rassemblée au port de Messine, D. Iean d'Austriche, qui avoit appris la route des Turcs, en partit le dix-septiéme de Septembre en resolution de les combatre, quoy-qu'il n'en fist pas semblant. Il arriva le premier jour à la Fosse de Saint Iean de la Calabre, d'où il gagna le Cap

*la Chumara.*

d'Espartivent, puis celuy de la Colonne, & l'Isle de Fano, où toute l'armée navale se rallia ; de-sorte qu'en arrivant à Corfou, il avoit deux cens huit galéres royales, six galeaces, & vingt-cinq navires. Mais ayant compassion de cette Isle, qui avoit esté ravagée par les Turcs, il fut surgir au port de Saint Iean en terre-ferme. Cependant, quelques soldats s'estant écartez, furent pris par les Grecs, qui les allérent vendre à Carafocha, lequel estoit derriére vne pointe avec sa galiote sans mast, pour épier l'armée, & qui apprit de ces prisonniers tout ce qu'il vouloit savoir. Dom Iean de son costé avoit envoyé le Commandeur Gille d'Andrade, pour prendre langue des ennemis, & il le revint trouver au port des Goméniques, & luy apprit que l'armée des Turcs estoit toute en vn corps à Lépante*. Sur cet avis, Dom Iean tint conseil, & quoy-qu'on proposast divers avis, tous conclurent au combat, & il prit la route de Céfalonie, où nous les laisserons pour retourner à Famagoste, afin que les choses se voyent dans leur ordre.

* ou Lempote.

Tandis que l'armée navale des Chrestiens s'apprestoit, Mustapha redoubloit ses assauts devant Famagoste, où il y avoit dix mille hommes de combat, Italiens, Albanois, ou Chypriots, qui se défendoient bravement, & faisoient tout ce qu'ils pouvoient pour retarder la prise de la ville, comme il faisoit de son costé tous ses efforts pour s'en rendre maistre. Car Ali Bacha avec ses quatre-vingts galéres, luy avoit porté vn renfort de troupes, de munitions & d'artillerie, & quantité de bois & de facines, qu'il avoit fait couper sur les costes de Caramanie & de Syrie, pour les bateries & les retranchemens ; outre grand nombre de sacs de laine, & plusieurs vaisseaux qu'il luy avoit laissez pour porter des troupes & des vivres, & les autres choses necessaires aux assiégeans, qui n'avoient encore rien fait jusqu'à la fin d'Avril. Mais alors Mustapha fit amener quinze gros canons de Nicosie, & décampant du lieu où il avoit esté l'hyver, passa de l'autre costé dans les jardins de la ville, d'où il s'approchoit tous les jours de la muraille par trenchées. D'autre-costé, les assiégez se fortifioient continuëllement au lieu où on les vouloit attaquer ; à quoy se montroient fort ardens

A la fin de Fevrier.

Du costé du Couchant.

Aftor Baillon Chevalier de Peruse, & le Bragadin Gouverneur de l'Isle, avec plusieurs autres braves soldats & Officiers, qui avoient partagé entre-eux la défense de la place en la maniére que je vais dire. André Bragadin estoit dans le chasteau, dont il défendoit vigoureusement les murs du costé de la mer & de l'Arsenàl. Le Gouverneur défendoit

*Arsenal des navires.* la tour d'Andruzi, Astor Baillon celle de Sainte Nape, & Tiépile celle de Campo Santo. Louïs Martinengue avec six autres Capitaines, avoient soin de l'artillerie, & de fournir tout ce qui estoit necessaire pour le service du canon. Chacun de ces Officiers avoit vne porte, & vne compagnie de Grecs pour ce sujet. Le Capitaine Francisque Bogon estoit à la grande tour de l'Arsenal, qu'on nomme des Chevaliers. Pietro Conté défendoit la courtine, & le Cheva-

*De los Vultos:* lier Des Voutes la tour de Campo Santo. Mais Louïs Martinengue avoit aussi la charge du cavalier, ou plate-forme qui y estoit, & devoit secourir Andruzi, & la courtine, jusqu'à la tour de Sainte Nape. Le Comte Hercule Martinengue, défendoit le cavalier de Sainte Nape, & toute la courtine jusqu'à la porte de Limici. Le Capitaine Horace de Velitre estoit au ravelin, & à la courtine du boulevart. Robert Malvezzi au cavalier, ou à la baterie de Limici, qui estoit la plus incommodée de l'artillerie des Turcs. Chacun savoit ce qu'il devoit faire, & où il devoit courir dans l'occasion. Ils faisoient souvent des sorties pour retarder le travail des assiégeans, & tuoient plusieurs soldats & pionniers, donnant l'alarme à toute heure, & lors-qu'on venoit à eux, ils se retiroient pour laisser jouër l'artillerie, qui faisoit vn

*Mur du fossé en dehors.* grand carnage. Les Turcs estant prés de la contrescarpe, & ayant fait leurs remparts, & dressé leurs bateries, commencérent à batre la ville le dix-neufiéme de May avec soixante & dix grosses pieces de canon, & quatre gros basilics. Tous ces canons estoient rangez en dix bateries, ou plates-formes, qui batoient cinq endroits de la ville, depuis la porte de Limici jusqu'à l'Arsenal. L'vne batoit la propre tour de l'arsenal avec cinq pieces d'artillerie, depuis le fort de l'Ecueil, que les Turcs avoient fait. Vne autre, la courtine, avec onze pieces. Vne autre, la tour d'Andruzi, avec autant,

## SUCCESSEURS, LIVRE II.

tant, & les deux cavaliers qui estoient dessus. Vn autre, la tour de Nape, avec les quatre basilics. Et vn autre, où il y avoit trente-trois pieces d'artillerie, la porte de Limici avec vn haut cavalier qui estoit dessus, & le ravelin qui estoit en dehors. Les Turcs pour épouvanter les assiégez, ne tiroient d'abord qu'aux défenses, & aux maisons, dont la pluspart paroissoient, & contre l'artillerie, qui les incommodoit, ensuite ils commencérent leur baterie. Les Chrestiens estoient continuëllement en garde sur les murailles, sans quiter ni jour ni nuit, & sans faire autre chose dix jours durant, que de tirer aux bateries des Turcs, avec tant de furie, qu'ils brisérent quinze de leurs meilleures pieces, & leur tuërent plus de vingt mille hommes; de-sorte que par tout, soit au camp ou aux trenchées, il n'y avoit rien d'assuré pour l'ennemi. Mais la poudre venant à manquer, & le secours n'arrivant pas, les Chefs défendirent de tant tirer, & ordonnérent qu'on tirast seulement trente pieces par jour, & trente coups de chacune, à l'endroit où il faloit, & en leur présence; ce qui estoit assez raisonnable, si l'on eut donné ordre au commencement à ce que nous dirons ensuite. *ou s'il eust esté ordonné du commencement, comme, &c.* Le vingt-neuviéme de May vint vne frégate de Candie, qui rapporta que le secours estoit prest, ce qui fortifia le courage des assiégez, & fut receu avec grande allegresse. Mais les Turcs ne laissérent pas pour cela de poursuivre leur entreprise avec plus de vigueur, & ayant gagné la contrescarpe, aprés vne grande résistence, commencérent à combler le fossé avec de la terre, à l'endroit où estoient les bateries. Mais les assiégez l'emportoient, aussi-bien que les démolitions du mur, à quoy travailloient petits & grans. Pour les empescher, les Turcs firent des traverses, qui découvroient dans le fossé, d'où ils perçoient à coups d'arquebuze les madrirs, dont on se couvroit; de-sorte qu'ils tuërent l'Ingénieur, avec plusieurs autres. A la fin ayant jetté *Iuan Mormori.* tant de terre dans le fossé qu'il estoit de niveau avec la contrescarpe, ils la percérent, & ouvrant la terre peu à peu devant eux, firent vn chemin, & comme vne galerie jusqu'au mur, à l'endroit où estoient les bréches, & avec des sacs de laine & des facines, se mettant à couvert des traverses des Chrestiens, commencérent à creuser des mines, pour faire voler le ravelin, & les tours de Sainte Nape, d'Andruzi, de Capo Santo, & de l'Arsenal. Cependant, les Chrestiens faisoient pleuvoir de leurs murailles des feux d'artifice qui brûloient les hommes, les facines & les sacs de laine, qui servoient de parapet à la galerie, & faisant des sorties avec ce qu'il y avoit de plus brave, ils emportoient les sacs, à la faveur des arquebuziers, qui les soustenoient. Outre cela, ils firent plusieurs contremines ; mais ils ne pûrent jamais rencontrer que celles de la tour de Sainte Nape, d'Andruzi & de Capo Santo; quoy-que les soldats entrassent plusieurs fois dans le fossé avec vne merveilleuse industrie d'Astor Baillon, qui prevenoit toutes les difficultez, & qu'ils fissent d'admirables exploits-d'armes.

*le 21. Iuin.* Sur ces entrefaites, les Turcs mirent le feu à la mine de la tour de l'Arsenal, qui fit vne grande ouverture à la muraille, qui estoit fort grosse, & emporta la plus grande partie de la courtine vers le Chevalier des Voultes, mettant par terre vne bonne partie du parapet, qu'on avoit fait pour la

*Giambélat.* défense de la baterie. Aussi-tost le Gouverneur d'Aléxandrie, qui commandoit de ce costé-là, fit donner l'assaut, & vn gros bataillon de Turcs monta à travers les ruines jusqu'au haut du mur, & y planta l'étendart. Le Capitaine Pietro Comté, estoit à la défense de ce quartier-là, avec sa

*Il y avoit alors des compagnies de trois à quatre cens hommes.* compagnie, & comme elle avoit esté maltraitée de la mine, Astor Baillon, & Louïs Martinengue, y accoururent, & combatant vaillamment, chassérent les Turcs de la bresche, & en tuërent plusieurs. Mais celuy qui les commandoit, fit remonter cinq fois à l'assaut des gens tout frais, qui furent toutes les cinq fois repoussez par ces deux braves Capitaines, lesquels faisoient des merveilles de leurs personnes.

*Bragadin.* Ils estoient rafraichis de tems en tems par le Gouverneur, & l'artillerie qui estoit au boulevard du chasteau nommé l'Eperon, endommageoit fort les Turcs, quand ils montoient à l'assaut. Enfin aprés vn combat de cinq heures, où moururent plus de quinze cens Turcs, le Bacha les fit retirer, & des Chrestiens, il n'y en eut que cent soldats de tuez ou de blessez. Le Comte Iean, & François Gore, avec le Capitaine Bernardin de Gobie, y furent tuez, & Hercule Malatesta blessé, avec Pietro Comté, & plusieurs autres. Il arriva la mesme nuit vne autre frégate de Candie, qui rafraichit la nouvelle du secours, & fortifia le courage des assiégez, & deux Capitaines eurent soin de faire des traverses à l'endroit des bateries, & aux lieux où l'on entendoit miner; ce qu'ils firent avec des coffres & des tonneaux pleins de terre mouïllée, des matelats & des sacs de laine; & les pauvres femmes aprés avoir employé leurs coussins & leurs paillasses, cousoient des draps, des tapis, & des rideaux pour les remplir de terre, & s'en remparer contre l'artillerie. Tout ce qu'elle abatoit donc de jour estoit racommodé la nuit, & le peuple travailloit continuëllement sans prendre aucun repos, les Turcs leur donnant l'alarme à toute-heure, pour leur donner plus de peine. Le vingt-neufviéme de Iuin les ennemis firent joüer la mine du ravelin, qui estoit creusée dans le roc, ce qui fit vne longue & large bréche, où les Turcs, qui estoient prests, donnérent aussi-tost en la présence du Bacha, & montérent en haut avec grande furie. Mais la compagnie du Comte Martinengue soustint leur effort, & les Chrestiens quoy-qu'à découvert, firent retirer les Turcs avec grande perte, & y perdirent aussi de leur costé deux Capitaines, & vn Sergent Major, avec trois de blessez. Les Turcs donnérent aussi l'assaut en mesme tems à l'Arsenal, avec plus de danger pour eux, & moins pour les Chrestiens, qui n'y perdirent qu'vn Capitaine, sans parler d'vn autre, qui fut blessé d'vn coup d'arquebuze. Cette bataille dura six heures, sans que l'Evesque de Limici desemparast la bréche, avec vne croix à la main, pour encourager les Chrestiens. Plusieurs femmes combatirent courageusement, tandis que d'autres portoient des pierres ou des rafraichissemens sur le mur; de sorte que tout le monde estoit occupé. L'ennemi voyant la perte qu'il avoit faite, resolut d'attaquer la place de tous costez, & fit en haste sept retranchemens plus prés de la muraille, puis garnissant ses plates-formes, y mit l'artillerie, qui tiroit de loin, & commença à batre la muraille avec quatre-vingts grosses pieces de canon, sans relasche & avec

*Marco Criuelator, & Maggio.*

*Célio de Fuoqui, Erasme Fermo, & Meani. Soldatelo, Antonio d'Ascoli, & Iean de Istra. Iacobo de Faliano, Louïs Martinengue.*

TTt ij

tant de furie, qu'en vn jour & vne nuit, ils tirerent cinq mille coups. Cela ruina de telle sorte les remparts & les défenses, qu'à peine restoit-il dequoy se mettre à couvert, & ceux qui y travailloient, estoient tuez à coups de canon ou de mousquet, car on ne cessoit point de tuer. D'ailleurs l'artillerie applanit le ravelin de telle sorte, qu'on fut contraint de le quiter, & retirant les défenses plus en dedans, on retrancha vne petite place, abandonnant le reste aux ennemis, après l'avoir miné, pour les faire sauter lors qu'ils s'en seroient rendus maistres. Le neufviéme de Iuillet, ils donnérent vn nouvel assaut au ravelin, attaquant en mesme tems les tours de Sainte Nape, d'Andruzi, & celle des arsenaux, avec sa courtine; & après six heures de combat, ils furent contraints de se retirer, par la brave resistence des assiégez; mais ils demeurérent maistres du ravelin, quoy-que pour leur plus grand malheur, dont les assiégez aussi eurent leur part. Car comme ils se retiroient par l'ordre de leurs Chefs, le lieu estant petit, & la sortie étroite, ils s'embarassérent avec leurs piques, de-sorte que la mine joüant là-dessus, par l'ordre de Maggio, il y eut plus de mille des ennemis enlevez; le Capitaine Robert Malvezzi y mourut, & vn autre fut blessé; mais vn Mestre-de-Camp fut tué à l'assaut. Du reste, la mine mit le ravelin en tel estat, qu'on n'eut que faire de le reprendre, & l'on se contenta de faire vne mine à costé, pour s'en servir si l'ennemi s'en saisissoit. La porte de Limici estoit vn peu plus basse que le ravelin, & fermée seulement par vn rateau couvert de bandes de fer, & fort pointu, qui estoit attaché à vne corde, & l'on jettoit par-là la terre que l'on tiroit du ravelin. Mais les Turcs haussérent tellement leur baterie, qu'y commandant à plein, personne n'osoit plus entrer ni sortir, qui ne courust fortune d'estre percé à coups de canon ou d'arquebuze. Croyant donc pouvoir faire vn nouvel effort de ce costé-là, ils donnérent vn quatriéme assaut le quatorziéme de Iuillet, tant à cette porte qu'à toutes les autres bateries; & comme ils venoient planter leurs drapeaux prés de la porte, Astor Baillon, & Louïs Martinengue, qui estoient alors aux défenses, firent vne sortie, où ruant

*Marqueto de Fermo.*
*David Noce. ou Maréchal de Camp.*

ceux qui les portoient, ils contraignirent les autres de se retirer, & mettant le feu à la seconde mine qu'on y avoit faite, firent voler en l'air plus de quatre cens Turcs, & retournérent victorieux avec vn drapeau, qu'Astor Baillon avoit enlevé à celuy qui le portoit. Le lendemain, le Bacha fit jouër la mine de la courtine, qui n'ayant pas bien réüssi, ne fut pas suivie de l'assaut, & il se contenta de remplir & de hausser les traverses des fossez, pour mettre à couvert ceux qui estoient derriére, quand il donneroit vn nouvel assaut. Dés que les ennemis eurent tiré toute la terre qui estoit prés de la contrescarpe, ils plantérent leurs tentes & leurs pavillons prés de la muraille, parce-qu'ils y estoient à couvert. Ensuite ils mirent sept pieces d'artillerie sur le mur de la contrescarpe, sans qu'on les pût découvrir, sçavoir deux au ravelin de la tour de Sainte Nape, vne à celle d'Andruzi, deux devant la baterie de la courtine, & les deux autres vers la porte de Limici, & avec de grans aix, qui estoient faits comme les anciennes murailles dont on se servoit autrefois en Espagne, & couverts de cuir de vache non corroyée, ils se mirent à creuser sous les défenses & les remparts des assiégez. Cependant, pleuvoit sur eux de tous costez des feux d'artifice, & l'on tuoit par des sorties ceux qui travailloient à la sape, tandis qu'on remparoit les bréches de cuirs de busles moüillez, pleins de terre, de chanvre, ou de coton, & bien attachez avec des cordes. Les femmes alloient par troupes porter tout le jour de la pierre, de l'eau, ou de la terre aux défenses, & remplissoient d'eau des pipes qui estoient prés du mur, & bandées de cercles de fer au mi- *ou sciées.* lieu, pour éteindre le feu que jettoient les ennemis. Le Bacha voyant qu'il n'avoit pû se rendre maistre de la porte de Limici, fit jetter devant quantité de poix & de rasine, avec des facines & des bois poissez & frotez de goudron ; ce qui alluma vn si grand feu, qu'on ne le pût jamais éteindre, quoy-qu'on jettast dedans du haut des murs de grandes pipes d'eau. Le feu dura quatre jours, toûjours en augmentant ; & la puanteur aussi-bien que la chaleur estoit si grande, que les assiégez furent contraints de se retirer en dedans, & les Turcs prenant cette occasion, gagnérent les flancs bas, & applanirent le ravelin, pointérent dessus vne piece d'artillerie contre la porte. Mais les assiégez l'ayant bouchée, enterrérent le canon à force de pierres & de terre, qu'ils jettérent d'en haut; de sorte qu'il demeura inutile. Cependant, ils estoient à l'extrémité, & il ne leur restoit que l'esperance; car les Chefs & les soldats diminuoient tous les jours, tant de force que de nombre, manquant de vin, & estant contraints de boire de l'eau avec du vinaigre, & de manger de la chair d'asne & de cheval, avec fort peu de pain, encore tout cela ne dura-t-il pas long-tems. Cependant, les Turcs continuoient à miner avec plus de furie, pour faire voler la baterie qui estoit sur la porte de Limici, & se remparant de plus en plus, avoient élevé vne montagne de terre aussi haute que la muraille, devant la baterie de la courtine. Par ce moyen ils arrivérent à la contrescarpe, qui estoit vis-à-vis de la tour de l'Arsenal, & firent vn cavalier aussi haut que celuy des Chrestiens, pour pointer dessus leur artillerie. Les assiégez voyant qu'il ne restoit pas plus de six cens soldats Italiens en estat de combatre, tous les autres ayant esté tuez ou blessez, & que ceux-là estoient encore si fatiguez des travaux continuels, qu'ils n'estoient plus reconnoissables; Que la plus grande & la meilleure partie des Grecs, des Albanois, & de ceux du païs, estoient peris dans les combats. Ils vinrent prier le Gouverneur de vouloir capituler, pour mettre à couvert l'honneur de leurs femmes & de leurs enfans, puisque le secours n'arrivoit point, & qu'on n'estoit plus en estat de se défendre. Mais le Gouverneur essaya de les consoler, & dépescha aussi-tost vne frégate en Candie, pour représenter l'estat de la place. Sur ces entrefaites, les Turcs firent joüer la mine du cavalier de la porte de Limici, qui en emporta la plus grande partie; & celle de l'Arsenal, qui emporta aussi ce qui restoit de la tour, & presque tous les soldats de la compagnie qui estoient en garde, sans qu'il restast sur pied que les traverses. Cela fait, les Turcs donnérent l'assaut à toutes les bateries, qui dura depuis deux heures aprés midy jusqu'à la nuit, qu'ils se retirérent avec perte de plus de trois mille hommes, sans qu'il y mourust que deux cens Chre-

29. Iuillet.

Le Gouverneur Rondache y fut tué.

# SVCCESSEVRS, LIVRE II.

ſtiens. Le lendemain de grand matin, Muſtafa fit recommencer l'aſſaut à toutes les attaques, qui dura ſix heures, mais fut plus foible que les autres, quoy-que les galéres d'Arabamat fiſſent quelque dommage en tirant de travers aux bréches & aux maiſons. Il eſtoit venu avec ſes galéres au camp des Turcs, traînant en poupe pluſieurs drapeaux des Chreſtiens, qu'Ali Bacha avoit défaits, à ce qu'il diſoit. Cela abatit tellement le courage des aſſiégez, qu'on reſolut de ſe rendre, d'autant plus qu'il ne reſtoit que ſept barils de poudre; Donc, le premier Aouſt à vne heure aprés midy, on arbora vn drapeau blanc ſur le mur, & Muſtafa envoyant ſavoir ce qu'on vouloit, les Chreſtiens donnérent en oſtage le lendemain le Comte Hercule de Martinengue, & Mateo Colſi, Gentilhomme de Famagoſte; & les Turcs donnérent le Lieutenant de Muſtafa, & l'Aga des Ianniſſaires. Vn fils du Bacha vint recevoir les Chreſtiens, avec grand nombre de cavalerie, & quelques mouſquetaires, & Aſtor Baillon, les Turcs, avec deux cens arquebuſiers, qui les conduiſirent à ſon appartement. Il capitula donc avec eux, à condition; Que la garniſon ſortiroit avec armes & bagage, cinq pieces d'artillerie, & trois beaux chevaux qu'il avoit, & feroit portée ſeurement en Candie par les galéres; Et que les habitans qui voudroient ſe retirer avec eux, le pourroient faire, avec leurs femmes, leurs enfans & tous leurs meubles; & les autres qui voudroient demeurer, jouïroient de leurs biens, ſans quiter leur religion, ni eſtre maltraitez pour ce ſujet. Ces articles furent ratifiez par Muſtafa, d'autant plus facilement qu'il ne les vouloit pas tenir. Auſſi-toſt il envoya au port des galéres, & quelques barques qu'il avoit, & les Turcs entrant dans la place, les ſoldats de la garniſon commencérent à s'embarquer. Comme la pluſpart eſtoient ſur les galéres, les Chefs trouvérent à propos de prendre congé de Muſtafa avant que de partir, & le Bragadin luy envoya vn Capitaine, avec vne lettre qui portoit; Qu'il iroit luy baiſer les mains la nuit meſme, & luy preſenter les Turcs qu'il avoit priſonniers, & qu'il le ſupplioit de donner ordre que les habitans ne receuſſent aucun déplaiſir, & qu'il avoit laiſſé pour cela vn Capitaine

*15. Aouſt.*

*Pietro Comté.*

*Tyépo'i*

dans le chasteau. Les Turcs & les Chrestiens avoient conversé fort amiablement ce jour-là, & sans soupçon, entrant & sortant à toute heure, & se faisant civilité les vns aux autres, tant de parole que d'effet. Les Chrestiens donc croyoient estre en toute asseurance, & Mustafa répondit à la lettre de Bragadin, aprés avoir receu favorablement le porteur; Qu'il pouvoit venir quand il luy plairoit, & qu'il seroit bien-aise de voir & de connoistre vn si brave Chef, dont il publieroit par-tout la valeur aussi-bien que celle des Officiers & des soldats, & qu'il l'asseuroit que les habitans ne recevroient aucun déplaisir. Le Bragadin donc sortit sur les neuf heures du soir, avec Astor Baillon, Louïs Martinengue, Antonio Quérini, André Bragadin, le Chevalier des Astes, & avec eux les Capitaines Carlo Ragonasco, Francisco Estraco, Hector de Bresse, Hiérôme de Sacile, & autres Gentilshommes & soldats, suivis de cinquante arquebuziers. Il n'y avoit que les principaux qui eussent l'épée au costé, & ils furent ainsi jusqu'au pavillon de Mustafa, où ils l'ostérent avant que d'entrer. Le Bacha les receut fort civilement, & les fit asseoir; mais aprés quelque entretien, il vint à s'échauffer, & reprocha au Bragadin qu'il avoit fait mourir quelques prisonniers durant la tréve, & l'autre ayant répondu que non, & qu'il n'estoit pas capable de cette perfidie, il se leva en colére, & commanda aux Ianissaires de leur lier les mains à tous, & les faisant sortir l'vn aprés l'autre en vne place qui estoit devant son pavillon, les fit tous tuër en sa présence. Mais quand ce vint à Bragadin, aprés luy avoir fait estendre le cou deux ou trois fois, pour luy couper la teste, il luy fit couper les oreilles, & luy mettant le pied sur le ventre, luy cria; Chien, où est ton Christ, qu'il ne t'ayde? sans que l'autre luy répondist mot. Vn Eunuque du Bacha, cacha le Comte Martinengue, qui estoit en ostage, & en fit son esclave. Ensuite Mustafa fit mettre en liberté tous les Grecs & les Chypriots qui estoient dans le camp, & tuër plus de deux cens Chrestiens d'autre nation, qui estoient sortis de la ville sur l'asseurance de la tréve, aprés-quoy il fit dévaliser tous ceux qui s'estoient embarquez, & les mettre à la chaine. Le lendemain,

## SVCCESSEVRS, LIVRE II.

demain, qui fut le seiziéme d'Aoust, il entra dans la ville, & fit aussi-tost pendre le Capitaine Tiépolo, puis fit promener le Gouverneur Bragadin par toutes les bateries de la place, avec vn panier de terre sur ses épaules, & vn à la main, & quand il passoit le faisoit coucher & baiser la terre. Ensuite il le fit mener vers la mer, & asseoir au haut du mast, pour le faire voir à tous les prisonniers, & delà à la place publique, où il le fit écorcher tout vif. Voilà vn exemple de la cruauté & de la perfidie des Infidelles, & de la constance d'vn brave Gentilhomme, qui ne fit autre chose dans ce martyre que se plaindre de la trahison du barbare, & se recommander à son Redempteur & à sa Bienheureuse Mere. Aprés sa mort, les boureaux achevérent de l'écorcher, & emplissant sa peau de paille, on l'envoya montrer par toute la coste de Syrie. La commune opinion est, qu'il y avoit dans l'armée Turque deux cens mille hommes, dont il n'y avoit que quatre-vingts mille combatans, sans compter quatorze mille Iannissaires, soit de la Porte ou d'ailleurs, & soixante mille avanturiers, qu'ils appellent gens-d'épée, qui estoient accourus au bruit des richesses de Famagoste. Le reste estoit des pionniers. La baterie dura soixante & quinze jours, pendant lesquels on tira cent cinquante mille coups de canon. Les principaux Chefs de l'armée estoient Mustafa, qui la commandoit, le Gouverneur de Mépo, & ceux de Natolie & de Caramanie, l'Aga des Iannissaires, le Sanjac de Tripoli de Syrie, le Bélerbey de la Grece, le Gouverneur Scivas & de Marasque, le Sanjac d'Antipe, trois Sanjacs d'Arabie, Mustafa Bey, qui commandoit les avanturiers, le Gouverneur de Malacie. De ceux-là moururent le Gouverneur de Natolie, le Général des avanturiers, le Gouverneur de Malacie, les Sanjacs de Tripoli & d'Antipe, avec vn troisiéme d'Arabie, & plusieurs autres personnes de condition, avec quatre-vingts mille hommes de toutes nations, comme on l'apprit par la reveuë du Bacha. Du costé des Chrestiens, il mourut plus de cinq mille soldats, & des Capitaines vingt-six, & trente-six prisonniers. Voilà le succés de ce fameux siége, où nous nous sommes plus étendus qu'à l'ordinaire, tant parce. qu'il est

*Sur la hune d'vne galére*

*Muça Fer Bacha.*

*Ferca Framburar.*

VVu

tout récent, que pour faire voir la nature & la puissance du monstre, qui menace à toute-heure la Chrestienté.

*Bataille de Lépante.*

Pour retourner à l'armée navale, Dom Iean d'Austriche estant en l'Isle de Céfalonie, la nouvelle arriva de la perte de Famagoste, qui luy redoubla le desir de combatre, & de chastier l'insolence de ces Infidelles. Il partit donc sur la seconde veille de la nuit, du port qu'ils appellent la Valée d'Aléxandrie, qui n'est qu'à treize lieuës de Lépante. Cependant, Ali Bacha n'eut pas plustost appris que les Chrestiens estoient autour de Corfou, qu'il osta vne riche veste qu'il portoit, & la donna pour récompense à celuy qui luy en apportoit les nouvelles, avec ordre de retourner observer leur route. Cependant, ses gens ne firent autre chose trois jours durant que décharger leur artillerie & leurs

*aux batalloles.*

mousquets, en signe d'allegresse, allumer plusieurs flambeaux au haut de leurs galéres, & tirer jour & nuit des fusées. Les Capitanes avoient leurs fanaux allumez, & leurs enseignes déployées, aussi-bien que leurs estendars. La réjouïs-

*Flames.*

sance finie, Ali Bacha fit mettre en ordre l'artillerie, & donner de la poudre & des bales aux arquebuziers, & des cordes & des fléches aux archers, avec de doubles planches pour servir de mantelets. Il défendit à Aluch Ali d'aller à Tunis, comme il luy en avoit demandé la permission, & dépescha vn brigantin à Constantinople, pour donner avis de la venuë des Chrestiens. Avant que de partir de Lépante, il receut nouvelle que l'armée estoit à Céfalonie, & voyant qu'elle s'approchoit, fit embarquer en haste les Spahis, qui sont des gens de cheval, meslez de toutes les nations, & plusieurs troupes de la contrée, sans autre chose que leurs armes. Aprés avoir chargé plus de sept mille hommes à Patras & à Lépante, & autres lieux de ce Golfe, il en partit le mesme jour, & vint surgir à quelque dix mille des chasteaux du costé de l'armée navale des Chrestiens. Au coucher du Soleil, Carafocha luy revint dire qu'elle étoit proche, & il le renvoya avec vn autre, qui avoit vne

*Carabay.*

galére subtile, pour l'observer toute la nuit. Aussi-tost il fit publier qu'on se préparast au combat pour le lendemain, & qu'on mist par-tout des enseignes & des guidons, selon

## SVCCESSEVRS, LIVRE II.

leur couſtume. Dom Iean d'Auſtriche avoit déja donné l'ordre à ſes galéres, & marqué aux Généraux la place où ils devoient combatre. Il avoit quinze galéres d'Eſpagne, trente de Naples, dix de Sicile, trois de Gennes, onze d'André Dorie, quatre de Lomelin, quatre de Négron, deux de George Grimaldi, deux d'Eſtienne de Mar, vne de Sauri, douze du Pape, trois de Malte, autant du Duc de Savoye, cent neuf des Vénitiens, ſans leurs galeaſſes; ce qui faiſoit en tout deux cens neuf galéres royales, ſix galeaſſes, & quarante frégates. De tout cela il fit quatre eſcadres, dont il donna la droite à André Dorie, avec cinquante galéres, précédées de deux galeaſſes, à quelque diſtance, & vn peu ſur l'aile. Le Provediteur des Vénitiens commandoit l'aile gauche, avec cinquante autres des ſiennes, & deux galeaſſes rangées de meſme. Il eſtoit au milieu avec ſoixante & dix galéres, & les deux autres galeaſſes. Et la quatriéme eſcadre faiſoit le corps de reſerve, ſous le commandement du Marquis de Sainte-Croix, Général des galéres de Naples, avec trente & vne galéres. Cét ordre donné, il monta ſur vne frégate, & fut viſiter toutes les Capitanes l'vne aprés l'autre avec grand ſoin, laiſſant ordre à Dom Loüis de Requéſens, Grand Commandeur de Caſtille, de voir le reſte, puis retourna à ſon bord. La meſme nuit, & preſque à la meſme heure que l'armée Chreſtienne partoit du port de la Valée d'Aléxandrie, la Turque p rtoit auſſi du poſte que nous avons dit, & le Dimanche ſuivant au matin, ſeptiéme d'Octobre, elles parurent à la veuë l'vne de l'autre, prés des Eſcorchalares, & Carafocha qui eſtoit entre les deux armées avec ſa galiote baſtarde, tira vn coup de canon pour en donner avis au Bacha, & tournant queuë, l'alla rejoindre. Alors les Turcs grimpérent ſur les hunes, pour découvrir les galéres des Chreſtiens, & reconnoiſtre leur ordre, & les premiéres qu'ils apperceurent, furent celles d'André Dorie, qui ſe mettoit au large pour aller prendre ſon poſte: car les autres eſtoient couvertes d'vne montagne de ces Iſles, à la reſerve des quatre galeaſſes qui eſtoient devant. En meſme tems l'armée Chreſtienne, qui avoit découvert la galiote de Carafocha, faiſant monter auſſi des gens au haut

*Auguſtin Barbarigo. André Dorie avoit les gaillardets verts à ſes antennes. L'autre des jaunes. Dom Iean des bleu-céleſtes à la hune, & le Marquis de Sainte-Croix des blancs à la poupe.*

*Iſles.*

du maſt, découvrit toute l'armée ennemie, qui couvroit la mer. Car il y avoit deux cens trente-ſept galéres Royales, & quarante-cinq galiotes, la pluſpart grandes. Dom Iean d'Auſtriche voyant l'heure venuë qu'il avoit tant ſouhaitée, rendit graces à Dieu, & ſe preſſant de ſortir hors du détroit de ces Iſles, fit tirer vn coup de canon, pour avertir les galéres de ſe rallier, & d'aller prendre leurs places, puis fit arborer l'étendart de la bataille, & donna les autres ſignes du combat. Alors montant ſur vne frégate, & levant pour drapeau vn Crucifix, ſuivi de ſon grand Ecuyer & de ſon premier Secretaire, il alla par-tout encourager les Officiers & les ſoldats, avec des paroles dignes d'vn Prince, & leur promettre la victoire, pourveu qu'ils euſſent confiance en Dieu & en la Vierge, dont ils défendoient la cauſe, & qu'ils n'euſſent pour but que l'honneur & la gloire de Dieu, & fiſſent bien leur devoir. Aprés avoir receu par tout des proteſtations de le ſuivre juſqu'à la mort, il retourna à ſon vaiſſeau donner les ordres neceſſaires, & envoya faire avancer le corps-de-reſerve, qui tardoit vn peu, tandis que les ennemis s'approchoient. Auſſi-toſt il fit arborer le Crucifix, & l'étendart de cette ſainte ligue, qui eſtoit l'image du Crucifié, au pied de laquelle à main droite eſtoient les armes du Pape, à la gauche celles du Roy Catholique, & au bas celles de la Seigneurie de Veniſe. Les Crucifix arborez, furent ſaluëz incontinent de l'armée en toute humilité, & les Peres Capucins, avec quelques Theatins, que le Pape avoit envoyez porter des Indulgences pleniéres, fortifiant les Fidelles de la Grace d'enhaut par l'abſolution, les animérent tellement, que perſonne ne craignoit plus la mort ſur l'eſperance de la vie eternelle. Alors, comme par miracle, le vent s'appaiſa, qui faiſoit voguer les Turcs à pleines voiles; de-ſorte qu'ils furent contraints de prendre la rame pour continuër leur route, ce qui donna tems à l'armée Catholique de ſe rallier, & aux galéres de prendre leur poſte. La galére Royale où eſtoit Dom Iean d'Auſtriche, avoit à la main droite la Capitane du Pape, qui portoit Marc-Antoine Colonne, Miguel Aléxandrin, neveu de ſa Sainteté, le Duc de Mondragon, Pompée Colonne, & Romégas,

*D. Louïs de Cordouë, & Iean de Soto*

avec plusieurs autres Chevaliers, & à la gauche la Capitane des Venitiens. A costé de celle du Pape estoit celle du Duc de Savoye, avec le Prince d'Vrbin, & à costé de celle des Venitiens, celle de Gennes où estoit le Prince de Parme. Elles estoient bordées à la droite de la Capitane de Malte, commandée par Pedro Iustiniano, & à la gauche de la Capitane des Lomelins, commandée par Paul Iourdain des Vrsins. La galére de Dom Iean estoit suivie de la Capitane & de la patrone d'Espagne, & la Capitane des Venitiens, des deux galéres de Catarino Malipurro, & de Iean Loredan. André Dorie avoit la droite avec cinquante galéres, & le Provediteur de Venise la gauche avec mesme nombre: les galeasses alloient environ quatre à cinq pas devant chargées de quantité de bonne artillerie pour mettre en desordre la flote des ennemis à coups de canon, lors que l'on viendroit aux mains; & le Marquis de Sainte-Croix estoit à l'arriére-garde avec trente & vne galéres. Il y avoit dans l'armée sept mille soldats Espagnols & douze mille Italiens, avec trois mille Volontaires de toutes nations, sans compter la Chiourme. Il y avoit trois mille fantassins Alemans dans les vaisseaux de haut-bord; mais ils ne se pûrent trouver à la bataille à cause des vents contraires. L'armée ennemie estoit rangée en forme de croissant, dont la pointe droite estoit du costé de la terre, sous le commandement de Mahamet Bey Gouverneur de Négrepont, & de Siroco Bey Gouverneur d'Aléxandrie, avec soixante galéres; Et la gauche du costé de la mer estoit commandée par Aluch Ali Gouverneur d'Alger avec soixante galeres ou grosses galiotes. Au milieu estoit Ali Bacha, avec cent galeres Royales, ayant de part & d'autre du costé de la terre Farta Bacha, & de celuy de la mer vne autre Capitane, où estoient ses deux fils. Le petit fils de Barberousse avec quarante galeres soûtenoit la bataille, le Gouverneur de Tripoli de Barbarie l'aile droite avec vingt deux galiotes, ce qui faisoit en tout deux cens quatre-vingts six voiles. Comme les deux armées s'approchoient, les Généraux de part & d'autre tenoient leurs galéres serrées pour s'empescher d'estre investis dans l'attaque. Ali Ba-

*On dit maintenant la Royale, à cause qu'ils vont de pair avec les Couronnes.*

*Fils de Salbaracz.*

*Mahamet Bey.*

*Chaban Cherébi.*

cha fit oster les fers à deux Espagnols qui estoient à la chaine dans sa galére, & les fit monter sur la hune pour voir où estoit celle de Dom Iean, ils la reconnurent aussi tost à son nombre, & à la multitude de ses estendarts; de sorte qu'il commanda à son Comite de l'aller attaquer. Ayant appris ensuite que les deux galéres qui la soustenoient estoient Espagnoles, parce qu'elles n'avoient point de hune, il dit à ceux qui estoient auprés de luy qu'il estoit tems de montrer ce qu'on savoit faire, & que la victoire cousteroit du sang. Dom Iean d'Austriche avoit donné ordre aussi de dresser sa route vers la Capitane où estoit le Bacha, & à toutes les frégates qui estoient à la queuë des galéres, de s'éloigner pour oster toute esperance de salut que dans la victoire. Et afin que l'artillerie fist plus d'effet en donnant plus bas, & qu'on pûst entrer tout d'vn coup, il fit scier tous les éperons de ses galéres. Le Bacha avoit défendu de tirer l'artillerie qu'on ne vinst aux mains, afin de faire plus d'effet; mais les galéasses des Chrestiens firent leur décharge avec grande furie dés qu'elles furent à la portée du canon, & Dom Iean d'Austriche fit tirer si prestement la sienne dés qu'il approcha, que les Turcs n'eurent pas le loisir de faire jouër la moitié de la leur. La bataille commença sur les onze heures avant midy avec vne si furieuse tempeste d'arquebuses, & de canons qu'il n'y a ni tonnerre ni tremblement de terre qui l'égale, & les deux armées furent couvertes en vn instant d'vne épaisse fumée qui en déroboit la veuë. Les galéres de l'aile gauche furent les prémieres aux mains avec les ennemis, & en suite celle de Dom Iean qui s'avança avec son escadre vers la Royale du Bacha & l'attaqua par la prouë, & la furie de part & d'autre estoit si grande, qu'il ne s'est iamais rien veû de semblable sur la mer : car le Bacha avoit dans sa galére quatre cens tireurs d'élite avec sept galéres & deux galiotes en queuë pour les rafraichir, & la fleur de l'Infanterie Espagnole du Regiment de Figuéroa estoit dans celle de Dom Iean, distribuée en cette sorte. Le Mestre de Camp gardoit la prouë & les rambades avec cent soldats, cinquante de chaque costé ; Dom Petro Sapata occupoit le fougon avec vingt cinq arquebuziers, & Dom Louys Ca-

*ou de chasteau de poupe.*

*Venitiennes.*

*Arquebuziers ou archers.*

*Galere de bois de six ou sept pieds de haut.*

rillo Capitaine des gardes estoit en la place de l'esquif avec autant; le reste estoit dispersé entre les bancs. Prés de Dom Iean estoit le Comte de Priégo, Dom Louys de Cordouë, Dom Rodrigue de Bénavides, Dom Iean de Gusman, Ruydiaz de Mendosa, Dom Phélippé de Hérédia, & autres Seigneurs, & ce Prince estoit sur l'Estenterol d'où il donnoit ses ordres avec vn courage invincible accompagné du grand Commandeur de Castille, & accouroit avec ceux que j'ay dit, par tout où il en estoit besoin. Dom Bernardin de Cardénas, & Dom Miguel de Mendose avoient ordre de secourir le Mestre de Camp, & Gilles d'Andrade avec Iean Vasquez Coronado estant sous l'Estenterol qui donnoit ordre à tout ce qui concernoit le Gouvernement de la galére. La bataille continuant avec grand nombre de morts & de blessez, les Chrestiens gagnérent par deux fois la galére ennemie jusqu'au mast, & en furent deux fois repoussez avec tant de furie qu'ils furent en appréhension de perdre la leur. Mais Dom Miguel de Moncade accourut si prestement au secours de Dom Lope avec son peloton, que la bataille recommença avec perte pour les ennemis. Dom Bernardin de Cardénas accourut ensuite avec le second, mais il receut vn si furieux coup de mousquet dans sa rondache, qu'il en fut jetté par terre, de-sorte qu'il en mourut quelque tems aprés, quoy que le coup n'eust point percé. Les soldats qui le suivoient passant outre arrivérent sur le point que les Turcs en avoient déja tué ou blessé plusieurs, & vinrent tout à propos pour arrester leur effort. Les arquebuziers qu'on avoit placez au fougon, & en la place de l'esquif, firent grand effet, en tirant continuëllement. Car comme c'est la coustume des Turcs de se jetter par terre quand ils voyent tirer, pour laisser passer la bale, & qu'on tiroit continuëllement de main ferme contre les plus apparens, le peril estoit toûjours present: de-sorte que les ennemis estoient blessez si-tost qu'ils levoient la teste, & la galére estoit toute couverte de corps morts. Aprés vne heure & demie de combat, les soldats Espagnols dont le courage redoubloit comme s'ils n'eussent fait que de commencer, entrérent en foule dans la galére du Bacha, & la ga-

*Aux creneaux.*

*Lieu relevé prés de la poupe, où est l'Estendart.*

*Marquis de Betete, & Seigneur de Colmenar.*

*Le Mestre de Camp.*

gnérent jusqu'à la poupe. Ali Bacha fut tué d'vn coup d'arquebuze à la teste, & ceux qui estoient autour de luy taillez en piéces; aprés quoy l'on arracha l'estendart Turc qui estoit arboré sur l'Estenterol, & l'on fut maistre absolu de la galére. Aussi-tost Dom Lopé en envoya donner avis à Dom Iean d'Austriche qui levant les yeux au Ciel en rendit graces au tout-Puissant & fit crier par-tout victoire, pour donner courage aux autres qui estoient encore aux mains avec les ennemis, l'estendart Turc ne fut pas plutost abatu & celuy d'Espagne arboré en sa place, que toute la file des galéres de cette escadre, tant les victorieuses que celles qui combatoient encore, achevérent la défaite des ennemis en cét endroit. Alors vint contre la galére Royale vne Capitane Turque que le brave Antoine Colonne qui commandoit celle du Pape alla rencontrer, & s'en rendit maistre, aprés en avoir vaincu plusieurs autres. La Capitane de Savoye où combatoit le Prince d'Vrbin, fit aussi des merveilles, & Monsieur de Levi son Amiral, y fut blessé d'vn coup d'arquebuze à la teste. Celle des Lomelins où estoit Paul Iourdain fit aussi tout ce qu'on pouvoit attendre de quatre vingts Gentils-hommes de marque qui y estoient. Le Prince de Parme qui estoit dans la Capitane de Gennes ne se contenta pas de se batre dans sa galére, mais sauta dans celle des ennemis avec la Noblesse qui l'accompagnoit, où fut tué Dom Augustin de Cardénas, & blessé Hector Spinola Amiral des Gennois auec Graviel Nigno, & Alfonse d'Avalos. Le Comte de Sancta Flor montra sa valeur accoustumée, tout couvert du sang de ses ennemis & du sien. La Capitane des Venitiens qui estoit à la gauche de Dom Iean combatit avec grand ordre, & défit tout ce qu'elle rencontra, & les quatorze galéres d'Espagne qui estoient entre celles-là, se firent admirer des vns, & redouter des autres. Celles de l'aile droite n'eurent pas toutes mesme succés; Quelques-vnes eurent du desavantage, & particuliérement les Capitanes de Malte & de Sicile, avec sept ou huit autres, qui furent mal menées par plus de cinquante galéres ou grosses galiotes de Corsaires. Celle de Malte fut attaquée d'abord de grande furie par trois galéres,

*C'estoit l'escadre de la bataille.*

que

que les Chevaliers mirent en tel eſtat en moins d'vne heure, qu'il n'y reſta pas vn ennemy qui oſaſt lever le mouſquet. Mais ſur ces entrefaites elle fut attaquée par quatre autres galéres, dont elle ſe défendoit bravement, tenant touſjours l'ennemy écarté, lors qu'Aluch Ali qui n'avoit point encore combatu, la vint prendre en poupe avec vne décharge furieuſe de pierres, de fleſches, de mouſquets, & d'artillerie; & entrant dedans à la faveur des autres vaiſſeaux qui l'environnoient, tua preſque tous les ſoldats & les Chevaliers. Pedro Iuſtinien qui commandoit y fut bleſſé & pris, & la galére ſaccagée, mais il ſurvint tout à propos vne galére de Naples, qui appercevant les Turcs ſur la poupe en rompit la bande gauche de deux volées de canon, & entrant dedans, la reconquit, & mit en liberté Pedro Iuſtinien & les autres priſonniers. Preſque tous les Chevaliers qui y eſtoient furent tuez, & entre autres le Baillo d'Alemagne, ſans qu'il en reſtaſt que ſix & tout couverts de bleſſures. L'eſtendart de la Religion fut emporté par Aluch Ali, qui voyant la bataille perduë, ſe ſauva avec tous ceux qui le pûrent ſuivre. Les deux autres galéres de Malte, voyant leur Capitane ſi maltraitée firent main-baſſe ſur tous les Turcs de trois galéres qu'ils attaquoient. Pour retourner maintenant à la Capitane de Sicile, qui fut aſſaillie comme nous avons dit par pluſieurs galéres, Dom Iean de Cardone qui la commandoit, ayant eſté envoyé avant la bataille pour reconnoiſtre vn port, lors qu'il revint avec elle, & trois autres pendant le combat, pour prendre ſon poſte, rencontra vne eſcadre de galéres Turques qui entroit par là pour inveſtir la flote, & s'oppoſa à elle avec tant de valeur qu'il n'en laiſſa paſſer aucune. mais pluſieurs l'attaquant en meſme tems luy tuérent ou bleſſérent plus de quatre cens cinquante ſoldats Eſpagnols avec tous les Officiers du Regiment de Dom Enrrique, dont il ne reſta que le Meſtre de Camp. Le Marquis d'Abla eſtoit avec luy dans ſa Capitane, & Dom Iean Ozorio, Dom Enrrique de Cordouë, Dom Fernand d'Aguila, Dom Fernand de Mendoſe, & autres Seigneurs qui firent des merveilles. Mais il n'eſt pas juſte d'oublier André Dorie, qui n'eſtoit pas à rien faire tandis que les autres combatoient. Car comme savant Pilote, aprés avoir pris quelques galéres Turques avec vne partie des siennes, il s'élargit en mer pour empescher le reste de s'estendre & de nous venir investir, & gagna toutes celles qu'il rencontra. Il avoit avec luy Octavien de Gonzague, Vicencio Viteli, & Pagan Dorie, avec plusieurs autres Seigneurs & cent cinquante soldats Espagnols en deux compagnies; qui combatirent vaillamment. Et sur la patrone estoit Francisco d'Ybarra & plusieurs autres Gentils-hommes Espagnols. Aprés avoir achevé la défaite de toutes les galéres de la bataille du Bacha, Dom Iean d'Austriche voyant que celles de Sicile avoient besoin de secours, y accourut avec sa Capitane, celle du grand Commandeur de Castille, & les autres qui eurent le plûtost fait. Mais les ennemis les voyant venir & l'estendart du Bacha abatu ils prirent tous la fuite. Cependant, comme il prenoit toutes les galéres qu'il rencontroit, le grand Commandeur de Castille eut à la rencontre la Capitane Turque où estoient les enfans du Bacha, & la prit aprés vn combat assez opiniastre. Il avoit avec luy Dom Iean de Sayavedra, fils du Comte de Castellar, & Dom Iean de Velasco fils du Comte de Nieva, avec plus de vingt Seigneurs ou Gentils-hommes de marque Espagnols, & Dom Iean de Torellas qui estoit Capitaine de la galére. Ensuite André Dorie & le Marquis de Sainte-Croix se joignant à Dom Iean, laissérent derriere eux les galéres Turques qui se défendoient encore, & allérent prendre vn Cap qu'il faloit doubler pour se sauver; de-sorte que celles qui fuyoient, furent contraintes d'échoüer à terre, & il n'y échapa qu'Aluch Ali avec quatre galéres & vingt cinq fustes. Le Marquis de Sainte-Croix fit grand effet ce jour là avec sa galére, parce qu'au plus fort du combat du Bacha, & de Dom Iean, vne galére Turque estant passée à travers l'armée Chrestienne pour investir celuy-cy comme il estoit allé au secours d'vne autre, il se rabatit sur elle avant qu'elle vinst aux mains, & la prit aprés vn long combat où il eut plusieurs morts & blessez. Il avoit avec luy dans sa galére, Dom Pedro de Padilla Mestre de Camp, Dom Iean Mechia, & Dom Augustin Menrrique son frere, fils du Marquis de la Garde, Dom Iean Gusman frere du Comte d'Oli-

# SVCCESSEVRS, LIVRE II.

varés, vn frere du Comte d'Evoli, & plusieurs Gentils-hommes & Seigneurs Napolitains dont les vns furent tuez, les autres blessez, mais tous firent en gens de cœur. Dom Martin de Padilla fit si bien aussi avec son escadre, qu'il prit quatre galéres & quelques vnes du premier choq sans avoir jamais besoin de secours. Il avoit avec luy Dom Diego de Mendosa frere du Duc de l'Infantasgo, & plusieurs autres Seigneurs. Dom Alonso Baçan & Dom Bernardin de Velasco firent bien aussi avec leurs galéres, & les vns & les autres s'aquitérent de leur devoir. Le Général des Venitiens qui commandoit l'aile gauche, combatit vaillamment de sa personne, jusqu'à ce qu'il fut tué. Ses autres Chefs imitérent sa valeur & eurent besoin de bien faire, parce que l'effort fut grand de ce costé-la, & les Turcs forcérent neuf galéres de cette escadre. Il avoit mil sept cens Espagnols & deux mille cinq cens Italiens des Regimens de Paul Sforce & du Comte de Sarne qui combatirent en Romains. Il mourut à la bataille plus de six mille soldats tant Italiens qu'Espagnols, mais plus de ceux-cy, & entre eux plusieurs braves Capitaines. Du costé des Turcs tant Iannissaires que Spahis, Levantins, & autres plus de trente mille, & l'on fit douze cens prisonniers. On gagna cent soixante quinze galéres Royales & douze grosses galiotes, & l'on coula à fond trente galéres, dont la premiére commandée par Murat Arraez, celle où le grand Seigneur s'alloit divertir à Constantinople : quinze cens captifs Chrestiens de toutes nations recouvrérent leur liberté. Farta Bacha voyant la bataille perduë sauta dans vne frégate tout vieux qu'il estoit, & se sauva à terre. Il mourut deux cens Turcs de condition, dont il y avoit trente Gouverneurs de provinces, & cent soixante Beys & Capitaines à fanal. Les plus illustres furent Ali Bacha qui commandoit l'armée, Huyderbey Gouverneur de Kio, Carabayuc Gouverneur d'vne place qui en est proche. Giafer Chelubi Gouverneur de la Savale, Verdo Aga grand Maistre de l'Arsenal de Constantinople, Mustafa Chelubi Surintendant des finances, qui estoit dans la galére du Pape que les Turcs avoient prise à la défaite de Gelves. Le Cayad de Gallipoli, Cayad Chelebi vice-Roy de Sirie, trois braves Capitaines,

*Barbarigo.*

Les autres furent celles de Cara Ali, Cara Bayuc, Siroc Carapera, Maneta d'Alger, Abbagi Arraez, Hascan Corso, Macamor Arraez, Yacuf Aga, le fils d'Agi Maçot, le fils d'Ali Portuc, Hascan Gelubi, fils de Cara Mustafa, Mahamet Bey fils de Hascen Bacha, Guyder Bey Gouverneur de Kio, Hascen Bey autrefois gouverneur de Rhodes Ginoves Ali, Dondu Mami, le Cayad de Gallipoli, & deux galiotes, l'vne de Cayad Gelebi, & l'autre d'vn renégat de Carafocha, &c.

Peri Becheli, Deli Soliman & Ofman Bel; le Patron Royal du Grand Seigneur avec fon fils, celuy d'Ali Bacha avec le fien, Siroco Bey grand pilote de l'armée qui fut pris par Contarin, lequel commandoit fix galéres Venitiennes; mais comme de dépit il ne vouloit point manger il luy coupa la tefte.

<small>Arfenal des navires.</small> Mahamut Subay, vn fils de Cara Muftafa, Suf Aga, Day, Bey, l'Ecrivain Major de l'Arfenal du Grand Seigneur, Cara Cadi le Negre, Cara Ali Corfaire du Ponent, Mahamet Bey Capitaine des Iannifaires, Carafocha qui avoit efté épier l'armée, Hadag Arraes, Dondo Mani, Iafer Aga Bay, Cara Chilui vice-Roy de Frarene, vn fils de Graca Bey, & plufieurs autres. Les prifonniers furent, Mahamet Bey & Saym Bey fils d'Ali Bacha, Mahamet Bey fils de Salh Arraez, Caur Ali Capitaine à fanal, & Corfaire d'Alger, Murat Arraez Corfaire du Ponent & plufieurs autres Capitaines de galéres & d'Infanterie, tous gens confidérables. Aprés le combat, dont le butin fut grand, & le Sanjac qui eft comme l'Oriflambe du Grand Seigneur, pris avec les eftendarts, Dom Iean d'Auftriche d'vn cofté, & le grand Commandeur de Caftille d'autre, eurent foin des bleffez, & leur firent fournir tout ce qu'il faloit. Et parce que la nuit approchoit, non fans quelque menace d'vne tempefte, on alla furgir au port Patele, d'où l'on partit le lendemain fur les onze heures pour aller à Lépante, dans l'efperance de faire quelque grand effet. Mais comme l'hyver approchoit, qu'on manquoit de munitions, & qu'on vouloit mettre à couvert les bleffez qui eftoient en grand nombre; aprés avoir fait vn tour entre ces Ifles, Dom Iean tourna vers le Golfe de Venife, & de là à Meffine, & fut receu par tout en grande folemnité, & avec de grandes actions de graces à Dieu de cette victoire, dont toute la Chreftienté fit des réjouyffances publiques. Prions le Tout-puiffant qui l'a donnée, d'en accorder encore d'autres à celuy qui l'a acquife, pour rétablir l'ancienne fplendeur du nom Chreftien, & abatre l'orgueil des Infidelles.

*Fin du fecond Livre.*

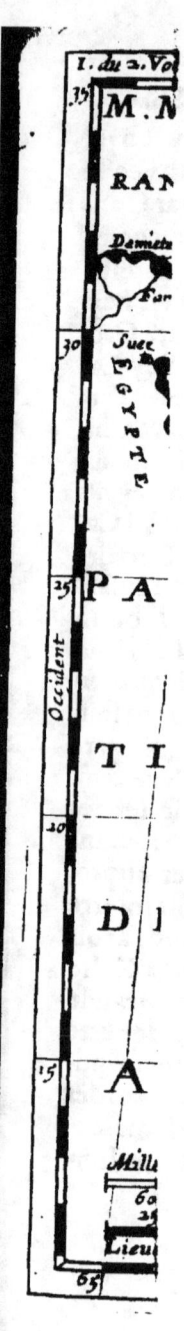

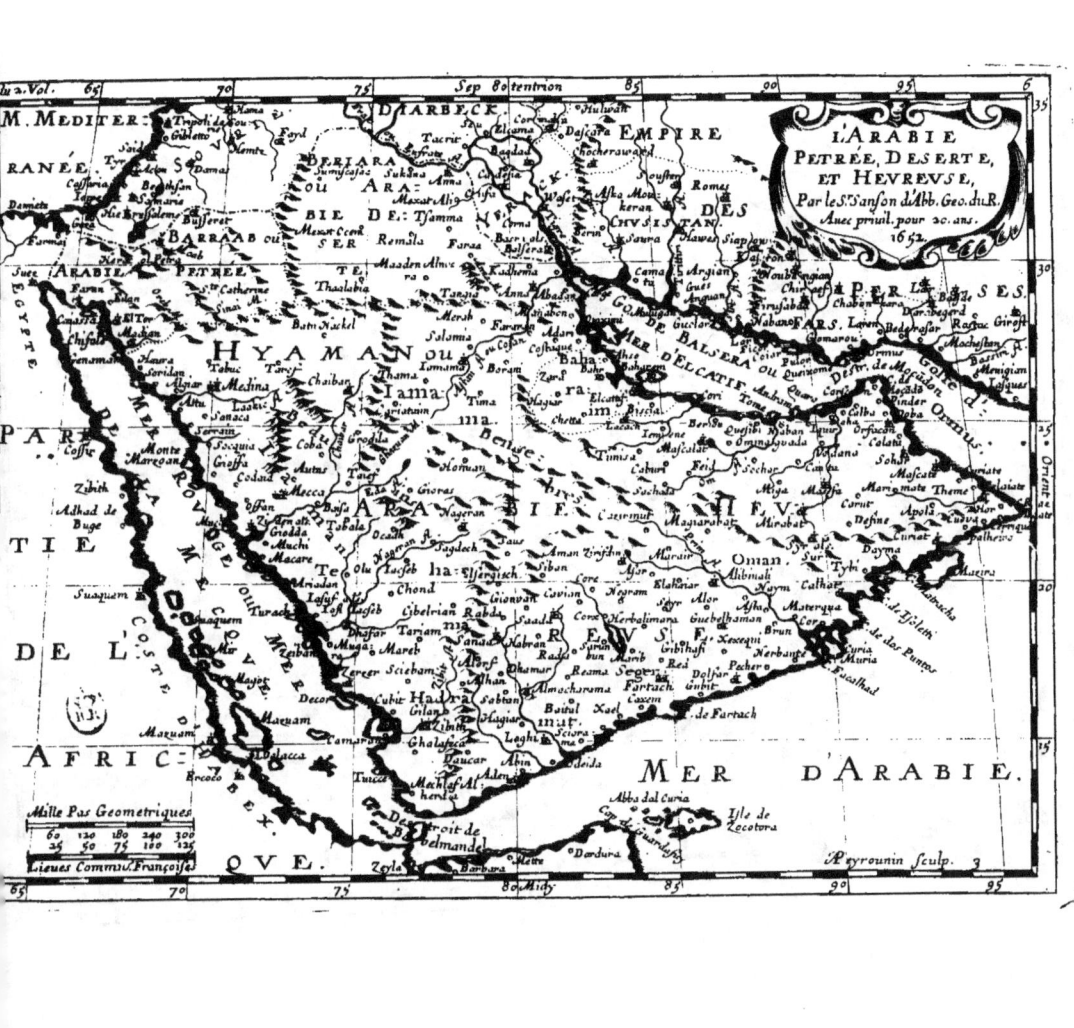

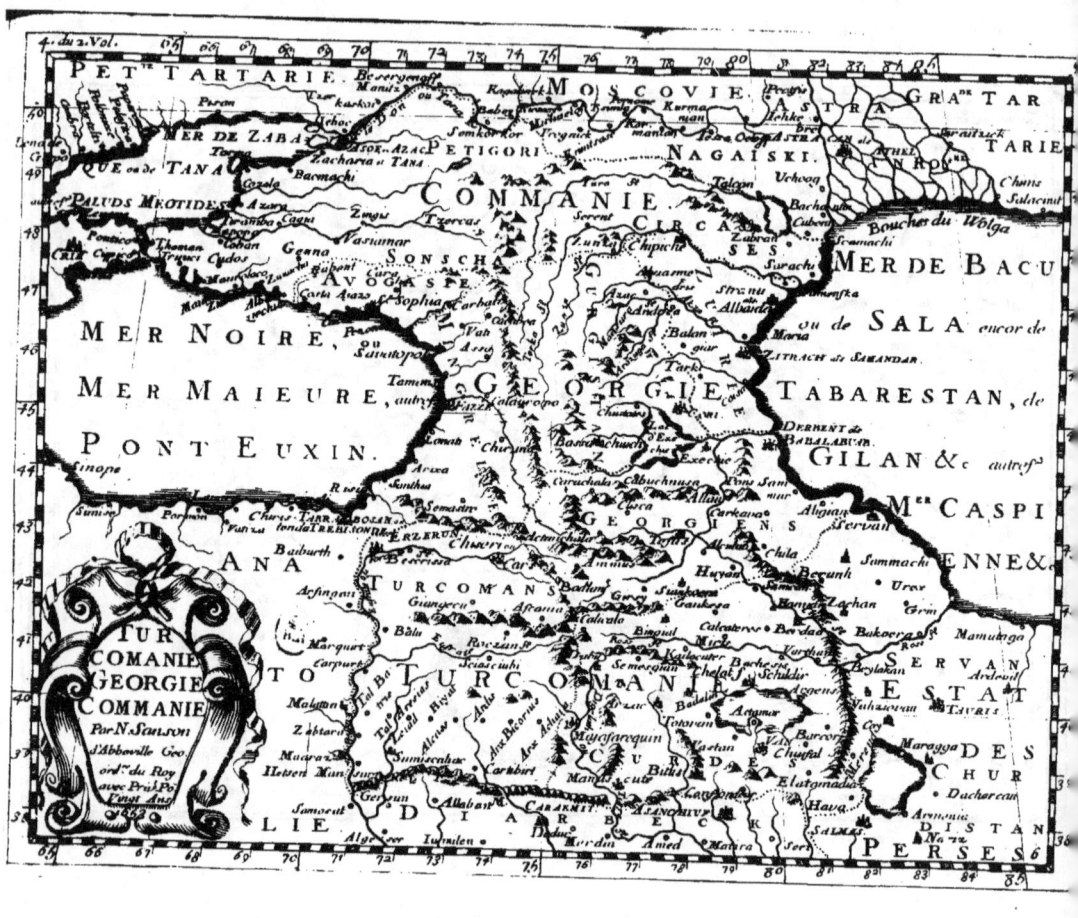

# TABLE ALPHABETIQVE
des matieres & choses plus remarquables, contenuës en la premiere Partie de l'Afrique de Marmol.

## A

ABDALA Calife des Arabes, ses guerres, victoires, Competiteurs, & sa mort. 150
Abdala fils de Mahamet Calife des Arabes. 193
Ses Competiteurs. *là mesme.*
Ses fourbes, victoires, & assassinat. 194
Persecute les Chrestiens. 195. 196
Fait la guerre à l'Empire. *là mesme.*
Sa mort. 198
Abdala Auteur d'vne secte Mahometane, fait la guerre au Roy de Maroc, le poursuit, l'assiége, & le met au desespoir. 313
Sa mort, & son testament. 314
Abderrame Capitaine Arabe en Espagne passe en France. 177
Nombre prodigieux de ses soldats. 178
Ses cruautez. *là mesme.*
Prend plusieurs villes. 178
Gagne des batailles. *là mesme.*
Sa défaite. 179
Nombre des morts. *là mesme.*
Abderrame Roy des Arabes en Espagne: ses forces, & victoires. 194

Assiége Tolede, leve le siége. *là mesme.*
Retourne devant Tolede. 195
La prend. *là mesme.*
Ses bastimens. 200
Sa mort.
Abderrame Capitaine Arabe en Espagne fils de Roy. 206
Ses cruautez à Tolede. *là mesme.*
Ses victoires. *là mesme.*
Abderrame Roy des Arabes en Espagne. 214
Sa défaite. 219
Ses avantages sur les Anglois. 224
Abderrame fait vn edict contre les Chrestiens, & pourquoy. 249
Abderrame Roy des Arabes en Espagne, dernier de la race des Abderrames. 262
Ses débauches. *là mesme.*
Sa mort tragique. *là mesme.*
Abderrame surnommé l'Exaltateur de la loy, Roy des Arabes en Espagne. 239
Perte de batailles & de villes. 241. 242
Ses desavantages. 243
Passe en Afrique, & pourquoy. 246
Vaincu par Gonçale. 248

Yyy

# TABLE

Abdulasis Capitaine Arabe sejourne à Seville. 173
 Se fait reconnoistre Maistre. *là mesme.*
 Persecute les Chrestiens. *là mesme.*
 Est poignardé, & pourquoy. 174
Abdulmalic Calife des Arabes. 151
 Ses guerres & cruautez. *là mesme.*
 Ses tréves. 152
 Ses victoires. 153. *& suivantes.*
 Sa mort. 156
Abdulmalic Roy en Espagne, ses victoires, sa mort. 182
Abdulmalic Roy des Arabes en Espagne, sa domination, ses victoires. 185
 Assiége Cordouë. *là mesme.*
 Sa retraitte. *là mesme.*
 Défait ses ennemis. *là mesme*
 Retourne & reprend Cordouë. *là mesme.*
 Y est assiégé, pris & fait mourir. *là mesme.*
Abdulmalic fils d'Abbu Hascen Roy de Fez, passe en Espagne. 389
 Retourne. 390
 Sa mort. 391
Abdala fils d'Ali Calife des Arabes en Syrie. 193
 Sa défaite. *là mesme.*
 Sa mort. 194
Abduluates Roys de Tremécen. 263
 Leur origine. *là mesme.*
Abdulmumen Capitaine Africain. 313
 Ses victoires. *là mesme.*
 Assiége, détruit, & rétablit Maroc. 314. 321.
 Ses cruautez. *là mesme.*
 S'assujetit plusieurs Royaumes. 322
 Donne secours aux Maures d'Espagne. 314
Abéci Roy de Cordouë, ses noms, ses guerres, sa mort. 182
Aben el Hach Roy des Arabes en Espagne, ses victoires, sa mort. 183
Aben Iosef premier Roy de Fez. 359
Aben Mahamet cousin de Mahamet Enacer Roy de Maroc, Roy de Cordouë & de Tolede. 361
Aben Taamon Arabe fondateur de Maroc. 151
Abi Abdala Roy Maure de Grenade, a guerre avec son fils. 401
 Sa pitoyable mort. 402
Abi-Aced, & Abi-Azid Envoyez de Mahomet, domptent vn grand Seigneur d'Arabie. 120
Abi-Arabi Roy Arabe en Espagne, se soûmet à la France, demande secours. 197
Abubéquer beau-pere de Mahomet, ce qu'il fait pour luy. 115
Abubéquer Lieutenant de Mahomet entre dans la Palestine, est défait. 120
Abubéquer successeur de Mahomet. 122
 Ses guerres & victoires. 123
Abuhenun fils d'Abbu Hascen Roy de Fez, détrône son pere, ses guerres. 396
 Etablit vn College à Fez. 397
Abulhasten, Roy des Bénémérinis, fit bâtir le pont d'Ommirabi. 18
Abu Iacob Roy de Maroc, ses vi-

## DES MATIERES.

ctoires. 336. & suivantes.
Passe en Afrique. 338
Est vaincu. là mesme.
Abul Hagex prest à mourir monte sur le Thrône. 405
Son frere l'envoye tuër. là mesme.
Sa mort est differée, & comment. là mesme.
Les Chrestiens luy declarent la guerre. 406
Est défait. là mesme.
Revolte contre luy. là mesme.
Abu Treychifien, sa tribu, sa naissance. 282
Fait revolter les Africains contre les Arabes. là mesme.
Premier Roy Africain. 281. & suivantes.
Ses victoires. 288
Sa mort. là mesme.
Abyssins peuples, leurs Royaumes & principautez, tribut, demeure de leur Prince, grandeur de sa domination, & de son camp. 40. 41
Majesté de l'Empereur, ses guerres, ses forces & ses armes. là mesme.
Difficulté de le voir & de luy parler. là mesme.
Pourquoy devenu plus affable. là mesme & suivantes.
Adim-mayn, animal, sa figure, sa douceur. 59
Afrique, sa description, ses principautez, & peuples, ses noms selon plusieurs Auteurs. 1. 2
Sa description & division selon Ptolemée. 2
Où située, & à quel degré. 2
Décrite par les Africains & Arabes. 3

Découverte par les Portugais. 3
Afrique, décrite selon l'Auteur. 4
Afrique, inconnuë à Ptolemée en plusieurs de ses parties. 3
Afrique, province. 2
Afrique, divisée en six parties, qui elles sont, & leur description. 8
Africains, changent les noms de leur pays, & pourquoy, se revoltent contre les Arabes. 3
Africains & Arabes par communauté. 4
Africains, en quel temps comptent leurs Equinoxes. 15
Sçavans en l'Astronomie, & comment. là mesme.
Leur année moindre que la nostre. là mesme.
Africains se revoltent contre les Arabes, le sujet. 244. 245
Agar, d'où sont descendus les Agareniens. 75
Agmet ville, premier siége des Rois Africains. 283
Aguer Cap. 4
Aladin Soudan d'Egypte & de Damas. 352
Ses pertes. 353
Alaf Roy de Perse prend Edesse sur les Chrestiens. 316. 317
Alamir Prince de Tarse, fait la guerre à l'Empire. 232
Est pris & fait mourir. là mesme.
Alahamares Rois de Grenade. 364. 365
Qui a porté le premier cette qualité. là mesme.
Histoire de leur établissement. là mesme.
AlbuHascen Roy de Fez envoye du

Yyy ij

secours aux Maures d'Espagne. 389
Favorise le Roy de Grenade. 390
Fait revenir ses troupes. *là mesme.*
Ses victoires. *là mesme.*
Repasse en Espagne. 391.392
Nombre de ses soldats prodigieux. *là mesme.*
Assiége Tarife. *là mesme.*
Sa défaite. 393.394
Revolte d'vn de ses enfans. 395
*Alcaçar-Quivir*, ville capitale de la province d'Asgar, par qui bâtie. 10
Alcataran Roy des Arabes en Espagne. 182
Ses victoires. *là mesme.*
Aime les étrangers. *là mesme.*
Cause de sa perte. *là mesme.*
Sa mort. *là mesme.*
Maltraitté aprés sa mort. 183
Alcoran, par qui fait, signification de ce mot. 148
Alfax Abdeli Roy de Cordouë poignardé, par qui, & pourquoy. 310
Alexandre Pape, ses guerres contre Frederic Empereur. 345
Fait paix avec luy. 345
*Alexandrie*, ville au détroit de la porte de Fer, ou Mer Caspienne, prise par les Tartares. 368
Alexis creve les yeux à son frere Isac Empereur de Constantinople. 353
Alfonse Roy poursuit la découverte d'Afrique, il emporte plusieurs villes. 102
Dom Alfonse Roy de Manicongo écrit vne patente en faveur des Portugais. 104.105

Sa profession de foy. *là mesme & 106*
Ses combats pour recouvrer son Royaume. *là mesme & 107*
Miracle pour le méme sujet. *là mesme.*
Ses armoiries. *là mesme.*
Obedience & present qu'il fit à sa Sainteté. 109
Sa lettre d'obedience. *là mesme, & suivantes.*
Dom Alfonse le Sage Roy de Castille, ses victoires contre les Maures. 176
Envoye vne flotte en Afrique. 177
Alfonse Roy d'Espagne, ses victoires. 183
Prend plusieurs villes. *là mesme.*
Entre en Portugal. *là mesme.*
Rétablit le Christianisme *là mesme. & 184*
Chasse les Arabes de Nauarre. *là mesme.*
Sa mort. 190
Alfonse Roy de Castille & de Leon 308
De Castille. 309
Ses vassaux, & ses avantages. 310. 311
Prend Cordouë. *là mesme.*
Prend Aben Gumede Roy Arabe. 312
Genre de sa mort. 327
Alfonse le Grand Roy d'Espagne, ses armées & victoires. 235
Entre dans le Royaume de Tolede, prend quelques villes. 236
Sa mort. 209
Dom Alfonse I V. Roy d'Espagne. 242
Alfonse fils de Bermude Roy d'E-

## DES MATIERES.

spagne, marie sa sœur à vn Roy Arabe. 268
Alfonse Roy de Castille nommé Empereur. 297
Ses pertes. *la mesme.*
Ses victoires. 298
Deffait l'armée navale des Maures. *la mesme.*
Sa mort. 299
Dom Alfonse IX. Roy de Castille enfant, son tuteur. 328
Dom Alfonse Roy d'Arragon. 299
Comme il le fut de Castille. *la mesme.*
Ses victoires sur les Maures. 306
Prend plusieurs villes. *la mesme.*
Suite de ses victoires, qui finissent avec sa vie. 309
Alfonse Henriques, quand proclamé premier Roy de Portugal. 310
Défait les Arabes. 328
Dom Alfonse XI. Roy de Castille, Instituteur de l'Ordre de l'Echarpe. 386
*Alger*, province, anciennement Cesarée, du nom de la Capitale détruite, ce qu'on y observe. 11
*Alger*, ville capitale de la province de son nom, ses noms Africains. 11
Algézire ville assiegée par les Chrestiens, leur deffaite. 382
*Algezire*, ville prise par les Chrestiens, sur les Maures. 395
Rasée par les Maures. 400
*Alhama*, ville prise sur les Maures. 426
Assiégée inutilement par les Maures. *la mesme.*
Ali gendre de Mahomet. 112
Ali & Moavia regnent ensemble sur les Arabes. 143
Ali tué par Moavia son compagnon, sa devise. 143
Ali Capitaine Arabe, Roy de Cordoüe, ses disgraces. 270
Aliatan Roy des Arabes en Espagne. 104
Ses victoires sur mer & sur terre. *la mesme.*
Est vaincu par les François. *la mesme.*
Ses victoires contre les Arabes. *la mesme.*
Ali-Hamet Corsaire Turc. 493
Pille Gibraltar. 494
Sa deffaite. 497
Ali-zubeyr Général de Mahomet, ses extravagances. 119
Pourquoy ne veut pas qu'on panse son cheval à l'armée, & autres superstitions. *la mesme.*
Almaarub-Ibni-Cahtan, auteur de la langue Arabique. 75
Almançor fondateur d'*Alcaçar-Quivir*. 10
Fait traduire vn livre d'agriculture. 15
Almansor, *voyez* Iosef II. Roy de Maroc. 341
Almohade race des Rois de Maroc, sa fin. 368
Almoravides, peuples, leur demeure. 70
Alraquiq, Auteur Africain. 1
Amar Capitaine Arabe en Espagne, vient en France. 181
Sa défaite & sa mort. *la mesme.*
Les Ambassadeurs sont personnes sacrées. 289. 290
L'Ambition fait mépriser la propre vie, exemple. 272
Et les liens les plus sacrez de la nature. 380. 381
Separe les freres mêmes. 452
Amurat Empereur des Turcs s'éta-

Yyy iij

# TABLE

blit dans la Grece. 396
Fait mourir le Despote de Servie. 400
Est tué par vn serviteur de ce Despote. *là mesme.*
Amurat Empereur des Turcs institué les Ianissaires. 407
Fait la guerre au Despote de Servie. *là mesme.*
Ses cruautez. *La mesme.*
Entre dans la Hongrie. 410
*Anase* ville, où située; ce qu'elle a esté, & ce qu'elle est. 10
*Ancone* ville, prise par les Arabes. 223
*Andalousie*, conservée par des Arabes contre d'autres Arabes. victoire considerable, monumens de cette victoire dans Grenade. 271
Andronique tuteur d'Alexis Empereur de Constantinople. 345
Il tuë son pupille. *là mesme.*
S'empare de l'Empire. *là mesme.*
Sa mort. 346
Anglois en Portugal contre les Maures. 341
*Angos*, province & Royaume. 6
Anthée, où estoit son palais. 16
Antioche ville assiegée par les Arabes. 240
Levent le siege. 240
*Antioche* ville, prise sur les Chrestiens par les Turcs. 379
Aouraz montagne, 23
*Aphrigia*, sa signification. 2
Apollon, lieu où il écorcha Marsias. 332
Arabes en Afrique changent les noms. 3
Arabes & ses freres. 75
Arabes d'Afrique sçavans, courtois, propres, particulierement vers le grand Atlas. 87
Arabes des deserts de Berca miserables, leur vie, leur trafic. 89
Arabes des frontieres de Tremécen & Tunis. 88
Comme ils vivent. *là mesme.*
Par qui entretenus en guerre. *là mesme.*
Leur équipage, & courtoisie, & galanterie. *là mesme. & 91*
Leurs femmes propres, leurs habits & ornemens. *là mesme.*
Les suivent en guerre, & pourquoy, *là mesme.*
Arabes vers le Couchant, leurs armes, leur adresse en fuyant. 90
Arabes vers l'Orient, leurs armes, leur adresse en fuyant, leur hardiesse. 90
Façon de combatre. 91
Arabes défaits par les Chrestiens, nombre des morts. 146
Arabes introduits en Espagne, & pourquoy. 158
En quel tems. 160
Arabes en France. 177
Leurs progrez, leur défaite. 178
Arabes victorieux en Espagne rétablissent les enfans du Roy Vitiza. 162
Arabes défaits par les François & les Espagnols par deux fois. 204. 205
Arabesses des villes, en quoy differentes de celles des villages ; leur fard, & ornemens. 89
*Arabie*, sa division. 75
Aron Rachid, son regne. 200
Persecute les Chrestiens. *là mesme.*
Ses victoires dans l'Empire. *là mesme.*

## DES MATIERES.

Treve avec l'Empire. *là mesme*.
Va en Perse. 201
Son armée contre l'Empire. *là mesme*.
Paix avec l'Empire rompuë. *là mesme*.
Avantage de ce Prince. *là mesme*.
Assiége Rhodes inutilement. 202
Osmin Roy des Arabes en Espagne. 202
Rebellion contre luy. *là mesme*.
Est victorieux. *là mesme*.
Passe en Aquitaine. *là mesme*.
Le premier des Arabes d'Espagne sur mer. 203
*Asgar* province. 10
Asne sauvage, sa vîtesse, comme on le prend. 53
Assaut de trois jours & trois nuits. 344
*Astigie*, ville prise par les Arabes. 161
Atinio, *voyez* Ben-Chéque. 179
*Atlas* mont nommé Aytuacal. 4
*Atlas* le grand mont, son étenduë selon l'Auteur : le petit, son étenduë. 8
*Atlas* le grand, où inhabitable, & pourquoy. 13
Où il est plus doux. *là mesme*.
Lieux les plus rares & inaccessibles, où ils finissent. *là mesme*.
Détroit, à quoy vtile. *là mesme*.
Vents nuisibles. *là mesme*.
*Atlas* le grand n'a que deux saisons, & quelles. 15
Avarice plaisamment punie. 376
Austruche, sa description, ses plumes, ses œufs, la vigueur de son estomac. 64
Auteurs Africains, où ils commencent la description d'*Afrique*. 5
Où ils la bornent. *là mesme*.
Azatin Soudan d'Iconie, ses malheurs. 369. 370
Azuagues peuples, leur origine. 71
Leurs guerres & progrez. *là mesme*, & 72
Leur Religion. *là mesme*.

### B

BAB Y L O N E, ville, sa description. 367
*Bagddet*, ou *Baldac*, ville, par qui bâtie, & où. 210
Siege des Califes. *là mesme*.
Conqueste de ces Califes. *là mesme*.
Bajazet Empereur des Turcs, défait les Bulgares. 400
Prend plusieurs provinces de l'Empire Grec. *là mesme*.
Assiége Constantinople. 402
Défait les Chrestiens. *là mesme*.
Il est fait prisonnier par Tamerlan. 403
Son histoire. *là mesme*.
*Baldac* ville, siége des Califes Arabes d'Orient, ruinée. 211
*Baldac* ville ruinée, quand, & par qui. 126
Bamba Roy de Valence défait les Arabes. 149
Se fait Moine. 150
*Barbara* ville, où située. 9
*Barbacines*, ou *Beréberes* peuples, où ils habitent. 5
*Barbarie*, sa fertilité, ce qu'elle comprend, sa division. 8

# TABLE

Sa description entiere. 9
Où elle commence. *là mesme.*
Les lieux qu'elle comprend. *là mesme.*
Les mers qu'elle costoye. *là mesme.*
Par où elle passe dans la Mediterranée. *là mesme.*
Son étenduë vers l'Occident. *là mesme.*
Ses bornes au Levant.
D'où elle prend son nom. *là mesme.*
Ses Royaumes. 9
Qualité de la coste & des plaines qui sont entre la mer & le grand Atlas. 12
Sa fertilité, & en quoy. *là mesme.*
Sa beauté & où principalement. *là mesme.*
Sa situation & paysages. *là mesme.*
Ses rivieres, d'où elles descendent, & où elles se vont rendre. *là mesme.*
Sa situation du costé de la Mediterranée. *là mesme.*
Ses sources & ruisseaux. *là mesme.*
Sa beauté, & où. *là mesme.*
Ses forests, plaines, montagnes, gibier, & infertilité vers le Midy. *là mesme.*
Saisons & qualité de l'année. 13
Pluyes quand elles commencent. 14
Froid quand il finit. *là mesme.*
On ne se chauffe point aprés midy. *là mesme.*
Vents doux en Mars. *là mesme.*
Fruits en Avril. *là mesme.*
Raisins & autres fruits meurs en Iuin & Iuillet. *là mesme. &* 15
Elle est sujette à la foudre. 15
Ses plus fameuses rivieres. 16
Barbes, chevaux, leur vistesse, leur valeur, nourriture. 50. 51
*Barcelone*, ville prise sur les Arabes par Charles-Magne. 203
Suite de cette victoire. *là mesme.*
Reprise par les Arabes & par les François sur eux. 205
Basile Porphyrogenéte Empereur de Constantinople. 250
Rebellions contre luy. *là mesme.*
Fin de ces rebellions. 255
Victoire de ce Prince. *là mesme.*
Bataille de huit jours. 160
Autre entre les François & les Arabes, de six. 179
Bataille entre les Gots & les Arabes, le lieu. 160
Les victorieux. 161
Bataille des sept Comtes en Espagne funeste aux Chrestiens. 299
Bataille du Pas de Muradal ou de Tolosa, gagnée sur les Maures, combien estimée par l'Eglise. 360
Bataille de Lepante. 522
Ordre de la bataille. 522. *& suivantes.*
Commencement de la meslée. 526.
Victoire gagnée par les Chrestiens. 528. *& suivantes.*
Grandeur de cette victoire. 531
Beht & Bchet rivieres, leurs sources, leur cours, se terminent en lacs. 18. 19
Leurs eaux bonnes contre la pierre. *là mesme.*
*Beledala Abid*, ce que c'est. 8
*Beled-ala-Abid*, province, ses limilites, ses deserts, ses peuples, & leurs mœurs. 31

*Beled-*

# DES MATIERES.

*Beled-el-Gerid* province, ses bornes, qualité du terroir, & deserts. 24
Ses fruits, Princes, & gouvernement. 25
*Beled-el-Gerid*, qualité du pays, sterilité, rivieres, arbres, bled, pâturage, deserts, serpens, dates, leur nom. 26. 27
Rivieres, leurs sources, & cours. 28
Ben-Chéque Roy Arabe en Espagne. 179
Sa cruauté envers ceux qui l'élurent. là mesme.
Emporte la Galice, Pampelune, & la Navarre. là mesme.
Passe en France. 180
Est défait dans Avignon.
Sa fuite à Narbonne. 181
Retourne honteusement en Espagne. là mesme.
Sa mort. 182
Belquer Auteur Africain, ce qu'il a ignoré touchant l'Afrique. 3
Bénibéder Chef des Iuifs tué par vn Général de Mahomet. 119
*Bénévent*, ville assiégée par les Mores, & secouruë. 208
Ruinée par les Arabes. 244
Béréberes & Arabes donnent des noms à l'Afrique.
Bermude frere de Dom Ramir III. Roy d'Espagne, vaincu par les Arabes. 261
Rétablit son armée. là mesme.
Gagne la victoire. là mesme.
Nombre prodigieux des morts. 262
Sa mort. 268
Bernard Capitaine Espagnol contre les Arabes, fait plusieurs belles actions. 208
Connestable en France. 209

Saint Bernard presche vne Croisade. 317
*Biafar*, province. 5
*Bigiohos*, isles, par qui gouvernées. 5
Biledulgerid, province, ses noms, ses peuples. 8
*Bizcara*, ville prise par Hacen Aga. 25
Blaspheme puny. 232
Bœuf marin, ses noms, où il se nourrit. 53
Boni Auteur d'vne secte Mahometane, sa Regle. 130. 131
Boniface Comte de Corse délivre la Sicile des Arabes. 218
Avec quel secours. 217
Dom Borel Comte de Barcelone, vaincu par les Arabes. 260
Se rétablit. là mesme.
Bragadin Gouverneur de Famagoste, son courage en ce siège. 512. & suivantes.
Rend la place. 519
Est écorché tout vif. 520. 521
Brahem dernier Roy de Maroc de la race des Almoravides. 307
Ses débauches & infortunes. 313
Sa mort tragique. là mesme.
Buaçon Capitaine du Royaume de Fez, Lieutenant Général du Royaume de Fez. 466
Défend la ville de Fez. 469
Se retire. là mesme.
Se met sous la protection de Charles Quint. 470
Passe en Portugal, où il est secouru. 473
Rentre dans Fez. 477
En est declaré Roy. 478
Sa mort. 480
*Bugie* province, où située. 11

Z z z

Sa capitale. *là mesme.*
Sentiment de l'Auteur, de Ptolemée, & d'autres sur sa situation. *là mesme.*
*Bugie* ville, prise sur les Maures 485
Bumicilis sorciers Turcs, leur combat. 133
Burregreg, riviere, sa source, son cours, son embouchure, ses noms. 18
En queldegré elle est, son entrée, forte. *là mesme.*

## C

CABA fille de Iulien Comte de Ceute, forcée par Rodrigue Roy des Gots en Espagne. 158
Cause de la venuë des Arabes en Espagne. *là mesme*
Le Comte de Ceute se joint à eux, & pourquoy. *là mesme.*
Histoire de cette revolution. 158. *& suivantes.*
Cadix Maure Roy de Grenade pris par les Chrestiens. 428
Presage de son malheur. *là mesme.*
Sa mort. *là mesme.*
Caire ville, siege des Soudans d'Egypte. 211
*Grand Caire*, son fondateur, ses forces, pourquoy bâtie. 274
Caismores sectaires Mahometans, leurs guerres. 190
Calenders sectaires Mahometans, chastes, leurs habillemens. 130
Califes Arabes, & leur nombre en mesme tems, leur demeure. 210
Califes de Babylone n'ont plus d'autorité que sur le spirituel. 263

Calife de Carvan. 273
Son ambition. 274
Ses conquestes. *là mesme.*
Revolte contre luy assoupie. 275
Cam, signification de ce mot, son origine. 367
Cambalu ville sur le fleuve Indus, sa fondation. 367
Cameleon, lezard ennemy des serpens, comme il les tuë, dequoy il vit. 63
Cangi Tartare, de quelle Tribu & origine. 366. 367
Fait sortir ses compatriotes de leur pays. *là mesme.*
Ses conquestes. *là mesme.*
Sa mort. *là mesme.*
Cantacuséne Empereur de Constantinople se fait moine par desespoir. 346
*Cantor* province, quels peuples y trafiquent. 5
Cap des Eguilles, où, les rivieres qui sont proches, Caps, terre, & province. 6
Capés riviere, sa source, son cours, qualité de son eau. 24
Cap Verd par qui découvert, & quand. 101
Cap Verd, ses noms, forteresse, pourquoy bastie. 6
Carthage, sa situation. 1
Combien de fois rebâtie. 11
Sentiment de Petrarque sur cette ville. *là mesme.*
*Cartagene*, ville prise par les Arabes. 182
*Carvan* ville, sa fondation, destruction & restauration. 275
*Carvan*, ville, sa situation & fondation. 74
*Casa-mansé* province. 5

## DES MATIERES.

Casilde sainte, lieu de sa sepulture, sa race. 273
Catalogne soûmise aux Arabes. 260
Caton, le chemin qu'il tint dans l'Afrique. 89
Cavalerie de l'Arabie, & son nombre. 77. 78
*Cancause* mont ouvert. 147
Caym Beamirila, plus puissant Roy des Arabes. 263
Caym Adam. 233
 Ses guerres. *là mesme.*
 Va contre la Perse. 234
 Fait la guerre à l'Empire. 236
 Ses pertes. *là mesme.* & 237
 Sa mort. *là mesme.*
*Cayravan* ville, sa fondation. 140
Céfaye, riviere, sa source, son cours. 22
Celef riviere, sa source, son cours, son embouchure, ses noms. 22
Cesar le jeune fils d'Auguste, sa rencontre sur la mer d'Arabie. 98
Cétura femme d'Abraham. 75
Ceuta, & autres villes dans le détroit de Gibraltar. 7
Chameaux pour combien de tems ils boivent. 30. 31
Chameau, animal, ses noms, & le pays où sont les meilleurs, combien estimé. 48
 En quel état il doit estre allant en voyage. *là mesme.*
 Leur difference & furie en amour. 49
 Leur patience & douceur. *là mesme.*
Charles-magne passe en Espagne. 197
 Assiege & prend Pampelune, *là mesme.*
 Rétablit Abi Arabi Roy des Arabes. *là mesme.*
 Se rend les Arabes de Catalogne vassaux. *là mesme.*
 Suite des victoires de ce Prince. 197
 Tuë Abderrame Roy Arabe. 198
Charles-Martel marche contre les Arabes. 179
 Leur livre bataille. *là mesme.*
 La gagne. *là mesme.*
 Nombre prodigieux des morts Arabes. *là mesme.*
 Tuë de sa main vn Capitaine Arabe. 181
Charles Duc d'Anjou prend l'investiture des Royaumes de Naples & de Sicile. 377
 Défait Mainfroy son Competiteur, & le tuë, & tous les Arabes de sa suite. *là mesme.*
Chérif Mahamet Astrologue Turc, ses figures Astrologiques pour deviner. 133. 134
Chérif, quelle dignité. 264
Chérifs d'Afrique, leur commencement & conduite. 444
 Font la guerre aux Portugais. 447
 Défont leurs ennemis. *là mesme.*
 S'emparent de Maroc, & comment. 447. & 448
 Leurs progrez. *là mesme.*
 Remportent la victoire sur le Roy de Fez. 451
 Prennent le Cap d'Aguer. 452
 Leur division. 454. & *suivantes.*
 Leur accord. 456
 Rentrent en different. 458. & *suivantes.*
 Declarent la guerre au Roy de Fez. 460. & *suivantes.*
 Luy livrent la bataille. 463

Zzz ij

# TABLE

La gagnent. 264
Assiegent Fez, la prennent. 469
La perdent. 474
Rentrent dans Fez. 480
Leur mort violente. 401. 402. & suivantes.
Cheval marin, sa description. 51
  A quoy son poil est propre. 52
  Comme on le prend & apprivoise. *là mesme.*
Chilese riviere, sa source, sa pesche, ses noms, ses rivages de qui peuplez. 21. 22
Chiméne femme du Cid fameux Espagnol. 297
Chrestiens d'Espagne remportent plusieurs victoires sur les Arabes. 268
Chrestiens en des-vnion dans la Syrie. 377
Chrestiens peris revenant d'Asie. 383
*Chypre* isle saccagée par les Arabes. 186
  Reprise par les Grecs sur les Arabes. 238
  Emportée par Richard Roy d'Angleterre. 350
  Donation de cette isle à Guy de Lusignan. *là mesme.*
  Comme les Venitiens en ont esté maistres. *là mesme.*
Cid Capitaine Espagnol, fameux. 285
  Ses actions. *là mesme, & suivantes.*
  Ses traittez. 293
  Ses victoires. 295
Civettes, sorte de Chats, leur demeure, comme on les nourrit. 57
Civette, odeur, comme elle se fait. 57

*Civitavechia* ville, prise par les Arabes. 219
Clizastlan Soudan Turc d'Iconie. 325.
  Sa mort. 331
Comete en Iudée. 123
*Compostelle* ville, prise & saccagée par les Arabes. 261
Conrad Empereur d'Occident passe en Asie, ses forces. 317
  Ses aventures en ce voyage. 318
  Ses combats contre les Turcs. 319
  Coup généreux. 320
Corcut fils de l'Empereur des Turcs, vaincu par les Chevaliers de Rhodes. 486
Constance Empereur de Constantinople, tué, & par qui. 144
  Guerres après sa mort. 145
*Constantine* province, ses noms. 11
  Sa capitale, & son nom. *là mesme.*
Constantin Empereur de Constantinople, fils de Leon le Philosophe Empereur. 236
  Ses victoires. 238
Constantin frere de Basile Empereur de Constantinople. 255
  Rebellion des Egyptiens contre luy. *là mesme.*
  Défait la flotte de ses ennemis. *là mesme.*
  Est défait sur terre. 256
*Constantinople* assiégée par les Arabes. 146
  Resistance de cette ville. *là mesme.*
  Le vent le siege. *là mesme.*
  Guerres alentour de cette ville après la levée du siege. *là mesme.*
Cosme Patriarche d'Alexandrie abjure son héresie. 186

## DES MATIERES.

*Corse*, isle, se deffend des Arabes. 216

Cosdar Calife des Arabes. 240
 Tyrans qui s'élevent de son tems, les guerres. *là mesme.*
 Protege les rebelles de l'Empire. 250
 Ses pertes en Perse. *là mesme.*
 Sa mort. *là mesme.*
Cosroés Roy de Perse, livré avec son fils, par son fils aisné à Heraclius Empereur de Constantinople. 118
Couronne d'or provenuë de la vente d'œufs, histoire memorable. 368
Cratere Capitaine Grec contre les Arabes en Crete, sa victoire, & sa mort. 216
Crocodile, lieu de sa naissance, sa queuë, machoire d'enhaut. 60
 Mange les hommes. *là mesme.*
 Comme il les attrape. *là mes*
 Oiseaux qui curent ses dents. *là mesme.*
 Façon subtile pour le prendre. 61
Croisade des Arabes contre les Chrestiens. 259
 Suite de cette Croisade. *là mesme.*
La Cruauté n'est jamais profitable. 311
La cruauté cause la perte des plus grands Royaumes. 427
 Cruche d'vne perle. 163
Cutlume neveu de Tangrolipix chef des Turcs, défait & meprisé par son oncle. 265
 Sujet de son mécontentement. *là mesme.*
 Ses victoires contre son oncle. *là mesme.*

## D

DAber Calife des Arabes en Egypte, détruit le Temple de Ierusalem, & les lieux saincts. 255
 Sont rétablis par son successeur. 257
Dabuh animal, sa grandeur, sa forme tirant sur l'homme, plaisante façon de le prendre. 57
Dadun Soudan Turc en Asie, défait par son frere. 326
 Vient demander secours à Manuel Empereur de Constantinople. *là mesme.*
 Le rétablit. *là mesme.*
 Declare la guerre à son bien-faiteur. *là mesme.*
Damiette, ville prise par les Chrestiens. 361
*Damas*, ville, assiegée par les Chrestiens. 320. & 321
*Nostre Dame de la paix* Eglise en Espagne, pourquoy ainsi nommée. 393
Dant sorte de bœuf, sa description. 52
 A quoy sa peau est propre. *là mesme*
David Empereur des Abyssins, pourquoy moins superbe que ses predecesseurs, ses titres. 41
Deud Auteur d'vne secte Mahometane, & ses sectateurs. 132
Deruis sectaires Turcs, leurs habillemens & ornemens. 117
 Leur maniere de vivre. *là mesme.*
 Leur Général & fondateur. *là mesme.*

Zzz iij

## TABLE

Leurs festins & chapitres. *là mesme.*
Leurs amours. 128
Leur discipline, & monasteres. *là mesme.*
Leurs opinions des Astres, Elemens & Religions. *là mesme.*
Leurs saletez & abominations. 129. 130
Superstition remarquable. *là mesme.*
Diogene Empereur de Constantinople marche contre les Turcs. 276
Est battu. *là mesme.*
Reprend courage, & les bat à son tour. 277
Sa mort tragique. 279
Division toûjours mal-heureuse. 251. 270. 370
*Dobas* province, l'embouchure du détroit de la mer rouge. 6. 7
Longitude de cette coste. *là mes.*
Royaumes sur cette coste, & autres provinces sujettes aux Abyssins. *là mesme.*
Où elle finit. *là mesme.*
Descente par le Nil. *là mesme.*
Retour vers le Couchant en plusieurs lieux & villes. *là mesme.*
S. *Dominique* fleuve, par où les Portugais trafiquent. 5
Dom Sanche fils du Roy de Castille surnommé l'Empereur, est deffait & tué par les Maures. 208
Dracon frere de Guillaume Bras fort Normand, ses victoires sur les Grecs. 281
Dragon, son venin, sa description, sa naissance. 62
Dub, lezard, où il naist, ne boit jamais, remarque. 63
*Duquéla*, province. 10

## E

*E*DESSE, ville prise par les Grecs. 256
assiegée par les Arabes, & secouruë. 257
*Egypte* appellée *Mezra, Mezraim*, en Hebreu, & *Elquibet*. 4
*Egypte*, son étenduë. 36
Sa description. 36. *& suivantes.*
Differens sentimens de sa situation, ses noms & ses bornes. *là mesme.*
Sa division selon Ptolemée & les Africains. *là mesme.*
Qualité du pays, ses troupeaux & fruits. *là mesme.*
*Elber*, deserts. 1
Elephant, ses noms & sa description. 58
Force de sa trompe. *là mesme.*
Sa docilité. *là mesme.*
Façon de le prendre. 59
Elmicimici Capitaine Arabe vassal de France. 182
Eluir Calife reconnu pour le spirituel. 164
Emina Iuive, mere de Mahomet. 113
Enchanteurs Mahometans sectaires. 132. 133
*Errif* province, sa capitale. 11
*Errif* coste de Barbarie, où aboutissent les montagnes du petit Atlas. 12
Sa temperature & ses bleds. *là mesme.*
Ses montagnes, & leurs animaux. *là mesme. &* 13
Proprieté du terroir. *là mesme.*
Rigueur de l'hyver. *là mesme.*

Ermangaire Général Italien, victorieux des Arabes. 217
*Escura* province, son nom, sa capitale. 10
Espagne assujetie par les Arabes, en combien de temps. 165
Est, Sud & Sudest, vents dangereux en Barbarie, leurs effets. 15
*Ethiopie* haute, ce qu'elle comprend. 8
*Ethiopie* haute, son commencement, son étenduë, ses peuples, leur façon de faire la guerre, leurs ennemis, leurs Princes. 38
Eupheme Colonel Grec, cause de la perte de la Sicile. 216. 217

## F

FAFILA Roy Arabe en Espagne, sa mort. 177
*Famagoste* assiégée & sommée par les Turcs. 505
Genereuse réponse des habitans. 506
Suite de ce siége. 511
Assauts bien soûtenus. 514. 515
Courage des femmes en ce rencontre. 515. 516. 517
Sa reddition. 519
Famine extréme. 172
*Faracha*, ce que signifie. 2
Fatime fille de Mahomet, son mary, ses enfans. 114
Ferdinand Roy de Castille & d'Arragon, forme le dessein de chasser les Maures d'Espagne. 466
Ses victoires. là mesme.
Son entrée dans le Royaume de Grenade. 429
Prend plusieurs places. 430. 431
Emporte la forteresse de Vélez, & Malagame. 434. & *suivantes*.

Assiége la ville de Grenade. 438
La prend. 439
Dom Fernand Roy d'Espagne, ses victoires sur les Arabes. 283. 284
Suite de ses victoires, & sa mort. là mesme.
Fernand Gonzale Comte de Castille. 243
Défait les Arabes. là mesme.
Temps auquel se donna cette bataille. là mesme.
Suite de ses victoires. 254
Sa mort. 255
Dom Fernand troisiéme Roy de Castille, prend plusieurs villes sur les Maures. 361. 362
Prend Cordouë. 363
Dom Fernand, Roy en Espagne, ses Royaumés, sa puissance. 273
Fernand Infant de Castille, tuteur du Roy Dom Iean, ses victoires. 404
Fez, province, ses noms, sa capitale, où située. 10
Fez, Royaume, où ses provinces. 10
*Fez* erigée en Royaume, quand, & par qui. 259
*Féz* ville, son fondateur. 10. 209
La Fortune la plus contraire n'abat point vn brave courage. 318
A divers visages en vn moment. Exemple remarquable. 405
Foulques gendre de Baudoüin II. Roy de Ierusalem défait les Turcs. 316
Sa mort. 317
François dans la Castille. 399
Frederic Empereur passe en Asie. 348
Son armée, & les Princes qui le suivent. là mesme.
Fait paix avec Cosroés. 349

Luy declare la guerre. *là mesme*.
Gagne la victoire. *là mesme*.
Sa mort malheureuse. *là mesme*.

## G

GALIANE Arabesse femme de Charlemagne, ses nopces, son Palais, qui porte encore son nom, & le reste de son histoire. 191. 192
Gamarazan Africain se revolte contre la race des Almohades Rois de Maroc, ses actions. 358.359
*Gambea*, ou *Gambu*, province, ses noms, riviere, avec quelques observations. 5
Dom Garcia Roy de Leon. 239
Ses guerres. 240
Ses victoires. 241
Sa mort. *là mesme*.
Dom Garcia Sanchez Comte de Castille, son courage. 272
*Garet* province. 11
Garci Ramirez Roy de Navarre. 176
Gaules ou bastons harmonieux. 66
Gazelle animal, sa grandeur. 53
Gelofes, province, où elle s'étend. 4
*Geneoa*, ses habitans. 4
Generosité remarquable. 335
Gennes, ville, assiégée & prise par les Arabes. 247
*Getulia*, ou *Gezula* province, sans ville fermée. 10
*Gigery*, *Bugie*, & plusieurs autres villes, où situées. 7
Girafe, sa description, comme elle s'engendre. 65
*Goaga* lac. 4
Gog pere des Turcs. 253
Gomeres peuples, leur demeure. 69

Gots en Espagne. 157
*Grade*, ville emportée par les Arabes. 231
Grenade Royaume. 415
Est conquis sur les Maures par Ferdinand & Isabelle Rois de Castille & d'Arragon. 426
Histoire entiere de la conqueste de ce Royaume. *là mesme, & suivantes*.
Grifon, ses noms. 65
Grit fils du Duc de Venise combat pour les Turcs. 488
Sa mort tragique. *là mesme*.
Guahex sorte de vaches. 53
Gualid Calife des Arabes, ses qualitez & son regne. 156
Persecute les Chrestiens. *là mes*.
Prend plusieurs villes. *là mesme*.
Ses guerres. *là mesme*.
Revolte, & pourquoy. 157
Gualid second, Calife des Arabes, associe son oncle. 175
Ses guerres contre l'Empire. 181
Guanczeris peuples, leur pays. 73
*Guarda-Funi* partie la plus Orientale d'Afrique. 6
*Guarguela*, ville de Beled el gerid, avec les autres. 25
*Guescar* ville assiegée sur les Maures. 292
Est prise. *là mesme*.
Durée du siege. *là mesme*.
Combats. *là mesme*.
Guillaume Brasfort Normand, ses actions, & victoires. 280
*Gunsie* petite ville en Hongrie, soûtient treize assauts contre deux cens mille hommes. 488
Gusman Capitaine Espagnol, méprise la vie de son fils pour servir son Roy. 384
Guy de Lusignan éleu Roy de Ierusalem.

salem. 346
Mal-heur de cette élection. *là mesme.*
Est pris par les Turcs. 347
Se sauve de la prison. *là mesme.*
Assiege Ptolemaïde. 349

## H

HABAT, province. 10
Habitations des deserts de Libye. 73. 74
Habitation des Arabes d'Afrique. 77
Hadara, signification de ce mot. 75
Hadicha femme de Mahomet, croit qu'il parle avec l'Ange Gabriel tombant du haut mal. 114
Hannon Carthaginois, nombre de ses galeres, & à combien de rames elles estoient. 10
Fonde la ville de Tite. *là mesme.*
Hannon Carthaginois, sa navigation. 97
Hascen fils d'Ali, Calife, son couronnement. 143
Sa mort. *là mesme.*
*Hea* province du Royaume de Maroc, sa capitale. 10
Hebreux, lieu de leur captivité. 37
Héchen Calife des Arabes, trouble durant son regne, sa mort. 187
Helene Reine des Abyssins écrit à Dom Manuel Roy de Portugal; titres qu'elle luy donne. 102
Dom Henry Infant de Portugal amateur de l'Astronomie & cosmographie. 97
Défend Ceute. *là mesme.*
Demeure dans les Algarbes. *là mesme.*
Prend dessein de découvrir l'Afrique, ce qui l'y poussa. *là mes.*
Envoye Iean Gonçales. 68
Son voyage & sa découverte. *là mesme.*
Fait retourner plusieurs fois vtilement. *là mesme. & 99*
Henry Empereur d'Occident envoye vne armée en Asie. 252
Henry Roy de Castille. 401
Sa mort. 404
Héraclius Empereur de Constantinople défait Cosroés. 118
*Hermosa* isle, celles qui en dépendent. 5
*Hesperides*, où elles avoient leurs jardins. 16
*H.érapolis*, ville de Syrie prise & fortifiée par les Grecs. 267
Hilela tribu Arabe, ses lignées, & leur demeure. 80. 81
Leur force, mœurs, noblesse & justice. *là mesme.*
Holotes sorte d'Arabes, pourquoy sujets à lepre. 19
Hued-Ala Abid riviere, sa source & ses noms. 17
Rivieres qui se rendent dedans, & son embouchure. *là mesme.*
Hued-Icer, riviere, sa source son cours. 22
Hued-Yl-Barbar fleuve, sa source, son cours, ses noms. 23
Hued-el-Quivir, riviere, sa source, son embouchure ne s'enfle point par les pluyes, ses noms. 22. 23
Huns, de qui ils tirent leur nom. 252
Hydre, coleuvre, son venin. 63

# TABLE

## I

IAGVPASAN Soudan Turc en Afie, défait fon frere. 325

Dom Iayme Roy d'Arragon s'empare de Majorque & de Minorque. 362
 Combat pour fe maintenir dans fes lieux. *là mefme.*
 Prend Burieh prefqu'ifle. 363
 Prend Valence. 365. 366

Idris fondateur de la ville de Fez. 10

Idris Seigneur de Ceute éleu Roy de Seville. 272

Iean VIII. Pape, guerre en Italie contre les Arabes. 232

Iean X. Pape chaffe les Arabes de Naples. 244

Iean fils d'Alexis Empereur de Conftantinople. 305
 Ses grandes victoires fur les Turcs, Perfans & autres. *là mef. & fuivantes.*
 Suite de fes victoires. 315
 Sa mort. 316

Dom Iean Roy de Caftille fait paix avec les Maures. 401
 Sa mort. *là mefme.*

Dom Iean de bonne memoire Roy de Portugal. 401

Iean Huniade Général du Roy d'Hongrie défait les Turcs par deux fois. 410
 Les défait pour la troifiéme fois. 411

Ierufalem affiégée & prife par Saladin. 437
 Reprife par Frederic Empereur. 348
 Prife par les Turcs & Arabes. 375

Dom Iean d'Auftriche Général de la ligue faite contre les Turcs. 509
 Prend refolution de combatre les Turcs. 522
 Ordre du combat. 523. *& fuivantes.*

Iezid fils de Moavia. 149
 Son peu de courage. *là mefme.*
 Haine contre luy. *là mefme.*
 Sa mort. *là mefme.*
 Son fils luy fuccede. *là mefme.*

Iezide fecond, Calife des Arabes, fe rend maiftre de l'Empire des Arabes. 174
 Perfecute les Chreftiens. 174
 Sa mort. 175

Iezide Calife Arabe en Perfe, fa défaite, fa mort. 174

Iezide Calife des Arabes, le tems de fon regne. 188
 Perfecute les Chreftiens. 187

Ieu fortuné. 405

Ifiriquia, qu'eft-ce? 2

Imbraël Calife des Arabes. 220
 Siége de fon Empire. *là mefme.*
 Ennemy des Chreftiens. *là mef.*
 Ses guerres & victoires. *là mef.*

Incendie étrange fur la cofte d'Afie. 176
 La terre brûle au fond de la mer. 176
 Les pierres s'élancent en l'air & forment vne ifle. *là mefme.*

Incontinence funefte. 157. 166

Dom Ignigo Roy d'Arragon. 243
 Affiége Pampelune. 244
 Sa mort. *là mefme.*

Iofef Capitaine Arabe défait par les Navarrois. 190
 Suite de cette défaite. *là mefme.*
 Vaincu par Abderrame autre Arabe. *là mefme.*

Sa mort. *là mesme.*
Iosef II. Roy d'Afrique. 289
Siége de son Empire. *là mesme.*
Ses guerres & victoires. 289. &
290
Nombre effroyable de morts.
*là mesme.*
Prend plusieurs villes, & s'assujetit plusieurs Rois. 293
Iosef en Espagne, ses combats, ses siéges. 294
Se rend maistre de quelques Royaumes des Maures qui l'avoient appellé. 294
Son retour en Afrique. 295
Revient. *là mesme.*
Assiége Tolede inutilement. *là mesme.*
Prend quelques villes. *là mesme.*
Ses victoires sur les Chrestiens. 296. *& suivantes.*
Iosef II. Roy de Maroc, ennemy des Chrestiens, passe en Espagne. 327
Son armée & ses progrez. *là mesme.*
Sa défaite. 327
Le rend maistre de tous les Estats des Maures. 328
Est défait. 329
Se rétablit. 330
Ses victoires. *là mesme.*
Iosef second Roy de Maroc passe en Espagne. 341
Défait les Castillans. 342
Ses progrez. *là mesme.*
Est arresté. 343
Fait tréve avec le Roy de Castille. *là mesme.*
Son retour en Afrique, & pourquoy. 344
Assiége Maroc. *là mesme.*
La prend. *là mesme.*

Cruauté de ce Prince contre les habitans. *là mesme.*
Sa mort. 345
Inimitié entre les parens appaise toutes les autres. 381
Isabelle, Maure, sa naissance, son mariage. 292
Islett fleuve, remarque sur son embouchure. 5
Ismaëlites, d'où ils tirent leur origine, leur humeur. 112. 113
L'Italie ravagée par les Arabes. 232
Iulien Comte de Ceute introduit les Arabes en Espagne, & pourquoy. 157
Ses victoires & progrez. 158. *& suivantes.*
Est fait mourir par les Arabes, & pourquoy. 159

L

LACHETE' d'vn Roy, reprise par vne belle parole de sa mere. 441
Ladislas Roy de Pologne défait par les Turcs. 410
Les défait à son tour. 411
Est batu pour la seconde fois. *là mesme.*
La-Monite sectaire Mahometan. 189
Lances des Arabes, leur longueur, leur matiere; celles d'Europe les plus estimées. 90
Lancerot envoyé de l'Infant de Portugal Dom Iean, ses travaux. 101
Langage des Arabes, tire sur l'Hebreu, le Latin & autres, ses noms, le plus noble. 92
Lemnos isle prise par les Arabes. 235

AAaa ij

# TABLE

Leon Empereur de Constantinople, brise les Images, est declaré herétique. 175
Leon, ville, siége des Rois Arabes, leurs armoiries. 177
  Assiegée par les Arabes. 261
  Prise. là mesme.
Leon Empereur de Constantinople. 181
  Ses cruautez contre les Catholiques. là mesme.
  Heureux en Armenie. là mesme.
  Sa mort. 186
Leon Evesque de Thessalonique illustre par sa science. 225
  Present que luy fait vn Calife pour l'aller trouver acause de sa science. là mesme.
  Lettre de ce Calife à l'Empereur pour ce sujet. là mesme.
Lettre de la main de IESVS-CHRIST, où trouvée. 256
Libye Marmarique, autrement Pentapolis. 11
  Combien cette province avoit de villes autrefois. là mesme.
  Leurs noms. là mesme.
Licorne, où elle se trouve, sa couleur, vertu de sa corne. 65
Lignées des habitans de Barbarie. 68.70
Ligue des Chrestiens contre les Turcs. 490
  Son peu d'effet. 492
Lmen el Moahédin faux prophete Mahometan, ses guerres, & victoires. 245
  Se fait Calife, est pris prisonnier. 246
  Remis en liberté. là mesme.
  Poignarde son liberateur. là mesme.

Se rétablit. là mesme.
Revolte contre luy. 249
Sa mort. 250
Lion animal, ses noms, & son courage. 54
  Comme les Arabes le chassent. là mesme.
  Exemple d'vn combat contre plusieurs hommes. 55
  Difference de lions, leur force, & leur crainte. là mesme.
  Course du Lion dans Fez. 58
Lisbone prise par les François sur les Arabes. 204
  Assiégée par les Anglois en faveur des Chrestiens. 224
  Levent le siége. là mesme.
Lot Roy Arabe de Tolede vaincu. 235
  Sa capitale assiégée. là mesme.
  Il se rend vassal. là mesme.
Louis le Debonnaire fils de Charlemagne va en Espagne contre les Arabes. 203
  Ses victoires. là mesme.
  Retourne en France. là mesme.
  Va en Espagne pour la seconde fois. 205
Louïs le Ieune Roy de France se pare à vne Croisade. 317
  Son arrivée en Asie. 320
  Se joint aux Allemans. là mesme.
Louïs IX. Roy de France passe en Asie, & prend Damiette. 375
  Il est pris.
  Envoye du secours au Pape contre les Arabes. 377
  Repasse en Asie, attaque Tunis, meurt de la peste, suite du siége de la ville. 379. 380
Luque fleuve, sa source, son cours, son embouchure, son port, ses noms. 20

## DES MATIERES.

### M

MAGRO riviere, sa source, son cours & son embouchure. 24

Mahamet - Mohaidin, n'est point mort, attendu des sectateurs d'Ali; & pourquoy on luy tient vn cheval prest, & autres superstitions. 124

Origine de sa secte. 125

Mahamet Méhédit Calife des Arabes. 198

Son regne & ses guerres. là mesme.

Son fils vaincu. là mesme.

Porte la guerre dans l'Empire. 198

Persecute les Chrestiens. 199

Revolte contre luy. là mesme.

Fait paix avec l'Empire. là mesme.

Sa mort. 200

Mahamet Calife des Arabes. 211

Ses guerres & persecutions contre les Chrestiens. là mesme.

Condamne la secte des Morabites. là mesme.

Sa mort. 220

Mahamet Arabe Roy de Cordouë, fait la guerre à deux Arabes. 268

Est vaincu, & chassé. là mes. & 269

Se rétablit, & comment. 269 & 270

Suite de ses victoires. là mes. 270

Sa mort. là mesme.

Mahomet somme l'Empereur de Constantinople, & le Roy de Perse d'embrasser sa religion? 120

Il envoye quatre Généraux aux quatre parties du monde pour le mesme sujet. là mesme.

Il meurt. là mesme.

Le genre de sa mort. là mesme.

Description de sa personne. là mesme.

Ses mœurs, son courage, & ses enfans. là mesme.

Mahamet Calife des Arabes, fait venir les Turcs à son secours. 252

Se les rend ennemis, & est défait. 254

Mahamet Enacer Roy de Maroc passe en Espagne. 355

Son effroiable armée. là mes.

Emporte Calatrava, siege de l'Ordre du mesme nom. là mesme.

Reperd cette place avec plusieurs autres. 356

Sa défaite par les Chrestiens. 357

Augmente encore son armée. 357

Mahomet, son origine, sa race. 113

Lieu & temps de sa naissance. là mesme.

Son education, & ses amis. là mesme, & 114

Se dit Prophete. 114

Défend aux Arabes de payer tribut. 118

Divise son Empire. 122

Mahomet Empereur des Turcs. 406

Défait Sigismond Roy de Pologne. là mesme.

Passe le Danube. là mesme.

Ses conquestes. là mesme.

Mahomet Empereur des Turcs. 411

Fait mourir son frere. 412

Mahamet el Saguer envahit le Royaume de Grenade. 408

Ses cruautez. là mesme.

Est chassé. là mesme.

Assiege Scanderberg inutilement. là mesme.

Détruit Athenes. là mesme.

AAaa iij

# TABLE

Assiege & prend Constantinople. *là mesme.*
Ses cruautez sur son ennemy mort. *là mesme.*
Passe en Hongrie. 413
Est défait. *là mesme.*
Porte la guerrre en Perse par deux fois. 414
S'empare de l'Empire de Trebizonde. *là mesme.*
Prend Corinthe. *là mesme.*
Fait perir toute la maison du Roy de Misie. 415
Passe en Egypte. 416
Envoye dans l'isle de Negrepont, & la prend. *là mesme.*
Reduit les Perses. 418
Repasse dans la Chrestienté. 419
Assiege Rhodes en vain. *là mesme.*
Mahomet Benhamet premier des Chérifs. 443
Ses ruses pour se rendre souverain. 444. 445. *& suivantes.*
S'empare de plusieurs villes & provinces. 446
Mahometans, d'où ils commencent à compter leurs années. 117
Mahometisme divisé en plusieurs sectes, leurs noms, & leurs Auteurs. 123
Leurs sectateurs. 124
Mahquil tribu Arabe, ses lignées, & leur richesse & heritage. 81. 83. 84
   Leur demeure, & liberté. *là mesme.*
   Roys qui y sont. *là mesme.*
   Leur misere, trafic & vestemens. *là mesme.*
*Malaga* ville prise par le Seigneur de Ceute Arabe. 272
*Malaguette* coste, son étenduë. 6
Malic Capitaine Arabe en Espagne. 203
   Passe en Aquitaine. *là mesme.*
   Fait vn merveilleux butin. *là mesme.*
Malicsac Empereur Turc persecute les Morabites. 126
*Malte* occupée par les Arabes. 217
*Maluces* peuples, où ils habitent, leurs noms. 5
Mammelus soldats, leur histoire. 370
   Leur origine. 372. 373
   Signification de ce mot. *là mes.*
   Regnent en Egypte. 374
Dom Manuel Roy de Portugal, ce qu'il a fait en Afrique & aux Indes. 102
Manuël Capitaine Grec, son courage. 220
   Maltraitté par son maistre, & pourquoy. *là mesme.*
   Il quitte son service & revient. *là mesme.*
Manuël Empereur de Constantinople. 331
   Son armée navale contre les Turcs. *là mesme.*
   Assiege Damiete. *là mesme.*
   Traitté honteux. 332
   Poursuit les Turcs. *là mesme.*
   S'engage dans vn détroit. 333
   Est défait. 334
   Sa valeur en cette occasion. 335
Manuël Roy de Portugal, ses victoires & ses forces. 443
*Manziquiert* ville, sa force. 266
   Assiegée par les Turcs. *là mesme.*
   Siege levé. 266
Mardoytes peuples, leur demeure. 147
   Leurs guerres & victoires, & dé-

## DES MATIERES.

faites. 152
Mariage forcé mal-heureux. 268
*Maroc* Royaume, ses provinces. 10
*Maroc* province, ses noms. 10
*Maroc*, ville, par qui bâtie. 10
*Maroc*, province prise par les Africains sur les Arabes. 282
Marvan Capitaine Arabe assiege Constantinople. 171
En quel tems. *là mesme.*
Sa défaite. 172
Sa flotte ruinée, & comment. *là mesme.*
Nombre prodigieux de vaisseaux perdus. 173
Marvan éleu Calife des Arabes, fait la paix avec l'Empereur. 187
L'Empereur luy donne secours. *là mesme.*
Il emporte la victoire contre son ennemy. *là mesme.*
Ses cruautez. 188
Ses victoires en Espagne. *là mes.*
Ses gens sont défaits en France. *là mesme.*
Rebelles contre luy. *là mesme.*
Ses victoires contre les rebelles, & l'Empereur. 189
Sa défaite par d'autres rebelles. 189
Sa mort. *là mesme.*
Mauregat Roy d'Espagne bastard, pourquoy hay. 199
Maures de Grenade défaits par les Chrestiens. 408
Suite de leurs pertes. 409
Meandre fleuve, sa source. 332
Medine, ville, emportée par Mahomet. 117
Megerade fleuve, son cours, ses noms. 24
Méhédi Predicateur, fait la guerre aux Almoravides. 70

Méhédi, ville d'Afrique prise par les Chrestiens. 290
Melec Ifiriqui, Roy Arabe. 2
Le mesme vaincu proche le Nil, où il s'établit. *là mesme.*
Melila capitale de la province de Garet, par qui conquise. 11
Melule riviere, sa source, son cours, rivieres qui se rendent dedans. 20
Mémon Calife des Arabes amateur des sciences. 225
Ses guerres contre l'Empire. 227
Sa défaite & sa mort. *là mesme.*
Ménage des plus petites choses loüable mesme dans vn Empereur. 368
Menelaus, sa navigation. 97
*Meque* ville, sa fondation. 115
Mahomet y entre, & en est chassé. 115
Assiegée par Mahomet. 116. 117
Est emportée par Mahomet. 119
Meroé, isle, ses noms, ses Princesses. 45
*Messa* ville, où ? 4
Mezraim premier habitant d'Egypte. 67
Michel Burgo Capitaine Grec surprend Antioche. 238. 239
Maltraitté par son maistre, & pourquoy. *là mesme.*
Mine, riviere, sa source, son cours, ses noms. 21
Moavia Calife des Arabes fait trêve avec l'Empereur de Constantinople, & comment. 144
Ses guerres. *là mesme.*
Change le nom de Calife. *là mesme.*
Ses alliances. *là mesme.*
Arme contre la Grece & la Thrace. 145

TABLE

Moavia mal-heureux. 147
Il meurt & quand. 148
*Maça*, province, 5
Moçaudy Afriquain, 3
*Mopsueste*, ville emportée par les Grecs sur les Arabes. 238
Morabites sectateurs de Mohaidin, Auteur d'vne secte Mahometane. 125
   Leur diverse fortune. 126
   Leurs débauches. 127
Moscovites, d'où descendus. 252
Moste Cap, par qui découvert. 102
*Mozambicque*, où située. 3
Muca Arabe Capitaine de Gualid Calife, 157
   Ses victoires. là mesme.
   Sa bravoure. là mesme.
   Son retour d'Afrique. là mesme.
Muça Capitaine Arabe sollicité pour venir en Espagne. 158
   Son arrivée, & combats. 160
   Ses conquestes. là mesme, & suivantes.
   Sa mort. 170
Muca fils de Cacem Capitaine Arabe d'Espagne. 227
   Ses guerres contre l'Espagne. 228
   Se fait appeller Calife. là mesme.
   Prend plusieurs villes en France. là mesme.
   Est vaincu par les François. là mesme.
   Défait & blessé à mort par les Espagnols. là mesme
*Mucamuda*, province, par qui habitée. 69
Muctar Arabe s'empare de la Perse, est défait & tué. 152. 153
Muley Abdala Roy de Maroc & de Fez. 10
Muley Iacob Almanzor Roy des Almohades. 77
Muluye riviere, sa source, son cours, son embouchure. 21
Mustapha Corsaire Turc prend Famagoste. 519
   Sa perfidie & cruauté. 520. 521

N

NAPLES occupée par les Arabes. 244
   En sont chassez. là mesme.
   Reviennent. là mesme.
   Leur défaite. là mesme.
   Se remettent sus pied, & s'établissent en Italie. là mesme.
Negres, leur pays, leurs mœurs, vers le Niger, & la mer. 32
   Cruauté de ceux du milieu du pays; leur Roy, leur façon de faire la guerre, leurs habillemens, & marchandises. là mesme.
   Leurs Royaumes & Provinces. 32. 33
   Leurs fruits & legumes. 34
*Nicée* ville, assiegée par les Arabes. 176
Nicephore Phocas marche contre les Arabes. 234. 237
Nicetas Capitaine Grec défait les Arabes sur mer. 234
*Nicosie*, ville, assiegée par les Turcs. 255
   La prennent. là mesme.
Niger fleuve, sa qualité, ses débordemens. 32. 33 34
   Son cours, ses peuples, ses bras, comme il se forme. 35. 36
Nigrite, lac, d'où il se forme. 35. 36
Nil fleuve, ses merveilles, sa grandeur, ses noms. 43
   Diverses opinions des anciens sur son origine. 44

Ses

Ses lacs, habitans de ses bords, où
guéables. 45. 46
Quand il croît & décroît. *là
mesme.*
Comme on juge par son débordement de la bonté de l'année.
*là mesme. &* 47
Réjouïssance au Caire, quand ce
fleuve donne quelque heureux
presage. 47
Non Cap, pourquoy ainsi nommé. 98
Nugno Tristan envoyé des Portugais en Afrique. 101
Son voyage & ses combats. *là
mesme.*
Sa mort. *là mesme.*

O

OBII fleuve, où il se décharge, ses noms, ses costes, par qui habitées, jusques au cap des Courantes. 6
Occate second Cam des Tartares, ses victoires. 367
Ocuba Capitaine d'Odman Calife Arabe, ses troupes, ses victoires. 140. 141
Ocuba Capitaine de Moavia Calife des Arabes, battu. 146
Reprend ses forces, & fait plusieurs prisonniers. *là mesme.*
Leur nombre extraordinaire. *là mesme.*
Odman Calife, son armée, & Lieutenant. 74
Odman, troisiéme Calife. 139
Par quel moyen il arme sur mer. *là mesme.*
Sa retraitte de Famagoste. *là mesme.*
Envoye en Afrique. 140

Sa mort. 142
Oliviers de Mauritanie, en quoy differens de ceux de Tunis. 14
Omar successeur d'Abubéquer, beaupere de Mahomet. 113
Omar, second Calife successeur de Mahomet. 135. 136
En quel tems. *là mesme.*
Ses guerres & victoires. *là mes.*
Sa défaite. *là mesme.*
Passe en Egypte. *là mesme.*
Fait tréve, & par quel moyen. *là mesme.*
Attaque Ierusalem, & la prend. 137
Entre dans le temple de Salomon, & comment. *là mesme.*
Envoye en Mesopotamie. *là mes.*
Fait tréve, & pourquoy. *là mes.*
Rupture de la tréve. *là mesme.*
Ce qui en arriva. 138
Défait le Roy de Perse. *là mesme.*
Omar Roy Arabe en Espagne, sa mort & ses successeurs. 179
Omar second, Calife des Arabes, successeur de Soliman Hascien, en quel tems. 177
Ses surnoms. *là mesme.*
Il continuë le siege de Constantinople. *là mesme.*
Perd entierement sa flotte. *là mesme.*
Son armée de terre défaite & ruinée. *là mesme.*
Nombre des morts. 173
Sa mort. 174
Ommirabi fleuve, sa source, & son cours. 17
Comme les habitans le traversent. *là mesme. &* 18
*Onain*, ville prise & saccagée par Mahomet. 119
Ophre fils de Mandanes. 2

Bbbb

# TABLE

Oran, ville prise sur les Maures. 485
Orcan fils d'Otoman Empereur des Turcs. 388
S'empare de la Caramanie. 394
Sa mort. 396
Orcan Empereur des Turcs, tué par son oncle. 403
Dom Ordogno Roy d'Espagne. 224
Ravage le pays des Arabes, & les défait. 228
Suite des victoires de ce Prince. 229
Sa défaite. *là mesme.*
Se rétablit. 230
Sa mort. *là mesme.*
Dom Ordogno fils de Dom Alfonse Roy d'Espagne. 339
Ses victoires sur les Arabes. *là mesme.*
Succede au Royaume. 241
Sa mort. 242
Dom Ordogno Roy d'Espagne. 254
Successeur de Dom Ramir. *là mesme.*
Sa mort. *là mesme.*
L'Orge croît en abondance en Mauritanie, ses défauts. 16
Origine de tous les Arabes. 75. 76
Osmen Calife des Arabes. 231
Revolte de son tems. *là mesme.*
Sa mort. 233
Othon I. Empereur d'Occident en guerre avec le Pape. 257
Chasse les Arabes d'Italie. *là mesme.*
Pris par les Grecs. 259
Se sauve. *là mesme.*
Otoman laboureur de la Natolie, fondateur de l'Empire Turc. 384
Sa mort. 388

## P

Païs province. 5
Paradis de Mahomet. 122
Passeport des Arabes & leur forme. 337
Patriarche des Abyssins combien estimé. 103
Dom Pedre Roy d'Aragon, ses victoires sur les Maures. 292
Dom Pedro le Cruel, Roy de Castille. 396
Dom Pedro Infant d'Espagne fait la guerre aux Maures. 386
Sa glorieuse mort. 387
Dom Pedro le Iusticier Roy de Portugal. 397
Dom Pedro Roy de Castille. 397
Sa cruauté. 398
Ses exploits, 399
Perd vne bataille. 400
Genre de sa mort. 400. 401
Pegnon, ville.
Sa situation. 7
Pelage Chevalier Got rétablit l'Empire Gotique, & comment. 167
Se retire dans vne caverne. 168
Il y est assiegé. *là mesme.*
Miracle sur sa délivrance. *là mes.*
Pelage de la race des Gots en Espagne s'allie de Dom Pedro. 174
Reprend plusieurs places, & gagne plusieurs batailles contre les Arabes. *là mesme.*
Suite de ses victoires. 175
Sa mort. 177
Peron Cap, & le Cap noir, ses noms, ses habitans. 6
Perroquet, leur difference. 64
Les Persans aiment les Chrestiens, & pourquoy. 411

Leur habillement de teste. 420
Perse sous la domination des Arabes. 138
Pharaons Rois d'Egypte, lieu de leur siege. 37
Phenicie ravagée par les Arabes. 234
Philippe Roy de France passe en Asie. 340. 348
Philosophie Arabe. 87
Phocas Empereur de Constantinople, fait mourir Maurice beau-pere de Cosroés. 117. 118
Malheurs qui en arrivérent. là mesme.
Pie V. Pape fait faire vne ligue des Chrestiens contre les Turcs. 509
Pierres miraculeuses. 66
Pieté imprudente. 247
Ses effets. là mesme.
Piques Arabes, leur façon, matiere. 90. 91
Pisasire Calife des Arabes de Babylone. 251
Poësie Arabe. 87
Poix, se changeant en baume. 66
Portugais s'emparent de quelques places d'Afrique. 87
Portugal Royaume soûmis aux Arabes. 260
La Pouille venduë aux Grecs par les Hongrois. 257
Prases Cap. 2
Prete-Ian Patriarche des Tartares, 368
Ptolémaïde ville, assiegée par les Chrestiens. 350
Durée de ce siege. là mesme.

## Q

QVESTION sur les premiers habitans de l'Afrique. 67. 68

## R

RADVAN Roy des Arabes en Espagne, sa prudence. 184
Revolte contre luy. là mesme.
Est chassé. 185
Se rétablit. là mesme.
Fait la guerre en Barbarie. 186
Dom Ramir Roy d'Espagne. 218. 219
Ses combats contre les Arabes. là mesme.
Miracles arrivez à son sujet. là mesme.
Dom Ramir frere de Dom Alfonse. IV. Roy d'Espagne. 248
Prend Madrid sur les Arabes. là mesme.
Suite de ses victoires. là mesme.
Assiege Talavera, ses victoires. 254
Sa mort. là mesme.
Dom Ramir III. Roy d'Espagne. 255
Ses Tuteurs. là mesme.
Sa mort. 260
Rha riviere, ses habitans, qui sont sur ses bords. 5
Rhodes, isle, saccagée, son Colosse abbatu, par qui, le tems qu'on avoit mis à le faire. 141
Prise par les Chevaliers de Ierusalem, maintenant de Malte. 385
Demeure des Chevaliers de Saint Iean de Ierusalem. 485
Rodrigue Roy des Gots vaincu, differens sentimens sur sa mort, son epitaphe. 161
Richard Roy d'Angleterre en Asie. 348
Son courage, ses conquestes 350

# TABLE

*Riogrande* riviere, pourquoy ainsi nommée. 5
Rodrigue Roy des Gots en Espagne. 157
   Grandeur de son Royaume. *là mesme.*
   Son incontinence luy est fatale. 158
Roger & Robert freres Normans chassent les Arabes de Sicile. 281
Roger Roy de Sicile fait la guerre à l'Empereur d'Orient. 321
   Délivre sur mer les Chrestiens. *là mesme.*
Roland Capitaine François en Espagne. 205
   Y conduit vne armée. 206
   Sa mort. 207
Romanus Diogenes Empereur de Constantinople marche contre les Turcs. 267
   Gagne la victoire. *là mesme.*
   Suite de la victoire. *là mesme.*
Rome reduite à l'extremité par les Arabes. 219
   L'Eglise S. Pierre brûlée. *là mes.*
Rois de Tunis, d'où sortis. 70

## S

SABATHA, premier habitant des deserts de Sahara. 67
*Sagalia*, lieu fameux par vne victoire remportée sur les Maures. 291
*Sahara*, signification de ce mot, & ce que contient cette province. 8
*Sahara* province, ses limites & étenduë. 28
   Remarques de Ptolemée. 29
   habitans, & leur saline. *là mes.*
   Qualité du pays. 30
   Manquemens d'eau. *là mesme.*
   Comme les Negres y voyagent. *là mesme.*
   Vents & orages violens. *là mes.*
   Leurs effets. *là mesme.*
Saladin Soudan d'Egypte, ses guerres. 346
   Attaque Ierusalem. 347
   Levée du siege. *là mesme.*
   Défait les Chrestiens. *là mesme.*
   Prend le Roy de Ierusalem. *là mesme.*
   Grandeur & suite de cette victoire. 348
   Prend Ierusalem. *là mesme.*
   Est battu. 350. 351
   Fait tréve avec les Chrestiens. *là mesme.*
   Sa mort. 352
Saladin Soudan d'Egypte, son courage. 372
   Ses victoires sur les Chrestiens. 373
Salartaez Corsaire Turc, 474
   Combat contre le Roy de Fez. 475
   S'empare de Fez. 477
   Prend le Pegnon de Vélez. 478
   Assiége & prend Bugie. 501
Dom Sanche surnommé le Gros, Roy d'Espagne, chassé de son Royaume. 254
   Se rétablit. *là mesme.*
   Sa mort. 255
Dom Sanche Roy de Navarre, sa mort. 236
Dom Sanche Roy de Navarre. 269
Dom Sanche, fils de Dom Fernand Roy d'Espagne, ses conquestes sur les Maures. 284
Dom Sanche, Infant de Castille, gouverne le Royaume dans l'absence de son pere. 381
   Marche contre les Maures. 382
   Ses pertes. *là mesme.*

## DES MATIERES.

Sa revolte contre son pere. *là mesme.*
Devient Roy. 383
S*apé*, province, ses fleuves, & leurs noms. 5
Peuples qui trafiquent dessus. *là mesmes*
Mine d'où l'on transporte de l'or en Portugal. 6
S*ardagne*, isle, se défend des Arabes. 216
Sataspe, sa navigation. 98
Sayde frere du Roy de Fez. 405
Trahy par son frere. 406
Pris par le Roy de Grenade. *là mesme.*
Remis en liberté. *là mesme.*
Repasse en Afrique, & pourquoy. 407
Scanderberg assiégé dans Croye. 411.
Se défend vaillamment. *là mes.*
Fait lever le siege. *là mesme.*
Sciences honorées par les plus barbares. 225
Scythes, leur demeure, leur tribut, leurs divers noms. 252
Selim Empereur des Turcs. 486
Empoisonne son pere. *là mesme.*
Marche contre le Sophi de Perse. *là mesme.*
Le défait. *là mesme.*
Est defait à son tour. *là mesme.*
Marche contre le Soudan de Cappadoce, le prend & le tuë. *là mesme.*
Se rend maistre d'Egypte. 487
Sa mort. *là mesme.*
Selim Empereur des Turcs declare la guerre aux Venitiens. 503
Fait attaquer Chypre. 505
S*enega*, fleuve, ses noms, 4
Sénégues peuples. 23

*ville*, assiegée par les Arabes, sortie funeste, sa prise, ses fondateurs. 163
Prise sur les Maures par les Chrestiens. 375
Sibyle femme de Guy de Lusignan Roy de Ierusalem. 349
Sa mort. *là mesme.*
Ce qui en arriva. 350
Sicile occupée par les Arabes. 217
Sujette aux Grecs. 258
Sierra Leoa, Cap, comment nommé par Ptolemée. 98
Sigismond Roy de Hongrie, sa défaite par les Turcs, se sauve, & comment. 402
Revolte contre luy. 403
Singes, leur difference. 57
Leur finesse. 58
S*ofala* province, par qui habitée, sa riviere, partagée en deux bras, son nom, les rivieres qui se perdent dedans, d'où elles descendent. 6
Soliman Hascien Calife des Arabes, assiege Constantinople par mer & par terre. 170. 171
Nombre prodigieux de ses vaisseaux. *là mesme.*
Sa flotte, brûlée, & comment. *là mesme.*
Il meurt de regret. *là mesme.*
Soliman Roy des Arabes en Espagne chassé par son frere. 202
Soliman Empereur des Turcs. 487
Ses victoires en Hongrie. *là mes.*
Prend Rhodes. *là mesme.*
Rentre en Hongrie, défait les Chrestiens. 487
Assiege inutilement Vienne. 488
Perte qu'il fit durant ce siege. *là mesme.*
Passe en Italie. 489

Est repoussé. 490
S'empare de Bude ville de Hongrie par trahison. 499
Passe & est battu en Perse. 500
Fait mourir Mustapha son fils. 501
Mort de ce Prince. 503
Sophis de Perse, d'où descendent. 424
 Leur origine. 420
 Signification de ce mot. *là mes.*
 Auteur de cette dignité. *là mes.*
 Histoire entiere. 420. *& suivantes.*
Soudans d'Egypte, d'où ils viennent. 131
Subu riviere, sa source, son cours, son embouchure, riviere qu'elle reçoit. 19
Suf-gémar riviere, sa source, son cours, ses noms. 23
Sultan Prince Arabe pris en Italie par les François. 232. 233
 Sa delivrance. 233
 Sujets revoltez plus cruels que les ennemis. 278
Su·, province, où commence. 4
Sus province de *Maroc*, d'où elle est celebre. 10
Sus riviere de Barbarie. 16
*Syracuse* ville prise par les Arabes, pourquoy.

## T

TABLE à trois pieds d'vne seule émeraude. 162
Tamerlan Empereur des Tartares, effroyable nombre de ses soldats, s'empare de plusieurs provinces, beauté de sa Cour, défait & prend Bajazet Empereur des Turcs, ses cruautez. 403
*Tanger* & autres villes, sur la coste de Fez. 7
*Tanger*, ou *Tancha* capitale de la province de *Habat*. 10. 11
 Province à qui elle donne le nom. *là mesme.*
*Tanger* ville assiegée par les Arabes, sa prise. 182
Tangrolipix, chef des Turcs contre les Arabes & Indiens. 253
 Se rend maistre des Arabes. 254
 S'empare de la Perse & de l'Empire des Califes de Babylone. 264
 Sa mort. 263
*Tarse*, ville, assiegée par Mahomet, durée du siege, qu'il fait lever. 119
*Tarse* ville, emportée par les Grecs sur les Arabes. 238
Tartares font la guerre au Turc, & leur origine. 366
 Leur Prince & justice. *là mesme.*
 D'où ils prennent leur nom. 369
 Font la guerre aux Turcs. *là mes.*
 Sont victorieux. *là mesme.*
Taurus mont, sa description. 367
Técevin rivieres, d'où elles naissent. 17
 Plaines qu'elles arrosent, & où elles se perdent. *là mesme.*
 Leur nom, signification de ce mot. *là mesme.*
*Tedla* province, sa capitale. 10
Tesne riviere, sa source, son cours, ses noms. 21
Temécén province la plus occidentale du Royaume de Fez. 10
*Tenez* province, d'où elle prend son nom. 11
Teniseft, riviere, d'où elle sort. 16. 17
 Où elle se perd. *là mesme.*
 Rivieres qui se rendent dedans. *là mesme.*
 Son pont, par qui bâty & amoindry. *là mesme.*

## DES MATIERES.

*Tesset* ville par qui habitée autrefois, & possedée maintenant. 83
*Tétuan*, sa situation. 7
*Thebaïde* province d'où elle prend son nom. 37
*Theodore* Bogaire envoyé par l'Empereur Heraclius se rend les Sarrasins ennemis, & pourquoy. 120
*Thebes*, ville, ses portes, sa garnison. 37
Theodore Empereur de Constantinople défait les Turcs. 354
*Théophebe* Capitaine Grec, son courage, stratageme, & victoires. 220
Theophile Empereur de Constantinople. 220. 221
Ses guerres & divers succéz. *là mesme.*
Sujet de sa mort. *là mesme.*
*Thessalonique*, ville prise par les Turcs sur les Venitiens. 410
Thomas Rénégat Chrestien. 211
Sa condition. *là mesme.*
Son courage & credit parmy les Arabes. *là mesme.*
Ses victoires sur l'Empire & son couronnement. 212. 213
Assiege Constantinople. *là mes.*
Ce qui arriva durant ce siege. *là mesme.*
Ses défaites. *là mesme.*
Sa mort. *là mesme.*
*Tite*, ville, d'où elle prend son nom, & les peuples qui tirent leur nom d'elle, par qui détruite. 10
*Tolede* emportée par les Arabes, l'Eglise pillée. 162
Tolede, ville assiegée plusieurs fois sur les Maures. 287
Est prise. 288
Trahisons punies. 169. 212
Traistres toûjours infidéles. 279

*Tremecen*, Royaume où. 13
Ses provinces. 11
*Tremecen*, ou *Telemcen*, ville capitale de la province de mesme nom. 11
*Tremecen* province, ses noms, sa capitale. 11
*Tripoly* de Barbarie, provinces. 11
D'où elle prend son nom. *là mes.*
Troyle Gentil-homme Napolitain fait passer les Turcs en Italie. 489
*Tunis*, Royaume, où. 10
Ses provinces. 11
*Tunis* province, autrefois *Carthage*, a cause de la fameuse ville de Carthage. 11
*Tunis* Royaume tributaire des Princes de *Sicile*. 281
Turcs, leur origine, leur premiere demeure. 21
Vont contre les Arabes, leurs combats. 176
Renfermez dans vn desert, en sortent victorieux. 253
Bien policez. 252
Leur couleur. 253
Défaits avec grand meurtre. 265
Défaits par les Tartares. 396
Tussag étés pere des Turcs. 252

### V

*V*ACHE d'vne queuë admirable. 66
*Vagues* peuples, sur vn fleuve de mesme nom, autrement *Tabite* par où les Portugais remontent. 5
*Valence* Royaume conquis par les Arabes. 164
*Valence* ville prise par le Cid fameux Espagnol. 296
Assiegée par les Maures. *là mes.*
Délivrée par la valeur du Cid. *là mesme.*
*Vbeda* ville emportée par les Chre-

# TABLE DES MATIERES.

stiens. 357. 358
Nombre prodigieux des captifs. *là mesme.*
*Velez*, autrement *Telez*, ville, où. 7. 11
Dom Vermude Roy d'Espagne, son courage, sa mort. 192
La Vertu en estime chez les ennemis mesmes. 277
Autre exemple. 278. 335
Vie des Arabes, leurs mœurs, leur divertissement. 76
*Villa Réal*, ville, sa fondation. 376
Villages portatifs. 77
Vin de palmier, comme il se fait. 73
*Vled Sayd*, tribu Arabe. 78. 79
Sa demeure, sa puissance & richesse. *là mesme.*
Ses branches. *là mesme.*
Vled Vodey, Vled Arrahamena, & autres branches de la tribu de Mahquil. 84. 85. 86
Vled d'Ellegi branche d'vne tribu, sa demeure. 79

La Volupté perd ceux qui s'y abandonnent. 370. 371
Voyages des Portugais en Afrique par l'ordre de l'Infant Dom Iean. 99
Suite de ces voyages, & découverte. 100
Vrbain IV. Pape fait la guerre aux Arabes. 377
Vsum-Cassam Roy de Perse de la race des Tartares. 414
Est vaincu par les Turcs. *là mes.*
Leur prend plusieurs villes. 416
Continuë ses victoires. 418
Est vaincu. *là mesme.*

## Y

YADOCH riviere, sa source, son cours, son embouchure, où l'on voit les restes d'Hippone dont estoit Evesque S. Augustin. 23
Yurognerie funeste. 216

www.ingramcontent.com/pod-product-compliance
Lightning Source LLC
Chambersburg PA
CBHW060406230426
43663CB00008B/1404